KB161775

토마스 만(1875~1955)

리투아니아에 있는 토마스 만의 별장

어머니 율리아 만

9살 때의 토마스 만

토마스 만의 뮌헨 저택

가족 사진

생 모리츠에서 토마스 만과 헤르만 헤세

바이마르 국립극장에서 R. 베허르 장관과 토마스 만

프린스턴에서 토마스 만과 아인슈타인

스위스 킬히베르크 묘지

킬히베르크 묘지 안에 있는 토마스 만의 묘

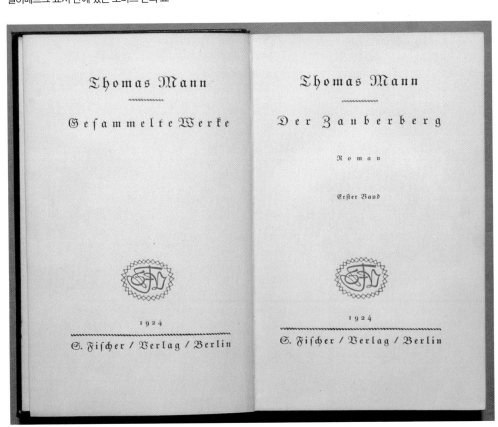

독일어 초판(1924)

〈파르치팔〉 그레일 성으로 올라가는 기사들

〈스위스〉 편집자 에밀을 만나는 토마스 만

소설의 배경이 된 알프스 산맥의 다보스

베르크 요양소

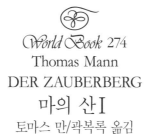

World Book 274
Thomas Mann
DER ZAUBERBERG

마의 산 I

토마스 만/곽복록 옮김

동서문화사

디자인 : 동서랑 미술팀

마의 산 I II

차례

주요 인물

한스 카스토르프 주인공. 24세의 독일 청년으로 어려서 부모를 여의고 시 참사
회원이었던 할아버지 밑에서 자란다. 그러나 할아버지도 그가 아직 소년일
때 세상을 떠난다. 상당한 재산을 상속받고 조선업을 공부한다. 요양 중인
사촌 요아힘을 만나러 3주간 머물 예정으로 다보스의 요양원 '베르크호프'
를 방문했으나, 폐침윤이 발견되어 그대로 요양을 계속하게 된다. 제1차 세
계대전이 발발하자 완치되지 않은 채 참전한다.

요아힘 침센 카스토르프의 사촌. 사관 후보생으로 임용되었다가 폐결핵으로
'베르크호프'에서 요양한다. 사명감이 강한 그는 완치되지 않은 채 군에 입
영하나 병이 악화되어 다시 '베르크호프'에 돌아와 죽는다.

베렌스 '베르크호프'의 원장. 수술의 대가이며 그림에도 조예가 깊다.

크로코브스키 베렌스의 조수로 대진(代診)을 한다. 환자들의 정신 분석에 흥미
를 가지고 있다.

세템브리니 이탈리아인 환자. 말이 많은 휴머니스트. 한스 카스토르프의 스승
역할을 한다.

쇼샤 '베르크호프'의 환자로 러시아 여자. 회색을 띤 푸른 눈이 매혹적이다. 카
스토르프가 사랑에 빠진다.

나프타 폴란드인 환자로 예수회 교도. 신학자로 촉망되나 객혈하여 '베르크호
프'에 입원한다. 허무한 반자본주의자이다.

머리글

이 이야기는 한스 카스토르프를 중심으로 하는 것이 아니라 말할 가치가 있어 보이는 이야기를 중심으로 한다. 그는 호기심을 일으키지만 단순한 젊은 이에 불과하다는 것을 독자들도 곧 알게 될 것이다. 그러나 이 이야기는 한스 카스토르프의 이야기이며 누구에게나 일어나는 일이 아니라는 것은 그를 위해서도 말해 두어야 한다. 이 이야기는 아주 옛 이야기이다. 아주 멀고 먼 과거 시점으로 서술되어야 할 만큼, 역사에 의해 녹이 슬어버린 이야기이다.

이것은 오히려 유리하다. 왜냐하면 이야기란 지나간 것이며 과거의 것일수록 이야기의 성질에 알맞고, 또 독자에게 속삭이듯 과거를 일깨워 줄 수 있기 때문이다. 그러나 우리의 이야기는 오늘의 모든 인간들—특히 작가들이 그러하지만—이 실제보다 훨씬 많은 연륜을 거쳐 와서 그 수는 시간과 지구 회전의 수로도 헤아릴 수 없다. 이 이야기의 과거성은 시간과는 관계가 없다. 이 기회에 시간이라는 묘한 현상의 문제성과 그 독특한 이중성으로 암시하기 위해서 미리 말해 둔다.

이 말은 본디 명백한 사태를 일부러 애매하게 만들지 않기 위해서이지만, 이것이 아주 오래된 옛 이야기라는 까닭은 이 이야기가 어떤 전환점, 즉 우리의 생활과 의식을 심각하게 분열시키는 원인이 되는 한계선 이전에 일어난 이야기이기 때문이다. 이 이야기가 일어나는 시기는 그 시작과 함께 또 다른 많은 사건들을 일으켰고, 지금까지도 그 여파가 끝나지 않은 세계대전이 발생하기 이전이다. 세계 대전보다 훨씬 전의 일은 아니라 할지라도 어쨌든 그보다는 전에 일어난 이야기이다. 그러나 이야기의 과거적 성격은, 그 이야기가 '옛날' 것일수록 더 깊고 완전하고 동화처럼 되는 것이 아닐까? 게다가 우리 이야기는 그 내면적 성질로 보나 그 밖으로 보나 동화와 서로 통하는 점이 있을 것이다.

우리는 이 이야기를 자세하게 할 것이다. 면밀하고 철저하게 이야기가 필요로 하는 시간과 공간 때문에 그 이야기가 흥미 있게 느껴지거나 지루하게 느껴진 적이 과연 언제 있었던가? 우리는 지나치게 세밀하다는 비난을 두려워하기보다는 오히려 철저한 화법(話法)이야말로 정말 유익하다는 견해에 찬성한다.

그러므로 나는 한스 카스토르프의 이야기를 간단하게 말해 버릴 수는 없다. 1주일의 7일도 부족할 것이고 7개월도 충분하지는 못할 것이다.

가장 좋은 방법은, 작가인 내가 이 이야기에 말려 들어가는 동안에 지상(地上)의 시간이 얼마나 오래 지날 것인가를 미리 예정하지 않는 것이다. 설마 7년은 걸리지 않을 테지?

그러면 이야기를 시작해 보기로 하자.

제1장

도착

한 단순한 젊은이가 한여름에 고향인 함부르크를 떠나 그라우 빈덴 주에 있는 다보스플라츠*¹를 향해 여행길에 올랐다. 3주일 예정으로 누군가를 찾아가는 길이었다.

함부르크에서 이곳까지는 긴 여정이다. 3주일이라는 짧은 기간을 머무는 것에 비하면 사실 너무 먼 거리다. 여러 나라를 지나 산을 오르내리고, 남부 독일의 고원(高原)에서 보덴 호숫가로 내려가 거기에서 넘실거리는 파도를 거쳐, 그 옛날 끝없이 깊다고 하던 심연(深淵)을 배로 건너가는 것이다.

여기까지는 순탄하게 직선으로 진행되던 여행이 이제부터는 복잡해진다. 여러 번 기다려야 하고 귀찮은 일을 겪기도 한다. 스위스 땅인 로르 샤하 마을에서 다시 기차를 타는데, 그것도 알프스의 작은 역인 란트크바르트까지만 가기 때문에 거기서 또 기차를 갈아타야 한다. 바람이 거세고 경치도 그다지 좋지 않은 그곳에서 꽤 오랫동안 기다리다가 협궤(狹軌) 철도를 타는 것이다. 작지만 아주 힘이 세어 보이는 기관차가 움직이기 시작하는 순간부터 정말 모험적인 여행이 시작된다. 끈질길 정도로 험한 오르막길이 시작되며, 그것이 언제 끝날지도 모른다. 왜냐하면 란트크바르트 역은 중턱쯤에 있는 곳인데, 여기서부터 차츰 거칠고 험한 바윗길을 따라가다가 높은 산에 깊숙이 들어가야 하기 때문이다.

한스 카스토르프는—이것이 젊은이의 이름이다—회색 쿠션의 작은 객차에서 혼자 바둑판 무늬의 담요를 두르고 앉아 있었다. 옆에는 자기를 길러 준 외종조부 티나이펠 영사가 선물로 준 악어 가죽 손가방이 놓여 있고, 옷걸이에 걸어둔 겨울 외투가 흔들리고 있었다. 그는 닫힌 창가에 앉아 있었지만, 오

---

*1 결핵 요양지로 유명하고 겨울 스포츠장으로도 이름 높다. 1912년에 만의 부인이 폐병으로
　　이곳에 입원했었고, 그도 가끔 문안을 간 일이 있었다.

후가 되어 날씨가 점점 차가워지자 비단으로 가공된 그즈음 유행하던 넓은 여름 외투의 깃을 세웠다. 그의 좌석 옆에는 《대양 기선(大洋汽船)》이라는 묶음 책이 놓여 있었다. 여행이 시작되고 처음 무렵에는 그 책을 이따금 읽어 보기도 했지만, 이제는 관심이 사라진 듯 그 책은 거기에 그냥 놓여 있을 뿐이다. 그리고 헐떡거리면서 올라가는 기관차가 뿜어내는 매연이 날아 들어와 책의 표지는 그을음으로 더럽혀져 있었다.

인간은 여행을 떠나 이틀만 지나면—아직 생활에 그 뿌리를 굳게 박지 못한 젊은 사람에게는 특히 그러하지만—자기가 여느 때에 의무, 이해 관계, 근심, 희망이라고 부르던 모든 것, 즉 일상 생활에서 멀어지고 만다. 그것도 역으로 가는 마차 안에서 꿈꾸던 그 이상으로 멀어지고 만다. 인간과 고향의 사이를 돌고 날면서 퍼져 가는 공간은 보통 시간만이 갖고 있다고 믿어지는 힘을 나타낸다. 공간도 시간과 마찬가지로 시시각각 내적 변화를 일으킨다. 그리고 그 변화는 시간에 의해 일어나는 변화와 매우 비슷하지만, 어떤 의미로는 그 이상의 것이다. 공간도 시간과 마찬가지로 망각의 힘을 지녔다.

더구나 공간은 인간을 갖가지 관계에서 해방시키고 자연 그대로의 상태로 옮겨 놓는 힘을 가지고 있다. 사실 공간은 고루한 속인까지도 순식간에 방랑자와 같은 인간으로 만들어 버린다. 시간은 망각의 물이라고 하지만, 여행중의 공기도 그런 종류의 음료수이다. 그리고 그 효과는 시간의 흐름만큼 철저하지는 못하더라도 그만큼 효력은 빠르다.

한스 카스토르프도 이와 같은 경험을 했다. 그는 이번 여행을 특별히 중요하게 여기지 않았고, 이 여행에 남달리 마음을 쏟을 생각도 없었다. 오히려 그의 생각으로는 어차피 끝내야 하는 것이라면 빨리 끝내 버리고, 떠날 때와 꼭 같은 인간으로 돌아가서, 여행 때문에 잠시 멈춰야 했던 생활을 다시 시작하자는 것이었다.

어제까지만 해도 그는 평소의 생각에 완전히 사로잡혀 있었다. 최근에 마친 시험과 눈앞에 다가온 툰더 빌름스 상사*2에 인턴 사원으로 입사하는 일 등으로 정신이 얽매여 있었기 때문에 3주일 뒤의 일을 마음 죄며 기다리고 있었던 것이었다. 그러나 지금은 현재의 상황이 그의 모든 주의력을 요구하는

---

*2 조선, 기계 제조, 보일러 제조 회사.

듯 느껴지고, 이제 적당히 해서는 안 된다는 기분이 들고 있다. 아직 한 번도 겪어본 일이 없는, 더욱이 다른 곳과는 전혀 다른, 묘하게 희박하고 빈곤한 생활 조건에 지배되는 고지로 이렇게 올라가고 있다는 것, 이것이 그의 기분을 흥분시켰고 또 웬일인지 그의 마음을 불안하게 했다. 고향과 일상 생활은 멀리 뒤로 사라져갔을 뿐 아니라 다리 밑 수천 길 아래로 떨어져갔는데도 그는 계속 위로 올라가고 있었다. 고향과 일상 생활, 그리고 미지의 세계, 이 두 세계 사이를 떠돌면서, 그는 위로 올라가면 대체 어떻게 될 것인가 하고 자문했다. 겨우 해발 이삼 미터 되는 곳에서 호흡하게끔 태어나 거기에 익숙해진 그가, 적어도 이삼 일이라도 중간 높이의 지점에 머물렀다면 모르지만, 갑자기 이렇게 극도로 높은 곳에 옮겨진다는 것은 현명한 일이 못되며 몸에도 견디기 어려운 것이 아닐까? 그러나 일단 위에 도착해 버리면 어디에서나 마찬가지의 생활이 기다리고 있어, 올라가는 현재처럼 자기에게 맞지 않는 곳에 있다는 사실을 느끼지 않고 지낼 수 있으리라고 생각했기에 그는 빨리 목적지에 도착하고 싶었다.

창 밖을 보니 기차는 좁은 계곡을 굽이치면서 달리고 있었다. 차량의 앞부분이 보였다. 헐떡이면서 갈색과 녹색과 흑색의 연기 덩어리를 내뿜는 기관차와 그 덩어리가 바람에 펄펄 날아가는 것이 보였다. 오른쪽 골짜기에서는 물소리가 요란했고 왼편 바위 사이로는 거무스름한 가문비나무가 돌을 떠올리게 하는 회색 하늘로 치솟고 있었다. 캄캄한 터널이 몇 개 계속되다가 다시 밝아지면 깊숙한 저 아래로는 촌락이 보이는 넓은 골짜기가 열리곤 했다. 얼마 안 가 그것도 닫히고 새로운 골짜기들이 나타나더니, 그 사이사이는 아직 녹지 않고 남은 눈으로 반짝이고 있었다.

기차는 초라한 작은 역에서 여러 번 정차했다. 이곳은 종착역이다. 여기서 기차는 정반대의 방향으로 떠났으므로, 이 때문에 기차가 어느 방향으로 달리고 있는지 이제는 방향조차 알 수 없고 머리가 혼란스러웠다. 기차가 산 깊숙이 들어감에 따라 장엄하고 기괴한 모습으로 겹겹이 싸인 알프스의 웅대한 전망이 열리기 시작했다. 그러나 선로가 구부러지자 외경에 찬 눈 앞에서 다시 사라져 버렸다. 한스 카스토르프는 활엽수 지대는 이미 지났고 아마 새들이 사는 지대도 끝나지 않았을까 하고 생각했다. 이렇게 모든 것이 사라지고 없어지는 것을 생각했을 때 가벼운 현기증이 나면서 토하고 싶어졌으므로 2

초 동안 손으로 눈을 가렸다. 그러나 이런 기분도 곧 회복되었다. 이제는 올라가는 것이 끝나고 고개의 높은 데를 다 넘어선 것도 알 수 있었다. 기차는 평탄한 골짜기의 밑바닥을 여유 있게 달리고 있었다.

8시가 가까웠지만 아직 해는 지지 않았다. 한 폭의 그림처럼 아득한 호수가 나타났다. 수면은 잿빛이다. 그 기슭을 따라 가문비나무 숲이 주위의 산을 검게 기어올라갔다. 나무는 꼭대기로 갈수록 듬성듬성해지다가 사라져 안개 낀 벌거숭이 바위만을 남기고 있었다. 작은 역에서 기차가 멈추었다. 창 밖에서 들려오는 소리로 그것이 다보스도르프 역이라는 것을 알 수 있었다. 이제 얼마 안 있으면 목적지에 도착하리라고 생각했다.

그때 갑자기 한스 카스토르프는 자기 옆에서 사촌인 요아힘 침센의 차분한 함부르크 사투리 소리를 들었다.

"야, 잘 왔구나. 자, 내리지."

밖을 보니 창 밑에 요아힘이 갈색 외투를 입고 모자는 쓰지 않은 채, 더할 수 없이 건강한 모습으로 플랫폼에 서 있었다. 사촌은 웃으면서 다시 말했다.

"자아, 나와. 꾸물대지 말고."

한스 카스토르프는 어리둥절해서 앉은 채 말했다.

"그렇지만 아직 도착한 것은 아니잖아?"

"아니야. 다 왔어. 여기가 도르프 역이야. 요양원은 여기서 가는 편이 가까워. 마차를 가져왔으니 그 짐은 이리 줘."

이리하여 한스 카스토르프는 도착과 재회의 기쁨에 흥분하여 웃었다가 당황했다가 하면서 요아힘에게 손가방과 겨울 외투, 담요와 지팡이, 우산, 그리고 마지막으로 《대양 기선》이라는 책까지 내주었다. 그러고는 기차 안의 좁은 통로를 빠져 나와 플랫폼으로 뛰어내려서, 사촌과 정식으로 다정하게 인사를 나누었다. 그러나 그 인사는 냉정하고 점잖은 사람들 사이에서 늘 그렇듯이 전혀 격정적인 데가 없는 그런 인사였다. 그렇다고 해서 이름이나 성을 부를 수도 없었으므로 서로 '너'라고만 불렀다. 이것이 이 사촌들의 오랫동안 몸에 밴 습관이었다.

두 사람이 빨리, 그러나 좀 멋쩍은 듯이 악수하는 것을—침센 청년은 군대 식으로 악수했다—제복에 금술이 달린 모자를 쓴 한 사나이가 바라보더니, 가까이에 다가와서 한스 카스토르프에게 수하물표를 달라고 했다. 그는 국제 요양원 '베르크호프'의 문지기인데, 두 사람은 곧장 마차를 타고 저녁 식사에 가도록 하고 자기는 '플라츠' 역에서 손님의 짐을 가지고 가겠다는 것이었다. 그는 몹시 심하게 다리를 절었기 때문에 한스 카스토르프가 요아힘 침센에게 처음으로 물은 말은 다음과 같았다.

"저 사람은 전쟁에 나갔다 온 군인인가, 왜 저렇게 다리를 절지?"

요아힘은 유감스럽다는 듯이 대답했다.

"그렇다면 좋게? 그게 아니라 저 사람은 무릎이 나빠! 그래서 결국 무릎뼈를 뽑아냈지."

한스 카스토르프는 될 수 있는 대로 빨리 머리를 굴렸다.

"아아, 그렇군!"

그리고 걸어가면서 머리를 들어 곳곳을 힐끗 둘러보면서 말했다.

"자네는 아직도 아픈 데가 있다고 나를 속일 작정은 아니겠지? 자네는 지금 술이 달린 긴 칼이라도 차고 기동 연습에서 방금 돌아온 것 같은 모습을 하고 있으니 말이야."

그러고는 사촌을 곁눈으로 보았다.

요아힘은 한스보다 키가 크고 어깨도 떡 벌어져서 청춘의 힘의 상징으로 보였다. 마치 군복을 입기 위해 이 세상에 태어난 것 같았다. 금발머리에, 고향인 함부르크에서 흔히 볼 수 있는 짙은 갈색의 얼굴을 지녔는데, 그렇지 않아도 검은 얼굴이 햇볕에 그을려 거의 청동색이 되어 있었다. 검고 큰 눈, 반듯하고 두꺼운 입술 위의 짙은 수염, 귀가 유별나게 서 있지 않았다면 미남에 속할 것이다. 어느 시기까지는 귀가 그의 유일한 고민거리였다. 지금은 다른 걱정거리가 생겼지만.

한스 카스토르프는 계속해서 말했다.

"그런데 자네 나와 함께 곧 산을 내려가는 거지? 보아하니 괜찮은 것 같은데."

"자네와 함께 간다고?"

사촌은 큰 눈을 한스에게 돌렸다. 언제나 부드러운 눈이었는데 다섯 달 사이에 좀 지친 것 같은, 아니, 슬픈 듯한 표정을 띠고 있었다. 그러고는 물었다.

"곧이라니, 언제 말인가?"

"3주일 뒤에 말이야."

"아, 그래. 자네, 벌써 집에 돌아갈 궁리를 하고 있는 게로군? 하지만 좀 기다리게. 자네는 이제 겨우 도착하지 않았나! 이 산 위에 사는 우리들에게는 3주일 같은 건 아무것도 아닌 시간이지만, 여기에 찾아와서 3주일만 있겠다는 자네에게는 꽤 긴 시간이 될 거야. 무엇보다 날씨에 익숙해야 하는데 그게 그리 쉬운 일은 아니니까. 이제 알게 될 거야. 그리고 우리에게 이상한 것은 날씨뿐만이 아니야. 자네는 여기서 여러 가지 새로운 것을 알게 될 걸세. 정신차려 보라구. 게다가 자네가 말하는 것처럼 그리 간단하게 되는 게 아니야. '3주일 지나면 집으로 간다'는 말은 저 아래 세상의 생각이야. 나는 물론 얼굴이 꺼멓게 탔는데 주로 눈에 그을린 것이고, 베렌스가 늘 말하듯이 별로 큰 의미가 없어. 요전 종합 진단에서도 베렌스는 앞으로 아직 반 년은 틀림없이 걸린다는 거야."

한스 카스토르프가 어이없다는 듯 외쳤다.

"앞으로 아직도 반 년이라구? 자네 제정신으로 그런 말을 하는 건가?"

두 사람은 창고처럼 생긴 역 건물 앞의 돌이 많은 광장에서 기다리고 있던 마차에 올라탔다. 두 마리의 밤색 말이 마차를 끄는 동안 한스 카스토르프는 화가 나서 딱딱한 쿠션 위를 이리저리 방향을 바꾸어가며 앉았다.

"반 년이라고? 자네는 벌써 반 년 가까이 이곳에서 지내지 않았나? 우리는 그렇게 많은 시간이 없지 않은가!"

요아힘은 사촌의 솔직한 분개에는 상관 없이 앞을 똑바로 쳐다보면서 여러 번 고개를 끄덕이며 말했다.

"그래, 그 시간 말인데, 이곳 친구들은 세상 사람들이 말하는 시간 같은 것을 문제로 삼지 않아. 자네는 상상조차 할 수 없는 일이겠지만, 그들에게 3주일쯤은 하루와 마찬가지라구. 자네도 곧 알게 될 거야. 모조리 배우게 될걸. 이곳에 있으면 개념도 변하는 법이야." 한스 카스토르프는 사촌을 물끄러미 옆으로 바라보면서 말했다.

"그건 그렇고, 자네는 굉장히 몸이 좋아졌군."

"자네도 그렇게 생각하나? 그럴 거야. 나도 그렇게 생각해."

그는 말하면서 쿠션 위에 똑바로 앉았으나, 곧 또다시 비스듬한 자세를 취했다. 그리고 설명하기 시작했다.

"전보다는 좋아졌어. 그러나 아직 건강하다고는 할 수 없어. 전에 물 떨어지는 소리가 들리던 왼쪽 윗부분은 지금은 좀 거슬리는 소리가 들릴 뿐 이제 거의 나았지만, 아래쪽은 아직도 거친 소리가 들려. 그뿐만 아니라 둘째 늑골 사이에도 잡음이 있지."

"꽤 박식해졌군."

"그래, 박식이라고 할 수 있겠지. 이 지식은 군복무라도 해서 말끔히 씻어 버렸으면 좋겠다. 그런데 아직도 담이 나오지 뭐야?"

그러면서 요아힘은 자포자기한 태도로 어깨를 심하게 움츠려 보였는데, 이 몸짓은 그에게는 어울리지 않았다. 이윽고 그는 사촌 쪽으로 향해 있는 여름 외투의 옆주머니에서 무언가를 절반쯤 꺼내더니, 곧 도로 그것을 넣고 말았다. 그것은 납작하게 굽은 청색 유리병으로 금속 뚜껑이 달려 있었다. 요아힘이 말했다.

"이 위에 살고 있는 우리들 대부분이 이것을 갖고 있지. 우리 사이에서만 통하는 이름이 붙어 있다네. 하기야 별명이긴 하지만 아주 희한한 거야. 그런데 이곳 경치는 어때?"

한스 카스토르프는 경치를 보면서 대답했다.

"웅장하군."

"그렇게 생각해?"

두 사람을 태운 마차는 선로와 평행으로 나 있는 폭이 일정치 않은 길을 따라 골짜기 안으로 달렸다. 그리고는 좁은 선로를 왼쪽으로 횡단한 다음 시냇물을 하나 건너고, 이번에는 가파르지 않은 오름길의 차도가 숲으로 싸인 경사진 곳을 향해 달렸다. 이 경사진 곳에서 나지막하고 앞으로 나온 잔디밭 대지 위에 둥근 탑이 있는 건물 한 채가 정면을 남서쪽으로 향해 길게 뻗어 있었다. 이 건물은 발코니뿐이어서 먼 데서 보면 전체가 해면(海綿)처럼 구멍이 뚫려 보였다. 거기에 막 불이 켜지기 시작하는 참이었다.

어느덧 해가 저물었다. 곳곳으로 구름이 낀 하늘을 한동안 빛나게 하던 어스름한 석양이 이제는 사라지고, 완전히 밤이 되기 직전의 희고 생기 없는 슬픈 과도기 상태가 세상을 지배했다. 조금 구부러져 길게 뻗은 인가가 있는 골짜기에도 이제는 곳곳에 불이 켜져 있었다. 골짜기 밑바닥에도, 양쪽 경사진 데에도, 특히 인가가 계단식으로 올라간 오른쪽 앞으로 나온 경사면에는 많은 불이 켜져 있었다. 왼쪽 잔디밭 경사진 곳으로는 오솔길이 기어올라가 있다가 울창한 침엽수 숲 속으로 사라지고 있었다. 골짜기는 출구를 향해 좁아지고, 그 너머로 멀리 보이는 산들의 절벽은 차디찬 슬레이트의 푸른빛을 띠고 있었다. 바람이 불기 시작하자 저녁의 찬 기운이 몸에 스며들어왔다.

한스 카스토르프가 말했다.

"아니야. 솔직히 말해서 그렇게 압도적인 것이 못 돼. 빙하라든가, 꼭대기에 만년설을 인 산이라든가, 하늘을 찌르는 거대한 산들은 어디 있는 거야? 저기 보이는 것들은 모두 그다지 높지 않은 것 같은데."

"천만에, 저것들은 다 높은 거야. 저렇게 식물 지대의 경계선이 곳곳에서 끝나 있는 것이 완연히 보이지 않나? 가문비나무가 없어지면 모든 것이 따라서 없어지니, 자네가 보는 바와 같이 바위뿐이야. 저기 저쪽 말이네. 저기 보이는 슈바르츠호른이라는 뾰족한 산 왼쪽에는 빙하까지 있어. 푸른 곳이 아직 보이지? 크지는 않지만 틀림없는 빙하인데, 스칼레타 빙하라고 하지. 그 틈 사이에 있는 피츠미헬과 틴첸호른은 여기서는 안 보이지만 사철이 눈에 덮여 있어. 1년 내내 말이야."

한스 카스토르크가 물었다.

"영원히 눈에 덮여 있단 말이지?"

"그렇지. 영원이라고 말할 수 있지. 정말이야. 모두 높아. 우리가 굉장히 높은 곳에 있다는 것도 계산에 넣어야 해. 해발 1천 6백 미터니까. 그래서 높아도 높게 보이지 않는 거지."

"그렇구나! 꽤 높이도 올라왔군. 사실 나는 불안하고 무서워졌어. 1천 6백 미터라니! 대충 헤아려도 5천 피트로구나. 이렇게 높은 곳은 생전 처음이야."

이렇게 말하면서 한스 카스토르프는 아직 익숙해지지 않은 공기의 희박함을 시험해 보듯 깊이 들이마셨다. 공기는 상쾌했고 그 이상 아무 문제도 없었다. 향기도, 내음도, 습기도 없이 가볍게 흘러 들어와 마음 속에 아무런 감명도 남기지 않았다.

한스 카스토르프는 감탄하듯 듣기 좋은 소리를 했다.

"아주 좋은데!"

"그렇지, 소문난 유명한 공기니까. 그건 그렇고 오늘 밤은 이 근방의 경치가 그다지 훌륭하지 않군. 가끔은 더 훌륭하게 보일 때가 있는데, 특히 눈이 내릴 때 경치 말이야. 그래도 싫증이 나지. 이 위에서 사는 우리는 이제는 말할 수 없이 싫증이 나 있다고 할 수 있지."

그러더니 요아힘은 싫어 죽겠다는 듯이 입술을 비쭉거렸으나, 이것도 과장처럼 보일 뿐 자제력이 없는 것 같았고 짐짓 그에게는 어울리지 않았다.

한스 카스토르프가 말했다.

"자네는 정말 이상하게 말을 하는군."

요아힘은 조금 걱정스러운 듯이 사촌을 보면서 물었다.

"내가 이상하게 말을 한다고?"

그러자 한스 카스토르프는 당황하면서 말했다.

"아니, 아니야. 미안해. 그저 그런 기분이 들었을 뿐이야!"

그러나 사실은 요아힘이 아까부터 서너 번 사용한 '이 위에서 사는 우리들'이라는 말이 웬일인지 마음에 걸리고 이상하게 느껴졌다.

요아힘은 말을 계속했다.

"우리 요양원은 동네보다 더 높은 곳에 있지. 50미터 더 높은 곳에 말이야. 안내서에는 100미터라고 되어 있지만 사실은 50미터야. 가장 높은 곳에 있는 것이 저쪽 샤츠알프라는 요양원인데, 여기서는 보이지 않아. 거기는 겨울이 되면 눈사태로 길이 막히기 때문에 시체를 쌍썰매로 옮겨야 하네."

"시체를? 아, 그런가? 난 또."

한스 카스토르프가 이렇게 외치더니 갑자기 웃기 시작했다. 억누를 수 없는 심한 웃음이었기 때문에 가슴이 뒤흔들리고, 찬바람에 약간 굳어진 얼굴은 일그러지고 찡그려져 조금 얼얼해졌다. 그는 웃음을 겨우 멈추며 말했다.

"쌍썰매로 말이지? 자네는 그런 말을 그렇게 태연스럽게 할 수 있는가? 5개월 동안 자네는 아주 냉소적인 사람이 되었군 그래."

요아힘은 어깨를 움츠리면서 대답했다.

"냉소적인 사람이 될 리 있나? 어떻게 내가 그렇게 되겠나? 시체에게는 그런 것쯤이야 아무래도 마찬가지 아니겠나?…… 아무튼 우리가 있는 곳에서는 모두가 냉소적인 사람이 되고 있는지도 모르지. 베렌스 씨부터가 그런 냉소적인 사람의 표본이니까 말이야. 그 사람은 아주 재미있는 사람이야. 학생 조합*³의 선배로, 수술의 대가인 모양이야. 자네 마음에도 들게 될 거야. 그리고 크로코

─────────────
*3 결투를 좋아하고 학생 생활을 즐기는 만족주의적인 학생 단체.

보스키라는 조수가 있는데 대단한 재주꾼이야. 안내서에서도 특히 이 사람이 하는 일은 선전을 하고 있지. 말하자면 환자들의 정신 분석을 한다네."

"무엇을 한다고? 정신 분석을? 그건 정말 기분 나쁜데!"

한스 카스토르프가 외쳤다. 이번에야말로 정말 우스워 죽을 지경이었다. 이제는 우스워서 견딜 수가 없었다. 여러 이야기 끝에 정신 분석이 나오자 완전히 손을 들어 버린 것이다. 그는 너무 웃다가 몸을 구부리고 손으로 눈을 가렸는데, 손 밑으로 눈물이 흘러내렸다. 요아힘도 마음껏 웃었다. 웃는 것이 기분 좋았던 모양이다.

마차가 성큼성큼 달려서 급경사진 둥근 차도를 다 올라가 국제 요양원 베르크호프의 정면 입구로 두 젊은이를 싣고 왔을 때, 둘은 아주 기분이 좋은 상태로 마차에서 내렸다.

34호실

오른편 현관문과 바람막이 사이에 수위실이 있었는데, 아까 도르프 역에 마중 나왔던 절름발이와 같이 회색 제복을 입은, 프랑스 사람처럼 보이는 사환이 전화 옆에 앉아 신문을 읽고 있었다. 이 사람이 두 젊은이를 맞이하여 조명이 밝은 홀로 안내했다. 왼쪽에는 응접실이 나란히 여러 개 있었다. 한스 카스토르프는 지나가면서 들여다보았으나, 응접실은 텅텅 비어 있었다. 손님들은 대체 어디에 있느냐고 한스 카스토르프가 묻자 사촌이 말했다.

"안정 요양중이야. 나는 오늘 자네를 마중하러 가기 위해서 외출 허가를 받았던 거야. 때로는 나도 저녁 식사 뒤에는 발코니에 누워지내지."

한스 카스토르프는 하마터면 또 웃음을 터뜨릴 뻔했다. 그는 웃음이 터져 나올 듯한 목소리로 물었다.

"뭐라고? 자네들은 밤에도 안개 낀 발코니에서 누워지낸단 말인가?"

"그래, 규칙이야. 8시부터 10시까지는 그렇지. 그건 그렇고, 가서 자네 방을 보도록 하세. 그리고 손을 씻지."

두 사람이 엘리베이터를 타자, 프랑스인이 운전을 했다. 한스 카스토르프는 올라가면서 눈을 비볐다. 그리고 입으로 숨을 몰아쉬더니 말했다.

"너무 웃었더니 완전히 지쳐 버렸어. 자네가 너무 이상한 말만 하기 때문이야…… 아까 정신 분석 이야기는 너무 지나쳤어. 그것만은 안 했으면 좋았을 걸 그랬어. 게다가 여행으로 좀 피로해진 모양이지. 자네도 이렇게 발이 시린가? 그런데도 얼굴은 달아오르니 기분이 좋지 않은데. 식사는 곧 하는 건가? 어쩐지 배가 고픈 것 같아. 이 위의 자네들이 있는 곳에서도 정식 식사를 할 수 있나?"

두 사람은 좁은 복도의 야자수 융단 위를 소리 없이 걸어갔다. 둥그런 우윳빛 유리판이 천장에서 파리한 빛을 보내고 있었고, 와니스 같은 도료를 칠한 벽이 희고 차갑게 빛나고 있었다. 흰 모자를 쓰고, 코안경을 코에 얹고, 그 끈을 귀 뒤로 끼운 한 간호사의 모습이 복도 한구석에 보였다. 그녀는 직무에 그다지 전념하지 않은 신교의 간호사로 호기심이 강한데다 지루함에 견디지 못해 들떠 있는 것처럼 보였다. 복도의 두 군데에 번호가 붙은 흰 페인트칠을 한 문 앞에 프라스코 같은 것이 놓여 있었다. 배가 불룩하고 목이 짧은 큰 용기인데, 한스 카스토르프는 그때 그 용도를 묻는 것을 잊고 있었다.

요아힘이 말했다.

"여기야. 34호실이지. 오른쪽에는 내가 있고, 왼쪽에는 러시아인 부부가 있어. 좀 너절하고 시끄러운 사람들이지만 별 도리가 없다네. 그건 그렇고, 이 방은 어떤가?"

문은 이중으로 되어 있고 두 개의 문 사이에는 옷을 거는 못이 있었다. 요아힘이 천장 전등 스위치를 누르자, 떨리는 것 같은 불빛이 실용적인 흰 가구와 마찬가지로 희고 튼튼한 세탁할 수 있게 된 벽걸이, 깨끗한 리놀륨 마루, 근대적 취미의 간소하고 밝은 무늬로 자수를 놓은 리넨 커튼이 달린 방을 환하게 비추어 주었다. 발코니로 나가는 문이 열려 있어서 골짜기의 전등불이 보이고, 멀리서는 댄스곡이 흘러나왔다. 친절한 요아힘은 작은 꽃병에 서너 송이의 꽃을 꽂아 장 위에 놓아 주었다. 한 번 벤 풀 속에서 볼 수 있는 꽃으로 톱풀꽃 몇 송이와 방울꽃이 두세 송이였는데, 이것은 요아힘이 경사진 곳에서 직접 꺾어온 것이었다.

한스 카스토르프가 말했다.

"정말 고맙네. 참 기분 좋은 방이로군. 이 방 같으면 3주일쯤은 즐겁게 지낼 수 있겠어."

"그저께 여기에서 미국 여자가 죽었어. 자네가 올 때까지는 그 여자를 치울 수 있을 테니 이 방을 자네가 쓰면 어떻겠냐고 베렌스가 말하더군. 약혼자인 영국 해군 장교가 그녀 곁에 있었는데, 그는 군인답지 못한 행동을 하더군. 줄곧 복도로 나와서 울었지. 어린애처럼. 그러고는 볼에다 콜드 크림을 바르곤 했는데, 그건 면도질한 자국에 눈물이 스며들어 따가워서 그랬던 거야. 그저께 밤에 그 미국 여자는 심한 각혈을 두 번 하고는 그것으로 그만 끝나 버렸어. 유해는 어제 아침에 벌써 치워졌지. 물론 그 뒤 이 방은 철저하게 소독했어. 포르말린으로 말이야. 소독에는 그만이지."

한스 카스토르프는 이 이야기를 흥분하여 멍하니 듣고 있었다. 그는 소매를 걷어올리고, 니켈 마개가 전등 빛에 빛나는 큰 세면대 앞에 서서 깨끗한 시트가 덮인 흰 칠을 한 금속제 침대에 잠깐 눈을 돌렸다. 그러고는 손을 씻고 닦으면서 앞뒤가 맞지 않는 말을 지껄였다.

"소독했다구? 그건 잘 했어. 그렇지, 메틸알데히드 말이지? 그것만 있으면 아무리 강한 박테리아라도 당할 수 없지. HCO야. 하지만 코를 찌르는데. 그렇지 않아? 하기야 엄중하기 이를 데 없는 소독이 근본조건이니까."

요아힘은 학생 시절부터 일반적으로 해 오던 식에 따라 "물론이지"라고 말했지만, 한스 카스토르프는 '물'과 '론'을 떼어서 발음하며 계속 거침없이 말했다.

"내가 말하고 싶었던 것은…… 아마도 그 해군 장교는 안전 면도기로 면도했을 거라는 생각이야. 그걸로 면도를 하면 잘 드는 보통 면도날로 하는 것보다 더 피부가 상하기 쉽거든. 내가 경험해봤어. 그래서 나는 두 가지를 번갈아 가면서 쓰고 있어…… 그렇지, 자극된 피부에 소금물이 따끔한 것은 당연하지. 그는 해상 근무의 경험에서 콜드 크림을 사용했을 거야. 나는 그게 이상하다고 생각하지는 않아……"

그는 계속 말하더니 즐겨 피우는 시가인 마리아만치니를 가방에 200개 넣어 가지고 왔지만 세관이 굉장히 관대하게 해 주었다는 것을 말하고, 고향의 이 사람 저 사람의 인사를 전했다.

"여기서는 스팀을 넣지 않나?"

한스 카스토르프는 갑자기 이렇게 말하고 손을 대 보기 위해 스팀관 쪽으로 다가갔다.

요아힘이 대답했다.

"여기서 우리는 추위로 꽤 고생하고 있어. 8월부터 스팀을 넣으려면 날씨가 달라져야지.”

“8월이라. 나는 추워 죽겠군. 추워서 못 견디겠어. 몸이 말이야. 얼굴은 이상하게도 달아오르는데. 얼굴을 한번 만져 봐. 얼마나 달아오르고 있는지…….”

얼굴을 만져 보라고 요구하는 것은 한스 카스토르프답지 않은 일이다. 그는 자기로서도 참을 수 없는 기분이었다. 요아힘은 이런 일에는 개의치 않고 이렇게 말했다.

“공기 탓이겠지. 아무것도 아니야. 베렌스도 하루 종일 새파란 얼굴을 하고 있어. 아무리 해도 익숙해지지 않는 사람이 있기는 해. 자, 가세. 그렇지 않으면 아무것도 얻어먹지 못하니까.”

복도에서 다시 아까 그 간호사의 모습이 보였다. 그녀는 근시의 눈으로 두 사람을 신기하다는 듯이 바라보고 있었다. 2층까지 내려왔을 때 한스 카스토르프는 정말 무서운 소리를 듣고 발이 꼭 묶인 것처럼 서 버렸다. 그 소리는 복도에서 좀 떨어진 굽이진 모퉁이에서 들려오는 소리로, 높은 소리는 아니지만 몸을 오싹하게 하는 성질의 소리였다. 한스 카스토르프는 얼굴을 찡그리고 눈을 크게 뜬 채 사촌의 얼굴을 바라보았다. 기침 소리가 틀림없었다. 남자의 기침 소리였다. 그러나 그 기침은 이때까지 들은 기침과는 달랐다. 이 기침에 비교한다면 여태껏 들은 기침들은 모두 건강하고 멋진 생명의 발로라고 할 수 있었다. 아무런 기쁨도 따스함도 느낄 수 없는 기침으로, 정상적으로 밀려 나오는 것이 아니라, 분해된 유기체의 끈적끈적한 죽 속을 무섭도록 휘젓는 것처럼 울리는 소리였다.

요아힘이 말했다.

“그렇군. 나쁜 모양이야. 오스트리아의 귀족으로 단정한 사람이야. 문자 그대로 아마추어 기수로 태어난 것 같은 사람인데 지금은 저 모양이야. 그런데도 아직 돌아다니고 있지.”

한스 카스토르프는 걷기 시작하면서 아마추어 기수의 기침에 대해 열심히 말했다.

“잊지 말게. 나는 아직 저런 기침을 한 번도 들어본 일이 없어. 정말 처음이고 새로운 일이기 때문에 아주 강한 인상을 받았어. 기침에도 여러 가지가 있지. 마른 것도 있고 느슨한 것도 있어. 일반적으로 느슨한 기침이 높은 기침보다는 좋다고 해. 나도 젊었을 때(그는 ‘젊었을 때’라고 말했다) 목을 다쳐서 늑대처럼 높은 기침을 했지만, 그게 느슨해지자 모두 기뻐하더군. 지금도 기억해. 그러나 방금 들은 기침은 처음인데? 적어도 말이야…… 저건 산 사람의 기침이 아니야. 마르지도 않고 느슨하지도 않은, 말로 표현할 수 없는 것이지. 마치 그 사람의 몸 속이 어떻게 되었는지 들여다보는 것 같아. 모두가 죽같이 뒤범벅이 돼서……"

요아힘이 말했다.

"그렇지만 나는 저 소리를 매일 듣고 있기 때문에 자네 설명은 들을 필요가 없어."

그러나 한스 카스토르프는 방금 들은 기침이 마음에 걸려, 마치 아마추어 기수의 몸 속을 들여다보는 것 같다고 여러 번 말했다.

두 사람이 식당으로 들어갔을 때에도, 여행으로 피로한 그의 눈은 흥분된 빛을 띠고 있었다.

레스토랑에서

레스토랑은 밝고 아늑하여 마음에 들었다. 레스토랑은 홀의 바로 오른쪽에 있어서 응접실과 마주 보고 있었다. 요아힘의 설명에 따르면, 막 도착해서 시간 외의 식사를 하는 사람이나 방문객이 있는 사람들이 주로 이용한다는 것이었다. 그러나 생일, 퇴원이 임박하거나, 종합 진찰의 결과가 좋을 때도 여기서 성대하게 축하했다. 때로는 레스토랑에서 푸짐한 연회가 있어 샴페인을 터뜨리는 일도 있다고 요아힘이 말했지만, 지금은 30세 가량의 부인이 혼자 앉아서 책을 읽고 있을 뿐이었다. 그녀는 책을 읽으면서 계속 중얼대고는 왼손의 가운데 손가락으로 식탁보 위를 가볍게 두드리고 있었다.

두 젊은이가 앉자, 부인은 자리를 바꾸어 두 사람에게 등을 돌렸다. 그녀는 사람들과 얼굴을 마주 대하는 것을 꺼리는 성격으로, 언제나 레스토랑에서 책을 읽으면서 식사를 한다고 요아힘이 작은 목소리로 설명했다. 그녀는 아주 어릴 때 요양원에 들어와서 그 뒤로는 바깥 세상에서 지내본 일이 없다는 소문이었다.

한스 카스토르프는 사촌에게 말했다.

"그렇다면 자네의 5개월 정도로는 아직 신출내기에 불과하군. 예를 들어 1년 있다고 해도 마찬가지겠지."

요아힘은 대답 대신 전에는 볼 수 없었던, 어깨를 움츠려 보이는 버릇으로 그 말에 응하면서 메뉴판을 집어들었다.

둘은 창가의 한 단 높은 가장 좋은 테이블에 자리를 잡고서 크림색 커튼 옆에 마주 앉았다. 두 사람의 얼굴은 빨간 갓을 씌운 전기 스탠드 불빛으로 밝게 빛났다. 한스 카스토르프는 방금 씻은 양손을 마주 잡고 언제나 식탁에 앉을 때의 버릇대로, 몹시 기다려진다는 듯이 즐겁게 양손을 비비며 앉아 있었다. 이는 아마 그의 조상들이 식사 전에 기도를 하던 습관이 남아 있어서일 것이다.

콧소리로 상냥하게 이야기하면서 그들에게 서비스를 하는 아가씨의 혈색은 매우 건강해 보였다. 한스 카스토르프는 여기서는 웨이트레스를 '홀 아가씨'라고 부른다는 말을 듣고 매우 우습다고 생각했다. 두 사람은 그녀에게 그뤼오라로즈를 한 병 주문했는데, 한스 카스토르프는 그 온도가 적당치 않다고 하며 그녀를 또 한 번 돌려보냈다. 식사는 훌륭했다. 아스파라거스 수프, 소금에 절인 토마토, 여러 가지를 곁들인 구운 고기, 특별히 고급으로 만든 푸딩, 치즈, 과일 등이 나왔다. 한스 카스토르프는 생각보다는 식욕이 나지 않았지만 열심히 먹었다. 그는 배가 고프지 않더라도 체면상 많이 먹는 습관이 있었다.

요아힘은 요리에는 그다지 손을 대지 않았다. 그는 음식에는 진저리가 나 있다고 말했다. 이 위에서 사는 사람들은 모두 진저리가 나서 식사에 대해서 잔소리를 하곤 했다. 날마다 여기에 있어야만 하니 말이다. …… 대신 그는 포도주를 맛있게, 거의 황홀한 기분으로 계속 마셨다. 그리고 지나치게 감상적인 말투를 조심스럽게 피하면서, 이렇게 진실한 말을 나눌 수 있는 상대가 와 준 것이 기쁘다고 되풀이하여 말했다.

"자네가 와 주어서 정말 기쁘네. 정말이지 나에게는 하나의 사건이라고 할 수 있네. 어쨌든 하나의 변화니까. 이 병원의 무한한 단조로움 속에서 하나의 계기, 단락이라고 할 수 있지……"

요아힘의 차분한 목소리는 감동되어 있었다.

한스 카스토르프가 물었다.

"그러나 여기서는 시간이 정말 빨리 지나가겠지?"

"빠르다고 할 수도 있고, 느리다고도 할 수 있지. 대체로 시간은 흘러가지 않는다고 할 수 있겠지. 시간은 전혀 없고, 생활도 없어. 그래, 생활이라고 할 수는 없어."

그러더니 요아힘은 머리를 흔들면서 다시 잔에 손을 댔다.

한스 카스토르프는 얼굴이 불처럼 달아올랐지만 계속 마셨다. 그러나 몸은 여전히 차고 팔다리는 경쾌했지만 어딘지 괴롭고 불안정한 느낌이었다. 말이 무작정 빨라져서 가끔 틀리곤 했지만, 이것을 물리치려는 듯이 손짓을 하면서 계속 말했다.

요아힘은 기분이 좋아졌다. 그리고 아까 중얼대며 손가락으로 테이블보 위를 두드리던 여자가 갑자기 일어나 나가 버리자, 두 사람의 대화는 한결 자유롭고 명랑해졌다. 둘은 식사를 하면서 포크로 손짓을 하기도 하고, 입 안에 음식을 가득 넣은 채 의미심장한 몸짓을 하기도 했으며, 웃고 끄덕이고 어깨를 움츠리기도 했고, 음식을 제대로 삼키기도 전에 말을 계속하기도 했다. 요아힘은 함부르크의 이야기를 듣고 싶어서 지금 계획중인 엘베 강의 개수 공사로 화제를 돌렸다.

한스 카스토르프가 대답했다.

"획기적인 공사야! 우리 항운계(航運界)의 발달에 획기적인 공사지. 이렇게 말해도 과언은 아니야. 시에서는 곧 긴급하게 임시 지출비로 5천 마르크의 예산을 세웠지만, 사실 그럴 만한 자신이 있어서 한 일이라고 단언할 수 있지."

그는 엘베 강의 개수 공사를 그렇게 중요시하면서도 그 화제에서 곧 벗어나, 요아힘에게 '이 위'의 생활과 손님들의 이야기를 더 들려 달라고 졸랐다. 요아힘도 이야기를 하여 기분을 가볍게 하는 것이 기뻤던 모양으로 사촌의 희망에 기꺼이 응했다. 그는 쌍썰매의 코스를 따라 아래로 운반되는 시체 이야기를 되풀이하면서 그것이 사실이라는 점을 다시 한 번 단언했다. 한스 카스토르프가 다시 배꼽을 쥐고 웃자 요아힘도 웃었는데, 진심으로 즐거운 듯이 보였다. 그리고 그는 흥겨운 웃음을 더욱 돋우기 위해 다른 유쾌한 이야기를 여러 가지 했다. 이를테면 그와 같은 식탁 친구에 슈퇴어 부인이 있는데, 칸슈타트의 음악가 아내로 꽤 중환자인 것 같으나 그렇게 교양이 없는 사람은 이때까지 본 적이 없을 정도란다. 그녀는 소독이라는 것을 '구매'*4 라고 하는데,

---

*4 매독을 몰아낸다는 말.

이것도 제정신으로 말한다는 것이었다. 그리고 조수 크로코브스키를 '포물루스'*⁵라고 부른단다. 그래도 그것을 얼굴도 찡그리지 않고 듣고 있어야 한다. 게다가 그녀는 가십광(狂)—이 위에서 사는 사람들은 거의 모두가 가십광이지만—으로 일티스라는 부인이 칼날을 숨겨 두고 있다고 험담을 한다. 그녀가 '단도를 칼날'이라고 한다는 데 어이가 없어서, 두 사람은 반쯤 눕듯이 의자의 등받이에 몸을 기대어서 배의 근육이 떨리며 거의 동시에 딸꾹질이 날 정도로 웃었다.

갑자기 요아힘은 근심스러운 표정을 지으면서 자기의 운명을 하소연했다. 그는 애처롭게 얼굴을 찡그리며 횡격막의 진동 때문에 이따금 말을 멈추면서 말했다.

"우리가 이렇게 앉아서 흥겹게 웃고 있지만 언제 여기에서 나갈 수 있을지 전혀 가망이 없어. 베렌스가 앞으로 반 년이라고 한다면 그것은 빠듯한 계산이니까. 그보다 더 있게 된다는 것을 각오해야 해. 참 괴로운 일이야. 슬픈 일인지 어떤 건지 내 처지가 되어 생각해 봐 줘. 이미 채용이 되어 다음 달에는 장교 시험을 볼 수 있는데, 지금 이런 곳에서 체온계를 입에 물고 빈둥거리면서 교양 없는 슈퇴어 부인의 엉터리 말이나 헤아리면서 시간을 낭비하고 있으니 말이야. 우리 나이에 1년이라는 세월은 굉장한 거야. 아래 세상의 생활이라면 여러 변화와 진보를 가져오는 시간이지. 그런데도 나는 여기서 고인 물처럼 가만히 있어야만 하다니…… 그렇지, 썩은 물 그대로야. 절대로 극단적인 비유는 아니야……"

그런데 이상하게도 한스 카스토르프는 그 말에는 대답도 하지 않고, 여기서도 영국계 흑맥주를 마실 수 있느냐고 물었다. 요아힘은 어이가 없는 듯 상대를 쳐다보았다. 상대는 거의 잠이 들었다고나 할까? 아니, 벌써 잠이 들어 있었다.

요아힘이 말했다.

"아니, 자고 있었군? 자, 가세. 이제 잘 시간이야."

"시간이란 여기서는 없는 것이지 않나?"

한스 카스토르프는 잘 듣지 않는 혀로 말했다. 그래도 그는 사촌의 뒤를

───────────────

*5 는 라틴어로 Famulus라고 한다. 괴테의 파우스트 제1부 518행 참고.

따라갔다. 피로 때문에 바닥에 넘어질 것처럼 조금 허리를 구부리고 겨우 걸음을 옮기면서. 그러다가 침침한 전등 불빛으로 비추어지고 있는 홀까지 왔을 때였다.

"저기에 크로코브스키가 있군. 잠깐, 소개해줄게."

요아힘의 말소리를 들었을 때 한스 카스토르프는 억지로 정신을 가다듬었다.

크로코브스키 박사는 응접실 난로 가에 앉아서 신문을 읽고 있었다. 그는 젊은이들이 다가오는 것을 보고 일어섰다. 요아힘은 군대식 자세로 말했다.

"의사 선생님, 함부르크에서 온 사촌 카스토르프를 소개합니다. 방금 도착했습니다."

크로코브스키 박사는 새로 온 손님에게 명랑하고 씩씩하게, 격려하는 자세로 인사를 했다. 그 자세는 '나하고 마주 대하면 딱딱해 할 필요는 없고 다만 기쁜 마음으로 믿으면 된다' 말하는 것 같았다. 나이는 35세쯤이고, 어깨가 넓고 뚱뚱하지만 앞에 서 있는 두 사람보다는 훨씬 작아, 두 사람의 얼굴을 보기 위해서는 머리를 비스듬히 뒤로 젖혀야만 했다. 그리고 유난히 나쁜 혈색에 투명한, 아니 인광 같은 창백한 눈이 검게 빛나고, 눈썹은 검었으며, 이미 백발이 조금씩 보이기 시작한 둘로 나누어진 꽤 긴 검은 콧수염 때문에 혈색이 더욱 나빠 보였다. 그는 좀 낡은 검은 더블 양복을 입고, 두꺼운 잿빛 털양말에 샌들 같은 검은 단화를 신고, 부드럽게 뒤로 젖힌 칼라를 하고 있었다. 한스 카스토르프는 여태까지 단 한 번 단치히의 사진사가 그런 칼라를 한 것을 본 적이 있었는데, 그 칼라는 정말 크로코브스키 박사에게 사진사와 같은 풍모를 주고 있었다. 크로코브스키 박사는 수염 사이로 노르께한 치아가 드러나 보일 정도로 정답게 웃으면서 젊은 카스토르프의 손을 잡았다. 그는 바리톤의 목소리로 외국인처럼 오해를 하게 만드는 억양으로 말했다.

"잘 오셨습니다. 카스토르프 씨. 빨리 이곳 습관에 익숙해지셔서 우리 가운데서 유쾌하게 지내시기를 바랍니다. 실례되는 말씀입니다만, 이곳에는 환자로 오신 거겠지요?"

한스 카스토르프가 예의를 지키면서 밀려오는 졸음을 이기려고 애쓰는 모습은 보기에도 측은했다. 그는 예의가 바르지 않은 자신에게 화가 났고 이 조수 의사의 미소와 격려하는 태도를, 젊은 사람의 독특한 자존심을 가지며 관대하게 조롱으로 느꼈다. 그는 3주일 예정이라는 것, 시험을 쳤다는 것, 그리고 고맙게도 비할 데 없이 건강하다고 덧붙여 말했다.

크로코브스키 박사는 야유하듯이 머리를 비스듬히 내밀고 미소를 지어가면서 말했다.

"정말입니까? 그렇다면 매우 연구할 만한 가치 있는 현상입니다. 나는 아직 완전히 건강하다는 사람을 만난 일이 없습니다. 실례지만 무슨 시험을 쳤습니까?"

"엔지니어입니다, 의사 선생님."

한스 카스토르프는 겸손하나 위엄을 가지고 대답했다.

크로코브스키 박사의 미소는 뒤로 물러가고, 그 순간 힘과 다정함을 잃었다.

"아, 엔지니어! 좋은 일입니다. 그렇다면 여기서는 어떤 종류의 치료도 받지 않으시는 거죠? 육체면에서도 정신면에서도."

"네, 그렇습니다."

한스 카스토르프는 이렇게 말하고 거의 한 걸음 물러서려고 했다.

그러자 크로코브스키 박사의 미소는 다시 의기양양하게 흘러나오더니, 새삼스레 그와 악수하면서 큰 소리로 말했다.

"자, 그러면 편히 주무십시오. 카스토르프 씨. 완전무결한 건강을 만끽하십시오! 그럼 또." 그는 젊은이들을 보내고 다시 앉아서 신문을 읽기 시작했다.

엘리베이터는 이미 움직이지 않았기 때문에 두 사람은 걸어서 계단을 올라갔다. 둘 모두 크로코브스키 박사와의 대면으로 마음이 좀 심란해져서 서로 말이 없었다. 요아힘은 한스 카스토르프를 34호실까지 바래다 주었다. 거기에는 절름발이 사나이가 새로 온 손님의 짐을 가져다 두었다. 두 사람은 15분쯤 잡담을 했는데, 한스 카스토르프는 잡담을 하면서 짐 속에서 잠옷과 세면 도구를 꺼내고, 굵고 연한 담배를 피웠다.

한스 카스토르프는 빨아들인 담배 연기를 말과 함께 토해냈다.

"그 사람 아주 대단해 보이는데? 얼굴이 납처럼 창백하더군. 그런데 그 신발은 어울리지 않았어. 쥐색 털양말에 그 샌들 말이야. 혹시 그 사람 기분이 상한 게 아닐까?"

요아힘도 그에 대해서는 시인했다.

"그는 신경이 예민하지. 자네는 그의 치료를 그렇게 잘라서 거절할 필요는 없었네. 적어도 정신적인 치료만큼은 말이야. 그걸 거절하니 그가 싫어할 수밖에. 나도 그에게 가서 상담을 별로 하지 않으니 나도 그다지 좋게 여기지 않지. 그래도 가끔은 꿈 이야기를 해서 분석의 재료를 제공하고는 있어."

"그렇다면 그의 기분을 상하게 했군그래."

한스 카스토르프는 화가 나서 말했다. 남의 기분을 상하게 한 자기에게 화가 났고 그 때문에 더 심한 피로를 느꼈다.

"잘 자게, 쓰러질 것 같아. 내일 아침에는 8시에 아침 식사를 같이 하러 마중을 오겠네."

요아힘은 이런 말을 남기고 나갔다.

한스 카스토르프는 잘 준비를 빨리 끝냈다. 그리고 머리맡 테이블의 전깃불을 끄자마자 잠에 빠지려 하다가 그저께 이 침대에서 누가 죽었다는 사실이 생각났다. 그 순간 그는 다시 한 번 놀라서 눈을 떴다.

"이번이 처음은 아닐 테지. 임종의 침대일 뿐이야. 이상할 건 없어."

그는 안심시키듯이 자기에게 타일렀다. 그러고는 곧 잠들었다.

그리고 깊은 잠이 들자 꿈을 꾸기 시작해서 이튿날 아침까지 거의 쉬지 않고 계속 꿈을 꾸었다. 주로 이런 꿈이었다. 요아힘 침센이 이상하게 팔다리를 비튼 자세로 경사진 코스를 쌍설매로 내려갔다. 침센은 크로코브스키 박사의 얼굴처럼 인광 같은 빛을 내고 있었다. 썰매 앞에는 아마추어 기수가 앉아서 조종하고 있었다. 그에 대해선 다만 기침 소리만 들었을 뿐이므로 자세가 매우 희미하게 보였다.

"우리에게는 어떻든 매한가지야. 이 위에 사는 우리들에게는."

요아힘이 몸을 비틀며 말했지만, 그 몸서리쳐지는 죽과 같은 기침을 한 것은 기수가 아니라 요아힘이었다. 한스 카스토르프는 엉엉 울고 말았다. 그래서 약국으로 뛰어가 콜드 크림을 사와야겠다고 생각했다. 그런데 길가에 일티스 부인이 여우같은 얼굴을 하고 손에 무엇을 쥔 채 앉아 있었다. 틀림없이 '칼날'인 것 같으나, 사실은 안전 면도날이었다. 그것을 보고 한스는 웃지 않을 수 없었다. 이렇게 한스 카스토르프는 반쯤 열려진 발코니의 문으로 아침 햇빛이 그의 눈을 뜨게 할 때까지, 온갖 감정의 물결 속에서 왔다 갔다 했다.

제2장

세례반과 이중의 모습을 한 할아버지에 대해서

한스 카스토르프는 자기의 집안에 대해서는 희미한 기억밖에 없다. 아버지도 어머니도 전혀 몰랐다. 두 분은 그가 다섯 살에서 일곱 살 사이에 짧은 간격을 두고 세상을 떠났다. 먼저 어머니가 해산을 얼마 앞두고 신경염으로 인한 혈관 폐쇄—하이데킨트 박사의 말을 빌리면, 전색증으로 인한 심장마비—로 갑자기 죽었던 것이다. 어머니는 침대 위에 앉아서 웃다가 죽었기 때문에 너무 웃어서 굴러떨어진 것처럼 보였지만, 사실은 죽었기 때문에 굴러떨어진 것이었다. 아버지인 한스 헤르만 카스토르프에게는 쉽게 받아들일 수 없는 일이었다. 아버지는 아내를 진심으로 사랑했고 그 자신도 그다지 건강하지 않았으므로 이 타격을 이겨낼 수가 없었다. 그 뒤로 그는 정신이 이상해지고 쇠약해져서 방심 상태에 있다가 사업상의 실수를 일으켜 '카스토르프 부자 상회'는 심한 손실을 입었다. 그 다음 해 봄, 그는 바람이 몹시 부는 부둣가에서 창고의 재고품 검사를 하다가 폐렴에 걸렸다. 그렇지 않아도 약해진 심장은 높은 열에 견디지 못하고, 하이데킨트 박사의 온갖 치료에도 닷새 만에 죽고 말았다. 그는 많은 시민들이 참가한 장례식 행렬 속에서 성 카타리나 교회의 묘지, 식물원을 내려다볼 수 있는 카스토르프 가문 대대의 아름다운 묘지에 아내의 뒤를 따라 묻혔다.

시 참의원이었던 할아버지는 비록 짧은 기간이었지만 아들보다는 더 오래 살았다. 할아버지인 한스 로렌츠 카스토르프 또한 폐렴이었지만, 아들과는 달리 생활력이 매우 강하고 끈기 있는 체질이었기 때문에 심한 투쟁과 고통 끝에 죽었다.

할아버지가 죽기까지의 짧은 동안을—고작 1년 반의 기간이었지만—고아가 된 한스 카스토르프는 할아버지의 집에서 지냈다. 이 집은 19세기 초에 좁은 대지에 북방의 고전적 형식으로 세워진 집으로, 광장 쪽으로 접했고 둔탁

한 색으로 칠해져 있었다. 땅 위에서 다섯 층계 올라간 1층의 중앙에 출입문이 있고, 이 문 양옆에는 반원주(半圓柱)가 여러 개 서 있다. 2층의 유리는 마루 바닥에까지 이르며, 쇠창살이 설비되어 있었다. 이 2층 위에 2층이 더 있었다.

2층은 거의 응접실로 만들어져 있었으나 가운데는 천장이 석회로 장식된 밝은 식당이 있었다. 이 식당의 세 개의 창은 뒤뜰과 이어졌고 포돗빛의 커튼이 걸려 있었다. 할아버지와 손자는 이 식당에서 18개월 동안 매일 4시에 하인인 피에테 노인의 시중을 받으며 점심을 먹었다. 이 노인은 귀걸이를 하고, 은단추가 달린 프록코트를 입고, 주인과 똑같은 삼베 목도리를 하고, 그 속에 말쑥하게 면도한 턱을 주인과 똑같은 모양으로 파묻고 있었다. 할아버지는 피에테 노인에게 저지(低地) 독일어로 말을 걸고 서로 다정하게 '자네'라는 말로 불렀다. 농담이 아니라—할아버지에게는 유머가 없었다—진심으로 그렇게 하는 것이었다. 주로 할아버지는 서민들, 이를테면 하역 인부, 우편 배달부, 마부, 하인들에게 이렇게 대했다. 한스 카스토르프는 그 말을 듣는 것이 좋았고, 또 피에테 노인이 시중을 들면서 주인의 왼쪽 뒤에서 상체를 구부려, 왼쪽 귀보다 훨씬 잘 들리는 시 참의원의 오른쪽 귀에 대고 마찬가지로 저지독일어로 대답하는 것을 듣는 것도 아주 즐거웠다. 할아버지는 피에테 노인의 대답을 알아듣고는 고개를 끄덕이고, 마호가니로 만든 높은 팔걸이가 달린 의자와 식탁 사이에 단정히 앉아, 접시 위로 몸을 거의 구부리지 않고 계속 식사를 했다. 할아버지의 아름답고 가느다란 늙은 손에는 오른쪽 집게손가락에 문장이 들어 있는 초록빛 반지를 끼고 있었다. 한스 카스토르프는 그 건너편에 앉아, 손톱이 동그스름하고 끝이 뾰족한 손으로 고기, 채소, 감자를 한 입씩 포크 끝에 찍어서 입으로 옮기는 할아버지의 면밀하고 세련된 동작을 주의 깊게 바라보았다. 그리고 한스 카스토르프는 자신의 아직 서투른 손을 바라보며, 그 손으로 언젠가는 할아버지처럼 나이프와 포크를 쥐고 그것을 움직일 수 있게 되리라고 느꼈던 것이다.

그에게 또 하나의 문제는, 뾰족한 끝이 할아버지 볼을 스치게 되는, 이상한 모양을 한 칼라가 넓게 벌어진 목도리에 자기도 언젠가는 턱을 파묻게 될까 하는 것이었다. 이것은 그에게 의문이었다. 그렇게 되려면 할아버지만큼 나이를 먹어야 하는데, 할아버지와 피에테 노인 말고는 요즘은 아무도 그런 목도리와 칼라를 하지 않았기 때문이었다. 이는 유감스러운 일이었다. 왜냐하면 할아버지가 눈처럼 흰 목도리에 턱을 파묻고 있는 모습이 유달리 그의 마음에 들었던 까닭이다. 성인이 된 뒤의 추억 속에서도 그 모습은 특히 마음에 든 것으로, 거기에는 뭔가 마음속 깊은 곳으로부터 동의할 수 있는 무언가가 깃들어 있었다.

할아버지와 손자는 식사가 끝난 뒤 냅킨을 접고 말아서 은고리에 끼워 넣었다. 냅킨은 작은 테이블보만큼이나 컸기 때문에, 이 일은 그 무렵의 한스 카스토르프에게는 그리 쉬운 일이 아니었다. 시 참의원은 피에테 노인이 뒤로 의자를 당겨 주면 일어나 발을 끌면서, 좋아하는 여송연을 가지러 '작은 방'으로 갔다. 손자도 가끔 거기에 따라갔다.

이 '작은 방'은 어떤 사정으로 생긴 것이었다. 식당에 유리창을 세 개나 만들어 집의 전체 폭을 차지하게 되었으므로, 이런 형태의 집에는 마땅히 세 개의 객실을 만들어야 하는데 둘만 만들어지게 되었다. 그런데 그 두 개의 객실 중에서 식당에 직각으로 위치한 객실은 거리로 통하는 창이 한 개뿐이어서 불균형하게 길어질 것 같았다. 그래서 그 길이의 4분의 1만큼을 끊어서 그것을 '작은 방'으로 했던 것이다. 이곳은 지붕에서 빛이 들어오게 만들어진 어두운 방이었고 가구도 많지 않았다. 다만 시 참의원의 여송연 상자를 얹은 찬장과 서랍에 휘스트[*1] 놀이의 카드와 셈패, 탁 소리를 내며 열리는 톱니바퀴 달린 작은 기호판, 석판과 석필, 종이로 된 여송연 파이프 등이 들어 있는 카드대가 있었다. 그리고 유리문 뒤에 노란 비단 커튼을 친 자란나무로 만든 로코코 양식[*2]의 유리장이 방 구석에 놓여 있을 뿐이었다.

어린 한스 카스토르프는 작은 방에서 노인의 귓전에까지 발돋움을 하며 말했다.

"할아버지, 세례반을 보여 줘요."

그러면 할아버지는 부드럽고 긴 프록코트 자락을 바지 위로 올리고, 바지 주머니에서 열쇠 다발을 꺼내 유리장을 열었다. 그 안에서는 이상하게 기분이 좋은 향내가 풍겨 나왔다. 장 속에는 이제 소용이 없는, 그러나 그 때문에 한결 더 매력적인 물건들이 보관되어 있었다. 휘어진 은촛대 한 쌍, 나무 상자에

---

*1 트럼프 놀이의 일종.
*2 18세기 초 프랑스에서 일어난 예술 양식으로 독일에 들어와서 전성기를 이루었다.

암시적인 조각을 한 깨진 청우계(晴雨計), 은판 사진이 붙은 앨범, 삼목으로 만든 독한 술을 담는 통, 화사한 비단 옷을 입었으며 딱딱한 뱃속에 들어 있는 기계 장치로 옛날에는 테이블 위를 달렸으나 이제는 오래전부터 움직이지 않는 작은 터키 인형, 옛날식 배의 모형, 그리고 맨 밑에는 쥐덫까지 들어 있었다. 노인은 유리장의 중간층에서 은제 쟁반에 얹힌 온통 흐려진 둥근 은반(銀盤)을 꺼내 접시와 반(盤)을 따로따로 하고, 그 하나하나를 이리저리 돌리면서 소년에게 보이고는 지금까지 되풀이해 온 설명을 또 들려주는 것이었다.

반과 쟁반은 보면 알 수 있지만, 지금 소년이 또다시 들은 바대로 본디는 한 쌍이 아니었다. 그러나 할아버지의 말로는 이 두 가지는 이미 100년 동안, 즉 반이 구입되던 때부터 함께 사용되어 왔다. 반은 16세기 초의 엄격한 형식으로 만들어져 있었는데 간소하고 고상하며 아름다운 모습을 하고 있었다. 또한 매끄럽고도 중후한 느낌을 주며 둥근 발판이 달려 있었다. 내부는 금으로 칠해져 있었지만, 이 금색은 오랜 세월이 흐르는 동안 퇴색하여 누르스름한 빛을 띠고 있었다. 장미꽃과 톱니 모양을 한 잎을 배합하여 부각한 화환이 유일한 장식으로 반 위의 가장자리를 둘러싸고 있었다. 쟁반이 반보다 훨씬 오래 된 물건이라는 것은 안쪽에 새겨진 숫자로도 알 수 있었다. 거기에는 '1650년'이라는 연호가 당초(唐草) 무늬로 새겨져 있고, 그 연호를 여러 소용돌이 모양의 조각이 둘러싸고 있었다. 이것은 그 무렵 이른바 '참신한 수법'에 의한 자유분방한 아라베스크의 도안으로, 별 같기도 하고 꽃 같기도 했다. 쟁반 원부분에는 오랜 세월 동안 이 기물을 차례로 소유한 가장(家長)의 이름이 저마다 다른 서체로 새겨져 벌써 일곱 명의 이름이 있고, 반을 상속한 연호도 첨가되어 있었다. 목도리를 한 노인은 반지를 낀 집게손가락으로 하나하나 그 이름들을 손자에게 가리켜 보였다. 소년의 아버지 이름도 있고, 할아버지의 이름도 있었으며, 증조부의 이름도 있었다. 할아버지의 입 안에서 '증(曾)'이라는 접두어가 두 개가 되고 세 개가 되고 네 개로 되면, 소년은 머리를 옆으로 기울이고 깊이 생각하는 듯한, 혹은 멍하니 꿈을 꾸는 듯한 눈으로 입을 황홀하게 벌리고 이 "증—증—증—증"이라는 음에 귀를 기울였다. 그것은 무덤과 시간의 매몰을 의미하는 어두운 음이었지만, 또한 먼 과거에 파묻혀 버린 시대와 현재 소년의 생활 사이의 경건한 연결을 의미하며, 소년에게 아주 특이한 인상을 주었으므로 얼굴에 그런 표정이 떠오르는 것이었다. 소년은 이 음을 듣고 있으면 곰팡내 나는 차가운 공기, 성 카바리나 교회나 성 미가엘 교회의 납골당의 공기를 마시는 것 같은, 모자를 손에 쥐고 발끝으로 경건하게 걸어가게 되는 성스러운 장소의 입김을 느끼는 듯한 기분이 들었다. 그리고 또 발소리가 울려오는 그런 신성한 장소의 고요하고 평화로운 정적 속에 몸을 두는 것 같은 느낌이 들었다. 이 '증'이라는 허허로운 음에 종교적 느낌, 죽음의 느낌, 역사의 느낌이 섞여 있었다. 그리고 이런 모든 것이 소년에게는 더없이 기분 좋았다. 소년이 세례반을 여러 번 보여 달라고 졸랐던 것도 그 음 때문이며, 그 음을 듣고 그것을 입 속에서 함께 흉내내어 보고 싶었던 까닭이었다.

이윽고 할아버지는 반을 쟁반 위에 얹고는 천장 유리창에서 흘러 들어오는 빛으로 희미하게 빛나는, 연한 금색의 매끄러운 내부를 소년에게 보여 주었다.

할아버지가 말했다.

"얼마 안 있어 8년이 된다. 우리가 네 머리를 이 위에 내밀어, 너를 세례한 물이 이 속으로 흘러들어간 뒤로 말이지…… 훌륭한 부겐하겐 목사가 성 야곱 교회의 성물(聖物) 관리인인 라센에게서 손바닥에 물을 받아 그것을 네 머리에 부으면, 그것이 이 안으로 흘러들어가는 것이었지. 우리는 물을 미리 데워 두었어. 네가 놀라서 울면 어떻게 하나 해서 말이야. 너는 세례를 하기 전까지는 어찌나 울어대는지 부겐하겐도 설교하는 데 진땀을 흘렸는데, 막상 물을 붓는 때가 되니 울음을 딱 그쳤지. 그것은 네가 성수의 고마움을 느꼈기 때문이라고 생각한다. 그리고 이제 44년 전의 일이 되지만, 그때 너의 돌아가신 아버지가 세례를 받을 때 아버지의 머리에서 물이 이 속으로 흘러들어갔지. 아버지가 태어난 이 집, 저쪽 홀 한가운데의 창 앞에서 말이야. 그 무렵에는 고령의 헤제키일 목사가 아직 살아 있어서 아버지에게 세례를 주었단다. 이 목사는 젊었을 때 프랑스 군인들이 불을 지르고 약탈하는 것을 공격하는 설교를 해서 하마터면 총살을 당할 뻔했어. 그분도 벌써 하느님 곁으로 가셨지. 75년 전에는 내가 세례를 받았다. 역시 저쪽 홀에서였어. 내 머리를 쟁반에 얹은 이 반 위에 내밀고, 목사가 너와 네 아버지 때와 마찬가지 문구의 설교를 했고 역시 데워진 맑은 물이—꼭 오늘 남아 있는 만큼밖에 있지 않았던—내 머리에서 너희들 때와 마찬가지로 이 금빛 반 속에 흘러들어갔던 거야."

소년은 지금 들은 대로 이미 흘러간 옛날처럼 다시 반 위에 내밀어진 할아버지의 백발 머리를 쳐다보고, 이미 경험해 본 적이 있는 어떤 감정에 사로잡혔다. 그것은 앞으로 나아가는 것과 동시에 머물러 있는 것 같은, 변천하면서 정지하고 있어서 현기증을 일으킬 것 같으면서도 단조로운 되풀이를 하고 있는, 반쯤 꿈을 꾸는 듯하면서도 사람을 불안하게 하는 이상한 감정이었다. 이것은 소년이 지금까지 세례반을 볼 때마다 경험하는 기분으로, 사실은 다시 그런 기분에 잠기고 싶었던 것이다. 정지하면서도 움직이고 있는 이 전래품(傳來品)을 무던히도 보고 싶었던 까닭은 이런 기분에 잠기고 싶었기 때문이었다.

뒷날 한스 카스토르프 청년이 자신을 생각할 때, 할아버지의 모습이 부모님의 모습보다도 훨씬 깊고 또렷하게 마음속에 새겨져 있음을 알았다. 이것은 아마 할아버지와 손자 사이의 공감, 그리고 생리적인 동질성에서 비롯한 현상일 것이다. 홍안의 소년이 윤기와 부드러움을 잃은 70세의 노인과 닮았다고 말할 수 있다면, 손자는 할아버지를 많이 닮았기 때문이다. 그러나 이는 주로 할아버지의 사람됨을 말하는 것으로, 할아버지는 분명히 카스토르프 집안사람들을 대표하는 인물, 즉 전형적인 인물이었다.

사회적인 면에서 볼 때, 할아버지 한스 로렌츠 카스토르프의 인물 됨됨이와 사고방식은 이미 세상을 떠나기 오래전부터 시대의 흐름에 뒤떨어져 있었다. 전형적인 기독교적 신사로 칼뱅파(派)에 속한 매우 보수적인 사고에 굳어져, 정치에 참여할 수 있는 사회층을 상류 사회에만 국한해야 한다고 완고히 생각했다. 그 고집스러움은 장인조합(匠人組合) 사람들이 옛날부터 계속 정치권을 잡아 상류 계급의 끈기 있는 저항을 배제하고 시의회에서 의석과 발언권을 쟁취하기 시작한 14세기에나 살고 있는 것처럼, 새로운 것에는 귀를 기울이려고 하지 않았다. 할아버지가 활약한 시대는 사회 전반에 걸쳐 눈부신 발전과 갖가지 변혁이 있던 시대여서, 사회적 희생심과 모험심에 끊임없이 높은 요구가 과해진 비약적인 진보의 시대였다. 이런 새 시대의 정신이 누구나 다 알고 있는 뚜렷한 승리를 거두었어도, 그것은 카스토르프 노인의 관심사가 아니었다. 노인은 모험적인 항만 확장이나, 벌받아야 할 대도시 건설 계획 같은 바보짓보다는 조상에게서 물려받은 풍습과 옛날 그대로의 제도를 더욱 존중하고, 힘이 닿는 한 변혁을 저지하고 진압하고자 했다. 모든 일이 노인의 생각대로 되었다면, 시의 행정은 지금도 그즈음 자신의 회사 사무실과 같은 분위기에서 목가적이고 고풍적인 취향 그대로 행해지고 있었을 것이다.

노인은 살아 있을 때나 죽은 뒤에도 시민들의 눈에 그런 인물로 비쳐졌다. 어린 한스 카스토르프는 정치에 대해서는 아직 아무것도 몰랐지만, 조용히 사물을 바라보는 어린 소년의 눈은 할아버지에 대해 본질적으로는 시민들과 같은 관찰을 하고 있었다. 그것은 아직 말로 표현되지 않는, 따라서 비평이 없는 오히려 신선하다고 할 관찰이었지만 뒷날 의식적으로 떠올려 볼 때, 말과 분석을 싫어하고 오로지 긍정하려고만 하는 성질을 그대로 갖고 있었다. 앞에서 말했지만 여기에는 공감이 작용한 것으로, 한 세대를 뛰어넘는 유전적인 친근성과 동질적인 결합이라는 그다지 새로운 것이 없는 현상이 작용하고 있었다. 아들과 손자는 관찰하고는 감탄하며, 감탄하고는 자기 속에 유전적으로 준비되어 있는 것을 발견하고, 그것을 길러가는 것이다.

시 참의원 카스토르프는 여위고 키가 큰 편이었다. 고령으로 등과 목이 구부러져 있었으나 그는 이것을 억지로 펴 보려고 했다. 그 때문에 그의 입은—위엄을 담고는 있으나 식사 때 말고는 의치(義齒)를 사용하지 않았기 때문에 치아의 지탱을 받지 못하게 된 입술은 바로 잇몸에 밀착되어 있었다—괴롭게 오므라져 있었다. 게다가 머리가 흔들리기 시작하는 것을 막으려고 몸을 뒤로 젖히고 턱을 앞으로 당기는 자세를 하게 되었는데, 이것이 또 어린 한스 카스토르프의 마음에 들었다.

할아버지는 코담배 상자를 애용했다. 거북이 등껍질에 금을 박아 넣은 갸름한 상자로, 할아버지는 그 상자에 어울리도록 붉은 손수건을 사용했는데 그 끝이 프록코트 뒷 주머니에 언제나 나와 있었다. 이것은 그의 풍채에 익살스러움을 느끼게 하는 약점이었으나 어디까지나 노인들의 특권이라는 인상을 주었다. 즉 노인들의 의식적인 애교에서인지 아니면 고령 때문에 자기도 모르게 그러는 것인지, 단정치 못한 느낌을 주는 점이었다. 아무튼 이것은 한스 카스토르프의 순진하고도 민감한 눈이 할아버지의 모습에서 찾을 수 있었던 유일한 약점이었다. 그러나 일곱 살인 소년에게나 또 뒷날 어른이 된 뒤의 추억 속에 나타나는 노인의 모습은 할아버지의 진짜 모습이 아니었다. 사실은 훨씬 더 아름답고 단정했다. 실물과 같은 크기의 유화로 그려진 모습이 할아버지의 참모습이었다. 이 초상화는 전에는 부모님의 안방에 걸려 있었는데, 뒤에 어린 한스 카스토르프와 함께 광장에 이어져 있는 할아버지의 집에 옮겨져서 그곳 응접실의 붉은 비단을 덮은 큰 소파 위에 걸려 있게 되었다.

이 그림에서 한스 로렌츠 카스토르프는 시 참의원의 제복을 입고 있는데, 이 제복은 이미 지나간 세기의 엄숙하고 경건한 시민복이다. 중후하고 과감한 공공 단체가 여러 세대에 걸쳐 이어받으며, 의식상으로 과거를 현재로, 현재를 과거로 잇게 하고, 사물의 쉬지 않는 연관성을 느끼게 하며, 공공 단체의 행동을 보장하는 서명(署名)의 근엄한 확실성을 뒷받침하기 위해 화려하게 사용하여 온 것이었다. 시 참의원 카스토르프는 분홍색 타일을 깐 마루 위에 전신을 보이면서 기둥과 고딕식 아치를 배경으로 서 있었다. 턱을 당기고, 입술을 꾹 다물었으며, 눈물주머니가 늘어진 밝고 푸르고 생각에 잠긴 시선을 멀리 던지며, 무릎 아래까지 내려간 법관복 같은 길고 검은 외투를 입고 있었다. 이것은 앞이 트여 있고 깃과 자락에는 폭이 넓은 털로 장식되어 있었다. 선을 댄 넓은 겉옷 소매 속에서 간소한 천의 좁은 속옷 소매가 보이고, 레이스를 단 소매 끝은 손목까지 덮여 있었다. 늙어서 여윈 발은 검정 비단 양말로 싸였고, 은으로 된 버클이 달린 구두를 신고 있었다. 목에는 풀을 빳빳이 먹이고 주름이 많은 폭넓은 쟁반 모양의 목도리를 둘렀는데, 앞은 내려오고 좌우는 위로 젖혀져서, 그 밑으로 역시 주름 잡은 모시로 된 가슴 부분의 장식이 조끼 위에 드리워져 있었다. 팔 밑으로 차양이 넓은 고풍의 모자를 끼고 있었는데, 그 모자 둘레는 위로 올라갈수록 좁아졌다.

이것은 정평이 있는 화가의 솜씨로 그려진 훌륭한 그림으로, 모델에 흡사하게 고대 거장풍의 고상한 취미에 따라 그려졌는데, 보는 사람에 따라 스페인풍, 네덜란드풍, 후기 중세풍의 여러 인상을 불러일으켰다. 어린 한스 카스토르프는 가끔 이 그림을 보았다. 물론 벌써 예술적 감상력을 갖고 본 것은 아니지만, 좀더 넓은 의미에서 소년에게는 투시적이라고도 할 이해력이 있었다. 소년은 이 그림에 그려진 자세의 할아버지를 실제로 본 것은 할아버지가 의사당으로 위풍당당하게 마차를 타고 갈 때 단 한 번, 그것도 잠시 동안뿐이지만, 앞에서도 말한 것처럼 그 초상화에서 할아버지의 자세를 진짜 모습이라고 생각하고, 평상시의 할아버지는 가짜 조부, 말하자면 임시 변통적으로 불완전하게 이 세상에 잠시 적응하는 할아버지로 느껴졌다. 여느 때 할아버지의 모습에서 특히 이상한 것은 분명히 그런 불완전한, 아마 좀 잘못된 결과인 것이며, 따라서 그것은 순수하고 진실된 모습의 감출 수 없는 잔재이고 암시였다. 예를 들어 평상시 할아버지의 높은 칼라와 흰색의 불룩한 목도리는 구식이었지만 이것은 가짜 자세에 지나지 않으며, 그 원형인 스페인풍의 목도리를 구식이라고 부를 수는 없었다. 할아버지가 외출할 때에 쓰는 많이 젖혀진 실크 모자도 가짜 모습에 속했다. 진짜에 속하는 것은 그림 속의 차양이 넓은 펠트 모자였다. 할아버지의 구겨진 긴 프록코트도 마찬가지로, 어린 한스 카스토르프에게는 가장자리에 털이 장식된 법관복 같은 그림 속의 제복이 평상시의 프록코트의 원형이요, 정복이라고 생각했다.

이런 까닭으로 할아버지와 영원히 작별할 날이 와서, 할아버지가 빛나도록 진실하고 완전한 자세로 누워 있는 것을 보고 소년은 그것을 마음속으로 이상하게 생각하지 않았다. 할아버지와 손자가 식탁을 사이에 두고 마주 앉았던 바로 그 홀이었다. 지금 한스 로렌츠 카스토르프는 그 홀 한가운데에 화환에 둘러싸인 영구대 위에 은으로 꾸며진 관 속에 누워 있었다. 할아버지는 이 세상에서 잠시 적응하고 있는 것처럼 보였지만, 그래도 폐렴과는 끈기 있게 싸워왔다. 그리고 그 싸움에서 이겼는지 졌는지는 확실치 않지만, 아무튼 지금은 엄숙하고 평화로운 표정으로 화려한 영구대 위에 누워 있었다. 투병으로 얼굴은 온통 변했고 코는 뾰족해졌다. 하반신은 이불로 덮여 있고, 그 이불 위에는 종려 가지 하나가 놓여 있었다. 머리는 비단 베개로 높이 받쳐져 그 때문에 턱은 화려한 스페인풍 깃 장식의 주름 속에 아름답게 감춰져 있었다. 레이스의 소매 끝으로 반쯤 덮인 양손에는 상아 십자가를 쥐었고, 그 손가락은 자연스럽게 합장하고 있었지만 차갑게 죽어 있다는 것을 숨길 수는 없었다. 할아버지는 눈을 내리깔고 그 십자가를 조용히 내려다보는 것같이 보였다.

할아버지가 처음 병에 걸렸을 때에는 한스 카스토르프도 가끔 할아버지를 만날 수 있었으나, 병의 막바지에는 만날 수 없었다. 병의 고통이 주로 밤중에 일어났던 탓이기는 하지만, 그 병과 싸우는 할아버지의 모습을 어린아이에게 보이지 않으려는 배려에서였다. 그래서 집 안의 답답한 공기, 피에테 노인의 울어서 부어오른 눈, 의사들의 마차 출입 등을 통해 간접적으로 투병을 느꼈을 뿐이었다. 소년이 홀에서 대면한 할아버지의 투병 결말을 한 마디로 표현하면, 할아버지가 이 세상에 잠시 적응했던 자세에서 이제는 엄숙하게 해방되어 할아버지 본디의 모습으로 영원히 돌아갔다는 것이다. 피에테 노인도 계속 울면서 줄곧 머리를 흔들고 있었고, 한스 카스토르프 자신도 갑작스럽게 돌아간 어머니나, 그 어머니를 뒤쫓듯이 짐짓 조용히 낯선 사람처럼 누워 있던 아버지의 모습을 보았을 때처럼 울었지만, 아무튼 이것은 납득이 가는 결말이었다.

이렇게 죽음이 어린 한스 카스토르프의 정신과 감각에—특히 감각에—작용한 것은, 이렇게 짧은 사이에, 그리고 이토록 어린 그에게 이것이 세 번째였기 때문이었다. 죽음의 모습도 인상도 소년에게는 이제 새로운 경험이 아니라서 이제는 완전히 익숙해져 버린 것이다. 처음 두 번은 그도 어린아이였기에 마땅히 슬픔을 보이기는 했지만, 아주 침착하고 훌륭한 태도로 조금도 정신을 차리지 못하거나 하지는 않았다. 세 번째인 이번에도 마찬가지여서 오히려 전보다 더 침착하게 행동했다.

이런 사건들이 소년의 생활에 어떤 실제적인 의미를 갖는지도 모르고, 또는 알고는 있어도 그것을 어린아이기에 괴로워하지 않고, 주위 사람들이 자기에 대한 것은 어떻게 해 줄 것이라고 믿고는 관 앞에서도 짐짓 어린아이다운 무관심과 실제적인 호기심을 나타냈을 뿐이었다. 그러나 그것이 세 번째였기에 경험을 쌓은 전문가라는 기분과 표정이 곁들여 특이하게 조숙한 분위기를 띠고 있었다. 복받치는 감정으로, 그리고 주위 사람들에게 감염되어 자주 나오는 눈물은 자연적인 반응이니 그다지 문제될 것이 못 된다. 아버지가 죽고 나서 서너 달이 지나는 동안 그는 죽음이라는 것을 완전히 잊어 버렸지만, 지금 그 기억을 돌이켜 생각해 보니 그 무렵의 모든 인상이 비교를 초월한 독특한 형태로 뚜렷하고 예리하게 되살아남을 느끼게 되었다.

이들 인상을 풀어서 표현한다면 대체로 다음과 같은 것이 되었다. 죽음은 경건하고 명상적이며 슬프고 아름다운, 즉 종교적인 성질을 갖고 있지만, 또 이것과는 전혀 다른 정반대의 성질, 극히 육체적이고 물질적인 성질, 아름답거나 명상적이거나 경건하지도 않은, 사실은 슬프다고도 할 수 없는 성질을 가진 것이다. 엄숙한 종교적인 성질은 유해의 화려한 안치에, 꽃의 화려함에, 천국의 평화를 상징하는 것으로 알려진 종려 가지에, 나아가 가장 확실하게는 할아버지의 죽은 손가락 사이의 십자가, 관 머리맡에 놓여진 토르발센[*3]의 축복하는 그리스도상, 양옆에 세워져서 이런 경우 마찬가지로 종교적인 성격을 띠는 촛대 등에 나타나 있었다. 이 도구들은 엄밀한 의미에서 할아버지가 영

─────────────

*3 덴마크의 유명한 조각가, 1768~1844년.

원히 그의 본래 진실한 자세로 되돌아갔다는 것을 명백히 의미했다. 그러나 어린 한스 카스토르프가 느끼고 생각한 것을 말로 표현한다면, 이 도구들은 특히 많은 꽃, 그리고 그 가운데서도 특히 많았던 월하향(月下香)은 보다 넓은 의미와 냉정한 목적을 갖고 있어서 죽음이 가지고 있는 두 가지 성질 중에 아름답지도 않고 사실은 슬프지도 않는, 오히려 볼썽사납고 천한 육체적인 성질을 잊게 하든가, 의식하지 못하게 하는 목적을 갖고 있는 듯했다.

죽음의 이런 성질 때문에 죽은 할아버지는 그렇게 낯설게 느껴졌고, 더욱이 할아버지가 아니라 죽음이 할아버지의 몸 대신 끼워 넣은 실물 크기의 납인형처럼 생각되었다. 그리고 이 납인형을 중심으로 이렇게도 경건하고 장엄한 의식이 벌어지는 것처럼 보였다. 홀에 누워 있는 사람, 더 정확하게 말하면 누워 있는 물건은 할아버지가 아니라 하나의 껍질이었다. 어린 한스 카스토르프도 알고 있었지만 납으로 만들어진 것이 아니고, 어떤 특수한 물질, 그 물질만으로 만들어진 껍질이었다. 그래서 그것은 볼썽사납지도 않고 거의 슬프지도 않았다. 육체에 관계된 것, 육체만에 관계된 것이 슬프지 않은 것과 마찬가지로 어린 한스 카스토르프는 납처럼 누렇고 미끄러운, 치즈처럼 굳은 물질, 실물 크기의 죽음의 상, 즉 이전에 할아버지였던 사람의 얼굴과 손을 바라보았다. 그때 한 마리의 파리가 이제는 움직이지 않는 이마 위에 내려앉아 주둥이를 이리저리 움직이기 시작했다. 피에테 노인은 그 이마에 닿지 않도록 주의하면서, 자기가 하고 있는 일의 의미를 알아서는 안 되고 또 알고 싶지도 않다는 듯이 엄숙하고도 음울한 표정으로 살짝 파리를 쫓으려고 했다. 이 엄숙하고 음울한 표정은 할아버지가 이제는 육체로 변해, 육체 이외에는 아무것도 아니게 되었다는 사실과 관계가 있었다. 파리는 잠시 빙 돌다가 이번에는 상아 십자가를 쥐고 있는 할아버지의 손가락 위에 앉았다. 파리가 그곳에 앉았을 때 한스 카스토르프는, 예전부터 잘 알고 있던 냄새, 희미하지만 이상하게 독특하고 짙은 냄새가 조금 전까지보다 선명하게 느껴지는 듯했다. 이 냄새 때문에 그는, 부끄러운 일이었지만 그의 동급생 하나가 좋지 못한 병이 있어 모두 멀리했던 일이 생각났다. 월하향꽃 향기였는데, 그 좋지 못한 냄새를 없애 버린다는 목적으로 꽃을 수북이 꽂아 놓았지만 그 냄새는 사라지지 않았다.

한스 카스토르프는 몇 번이고 유해 옆에 섰다. 한 번은 피에테 노인과 단둘이서, 다음에는 포도주 장사를 하는 외종조부 티나펠과 외삼촌인 야메스와 페터와 함께, 그리고 세 번째에는 정장을 하고 온 하역 인부 그루우프가 뚜껑을 연 관 앞에 서서 카스토르프 부자 상회의 첫 사장에게 고별 인사를 하려고 할 때였다. 장례식 날이 되자 홀은 사람들로 꽉 찼다. 한스 카스토르프에게 세례를 준 미가엘 교회의 부겐하겐 목사가 스페인풍의 목도리를 하고 추도 설교를 했는데 목사는 영구차 바로 뒤를 따르는 마차—그 뒤로 길고 긴 행렬이 뒤따르는 마차—속에서 어린 한스 카스토르프에게 아주 다정하게 말을 해 주었다. 이리하여 그의 생애에서 이 시기도 끝나고 한스 카스토르프는 얼마 안 있어 집과 환경이 바뀌었다. 이렇듯 어린 나이인데도 두 번째로 이런 일이 생긴 것이다.

티나펠 집과 한스 카스토르프의 정신상태에 대해서

집과 환경은 바뀌었지만 한스 카스토르프가 그리 불행하게 된 것은 아니었다. 그를 위임받은 집이 소년의 법정 후견인인 티나펠 영사의 집이었기 때문에, 일신상의 일은 물론, 그 무렵에는 아직 몰랐던 그 밖의 이해관계의 보호라는 점에서도 아무런 걱정이 없었다. 돌아가신 어머니의 삼촌인 티나펠 영사는 카스토르프 집안의 유산을 관리하며, 부동산을 팔아 버리고 카스토르프 부자 상회(수출입상)의 청산을 인수하여 주었기 때문이다. 이리하여 남은 재산이 대략 40만 마르크로, 이것이 한스 카스토르프의 상속 재산이었다. 티나펠 영사는 이것을 안전한 채권에 투자하여 3개월 초마다 그때그때 이자의 2퍼센트를 친척이라는 점은 별도로 하고 수수료로 떼었다. 티나펠 가는 하르베스테후더 거리에 마주한 정원 속에 있었으며, 잡초 하나 없는 잔디밭과 장미 공원이 있었고 강을 향해 조망이 트여 있었다.

영사는 훌륭한 마차를 갖고 있었지만 가끔 머리의 울혈로 고생했기 때문에, 조금이라도 운동을 하기 위해 구시가에 있는 사무실에는 매일 아침 걸어서 갔고, 저녁 5시에도 걸어서 돌아왔다. 그러면 티나펠 가의 호화스러운 오찬이 시작되었다. 당당한 풍채를 지녔던 그는, 최고급 영국계 옷을 입고, 툭 불거진 물빛 눈에는 금테 안경을 썼으며, 코는 붉고, 희끗희끗한 턱수염은 네모지게 깎았으며, 몽똑한 왼손 새끼손가락에는 다이아몬드가 번쩍이고 있었다. 아내는 오래전에 죽고 없었다. 페터와 야메스라는 두 아들이 있었는데, 한 아들은 해군에 들어가 거의 집에 있지 않았고, 다른 아들은 아버지의 포도주상을 돕고 있어 상회의 후계자로 정해져 있었다. 가사는 몇 년 전부터 알토나*⁴의 금은 세공사의 딸인 샬렌이 돌보고 있었다. 그녀의 둥근 대롱 같은 손목은 가장자리가 주름으로 된 풀이 빳빳한 흰 커프스로 감싸여 있었다. 그녀는 아침 식사와 저녁 식사의 식탁에는 냉육 요리, 게, 연어, 장어, 거위 고기, 로스트비프 용의 토마토 케첩 등이 풍부하게 준비되도록 신경을 썼다. 티나펠 영사 집에서 신사들만의 회식이 있을 때, 임시로 고용하는 하인들을 감독하는 것은 샬렌의 일이었다. 어린 한스 카스토르프를 위해 정성을 다해 어머니 노릇을 해 준 것도 샬렌이었다. 한스 카스토르프는 우울한 날씨와 바람과 수증기 속에서 살았고, 다시 말해서 누런 방수 외투 속에서 자랐지만 대체로 건강했다. 처음부터 빈혈기가 좀 있었고 하이데컨트 박사의 말도 있고 해서, 소년이 학교에서 돌아와 세 번째 식사를 할 때면 매일 영국산(產)의 흑맥주를 컵에 가득 따라 마시게 했다. 이것은 누구나 알고 있듯이 자양분 있는 음료로, 하이데킨트 박사의 말에 따르면 피를 만드는 힘이 있다는 것이다. 아무튼 한스 카스토르프의 생명력에 고마운 진정 작용을 주어, 티나펠 외종조부 말대로 멍하는 버릇, 즉 입가를 느른하게 하고 별다른 것을 생각하지도 않으면서 허공을 멍하니 바라보는 버릇을 더욱 부추겼다. 그 밖에는 건강하고 정상이어서 테니스와 보트도 꽤 즐겼다. 물론 스스로 노를 젓는 것보다는, 여름 밤에 울렌호르스터*⁵의 나룻배집 테라스에서 음악을 듣고 맥주를 마시며 앉아서, 불을 켠 보트와 보트 사이의 오색으로 비친 물 위에 떠다니는 백조를 보고 있는 것이 더욱 좋았다. 그리고 그가 좀 얼빠지고 단조로운 목소리로 저지독일어를 섞어서 알기 쉽게 말하는 것을 들으면, 금발 머리의 단정함과 어딘가 고풍스러움을 주는 반듯한 이목구비, 유전적으로 이어받은 무의식적인 자부심이 차갑고 졸린 표정에 나타난 얼굴을 보기만 해도 이 한스 카스토르프 청년이 이 지방의 순수한 토종이라는 것은 의심의 여지가 없다. 청년 자신도 그 사실을 조금도 의심하지 않았다.

큰 항구 도시의 분위기, 조상들도 맛본 국제 무역과 부유한 생활의 분위기, 이것에 그는 깊은 공감을 갖고 당연한 듯이 만족스럽게 받아들였다. 부두

*4 함부르크 시 근교에 있다.
*5 함부르크의 한 구역.

에 서서 물과 석탄과 타르 냄새, 쌓아올린 식민지 화물의 자극적인 냄새를 맡으면서, 거대한 기동 기중기가 잘 길들여져 유순한 코끼리 같은 영리함과 괴력을 갖고 정박하고 있는 해안선의 선창에서 수 톤의 자루, 짐, 상자, 통, 병들을 화차와 창고로 운반하는 것을 보고 있었다. 또 상인들이 그들과 마찬가지로 누런 방수 외투를 입고, 정오에 거래소로 밀려가는 것을 보았다. 그가 알고 있는 바로는, 그 거래소 안의 움직임은 활발하여 상인들이 신용을 얻으려고 서둘러 굉장한 오찬 초대를 베푸는 경우도 많았다. 한스 카스토르프는 또 군립(群立)하는 조선소—이것은 뒷날 그가 특별한 관심을 갖는 세계가 되었지만—를 보았고, 선거(船渠)에 들어간 아시아 항로와 아프리카 항로의 배들이 탑처럼 높고 거대한 모습으로 뱃머리와 추진기를 드러내고, 지주에 의지한 채 물을 떠난 괴물처럼 어쩔 줄을 몰라하며 난쟁이 같은 직공들이 손으로 썻고, 해머로 두들기고 칠하는 것을 보았다. 그리고 지붕이 있는 조선대(造船臺) 위에서 건조 중인 배의 골격이 연기 같은 안개 속에 싸여 있는 것과 기사들이 설계도와 배수표(排水表)를 손에 들고 직공들에게 지시하는 것을 보았다. 어느 광경이나 한스 카스토르프에게는 친근감이 가는 풍경이었고, 평화롭고 침착한 친밀함을 느끼게 하는 것이다. 이 기분은 이를테면 일요일 오전에 야메스 티나펠, 또는 사촌인 요아힘 침센과 알스터 호반의 정자에서 오래된 포르트 포도주를 마시면서 삶은 쇠고기가 든 둥근 빵으로 아침 식사를 하고, 좋아하는 여송연을 흡족한 기분으로 피우면서 의자에 기댈 때면 절정에 달하는 기분이었다. 왜냐하면 한스 카스토르프는 사치스런 생활을 좋아했을 뿐만 아니라, 겉으로 보아서는 빈혈로 약했지만 인생의 있는 그대로의 향락에 젖먹이가 어머니의 젖에 매달리는 것처럼 매달려, 특히 이런 점에서 그는 순수한 함부르크 토종이었기 때문이다.

상업을 본업으로 하는 자유 도시의 지배적 상류 계급이 그 자제들에게 물려주는 고도의 문명을, 한스 카스토르프는 유유히 꽤 품위 있게 몸에 지녔다. 젖먹이 아이처럼 자주 목욕탕에 들어갔고, 같은 계급의 젊은이들이 단골로 삼는 양복점에서 옷을 맞추었다. 그의 옷장의 영국식 서랍에 든 속옷들은 가짓수는 적지만 모두 꼼꼼하게 손질되어 있었으며, 샬렌이 직접 알뜰하게 정리하고 있었다. 한스 카스토르프가 고향을 떠나 공부를 하고 있을 때에도 속옷들은 으레 집으로 보내 세탁과 손질을 해 받았다—전국에서 함부르크처럼 다림질을 잘하는 곳이 없다는 것이 그의 신조였다—. 색이 아름다운 셔츠의 소매에 보풀만 있어도 그는 매우 불쾌해졌다. 손 모양은 그다지 귀족적이지 않지만, 손질이 철저하고 피부는 탄력이 있었으며, 손목에는 사슬 형태의 백금 팔찌를, 손가락에는 할아버지의 기념인 도장 달린 반지를 끼고 있었다. 치아는 조금 약한 편이어서 몇 개의 충치가 금으로 씌워져 있었다.

서 있을 때나 걷고 있을 때에도 아랫배를 좀 내밀어서 그다지 좋은 인상을 주지 않았지만 식탁 자세는 훌륭했다. 옆 사람과—알기 쉽게 저지독일어로— 말할 때면 상체를 예의 바르게 그 사람 쪽으로 돌리고, 또 접시 위에 놓인 새를 자른다든지 왕게의 집게발에서 분홍빛 살을 익숙한 솜씨로 끄집어낼 때면 팔꿈치를 옆구리에 가볍게 붙이곤 했다. 식사가 끝나면 곧 찾는 것은 향수가 든 손 씻을 물이었고, 다음으로는 러시아제 담배였다. 이 담배 다음으로는 마리아만치니라는 아주 맛이 좋은 브레멘 상표의 여송연을 찾았다. 이에 대해서는 얼마 뒤에 말이 나올 것이다. 아무튼 이 향기 높은 니코틴은 커피의 향기와 섞여 기분을 돋구어 주었다. 한스 카스토르프는 저장된 담배가 증기 난방 때문에 상하지 않게 하기 위해 언제나 지하실에 보관해 두고는, 매일 아침 직접 그곳에 내려가서 그날 분을 담배 상자 안에 넣곤 했다. 버터의 경우에도 가느다란 홈이 파인 작은 덩어리가 아니고 큰 덩어리가 나오면 마지못해 그것을 빵에 발랐을 것이다.

보는 바와 같이 우리는 한스 카스토르프에게 호감을 가질 수 있는 것은 크거나 작거나 빠뜨리지 않고 소개하려 하지만, 실은 이것으로 그를 적당하게 비판하는 것이므로 그를 실제 이상으로 나쁘게 말하고 있지는 않는 것이다.

한스 카스토르프는 천재도 아니고 바보도 아니었다. 우리가 그를 표현하는데 '평범하다'는 문자를 피한다면, 그것은 지성과는 관계없고 그의 단순한 사람됨과도 거의 관계없는 이유 때문이다. 우리가 어떤 초개인적(超個人的) 의의를 인정하려는 그의 운명에 대해 존경심을 느끼고 있기 때문이다. 그의 머리는 상업계 고등학교의 과정 정도는 그다지 노력하지 않아도 마칠 수 있었고, 어떤 상황에서도 노력한다는 것을 생각할 수는 없었다. 노력 때문에 괴로움을 당한다는 것이 무서워서라기보다 그럴 필요를 인정하지 않았기 때문이다. 더 정확히 말하면 그런 것을 하지 않으면 안 되는 절대적인 필요를 인정하지 않았기 때문이다. 그렇게 할 필요가 없다는 것을 느끼고 있었으므로 우리는 그를 평범하다고 부르기를 싫어하는지도 모른다.

인간은 누구나 저마다의 개인 생활을 영위할 뿐만 아니라, 의식하든 안하든 간에 그 시대에 사는 사람들의 생활을 해 나간다. 우리가 우리 존재의 기초를 이루고 있는 초개인적이고 보편적인 기초를 절대적인 것, 자명한 것으로 생각하고 여기에 대해 비평을 가하는 것은, 선량한 한스 카스토르프와 마찬가지로 생각조차 하지 않는다 하더라도, 그런 기초에 결함이 있을 경우, 우리의 정신적 건강이 웬일인지 이로 말미암아 상하는 것처럼 느껴지는 것은 있음직한 일이다. 개개인에 있어서는 여러 가지 개인적인 목표, 희망, 장래가 눈앞에 있어, 여기에서 활동의 원동력을 얻어낼 수도 있다.

그러나 우리 주위의 초개인적인 것, 즉 시대 자체가 겉으로 보기에 아무리 눈부시게 움직여도, 내부에 그 어떤 희망과 장래도 없어 어찌할 바를 모르는 심정을 남몰래 인식하고, 의식적이든 무의식적이든 어떠한 형태의 시대로 향한 질문, 다시 말해서 우리들의 모든 노력과 활동의 궁극적인 초개인적이고 절대적인 의미에 관한 질문에 대해 시대가 공허한 침묵을 계속 지키고 있다면, 그런 사태로 인한 마비적인 영향은 그 사태에 대한 질문을 하는 사람이 진지한 인간인 경우 거의 피할 수 없을 것이다. 그리고 이런 마비 작용은 개인의 마음과 윤리적 부분에서 육체와 유기체의 부분으로 미치게 된다. '무엇 때문에'라는 질문에 시대가 이해할 만한 대답을 해 주지 않는데, 처음부터 제공된 영역을 넘어서는 일을 할 생각을 가지려면, 세상에 드문 영웅적이고 정신적인 고독과 자주성, 또는 건강한 생활력을 필요로 한다. 한스 카스토르프는 이어느 쪽도 가지고 있지 않았다. 이런 의미에서 그는 정말 아무리 정중하게 표현해도 역시 평범했다고 말할 수 있다.

우리가 여기서 말하는 것은, 한스 카스토르프 청년의 학생 시절의 정신 상태뿐만이 아니라, 나중에 사회에서 직업을 선택한 뒤에도 말하는 것이다. 학교의 진급 상태를 말하면 1, 2학년에서는 낙제를 했다. 그러나 대체로 그의 출생 환경과 세련된 예의 범절, 그리고 마지막으로 열성은 없지만 괜찮은 수학 실력 덕분으로 그럭저럭 진급이 되어, 1년 지원병의 자격을 얻은 뒤에도 학교만은 끝까지 마치기로 했다. 그렇게 결정한 것도 사실은 그때까지 과도적인 미결정 상태를 연장할 수 있고, 자기가 무엇을 하고 싶은지 생각하는 시간을 가지려는 것이 주된 이유였다. 왜냐하면 한스 카스토르프는 자기가 원하는 것이 오랫동안 확실하지 않았고, 최상급생이 되고 나서도 그것은 확실하지 않았으며, 결국 그것이 정해진 다음에도—정했다는 것도 지나친 말이 될지 모를 정도이지만—좀더 다른 결정 방법이 있었을 것같이 느꼈던 것이다.

그러나 그런 그도 평소 배에 대해서 깊은 흥미를 갖고 있었던 것만은 사실이다. 어렸을 때 공책마다 돛을 단 어선이나 야채를 실은 화물선, 또는 다섯 개의 돛을 단 배 등을 그린 그림으로 가득 채우기도 했다. 열다섯 살 때에는 프로펠러를 두 개 단 새 우편선 '한자 호'가 블룸 보스 회사의 진수대(進水臺)에서 미끄러져 나오는 것을 특별석에서 보고, 그 배의 멋진 모양을 수채화로 실물과 똑같이 정밀하게 그린 일도 있었다. 티나펠 영사는 그 그림을 그의 전용 사무실에 걸어 두었는데, 특히 넘실거리는 파도의 투명한 암녹색은 작자의 애정어리고 재치 있는 솜씨를 나타내고 있었으므로, 누구나 티나펠 영사에게 "이 사람은 재능이 있어. 앞으로 틀림없이 훌륭한 해양화가가 될 거야" 하고 칭찬했을 정도였다. 영사는 이 칭찬의 말을 안심하고 본인에게 전할 수 있었다. 한스 카스토르프는 그 말을 듣고도 그저 웃었을 뿐, 굶어 죽어도 훌륭한 화가가 되겠다는 과대망상은 한 번도 해 본 적이 없었다.

티나펠 외종조부는 가끔 청년에게 이렇게 일러 주었다.

"너는 부자라고 할 수는 없어. 내 재산은 대부분 야메스와 페터의 것이다. 즉 모두 사업에 투자해 놓고 페터에게는 배당을 주고 있는 셈이지. 너의 재산은 물론 아주 유리하게 투자되어 확실한 이자가 들어오고 있어, 그러나 이자만으로 산다는 것은 여간해서는 할 일이 못되지. 네가 갖고 있는 재산의 5배 정도를 갖고 있지 않는 한은 말이다. 네가 이 마을에서 큰소리치면서 이제까지의 생활을 계속하려면 지금 갖고 있는 것에다 어지간히 벌지 않으면 안 된다. 이것을 잘 생각해 두어야 한다."

한스 카스토르프는 이 말을 명심하고, 세상에나 자신에게 부끄럽지 않을 직업을 물색했다. 그리고 일단 이것이라고 정한 다음에—이 선택은 툰더 빌름스 상회의 빌름스 노인의 제안으로 이루어진 것으로, 이 노인이 토요일 밤 휘스트 놀이 때에 티나펠 영사에게, 한스에게는 조선학을 배우도록 하는 것이 좋을 것 같고, 자기 회사에 들어오면 잘 봐 주겠다고 한 말이 계기가 되어서 그렇게 된 것인데, 일단 이렇게 정해졌다—한스 카스토르프는 이 직업을 아주 훌륭한 직업이라 생각하고, 꽤 복잡하고 고생스러운 일이기는 하지만 그대신 우수하고 중요한 일이기도 하여, 죽은 어머니의 이복 언니의 아들인 침센이 무슨 일이 있어도 되고 싶어한 장교보다, 평화를 좋아하는 자신의 성격에 훨씬 알맞은 직업이라고 생각했다. 사촌 요아힘 침센은 폐가 그다지 튼튼하지 않았다. 물론 이런 이유로 사촌에게는 정신적인 일이나 긴장 같은 것을 거의 필요로 하지 않는 야외 직업이 알맞을 것이라고 한스 카스토르프는 좀 멸시하는 기분으로 생각했다. 그는 개인적으로는 일에 금방 피로를 느꼈지만, 관념적으로는 일을 마음으로부터 존경하고 있었기 때문이다.

우리는 여기서 앞서 암시해 둔 문제, 즉 시대의 결함으로 인한 개인 생활의 손상이 그 인간의 유기체에까지 미칠 수 있다는 문제로 되돌아간다. 왜 한스 카스토르프가 일을 존경하지 않았겠는가? 존경하지 않았다면 이것이야말로 이상한 일이다. 모든 사정으로 미루어 그는 무조건 일을 존경하지 않을 수 없었다. 일 말고는 정말 존경할 만한 것이 없었다. 일은 그것에 견딜 수 있는지 없는지 시금석과 같은 원리이며, 시대의 절대물, 말하자면 증명을 필요로 하지 않는 것이다. 즉 일에 대한 그의 존경은 종교적인 존경으로, 그가 아는 한 의심을 품을 여지가 없는 것이었다. 그러나 그가 일을 사랑할 수 있었는가 하는 것은 또한 다른 문제로, 마음으로 존경은 하고 있지만 사랑할 수는 없었다. 그것도 매우 간단한 이유에서였다. 일이 자기 성미에 맞지 않았기 때문이다. 긴장되는 일은 신경을 소모하게 하고 피로하게 만들었다. 그리고 그는 자신이 사실은 일보다는 자유로운 시간을 훨씬 더 사랑하는 것을, 그리고 아무런 노고에도 얽매이지 않는 자유로운 시간, 이를 악물고 극복해야 하는 장애로 중단되지 않고, 눈앞에 펼쳐져 있는 시간 쪽을 훨씬 더 사랑하는 것을 솔직히 인정하고 있었다. 일에 대한 그의 기분과 실제와의 이 모순, 이것은 엄밀히 말하면 해결해야 하는 것이다. 그가 영혼의 깊이에서, 자신으로서도 알 수 없는 깊은 곳에서 일을 절대적인 가치와 자명의 원리라고 믿을 수 있고 그것으로 안심할 수가 있다면, 그의 정신도 육체도—처음에는 정신이, 그러고는 정신을 통해 육체가—일에 더 즐겁고 끈기 있게 마음을 돌릴 수 있다고 생각하지 않았을까? 이것으로 다시 평범인가 평범 이상인가 하는 문제로 되돌아가지만 우리들은 그 어느 쪽으로도 간단하게 결정짓고 싶지는 않다. 우리는 한스 카스토르프의 찬미자로 자칭하지 않기 때문이다. 그리고 일이 그의 생활에서 마리아만치니를 무료하게 맛보는 것에 방해가 되지 않았나 하는 추측도 부정하지 않기로 한다.

그는 군대 근무에는 흥미가 없었다. 군인의 일은 성미에 맞지 않았고, 군대에 가지 않아도 되는 방법을 알고 있었다. 그것은 하르베스테후더 거리에 있는 티나펠 집을 드나들고 있던 본부 군의관인 에버딩 박사도 어떤 이야기 끝에, 티나펠 영사로부터 카스토르프 청년이 군대에 가게 되면 지금 밖에서 막 시작한 공부에 막대한 지장을 초래할 것이라고 듣고 있었기 때문인지도 모른다.

한스 카스토르프는 밖에서 공부하는 중에도 진정 작용을 하는 흑맥주를 곁들인 아침 식사 습관을 중단하지 않았다. 그 덕분에 머리의 움직임이 완만하기는 했으나 그 머리를 해석 기하, 미분, 역학, 투영 화법, 도식 역학 등으로 채웠고, 가끔 참을 수 없다는 생각을 하면서도 재화배수량(載貨排水量)과 공창 배수량, 안정도(安定度), 중심 이동(重心移動), 경심(傾心) 등을 산출했다. 그의 전공 방면의 그림, 이를테면 늑재골(肋材骨), 흘수선(吃水線), 종단면(縱斷面)의 제도는 바다 위에 뜬 '한자 호'의 회화적인 묘사만큼 훌륭하지는 않았지만, 추상적인 명료성을 감각적인 수법으로 높여 음영을 주고, 횡단면을 밝은 빛깔을 써서 재료 별로 칠하는 일에는 대부분의 사람보다 뛰어났다.

그가 방학 때 아주 산뜻하고 훌륭한 복장을 하고, 젊고 졸린 듯한 귀족적인 얼굴에 적갈색의 금발 콧수염을 기르고, 얼마 안 있어 높은 사회적 지위로 올라감에 틀림없는 모습으로 돌아오면, 시정(市政)에 관계하고 있어서 각 가정이나 개인 사정에 밝은 사람들—자치제의 도시 국가에서는 대부분이 그런 사람들이었다—즉 그의 동시민들은 한스 카스토르프 청년이 앞으로 어떤 역할을 할 것인가를 생각하며 음미하듯 그를 바라보는 것이었다. 그는 훌륭한 전통을 가진 명문 출신이었으므로 언젠가는 정치적으로 한몫을 담당할 것이라고 생각했다. 그렇게 되면 그는 시회 아니면 시 참의회에 참석하여 법률을 정하고, 훌륭한 지위에서 주권적 정무에 참여하고, 어느 행정 부문, 이를테면 예산 위원회나 건축 위원회의 위원 일을 맡아서 의견을 요청받고 또 존중될 것이다. 또한 카스토르프 청년이 앞으로 어느 당파에 속하게 될 것인가도 흥미 있는 문제였다. 사람은 보기하고는 다르다고 하지만, 아무튼 민주파가 기대할 만한 인물로는 보이지 않았다. 할아버지와 흡사하다는 것은 분명했다. 아마 그도 할아버지처럼 쟁쟁한 보수파로서의 제동기 역할을 하게 되는 것은 아닐까 하고 생각되었고, 그 반대가 될 것도 같았다. 어쨌든 그는 엔지니어로서, 신진 조선가로서 세계 교통과 공학에 종사할 인물이었기 때문이다. 이렇게 생각할 때 그는 급진파의 한 사람이 되어 무모한 자가 되고, 고대 건축물과 풍경미의 모독적인 파괴자가 되어 유대인처럼 자유롭고, 미국인처럼 신앙심이 없어졌고, 자연의 생활 조건을 경건하게 지키기보다는 오히려 훌륭하게 전승된 것과 무모하게 단절하는 쪽을 택하고, 국가를 위험한 모험으로 빠뜨리게 할 수도 있으리라. 그것도 생각해 볼 일이었다. 시청의 수위로부터 '받들어, 총!' 경례로 영접받는 높은 사람들이 누구보다도 모든 일을 잘 알고 있다는 생각을 그도 핏속에 이어받고 있을 것인가. 그렇지 않으면 시회에서 야당을 지지하게 될 것인가. 청년의 다갈색 눈썹 밑의 푸른 눈에서 시민들은 이런 호기심에 찬 질문에 아직 아무런 해답도 읽어볼 수 없었고, 백지 그대로의 한스 카스토르프 자신도 아직 아무런 해답을 갖고 있지 않았다.

우리가 이 청년을 만났던, 그 여행길에 올랐을 때는 그가 23세 때였다. 그 무렵 그는 단치히 공과 대학에서 4학기의 학업을 끝냈고, 다시 4학기를 부라운 슈바이그와 카를스루에 공과 대학에서 보낸 뒤, 오케스트라의 반주가 붙은 뛰어난 성적이라고는 할 수 없지만 꽤 좋은 성적으로 제1차 본시험을 끝마치고 얼마 안 있어 툰더 빌름스 회사에 수습 엔지니어로 입사하여 그 조선소에서 실습생으로 일하게 되었다. 그러나 여기서 그의 진로는 먼저 다음과 같은 방향으로 전환했다.

그는 본시험에 정신을 집중하고 계속 준비해야 했으므로, 고향으로 돌아왔을 때에는 평소의 그보다 한층 기운이 없어 보였다. 하이데킨트 박사는 청년을 볼 때마다 잔소리를 하면서 철저한 전지 휴양을 권했다. 이번에는 노르데르나이[6] 섬이나 쾨에르[7] 섬에 있는 비이크로는 충분하지 않고, 의사인 자기의 의견을 말하자면, 한스 카스토르프는 조선소에 들어가기 전에 2, 3주일을 알프스에 가 있어야 한다는 것이었다.

티나펠 영사도 그게 좋겠다고 외손자뻘인 청년에게 말했다. 그러나 그렇게 되면 금년 여름에는 두 사람이 따로따로 지내게 된다. 티나펠 영사를 알프스에 끌어올리는 것은 네 마리의 말로도 할 수 없는 일이기 때문이다. 영사는

---

[6] 북해에 있는 해수욕장.
[7] 역시 북해에 있는 해수욕장.

정상적인 기압이 필요했기에 알프스는 맞지 않았다. 그렇지 않으면 예기치 않은 일이 생길지도 모르는 것이다. 그래서 영사는 알프스에는 한스 카스토르프 혼자 가서 요아힘 침센을 방문하는 것이 좋겠다는 의견을 내놓았다. 이는 아주 좋은 제안이었다. 요아힘 침센은 병을 앓고 있었다. 그것도 한스 카스토르프의 경우와는 달리 정말 걱정이 될 정도로 나빴고, 한때는 모두가 깜짝 놀랄 정도였다. 사촌은 평소 감기에 잘 걸렸고 열이 있었는데, 어느 날 혈담을 토하게 되어 서둘러 다보스로 가야만 했다. 그때는 바로 그의 오랜 소망이 이루어지려는 순간이었기 때문에 보기에도 애처로울 정도로 슬퍼하고 괴로워했다. 사촌은 가족의 희망에 따라 2, 3학기동안 법률을 공부했지만 억제할 수 없는 충동 때문에 도중에 지망을 바꾸어 사관 후보생을 지원하여, 이미 합격이 되어 있었다. 그러던 것이 현재는 국제요양원인 '베르크호프'(원장은 베렌스 고문관)에 벌써 5개월 이상 있었고, 엽서에 의하면 죽도록 따분하다는 것이었다. 이런 관계로 한스 카스토르프가 툰더 빌름스 회사에 들어가기 전에 잠시 요양하려는 것이라면, 다보스에 가서 불쌍한 사촌을 위로해 주는 것이 가장 자연스럽고, 두 사람에게도 좋은 일이라는 것이었다.

한스 카스토르프가 여행하기로 결정한 때는 한여름이었다. 7월도 벌써 막바지에 접어든 때였는데 그는 3주일 예정으로 여행길에 올랐다.

제3장

근엄하게 찌푸린 얼굴

피곤했기 때문에 늦잠을 자지나 않을까 염려했지만, 한스 카스토르프는 필요 이상으로 일찍 일어나 아침 몸치장을 천천히 끝마치고—문화적인 몸치장으로 고무 제품의 대야와 녹색의 라벤더 비누가 든 나무 쟁반, 거기에 부속된 솔이 주요한 도구였다—세수와 몸치장에 이어 짐을 풀고 정돈할 시간이 충분히 있었다. 라벤더 향기가 나는 비누 거품을 바른 볼에 은으로 도금한 안전면도기를 갖다 대면서 어젯밤의 갖가지 꿈들을 떠올렸다. 그리고 이성의 빛 속에서 수염을 깎고 있는 인간의 우월감으로 관대하게 미소지으며 그 엉터리 같은 꿈에 머리를 흔들었다. 푹 쉬었다는 느낌은 없었으나 새 아침을 맞이하여 상쾌한 기분이었다.

볼에 파우더를 바르고, 스코치 바지를 입고, 모로코 가죽의 붉은 슬리퍼를 신고, 손을 닦으면서 발코니로 나왔다. 이곳 발코니는 일렬로 되어 있어 난간까지 이르지 않는 젖빛 유리의 칸막이로 각 방을 갈라 놓았다. 싸늘하고 흐린 아침이었다. 좌우 언덕 앞에는 안개가 움직이지 않은 채 길게 뻗어 있으며, 멀리 보이는 산봉우리의 창공에는 희거나 잿빛인 구름 덩어리가 드리워져 있었다. 여기저기에 푸른 하늘이 선이나 반점으로 보이고, 거기로부터 햇빛이 새어 나오면 골짜기의 마을이 사면(斜面)에 우거진 가문비나무 숲의 검은 빛에 대조되어 희게 번쩍여 보였다. 어디선지 아침 음악이 연주되고 있었다. 아마 어젯밤에 연주회가 있었던 호텔에서 들려오는 것이리라. 성가의 화음이 희미하게 울려왔다. 잠시 쉬었다가 이번에는 행진곡으로 바뀌었다. 한스 카스토르프는 진심으로 음악을 사랑했다. 음악을 듣고 있으면 아침 식사 때의 흑맥주와 같이 신경이 부드러워지고 마비되어서 무조건 멍해지기 때문이었다. 지금도 그는 머리를 옆으로 기울이고 입을 벌리고는, 좀 충혈된 눈으로 기분 좋게 음악을 듣고 있었다.

눈 아래에는 어젯밤에 올라온 꼬불꼬불한 차도가 요양원까지 기어 올라오고 있었다. 줄기가 짧은, 별 모양의 용담꽃이 사면의 젖은 풀 속에 피어 있었다. 대지의 일부분은 담으로 쌓아서 정원을 만들었고, 거기에는 자갈길과 화단이 있었다. 거대한 가문비나무 뿌리 근처에는 사람이 만든 동굴도 있었는데, 양철 지붕을 한 홀 방향으로 입구를 보이며 서 있고, 그 속에 의자 침대가 나란히 있었다. 그 옆에 적갈색으로 칠한 국기대가 서 있고, 줄에 달린 기가 가끔 바람에 펄럭였다. 그것은 어느 나라의 국기도 아닌 녹색과 백색으로 이루어진 기로, 한가운데에는 의학의 상징인 뱀이 감긴 아스클레피오스*1의 지팡이가 염색되어 있었다.

정원 안을 한 여자가 걷고 있었다. 참으로 비참할 정도로 우울한 느낌이 드는 중년 부인이었다. 검정색 옷차림으로, 백발이 섞인 흐트러진 머리에는 검은 베일을 쓰고, 무릎을 굽히고 앞으로 딱딱하게 팔을 드리운 채 규칙적인 빠른 걸음으로 샛길을 성급하게 걸어가고 있었다. 그리고 이마에는 깊은 주름을 지으면서 눈 밑이 처진 검은 눈으로 앞을 응시했다. 큰 입을 꾹 다물고 슬픔에 잠긴 남국 사람 같은 창백한 얼굴을 보고, 한스 카스토르프는 언젠가 본 일이 있는 유명한 비극 여배우의 초상화를 기억했다. 검은 옷을 입은 창백한 여자는 자기도 모르는 사이에 멀리서 들려오는 행진곡의 박자에 맞추어서 우수에 잠겨 성큼성큼 걷고 있었는데, 보는 사람으로서는 매우 기분이 언짢았다.

한스 카스토르프는 그 여자를 동정어린 눈으로 내려다보았다. 그녀의 슬픈 모습으로 아침 햇빛조차 흐려지는 것 같았다. 그런데 그때 그런 것과는 별 상관없는 소리가 귀에 들려왔다. 그것은 왼쪽 옆방에서 들리는 소리로, 요아힘의 말로는 러시아인의 부부 방에서 울려오는 것이었다. 역시 밝고 상쾌한 아침에 어울리지 않는, 어쩐지 끈적끈적하여 아침을 더럽히는 소리였다. 한스 카스토르프는 어젯밤도 그 소리를 들은 것이 생각났지만, 어젯밤에는 피곤해서 거기에는 그다지 주의를 기울이지 않았었다. 씨름을 하기도 하고 킥킥 웃기도 하고 헐떡거리기도 하는 소리로, 청년은 처음에는 선량한 마음으로 그 소리를 아무렇지 않게 여기려 했다. 그러나 그 소리의 음탕한 의미를 언제까지나 모른 체할 수는 없었다. 사람들은 이런 착한 성품을 다른 이름으로 부를 수도

---

*1 그리스의 신으로 그의 모습은 뱀이 감긴 지팡이를 오른손에 쥔 자세로 표시되어 있다. 이 지팡이가 오늘날에도 의학의 상징으로 되어 있다.

있을 것이다. 이를테면 영혼의 순결이라는 좀 고풍적인 이름, 수치심이라는 성실하고 아름다운 이름, 현실 도피와 위선이라는 불명예스러운 이름, 또는 신비스러운 두려움과 경건심이라는 이름. 이런 기분이 모두 옆방의 소리를 듣는 한스 카스토르프의 태도에 조금씩 포함되어 있었다. 그것은 근엄한 얼굴 표정으로 나타났다. 귀에 들어오는 소리에 주의를 기울여서는 안 되며, 기울이고 싶지도 않다는 표정이었는데, 그다지 독창적인 것은 아니고, 그가 어떤 기회에 언제나 취하는 근엄한 표정이었다.

킥킥거리는 웃음으로 들리긴 하지만, 사람을 깜짝 놀라게 하는 이웃 방의 행실에 더는 귀를 기울이지 않으려고 한스 카스토르프는 찌푸린 얼굴로 발코니에서 방 안으로 들어왔다. 가구 주위를 돌며 서로 쫓고 있는 모양으로 의자 뒤집히는 소리, 서로 잡고 찰싹 때리는 소리, 키스하는 소리가 났다. 또 멀리 바깥에서는 이 보이지 않는 장면을 위해 왈츠 곡의 멜로디로 어딘지 낡아빠진 유행가 가락이 반주를 하고 있었다. 한스 카스토르프는 세수 수건을 양손에 쥐고 서서, 듣지 않으려고 하면서도 어느새 옆방의 소리에 귀를 기울이고 있었다. 파우더를 바른 그의 볼이 갑자기 빨개졌다. 이제 시작하리라고 느낀 것이 결국 시작되더니, 장난이 드디어 동물적인 행위로 변한 것은 의심할 여지가 없었다.

한스 카스토르프는 돌아서서 유달리 큰소리를 내며 몸치장을 끝마치고는 생각했다.

'이거 참 큰일났구나. 하기야 두 사람은 부부니까 그 점에서는 탓할 것이 없다. 그러나 아침부터 좀 지나치지 않은가. 게다가 어젯밤도 밤새도록 가만히 있지 않은 것 같았는데, 둘 다 여기 있는 것을 보면 분명히 병을 앓고 있을 것이다. 적어도 둘 중의 한 사람은 그러니 좀더 자중해야 할 것이다. 그러나 무엇보다 부끄러워할 일은 벽이 이렇게 얄팍하여 무엇이든지 들린다는 것이다. 정말 견딜 수 없는 상태다. 날림 공사다. 치욕적인 날림 공사다. 나중에 두 사람을 만나게 될 것인가? 두 사람을 소개까지 받을 것인가? 그렇게 되면 정말 참을 수 없다.'

한스 카스토르프는 여기까지 생각이 미치자 깜짝 놀랐다. 왜냐하면 아까 수염을 깎은 볼이 달아올라 화끈거리기 시작했는데 좀처럼 가셔지지 않을 듯했기 때문이다. 어젯밤에도 얼굴이 달아올라 괴로워했는데 오늘도 어젯밤과 꼭 같았고, 잠자는 동안에는 괜찮았는데 지금 또다시 시작한 것이다. 이 때문에 청년의 기분은 옆방 부부에게 친근해지기는커녕 입을 삐죽거리며 뭔가 심한 악담을 두 사람에게 중얼댔다. 그는 다시 한 번 찬물로 세수했지만 별 소용이 없었다. 그래서 요아힘이 벽을 두들기면서 말을 걸어 왔을 때, 이에 대답하는 그의 목소리는 불쾌하게 떨렸다. 요아힘이 방으로 들어왔을 때도 한스 카스토르프는, 원기를 되찾아 선선한 아침 기분을 맛보고 있는 사람처럼 보이지는 않았던 것이다.

아침 식사

요아힘이 물었다.

"잘 잤나? 어때, 여기 산 위에서 지낸 첫날밤이 마음에 들었나?"

요아힘은 밖에 나가려고 운동복 차림에 튼튼한 목구두를 신고 넓은 외투를 팔에 걸치고 있었는데, 그 옆 호주머니는 납작한 병으로 불룩해져 있었다. 오늘도 모자는 쓰고 있지 않았다.

한스 카스토르프가 대답했다.

"고마워. 하지만 그저 그래. 그 이상은 말하지 않기로 하지. 좀 종잡을 수 없는 꿈을 꾸었어. 그리고 이 집은 무엇이든 너무 잘 들리는 결점이 있어서 좀 곤란해. 바깥 정원을 거닐고 있는 검은 옷을 입은 여자는 도대체 누군가?"

요아힘은 누구를 말하는지 곧 알아차렸다.

"아, '둘 다' 말인가? 여기서는 누구나 그 여자를 그렇게 부른다네. 그 여자는 그 말밖에 안 하니까. 멕시코 사람이지. 독일어는 전혀 모르는데다 프랑스어도 겨우 두세 단어만 아는데 그것도 엉터리야. 여기 있는 장남을 돌보기 위해 5주일 전부터 와 있는데, 이 아들이 아주 절망적인 상태여서 아마 머지않았을 거야. 몸 전체가 나빠져서 독이 온몸에 퍼져 있다는 거야. 그런 상태에서는 마지막에는 거의 티푸스처럼 보이게 된다고 베렌스도 말하더군. 아무튼 우리에게는 끔찍스러운 일이야. 그리고 2주일 전에는 동생이 왔어. 형이 살아 있는 동안 한 번 만나보려고 말이지. 형도 그렇지만 동생도 그림을 그린 것처럼 잘생겼어. 두 사람 다 그림처럼 잘생기고 눈을 보면 불타는 듯이 빛나고 있어. 여자들은 반해 어쩔 줄을 모르지. 그런데 그 동생 말인데, 그는 아래에 있을 때도 기침을 좀 하기는 했지만 그래도 꽤 건강했다는데, 여기 오자마자 열이 올랐지 뭔가. 그것도 갑자기 39도 5부나 말이야. 곧 앓아 누워 버렸는데, 베렌스의 말을 빌리면, 그러고도 다시 일어날 수 있다면 천만다행한 일이라는 거야. 아무튼 베렌스의 말로는 그나마 때마침 잘 왔다는 거야…… 그래서 이런 일이 있은 뒤로, 저 어머니는 두 아들 곁에 앉아 있지 않을 때는 저렇게 걸어다니면서 누군가가 말을 걸면 으레 '둘 다'라고 한다네. 이 말밖에는 할 줄 모르고 게다가 지금 이곳에는 스페인어를 아는 사람이 한 사람도 없거든."

한스 카스토르프가 말했다.

"그런 사연을 가진 여자로군. 나에게도 그렇게 말할까? 서로 인사를 나누면? 이상한 일이야. 우습고도 기분 나쁜 일이겠는데."

이렇게 말하는 그의 눈은 어제와 같이 오랫동안 울고 난 뒤처럼 열에 들떠 무거워 보였으며, 아마추어 기수의 이상한 기침을 듣던 때처럼 빛났다. 그리고 그는 이제야 비로소 어제와 연결이 되어 모든 것이 대체로 납득이 갔다. 아침에 일어났을 때에는 아직 그렇지 않았었다. 그는 손수건에 라벤더 향수를 조금 뿌려 이마와 눈 밑을 가볍게 문지른 뒤 준비가 다 되었다고 말했다.

"자네가 괜찮다면 지금 곧 '둘 다' 아침 식사 하러 가지"

그는 매우 들뜬 기분으로 농담을 했으나, 요아힘은 온순한 눈으로 그를 바라보면서 우울하면서도 좀 빈정대는 듯한 이상한 미소를 지을 뿐이었다. 왜 이런 미소를 지었는지는 요아힘밖에 모르는 일이다.

한스 카스토르프는 담배를 갖고 왔는지 확인한 다음, 지팡이와 외투와 모자도 같이 손에 들었다. 3주일쯤 머무르면서 그렇게 쉽사리 낯선 사람들의 습관에 따르기에는 자신의 생활 양식과 습관에 너무나 자신을 갖고 있었기 때문이었다.

두 사람은 밖으로 나와 계단을 내려갔다. 요아힘은 복도에서 여기저기에 있는 문을 가리키면서 그 방 환자의 이름을 말하고, 환자의 성격과 병상에 대해 간단한 설명을 해 주었다. 독일 이름도 있고, 들어 보지 못한 이름도 있었다.

두 사람은 아침 식사를 마치고 돌아오는 사람들을 만났다. 요아힘이 그 가운데 하나에게 인사하자, 한스 카스토르프도 정중하게 모자를 벗었다. 그는 자기가 흐려진 눈과 붉은 얼굴을 하고 많은 사람들 앞에 나가는 것이 꺼려져서 긴장이 되고 신경질적이 되어 있었다. 그렇지만 자신의 그런 의식은 부분적으로밖에 옳지 않았다. 왜냐하면 그의 얼굴은 오히려 창백했으니 말이다.

한스 카스토르프는 열을 올려 말했다.

"잊어버리기 전에 말해 두지만 말이야. 정원에 있는 저 여자는 소개해 주어도 좋네. 그런 기회가 있다면 말이야. 그건 괜찮아. '둘 다'라고 하든 안 하든 상관없어. 그건 아무렇지도 않아. 자네에게서 들어 그 의미를 알고 있으니까 적당한 얼굴로 대할 수 있어. 그러나 저 러시아인 부부에게는 소개받고 싶지 않아. 알았나? 분명히 거절하겠어. 정말 행실이 나쁜 부부야. 3주일 동안 저 사람들의 옆방에 살아야 한다는 것은 어찌할 도리가 없겠지만 얼굴을 익히고 지내기는 싫어. 분명하게 거절해도 그것은 정당한 나의 권리이니까⋯⋯."

"좋아, 좋아. 그렇게도 괴로움을 당했나? 그렇지, 좀 야만인들이야. 한 마디로 말해 아직 미개인이야. 그건 처음에 말했다고 생각하는데. 남자는 언제나 가죽 잠바로 식당에 나타나지. 그것도 다 떨어진 거야. 왜 베렌스가 그것을 말리지 않는지 나는 늘 이상하게 생각하고 있어. 게다가 여자도 깃털 장식이 달린 모자를 쓰고 있는데, 마찬가지로 그다지 깨끗한 여자가 아니야⋯⋯ 그러나 걱정할 필요는 없어. 저 두 사람은 우리들과는 뚝 떨어진 '이류 러시아인 자리'에서 식사하니까 말이야. 훌륭한 러시아인만이 앉는 '일류 러시아인 자리'도 있어. 그러니 만나고 싶어도 그 기회가 없지. 거의 여기서는 서로 알게 된다는 것이 힘들어. 손님들 속에 이렇게 많은 외국인이 있으니까 말이야. 나는 여기서 이렇게 오래 살면서도 개인적으로 알고 지내는 사람은 얼마 안되지."

"대체 저 두 사람 중 어느 쪽이 병을 앓고 있나? 남자 쪽이야, 여자 쪽이야?"

"남자 쪽일 거야. 그래, 남자 쪽이야."

요아힘은, 그들이 식당 앞에 있는 옷걸이에 모자와 외투를 벗어 걸고 있을 때 눈에 띄게 방심 상태가 되어 대답했다. 이윽고 두 사람은 천장이 낮고 둥그스름한 밝은 식당 안으로 들어갔다. 거기서는 이야기 소리가 시끌시끌했고, 식기가 서로 부딪치고, 식당 아가씨들이 김이 오르는 식기를 들고 왔다 갔다 하고 있었다.

식당에는 일곱 개의 식탁이 있었는데, 대부분은 바로 놓여 있고 두 개만이 비스듬히 놓여 있었다. 꽤 큰 식탁으로 식기가 놓여 있지 않는 빈 자리도 있지만, 한 식탁에 열 사람씩 앉도록 되어 있었다. 비스듬히 몇 발짝 걸어가면, 거기에 한스 카스토르프의 자리가 있었다. 그의 자리는 비스듬히 놓여 있는 두 식탁에 끼여 있는 중간 전면 식탁의 좁은 쪽에 준비되어 있었다. 그는 의자 뒤에 차려 자세로 서서 요아힘이 예의상 소개하는 식탁 친구들에게 딱딱하기는 하나 그래도 상냥하게 인사를 했는데, 누구의 얼굴도 보지 않았고 이름 같은 건 전혀 알아듣지도 못했다. 그러나 슈퇴어 부인이라는 인물과 이름, 그리고 그녀가 붉은 얼굴을 하고 잿빛 금발 머리가 윤기 있는 것만은 눈에 들어왔다. 교양이 없음을 잘 알아볼 수 있는 부인으로 아주 무지스러운 얼굴을 하고 있었다.

한스 카스토르프는 의자에 앉았다. 그리고 여기서 처음 하는 아침 식사가 제법 격식을 갖춘 제대로의 식단임을 보고 만족했다. 식탁에는 오렌지 껍질로 만든 잼과 꿀, 우유에 쌀을 넣어 끓인 죽과 오트밀 접시, 계란 찌개와 냉육(冷肉) 접시가 있었다. 버터는 풍성하게 나왔다. 종 모양의 유리 뚜껑을 열고 축축한 스위스산 치즈를 자르고 있는 사람도 있었다. 이 밖에 신선한 과일과 마른 과일을 담은 접시가 식탁 한가운데 놓여 있었다. 검은 옷에 흰 에이프런을 두른 식당 아가씨가 한스 카스토르프에게 음료는 코코아, 커피, 홍차 중에 무엇으로 하겠는지를 물었다. 그 아가씨는 어린아이처럼 키가 작았으나 길쭉한 얼굴은 나이가 들어 보였다. 한스 카스토르프는 난쟁인가 하여 사촌의 얼굴을 살폈다. 사촌은 그게 어떠냐는 듯 태연하게 눈썹을 찡긋하고 어깨를 으쓱했다. 한스 카스토르프는 상대가 난쟁이였기에 한결 더 정중히 홍차를 주문하고, 우유에 쌀을 넣어 끓인 죽에 계수나무의 두꺼운 껍질과 설탕을 넣어 먹기 시작했다. 그러면서 먹고 싶은 요리에 눈길을 보내며, 모두가 심한 병을 앓고 있으면서도 떠들면서 식사를 하고 있는 일곱 개 식탁의 손님들, 즉 요아힘의 동료이며, 요아힘과 같은 운명의 사람들을 바라보았다. 식당은 아주 실용적이고 간단한 양식에 공상미를 가미할 줄 아는 근대 취미로 지어진 것이었다. 길이에 비해 폭은 그리 넓지 않았다. 그 주위는 로비였는데, 거기에 주방이 마련되어 있고 큰 아치 문을 통해 식당과 연결되어 있었다. 기둥은 상반부가 백단향을 입힌 판자로 덮였고, 벽의 상부와 천장과 마찬가지로 희고 미끈하게 빛나고 있었다. 갖가지 색의 무늬, 단순하고 경쾌한 그 모양은 낮고 둥근 천장의 길게 뻗친 장식띠에 이어져 있었으며, 번쩍이는 유기의 샹들리에가 여러 개 식당을 장식하고 있었다. 그 샹들리에에는 상하로 겹친 동그라미를 가느다란 편세공으로 연결하고, 아래 동그라미에는 젖빛 유리의 방울갓을 작은 달처럼 두르고 있었다. 유리문은 네 개 있는데, 맞은편 옆에 있는 두 개의 문은 식당 앞 베란다로 통하고, 세 번째 문은 왼쪽 앞에 있는데 이것은 전방 홀로 곧장 통하며, 네 번째 문은 한스 카스토르프가 들어온 문으로 요아힘이 어젯밤과는 다른 계단으로 안내하여 내려갔기 때문에 복도에서 들어온 것이다.

한스 카스토르프의 오른편 옆자리에는 얼굴에 솜털이 나고 볼이 조금 붉은, 그다지 볼품 없는 여자가 검은 옷을 입고 앉아 있었다. 한스 카스토르프는 그 여자를 재단사가 아닐까 짐작했는데, 아마 그가 이전부터 재단사에게는 으레 버터빵과 커피가 따라다니는 것이라고 생각하던 차에 오른편 옆자리의 여자가 버터빵과 커피만으로 아침 식사를 하고 있는 것을 보았기 때문이리라. 왼편 옆자리에는 노처녀인 영국 여자가 앉아 있었는데, 아주 못생겼고 손가락이 비쩍 말랐다. 그녀는 고향에서 온, 비뚤비뚤한 글씨로 쓴 편지를 읽으면서 핏빛같이 붉은 차를 마시고 있었다. 그녀의 옆자리가 요아힘이고 그 다음 자리가 스코치 블라우스를 입은 슈퇴어 부인이었다. 그녀는 왼손을 불끈 쥐고 그 손을 볼 가까이에 대고 식사를 하다가, 말할 때에는 토끼처럼 가느다란 긴 이빨 위로 윗입술을 오므리며 교양이 있는 듯한 얼굴을 하려고 노력했다. 숱이 적은 수염을 기르고 맛없는 음식이라도 입에 넣은 것 같은 얼굴을 한 젊은 사람이 슈퇴어 부인의 옆에 앉아 한 마디도 없이 식사를 하고 있었다. 이 사람은 한스 카스토르프가 식탁에 앉은 뒤에 들어왔지만, 걸어가면서 누구의 얼굴도 보지 않고 인사 대신 턱을 가슴에 바싹 붙이고 새로 온 손님에게 소개되는 것을 단호히 거부하는 듯한 태도로 자리에 앉았다. 아마 이런 형식적인 것에 흥미를 느낀다거나 주위의 일에 흥미를 갖는 것이 불가능할 정도로 병이 중하기 때문이리라. 이 남자의 맞은편에 매우 말라빠진 옅은 금발의 젊은 아가씨가 잠시 앉아 요구르트 한 병을 접시에 붓고는 그것을 떠먹더니 곧 나가 버렸다.

식탁의 대화는 활기가 없었다. 요아힘은 슈퇴어 부인과 형식적으로 이야기했다. 그녀의 병이 어떠냐고 묻고, 좋지 않다는 말을 듣고는 진심으로 유감의 뜻을 표했다. 슈퇴어 부인은 '몸이 나른하다'고 불평했다.

"정말이지 몸이 나른해요."

이렇게 마음이 내키지 않는 듯 말하고는 교양이 없는 이상한 시늉을 했다. 게다가 오늘 아침에는 일어날 때부터 열이 37도 3부이니 오후에는 얼마나 더 올라갈지 모르겠다고 말했다. 재단사도 마찬가지로 열이 있다고 했는데, 자기는 슈퇴어 부인과는 달리 홍분이 되어 뭔가 특별하고 중대한 일이라도 일어날 것같이 마음이 진정되지 않는 긴박감을 느끼지만, 그런 일이 일어날 리 없기 때문에 정신적으로 근거 없는 생리적인 홍분에 지나지 않을 것이라고 설명했다. 그녀는 역시 재단사는 아닌 듯 싶었다. 말하는 것이 아주 정확하고 거의 학자 같았기 때문이었다. 또한 한스 카스토르프에게는 이런 보잘것없는 부인이 홍분 상태를 입 밖에 내는 것은 어쩐지 분수에 맞지 않게 느껴졌다. 그는 재단사와 슈퇴어 부인에게 이곳에 온 지 얼마나 되었느냐고 차례로 물어보았다. 재단사는 5개월, 슈퇴어 부인은 7개월 된다는 것이었다. 다음으로 그는 알고 있는 영어를 총동원해서 오른편 영국 부인에게 그녀가 마시는 것이 무슨 차냐—들장미의 열매를 달인 것이었다—고 묻고는, 맛이 좋으냐고 물으니 그녀는 신이 나서 맛이 좋다고 대답했다. 다음에 그는 사람들이 들락거리는 식당 안을 둘러보았다. 이 첫 번째 아침 식사는 모든 사람이 반드시 같이 한 식사는 아니었다. 한스 카스토르프는 무서운 광경을 보게 되지나 않을까 하고 좀 두려워했는데 그렇지가 않아 실망스러웠다. 식당의 분위기는 매우 명랑하여 음침한 곳에 있는 것 같은 기분이 들지 않았다. 햇볕에 얼굴이 탄 젊은 남녀가 콧노래를 부르며 들어와서 식당 아가씨와 떠들더니 대단한 식욕으로 아침 식사를 해냈다. 좀더 나이든 연배의 사람들도 있었고, 부부들도 있었고, 러시아어로 말하는 아이들을 동반한 가족도 있고, 아직 미성년의 소년들도 있었다. 부인들은 거의 예외 없이 몸에 딱 붙는, 털실로 짠 명주 재킷이나 스웨터를 입고 있었다. 접힌 옷깃과 옆주머니가 달려 있는 희거나 색깔 있는 스웨터인데, 부인들이 그 주머니에 양손을 넣고 서서 이야기하는 모습은 아름다웠다. 두세 개의 식탁에서는 최근 자기가 찍었다는 사진을 돌려가며 보이고 있고, 어떤 식탁에서는 우표를 교환하고 있었다. 날씨, 어젯밤의 수면, 아침에 입 속에 넣어 보는 체온 검사 결과 등이 화제가 되고 있었다. 대부분의 사람들이 즐거워하고 있었는데, 여기에는 특별한 이유가 있어서가 아니라 아무도 절박한 걱정이 없이 많은 사람들이 한데 모여 있기 때문이었다. 물론 식탁에 계속 앉아 턱을 괴고 멍하니 앞을 보고 있는 사람도 두셋은 있었다. 그러나 모두 그런 사람을 제 마음대로 하게 놓아 두고 관심을 갖지 않았다.

갑자기 한스 카스토르프는 모욕을 당해 화가 난 듯이 몸을 홱 움직였다.

문 하나가 거칠게 닫혔던 것이다. 현관 홀을 곧장 통하는 왼편 전방문이었다. 누군가가 손잡이에서 손을 놓았든가 아니면 위로 밀어 버렸든가 했겠지만, 한스 카스토르프는 이런 소리가 죽도록 싫어서 이전부터 이걸 들으면 참을 수가 없었다. 이 혐오감은 아마 교육의 결과이거나 천성에 의한 것이겠지만, 어쨌든 문을 거칠게 닫는 소리를 몹시 싫어해서 그의 귓전에서 이런 짓을 하는 이가 있으면 그 사람이 누구든지 그 사람의 뺨을 때렸을 것이다. 이번 경우에는 문에 작은 유리가 여러 개 끼여 있었으므로 충격이 심해 아주 요란했다.

한스 카스토르프는 분개해서 소리쳤다.

"망나니 같으니라구! 얼마나 칠칠하지 못하면 저런단 말인가!"

그러나 그 순간에 재단사가 말을 걸어와서 누가 그런 짓을 했는지 확인할 틈이 없었다. 그러나 재단사에게 대답하는 청년의 얼굴은 무참하게 일그러져 있었고 금발의 눈썹 사이에 깊은 주름이 새겨져 있었다.

요아힘이 의사 선생님들은 와 있느냐고 물었다. 여기에 이미 와 있었는데 두 사람이 이곳에 들어온 거의 같은 순간에 나가 버렸다고 누군가가 대답했다. 그렇다면 소개할 기회는 오늘 안으로 또 있을 테니까 기다리지 말고 나가자고 요아힘이 말했다. 그런데 두 사람은 문 입구에서 크로코브스키 박사를 동반하고 빠른 걸음으로 들어오는 베렌스 고문관과 하마터면 부딪칠 뻔했다.

베렌스가 말했다.

"어이쿠! 조심해요, 두 양반. 하마터면 우리 모두가 다칠 뻔했구려."

그는 뭔가를 씹는 것처럼 입을 움직이면서 심한 저지 작센 사투리로 말했다. 그러다가 그는 요아힘이 소개한 한스 카스토르프에게 인사했다.

"아, 당신이군요. 잘 오셨습니다."

그는 청년에게 손을 내밀었는데 삽만큼 큰 손이었다. 그는 뼈대가 굵은 사람으로 크로코브스키 박사보다 머리가 세 개나 더 있을 정도로 키가 컸다. 머리칼은 이미 백발이고 목덜미가 툭 튀어나왔으며, 커다랗게 불거지고 충혈된 푸른 눈에는 눈물이 괴어 있었다. 코는 사자코로, 그 아래 짧게 깎아 짤막한 수염은 삐뚜름했는데, 그것은 한쪽 윗입술이 올라갔기 때문이었다. 요아힘이 베렌스의 볼에 대해 말한 것은 조금도 과장이 아니었다. 정말로 푸른 볼이었다. 입고 있는 수술복이 희기 때문에 볼은 한결 더 푸르러 보였다. 그 수술복은 밴드가 달리고 무릎 아래까지 내려간 것인데, 그 밑으로 줄무늬 바지가 보였고, 조금 낡고 누런 목구두를 신은 큼직한 발이 보였다. 크로코브스키 박사도 수술복을 입었는데, 그의 것은 광택 있는 검정 무명으로 만든 셔츠 비슷한 것으로, 손목에는 고무줄이 들어 있었으며, 이 수술복 또한 창백한 얼굴빛을 적지 않게 강조하고 있었다. 또한 크로코브스키는 조수의 직분을 엄격하게 지켜 인사에는 조금도 개입하려 하지 않았지만, 자기가 조수라는 종속적인 지위에 있다는 것에 대한 불만을 드러내려 하고 있었다.

고문관은 청년들을 한 사람씩 가리키면서 충혈된 푸른 눈을 위로 치켜뜨며 말했다.

"사촌끼리군요."

그러더니 한스 카스토르프를 턱으로 가리키며 요아힘에게 물었다.

"그러면 이분도 군대를 지원하나요?"

그리고 이번에는 한스 카스토르프에게 말했다.

"아니지, 천만의 말씀이지. 나는 곧 알아차렸지요. 당신에게는 어딘가 문화인다운 데가 있어요. 어딘가 안정감을 주는 데도 있고요. 이 하사님처럼 칼을 쩔랑대는 데가 전혀 없어요. 당신은 이 사람보다 더 훌륭한 환자가 될 거요. 내기를 해도 좋아요. 나는 누구나 한 번만 보면 알 수 있어요. 그 사람이 환자로서 착실할 것인지 아닌지 말이오. 무슨 일이든 그렇지만 환자가 되는 데도 재능이 필요하지요. 그런데 이 대장부*2로 말하면 자질이라고는 조금도 없어요. 군사 훈련에는 어떤지 모르지만, 환자 생활에는 전혀 천분이 없어요. 어떻게 생각하시오? 여기서 떠날 것만 생각하나요? 늘 떠나가려는 일념으로 나를 괴롭히고 난처하게 만들고 있지요. 산을 내려가 혹사당하는 것이 몹시 기다려지나 보죠? 정말 바보 같은 생각이에요. 단 반 년도 여기 있으려고 하지 않아요. 여기가 얼마나 훌륭한 장소입니까? 어떻소, 침센 군, 여기가 훌륭한 곳인지 아닌지 직접 말해 봐요. 당신 사촌은 우리를 높이 평가하고 이곳에서 즐겁게 지낼 것임에 틀림없어요. 여기는 여자도 많답니다. 꽃이 무색할 만큼 아름다운 여자들 말이지요. 적어도 외모만은 그림처럼 아름다운 분들이 많아요. 그런데 당신은 안색이 좀더 좋아져야 하겠는데요? 잘 들으세요. 그렇게 하지

---

*2 Myrmidon, 고대 그리스의 맹장 아킬레우스가 이끌던 민병. 여기서는 충실한 부하란 말로 쓰임.

않으면 낙제 점수를 받습니다. 인생의 황금나무[*3]는 초록빛이겠지만, 초록빛 안색은 아무래도 좋지 않으니까요. 물론 완전히 빈혈입니다."

그러더니 그는 느닷없이 한스 카스토르프에게 다가서서 둘째손가락과 가운뎃손가락으로 청년의 눈꺼풀을 뒤집었다.

"역시 빈혈이군요. 아까 말한 대로입니다. 당신이 사랑하는 함부르크를 잠시 동안 잊으려고 결심한 것은 아주 잘한 일이었어요. 정말이지 함부르크라는 도시는 고마운 단골입니다. 습기찬 기후 때문에 우리에게 늘 고마운 몫을 배당해 보내 주고 있지요. 그런데 이 기회에 당신에게 개인적인 충고를 드린다면— 무료로 말입니다—당신은 여기 있는 동안 사촌이 하는 것을 보고 그대로 하세요. 당신 같은 경우에는 잠시 동안 가벼운 폐결핵 환자 같은 생활을 하면서 몸에 단백질을 좀 섭취하는 것이 현명한 방법입니다. 여기서는 단백질의 신진대사가 조금 이상하니까요…… 전신의 연소 작용이 왕성한데도 몸에는 단백질이 붙습니다…… 그런데 당신은 잘 잤습니까, 침센 군? 잘 잤다는 말이지요? 자, 그러면 이제 산책을 나가세요. 30분을 넘어서는 안 돼요. 돌아오면 수은시가 한 대를 입에 물어야지요. 그 결과를 언제나 착실히 기입해야 돼요. 침센 군! 충실하고 양심적으로 토요일에 체온표를 보겠습니다. 사촌도 함께 체온을 검사하도록 하시오. 검온은 절대로 몸에 해롭지 않습니다. 자, 그러면 두 분 다 즐겁게 지내십시오. 이따 봅시다. 안녕……"

베렌스 고문관은 뒤따르는 크로코브스키 박사를 동반하고, 양팔을 흔들면서 손바닥을 뒤로 돌리면서 좌우로 잘 잤느냐는 질문을 던졌다. 그리고 이구동성으로 외치는 '잘 잤다'는 대답을 들으면서 저쪽으로 가 버렸다.

농담, 임종의 영성체, 중단된 명랑성

"아주 호감이 가는 사람인데."

한스 카스토르프는 수위실에서 편지를 정리하고 있는 절름발이 문지기와 다정스럽게 인사를 나눈 뒤, 현관 밖으로 나오면서 말했다. 현관은 흰 칠을 한 건물의 동남 측면에 있고 건물 중앙부는 좌우 양 날개보다 한결 높았으며, 그 위에 슬레이트 색의 양철로 덮인 낮은 시계대(時計臺)가 얹혀 있었다.

[*3] 괴테의 《파우스트》 제1부 2039행 참고.

이 현관에서 요양원을 나오니, 울타리를 두른 정원의 땅을 밟지 않고 밖으로 곧 나갈 수 있었다. 앞에 보이는 산의 경사면은 목장으로 되어 있고, 꽤 큰 가문비나무와 땅 위를 기는 듯한 해송(海松)이 군데군데 서 있었다. 두 사람이 택한 길은—골짜기로 내려가는 도로를 제외하면 그것만이 길다운 길이었다—요양원의 뒤편, 지하실로 내려가는 계단 난간 곁에 철로 된 쓰레기통이 놓여 있는 부엌과 요리사들이 있는 곳의 측면을 따라 상당한 거리를 왼편의 같은 방향으로 올라갔다. 그러다가 갑자기 구부러져, 지금보다 더 급경사진 듬성듬성한 숲으로 덮인 경사면을 오른편으로 올라가게 되어 있었다. 길은 단단하고 붉은 기가 돌며 아직 축축했다. 길바닥 군데군데에 돌멩이가 굴러다녔다. 이 산책길을 이용하는 것은 사촌 형제 두 사람뿐만은 아니었다. 두 사람 바로 뒤에는 아침 식사를 마친 사람들이 따라 올라왔고, 한 발 한 발 다지는 듯한 걸음걸이로 산에서 내려오는 사람들도 여러 쌍 마주쳤다.

"아주 호감이 가는 사람인데."

한스 카스토르프가 되풀이했다.

"정말 경쾌한 말씨야. 듣고만 있어도 재미있어. 체온계를 수은 시가라고 하니 걸작이야. 무엇을 말하는 것인지 나도 곧 알았지. 그건 그렇고 이제 진짜 한 대 피워야겠는데. 이제는 더 이상 참을 수가 없어. 어제 정오부터 제대로 피우지 못 했으니 말이야……"

그러더니 그는 길에 멈춰 섰다.

"잠깐 실례하겠네."

그는 은빛 이름자를 넣은 가죽 담배 상자에서 마리아만치니를 꺼냈다. 그것은 최고급품의 시가로, 한쪽이 납작하게 되어 있는 것이 특히 마음에 들어 애용하는 것이었다. 시곗줄에 달린 작은 칼로 시가의 끝을 짧게 자르더니 라이터에 불을 붙여, 앞이 뭉툭하고 꽤 긴 시가를 두세 번 정신을 집중하여 뻑뻑 빨아 불을 붙이더니 말했다.

"이만하면 됐어. 이제 또 산책을 계속해도 좋아. 자네는 바보 충성이니 물론 피우지 않겠지."

요아힘이 대꾸했다.

"그전부터 피워 본 적이 없네. 새삼스레 여기서 피우기 시작할 이유는 없지 않나?"

"나는 이해할 수가 없더군. 담배를 피우지 않는 사람의 심정을 이해할 수 없어. 그런 사람은 인생의 정수, 적어도 인생의 가장 큰 즐거움을 포기해 버리는 거야. 나는 아침에 눈을 뜨고 오늘도 하루 종일 담배를 피울 수 있구나 하고 생각하면 흐뭇해지. 식사를 하는 것도 역시 식후의 담배가 즐거워서, 요는 담배를 피울 수 있다는 기대 때문에 식사를 한다고도 말할 수 있지. 물론 이 말은 좀 과장이긴 하지만, 아무튼 나에게 담배 없는 하루란 멋없기 짝이 없고 정말 쓸쓸하고 아무 매력도 없는 하루일 거야. 아침에 눈을 떴을 때 오늘은 피울 담배가 없다고 생각해야 한다면, 나는 일어날 기운이 완전히 사라져 아마 누운 채로 그냥 있을 거라고 생각하네. 잘 타는 시가만 있다면—헛김이 샌다든가 막혀서 빨아지지 않는다면 물론 무척 화가 나는 일이지만—즉 좋은 시가만 있다면 모든 일이 태평스럽고 그야말로 아무런 부족도 느끼지 않지. 바닷가에 누워 있는 것과 마찬가지야. 바닷가에 누워 있는 것은 그것만으로 아무것도 필요로 하지 않게 되지. 일도 오락도 말이야…… 다행히도 담배는 세계 어디에서도 피우고 있어서, 내가 아는 바로는 세계 어느 곳에 가더라도 담배 없는 곳은 없다는 거야. 극지를 탐험하는 사람도 피로 회복에 대비하여 담배만은 충분히 준비해 가지고 간다는데, 그것을 읽고 나는 정말 깊이 감동했었다네. 사실 어떤 고난을 겪어야 할지 모르기 때문일세. 내가 비참한 일을 당한다고 한번 가정해 보세. 그런 경우에도 나에게 시가가 있는 한 견디어낼 수 있다고 생각하네. 반드시 시가가 나를 극복할 수 있게 해 줄 거야."

"아무튼 좀 야무지진 못하다고 하겠는걸. 자네처럼 그렇게 빠져 버리면 말이야. 정말이지 베렌스가 말한 대로야. 자네는 문화인이라지? 그분은 자네를 칭찬하려고 그랬을지는 몰라도 아무튼 자네는 구제할 수 없는 문화인이야. 그게 문제야. 물론 자네는 건강하니 무엇을 하든 괜찮지만."

이렇게 말하면서 요아힘은 피로한 눈빛을 했다.

한스 카스토르프가 말했다.

"그렇지, 빈혈을 빼놓고는 말이야. 그러나 내 얼굴빛이 녹색이라고 말한 것은 똑바로 본 거야. 그가 말한 대로지. 나도 여기에 사는 자네들에게 비하면 녹색으로 보인다는 것을 알았어. 집에 있을 때는 그런 걸 조금도 몰랐는데 말이야. 게다가 베렌스의 말대로 무료로 충고해 준 것은 정말 고마운 일이야. 물론 나는 충고해 주는 대로 자네와 무엇이든지 똑같이 생활할 작정이야. 그렇게 하는 수밖에 여기서는 달리 어쩔 도리가 없을 테니 말이야. 그리고 단백질이 내 몸에 붙는다 해서 그다지 해로울 것도 없을 테고. 듣기에 몸이 좀 오싹해지기는 해도. 자네도 이것은 인정하겠지?"

요아힘은 올라가면서 두세 번 기침을 했다. 비탈길을 오르는 일이 아무래도 무리인 것 같았다. 세 번째로 기침을 했을 때, 그는 눈썹을 찌푸리고 멈추어서 버렸다. 그리고 먼저 가라고 말했다. 한스 카스토르프는 그대로 계속 걸으면서 뒤를 돌아보지 않았다. 요아힘과의 사이가 꽤 떨어졌으리라고 생각했을 때 발걸음을 늦추어 멈춰 설 듯이 했지만, 그래도 돌아보려고 하지는 않았다.

남녀 손님 한 무리가 다가왔다. 한스 카스토르프는 그들이 저쪽 경사면 중턱의 평탄한 길을 걸어가는 것을 보았는데, 지금 그들은 땅을 다지는 듯한 걸음걸이로 내려오면서 여러 목소리로 떠들며 그가 있는 쪽으로 가까이 왔다. 모두 나이가 다른 6, 7명의 무리인데 혈기 왕성한 젊은이도 있었고 상당한 연배의 사람도 2, 3명 있었다. 한스 카스토르프는 요아힘을 생각하면서 머리를 옆으로 갸웃거리며 그 사람들의 동정을 살펴보았다. 그 사람들은 모두 모자를 쓰지 않아 햇볕에 얼굴이 타서 갈색이 되어 있었다. 여자들은 스웨터를 입고 있었고, 남자들 대부분은 외투를 입고 있지 않았으며 지팡이도 들지 않았다. 호주머니에 양손을 찌른 채 편한 차림으로 잠깐 집 밖을 거니는 것 같은 그런 모습이었다. 비탈을 내려오는 것뿐이었으므로 몸을 긴장하여 움직일 필요가 없이, 내달리거나 넘어지지 않게 양쪽 다리를 가볍게 디디고 버티기만 하면 충분했다. 다만 몸은 터덜터덜 내려만 가면 되었기 때문에 그 걸음걸이는 어딘지 하늘을 날아가는 듯한 가벼움을 느끼게 했고, 그것이 얼굴과 태도에 나타나서 보고만 있어도 이 무리에 끼어들고 싶은 마음이 들 정도였다.

드디어 그들이 그의 옆을 지나가게 되어 얼굴도 확실히 보게 되었다. 모두가 다 햇볕에 얼굴이 그을린 것은 아니었고, 두 여자는 얼굴이 창백하여 눈에 띄었다. 그 가운데 한 여자는 대나무처럼 마른 몸에 얼굴은 상앗빛을 하고 있었으며, 또 한 여자는 매우 작고 뚱뚱하고 얼굴은 주근깨투성이였다. 그들은 모두 한결같이 한스 카스토르프를 보면서 대담하게 미소를 지었다. 덥수룩한 머리에 둔한 눈을 반쯤 뜬 키다리 아가씨가 녹색 스웨터 차림으로 한스 카스토르프의 옆을 팔이 서로 스칠 정도로 가까이 지나갔다. 지나가면서 이상한 소리를 냈다……아니 이런 미친 짓이 있을까? 그러나 휘파람을 분 것은 아니

있다. 입술은 조금도 뾰족하게 내밀지 않았고, 오히려 굳게 다물고 있었다. 그를 반쯤 감은 눈으로 보면서 몸에서 이상한 소리를 냈다. 정말 불쾌한 소리였는데, 탁하고 날카로운데다 '피' 하는 소리를 길게 끌었으며 마지막에 갈수록 낮아지는 소리였다. 마치 장터에서 파는 고무 풍선이 안에 있는 가스를 내뿜으며 흐느껴 우는 것처럼 시들어 버리는 것을 연상케 하는 그런 소리였다. 그런 소리가 어찌된 셈인지 그녀의 가슴에서 새어나왔던 것이다. 그리고 아가씨는 일행과 함께 지나가 버리고 말았다.

놀란 한스 카스토르프는 잠시 멍하니 서 있었다. 그러다가는 급히 뒤를 돌아보고 지금의 그 무례한 짓이 미리 계획된 장난이었음을 알았다. 멀어져 가는 그들이 웃고 있다는 것을 그 어깨의 느낌으로도 알 수 있었고, 양쪽 손을 바지 호주머니에 찔러서 웃옷 자락을 아주 볼썽사납게 추켜올린, 입술이 두껍고 투실투실한 청년이 뻔뻔스럽게 얼굴을 이쪽으로 돌리고 웃었기 때문이다. 그러는 사이에 요아힘이 가까이 다가왔다. 그는 그 사람들에게 늘 하는 기사적인 예법으로 거의 몸을 정면으로 대하고 발꿈치를 딱 붙이고 인사를 하고는 사촌 곁에 다가와서 부드러운 눈초리를 하면서 물었다.

"도대체 왜 그런 얼굴을 하고 있는 거지?"

"저 여자가 이상한 소리를 냈어. 내 옆을 지나가면서 배에서 이상한 소리를 냈는데, 그게 대체 무슨 소리지?"

요아힘은 시시하다는 듯이 웃으며 대답했다.

"아, 그래? 그건 배에서 나오는 게 아니야. 천만에. 저 아가씨는 클레펠트야. 헤르미네 클레펠트라는 아가씨. 그리고 그 소리는 기흉(氣胸)에서 나는 거야."

"뭐라고?"

한스 카스토르프는 매우 흥분하고 있었지만, 무엇 때문에 흥분했는지는 확실치 않았다. 웃어야 할지 울어야 할지 모를 이상한 기분으로 말했다.

"자네들의 그런 은어를 내가 어떻게 아나?"

"아무튼 걷기나 하자구! 걸어가면서도 설명할 수 있으니까. 자네는 마치 뿌리라도 깊이 내린 것처럼 움직이지 않는군. 기흉은 자네도 상상할 수 있겠지만 외과 방면의 것이야. 이 위에서는 흔히 하는 수술의 하나지. 베렌스는 이 수술의 대가야…… 어느 한쪽 폐가 완전히 못 쓰게 돼도 다른 한쪽 폐는 무사하든지, 아직 비교적 무사하다고 할 때 못 쓰게 된 폐를 쉬도록 하기 위해 그쪽 활동을 한동안 정지시키는 거야…… 다시 말하면 어딘가 여기 옆구리를 갈라서 말이지—나도 어딘지는 잘 모르지만, 베렌스는 이 방면에 대가거든—그리고 그 잘라 버린 곳에 가스를 넣는 거야. 질소를 말이지. 그래서 치즈처럼 된 폐엽(肺葉)의 활동을 정지시켜 버리는 거야. 물론 가스는 오래 지속되지 못하니까 거의 보름마다 새로 넣어 줘야 해. 이를테면 가스를 보충해 주는 거라고 생각하면 돼. 이것을 1년이나 그 이상 계속해서 모든 것이 잘 되면, 나쁜 쪽의 폐는 낫는다는 이치야. 물론 이런 수술을 한 환자들이 다 낫는다는 것은 아니야. 오히려 모험적인 수술이라고 할 수 있지. 그러나 지금까지 기흉으로 훌륭하게 성공을 거둔 예가 얼마든지 있다는 거야. 자네가 방금 만난 사람들도 모두 그런 분들이야. 일티스 부인도 있었지. 주근깨 여자 말이야. 그리고 레비 아가씨도 있었지. 마른 여자 생각나지? 그녀만 해도 오랫동안 누워서 지냈어. 그들은 그리워서 한데 모인 사람들이야. 왜냐하면 기흉 같은 것이 되면 사람을 결속하는 힘이 있어. 그리고 이 사람들은 자기들을 '반쪽폐(半肺) 클럽'이라 부르고 그 이름으로 통하고 있어. 그러나 클럽 스타는 역시 헤르미네 클레펠트야. 기흉을 울릴 수 있으니 말이야. 어떻게 소리를 낼 수 있는지는 모른다네. 그 아가씨도 확실히 설명하지는 못해. 아무튼 급히 걸어갈 때 몸 속에서 소리를 내는데, 사람을 놀라게 하는데 그것을 이용하고 있어. 특히 여기 새로 온 사람들만 골라서 그런다네. 그러나 그런 일을 하면 질소가 낭비될 텐데…… 1주일마다 바꿔 넣어야 하니까 말이네."

이 이야기를 듣고 한스 카스토르프는 마침내 웃고야 말았다. 요아힘의 이야기로 흥분이 웃음으로 바뀐 것이다. 그는 걸어가면서 손으로 눈을 가리고, 앞으로 몸을 구부린 채 어깨를 떨면서 낮은 소리를 내며 경련하듯 웃어댔다.

"저 사람들은 클럽 이름을 등록하고 있나?"

그가 물었지만 소리가 막혀 말이 잘 나오지 않았다. 필사적으로 웃음을 참고 있었기 때문에 목소리가 신음하는 것처럼 들렸다.

"회칙이라도 있나? 자네가 그 클럽의 회원이 아니라서 유감인데. 그렇다면 나도 명예 회원 아니면 준회원이라는 자격으로 입회할 수 있을 텐데…… 자네도 베렌스한테 부탁해서 한쪽 폐의 활동을 정지하도록 하면 어때? 그러면 자네도 소리를 낼 수 있을 것 아닌가. 노력해서 안 될 게 어디 있겠어…… 이제까지 이렇게 우스운 이야기는 처음 들어."

그는 깊은 한숨을 쉬면서 말을 이었다.

"아니 실례했네, 이런 말을 해서. 그렇지만 모두들 명랑하더군. 그 기흉 친구들 말이야. 그들이 나를 향해 올 때의 모습이란…… 그 사람들이 '반쪽폐 클럽'의 회원이라는 것을 생각하니 우스워서 그래. 내게 '피―' 하고 소리를 내서 말이야…… 참 어처구니없는 아가씨이지만 아무튼 명랑해서 좋더군. 어떻게 그들이 그렇게 명랑할 수 있는지 모르겠어."

요아힘은 어떻게 설명할 것인가를 생각하더니 말했다.

"아마도 그것은 모두가 자유롭기 때문이겠지. 다들 젊어서 시간 같은 건 문제도 아닌 사람들뿐이고, 또 자칫하면 죽을지 모르기 때문이겠지. 엄숙한 얼굴을 해 보았자 무슨 소용이 있겠나? 가끔 생각하지만, 병과 죽음이란 사실은 엄숙한 것이 아니라 오히려 빈둥거리면서 지내는 그런 것이 아닌가 싶어. 엄숙한 일 같은 건 엄밀하게 말한다면 저 아래의 생활에만 있는 게 아닐까? 자네도 이곳에 좀더 있어 보면 차츰 그것을 알게 되리라고 생각하네."

"그럴지도 모르지. 틀림없이 알게 되겠지. 나는 벌써 이 위에 사는 자네들에게 큰 흥미를 갖게 되었으니 말이야. 흥미만 갖게 되면 이해는 저절로 되겠지. 그렇지만 도대체 어찌된 것일까? 시가 맛이 없어."

그리고 한스 카스토르프는 피우던 시가를 빨아 보았다.

"아까부터 웬일인가 하고 생각했는데 이제 겨우 알았어. 마리아 시가가 맛이 없다는 것을 말이야. 사제(私製) 담배를 피우고 있는 것 같아. 정말이야. 위가 상했을 때와 같네. 그렇지만 이상한데? 아침 식사를 보통 이상으로 많이 먹었는데 그로 인한 것은 아닐 테고. 과식을 한 뒤의 담배 맛은 평소보다 특히 더 좋은데. 어젯밤 잘 자지 못한 탓이 아닐까? 아마 그 때문에 몸 상태가 나빠졌는지도 모르지. 틀렸어. 버리도록 해야지."

그는 다시 한 번 시가를 피워 보고 말했다.

"피울수록 실망인데? 억지로 피우는 것도 바보 노릇이지."

그러고는 잠시 망설이다가 비탈 아래쪽의 축축한 침엽수 속에 시가를 던져 버렸다. 그리고 요아힘에게 물었다.

"자네는 이게 무엇과 관계가 있다고 생각하나? 이건 아무래도 내 얼굴의 열기와 관계가 있는 모양이야. 오늘 아침에 일어날 때부터 이 달아오른 볼 때문에 애를 먹었어. 부끄러워서 얼굴이 벌게진 것 같아. 속이 상해 죽을 지경이야…… 자네도 여기 처음 왔을 때는 그랬었나?"

"그랬어. 나도 처음에는 좀 이상했어. 그러나 걱정할 필요는 없네. 처음부터 자네에게 말했지만, 여기 생활에 익숙해지는 것은 쉬운 일이 아니야. 그렇지만 몸의 상태는 곧 좋아질 거야. 어때, 저 벤치가 좋아 보이는데 저기 좀 앉았다가 돌아가도록 하지. 나는 돌아가서 안정 요양을 해야 하니까."

길은 평탄해졌다. 여기서부터는 다보스 시내 방향으로 통해 있었는데, 산책로의 3분의 1 정도는 높고 가느다란 가문비나무가 듬성듬성 나 있어서 밝은 빛을 받아 희끄무레한 모습으로 가로놓인 마을이 내려다보였다. 두 사람이 쉬려고 앉은 간단하게 만들어진 벤치는 험한 암벽에 기대어 있었다. 그 옆으로는 물이 뚜껑이 없는 나무통 속을 지나 골짜기로 졸졸 흘러내려가고 있었다.

요아힘은 남쪽에서 골짜기를 막고 있는 것처럼 보이는 구름에 덮인 알프스의 봉우리들을 지팡이 끝으로 가리키면서 사촌에게 산 이름을 알려 주려고 했다. 그러나 한스 카스토르프는 그 쪽을 잠깐 보았을 뿐, 몸을 구부리고 앉아서 은장식이 달린 도회지식의 금속 지팡이 끝으로 모래 위에 뭔가 그림을 그리면서 다른 것을 알고 싶어했다.

"자네에게 물어 보려고 했는데 내 방 환자는 내가 오기 바로 전에 죽었다고 했지? 그 밖에 또 자네가 이곳에 온 뒤에 죽은 사람이 많은가?"

요아힘이 대답했다.

"대여섯 사람은 되지. 그러나 언제나 은밀히 처리되니까 아무도 그 사실을 전혀 모르게 되든지 아니면 나중에 우연히 알게 될 뿐이지. 누군가가 죽어도 환자들에게 알려지지 않도록, 특히 발작을 일으킬지 모를 여자들을 생각해서 극비리에 처리해 버린다네. 자네 옆방에서 누가 죽어도 자네는 전혀 모르게 될 거야. 관도 아침 일찍 자네가 자고 있을 동안에 운반되고, 시체도 때를 노려서—이를테면 식사를 하고 있을 때—옮겨 버리는 거야."

한스 카스토르프는 땅바닥에 뭔가 계속 그리면서 대꾸했다.

"그렇겠군. 그런 것은 무대 뒤에서 처리한단 말이지?"

"음, 그렇게도 말할 수 있겠지. 그러나 최근 일은, 가만 있자…… 아마 8주 전쯤이었던 걸로 아는데……"

한스 카스토르프는 무뚝뚝하게 틈을 주지 않고 따졌다.

"8주 전이 최근이라는 건 좀 이상하잖아?"

"응? 그러면 최근이란 말은 취소하지. 그러나 저러나 자네는 정확하군. 나는 숫자를 어림잡아 말한 것뿐인데. 그러면 얼마 전에 말이네, 나는 그 무대 뒤를 엿보게 되었거든. 정말 우연이었어. 아직도 어제 일처럼 느껴지는군. 후우스라는 가톨릭 소녀. 바르바라 후우스라는 아가씨한테 비아티쿰, 즉 임종의 영성체를 주게 되었을 때였지. 종부 성사 말이야. 그 아가씨는 내가 이곳에 왔을 때만 해도 아직 일어나 있었고, 아주 기분이 좋고 장난을 좋아하는 말괄량이라고 할 수 있었지. 그러다 갑자기 악화되어 자리에 드러눕고 말았네. 내 방에서 셋째 번 옆방에 누워 있었는데, 부모가 달려오고 급기야는 신부가 왔던 거야. 모두가 오후 차를 마시러 간 뒤라서 복도에는 아무도 없었어. 그런데 나는 잠을 너무 자 버렸어. 정오의 안정 요양을 하고 있는 동안 깜박 잠이 들어서 징이 울린 것을 듣지 못하고 15분쯤 지각을 해 버렸지. 그리고 문제의 순간에 나만 모든 사람들이 있는 곳에 있지 않고, 자네가 말하는 무대 뒤를 엿보게 된 셈이네. 내가 복도를 걷고 있자니까 저쪽에서 신부 일행이 레이스 달린 옷을 입고 오지 않겠어? 초롱을 여러 개 단 금색 십자가를 앞장세우고 말이야. 그것을 앞서가는 한 사람이 터키 군악대 선두에 서서 쉘렌바움*⁴처럼 세우고 오는 것이었어."

"그런 비교가 어디 있어?"

"하지만 그렇게 보였단 말일세. 나도 모르게 그렇게 연상했던 거야. 다음 이야기를 들어 줘. 아무튼 이런 모양으로 빠른 걸음으로 나에게 가까이 왔어. 확실히 세 사람이었어. 맨 앞이 십자가를 든 사람이고, 그 뒤에 안경을 쓴 신부, 마지막으로 향료를 가진 소년까지 말이야. 신부는 성체를 가슴에 들고 있었어. 거기에는 뚜껑이 덮여 있었고 그것을 신부는 머리를 공손히 옆으로 기울이고 들고 있었어. 그 사람들에게 성체는 무엇보다도 신성한 것이니까 말이네."

"그러니까 말이야. 그러니까 난 이상하다는 거야. 자네가 쉘렌바움을 떠올렸다는 것 말이야."

"알았어. 그러나 만일 자네도 거기 있었다면 어떤 얼굴을 했을지 알 수 없을 거야. 아무튼 꿈 속에서나 볼 만한 일이었으니까……"

---

*⁴ 방울을 여러 개 단 횡목을 여러 층으로 하여 가운데에 대막대를 달아, 달가당 소리를 내는 터키 군악대용 악기.

"그건 또 어떤 점에서 그렇지?"

"말하자면 그런 경우에 어떤 태도를 취해야 좋을지 알 수 없다는 것이지. 벗고 싶어도 모자는 없지……"

한스 카스토르프는 재빨리 다시 한 번 말을 가로막았다.

"그것 말이야! 그러니까 모자는 쓰고 다녀야지. 난 이곳에서 자네들이 모자를 안 쓰는 게 이상해서 견딜 수가 없었어. 모자라는 건 벗어야 할 때에 벗을 수 있도록 반드시 쓰고 있어야 해. 그래서 어떻게 됐어?"

"나는 복도 벽 옆에 붙어 섰어. 그리고 조심스럽게 서서 세 사람이 내 앞에까지 왔을 때 가볍게 인사했지. 바로 후우스 소녀의 28호실 앞에 왔을 때였어. 신부는 내가 인사한 것이 기뻤던 모양으로 그쪽에서도 정중하게 모자를 벗었어. 그때 세 사람은 벌써 발걸음을 멈추고, 향료를 든 소년이 문을 두드리고 손잡이를 돌려 문을 열고는, 신부를 먼저 안으로 들여보냈지. 그런데 상상해보게나. 내가 얼마나 놀랐을까를! 신부가 방 안에 발을 들여놓는 순간, 방 안에서 비명이 들려왔어. 쇳소리 말이야. 자네도 그런 소리는 아직 들어 보지 못했을 거야. 그 소리가 세 번인가 네 번 계속해서 나더니, 그 뒤에는 숨도 쉴 겨를 없이 울부짖는 거야. 입을 크게 벌리고 우는지 앙앙 하고 말이야. 슬픔과 공포와 항의가 뒤섞인, 정말 말로는 뭐라고 표현할 수 없는 목소리였어. 그리고는 그것이 가끔 몸이 오싹해지는 애걸로 변하는 거야. 그러다가 갑자기 그 소리가 땅 속으로 빠져들어 깊은 구덩이에서 들려오는 것처럼 공허하고 희미하게 들려오는 것이었어."

한스 카스토르프는 요아힘 쪽으로 휙 몸을 돌리며 흥분해서 물었다.

"그것이 후우스였단 말인가? 그리고 그 구덩이에서 들려왔다는 말은 무슨 뜻이야?"

"아가씨가 이불 속으로 파고 들어갔단 말이야! 그 때의 내 심정은 이루 말할 수가 없었어! 신부는 문지방 바로 저쪽에 서서 뭐라고 달래고 있는 거야. 아직도 그 광경이 눈에 선하게 보이는 것 같네. 위로를 하면서 머리를 줄곧 이불 속에 넣었다 내었다 하는 것이었어. 십자가를 든 사람과 시종은 어쩔 줄을 몰라 방에도 못 들어가고 어중간하게 서 있었지. 그 바람에 나는 그들 사이로 방을 들여다볼 수 있었던 거야. 내 방이나 자네 방과 꼭 같은 구조인데, 침대는 입구 왼편 벽에 붙여져 있었고, 그 침대 머리 쪽에 모두 서 있었어. 물론 부모님 말이지. 이 사람들도 침대 쪽을 바라보며 위로를 하고 있지, 침대에는 볼썽사나운 덩어리 같은 것이 보일 뿐이었는데, 그것이 이불 밑에서 애걸하고, 몸이 오싹해지는 목소리로 항의를 하며 두 다리를 동동거리고 있었지.”

“다리를 동동거린다고?”

“있는 힘을 다해서 말이야! 그러나 아무리 그런 짓을 한다 해서 무슨 소용이 있겠는가? 역시 임종의 영성체를 받아야만 했지. 신부가 아가씨한테 다가갔고, 다른 두 사람도 방에 들어가자 문이 닫혔지. 그러나 나는 바로 직전에 안을 들여다보았어. 후우스의 머리가 순간 이불 속에서 나왔어. 연한 금발머리를 흐트러뜨린 채 눈을 부릅뜨고 신부를 쳐다본 거야. 색깔도 윤기도 없는 푸른 눈으로 말이야. 그리고 아아, 우우 하고 외치고는 이불 속으로 다시 파고 들어가 버렸어.”

한스 카스토르프는 잠시 침묵을 지키다가 말했다.

“……자네는 그런 말을 어째서 지금 하는 건가? 왜 어젯밤에 그걸 말해 주지 않았지? 그건 그렇고, 그 아가씨가 그렇게 저항한 것을 보면 아직 체력이 많이 남아 있었던 게 아닐까? 체력이 없으면 그렇게는 못할 것 아닌가? 그런데 신부를 불러온다는 건 너무하지 않나?”

“사실은 쇠약해져 있었던 거야. 아아, 이야기할 게 너무 많아서 어느 것을 먼저 해야 할지 곤란하군…… 그 애는 이미 완전히 쇠약해져 있었어. 그렇게 힘이 나온 건 무서워서 그랬던 거야. 죽어야 한다는 사실, 그것이 무서워서 못 견뎠던 거야. 아직 젊은 아가씨였으니 무리도 아니지. 대장부도 흔히 그러는 사람이 있는데, 그렇게 연약하기 짝이 없는 계집애였으니 더욱 그렇지. 하여튼 베렌스는 이런 사람들을 다루는 방법을 잘 알고 있다네. 말하자면 그런 경우에 하는 말을 말이지.”

한스 카스토르프는 눈살을 찌푸리면서 물었다.

“어떤 말 말인가?”

“그 따위 짓은 하지 말아요!’라고 말한대. 최근에 어떤 남자에게 이렇게 말했는가 봐. 그 현장에 있다가 임종하는 사람을 꽉 붙잡는 일을 도와 준 어떤 간호부장에게서 들었으니, 이건 틀림없어. 그 남자는 죽음이 닥쳐왔을 때 무던히도 죽지 않으려고 기를 썼나 봐. 그래서 베렌스가 소리질렀던 거야. ‘그 따위 짓은 하지 말아요’ 하고. 그러자 환자는 곧 온순해지더니 아주 조용히 죽었다는 거야."

한스 카스토르프는 무릎을 한 손으로 치면서 벤치에 등을 기대어 하늘을 바라보며 탄식했다.

"아무리 그렇더라도 너무 지나치군! '그 따위 짓은 하지 말아요'라니 그건 너무해. 죽어 가는 사람에게 그게 뭐야? 상대는 죽어 가고 있잖아? 임종을 맞는 사람은 어떤 의미에서는 존경받아 마땅하다고 생각해. 그런 사람에게 그러다니…… 임종을 맞는 사람은 신성하다고 나는 생각해."

"나도 그건 부정하지 않아. 그러나 너무 약하게 행동하는 사람이라면……"

한스 카스토르프는 사촌의 반론에 이상하리만큼 격하게 떨리는 어조로 말했다.

"아니야. 그렇지 않아. 나는 누가 뭐라 해도 내 생각을 굽히지 않겠어. 죽어 가는 사람은, 여기저기 뛰어다니면서 웃어대고 돈을 벌고 배불리 먹고 지내는 상스러운 사람보다는 훨씬 고상한 사람이야. 그런 사람에게 안 될 말이야…… 그런 사람에게 그렇게 하다니 안 될 말이야!"

그는 이렇게 말하고는 어제와 꼭 같은 웃음—뱃 속에서부터 치밀어 올라와 온몸을 뒤흔드는 끝없는 웃음—에 빠져들었기 때문에 눈은 감기고 눈꺼풀 사이로 눈물이 비어져 나오고 말문이 막혀 버렸다.

요아힘이 갑자기 말했다.

"조용히!"

그 말을 여러 번 속삭이면서, 쉬지 않고 웃고 있는 사촌 옆구리를 살짝 찔렀다. 한스 카스토르프는 눈물이 괸 눈을 들었다.

길 왼편에서 외국인 신사가 가까이 다가왔다. 갈색 머리의 날씬한 신사로 검은 콧수염은 아름답게 위로 뻗쳐졌으며, 밝은 빛의 줄무늬 바지를 입고, 두 사람 앞으로 가까이 와서 정확하고 유창한 말로 요아힘과 아침 인사를 나누었다. 그리고 신사는 다리를 꼬아 지팡이에 기대면서 우아한 자세로 요아힘 앞에 섰다.

악마

그 신사의 나이는 쉽게 짐작할 수 없었지만, 서른과 마흔의 중간임에 틀림없었다. 전체적으로 보면 젊은 것 같았으나, 관자놀이 부근에는 백발이 보이기 시작했고, 그보다도 머리숱이 꽤 적었다. 이마의 양 위쪽 머리가 벗겨져서 이마가 훤히 드러났던 것이다. 밝은 황색의 금은 줄무늬 바지에, 칼라가 무척 큰 플란넬의 더블로 된 매우 긴 윗도리를 입고 있었는데, 이 복장은 우아하다고 하기에는 거리가 멀었다. 게다가 둥그스름한 스탠드 칼라도 거듭된 세탁으로 모가 서지 않았고, 검은 넥타이도 낡았으며, 커프스는 전혀 사용하지 않은 것 같았다. 손목 둘레의 소매가 축 드리워져 붙어 있는 것 때문에 한스 카스토르프는 그것을 알아차렸다. 그런데도 그는 눈 앞의 인물이 신사라는 것을 분명히 느낄 수 있었다. 그 외국인의 교양이 있어 보이는 표정, 자유롭고 아름답다고 말할 수 있는 태도 등으로 그것을 조금도 의심하지 않았다. 그러나 낡아 버린 옷차림과 우아한 태도의 결합, 검은 눈과 부드럽게 위로 올라간 콧수염은 한스 카스토르프에게, 성탄절 때 고향 집 뜰에서 연주를 하고는 검은 비로도 같은 눈을 들고 모자를 내밀어, 창문으로 던져지는 10페니히의 돈을 받는 외국인 음악사를 떠올리게 했다.*5

'풍금 타는 사람이다.'

한스 카스토르프는 곧 그 생각이 들었다. 그래서 요아힘이 벤치에서 일어나 좀 쑥스럽다는 듯이 소개한 그의 이름을 들어도 이상하게 느끼지 않았다.

"사촌 카스토르프입니다. 이분은 세템브리니 씨."

한스 카스토르프는 그때까지의 흥겨운 흔적이 사라지지 않은 얼굴로 역시 인사를 하려고 일어섰다. 그러나 그 이탈리아 사람은 그대로 있어 달라고 정중하게 말하고는, 둘을 다시 앉게 하고 자기는 우아한 자세 그대로 두 사람 앞에 계속 서 있었다. 그는 서서 두 사람을, 특히 한스 카스토르프를 보고 미소지었다. 아름다운 곡선을 그리며 위로 올라간 풍부한 콧수염 밑에서 입 가장자리가 조금 빈정대는 듯 씰룩거려서 만들어진 이 미소에는 타인에게 어느 정도의 냉정함과 경계를 요구하는 것 같은 독특한 힘이 있어서, 들떠 있던 한스 카스토르프도 곧 냉정해지고 쑥스러워질 정도였다.

세템브리니가 말했다.

"여러분들은 기분이 꽤 좋으시군요. 당연하지요. 당연하고 말고요. 멋진 아침이니까요. 하늘은 푸르고, 태양은 웃고 있습니다……정말 내 자신이 어디에

---

*5 슈베르트가 작곡한 거리의 악사 참고.

있는지 잊어버릴 지경입니다."

그는 이렇게 말하고는 경쾌하고 우아하게 팔을 흔들면서 작고 누런 손을 하늘로 올리고, 밝은 눈길도 하늘로 비스듬히 던졌다.

그의 발음에는 외국인다운 억양이 전혀 없었다. 오히려 발음이 너무 정확하기 때문에 독일 사람이 아니라는 것을 알게 될 정도였다. 그의 입술은 말을 형용하는 데 어떤 기쁨을 느끼고 있는 것 같아, 듣고만 있어도 기분이 좋았다.

세템브리니는 한스 카스토르프에게 말을 걸었다.

"그래, 여기로 오는 여행은 즐거웠습니까? 판결은 이제 내려졌습니까? 말하자면 첫 진단의 음산한 의식은 끝났습니까?"

이 질문에 대답을 듣는 것이 목적이었다면 거기서 말을 끊고 대답을 기다려야 했을 것이다. 질문을 받은 것이라 한스 카스토르프는 대답하려고 했다. 그러나 이탈리아 사람은 질문을 계속했다.

"가벼운 판결로 끝났습니까? 당신의 좋은 기분으로 미루어 보건대 말입니다."

그가 잠깐 입을 다물자 입 가장자리 주름이 깊어졌다.

"……여러 가지로 상상이 되는군요. 우리의 미노스와 라다만토스*6는 당신에게 몇 개월을 도전했습니까?"

그는 이 '도전'이라는 말을 특히 익살스럽게 발음해 보였다.

"맞춰 볼까요? 6개월? 그렇지 않으면 처음부터 9개월? 그분들은 아무튼 인심이 좋으니까요……"

깜짝 놀란 한스 카스토르프는 미노스와 라다만토스란 누구를 말하는 건지 생각해 내려 하며 대답했다.

"무슨 말씀이십니까? 아닙니다. 당신은 잘못 알고 계십니다. 세프템—"

"아니, 세템브리니라고 합니다"

이탈리아 사람은 익살스럽게 허리를 굽히면서 틀린 이름을 정확하게 수정했다.

"아, 세템브리니 씨, 실례했습니다. 잘못 알고 계십니다. 나는 아픈 데가 없습

---

*6 전설에 따르면 미노스는 크레타 섬의 왕으로 공정한 왕이었기에 죽은 뒤 저승에서 최고 재판관이 되었다고 하며, 라다만토스 또한 크레타 섬의 왕으로 그의 공정함 때문에 죽은 뒤 미노스와 함께 저승의 최고 재판관이 되었다.

니다. 나는 사촌 침첸을 만나러 2, 3주일 예정으로 왔습니다. 이 기회에 나도 정양을 좀 하려고 할 뿐입니다."

"그런 줄도 몰랐군요. 당신은 우리와 같지 않다는 말씀이군요. 건강한데 여기는 단순히 청강생으로서 오셨다는 말씀이군요. 저승을 찾아간 오디세우스처럼, 참 대담하시군요. 죽은 자들이 취생몽사하고 있는 이 심연을 내려오시다니요……"

"심연이라고요, 세템브리니 씨? 농담이시겠지요. 나는 당신들이 사는 이 곳으로 거의 5천 피트는 올라왔는 걸요."

그러자 이탈리아 사람은 손짓을 하면서 잘라 말했다.

"그렇게 느끼고 있을 뿐이지요. 그렇지요, 그건 착각입니다. 우리들은 심연에 떨어진 무리들입니다. 그렇지 않습니까, 소위님?"

그가 요아힘에게 동의를 구하자, 요아힘은 소위라고 불려서 무척 기쁜 모양이었지만 그 기쁨을 감추려고 하면서 사려 깊게 대답했다.

"맞습니다. 우리는 좀 형편없이 되어 있습니다만, 머지 않아 분발할 수 있겠지요."

"그렇지요. 당신은 그렇게 할 수 있으리라고 믿습니다. 당신은 훌륭한 사람입니다."

이렇게 세템브리니는 말했다. 그리고 다시 한스 카스토르프에게 얼굴을 돌리고는 "그렇지, 그렇지, 그렇지" 하고 세 번 '그렇지'를 힘주어 말하고 나서, 혀를 역시 입천장에 세 번 가볍게 붙여 쯧쯧 소리를 냈다. 그러고는 새로운 손님을 눈초리가 멍하게 될 정도로 빤히 쳐다보면서, 마찬가지로 세 번 날카로운 '그렇지'의 발음으로 "그럼, 그럼, 그럼" 하고는 다시 눈에 활기를 띠며 계속했다.

"그렇다면 순전히 자유 의사로 당신은 이곳에 있는 우리에게 올라와서 한동안 같이 지내는 기쁨을 주시겠다는 것이군요. 거 참 좋은 일입니다. 그래, 얼마쯤을 예상하고 있습니까? 실례가 안 될지 모르겠습니다만. 그래, 라다만토스가 정한 것이 아니라 이쪽이 정한다면 대체 얼마쯤의 기간을 자기에게 구형하려는 것인지 듣고 싶군요."

한스 카스토르프는 자기를 부러워하는 것을 느끼면서 의기양양하게 말했다.

"3주간입니다."

"오 신이여! 들었습니까, 소위님? 여기에 3주간 예정으로 와서 그것이 끝나면 곧 출발한다고 말씀하시는 것이 조금 염치없다고 느껴지지 않습니까? 버릇없는 말투 같습니다만, 우리는 주(週)라는 단위는 모르고 지냅니다. 우리들의 시간의 단위는 1개월이 최소 단위입니다. 우리는 큰 단위로 계산합니다. 이것은 망자(亡者)의 특권이지요. 그 밖에도 망자의 특권은 있습니다만, 이거나 저거나 비슷한 특권입니다. 실례지만 당신은 아래 세상에서 어떤 일을 하고 있었습니까? 아니면 어떤 일을 할 계획이었습니까? 보시다시피 우리는 호기심을 조금도 억누르지 않습니다. 호기심도 특권의 하나로 계산되고 있으니까요."

"실례라고 생각하실 것까지는 없습니다"

한스 카스토르프는 이렇게 말하고는 자기 직업을 알려 주었다.

세템브리니가 탄성하듯 외쳤다.

"조선가! 멋진데요! 내 재능은 그것과는 다른 방면에 있습니다만, 당신의 직업이 멋진 것만은 절대적입니다."

요아힘이 좀 쑥스러운 듯이 한스 카스토르프에게 설명했다.

"세템브리니는 문학가라네. 독일 신문에도 카르두치*7의 추도문을 기고하셨다네. 카르두치 말이야."

그리고 그는, 사촌이 자기를 의심스러운 듯이 바라보면서 '자네가 어떻게 카르두치를 알고 있나? 나와 마찬가지로 아무것도 모르지 않나' 하고 묻는 듯하여 한결 더 쑥스러워했다.

이탈리아 사람은 고개를 끄덕이면서 말했다.

"그렇습니다. 위대한 시인이며 자유사상가였던 인물이 일생의 막을 내렸을 때, 나는 그의 일생에 대해 당신 나라 사람들에게 말씀드릴 영광을 가졌습니다. 나는 그를 알고 있었고, 그의 제자이기도 했습니다. 나는 볼로냐에서 그의 가르침을 받았습니다. 내가 교양과 명랑한 성질을 가지고 있다면 그것은 모두 그에게서 얻은 것입니다. 그러나 오늘은 당신 이야기를 하고 있는 중입니다. 조선가! 당신은 내 눈에 점점 더 위대하게 보이기 시작하는군요. 거기에

*7 1906년에 노벨상을 받은 이탈리아의 시인.

앉아 있는 모습이 갑자기 일과 실제적 천재라는 세계 전체의 대표자로 보입니다……"

"그렇지만 세템브리니 씨, 나는 실은 아직 학생에 지나지 않습니다. 이제부터 시작하려는 것입니다."

"그러시겠지요. 그러나 모든 일에서 첫걸음이 중요합니다. 대체로 일이란 이름으로 보아 부끄러움이 없는 일은 모두 대단한 것입니다. 그렇지 않습니까?"

"그렇습니다. 그것은 악마라도 알고 있을 겁니다."

한스 카스토르프는 이렇게 말했는데, 그것이 그의 솔직한 심정이었다.

그 순간 세템브리니는 눈썹을 치켜올리며 물었다.

"악마까지 인용하시다니, 놀랐는데요? 진짜 악마까지? 내 위대한 스승이 그 악마에게 찬가를 부치고 있는 것을 아십니까?"

"실례지만 악마에게 말입니까?"

"그렇지요. 악마에게 말입니다. 우리 나라에서는 축제가 있을 때면 가끔 잘 부르는 찬가입니다. '오, 건강이여, 오, 악마여, 오, 반역이여, 오, 이성(理性)의 복수여……' 멋진 노래지요. 그러나 당신이 말씀하시는 악마는 이 악마가 아닌 것 같습니다. 이 악마는 일과는 사이가 좋은 악마이니까요. 그리고 당신이 말씀하신 악마는 어떤 이유로 일을 싫어하는 악마로서, 이것은 조금이라도 틈을 보여서는 안 된다고 세상에서 타이르는 악마인 것 같습니다."

이 모든 이야기는 선량한 한스 카스토르프에게 매우 이상한 인상을 주었다. 그는 이탈리아어를 몰랐지만, 그 밖에도 호감이 가지 않는 것이 있었다. 농담 삼아 가벼운 잡담으로 이야기한 것이었는데 어딘지 일요일에 듣는 설교와도 비슷했다. 한스 카스토르프는 사촌의 얼굴을 살펴보았지만, 사촌은 눈을 내리깔아 버렸다. 한스 카스토르프가 말했다.

"아닙니다, 세템브리니 씨. 당신은 내가 말씀드린 것을 문자 그대로만 받아들이고 있습니다. 내가 악마라고 한 것은 다만 내 말투에 불과한 것입니다. 정말입니다!"

"누군가가 재치 있는 말을 해야 하지요."

세템브리니는 이렇게 말하고 하늘을 우울하게 쳐다보았다. 그러나 다시 활기를 띠고 밝고 우아하게 앞서의 화제로 되돌아가면서 말을 이었다.

"아무튼 나는 당신의 말씀을 듣고, 당신이 노력을 필요로 하지만 명예로운 직업을 선택한 것으로 생각되는군요. 유감스럽게도 나는 인문주의자며 호모 후마누스[*8]여서 당신에게 진심으로 존경을 느끼지만 기술 방면에 대해서는 아무것도 모릅니다. 그렇지만 당신의 전문 분야는 이론 방면에서는 명석한 두뇌를 필요로 하고, 실기 방면에서는 착실한 인물을 필요로 하고 있다는 것은 나에게도 상상이 갑니다. 그렇지 않습니까?"

한스 카스토르프는 무의식 중에 웅변조로 대답했다.

"사실 그렇습니다. 당신 말씀에 무조건 찬성합니다. 오늘날 우리에게 요구되는 것은 정말 많아서, 요구되는 것이 얼마나 큰가를 조금도 의식하지 않도록 해야 합니다. 그것을 의식하면 정말이지 용기를 잃어버릴 지경입니다. 정말입니다. 농담이 아닙니다. 게다가 우리가 그다지 건강하지 않는 경우에는 더더구나…… 나는 여기에 손님으로 온 것뿐입니다만, 아무래도 그다지 건강하다고는 말할 수 없는 사람입니다. 그래서 일하는 것이 성미에 맞는다고 말한다면 그건 거짓말이겠지요. 오히려 꽤 피곤하다는 것이 정직한 말일 것입니다. 정말로 건강하다고 느끼는 것은 아무 일도 하지 않고 있을 때뿐이라고 말할 수 있습니다."

"예를 든다면 지금과 같은 경우입니까?"

"지금이요? 글쎄요. 아무튼 난 이곳에 막 도착했기 때문에…… 그래서 아직 어리둥절해 하고 있습니다."

"아, 어리둥절해하고 있다는 말이지요?"

"그렇습니다, 세템브리니 씨. 게다가 그다지 잘 자지도 못했고 아침 식사도 과식했던 것 같습니다…… 잘 차린 아침 식사에는 익숙하지만 오늘 아침은 지나치게 풍족했던 것 같습니다. 영국인들이 말하듯이 음식이 너무 많았습니다. 그 때문에 기분이 좀 무겁습니다. 특히 오늘 아침은 시가가 웬일인지 맛이 없습니다. 왜 그럴까요? 이런 일은 전혀 없었던 일입니다. 병이 중한 경우에는 별 문제이지만…… 오늘은 가죽이라도 피우고 있는 것 같았어요. 결국 내버릴 수밖에 없었습니다. 무리해서 피워도 별 도리가 없었기 때문이죠. 실례지만 당신은 담배를 피우십니까? 피우지 않아요? 그렇다면 이해하지 못할지 모르지만

[*8] homo humanus. 고대 그리스의 교양을 이상으로 하는 사람. 괴테, 실러가 제창한 독일 문학의 고전 시대로, 고대 그리스인의 인간상에 입각하여 개인을 순수 보편적인 인간상으로 높이고 노력했다.

나처럼 젊어서부터 담배를 즐기는 사람에게는 이게 얼마나 화가 나고 실망되는 일인지……”

“나는 그 방면에 경험이 없습니다. 그리고 그 방면에 경험이 없는 사람들 가운데도 훌륭한 사람들이 상당히 있습니다. 훌륭하고 냉철한 인물 중의 몇 사람은 담배 피우는 습관을 싫어했습니다. 카르두치도 그것을 좋아하지 않았습니다. 그러나 우리의 라다만토스 같으면 당신의 기분을 이해할 것입니다. 그도 당신과 마찬가지로 악습의 찬미자이니까요.”

“아니, 담배 피우는 것을 악습이라니요. 세템브리니 씨……”

“그렇지 않습니까? 우리는 무엇이든 확실하게 말해야 합니다. 그럼으로써 우리의 생활은 강해지고 고양되는 것이기 때문입니다. 나도 악습을 갖고 있습니다.”

“그러면 베렌스 고문관은 애연가란 말입니까? 아주 호감이 가는 사람이던데요.”

“그렇게 생각합니까? 그렇다면 그분을 만나 벌써 인사를 나누셨군요.”

“네, 아까 우리가 요양원을 나설 때였습니다. 마치 진찰하는 것 같았지요. 물론 무료였지만 말입니다. 고문관은 내가 빈혈이라는 사실을 한눈에 알아차렸습니다. 그리고 내가 여기서 사촌과 꼭 같은 생활을 할 것과 발코니에 나가 열심히 잘 것을 충고해 주더군요. 그리고 곧 체온 검사도 같이 하라고 했지요.”

“정말입니까? 이것 참 멋진데.”

세템브리니는 이렇게 말하더니 웃으면서 몸을 뒤로 젖혀 하늘을 보며 외쳤다.

“당신 나라의 오페라에 이런 것이 있지요. 모차르트의 오페라《마적》이었나요? ‘나는 새 잡는 포수, 언제나 명랑, 에헤야, 에헤야.’ 아무튼 유쾌합니다. 그래, 당신은 그분의 충고대로 하실 작정입니까? 물론이겠지요. 묻는 내가 바보지. 그렇게 하지 않을 이유가 없으니까요. 그분은 악마지요. 이 라다만토스는! 그리고 가끔 억지로 가장할 때도 있긴 하지만 언제나 명랑하답니다. 그런데도 가끔 우울해지는 버릇이 있지요. 그의 악습 덕택에 말이지요. 그렇지 않다면 악습이라고 할 수는 없겠습니다만. 담배 피우는 습관이 그를 우울하게 만드는 거지요. 그래서 우리의 존경하는 간호부장은 담배를 보관해 두었다가 그에게는 적은 양으로 하루분씩만 주고 있습니다. 그는 유혹에 못 이겨 그것을 훔

치는 일이 있다는데, 그 때문에 우울해진답니다. 한 마디로 말해 어지러운 영혼이라고 하겠지요. 당신은 우리 간호부장을 만났습니까? 아직 만나지 못했다고요? 그건 잘못인데요. 꼭 알아 두어야 합니다. 그녀는 폰 밀렌동크 일족 출신입니다. 메디치*9의 비너스와 다른 점은 여신의 유방이 있는 곳에 부장은 언제나 십자가를 달고 있다는 것입니다."

그 말에 한스 카스토르프가 웃음을 터뜨렸다.

"하하하, 이건 걸작인데요!"

"이름은 아드리아티카라고 하지요."

"이름까지 그런 이름입니까? 그건 정말 이상한데요. 폰 밀렌동크에다 아드리아티카…… 어쩐지 오래전에 죽은 사람 같은 느낌이 드는군요. 정말 중세 기분이 나는데요."

세템브리니가 대답했다.

"여기에는 당신이 '중세 같은 느낌'이 든다고 부를 것이 이 밖에도 많이 있습니다. 나로서는 라다만토스가 저 화석 같은 여사를 그의 공포 전당의 감독장으로 임명한 것은 오로지 예술가로서의 그의 미적 감각에서 나온 것이라고 확신하고 있습니다. 그래 봬도 그는 예술가입니다. 잘 모르시겠지만 그는 유화를 그리고 있습니다. 물론 금지되지도 않고 누구에게나 허용된 일이니까요. 아드리아티카 여사는 듣고 싶어하든 말든 누구에게나 이야기를 해 준답니다. 13세기 중엽 라인 강가의 본 여자 수도원에 밀렌동크라는 수도원장이 있었다는 걸 말입니다. 아마 여사도 13세기 중엽에서 그다지 세월이 흐르지 않았을 때 태어난 모양이지요……"

"하하하, 농담이 좀 심하시군요, 세템브리니 씨."

"험담이란 말입니까? 신랄하다는 것이지요. 그래요. 나는 좀 신랄하답니다…… 다만 그 날카로움을 이런 시시한 이야기로 낭비해야 한다는 것이 유감스럽습니다. 그러나 신랄하다는 사실 그 자체에는 당신도 반대하지는 않을 것입니다. 엔지니어 씨. 내 생각에 신랄은 암흑과 추악의 힘에 대한 이성의 무기, 가장 빛나는 무기입니다. 날카로움은 비평 정신이며 비평은 진보와 계몽의 근원입니다."

---

*9 로마 초대 황제인 아우구스투스 때 만들어진 비너스상으로 현재는 플로렌스에 있음.

그러고는 곧 페트라르카를 끄집어내더니 페트라르카를 '근대의 아버지'라고 불렀다.

　그때 요아힘이 사려 깊게 말했다.

　"우리는 이제 안정 요양을 하러 가야겠습니다."

　문학자는 우아한 손짓을 해 가면서 말하다가 그 손짓을 요아힘 쪽을 가리키는 동작으로 마무리짓고 말했다.

　"우리 소위님이 근무를 독촉하는군요. 자, 그러면 갑시다. 나도 같은 길로 갑니다. '오른편으로 권세가 비할 데 없는 저승의 왕의 보루로 가는 길'입니다. 아, 베르길리우스, 베르길리우스! 여러분, 그는 대단합니다. 나는 진보를 믿습니다. 물론이지요. 그러나 베르길리우스는 근대인이 아무도 갖고 있지 않는 형용사를 구사하고 있습니다……"

　셈템브리니는 그들과 돌아오면서 라틴어의 시구를 이탈리아어 발음으로 옮기기 시작했지만, 저쪽에서 동네 아가씨처럼 보이는 그리 예쁘지 않은 젊은 여인이 가까이 오는 것을 보자 시구 읊는 것을 그만두고 호색가 같은 미소를 띠고는 '트트트' 하고 혀를 찼다. "야, 야, 야! 라, 라, 라! 예쁜 아가씨, 나하고 같이 지내요. 보세요. '그녀의 눈은 이상한 광채로 빛나도다.'"

　이렇게 괴상한 인용을 하면서 당황해 하는 아가씨의 뒷모습을 향해 키스를 보냈다.

　'이거 대단한 말솜씨로군.'

　한스 카스토르프는 이렇게 생각했는데 이 생각은 셈템브리니가 재치 있는 희롱을 던진 다음 다시 독설을 퍼붓기 시작한 뒤에도 변함이 없었다. 이번에는 주로 베렌스 고문관을 공격의 대상으로 삼고, 그의 발이 크다고 빈정대고, 결핵성 뇌막염을 앓은 왕자에게서 받았다는 '고문관'이라는 칭호에 대해 떠들어댔다. 이 왕자가 얼마나 방탕했는지는 요즘도 이 부근 일대에서 화제가 되어 있지만, 라다만토스는 그것을 눈감아 주고, 아니, 보고도 전혀 못 본 척하고 고문관다운 관록을 드러냈다는 것이다.

　"게다가 여름 시즌을 고안해 낸 것이 그 사람이라는 것을 알고 계십니까? 그렇지요. 그자이지요. 다른 사람은 아닙니다. 그 공적을 표창해야 마땅하지요."

　그 이전에는 여름이 되면 웬만한 충성심이 없고서는 이 골짜기에 버티고 있는 사람은 없었다. 그래서 '우리의 익살꾼'은 이 악풍이 편견에 근거를 둔 것에 지나지 않다는 것을, 그 공평무사한 현안으로 꿰뚫어 보았던 것이다. 그는 적어도 그의 요양원에 대한 한, 여름 요양은 겨울 요양에 비해 손색이 없을 뿐만 아니라 특히 효과가 있고 꼭 필요하다는 학설을 주장했다. 그리고 이 학설을 세상에 퍼뜨리기 위해 빈틈없이 뛰어다녀, 이에 대한 통속적인 선전문을 기초로 한 기사가 신문에 실렸던 것이다. 그러자 영업은 여름이나 겨울이나 마찬가지로 번창했다. "천재!" 세템브리니는 이렇게 말하고, "직관!"이라고 외쳤다. 그런 다음 근처 요양원을 철저히 헐뜯기 시작하여 그 경영자들의 장삿속을 매섭게 비판했다.

카프카 교수라는 사람이 있다……해마다 눈이 녹는 위험기가 되어서 환자들이 퇴원 신청을 해 올 때면, 카프카 교수는 갑자기 1주일쯤 어디론지 여행을 해야 할 일이 생겨, 퇴원 수속을 돌아와서 하자고 약속하고는 떠나 버렸다. 1주일의 예정은 6주일이 되며, 불쌍한 환자들은 그가 돌아오기를 간절히 기다리는데, 그러는 동안에 입원비는 더 올라가는 것이다. 퓨메*¹⁰에서 카프가 교수의 왕진을 청해 오면, 교수는 스위스 화폐로 5천 프랑을 보증해 주기 전까지는 절대로 움직이지 않아서 2주일이 지나가 버렸다. 그래서 대 선생께서 퓨메에 도착하여 하루가 지나자 그 환자는 죽고 말았다.

잘츠만이라는 박사도 있는데, 이 선생은 카프카 교수가 주사기를 잘 소독하지 않아 환자들에게 혼합 전염을 일으키고 있다고 뒷말을 하고 있었다. 잘츠만의 말에 따르면, 카프카 교수는 그가 죽인 환자들에게 발자국 소리를 들리지 않게 하기 위하여 고무로 바닥을 댄 구두를 신고 걸어다닌다는 것이다. 이에 대해 카프카는 잘츠만 요양원에서는 환자들에게 '포도나무의 단 이슬'을 너무 많이 먹여―이것도 환자들의 입원비를 더 올리려고 하기 때문이다―환자들은 파리처럼 죽고, 그것도 결핵으로 죽는 것이 아니라 알코올로 인한 간경화라고 주장했다.

세템브리니의 이야기는 이렇게 계속되고, 한스 카스토르프는 분수처럼 터져 나오는 그 유창한 독설에 진심으로 즐겁게 웃었다. 이 이탈리아인의 웅변은 전혀 사투리가 없는 멋진 순수성과 정확성 때문에 듣는 이에게 독특한 쾌

---

*10 당시는 헝가리 영토의 마을. 지금은 유고슬라비아의 영토.

감을 주었다. 부드럽게 움직이는 입술에서 말이 둥글고 아름답게 금속을 녹여 만든 것처럼 튀어나와, 당사자도 자기가 쓰는 세련되고 싱싱하면서도 신랄한 어법과 어형, 그리고 문법상의 변화와 활용까지도 즐겁게 맛보면서, 그 기쁨이 듣는 이에게도 전달되어 유쾌해지는 것이었다. 그의 명석하고 냉정한 정신은 단 한 번의 실수도 용서하려 하지 않는 것 같았다.

한스 카스토르프가 말했다.

"당신은 말씀을 아주 재미있게 하십니다, 세템브리니 씨. 아주 생생한 데가 있어서, 뭐라고 말했으면 좋을지 알맞은 말이 떠오르지 않습니다만."

이에 이탈리아 사람은 오히려 추울 정도인데 손수건으로 부채질하는 시늉을 하며 말했다.

"조형적이라고 하면 어떻겠습니까? 찾고 있는 말은 이것이 아닙니까? 내 말투가 조형적이라고 말하고 싶은 것이지요. 잠깐, 가만 계세요."

그러더니 그는 뭔가를 가리키며 외쳤다.

"앗, 저기 좀 보세요! 저기 염라대왕들이 산책하고 있군요. 이것 참 희한한 광경인데요!"

세 사람은 이미 길모퉁이를 돌고 있었다. 세템브리니의 말 때문인지 내리막길이기 때문인지, 그렇지 않으면 한스 카스토르프가 느낀 것처럼 요양원에서 사실은 멀리 떨어져 있지 않았든지—처음 걷는 길은 알고 있는 길보다 훨씬 멀게 느껴지는 법이다—아무튼 돌아오는 길은 놀랄 정도로 빨랐다. 세템브리니가 말한 대로 눈 아래 요양소의 뒤편 빈터를 걷고 있는 것은 두 의사였다. 흰 수술복을 입은 고문관이 목을 잔뜩 빼고 양쪽 손을 노젓듯이 하면서 걸어가는 뒤에, 검은 가운을 입은 크로코브스키 박사가 언제나 회진 때 그러는 것보다 더 거만스레 주위를 돌아보면서 원장의 뒤를 따라 걷고 있었다.

세템브리니가 말했다.

"아, 크로코브스키! 저렇게 어슬렁거리고 있지만, 저 친구는 요양원에 있는 여자들의 비밀을 모조리 알고 있답니다. 저 옷차림의 미묘한 상징성에 주목해 주십시오. 그는 가장 자랑하는 전문 분야가 밤의 세계라는 사실을 암시하려고 검은 옷을 입고 있는 겁니다. 저 친구 머릿속에는 한 가지 생각밖에 없습니다. 그 생각이 또한 불결한 것입니다. 엔지니어, 그러고 보니 우리는 아직 저 친구는 전혀 이야기하지 않았군요. 그런데 저 친구와 인사는 하셨습니까?"

한스 카스토르프는 고개를 끄덕여 보였다.

"그래, 감상은 어떻습니까? 아마 당신 마음에 드셨으리라 믿습니다만."

"글쎄요. 뭐라고 말해야 좋을지 아직 잘 모르겠군요, 세템브리니 씨. 잠깐 만났을 뿐이니까요. 그리고 나는 그렇게 빨리 비평하는 편이 아닙니다. 나는 모르는 사람을 만나도 그 사람을 보면 그러한 사람이려니 생각하고는 좋아할 뿐입니다."

이탈리아 사람이 나무라듯 말했다.

"그게 둔감(鈍感)이라는 것입니다. 비평하십시오! 자연은 그 때문에 당신에게 눈과 오성을 주었으니까 말입니다. 당신은 나를 신랄하다고 말씀하셨지만, 내가 신랄하다면 거기에는 아마 교육적인 목적이 있기 때문일 겁니다. 우리 인문주의자들은 누구나 모두 교육자적인 소질을 가지고 있습니다. ……여러분, 인문주의와 교육학과의 역사적인 관계는 양자의 심리적 연관도 증명하고 있습니다. 인문주의자에게서 교육자의 임무를 빼앗아가서는 안 됩니다. ……또한 빼앗을 수도 없습니다. 왜냐하면 인간의 존엄성과 아름다움은 인문주의자에게만 전승되었기 때문입니다. 한때 혼탁했던 반(反) 인문주의 시대에는 주제넘게도 신부가 청년 지도의 임무를 맡았습니다. 그러다가 인문주의자가 그 임무를 이어받았습니다. 그 이후에는 여러분, 교육자의 새로운 형태는 이제는 전혀 나오지 않고 있습니다. 나를 반동적이라고 불러도 좋습니다. 엔지니어, 원칙적이고 추상적으로 잘 들어 주십시오. 나는 인문 고등학교의 찬미자입니다……"

세템브리니는 승강기에 타고 나서도 그 말을 계속하여 사촌들이 3층에서 내렸을 때에야 겨우 입을 다물었다. 그는 4층까지 올라가는 것이었다. 요아힘의 말로는 4층 뒤쪽 작은 방에 있다고 했다.

"아마 돈이 없는 모양이지."

한스 카스토르프는 요아힘을 방까지 데려다 주며 말했다. 요아힘의 방도 이웃한 그의 방과 똑같았다.

요아힘이 말했다.

"그럴 거야. 돈이 없을 거야. 있어도 여기의 비용을 내는 데 빠듯하겠지. 그의 아버지는 문학가였고 할아버지도 그렇다는 이야기가 있으니까 말이네."

"그렇다면 그게 무리도 아니지. 그런데 몸은 아주 많이 나쁜 상태인가?"

"내가 들은 바로는 위험하지는 않지만 고질이라던데. 자꾸만 재발한다는군. 병이 난 지 여러 해째 되는 모양이야. 한때는 얼마 동안 퇴원도 한 모양인데, 곧 도로 들어오게 되었다는군."

"불쌍한 사람이로군. 저렇게 일을 하고 싶어하는데. 그런데 말하기를 좋아하는군. 이 이야기에서 저 이야기로 정말 경쾌하게 넘어가던데. 아까 아가씨한테는 좀 지나쳤어. 나까지 좀 어색하던 걸. 하지만 그 위에 인간의 존엄성을 이야기했을 때에는 정말 멋있었어. 꼭 축하회의 연설 같더군. 자네는 저 사람하고 자주 어울리나?"

명석한 두뇌

그러나 요아힘은 하는 일이 있어서 애매하게 대답했다. 테이블 위에 있던 비단으로 속을 댄 붉은 가죽 주머니를 열고 작은 체온계를 꺼내 수은이 든 앞 끝을 입 안에 넣고 있었기 때문이다. 그 유리 기구를 혀 왼편 아래에 넣어 입에서 비스듬히 위로 세우고 있었다. 그리고 요아힘은 옷을 갈아입고 구두를 신고 작업복 같은 짧은 윗도리를 걸치고는 인쇄된 체온표와 연필, 그리고 러시아어 문법책을 들었다. 그는 군대에서 도움이 되지나 않을까 생각하며 러시아어를 공부하고 있었다. 이런 준비를 하고 나서 바깥 발코니의 침대 의자 위에 누워 낙타 담요를 가볍게 발에 걸쳤다.

담요는 거의 필요 없었다. 15분쯤 전부터 구름 층이 차츰 엷어지더니 햇빛이 아름답고 따뜻하고 눈부시게 비치기 시작했으므로 요아힘은 흰 아마포 차양을 머리 위에 펴야 했다. 그 차양은 간편한 장치로 의자의 팔걸이에 비치되어 태양의 위치에 따라 움직일 수 있게 되어 있었다. 한스 카스토르프는 그 구조를 칭찬했다. 그는 요아힘의 체온 검사 결과를 기다리면서 그 사이에 하는 모든 처리법을 견학했다. 발코니 한구석에 세워져 있는 가죽 침낭을 보기도 하고—요아힘은 추운 날에는 그 가죽 침낭 속에 들어가 잤다—난간에 팔을 기대어 뜰을 내려다보기도 했다. 뜰의 요양 홀은 책을 읽거나, 글을 쓰거나, 이야기를 주고받으면서 누워 있는 환자들로 가득 차 있었다.

그러나 요양 홀의 내부는 일부분만 보여, 침대 의자가 다섯 개쯤 보일 뿐이었다.

"체온은 몇 분 동안이나 재는가?"

한스 카스토르프가 뒤돌아보며 물었다. 요아힘은 손가락을 일곱 개 세워 보였다.

"그렇다면 벌써 지났어. 7분이면 말이야."

요아힘은 머리를 흔들었다. 그는 얼마 지나서 체온계를 입에서 빼고 그것을 보면서 말했다.

"그래, 시간은 감시하고 있으면 무섭게도 천천히 가는 거야. 나는 하루 네 번 체온 재는 일이 아주 즐겁다네. 1분이라는 시간, 그리고 꼬박 7분이라는 시간이 사실은 얼마나 되는지 잘 알기 때문이야. 정말이지 여기 있으면 1주일이라는 시간이 눈 깜짝할 사이에 지나가 버린다네."

"자네는 '사실'이라고 말하는군. 그렇지만 '사실'이라고 말할 수는 없어. 시간은 길다고 생각하면 길고 짧다고 생각하면 짧아. 사실 얼마만큼 길고 짧은지는 아무도 모르는 거야."

한스 카스토르프가 대답했다. 한쪽 넓적다리를 난간에 올려 앉은 그의 눈 흰자위에는 핏발이 붉게 서 있었다. 그는 보통 때는 철학적인 투의 말버릇이 전혀 없었지만, 지금은 그런 충동을 느꼈다.

요아힘이 반박했다.

"왜 그렇다는 거지? 그렇지 않아. 우리는 시간을 계산하고 있잖아? 그 때문에 시계도 있고 달력도 있어. 한 달이 지나가면 그건 자네에게나 나에게나 모든 사람에게 지나간 거야."

"자, 그렇다면 말이네."

이렇게 한스 카스토르프는 말하고, 집게손가락을 흐릿한 양쪽 눈 사이에 갖다 댔다. 그는 집게손가락으로 코를 세게 눌렀기 때문에 코끝이 완전히 옆으로 구부려져 버렸다. 그는 말을 계속했다.

"그러면 1분 동안이란 자네가 체온을 잴 때 느낄 수 있는 길이의 시간인 거지? 1분이란 초침이 한 바퀴 도는 데 필요한 길이의 시간이야…… 거기에 필요한 만큼 계속되는 시간이야. 그러나 한 바퀴 도는 데 필요한 시간이란 정말 여러 가지야. 우리의 기분에는 말이야. 그리고 실제 문제로서 생각하면 말이야. 그것은 하나의 운동, 즉 공간적인 운동이야. 그렇지 않나? 그럼 잠깐 기다려. 우리는 시간을 공간으로 계산하고 있어. 그러나 이것은 공간을 시간으로 계산하려는 것과 마찬가지야. 그리고 이것은 어지간히 비과학적인 사람이 아니면 안 하는 일이야. 함부르크에서 다보스까지는 20시간이 걸린다고 하지. 그렇지? 기차를 타면 말일세. 그러나 걸어서 오면 얼마나 걸릴까? 그리고 머릿속으로는? 1초도 걸리지 않는다네."

요아힘이 물었다.

"자네, 대체 왜 그러는 거야? 우리가 지내는 이곳이 자네 몸에 해로운 것은 아닌가?"

"가만 있게. 난 오늘 머리가 아주 명석하네. 대체 시간이란 무엇인가?"

한스 카스토르프가 질문을 하고는 코끝을 난폭하게 옆으로 누르자, 끝이 핏기를 잃고 하얗게 되었다. 그의 말은 계속 이어졌다.

"자네, 나한테 말해 줄 수 있겠는가? 공간은 감각으로 인식할 수 있네. 시각과 촉각으로 말이야. 그런데 도대체 시간을 인식하는 기관은 무엇일까? 자네는 그것을 가르쳐 줄 수 있겠나? 봐. 자네는 거기 앉아 있어. 그러나 우리는 엄밀히 말해서 아무것도 모른다네. 단 하나의 속성도 말할 수 없는 대상을 도대체 어떻게 헤아린다는 말인가? 이렇게 시간이 경과한다고 하지. 그러나 시간을 계산하기 위해서는……기다리게나!……시간이 계산될 수 있기 위해서는, 시간은 균등하게 경과해야만 하네. 그러나 균등하게 경과한다는 것이 어디에 씌어져 있는가? 우리의 기분으로는 시간이 균등하게는 지나지 않네. 의식적으로 그렇다고 가정할 뿐. 우리의 시간 단위란 단순한 약속인 것이야. 실례지만 말이야……"

요아힘이 말했다.

"좋아. 그렇다면 내 체온계의 눈금이 다섯 개 더 많다는 것도 단순한 약속이란 말인가? 그러나 이 다섯 개의 눈금 때문에 나는 여기서 빈둥거리며 군대 복무에 종사하지 못하고 있어. 생각해 보면 참을 수 없는 사실이야!"

"37도 5부인가?"

"아니, 이러다가 곧 내려가 버려."

요아힘은 말하더니 체온표에 온도를 적어 넣었다.

"어제는 38도에 가까웠어. 자네가 왔기 때문이야. 손님이 오면 누구든지 올라가기 마련이야. 그래도 누군가가 찾아와 준다는 건 기쁜 일이지."

"나는 이제 방으로 가겠네. 시간에 대한 생각이 머릿속에 가득 했었는데……우글거렸다고 말할 수 있지. 하지만 지금은 그런 생각으로 자네를 흥분시키지 않도록 해야지. 그렇지 않아도 자네는 열이 많으니까 말이네. 내 생각을 모두 기억해 두었다가 나중에 다시 이야기하기로 하지. 아침 식사 뒤에라도 말이야. 아침 식사 시간이 되면 나를 불러 줘. 나도 지금부터 안정 요양을 해야지. 그건 아프지도 않으니 고마운 일이야."

이렇게 말하고 한스 카스토르프는 유리 칸막이 사이를 지나 자기 방의 발코니로 돌아왔다. 그는 거기에 작은 테이블과 함께 놓인 침대 의자에 가서 자려다가, 자기 전에 깔끔하게 정리된 방에서 《대양 기선》 다홍색과 녹색의 바둑 무늬의 아름답고 부드러운 담요를 가지고 왔다.

그도 곧 차양을 펴야 했다. 침대 의자에 누워 보니 직사광선에 견딜 수 없었기 때문이었다. 그러나 잠자리는 이상할 만큼 기분이 좋아서 한스 카스토르프는 곧 만족해했다. 그는 여태까지 이렇게 쾌적한 침대 의자를 본 일이 없었다. 침대 다리는 고풍스런 모양이었으나 구식 취미를 본뜬 것뿐으로, 의자 자체는 확실히 새 것이었다. 적갈색의 윤기 있는 목재로 만들어졌고 옥양목 같은 부드러운 커버로 씌운 쿠션, 사실은 세 개의 두꺼운 부분으로 된 쿠션이 발끝에서 등 기대는 데까지 펴져 있었다. 그리고 딱딱하지도 않고 너무 부드럽지도 않은 둥근 베개가 자수를 한 아마포 커버로 씌워 침대 의자에 끈으로 매여 있었는데, 이 베개 또한 유달리 푹신했다. 한스 카스토르프는 넓적하고 매끄러운 팔걸이에 한쪽 팔을 기대고, 심심풀이로 읽어 보려 했던 《대양 기선》에는 손도 대지 않고, 멍하니 눈을 깜박이면서 누워 있었다. 발코니의 아치를 통해서 보는 바깥의 엄하고 단조로운, 그러나 밝은 햇빛에 비친 경치는 그림 같아서 마치 액자에 들어가 있는 것 같았다. 한스 카스토르프는 그 경치를 생각에 잠겨 바라보았다. 갑자기 그는 무슨 생각이 떠올라서 고요한 가운데 그 생각을 큰 소리로 말해 버렸다.

"아까 아침 식사 때 시중들던 사람은 난쟁이였지?"

"쉬!"

요아힘이 집게손가락을 입술에 대더니 말했다.

"조용히 말해. 그래, 난쟁이야. 그런데 그게 어쨌다는 거지?"

"아니 별다른 것은 아니야. 거기에 대해서 아직 우리가 말하지 않았으니까 말이야."

그리고 한스 카스토르프는 꿈을 꾸는 듯한 기분으로 잠을 청했다. 침대 의자에 누운 것이 10시였다. 한 시간이 지났다. 길지도 않고 짧지도 않은 평범한 한 시간이었다. 그 한 시간이 지나자 집과 뜰에 징이 울렸다. 처음에는 멀리서, 얼마 안 있어 가까이 울려오고 또 멀어져 갔다.

"아침 식사다."

요아힘의 목소리가 들리더니 그가 일어나는 기척이 들렸다.

한스 카스토르프도 일단 안정 요양을 멈추고 잠시 몸치장을 하기 위해 방으로 들어갔다. 그들은 복도에서 만나 함께 아래로 내려갔다. 한스 카스토르프가 말했다.

"참 잘 잤어. 도대체 어떤 침대 의자일까? 여기서 파는 것이면 한 대 사서 함부르크로 갖고 가고 싶은데. 천국에서 잠든 것 같아. 그렇지 않으면 베렌스가 특별히 주문해서 만든 의자일까?"

요아힘도 그것까지는 몰랐다. 두 사람은 옷을 갈아입고 식사가 한창인 식당으로 들어갔다. 두 번째 아침 식사였다.

식당은 우유가 반사되어 온통 하얗게 빛나고 있었다. 어느 자리나 반 리터의 우유가 든 큼직한 컵이 놓여 있었기 때문이다.

"이것 참!"

한스 카스토르프는 재단사와 영국 여자 사이에 있는 끝자리에 다시 앉았다. 아까 먹은 아침 식사가 아직 소화되지 않아 배가 부르지만 순순히 냅킨을 펴며 말했다.

"이것 참, 큰일났는데? 나는 우유를 마실 수 없어요. 흑맥주는 없나요?"

그는 정중하고 상냥하게 난쟁이 아가씨에게 물었다. 유감스럽게도 흑맥주는 없었다. 그러나 난쟁이 아가씨는 쿨름바흐산(産) 맥주를 가지고 오겠다고 말하고는 그것을 갖다 주었다. 진하고 검으며 갈색 거품이 나는 것으로, 흑맥주 대용품으로는 만족스러웠다. 한스 카스토르프는 그 맥주를 반 리터 들이의 속이 깊숙한 컵으로 맛있게 마셨다. 그리고 냉육(冷肉)을 얹은 토스트를 먹었다. 이번에도 오트밀이 나왔고 버터와 과일도 풍부하게 나왔다. 한스 카스토르프는 그 어느 것도 입에 댈 생각이 없었지만, 적어도 눈요기라도 하려고 음식들을 보았다. 가끔 손님들을 쳐다보기도 했다. 이때까지는 몇 개의 덩어리로 보였던 손님들이 나뉘어져서 그의 눈에 한 사람 한 사람 똑똑히 구별되기 시작했다.

그가 앉은 식탁은 다 차 있었고, 맞은편 앞자리만이 비어 있었는데, 의사가 앉는 자리라는 것이었다. 의사들은 시간 형편이 닿는 한, 환자들의 식사에 자리를 함께 했고 식탁을 차례로 바꾸어 앉기 때문에, 어느 식탁에도 상석을 의사의 자리로 남겨 두고 있었다. 지금은 두 의사 중 한 사람도 모습을 나타내지 않았다. 수술 중이라는 것이었다. 이번에도 콧수염이 있는 젊은 사람이 들어와서 턱을 한 번 가슴 위로 내리는 인사를 하고 걱정이라도 있는 듯한 우울한 얼굴로 자리에 앉았다. 또 엷은 금발의 마른 아가씨가 앉아서 먹을 것이 별로 없다는 듯이 요구르트를 먹고 있었다. 그 옆에는 원기가 좋은 작은 노부인이 앉아, 잠자코 있는 콧수염의 젊은 사람에게 러시아어로 말을 걸었다. 젊은 사람은 노부인을 우울한 얼굴로 보고, 뭔가 맛이 없는 것을 입에 넣은 듯한 표정을 하면서 고개를 끄덕였을 뿐이었다. 이 젊은 사람의 맞은편에, 즉 노부인을 가운데 두고 요구르트 아가씨의 반대 자리에 또 다른 아가씨가 앉아 있었는데, 이 아가씨는 귀여운 용모에 건강한 혈색, 풍만한 가슴, 보기 좋게 곱슬거리는 밤색머리, 둥글고 앳된 갈색 눈을 하고, 아름다운 손에 작은 루비 반지를 끼고 있었다. 이 아가씨는 줄곧 웃으면서 마찬가지로 러시아어로만 이야기하고 있었다. 한스 카스토르프가 들은 바로는, 마루샤라는 이름의 아가씨였다. 또 한 아가씨가 웃고 이야기할 때마다 요아힘이 엄숙한 얼굴로 눈을 내리까는 것을 한스 카스토르프는 우연히 알아차렸다.

세템브리니가 측면 문에서 들어와서 콧수염을 치켜올리며 한스 카스토르프의 식탁 비스듬히 앞쪽에 있는 끄트머리 자리에 앉았다. 이 이탈리아 사람이 앉자마자 사람들이 '와' 웃음을 터뜨렸다. 뭔가 또 독설을 퍼부은 것 같았다. 한스 카스토르프는 '반쪽폐 클럽' 회원들의 얼굴도 식별해 냈다. 헤르미네 클레펠트가 멍청한 눈초리로 베란다로 통하는 문 앞에 있는 그녀의 식탁에 가서, 오늘 아침에 볼품 없이 윗도리를 걷어올렸던 입술이 두꺼운 청년에게 인사를 했다. 안색이 상앗빛인 레비는 주근깨가 많은 뚱뚱한 일티스 부인과 나란히 한스 카스토르프의 오른편 옆의 식탁에 앉아 있었다.

"저기 자네 옆방 사람들이 오네."

요아힘은 몸을 앞으로 구부리더니 사촌에게 살짝 귀띔했다. 러시아인 부부가 한스 카스토르프의 바로 옆을 지나 식당 오른편 끝에 있는 '이류 러시아인 자리'로 갔다. 그 식탁에는 못생긴 소년을 데리고 있는 한 가족이 굉장히 많은 분량의 오트밀을 먹고 있었다. 러시아인 부부의 남편 쪽은 여위었고, 볼이 쑥 들어간 얼굴은 회색이었다. 갈색 가죽 윗도리를 입고, 버클이 붙은 보기 흉한 펠트 구두를 신고 있었다. 여자는 홀쭉하고 키가 작으며, 모자에 단 새 깃을 흔들면서 굽 높은 러시아 가죽 구두를 신고 사뿐사뿐 걸어들어왔다. 목에는 더럽혀진 새 깃 목도리를 하고 있었다. 한스 카스토르프는 그 부부를 자신이 생각해도 잔인하다고 느껴질 정도로 염치없이 빤히 쳐다보았다. 그러나 그 잔인함이 웬일인지 기분 좋게 느껴졌다. 그의 눈은 멍하면서도 집요했다. 그때 왼편 유리문이 첫 번째 아침 식사 때처럼 쾅하고 닫혔지만, 한스 카스토르프는 먼젓번처럼 몸을 움찔하지 않고, 귀찮다는 듯이 얼굴을 찌푸릴 뿐이었다. 그리고 얼굴을 그쪽으로 돌리려 했지만 그것조차도 내키지 않고 그다지 소용이 없는 것으로 느껴졌다. 그래서 누가 문을 그렇게 함부로 열어젖히는가를 이번에도 알아내지 못하고 말았다. 사실을 말한다면, 보통 때는 심신을 적당히 몽롱하게 해주는 흑맥주를 곁들인 아침 식사가, 오늘은 그를 완전히 마비시켜 멍하게 만들었다. 눈꺼풀이 천근이나 되듯 무거웠고, 옆자리 영국 여자에게 예의상 말을 하려 해도 혀는 간단한 한 마디도 할 수 없었다. 눈길을 돌리는 것조차도 엄청난 노력을 필요로 했다. 게다가 얼굴의 홍조가 다시 심해져서 어제와 마찬가지로 볼은 달아 부푼 것 같았고 호흡이 곤란했으며 심장은 천으로 감은 해머처럼 고동쳤다. 이런 상태가 그다지 고통스럽게 느껴지지 않은 것은 머리도 클로로포름을 몇 모금 마신 것처럼 멍한 상태였기 때문이다. 크로코브스키 박사가 뒤늦게 아침 식사를 하러 나타났다. 그는 한스 카스토르프의 식탁 맞은편에 앉아 오른편에 나란히 앉은 여자들과 러시아어로 말하면서—젊은 아가씨들, 특히 사랑스러운 마루샤와 요구르트를 먹는 마른 아가씨가 겁을 먹고 부끄럽다는 듯이 그의 앞에서 눈을 내리깔고 있었다—한스 카스토르프를 여러 번 날카롭게 쳐다보았다. 한스 카스토르프는 의사가 모습을 나타낸 것도 꿈처럼 의식했을 뿐이었다. 그러나 여전히 한스 카스토르프는 필사적으로 꾹 참으며, 혀가 돌아가지 않으므로 잠자코 나이프와 포크를 한결 예의바르게 움직였다. 사촌이 그에게 눈짓하며 일어나자, 그도 일어나 식탁 사람들에게 누구에게랄 것도 없이 인사를 하고, 발을 힘차게 딛고는 요아힘을 따라 나왔다.

"이번에는 또 언제 안정 요양을 하는 거지? 내가 보기에는 그게 여기서는 으뜸가는 걸작이야. 벌써 그 멋진 침대 의자에 눕고 싶어지는 걸. 멀리까지 산책할 건가?"

한스 카스토르프는 요양소 밖으로 나와서 물었다.

실언 한 마디

요아힘이 대답했다.

"아니야. 나는 멀리 가면 안 돼. 이 시간에는 언제나 아래로 조금만 내려가기로 하고 있지. 동네를 지나서 시간이 있으면 시내에까지 말이야. 가게를 들여다보고, 사람들도 보고, 또 필요한 물건을 사기도 하면서 말이야. 점심 식사 전에 한 시간 잘 수 있고 그 뒤에도 4시까지 잘 수 있기 때문에 걱정할 필요는 없다네."

두 사람은 햇빛을 받으면서 찻길을 내려가 골짜기 오른편 경사면의 산봉우리를 보면서 시냇물과 협궤(狹軌) 철도를 지나갔다. 요아힘은 그 산봉우리의 이름을 '작은 시아호른' '푸른 탑' '도르프베르크'라고 가르쳐 주었다. 저쪽 조금 높은 곳에 돌담이 둘러져 있는 다보스 마을의 공동묘지가 보였다. 요아힘은 그곳도 지팡이로 가리켰다. 그리고 두 사람은 골짜기에서 조금 올라간 높은 곳으로 계단식 경사면을 따라 뻗쳐 있는 큰길로 나왔다.

마을이라고 불리기에는 사실 어울리지 않았다. 어쨌든 마을이란 건 이름뿐이었다. 요양지가 끊임없이 골짜기 입구 쪽으로 뻗어나가 마을을 잠식하고, 부락 중에서 마을이라고 불리는 부분은 다보스 읍내에 어느 새 흡수되어 구별이 사라져 가고 있었다. 길 양옆으로는 지붕이 달린 베란다, 발코니, 요양 홀등의 풍부한 설비가 갖춰진 호텔과 아파트, 그리고 방을 빌려 주는 작은 민박집이 들어서 있었다. 군데군데 집이 없는 곳도 있어서, 길에서 골짜기의 넓은 초원이 보이기도 했다.

한스 카스토르프는 습관적으로 좋아하는 담배의 자극을 즐기고자 다시 시가에 불을 붙였다. 맥주를 마신 뒤라 그런지 기대했던 향기를 가끔 느낄 수 있어서 더없이 만족을 느꼈다. 물론 이따금 희미하게 맛볼 뿐인 쾌감이라 그것을 느끼는 데 집중력이 필요했고, 가죽을 씹는 듯한 쓰디쓴 맛이 훨씬 더 강했다. 그러나 한스 카스토르프는 헛된 노력을 단념할 수가 없어서, 향내가 전혀 나지 않거나 조롱하듯이 아주 멀리에서 느껴지는 것을 한동안 계속 찾다가 마침내는 지쳐서 시가를 던져 버렸다. 머리가 몽롱했지만 예의상 뭔가 이야기해야 한다는 의무감에 아까 '시간'에 대해 말하려 했던 훌륭한 화제를 생각해 내려고 애썼다.

그러나 아까의 생각더미들은 말끔히 사라져 버리고, 시간에 대해 조금의 생각도 머리에 남아 있지 않다는 것을 알았다. 그 대신 몸에 대해 이야기하기 시작했지만 좀 이상하게 되어버렸다.

한스 카스토르프가 물었다.

"도대체 이번에는 언제 또 체온 검사를 하는 건가? 점심 뒤인가? 그래, 그건 좋아. 유기체가 일대 활약을 하고 있을 때니까 말이야. 잘 나타날 거야. 베렌스가 내게도 체온 검사를 하라고 한 것은 아무래도 농담이겠지. 그렇지. 세템브리니도 그 말에 큰 소리로 웃던데, 사실 전혀 무의미한 일이야. 게다가 나는 체온계도 없잖아?"

"그건 일도 아니지. 하나 사기만 하면 되니까. 여기서는 체온계쯤은 어디서든지 살 수 있어. 어느 가게에서나 팔고 있거든."

"그렇지만 무엇 때문에? 물론 안정 요양 정도는 해도 좋아. 그 정도야 함께 할 수 있지. 하지만 체온까지 잰다는 것은 청강생에게는 좀 지나쳐. 그건 이 위에 사는 자네들이나 할 일이야. 그건 그렇고 이상한데?"

한스 카스토르프는 사랑에 빠진 사람처럼 양쪽 손을 가슴에다 대고 계속 말했다.

"왜 가슴이 이렇게 두근거릴까? 아주 불안하군. 아까부터 줄곧 마음에 걸렸어. 그런데 자네, 가슴이 뛰는 것은 뭔가 아주 기쁜 일이나 걱정스러운 일이 있을 때, 즉 신경이 흥분했을 때의 현상이지? 안 그래? 그런데 이유도 없이 제멋대로, 의미 없이, 말하자면 스스로 뛰어댄다면 이건 아주 기분이 나빠. 들어 봐. 육체가 영혼과는 아무런 연관도 없이 제 마음대로 활동하고 있다면 말이야. 말하자면 죽은 육체가 된다는 거지. 그러나 사실 육체는 죽지 않고 오히려 매우 생생하게 생활하고 있어. 죽은 육체란 존재하지 않으니까 그런 느낌을 받고 있다는 걸세. 그런 느낌이 들어. 이것 말고도 내가 들은 바로는 물리적, 화학적으로 아주 눈부신 회전이 계속되고 있다는 거야……"

"그건 또 무슨 말이야? 눈부신 회전이라니!"

요아힘이 신중하게 타이르듯 말했다. 아마 요아힘은 오늘 아침 '방울 달린 군악기'라는 표현 때문에 얻어맞은 보복을 어느 정도 해 버렸다고 생각하는 모양이었다.

한스 카스토르프가 말했다.

"그러나 할 수 없지. 아주 눈부신 회전이야. 도대체 어디가 마음에 안 들어? 그리고 그건 겸해서 말했을 뿐이야. 내가 이야기하고 싶었던 것은 육체가 스스로 영혼과 상관없이, 이렇다 할 이유도 없는데 이렇게 심장이 고동치면 기분이 나쁘고 불안해진다는 거야. 아무튼 형식적으로라도 여기에 연결되는 원인, 흥분, 기쁘다든가 불안하다든가 하는 감정, 말하자면 심장이 뛰는 이유를 설명해 주는 감정을 찾아야 하는데, 적어도 나는 그렇다네. 내 경우라고밖에 말할 수 없지만 말이야."

요아힘이 한숨을 쉬면서 말했다.

"알겠어. 아마 열이 있을 때와 비슷한 상태가 아닐까? 열이 있을 때에도 자네가 말한 이른바 '눈부신 회전'이 몸을 지배하니까 말이야. 그리고 이 경우 자네가 말하는 것처럼, 자기도 모르게 뭔가 흥분의 원인을 찾아 그것으로 회전에 어느 정도 그럴듯한 의미를 부여하려는 기분이 된다는 것도 일리가 있어…… 그러나 우리는 불쾌한 이야기를 시작하고 있군." 그는 떨리는 목소리로 말하고 입을 다물었다. 여기에 한스 카스토르프는 어깨를 움츠려 보였을 뿐이지만 이것은 어젯밤 요아힘이 해 보였던 것과 똑같았다.

두 사람은 한동안 아무 말 없이 걷고 있었다. 한참만에 요아힘이 입을 열었다.

"그런데 자네는 이 위에서 사는 사람들을 어떻게 생각하나? 우리의 식탁 친구들 말이야."

한스 카스토르프는 흥미 없는 품평이라도 하는 듯한 얼굴을 하더니 대답했다.

"글쎄, 별로 이렇다 할 사람은 없는 것 같아. 다른 식탁에 더 재미있는 사람들이 있는 것 같더군. 물론 이것도 그저 그렇게 보일 뿐이겠지. 슈퇴어 부인은 머리를 감을 필요가 있어. 기름기가 많으니까. 그리고 마주르카인가 뭔가 하는 여자, 그 아가씨는 좀 어리석다고 생각하네. 언제나 웃고만 있고 또 손수건을 줄곧 입에 대고 있기만 하던 걸."

요아힘은 이름을 잘못 부르는 것이 재미있어서 큰 소리로 웃었다.

"마주르카라니 걸작인데? 마루샤라고 불러. 마리아라는 의미야. 그래, 정말 너무 웃긴 해. 그 아가씨는 좀더 얌전하게 있어야 하는 건데. 왜냐하면 그녀는 가벼운 병을 앓고 있는 게 결코 아니거든."

"그렇지는 않을 걸. 아주 건강해 보이던데. 특히 가슴이 나쁜 것처럼은 보이지 않아."

이렇게 말하고 한스 카스토르프는 사촌과 명랑한 눈길을 주고받으려고 했다. 그런데 사촌의 얼굴이 햇빛으로 그을린 얼굴에 핏기가 사라졌을 때 나타나는 얼룩덜룩한 빛으로 되고, 입이 무참히 일그러진 것을 보았다. 한스 카스토르프는 그 얼굴을 보고 깜짝 놀라, 얼른 화제를 돌려 다른 사람에 대해 물어 보고는 마루샤와 요아힘의 얼굴 표정을 얼른 잊으려고 노력했다. 그 노력은 다행히도 성공했다.

들장미를 달인 차를 마시는 영국 여자는 미스 로빈손이라는 사람이었다. 재단사로 알았던 여자는 재단사가 아니라 쾨니히스베르크의 공립 여자 고등학교 선생으로, 말씨가 그렇게 정확한 것도 그 때문이었다. 이름은 엥겔하르트 양이었다. 원기 좋은 노부인에 대해서는 여기서 5개월이나 있는 요아힘도 그 부인의 이름을 알지 못했다. 요구르트를 먹고 있는 젊은 아가씨의 왕고모가 된다는데, 이 아가씨와 1년 내내 요양원에서 살고 있다는 것이다. 그러나 사촌의 식탁 친구들 중에서 중환자는 블루멘콜 박사, 오데사에서 온 레오 블루멘콜, 콧수염을 기르고 무뚝뚝하며 불쾌한 얼굴을 하고 있는 젊은 사람이었다. 그는 이곳에서 벌써 여러 해를 지내고 있다는 것이다……

두 사람은 시내의 보도를 걸었는데, 보기에도 국제적 요양지의 번화가였다. 오가는 요양객들을 만났는데, 거의 젊은 사람들로 스포츠 복장을 한 모자를 쓰지 않은 젊은 신사들과 마찬가지로 모자 없이 흰 치마를 입은 여자들이었다. 그들은 러시아어와 영어를 썼다. 멋진 진열창이 있는 상점이 양쪽으로 나란히 있었다. 한스 카스토르프는 심한 피로를 강한 호기심으로 억눌러 가면서, 눈을 부릅뜨고 신사용품을 파는 상점 앞에 한참 서서 진열된 물건들이 최신 유행 제품이라는 사실을 알아냈다.

그러고는 지붕 덮인 회랑이 있는 원형 홀에서 악단이 연주하고 있는 장소로 나왔다. 거기는 요양 호텔이었다. 여러 테니스 코트에서 테니스 시합이 벌어지고 있었다. 면도를 한, 다리가 긴 젊은이들이 또렷하게 줄이 선 플란넬 바지에 고무 바닥을 댄 운동화를 신고 소매를 걷어올리고, 흰 옷을 입은 볕에 그을린 아가씨들과 시합하고 있었다. 아가씨들은 뛰어가면서 햇빛 속에서 몸을 뒤로 젖히듯이 뻗으면서, 희디흰 공을 머리 위 높이에서 치고 있었다. 잔손질이 간 코트 위에는 가루 같은 먼지가 일고 있었다. 사촌들은 비어 있는 벤치에 앉아서 시합을 구경하며 비평도 했다.

한스 카스토르프가 물었다.

"자네는 여기서 테니스는 안 하는 모양이지?"

"해서는 안 돼. 우리는 언제나 누워 있어야 해…… 세템브리니는 우리가 수평으로 살고 있다고 언제나 말하지. 수평 인간이라고 말이야. 그 사람의 시시한 재담이지. 저기서 운동하는 사람들은 건강한 사람이든가, 아니면 운동해서는 안 되는데 무릅쓰고 하는 사람일 거야. 하지만 정말로 운동을 하고 있는 것은 아니야. 오히려 저런 옷차림을 하고 싶어서 그러는 거지…… 금지된 게 여기서는 많아. 그러나 남몰래 하고 있지. 예를 들면 포커, 또 여기저기 호텔에서 유행하는 프티슈보 같은 거 말이야. 우리가 있는 곳에서는 그것이 들키면 쫓겨나게 되어 있어. 몸에 가장 나쁘다는 거야. 그러나 밤 점호가 끝난 뒤에 시내에 내려와서 도박하는 사람이 몇 있기는 있어. 베렌스에게 칭호를 주었다는 왕자도 상습범의 한 사람이야."

한스 카스토르프는 이 이야기를 거의 듣고 있지 않았다. 그는 입을 멍청하게 벌리고 있었다. 코감기에 걸린 것도 아닌데 코로 자유롭게 숨을 쉴 수 없었다. 심장은 음악과는 엇갈리는 박자로 고동쳐서 웬일인지 고통스러웠다. 이런 혼란과 흐트러진 기분으로 잠이 들려고 했을 때, 요아힘이 가자고 독촉했다.

둘은 거의 아무 말 없이 돌아왔다. 한스 카스토르프는 평탄한 길에서 두세 번 헛디뎠고, 그때마다 머리를 흔들며 우울하게 미소지었다. 절름발이 문지기가 두 사람을 층계까지 엘리베이터로 보내 주었다. 두 사람은 34호실 앞에서 또 만나자고 인사하며 헤어졌다. 한스 카스토르프는 방을 지나 발코니로 나와 옷 입은 그대로 침대 의자에 몸을 던지고, 그런 자세로 빨리 뛰는 심장의 고동 속에서 무거운 잠 속으로 빠져 들어갔다.

물론 여자지!

얼마나 잤는지 알 수 없었다. 시간이 되자 종이 울렸다. 식사하러 오라고 부르는 것이 아니라 식당으로 가는 준비를 재촉하는 종 소리였다. 한스 카스토르프도 그것을 알고 있었기 때문에 그 금속 소리가 다시 울려 퍼져 멀어져 갈 때까지 누운 채로 있었다. 요아힘이 데리러 왔을 때 한스 카스토르프는 옷을 갈아입으려고 했지만, 요아힘은 그것을 기다리려 하지 않았다. 그는 시간을 엄수하지 않는 것을 싫어하고 멸시했다. 식사 시간도 지킬 수 없을 만큼 칠칠치 못해서야 어떻게 회복되어 건강한 몸으로 근무에 임할 수 있겠느냐고 말했다. 물론 당연한 말이었으므로 한스 카스토르프도 이에 대해서는 자기는 병이 없다는 것, 그 대신 잠이 와서 못 견디겠다는 것을 변명할 수 있을 뿐이었다. 그는 빨리 손을 씻고 사촌과 함께 세 번째로 식당에 내려갔다.

양쪽 입구로부터 손님들이 몰려 들어왔다. 베란다로 통하는 문에서 쏟아져 들어와 얼마 안 있어 모두들 식탁에 아침부터 줄곧 앉아 있던 것처럼 일곱 개의 식탁에 앉아 있었다. 적어도 한스 카스토르프는 그런 인상을 받았다. 물론 이것은 완전히 꿈과 같은 불합리한 인상이었지만, 그의 몽롱한 머리는 그 인상을 금방 털어 버리지 않았을 뿐만 아니라 거기에 만족 같은 것마저 느끼고, 식사하는 동안 여러 번 그 인상을 떠올리려고 했다. 그럴 때마다 그런 착각에 사로잡혔다. 원기 좋은 노부인은 확실치 않은 모국어로 비스듬히 마주 앉은 블루멘콜 박사에게 다시 말을 하고, 블루멘콜은 근심스러운 얼굴로 그것을 듣고 있었다. 노부인의 마른 손녀는 드디어 요구르트가 아닌 식당 아가씨가 접시에 나눠 준 끈적끈적한 크림 도르쥬를 먹고 있었는데, 두세 숟가락 먹더니 그만두었다. 귀여운 마루샤는 오렌지 향기 나는 손수건을 입에 대고 킥킥 웃고 있었다. 미스 로빈손은 오늘 아침에도 읽고 있던 둥근 글씨체의 편지를 이번에도 읽고 있었는데, 이 부인은 독일어는 한 마디도 모르는 것 같으나 알려고 하지도 않았다. 요아힘이 신사다운 태도로 날씨에 대해서 영어로 말하니, 미스 로빈손은 뭐라고 입을 오물거리면서 대답하고는, 곧 아무 말도 하지 않았다. 스코틀랜드 산 모직 블라우스를 입은 슈퇴어 부인은 오늘 아침에 진찰받은 내용을 보고하고 있었는데, 윗입술을 말아 올려 토끼 같은 이빨을 드러내며 교양 없는 태도로 말하고 있었다. 그녀는 오른쪽 위에서 잡음이 나고 왼쪽 겨드랑이에서도 단축음이 들린다면서 한탄했다. '그 늙은이'가 앞으로 5개월은 더 있어야 한다고 말했다는 것이다. 교양 없는 그녀는 베렌스 고문관을 '늙은이'라고 불렀다.

또한 그녀는 '늙은이'가 오늘 그녀의 식탁에 자리를 같이 하지 않은 것을 분개했다. '순서'대로라면 —그녀는 '순번'을 말하려는 것이리라—늙은이는 오늘 점심 식사에는 그들의 식탁에 앉기로 되어 있는 데도, 또다시 왼쪽 옆자리의 식탁에 앉아 있었다—정말 베렌스 고문관은 그 식탁에 앉아 접시 앞에 큰 손을 마주 잡고 있었다—. 그러나 그것은 이상한 일은 아니었다. 그 식탁에는 암스테르담에서 온 육체파 미인인 잘로몬 부인이 앉아 있어, 일요일이 아닌 날에도 어깨를 드러낸 옷을 입고 식탁으로 오기 때문에, 늙은이는 그것에 끌리고 있음이 틀림없었다. 늙은이는 진찰할 때마다 잘로몬 부인 몸의 어떤 곳이라도 다 볼 수 있을 텐데 늙은이의 기분은 알 수 없다고 슈퇴어 부인은 말했다. 한참 있다가 부인은 흥분하여 소곤대며 말했다. 어젯밤 위에 있는 공동 요양 홀에서, 다시 말해 옥상에 있는 요양 홀에서 전등이 꺼졌는데, 그녀의 말에 따르면 그 목적은 분명하다는 것이다. 늙은이는 그것을 발견하고 병원이 떠나갈 듯이 큰 소리로 고함을 질렀다. 늙은이는 물론 이번에도 범인을 알아낼 수가 없었지만, 부카레스트에서 온 미클로지히 대위가 범인이라는 것은 대학에서 공부를 하지 않아도 알 수 있는 일이었다. 그 사람은 여자와 함께 있으면 아무리 어두워도 캄캄하다는 것을 모르는 사람으로, 코르셋을 하고 있어도 교양의 '교'자도 모르는 사람으로, 본성은 그야말로 짐승 같은 사람이다.

"그래요, 야수예요."

슈퇴어 부인은 이마와 윗입술에 땀을 흘리면서 질식할 듯한 목소리로 되풀이했다. 빈에서 온 부름브란트 총영사 부인이 미클로지히 대위와 어떤 관계에 있는지는 마을에서도 시내에서도 모르는 사람이 없었다. 두 사람은 이제 은밀한 관계를 넘어서고 있었다. 왜냐하면 대위는 가끔 아침 일찍 총영사 부인이 아직 침실에 누워 있을 무렵부터 방을 찾아가, 그녀의 아침 몸차림이 끝날 때까지 그 곁을 떠나지 않았다. 요즘은 그것으로 만족하지 않고 지난 화요일에는 새벽 4시에 비로소 그녀의 방에서 나왔다. 기흉 수술에 실패한 19호실의 프란츠 청년을 돌보고 있는 간호사가 그 방에서 나오는 대위와 정면으로 마주쳐, 이쪽이 오히려 무안하고 당황한 나머지 방을 잘못 알고 도르트문트에서 온 파라만트 검사의 방에 들어갔다는 것이다…… 마지막으로 슈퇴어 부인은 그녀가 언제나 치약을 사는 아래 시내의 미장원 이야기를 길게 떠들어댔다. 요아힘은 눈을 내리뜬 채 자기 접시만 들여다보았다.

점심 식사는 요리도 잘 되었고 양도 많았다. 영양 만점인 죽까지 합하면 여섯 가지는 되었다. 생선 요리 다음에 채소를 곁들인 풍성한 쇠고기 요리, 다음에는 특제 야채 요리와 구운 닭고기, 다음은 어젯밤 먹은 맛에 뒤떨어지지 않는 푸딩, 마지막이 치즈와 과일이었다. 어느 접시나 두 번씩 돌아갔는데 그때마다 다 없어졌다. 일곱 개의 식탁에 앉은 사람들은 접시를 채워서 계속 먹었다. 식당에는 어디나 늑대 같은 강렬한 식욕이 지배하고 있었다. 이 식욕이 어딘지 이상한, 아니 몸서리쳐지는 인상을 주지 않았다면 보고만 있어도 즐거웠으리라. 대단한 식욕으로 계속 먹는 것은, 수다를 떨면서 빵을 서로 건네는 기운이 왕성한 사람들뿐만이 아니라, 식사하는 동안에 가끔 손으로 머리를 괴고서 앞을 보며 음울하게 말이 없는 사람들도 마찬가지였다. 왼편 이웃 식탁에 나이로 보아 학생 같은 발육이 좋지 않은 소년이 있었는데, 짧은 소매의 옷을 입고 둥글고 도수 높은 안경을 끼고 있었다. 소년은 접시에 가득 담은 요리를 모두 잘라서 잡탕처럼 만들고서는, 그 위에 몸을 구부리고 가끔 냅킨으로 눈을 닦으면서 먹고 있었다—땀을 닦는지 눈물을 닦는지 모를 일이었지만—.

이 성대한 식사 중에 두 가지 사건이 일어나 한스 카스토르프는 주의를 기울였다. 그 하나는 문이 또 난폭하게 닫힌 것이다. 마침 생선 요리 때였다. 한스 카스토르프는 부르르 경련을 일으켜 분개하면서 이번만은 범인을 알아내고야 말겠다고 다짐했다. 이렇게 생각했을 뿐만 아니라 입 밖에 내어서까지 말했다. 그처럼 그는 열중한 것이다.

"알아내고야 말 테니까!"

너무나 격정적으로 말했기 때문에 미스 로빈손도 여교사도 놀라서 그를 쳐다보았다. 그는 이렇게 말하면서 상반신을 왼편으로 홱 틀고 핏대 올린 눈을 크게 떴다.

식당을 가로질러 지나가는 사람은 한 부인이었다. 아니, 젊은 아가씨라고 할 수 있는 보통 키의 여자로, 흰 스웨터에 빛깔이 다양한 치마를 입고, 붉은 금발머리를 땋아서 시원스럽게 머리 둘레에 감고 있었다. 한스 카스토르프의 자리에서는 옆얼굴이 조금 보일 뿐 거의 보이지 않았다. 그 여자는 식당에 들어올 때의 요란한 소리와는 이상하게도 대조적으로 독특하게 발소리를 내지 않고 걸어가면서 머리를 어느 정도 앞으로 내밀고, 베란다로 통하는 문과 직각으로 놓인 가장 왼편 끝 식탁, 바로 '일류 러시아인 자리'에 가까이 갔다. 걸어가면서 몸에 꼭 맞는 스웨터 주머니에 한쪽 손을 넣고, 한쪽 손은 머리 뒤로 돌려 머리칼을 눌러 고치고 있었다. 한스 카스토르프는 그 손을 바라보았다. 그는 전부터 손에 대한 감식안이 높고 손에 깊은 이해와 비평적인 관심을 가지고 있어, 새로운 사람을 알게 되면 그 사람의 손에 먼저 눈을 돌리는 습관이 있었다. 머리칼을 누르고 있는 손은 그다지 여성스럽지 않았다. 한스 카스토르프가 속한 사회의 부인들 손처럼 손질이 된 세련된 손은 아니었다. 꽤 넓적하고 손가락이 짧으며 어딘지 소박하고 어린애 같은, 여학생의 손 같은 데가 있었다. 손톱을 보아하니 매니큐어를 한 일이 없고 되는 대로 깎아, 이 또한 여학생의 손톱 같았다. 손톱 둘레의 피부가 조금 거친 것은 손가락을 빠는 나쁜 버릇에서 온 것이 아닐까 하고 생각되었다. 물론 한스 카스토르프는 그것을 정말 보았다기보다 어렴풋이 느낀 것이다. 너무나 멀리 떨어져 있었기 때문에. 그 상습 지각생인 여자는 식탁에 앉은 사람들에게 고개를 끄덕여 인사하고는, 상석에 앉아 있는 크로코브스키 박사의 옆에 식당에 등을 대고 식탁 안쪽에 앉았다. 그러면서 머리칼을 누른 채 어깨 너머로 얼굴을 이쪽으로 돌리고 식당을 돌아보았다. 한스 카스토르프는 그 여자의 광대뼈가 나왔고 눈이 가늘다는 것을 얼핏 보고 알았다. 그때 뭔가 또 누군가에 대한 막연한 추억이 그의 마음을 스쳐 지나갔다.

"물론 여자지!"

한스 카스토르프는 자신의 생각을 이번에도 입 밖에 내어 혼잣말로 중얼거렸기 때문에 여교사인 엥겔하르트 양이 그 혼잣말의 의미를 알아차렸다. 볼품없는 이 노처녀는 흥미를 느끼며 미소를 지었다.

여교사가 말했다.

"저 사람은 쇼샤 부인입니다. 저렇게 제멋대로 행동하지요. 하지만 매력적인 분이에요."

그녀의 볼은 붉은 빛이 더욱 진해졌다. 말할 때 그녀는 언제나 그런 버릇이 있었다.

한스 카스토르프가 딱딱한 투로 물었다.

"프랑스 분입니까?"

"아니오, 러시아인입니다. 아마 남편이 프랑스인이 아니면 프랑스계 사람일 거예요. 나는 잘 모르지만."

한스 카스토르프는 여전히 화가 난 채, 저쪽에 있는 저 사람이 남편이냐고 물으면서, 일류 러시아인 자리에 있는, 어깨가 높은 신사를 가리켰다.

"아니요. 그렇지 않아요. 남편은 여기에 없어요."

여교사는 이렇게 대답하고는, 남편은 여기에 한 번도 온 일이 없어서 누구도 남편을 알지 못한다고 했다.

한스 카스토르프가 말했다.

"문 좀 제대로 달으면 좋겠는데. 늘 저렇게 큰 소리를 내며 달으니 정말 무례하기 짝이 없군요."

그 말에 여교사는 자기가 잘못한 것처럼 송구스러워하며 꾸지람을 미소로 받아들였기 때문에, 쇼샤 부인 이야기는 그것으로 끝이 났다.

또 다른 사건은 블루멘콜 박사가 잠시 동안 식당에서 자리를 떠난 일인데 다만 그것뿐이었다. 언제나 기분 나쁜 듯한 그의 얼굴빛이 갑자기 한결 더 나빠지고, 여느 때보다 근심스러운 얼굴 표정으로 한 곳을 응시하다가 살짝 의자에서 일어나 나가 버린 것이다. 그런데 이때 슈퇴어 부인의 교양 없음이 여지없이 드러났다. 그녀는 블루멘콜보다는 중한 병이 아니라는 저급한 만족감에서 온 것이겠지만, 블루멘콜이 나가는 것을 불쌍해하며 반은 멸시하는 혹평을 했다.

"불쌍하군요. 머지않아 죽을 거예요. 또 '푸른 하인리히'*¹¹의 신세를 지겠지요."

그녀는 눈썹 하나 까딱하지 않고 무지하고 태연한 얼굴로 그 기괴한 명칭 '푸른 하인리히'를 입 밖에 냈는데, 한스 카스토르프는 그녀가 이 말을 했을 때 몸이 오싹해지며 웃고 싶은 기분이 되었다. 블루멘콜 박사는 몇 분 뒤에 나갔을 때와 마찬가지로 조용한 태도로 돌아와서는 다시 자리에 앉아 식사를 계속했다. 그도 모든 요리를 두 번씩 집어서, 아무 말 없이 불쾌하고 우울한 표정으로 많이 먹었다.

---

*11 환자가 담을 토해내는 푸른 유리병.

그리하여 점심 식사는 끝났다. 능숙한 시중 덕분으로—특히 난쟁이는 이상하게도 민첩한 아가씨였다—식사는 한 시간이 걸렸다. 한스 카스토르프는 어떻게 자기 방으로 돌아왔는지는 잘 모르지만, 아무튼 다시 그의 발코니의 멋진 침대의자에 힘들게 숨을 쉬면서 누워 버렸다. 점심 식사를 마치고 차 마시는 시간까지는 안정 요양으로, 이것은 하루 중 가장 중요하게 지켜야 하는 요양 시간이었다. 불투명한 유리 칸막이로 한쪽은 요아힘, 다른 한쪽은 러시아인 부부로부터 분리되어 있었는데, 그는 누워서 입으로 호흡하며 심장의 고동 소리를 들으며 졸고 있었다. 손수건으로 코를 푸니 거기에 피가 묻어 나왔는데, 본디 자기 일에 예민해서 걱정을 하는 그였지만 오늘은 그것을 생각할 기운이 없었다. 다시 마리아만치니를 피웠지만, 이번에는 맛이 어떻든 상관 없이 마지막까지 피웠다. 그리고 이 위의 요양원에서 얼마나 많은 것을 보고 들었는가를, 현기증이 나고 숨가쁘게 꿈꾸는 기분으로 생각했다. 그리고 슈퇴어 부인이 교양이 없기 때문에 말해 버린 그 끔찍한 명칭을 생각하니 터져 나오는 웃음을 참지 못해 가슴이 두세 번 흔들렸다.

알빈 씨

눈 아래 있는 정원에는 아스클레피오스의 지팡이를 그린 공상적인 깃발이 미풍에 가끔 흔들리고 있었다. 하늘은 또다시 흐려지면서 태양이 숨어 버려 쌀쌀하게 추웠다. 아래에 있는 공동 안정 홀은 거의 사람들로 가득 찬 모양으로 말소리와 껄껄거리는 소리가 연달아 들려왔다.

"알빈 씨, 부탁이에요. 칼을 손에서 놓으세요. 어디에 넣으세요. 다치기라도 하면 어떻게 해요."

애원하는 듯한 여자의 높고 떨리는 목소리가 들려왔다. 그리고 뒤이어 다른 목소리가 합세했다.

"알빈 씨, 제발 부탁이에요. 우리를 애타게 하지 마시고 무서운 살인 도구를 어디다 치워 버리세요."

이에 맨 앞줄 끝 침대 의자에 담배를 입에 물고 앉아 있는 금발머리 청년이 뻔뻔스러운 어조로 대답했다.

"그렇게는 안 되겠습니다. 칼을 장난감으로 여기는 정도는 부인들도 허락해 주실 텐데요. 그렇지요. 이건 특별히 잘 드는 칼입니다. 나는 이것을 캘커타에서 장님 마술사에게서 샀습니다…… 그자는 이것을 꿀꺽 삼켰습니다. 그리고 그자의 제자가 곧 이것을 50보 떨어진 땅에서 파냈습니다…… 보시렵니까? 면 도칼과는 비교도 안 됩니다. 칼날에 손을 조금만 대도 버터를 자르는 것처럼 살에 들어갑니다. 어떻습니까, 더 가까이에서 보여 드릴까요……?"

이렇게 말하고 알빈 씨는 일어났다.

"아니. 이번에는 권총을 가져오지요. 권총 쪽이 더 흥미가 있을 겁니다. 대단한 것입니다. 굉장한 관통력을…… 방에서 가져오지요."

그 순간 쇳소리 같은 비명이 일어나면서 여러 사람이 외치는 목소리가 들려왔다.

"알빈 씨, 알빈 씨, 제발 그만두세요!"

그러나 알빈 씨는 이미 안정 홀을 나와 방으로 가려 하고 있었다. 건들거리는 새파란 젊은이로 장밋빛의 어린애 같은 얼굴을 했으며, 귀 옆에는 구레나룻이 조금 있었다.

어떤 부인이 그의 등 뒤에서 외쳤다.

"알빈 씨! 그것보다 외투를 가져와 입으세요. 제발 부탁이니 그렇게 해요. 6주일이나 폐렴으로 누워 있었으면서 외투도 담요도 걸치지 않고 여기 앉아 담배를 피우다니요. 이건 감히 하느님을 시험하려 드는 거나 마찬가지예요. 알빈 씨, 진정으로 하는 말입니다."

그러나 알빈 씨는 걸어가면서 냉소를 지을 뿐 몇 분 뒤에는 권총을 가지고 돌아왔다. 부인들은 아까보다도 더 미친 듯이 쇳소리를 질렀는데, 몇 사람은 의자에서 뛰어내리려다 담요에 다리가 감겨 넘어지기도 했다.

알빈 씨가 말했다.

"어떻습니까, 작고 번쩍이지요? 그러나 여기를 밀면 한 방에 꽝입니다……."

부인들은 다시 쇳소리 같은 비명을 질러댔다. 알빈 씨는 계속 말했다.

"물론 실탄이 들어 있습니다. 이 둥근 총신 속에 여섯 발이나 있습니다. 한 발 쏠 때마다 총신이 한 구멍씩 돌아갑니다…… 나는 이걸 장난으로 갖고 있는 게 아닙니다."

알빈 씨는 극적 효과가 줄어든 것을 알고는, 권총을 안주머니에 넣고는 다리를 꼬고 다시 침대 의자에 앉아 새 담배에 불을 붙였다.

"멋이나 장난으로 이러는 게 아닙니다."

그는 이 말을 되풀이하면서 입술을 깨물었다.

"그러면 무엇 때문이지요?"

불안하게 떨리는 목소리로 누군가 물었다.

"아이구, 무서워요."

다른 사람이 이렇게 외치자, 알빈 씨는 고개를 끄덕였다.

"이제 알아 들으셨군요. 그렇습니다. 그것 때문에 나는 이것을 가지고 있습니다."

알빈 씨는 폐렴이 이제 겨우 나았다고 하는데도 담배 연기를 깊이 빨아들이고 뿜어내면서 아무렇지도 않게 말했다.

"나는 여기서 이런 바보 생활에 싫증이 나, 내가 순순히 이 세상과 작별해야 할 때를 위해 이것을 가지고 있습니다. 아주 간단합니다…… 어떻게 하면 가장 잘 해치울 수 있을까('잘 해치울 수 있을까'라는 말이 나오자 비명 소리가 울렸다)를 연구해서 이제는 완전합니다. 심장 부분은 안 됩니다…… 거기는 겨냥이 잘 맞지 않으니까요…… 게다가 나는 단숨에 의식을 없애는 쪽을 택하는 것입니다. 이 사랑스러운 물건을 흥미 있는 이 기관에 바로 사용하는 방법입니다……."

이렇게 말하고 알빈 씨는 짧게 깎은 금발머리를 집게손가락으로 가리켜 보였다. "여기에 겨누는 게 상책입니다……."

알빈 씨는 니켈로 도금한 권총을 다시 안주머니에서 꺼내, 그 총구로 관자놀이를 탁탁 두들겨 보였다.

"이 동맥 위를 말입니다…… 거울이 없어도 척척 해낼 수 있습니다……."

몇 사람의 애걸과 항의하는 소리가 들렸고, 거기에 또 격하게 우는 소리까지 섞였다.

"알빈 씨, 알빈 씨. 권총을 치우세요. 관자놀이에서 떼세요. 차마 볼 수가 없어요. 알빈 씨, 당신은 아직 젊어요. 건강해질 거예요. 그리고 평범한 생활로 돌아가 누구에게나 사랑받게 될 거예요. 내 말을 제발 들어 줘요. 외투를 입고, 담요를 덮고 누워 쉬세요. 마사지 선생이 알코올로 몸을 닦으러 와도 쫓아내지 마세요. 담배도 그만 피우고요. 알빈 씨, 알아 들으셨지요? 우리는 당신의 생명, 젊고 귀중한 생명을 위해서 부탁하는 거예요."

그러나 알빈 씨는 자기 생각을 굽히지 않았다.

"아닙니다, 아닙니다. 그냥 내버려 두세요. 괜찮습니다. 감사합니다. 나는 이제까지 부인들이 말씀하시는 것을 거절한 일은 없습니다만, 운명에 거역을 해도 아무 소용이 없다는 것은 여러분도 잘 알고 계실 겁니다. 나는 여기에 온 지 벌써 3년째입니다…… 이제는 싫증이 나서 어떻게 할 수가 없습니다. 그것을 옳지 않다고 말할 수 있을까요? 아무리 해도 병은 낫지 않습니다. 여러분, 나를 한번 보십시오. 이렇게 앉아 있는 이 모습은 나을 수 없는 모습입니다. 고문관도 이젠 거의 체면상으로라도 감추는 것을 그만뒀습니다. 이런 상황에서 나에게 허락되는 조금의 자유를 여러분은 너그럽게 봐 주셔야겠습니다. 고등학교에서 낙제라고 정해지면, 선생에게 질문할 수도 없고 숙제도 할 필요가 없는 것과 똑같습니다. 나는 그 행복한 상태에 마지막으로 다다른 것입니다. 나는 이제는 아무것도 하지 않아도 좋고, 고려의 대상도 되지 않는 인간입니다. 될 대로 되라지요. 초콜릿을 드릴까요? 자, 드세요. 걱정 마세요. 방에 아직 많습니다. 초콜릿 봉봉이 여덟 상자, 판 초콜릿이 다섯 개, 소프트 초콜릿 4파운드가 방에 있습니다…… 내가 폐렴으로 누워 있을 무렵 요양원의 부인들이 문병 오셨을 때 주신 초콜릿입니다……"

어디서인지 낮고 투박한 목소리가 조용히 하라고 명령했다. 알빈 씨는 짧게 웃음소리를 냈다. 그것은 약해빠진 듯한 웃음소리였다. 그러고 나서 안정 홀은 갑자기 조용해졌다. 꿈이나 귀신이 사라진 뒤처럼 조용해져서 지금까지 들려온 이야기가 이상하게 여운을 남기고 있었다. 한스 카스토르프는 그 여운이 완전히 사라져 버릴 때까지 귀를 기울였다. 그리고 알빈 씨가 왠지 멍청이처럼 느껴졌지만, 부러운 생각이 드는 것도 사실이었다. 특히 학교 생활에 대한 비유에는 감명을 받았다.

왜냐하면 한스 카스토르프도 2학년 때 낙제한 적이 있었기 때문이다. 그는 마지막 3개월은 다른 학생들과 같이 가는 것을 단념하고 '될 대로 되라'고 생각했지만, 그때 맛보았던 굴욕적이며 동시에 우스꽝스럽고 마음 편하게 지내던 상태를 아직 똑똑히 기억했다. 몽롱하고 혼란한 상태이기 때문에 그것을 확실하게 묘사하기는 곤란하나, 그가 느낀 것은 주로 다음과 같다. 즉 명예는 중요한 특전을 주지만, 불명예도 이에 못지 않게 중요한 것으로, 오히려 불명예와 특전은 무제한의 성질의 것이라고 하겠다. 그리고 한스 카스토르프는 시험삼아 자기를 알빈 씨의 처지에 세워 놓고 자기가 명예라든지 체면의 무거운 짐에서 영원히 해방이 되어, 불명예의 특전을 영원히 맛볼 수 있다면 어떤 기분일까 상상했다. 그러자 카스토르프는 그 방종한 쾌감에 깜짝 놀라서 한동안 심장이 한결 더 격하게 뛰었다.

악마가 무례한 제안을 한다

그 뒤 그는 잠이 들어 의식을 잃었다. 왼편 유리 칸막이 너머의 말소리에 눈을 떴을 때 그의 회중 시계는 3시 반을 가리키고 있었다. 이 시간에 베렌스 고문관과 떨어져 회진을 하고 다니는 크로코브스키 박사가 옆방의 무례한 부부와 러시아어로 말을 주고받고 있었는데, 남편의 몸상태를 묻고 체온표를 보여 달라고 하는 것 같았다. 이윽고 그는 회진을 계속했지만 발코니를 지나지 않고 일단 복도로 다시 돌아와, 방 입구에서 한스 카스토르프의 방을 돌아서 요아힘의 방으로 들어갔다.

크로코브스키 박사와 단둘이 있고 싶은 생각은 조금도 없었지만, 이렇게 그냥 지나쳐 가니 모욕을 당한 기분이었다. 물론 그는 건강해서 여기서는— 이 위에서 사는 사람들 가운데에서는—문제 밖의 존재이긴 했다. 한스 카스토르프는, 건강에 자부심을 갖는 사람은 문제삼지 않고 상대를 하지 않기로 되어 있다는 것은 알고 있다. 그러나 젊은 한스 카스토르프에게는 어쨌든 그것이 불쾌했다.

크로코브스키 박사는 요아힘의 방에 2, 3분 머물러 있다가 이번에는 발코니를 지나 회진을 계속했다. 한스 카스토르프는 요아힘이 일어나서 차 마시러 갈 준비를 하라고 소리치는 것을 들었다.

"좋아."

한스 카스토르프는 대답하고는 일어났다. 그러나 오래 누워 있었던 탓인지 심하게 현기증이 났고, 불안정하게 꾸벅꾸벅 낮잠을 잤기 때문에 얼굴이 다시 상기되었으며 그 대신 몸이 오싹오싹 추워졌다. 아마 담요를 충분히 덮지 않았기 때문이리라.

그는 눈과 손을 씻고, 머리와 옷을 단정히 하고 요아힘과 복도에서 함께 만났다.

그는 계단을 내려가면서 요아힘에게 물었다.

"자네는 알빈 씨가 하는 이야기를 들었는가?"

"들었어. 그 사람은 처벌받아야 해. 그런 쓸데없는 이야기로 낮의 안정 요양을 완전히 망칠 뿐만 아니라 부인들을 저렇게 흥분시키고, 몇 주일이나 병세를 뒤로 돌려 버렸으니 말이야. 괘씸한 배신자! 하지만 그를 고발하려는 사람은 아무도 없단 말이야. 게다가 저렇게 떠들어대는 게 대부분의 사람들에게는 재미있다고 환영을 받고 있으니 말이야."

한스 카스토르프가 물었다.

"자네는 그것을 있을 수 있는 일이라고 생각하나? 저 사람의 이른바 '척척 해내는 일'을. 실제로 권총을 사용한다는 일 말이야."

"그렇지. 절대로 있을 수 없는 일은 아니지. 내가 여기에 오기 2개월 전에도 여기에 오래 있었던 대학생이 종합 진단을 받고 난 뒤, 저쪽 숲 속에서 목을 매어 죽었거든. 내가 여기 왔을 때는 그 이야기로 한창이었어."

한스 카스토르프는 흥분하여 하품을 했다.

"그렇군. 나는 솔직히 말해서 여기가 왠지 기분이 나빠. 사실이야. 어쩌면 오래 있지 못 하고 도중에 떠나 버릴지도 모르겠어. 그렇게 되더라도 자네는 나를 나쁘게 생각하지 않겠지?"

"돌아간다고? 무슨 소리야? 바보 같으니. 온 지 얼마나 되었다고 그래. 와서 고작 하루만에 어떻게 판단을 내릴 수 있어?"

"뭐? 이제 겨우 하루밖에 안 되었나? 나는 꽤 오랫동안, 정말 오랫동안 자네들과 함께 있었던 것처럼 느껴지는데."

"또 시간론을 펴는 것은 그만두지 그래. 오늘 아침은 그것 때문에 머리가 완전히 혼란스러워졌으니 말이네."

한스 카스토르프는 그 말에 수긍하듯 고개를 끄덕였다.

"그러지. 안심해도 좋네. 완전히 다 잊어버렸으니까. 복잡한 시간론은 다 잊어버렸단 말이네. 지금은 머리가 몽롱해졌어. 그것은 지나가 버린 일이야……지금이 차 마시는 시간인가?"

"그래, 그러고 나서 오늘 아침에 갔던 벤치까지 또 산책을 가세."

"좋아, 그런데 이번에도 세템브리니를 만나게 되지는 않겠지? 오늘은 고상한 이야기의 상대가 되어 줄 수 없어, 미리 말해 두지만."

식당에서는 이 시간에 생각할 수 있는 음료수가 남김없이 나왔다. 미스 로빈손은 전과 같이 들장미를 달인, 핏빛처럼 빨간 차를 마시고 있었고 손녀는 요구르트를 먹고 있었다. 그밖에 우유, 홍차, 커피, 코코아, 그리고 고기 수프까지 나와 푸짐한 점심 식사 뒤 두 시간을 누워지낸 손님들은 여기저기서 건포도가 든 큰 케이크 조각에 버터를 바르는 데 열중하고 있었다.

한스 카스토르프는 홍차를 청하고는 비스킷을 그 속에 적셔 먹었다. 마멀레이드도 조금 먹어 보았다. 건포도가 든 케이크는 자세히 들여다보기만 했지, 그것을 먹는다는 생각만 해도 몸서리가 쳐졌다. 간소하며 화려한 느낌이 드는 둥근 천장과 일곱 개의 식탁을 가진 이 식당 안에서 자기 자리에 앉아 있었다. 이로써 네 번째였다. 얼마 뒤 7시에는 다섯 번째로 같은 곳에 앉아 있었는데, 이번에는 저녁 식사였다. 네 번째와 다섯 번째 사이의 짧은 시간에 산중턱 개울 옆 벤치까지 산책했다. 이번에는 산책길이 환자들로 붐벼서 사촌들도 가끔 인사를 해야 했다. 그 다음에는 발코니에서 안정 요양을 하는 시간인데, 그 1시간만은 눈 깜짝할 사이에 아무 실속도 없이 지나가 버렸다. 이때 한스 카스토르프는 심한 오한을 느꼈다.

한스 카스토르프는 저녁 식사를 위해 조심해서 옷을 갈아입고, 로빈손 양과 여교사 사이에 끼여 야채 수프, 반찬이 딸린 찐 고기와 구운 고기를 먹고, 연한 마카롱, 버터 크림, 코코아, 잼, 마르치판 등 온갖 것이 들어 있는 케이크 두 조각과 고급 치즈를 얹은 흑빵을 먹었다. 이번에도 음료수로는 쿨름바호산 맥주를 한 병 시켰다. 그러나 그것을 속이 깊은 컵으로 절반쯤 마셨을 때 침대에 누워 있어야겠다는 것을 절실히 느꼈다.

머리가 윙윙 울리고, 눈꺼풀이 납처럼 무겁고, 심장은 작은북처럼 뛰고 있어, 사람들의 웃음거리가 되지 않으려고 필사적으로 노력했다. 하지만 사랑스러운 마루샤가 앞으로 몸을 구부려 작은 루비 반지를 낀 손으로 얼굴을 가리고 있는 것을 보자, 자기를 비웃는 것 같아 신경이 쓰였다. 슈퇴어 부인이 무엇을 이야기하거나 주장하고 있는 것이 멀리에서 일어나는 일처럼 들렸는데, 그 내용이 아주 기발해서 그녀가 정말 그런 말을 하고 있는 건지, 자기 머리가 이상해져서 그녀의 말이 그렇게 어리석은 말로 들리는 것인지 몰라 서글픈 혼란에 빠졌다. 슈퇴어 부인은 생선에 사용하는 간장을 28종류는 만들 수 있다고 주장했다. 그녀의 남편까지도 그런 말을 하는 게 아니라고 꾸짖었으나, 그녀는 그에 대해 단언함을 주저하지 않았다.

그녀의 남편이 말했다.

"그런 말은 아무에게나 하면 안 돼요. 아무도 정말이라고 믿지 않을 테고, 만일 믿는다 해도 바보 같다고 생각할 테니 말이오."

그러나 그녀는 자신이 생선 요리용의 간장을 28종류나 만들 수 있다고 거듭 장담했다. 불쌍한 한스 카스토르프는 이 이야기가 끔찍하게 느껴져 놀란 나머지 손으로 이마를 누르고, 입에 넣은 체스터 치즈가 든 흑빵을 다 씹어 삼키는 것을 완전히 잊고 있었다. 모든 사람이 식탁에서 일어났을 때에도 그는 아직도 흑빵을 씹고 있었다.

사람들은 바깥 홀로 곧장 통하는 왼편 유리문, 언제나 요란한 소리로 닫혀 화가 치밀게 하는 유리문을 통해 나갔다. 거의 모두가 그 문으로 나갔다. 한스 카스토르프가 알아낸 바로는 저녁 식사 뒤에는 바깥 홀과 이에 접해 있는 살롱에서 사교적인 모임이 있었다. 환자들 대부분이 작은 그룹을 만들어서 이야기를 나누고 있었다. 녹색 천을 씌운 두 대의 접이식 카드 테이블에서는 카드 승부에 여념이 없었다. 한 테이블에서는 도미노, 다른 테이블에서는 브리지를 하고 있었지만, 브리지를 하는 것은 젊은 사람들뿐으로 알빈 씨도 있었고 헤르미네 클레펠트도 있었다. 또 첫째 살롱에는 광학을 이용한 오락 장치가 두세 개 있었다. 렌즈를 들여다보니 내부에 들어 있는 사진, 이를테면 베니스의 곤돌라의 뱃머리가 딱딱하고 살아 있지 않은 선으로 보이는 입체경(立體鏡), 역시 렌즈에 눈을 대고 거기 달려 있는 바퀴를 가볍게 움직이면 갖가지 빛의 별 모양과 덩굴 무늬가 다채롭게 변하는 망원경식 만화경이 있었다.

마지막으로 빙빙 도는 북 같은 통에 활동 사진의 필름을 넣고, 통 옆에 뚫린 구멍으로 보면, 굴뚝 청소부와 싸우는 방앗간 주인, 학생을 매질하는 선생, 폴짝폴짝 뛰며 달리는 줄타기 광대, 민속춤을 추는 농부 남녀가 보였다. 한스 카스토르프는 차디찬 손으로 무릎을 짚고, 이들 기구 하나하나를 천천히 들여다보았다. 그리고 또 불치의 알빈 씨가 입가에 웃음을 띠고 사교가다운 솜씨로 카드를 만지고 있는 브리지 테이블 곁에 한동안 서 있었다.

한쪽 구석에는 크로코브스키 박사가 슈퇴어 부인, 일티스 부인, 레비 양에 둘러싸여 기분 좋고 친밀하게 말을 나누고 있었다. 일류 러시아인 자리의 멤버들은 커튼으로 카드 테이블과 나뉘어 있는 이웃 작은 살롱으로 들어가 다정한 그룹을 이루고 있었다. 거기에는 쇼샤 부인 말고 가슴이 쑥 들어가고 눈이 툭 튀어나왔으며 금발 수염을 기른 기운 없는 신사가 있었고, 금귀고리를 하고 진한 갈색 곱슬머리를 흩뜨려 독특하고 우스꽝스럽게 보이는 아가씨, 그 모임에 참가한 블루멘콜 박사, 어깨가 축 처진 두 청년도 있었다. 쇼샤 부인은 흰 레이스 깃을 단 푸른 옷을 입고 있었다. 그녀는 이 모임의 중심 인물로, 작은 살롱 안에서 둥근 테이블을 앞으로 하고, 얼굴은 카드실 쪽을 향해 소파에 앉아 있었다. 한스 카스토르프는 비난하고 싶은 기분으로 이 행실이 나쁜 부인을 보았다. 그녀를 보면 뭔가가 떠올랐는데 그것이 무엇인지는 알 수가 없었다. 그리고 30세 가량의 머리숱이 적은 키다리 사나이가 갈색의 작은 피아노로 멘델스존의 《한여름 밤의 꿈》에 나오는 결혼 행진곡을 세 번 계속하여 연주했다. 여자들이 재촉하자, 사나이는 한 사람 한 사람의 눈을 말 없이 물끄러미 바라보는 음조가 부드러운 그 곡을 다시 한 번 연주하기 시작했다.

"실례합니다. 건강 상태는 어떻습니까? 엔지니어."

바지 주머니에 양손을 넣고 손님들 한가운데를 돌아다니던 세템브리니가 한스 카스토르프의 옆으로 와서 말했다. 그는 전과 마찬가지로 깔깔한 감으로 만든 쥣빛 저고리에 밝은 무늬의 바지 차림이었다. 말을 하면서 미소를 지었지만, 한스 카스토르프는 검은 콧수염이 치켜 올라간, 사람을 깔보는 것처럼 구부러진 입가를 보고 이번에도 흥이 깨지는 기분이었다. 그는 얼빠진 얼굴로 입을 힘없이 벌린 채 충혈된 눈으로 이탈리아인을 보았다.

"아, 당신이었습니까? 오늘 아침 산책했을 때의 그분이군요. 위에 있는 저 벤치에서……물이 흐르는 곳에서……물론 나는 곧 당신이라는 것을 알았습니다. 어떻습니까?"

한스 카스토르프는 그것을 말해서는 안 된다고 생각하면서도 계속 말해 버렸다.

"그때 나는 순간적으로 당신을 손풍금쟁이라고 생각했습니다. 물론 터무니없는 생각이지요."

그때 세템브리니의 차가운 눈이 뭔가 알아내려는 듯했으므로 한스 카스토르프는 당황해서 얼른 말했다.

"바보 같은 착각입니다. 나로서도 정말 알 수 없는 일입니다. 도대체 어째서 내가……"

세템브리니는 젊은이를 아무 말 없이 한동안 쳐다보고 나서 말했다.

"걱정할 필요 없습니다. 아무것도 아닌 일이지요.…… 그건 그렇고, 당신은 하루를 어떻게 지냈습니까? 이 흥미로운 곳에서의 첫날을 말입니다."

"고맙습니다. 모두 규정대로 지냈습니다. 당신이 즐겨 말씀하시는 '수평 생활'로 대부분을 보냈습니다."

세템브리니는 미소를 지으며 말했다.

"내가 그런 말을 했었나요? 그건 그렇고, 이런 생활 양식이 지루하지 않았습니까?"

"지루하지 않았다고도, 지루했다고도 말할 수 있지요. 이 두 가지는 때때로 구별하기가 어렵습니다. 나는 조금도 지루하지 않았습니다. 이 위에서 사는 당신들의 생활은 너무도 눈부신 운동이 일어나기 때문에 말입니다. 차례로 새로운 일, 희귀한 일을 보고 듣습니다. 그러나 또 한편으로는 이 위에서 하루가 아니라 아주 오래 있었던 것 같은 기분입니다. 어찌 생각하면 이 위에서 나이를 먹고 현명해진 것 같기도 합니다."

그 말에 세템브리니는 눈썹을 치켜올리며 물었다.

"현명해졌다고요? 실례입니다만, 당신은 대체 나이가 몇입니까?"

그러나 어찌된 일인지 한스 카스토르프는 그것을 말할 수 없었다. 자기의 나이를 생각해 내려고 필사적으로 노력했지만, 나이를 생각해낼 수가 없었다. 시간을 벌기 위해 그는 상대의 질문을 되풀이한 다음에야 말했다.

"나이가 얼마냐고요? 스물네 살입니다. 곧 스물네 살이 됩니다. 실례합니다. 아주 피곤해서요. 하지만 피곤해졌다는 말만 가지고는 표현이 충분하지 않은 것 같습니다. 내 상태는 이렇습니다. 꿈을 꾸고 있습니다. 스스로도 꿈을 꾸는 것을 알고 있어서 눈을 뜨려고 하지만, 아무리 해도 눈이 떠지지 않는 그런 상태입니다. 내 상태가 바로 그렇군요. 열이 있는 것도 같고요. 다르게는 전혀 설명할 수 없군요. 발은 무릎 있는 데까지 찹니다. 그렇게 말할 수 있다면 말입니다. 왜냐하면 무릎은 사실 발이 아니니까요…… 미안합니다. 정신이 완전히 혼란스러워서요. 하지만 결국 이것도 이상한 일은 아닙니다. 아침부터 그 부분에서 울려오는 이상한 소리를 들었고, 그 다음에는 알빈 씨의 연설을, 그것도 수평 상태에서 들었으니까 말입니다. 정말이지 나는 이제 내 오감을 믿을 수 없는 느낌입니다. 그리고 솔직히 말해서 이것이 상기된 얼굴이나 차가워진 발보다 훨씬 견딜 수 없습니다. 솔직한 의견을 들려주십시오. 당신은 슈퇴어 부인이 28가지 생선 간장을 만들 수 있다는 것을 가능하다고 생각합니까? 나는 그녀가 정말로 그것을 만들 수 있는지를 묻는 게 아닙니다. 그런 것은 불가능하니까요. 그녀가 아까 식탁에서 정말 그렇게 주장했는지, 그렇지 않으면 나에게 그렇게 들렸을 뿐인지 그 사실을 알고 싶은 것입니다."

세템브리니는 한스 카스토르프의 얼굴을 물끄러미 바라보았다. 그는 말을 듣고 있지 않는 것 같았다. 이번에도 그의 눈은 계속 한스 카스토르프를 응시하면서 공허한 눈초리가 되더니, 오늘 아침처럼 세 번씩 "그렇지, 그렇지, 그렇지"라고 말했다. 조롱하는 듯하면서도 깊이 생각하는 듯한 어조로 날카롭게 "그렇지"라고 발음했다.

"24가지라고 했지요?"

세템브리니는 잠시 사이를 두었다가 물었다.

"아닙니다. 28가지입니다. 28종류의 생선용 간장입니다. 일반 간장이 아닙니다. 생선용 특별 간장만 28종류 말입니다. 그것은 당치도 않은 것입니다."

"엔지니어!"

세템브리니는 성난 듯한, 핀잔을 주는 듯한 투로 말했다.

"마음을 가다듬고, 어리석은 헛소리를 하지 마십시오. 그런 것은 내가 아는 바 아니고, 알고 싶은 이야기도 아닙니다. 24세라고 하셨지요? 흠……, 그러면 한 가지 더 묻는 것을 이해해 주십시오. 만약 뭣하시다면 주책없는 제안이라고 생각하셔도 좋습니다. 당신에게는 이 위에서의 체재가 몸에 맞지 않는 것 같습니다. 육체적으로도, 정신적으로도 우리가 살고 있는 이곳이 좋지 않은 것 같습니다. 그러니 어떻습니까? 분명하게 말씀드린다면 더 이상 이곳에서 시간을 보내는 것을 단념하시고, 오늘 밤 안으로 짐을 꾸려 내일 정기 급행 열차로 돌아가시는 게 어떨까요?"

"나더러 이곳을 떠나라는 말씀입니까? 여기에 겨우 막 도착했는데요? 안 됩니다. 하루 가지고 무엇을 알겠습니까?"

한스 카스토르프는 이렇게 말하면서 우연히 이웃 살롱을 들여다보니, 이쪽을 향해 앉아 있는 쇼샤 부인의 가느다란 눈과 넓은 광대뼈가 보였다. 그녀는 대체 누구를 연상시키는 것일까 하고 생각해 보았으나, 피곤해서인지 알아낼 수가 없었다.

한스 카스토르프는 말을 이었다.

"물론 이 위에서 사는 여러분들의 분위기에 익숙해지기란 그렇게 쉬운 일이 아닙니다." 그러나 그것은 처음부터 예상했습니다. 처음 2, 3일 동안에 좀 혼란해지고 얼굴이 상기된다고 해서 그 때문에 곧 예정을 바꾼다면 그거야말로 부끄러운 일일 겁니다. 정말로 자신이 비겁하게 느껴지고, 게다가 그것은 이성에 거역하는 일입니다. 그렇습니다. 당신도 마음속으로는……"

한스 카스토르프는 갑자기 따지는 듯한 투로 이렇게 말하며 흥분한 나머지 어깨를 흔들었는데, 거기에는 이탈리아인이 제안을 철회하지 않는다면 가만 두지 않겠다는 낌새가 느껴졌다.

세템브리니가 말했다.

"나는 당신의 이성을 존중합니다. 그리고 당신의 용기에도 경의를 표합니다. 당신이 말씀하신 것은 당연한 것으로, 이에 대해 이렇다 할 만한 반박을 하기란 어려울 것 같습니다. 그리고 나는 이곳에 동화된 훌륭한 예를 실제로 여러 번 보고 있습니다. 이를테면 작년 여기에 크나이퍼 양, 오틸리에 크나이퍼라는 양가 출신의 아가씨인데 고급 관리의 자녀였습니다. 그 아가씨는 여기에 1년 반쯤 있었는데 이곳 생활에 익숙해져서, 완전히 건강해진 뒤에도…… 그런 일이 있습니다. 이 위에서도 가끔 건강해지는 일이 있습니다. 완쾌되었는데도 절대로 이곳을 떠나려 하지 않았습니다. 이 위에 있게 해 달라고 고문관에게 애걸했으니까요. 집에는 돌아갈 수 없고 돌아가기도 싫고, 여기가 자기 집이며 여기서야말로 행복하다고 하면서 말입니다. 그러나 그때 마침 손님들이 막 몰려들어 그 아가씨의 방도 비워야만 했기 때문에 그녀의 부탁을 들어 주지 않고, 아가씨는 완쾌되었으므로 무슨 일이 있어도 퇴원하라고 했던 것입니다. 그런데 오틸리에는 열이 몹시 나서 체온표의 곡선이 급상승했습니다. 그러나 보통 사용하는 체온계 대신 '무한정 체온계'를 사용한 것이 결국 들키고 말았습니다. 당신은 '무한정 체온계'가 어떤 것인지 아직 모르시겠지만, 그것은 눈금이 없는 체온계로, 의사가 그것에 자를 대어 도수를 재고 체온계의 결과를 스스로 기입하는 식의 체온계입니다. 오틸리에는 36도 9부였습니다. 즉 열이 없었습니다. 그래서 아가씨는 호수에 들어가서 수영을 했습니다. 5월 초라 아직 밤에는 추웠으나 호수는 얼음처럼 찬 정도는 아니었고, 엄밀히 말해서 2, 3도의 온도였습니다. 아가씨는 오랫동안 물에 들어가 있으면 병이 나리라고 생각했던 것입니다. 그러나 그 결과는? 아무리 해도 나빠지지 않았습니다. 그녀는 부모의 위로에도 귀를 기울이지 않고 비탄과 절망 속에서 떠나 버리고 말았습니다. '저 아래로 내려가서 무엇을 하라는 것이죠? 이곳이 내 집인데요!' 이렇게 울부짖으며 말입니다. 그 뒤에 그 아가씨는 어떻게 되었는지 모르겠습니다. 그런데 당신은 내 말을 듣고 있지 않군요. 엔지니어! 내 생각이 맞다면 당신은 서 있는 것조차 힘이 들어보여요."

세템브리니는 그때 마침 가까이 온 요아힘에게 말했다.

"이보세요, 소위님! 사촌을 맡으십시오. 침대로 데리고 가십시오. 이성과 용기를 겸한 사촌이지만 오늘은 다리가 이상하군요."

한스 카스토르프가 단언했다.

"아닙니다. 천만에요. 하신 말씀을 전부 다 듣고 있었습니다. '무한정 체온계'란 것은 눈금이 전혀 없는 수은주란 말씀이지요? 봐요, 모두 알고 있지요."

그러나 한스 카스토르프는 요아힘과 다른 여러 사람과 함께 엘리베이터를 타고 위로 돌아갔다. 오늘 밤의 모임은 끝나 사람들은 흩어지고, 밤의 안정 요양을 하기 위해 저마다 안정 홀 발코니로 갔다. 한스 카스토르프는 사촌 방으로 따라 들어갔다. 복도를 걷는 발 밑에서 야자수 자리를 깐 마루가 천천히 물결치는 것 같았으나 그것을 그다지 기분 나쁘게 생각하지는 않았다. 그는 요아힘의 물방울무늬 안락의자에 앉아서—이웃 34호실에도 이것과 꼭 같은 의자가 있었다—마리아만치니를 피웠다. 시가는 아교의 맛, 석탄의 맛 외에 여러 맛이 났지만, 마리아만치니의 맛만은 나지 않았다. 그러나 이에 상관없이 계속 피우면서 요아힘의 행동을 지켜보았다. 요아힘은 안정 요양 준비를 하기 위해 작업복 같은 실내용 저고리를 갈아입고 그 위에 좀 낡은 외투를 걸치고는, 작은 테이블용의 전기스탠드와 러시아어 자습서를 가지고 발코니로 나갔다. 그러고는 스탠드에 불을 켜고 체온계를 입에 물고는 침대 의자에 누워서, 의자 위에 있던 두 장의 큰 낙타 담요를 놀랄 만큼 솜씨 좋게 펴서 덮었다. 한스 카스토르프는 사촌의 능숙한 솜씨를 마음속으로 감탄하면서 보았다. 요아힘은 겹친 두 장의 담요를 한 장씩, 처음에는 왼편에서 가로로 겨드랑이까지 덮고, 다음에는 밑에서 발을 싸며 이어 오른편에서 같은 동작을 되풀이했다. 마지막에는 모두 균형이 취해진 납작한 보자기처럼 되고 그 보자기에서 머리와 양어깨 그리고 양팔만이 나와 있었다.

한스 카스토르프가 감탄하며 말했다.

"정말 잘하는군."

요아힘은 체온계를 이로 물면서 말했다.

"연습을 자꾸 하면 이렇게 된다네. 자네도 할 수 있게 되지. 내일은 자네가 쓸 담요를 두 장 사야겠어. 밑에 내려가서도 쓸 수 있고, 이 위에서는 필수품이니까. 그리고 자네는 가죽으로 된 침낭도 없잖아?"

"하지만 나는 밤중에 발코니에서 잘 수는 없어. 그건 할 수 없어. 지금부터 말해 둘게. 너무 이상한 기분이 될 테니까 말이야. 모든 것에는 한계가 있는 법이지. 그리고 내가 이 위에서 지내는 자네들에게 다만 손님으로 와 있다는 것을 분명히 해 두어야겠네. 나는 잠깐만 여기에 앉아 시가를 피우겠네. 맛은 형편없지만, 이것은 마리아가 나빠서 그런 게 아니라는 것을 알고 있기 때문에 오늘 밤은 이것으로 만족해야지. 얼마 안 있으면 9시로군. 아직도 9시 전이라니 유감인데. 하지만 9시 반이 되면 침대로 들어가도 이럭저럭 괜찮은 시각이라고 할 수 있지."

한스 카스토르프는 몸에 심한 오한을 느꼈다. 한 번, 그리고 계속해서 여러 번. 그는 벌떡 일어나, 현행범을 잡으려는 것처럼 벽에 걸린 온도계 앞으로 달려갔다. 실내 온도는 영상 9도였다. 스팀에 손을 대어 보니 관은 차가웠다. 한스 카스토르프는 8월이라고 스팀을 때지 않는 것은 괘씸한 일이며, 몇 월이냐가 중요한 게 아니라 그때 그때의 기온이 중요한데, 이런 기온에 인간을 개처럼 떨게 하고 있다는 의미의 말을 밑도끝도없이 중얼거렸다. 그러나 얼굴은 타는 듯이 화끈거렸다. 그는 다시 앉았지만 곧 또 일어나, 요아힘에게 침대의 담요를 빌려 달라고 하면서 의자에 앉아 무릎에서 아래로 담요를 덮었다. 그리고 열과 오한을 느끼면서, 맛이 전혀 나지 않는 시가 때문에 고생만 했다. 매우 비참한 기분이 그를 엄습했다. 이렇게 비참한 기분은 태어나 처음이었다.

"비참하군."

그는 중얼거렸다. 그러다가 갑자기 이상하게 방종한 기쁨과 기대하는 감정이 그의 마음을 스쳐 지나갔다. 한 번 그런 감정이 스쳐 지나가자, 그런 것이 다시 한 번 돌아오지 않을까 생각하고 가만히 앉아서 기다려 보았다. 그러나 그 감정은 이제 돌아오지 않고 비참한 감정만이 남았다. 그래서 마침내 일어나 요아힘의 담요를 침대 위에 던져 주고는 입을 삐죽거리며 중얼거렸다.

"잘 자. 얼어죽지 마. 내일도 아침 식사 때 불러줘."

그러고는 복도를 따라 자기 방으로 비틀거리며 돌아왔다.

그는 옷을 벗으면서 콧노래를 불렀지만, 즐거워서 그런 것은 아니었다. 자기 몸치장의 세세한 순서와 문화적인 의무를 그다지 마음에 내키지 않는 것처럼 기계적으로 치르고 난 뒤, 여행용 작은 병에서 분홍색 물치약을 컵에 붓고 꼼 꼼하게 양치질을 한 다음, 질이 좋고 부드러운 자줏빛 비누로 손을 씻고 나서, 안주머니에 HC라고 수놓은 얇은 삼베의 긴 잠옷을 입었다. 그러고는 침대에 누워서 혼란으로 뜨거운 머리를, 죽은 미국 아가씨가 쓰던 그 베개 위에 떨구 고 불을 껐다.

곧 잠이 들리라 생각했는데 그것은 착각이었다. 아까까지만 해도 뜨기 힘 들었던 눈꺼풀이 이번에는 아무리 애를 써도 감겨지지 않고, 모처럼 붙였다 고 생각하자 안정을 잃고 다시 떠지고 말았다.

'아직은 잠자는 시간이 아니니까. 게다가 아침부터 누워만 있었잖아?'

그는 스스로를 타일렀다. 그때 어디선가 바깥에서 융단을 두드리는 것 같 은 소리가 났다. 이런 시간에 그것은 생각할 수 없는 일이었고, 사실 그럴 리 가 없었다. 그 소리는 한스 카스토르프의 심장 소리였는데, 몸 밖의 어딘지 먼 바깥에서 등(藤)으로 엮은 먼지떨이로 융단을 두드리는 소리 같이 들려 왔다.

방은 아직 캄캄하지는 않았다. 발코니로 나가는 문이 열려 있어 거기에서 요아힘과 이류 러시아인 자리 부부의 발코니 전기 스탠드 불빛이 흘러들어 왔기 때문이다. 한스 카스토르프는 눈을 끔뻑이면서 반듯이 누워 있었는데, 갑자기 그날의 어떤 인상, 낮의 여러 인상 중 한 가지, 그가 깜짝 놀라 민감한 기분으로 곧 잊어버리려고 한 관찰이 마음에 되살아났다. 그것은 마루샤와 그녀의 용모가 화제가 되었을 때, 요아힘의 얼굴에 나타난 표정, 입술이 울 것 같이 일그러지고, 햇빛에 그을린 볼이 얼룩져 푸르렀던 표정이었다. 한스 카스 토르프는 그것이 무엇을 의미하는가를 이해하고 통찰했다. 매우 새롭고 심각 하게 이해하고 통찰했기 때문에, 바깥에서 융단을 두드리는 먼지떨이 소리의 속도와 강도가 곱절로 되어, 시내에서 들려오는 세레나데의 울림을 거의 지워 버릴 정도였다. 아래에 있는 시내의 요양 호텔에서는 오늘 밤도 음악회가 있 어서, 균형 잡힌 구조의 오래된 소가극풍의 선율이 어둠을 타고 여기까지 들 려왔다. 그래서 한스 카스토르프는 그 선율을 휘파람으로 속삭이면서—휘파 람으로 속삭이듯이 불 수 있다—새틸 이불 아래의 차가운 발로 박자를 맞추었다.

　물론 이 상태에서 잠을 잘 수는 없는 일이었고, 한스 카스토르프도 잠이 오리라고는 조금도 생각하지 않았다. 요아힘이 어째서 그렇게 얼굴이 파랗게 되었는지를 새롭고 생생하게 이해하고 난 뒤, 한스 카스토르프는 세계가 일변한 것처럼 느껴져, 아까의 방종한 기쁨과 기대의 감미로운 감정이 또다시 마음속 깊이 스쳐 지나갔다. 그리고 그는 뭔가를 기다렸다. 무엇을 기다리고 있는지는 확실히 의식하지 못했지만, 양옆의 이웃 사람들이 밤의 안정 요양을 끝마치고 발코니의 수평 상태를 방 안의 수정 상태로 바꾸기 위해 방으로 들어가는 소리를 들으며, '이웃의 야만스런 부부도 오늘 밤은 조용히 해 주겠지' 하고 스스로에게 타일렀다. 오늘 밤은 평안히 쉴 것이라 생각했다. '오늘 밤은 이웃도 조용히 해 주겠지. 나는 그것을 믿어 의심치 않는다' 이렇게 생각했다. 그러나 이웃의 두 사람은 조용히 하지 않았을 뿐더러 한스 카스토르프도 결코 마음으로부터 그것을 믿지는 않았다. 사실대로 말한다면, 두 사람이 조용히 하고 있었다면 한스 카스토르프가 오히려 그것을 이상하게 여겼을 것이다. 그럼에도 그는 들려오는 소리에 깜짝깜짝 놀라 몇 번이나 속으로 외쳤다.

　"이럴 수가! 이건 너무한데. 못 견디겠는 걸. 정말 너무하는군."

　이렇게 외치는 사이사이에도 끈덕지게 들려 오는, 케케묵은 소가극풍의 선율에 맞추어 그는 속삭이는 듯한 휘파람을 불었다.

　그러는 동안에 얕은 잠이 들었다. 동시에 여기에 도착한 날 밤에 꾸었던 꿈보다도 더 종잡을 수 없는 꿈을 꾸기 시작했고, 무섭고 혼란스런 상념을 좇아 여러 번 잠을 깰 뻔했다. 베렌스 고문관이 양팔을 꼿꼿이 앞으로 뻗고, 무릎을 굽히며 뜰의 작은 길을 걸음폭이 넓은 발걸음으로 멀리에서 들려오는 행진곡 박자에 맞추고 있었다. 고문관은 한스 카스토르프 앞에서 멈추었는데, 보니 도수 높은 둥근 알의 안경을 끼고 알 수 없는 말을 중얼댔다.

　"물론 문화인이지."

　이렇게 말하고는 허락도 구하지 않고 한스 카스토르프의 눈꺼풀을 큰 손의 집게손가락과 가운뎃손가락으로 뒤집었다.

　"내가 추측한 대로 존경할 만한 문화인이군요. 그리고 재주도 있군요. 온몸의 연소 작용 증진에 결코 재주가 없다고 할 수는 없어요. 이곳에서 2, 3년 지내는 것을 아까워하지는 않겠지요. 이 위에서 사는 우리들의 경쾌한 햇수 진행을 말이오. 자, 이제 산책을 시작하십시오."

베렌스는 이렇게 외치고는 두 개의 두툼한 집게손가락을 입에 넣고 묘하게 듣기 좋은 휘파람 소리를 냈다. 그러자 여교사와 미스 로빈손이 각기 다른 방향에서 작게 오그라든 모습으로 공중을 날아와, 식당에서 한스 카스토르프의 좌우에 앉은 것처럼 베렌스의 양쪽 어깨에 앉았다. 고문관은 두 여자를 앉힌 채 껑충껑충 뛰는 듯한 발걸음으로 저쪽으로 멀어져가면서 냅킨으로 눈을 닦았다. 무엇을 닦았는지, 땀인지 눈물인지 알 수 없었다.

꿈은 계속 이어졌다. 그는 오랜 세월, 수업 시간 사이의 휴식 시간을 보낸 교정(校庭)에 있었다. 마찬가지로 그 교정에 있는 쇼샤 부인에게 연필을 빌리려 하고 있는데, 그녀는 호감이 가는 쉰 목소리로 "수업이 끝나면 꼭 돌려 주셔야 해요" 다짐하면서, 대가 빨갛게 칠해진 은색 뚜껑을 씌운 절반쯤 남은 연필을 빌려 주었다. 그녀가 넓은 광대뼈 위의 회색과 녹색이 섞인 푸른 눈으로 그를 바라봤을 때, 한스 카스토르프는 그녀가 대체 누구를 연상시키는가를 알 수 있어서 그것을 놓치지 않으려고 꿈의 세계에서 있는 힘을 다해 나오려 했다. 그 귀중한 발견을 내일을 위해 성급히 머릿속에 새겨 넣었다. 왜냐하면 다시 잠과 꿈에 휩싸여 들어가는 것을 느꼈기 때문이었다. 그는 어리석고 비상식적인 공포를 느끼게 하는 정신 분석을 쳐들고 다가오는 크로코브스키 박사에게 잡히지 않으려고 안타까운 발걸음으로 유리 칸막이 옆을 지났다. 이어서 방이 여러 개 있는 발코니를 빠져나와, 생명의 위험을 무릅쓰고 정원으로 뛰어내려 적갈색으로 칠한 깃대에 기어오르려고 했다. 그러나 쫓아온 의사에게 바지 자락을 붙잡힌 그 순간 땀에 흠뻑 젖어 눈을 떴다.

얼마쯤 진정하고 다시 얕은 잠 속에 들어간 순간, 또다른 상황이 펼쳐졌다. 한스 카스토르프는 그의 앞에서 미소짓는 세템브리니를 그 장소에서 어깨로 떠밀어 내려고 안간힘을 썼다. 풍성한 검은 콧수염이 아름답게 곡선을 그리며 살짝 위로 올라간 밑에서 우아하지만 냉정하게 빈정대듯 미소짓는 세템브리니—한스 카스토르프가 견딜 수 없는 그 미소였다.

"방해됩니다. 가 주십시오. 당신은 손풍금쟁이에 불과합니다. 여기 있으면 방해됩니다."

꿈 속에서 자기가 말하는 것을 분명히 들었다.

그러나 세템브리니는 그 장소에서 움직이려고 하지 않았기 때문에, 한스 카스토르프는 이제 어떻게 하면 좋을까 생각하며 서 있는데, 시간이란 대체 무엇이란 말인가 하는 멋진 생각이 머리에 떠올랐다. 시간이란 다름 아닌 무한정 체온계에 지나지 않는다. 의사를 속이려 하는 환자들에게 주어지는 도수 없는 수은주인 것이다. 한스 카스토르프는 이 발견을 내일은 사촌인 요아힘에게 말해 주어야겠다고 굳게 다짐하면서 눈을 떴다.

이런 모험과 발견을 하는 사이에 밤이 지나갔다. 이들 꿈 속에서 헤르미네 클레펠트, 알빈 씨, 미클로지히 대위가 저마다 영문 모를 역할을 했다. 미클로지히 대위는 슈퇴어 부인을 입에 물고 유괴하려다가 파라반트 검사의 창에 찔리고 말았다. 그러나 이런 꿈 중의 하나를 한스 카스토르프는 그날 밤두 번이나 꾸었다. 두 번 다 같은 내용으로. 두 번째는 새벽이 가까웠을 때였다. 한스 카스토르프가 일곱 개 식탁이 나란히 놓여 있는 식당에 앉아 있으니, 유리문이 심한 소리를 내며 닫혔다. 그리고 쇼샤 부인이 한 손을 흰 스웨터 주머니에 넣고, 또 한 손을 머리 뒷부분에 대고 들어왔다. 그러나 이 버릇 없는 여자는 여느 때처럼 일류 러시아인 자리에 가지 않고, 한스 카스토르프 쪽으로 소리도 내지 않고 다가와, 말없이 손을 내놓으며 거기에 키스하도록 했다. 그러나 손등이 아니라 손바닥을 내놓아, 한스 카스토르프는 쇼샤 부인의 손바닥에—세련되지 않으며 옆이 좀 넓고, 손톱 주위의 피부가 거칠고 손 가락이 뭉툭한 손에—입술을 댔다. 그리고 그가 시험삼아 명예의 짐에서 벗어나 불명예의 무한한 특전을 상상했을 때, 마음속에 끓어오르던 방종한 감미로움이 다시 머리끝에서 발끝까지 스며들어왔다. 그것은 꿈 속이 현실보다 훨씬 더 강렬했다.

제4장

필요한 물건 사들이기

"이것으로 이곳 여름은 끝인가?"

한스 카스토르프는 사흘째 되는 날 야유하는 말투로 사촌에게 물었다.

날씨가 갑자기 변했다.

방문객이 이 위에서 하루를 보낸 이튿째 되는 날은 여름처럼 밝았다. 가문비나무 끝에서 창끝처럼 뻗어 있는 새순 위로 새파란 하늘이 빛났고, 골짜기의 마을은 쨍쨍한 햇빛으로 반짝이고 있었다. 햇빛으로 따스해진 산 중턱의 풀밭에서는 암소들이 풀을 뜯으며 돌아다녔고, 그 소들의 방울 소리가 주위의 공기를 밝고 평화롭게 만들었다. 여성 환자들은 첫 번째 아침 식사 때 빨기 쉬운 얇은 블라우스 차림으로 나타났고, 그 가운데에는 레이스 소매를 하고 나타난 여자들도 있었지만, 누구에게나 다 어울린다고 할 수는 없었다. 이를테면 슈퇴어 부인에게는 전혀 어울리지 않았다. 그녀의 팔은 지나치게 살이 쪄서 그런 경쾌한 복장은 어울릴 수가 없었다. 요양소의 신사들도 산뜻한 날씨에 어울리도록 저마다 자기 나름대로 옷을 갈아입었다. 얇은 알파카 웃옷과 삼베옷도 보였다. 요아힘 침센은 푸른 윗도리에 상앗빛 플란넬 바지의 가벼운 옷차림이었지만, 이 배합은 그의 모습을 완전히 군인처럼 느끼게 했다. 세템브리니도 옷을 갈아입겠고 여러 차례 말했다. 그는 점심 식사가 끝난 뒤 사촌 형제들과 시내로 산책하러 내려가면서 말했다.

"이거 정말 햇빛이 강한데요. 나도 가벼운 옷으로 갈아입어야겠습니다."

이렇게 듣기 좋게 말하면서도 그는 여전히 깃이 큰 나사의 긴 윗도리와 바둑무늬 바지 차림이었는데, 달리 입을 옷이 없는 것 같았다.

그런데 사흘째로 접어들자, 천지가 뒤집힌 듯 모든 질서가 엉망이 되고 말았다. 한스 카스토르프는 자신의 눈을 믿을 수가 없었다. 가장 중요한 식사인 점심 식사가 끝나고 안정 요양을 20분 동안 계속했을 때, 태양이 허둥지둥 숨어 버리고 동남쪽의 산꼭대기에 이탄(泥炭) 같은 갈색의 무시무시한 구름이 나오더니 살을 찌르는 듯한 차가운 바람이 일었다. 얼음에 쌓인 미지의 극지에서 불어오는 것 같은 바람이 갑자기 골짜기로 불어댔는데, 기온이 재빠르게 내려가 주위의 상태가 확 바뀌고 말았다.

"눈이다."

유리 칸막이 너머에서 요아힘의 소리가 들렸다.

"눈이 어떻다는 건가? 설마 이제부터 눈이 온다는 것은 아니겠지?"

한스 카스토르프가 되물었다.

"틀림없이 눈이 올 거야. 이 바람을 우리는 잘 알고 있지. 이런 바람이 불면 썰매길이 생긴다네."

"농담이겠지. 아직 8월 초 아닌가?"

한스 카스토르프는 믿기지 않는 듯 고개를 절레절레 흔들었다. 그러나 이 위의 사정에 밝은 요아힘의 말이 옳았다. 얼마 뒤 우레 소리가 끊임없이 나면서 거센 눈보라가 치더니, 모든 것이 흰 증기에 덮인 것처럼 보이고, 부락과 골짜기가 거의 보이지 않게 되어버렸다.

눈은 오후 내내 줄곧 내렸다. 스팀이 들어왔다. 요아힘은 침낭에 들어가 요양을 계속하는 동안, 한스 카스로르프는 방 안으로 들어가 따뜻해진 스팀관 옆에 의자를 놓고, 거기에서 바깥의 기이한 날씨를 머리를 흔들면서 바라보았다. 이튿날 아침에 눈이 멎고 바깥 기온도 2, 3도 정도로 올라갔지만, 눈이 1피트나 쌓여 한스 카스토르프는 완전히 겨울 경치로 변한 풍경을 놀란 눈으로 둘러보았다. 스팀은 다시 꺼졌지만 실내 온도는 6도였다. "이로써 자네들의 여름은 끝이 난 건가?" 한스 카스토르프는 성이 난 것같이 빈정대며 사촌에게 물었다.

"꼭 그렇다고는 할 수 없지. 이제부터 여름 같은 날씨가 없다고는 할 수 없어. 9월에 들어가서도 그런 날이 아주 많거든. 그러니 여기서는 계절의 구별이 없다고 할 수 있어. 정말이야. 말하자면 계절이 마구 섞여서 달력대로 되지는 않거든. 겨울에도 볕이 쨍쨍 내려쬐서 산책을 하다 보면 땀이 나서 겉옷을 벗는 일도 있고, 여름에도 자네가 본 대로 이렇게 눈이 오니 말이야. 이렇게 모든 게 뒤죽박죽이야. 1월에도 눈이 오지만, 5월에도 이에 못지 않게 오고, 8월에도 보는 바와 같아. 눈이 오지 않는 달이 없다고 할 수 있지. 이렇게 생각하면 틀림없어. 요컨대 겨울이나 여름 같은 날, 봄 같은 날과 가을 비슷한 날이 있지만, 흔히 말하는 사철이라는 건 없다네."

"멋진 뒤범벅이로군."

한스 카스토르프는 이렇게 말했다. 그는 방한용 덧신을 신고 겨울 외투를 입고, 안정 요양용 담요를 사려고 사촌과 함께 시내로 내려가는 길이었다. 이런 날씨에 무릎 덮개만으로는 견딜 수가 없었기 때문이다. 어차피 침낭도 사는 게 어떨까 생각했지만, 곧 그 생각을 접었다.

"아니, 아니야. 담요만 사기로 하자. 담요 같으면 밑에 내려가서도 쓸 수 있고, 어떤 곳이든지 있으니까 그렇게 이상할 것은 없어. 하지만 침낭이라면 좀 특수하니까 말이야. 안 그래? 그것까지 사게 되면 어쩐지 여기 주저앉아서 자네들과 한무리가 되는 것 같으니까 말이야…… 요컨대 2, 3주일을 머물기 위해 일부러 침낭까지 살 필요는 없다는 거야."

요아힘도 이 의견에 찬성했다. 그래서 두 사람은 영국 거리의 물건이 많은 멋진 상점에서, 요아힘이 가지고 있는 부드럽고 감촉이 좋은, 특히 가로 세로가 긴 자연색 그대로의 낙타 담요 2장을 샀다. 그들은 그 담요를 국제 요양원인 '베르크호프'의 34호실로 곧 보내 달라고 부탁했다. 한스 카스토르프는 그날 오후부터 그것을 쓰려고 생각했던 것이다.

물론 이것은 두 번째 아침 식사 뒤의 시간이었는데, 이 시간을 빼고는 시내로 내려갈 기회가 하루 동안에 없었다. 이제는 비가 내려서 길거리의 눈이 죽처럼 녹아서 질척하게 튀어올랐다. 돌아오는 길에 두 사람은, 모자는 쓰지 않고 우산을 받치고 있는 세템브리니가 요양원으로 터벅터벅 걸어가는 것을 뒤쫓아갔다. 이 이탈리아인은 누런 얼굴로, 우울한 기분인 것같이 보였다. 그는 이 추위와 습기에 정말 고생하고 있는 모양으로, 이를 완벽하고 격조 높은 독일어로 한탄했다. 적어도 스팀은 넣어 주어야 할 게 아닌가! 그러나 저 야비한 권력자들은 눈이 그치면 곧 스팀을 꺼 버리는데, 이는 정말 비인간적인 조치이며 이성을 무시한 규정이란 말이다! 이에 대해 한스 카스토르프가 실내 온도를 낮추는 것은 요양법의 하나이며 환자들이 추위를 타는 것을 예방하기 위한 것일 거라고 한 마디 하자, 세템브리니는 날카로운 조롱으로 대답했다.

"요양법이지요. 신성하고 침범할 수 없는 요양법이지요. 엔지니어가 요양법 운운하는 것은 정말 적절하고 경건하며 공손한 말입니다. 다만 이상한 점은 요양법 중에서 신성시되는 것은 권력자들의 경제적 이익과 완전 일치하는 것에 국한되어 있고, 그렇지 않은 것에는 눈을 감아 버린다는 점이지요."

이에 사촌들이 웃자, 세템브리니는 자기가 간절히 바라는 따뜻함과 관련지어서 죽은 아버지 이야기를 시작했다. 그는 천천히 꿈꾸는 듯이 말했다.

"아버지는 섬세한 사람이었습니다. 육체도 영혼도 민감했지요. 아버지는 겨울이 되면 그의 작고 따뜻한 서재를 얼마나 좋아했는지 모릅니다. 진심으로 그곳을 사랑하고, 빨갛게 불타는 난로를 피워 언제나 20도의 온도를 유지토록 했습니다. 차고 습기 찬 날이나, 살을 에는 듯한 북풍이 부는 날에 집 현관에서 아버지의 서재로 들어가면, 따뜻함이 부드러운 외투처럼 어깨를 덮어 주었고, 눈에는 기분 좋은 눈물이 흘렀습니다. 서재는 책과 원고로 파묻혔고 그 가운데에는 아주 가치 있는 것도 있었는데, 아버지는 그 정신적 보물에 둘러싸여 푸른 플란넬의 실내복을 입고 좁은 경사진 책상 앞에 앉아 문학에 몰두했습니다. 가냘프고 자그마한 몸집이어서 나보다 머리 하나만큼 작았습니다. 여러분! 그러나 관자놀이에 백발이 섞인 풍성한 머리카락을 늘어뜨리고, 코는 콧날이 서서 아름다웠습니다…… 아버지는 뛰어난 라틴어 학자였습니다. 여러분! 아버지는 그때 권위자의 한 사람이고, 손꼽히는 국문학자, 어디에 비할 데 없는 라틴어 문장가, 그리고 보카치오의 말대로 이상적인 문학자였습니다. 아버지와 이야기를 나누려고 학자들이 먼 곳에서 찾아왔습니다. 어떤 학자는 하파란다*¹에서, 어떤 학자는 크라코*²에서, 아버지에게 경의를 표하기 위해 우리가 살고 있는 도시 파도바로*³ 일부러 왔습니다. 아버지는 또한 뛰어난 시인이어서 여유가 있을 때에는 유려하기 이를 데 없는 토스카나 방언의 산문으로 이야기를 썼습니다. 아버지는 문학의 대가였습니다."

세템브리니는 모국어의 음절을 혓바닥 위에서 천천히 녹이듯 하며, 머리를 이쪽저쪽으로 움직이면서 황홀하게 즐기는 듯이 말했다.

"아버지는 작은 정원을 베르길리우스의 예를 따라 만들었습니다. 아버지가 하시는 말씀은 모두 건전하고 우아했습니다. 그러나 서재는 언제나 따스하기를 바라셨습니다. 서재가 따스하지 않으면 아버지는 춥고 화가 나서 눈물을

---

*1 스웨덴 최북단의 도시.
*2 폴란드 남부 지방의 도시.
*3 이탈리아의 도시로 베니스와 밀라노의 교차점. 파우스트 제1부 참조.

흘리기까지 했습니다. 그러니 생각해 보십시오, 엔지니어, 그리고 소위님도 말입니다. 그런 아버지의 아들인 내가 한여름에 추위에 온몸을 떨고 쉴새없이 굴욕적인 인상에 영혼이 들볶이는 이 저주스러운 야만 지대에서 얼마나 고생해야만 하는지를. 아아, 참을 수가 없습니다…… 우리 주위 사람들은 어떠한 유형의 사람들이겠습니까? 저 우습기 짝이 없는 악마의 종놈인 고문관 크로코브스키!"

거기서 세템브리니는 혀를 잔뜩 비틀어 발음하면서 말했다.

"내가 그 괴물의 실험대에 희생되는 것을 거절하기 때문에 나를 미워하는 저 파렴치한 고해 신부…… 그리고 내 식탁에…… 내가 함께 식사하도록 강요받고 있는 작자들은 어떤 사람들이겠습니까? 내 오른편 옆에는 할레에서 온 양조업자인 마그누스라는 사람이 건초 다발 같은 수염을 하고 앉아 있습니다. 이 사람은 '문학 이야기는 하지 말아 주십시오. 문학은 무엇을 줍니까? 아름다운 품성입니까? 나는 실재론자입니다만, 이 세상의 실생활에서 아름다운 품성 따위는 본 적이 없습니다' 이렇게 말합니다. 이것이 마그누스 씨가 갖고 있는 문학관입니다. 아름다운 품성……아, 성모 마리아여! 이 사람의 맞은편에는 마그누스 부인이 앉아 있는데, 날이 갈수록 머리가 희미해지고 살이 빠지고 있습니다. 불결하고 비참하기 그지없습니다……."

요아힘과 한스 카스토르프는 세템브리니의 이 말에 대해, 서로 약속한 것은 아니었지만 두 사람 모두 같은 생각을 하고 있었다. 둘 다 이 이야기를 바보스럽고 불쾌하며 선동적인 말이라고 느꼈고, 한편으로는 대담하고 신랄하며 반항적인 면에서 유쾌한, 아니 유익한 이야기라고도 느꼈다. 한스 카스토르프는 '건초 다발'이라든가 '아름다운 품성'이라는 표현이나 그것을 말할 때의 세템브리니의 절망적인 몸짓을 보고 속으로 웃었다. 그래서 그는 다음처럼 말했다.

"하기야 이런 시설에서는 주위가 좀 잡다해지기 마련이겠습니다. 식탁을 둘러싼 사람들을 자유로이 선택할 수도 없고. 그렇다고 그런 것을 자유롭게 허락하면 어떻게 되겠습니까? 우리의 식탁에도 같은 부류의 여자들이 있습니다. 슈퇴어 부인이라고 하는데 당신도 알고 계시지요? 이 부인이 아주 교양이 없습니다. 이렇게 말할 수밖에 없습니다. 이 여자가 지껄이면 어디다 눈을 돌려야 할지 모를 때가 가끔 있습니다. 그러다가도 그녀는 열이 있고 몸이 피곤하다는 불평을 늘어놓는데, 유감스럽게도 병상이 절대로 가벼운 편은 아니랍니다. 정말이지 이상합니다. 병이 있는데다가 어리석으니 말입니다. 이렇게 말하는 게 옳은지 모르지만, 나는 어떤 사람이 어리석으면서 동시에 병에 걸렸다는 것이 아주 이상하게 느껴집니다. 이 두 가지가 그렇게 짝이 될 수 있다는 게 이 세상에서 무엇보다도 비참한 일이 아닐까요? 어떤 얼굴로 그를 대해야 할지 정말 모르겠습니다. 병에 걸린 인간에게는 성의와 존경을 갖고 대하는 것이 인정 아니겠습니까? 병은 어떤 의미에서는 존엄한 것이라고 말할 수 있으니까요. 그러나 그 병에 무지가 결합되어 있어, 조수를 '파물루스'라고 말해야 할 것을 '포물루스', '미장원'이라고 말할 것을 '미성원'이라고 무식한 말을 연발한다면 정말 울어야 할지 웃어야 할지 모르겠습니다. 참으로 인간 감정에서 딜레마를 뜻하는 것으로, 이루 말할 수 없이 비참합니다. 병과 어리석음은 역시 조화가 되지 않습니다. 우리는 이 두 가지를 연결해서 생각하지 않습니다. 어리석은 사람은 건강하고 평범해야 하며, 병은 인간을 세련되고 지혜로우며 훌륭하게 한다고 생각합니다. 보통 이렇게 생각하는 것이 당연한 걸로 압니다만, 틀렸을까요? 내가 좀 지나치게 수다를 떤 것 같군요." 그는 이야기를 끝냈다.

"어떻게 이런 이야기가 되어버렸습니다만……."

세템브리니는 우물쭈물하며 말끝을 흐렸다.

요아힘도 좀 쑥스러워졌다. 세템브리니는 눈썹을 치켜세우고 아무 말 없이 상대의 말이 끝나기를 예의상 기다리고 있다는 태도를 보였다. 사실은 한스 카스토르프를 완전히 손을 들게 하고는 서서히 공격해 가려고 마지막까지 듣고 있었던 것이다.

"이거 참, 엔지니어. 당신이 이렇게 철학적인 재능을 드러내실 줄은 꿈에도 생각하지 못했습니다. 당신의 말을 들어 보면, 당신은 보기보다 건강하지 못한 것 같군요. 당신은 확실히 훌륭한 지성을 갖고 계시니까요. 그러나 실례지만 나는 당신의 주장에는 찬성할 수 없을 뿐만 아니라 그것을 부정하고, 아니, 거기에 대해서는 분명히 대립적인 관점에 서 있다는 것을 말씀드립니다. 보시다시피 나는 정신적인 문제에 대해서는 좀 신경질적이어서, 당신이 말한 것을 반박하지 않고 지내느니보다는, 궤변가라고 비난받더라도 반박하는 쪽을 택합니다……."

"그렇지만, 세템브리니 씨……."

"내 말을 들어 주시오. 당신이 이야기하려는 것은 나도 알고 있습니다. 당신은 말하고 싶겠지요. 당신의 지금 견해는 그렇게 깊은 생각으로 말한 것이 아니라는 것, 당신이 대변한 생각은 그대로의 당신 생각이 아니라, 말하자면 공중에 떠 있는 가능한 생각 중의 하나를 가벼운 기분으로 실험해 보려는 것이라고요. 당신 나이에는 있을 수 있는 일입니다. 남성으로서의 결단이 빠져 있고, 한동안 갖가지 생각을 실험해 보려는 나이에는 말입니다. 실험 채택이지요."

세템브리니는 '채택'이라는 말을 이탈리아어 식으로 부드럽게 발음했다. 그러고는 말을 계속했다.

"좋은 말씀입니다. 내가 이상하게 느끼는 것은 당신의 실험이 특히 지금과 같은 방향으로 간다는 사실입니다. 이것이 단순한 우연이라고만 믿을 수는 없습니다. 지금 곧 교정해 두지 않으면, 성격으로 굳어질 위험한 경향이 당신 마음속에 존재하는 게 아닌가 걱정이 됩니다. 그래서 나는 당신의 생각을 바로잡아야 한다는 의무를 느낍니다. 당신은 병과 어리석음이 결합하는 것을 이 세상에서 가장 비참한 것이라고 말했습니다. 나도 거기에는 찬성입니다. 나도 폐병을 앓는 바보보다는 총명한 병자 쪽을 더 좋게 생각합니다. 그러나 당신이 병과 어리석음의 결합을 양식상의 오류, 자연의 도착적(倒錯的) 취미, 당신 말을 빌리면 인간적 감정에 대한 딜레마라고 생각했을 때, 내 항의가 시작되는 것입니다. 당신이 병을 뭔가 아주 고귀한 것, 아까 뭐라고 말했던가요? 존경할 만한 것으로 어리석음과는 뿌리부터 조화될 수 없는 것이라고 생각하는 점에 나는 반발합니다. 조화되지 않는다는 것도 당신이 고른 표현입니다. 나는 여기에 대해서 아니라고 말하는 것입니다. 병은 조금도 고귀하지 않고, 존경할 만한 것도 아닙니다. 그런 생각 자체가 병이며, 병으로 이끄는 생각입니다. 그런 생각에 대해 당신의 마음에 혐오감을 불러일으키는 가장 확실한 방법은 그 생각이 진부하기 이를 데 없는 불결한 생각임을 말씀드리는 것일 겁니다. 그런 생각은, 인간이라는 이념이 만화로 전락하고, 미신이 성행하고 속죄가 한창이었던 시대에 생긴 생각입니다. 조화와 건강이 의심스럽고 악마적인 것으로 여겨지며, 병이 천국으로 들어가는 입장권처럼 생각되던 암흑 시대의 생각입니다. 그러나 이성과 계몽은 오늘도 어두운 그림자와의 싸움을 계속하고 있습니다. 그리고 그 싸움이 바로 일입니다. 현세기의 일, 이 세계를 위한 일, 인류의 명예와 복지를 위한 일인 것입니다. 이성과 계몽의 두 힘은 그 싸움에서 나날이 단련되어 언젠가는 인간을 완전히 해방하고, 진보와 문명의 길로 더욱 온건하고 순수한 광명에로 가까이 해 줄 것입니다."

'이건 정말 마치 가극에 나오는 아리아와 같구나. 내 이야기의 어디가 이런 식으로 유발시킨 것일까? 게다가 뒷맛이 쓴 설교다. 도대체 일이 어떻게 되었다는 말인가? 언제나 일, 일이라고 말하니, 이 위에서는 어울리지 않는 말인데.'

한스 카스토르프는 놀랍기도 하고 부끄러운 생각도 들었다. 그래서 그는 이렇게 말했다.

"아주 훌륭한 말씀입니다, 세템브리니 씨, 당신 말씀은 정말 들을 가치가 있습니다. 그 이상의 것은 바랄 수 없을 정도입니다. 당신 이상으로 말입니다…… 더 조형적으로 말하려고 해도 불가능할 것입니다."

세템브리니는 옆을 스쳐 지나간 통행인의 머리 위로 우산을 치켜들면서 말했다.

"엔지니어, 저 음산하고 위축된 시대의 생각에 정신적으로 돌아가는 것은 정말 병입니다. 오늘날까지 연구되어 온 병으로, 과학은 이 병에 갖가지 이름을 붙이고 있습니다. 미학, 심리학의 술어, 그리고 정치의 술어에서 이름을 붙이고 있지만, 이것은 모두 대상 자체와는 아무 관계가 없는 학술적인 것으로 당신도 듣고 싶지는 않을 것입니다. 그러나 정신 생활에서는 모두가 관계하고 있어, 서로 원인과 결과가 되고 있습니다. 또 악마에게 새끼손가락을 보이면 손을 모조리, 아니 영혼까지도 빼앗긴다고 하지요…… 또 그 반대로 건전한 원리는 어느 것을 처음으로 해도 언제나 건전한 결과만을 촉진하는 것입니다. 그러니 당신에게 단단히 명심할 것을 부탁드리자면, 병은 어리석음과 절대로 나란히 하지 않을 만큼 고귀하고 존경할 만한 게 아니라, 오히려 인간의 오욕을, 그렇습니다. 인간이라는 이념을 상하게 하는 애통한 오욕을 뜻하며, 개개의 경우에는 위로를 하고 소중히 하는 것도 좋지만, 정신적으로 존경하는 것은 도착(倒錯)입니다. 이 점을 명심해 주십시오. 모든 정신적 도착의 시작입니다. 아까 말한 부인—이름을 제대로 기억했는지 모르겠습니다만—, 슈퇴어 부인인가요? 요컨대 그 우스운 부인은 내가 볼 때, 당신이 말한 인간 감정에 대한 딜레마는 아닌 것 같습니다. 병들고 어리석다! 그렇지요. 이것은 결국 비참한 것으로, 단순한 문제입니다. 즉 연민과 멸시에 속할 뿐입니다. 딜레마나 비극은, 자연이 고귀하고 건전한 정신을 생활에 적응하지 못하도록 인격의 조화를 파괴하거나 처음부터 불가능하게 할 경우에 시작되는 것입니다. 당신은 레오파르디*⁴를 알고 계시지요, 엔지니어? 소위님, 당신은요? 우리 나라의 불행한 시인입니다. 꼽추인데다 늘 몸이 아파, 그 비참한 육체 때문에 그의 본디의 위대한 영혼은 늘 모욕당하고 얄궂은 진흙 속으로 끌려 들어갔으니 말입니다. 그러나 그 시인의 영혼의 탄식은 듣는 이의 마음을 쥐어뜯지 않고는 가만두지 않습니다. 아무튼 들어 보십시오."

세템브리니는 아름다운 음절을 혓바닥 위에서 녹이고 머리를 이쪽 저쪽으로 흔들면서, 가끔 눈을 감고는 이탈리아어의 시구를 읊기 시작했다. 자기의 동반자들이 한 마디도 이해하지 못한다는 사실에는 전혀 개의치 않았다. 그는 자기의 기억력과 발음에 도취되어, 듣는 이도 그에 감동하도록 하는 것이 목적인 듯했다. 마침내 그는 말했다.

"그러나 여러분은 이해하지 못 하시는군요. 여러분, 이것을 충분히 이해해 주십시오. 꼽추의 레오파르디는, 특히 여자의 애정에 인연이 없었습니다. 그리고 이 점이 영혼의 위축에 저항하는 것을 불가능하게 한 가장 큰 원인이었습니다. 명성과 덕성도 그 빛을 잃고, 자연도 심술궂게 느껴졌던 것입니다. 사실 자연은 심술궂습니다. 어리석고 심술궂습니다. 나도 그 점에서는 그에게 찬성합니다. 이리하여 레오파르디는 절망했던 것입니다. 입에 담기도 무섭습니다만, 그는 과학과 진보에 절망했습니다. 이야말로 비극입니다. 엔지니어, 이것이야말로 당신이 말하는 인간 감정에 대한 딜레마로 좀전에 말한 부인의 경우는 문제도 안 됩니다. 그 부인의 이름 따위로 기억력을 번거롭게 하는 것은 질색입니다. 병으로 초래되는 인간의 '정신화' 같은 것은 말씀하지 말아 주십시오. 제발 부탁입니다. 육체 없는 정신은 영혼 없는 육체와 마찬가지로 비인간적이고 무서운 것입니다. 물론 전자는 드문 예외이고, 후자가 보통입니다. 일반적으로 육체는 모든 의의와 생명을 독점하여 추잡하기 짝이 없는 독립을 꾀하는 것입니다. 병자로서 살고 있는 인간이야말로 육체뿐인 것으로 비인간적

*4 1798~1837. 이탈리아의 시인. 사상의 깊이와 표현의 아름다움에 있어 이탈리아 서정시의 정수라고 하는 시를 남겼다.

이고 오욕입니다. 많은 경우 그런 인간은 썩은 고기와 다를 게 없습니다……."

그때 요아힘이 갑자기, 세템브리니를 사이에 두고 걷고 있던 사촌을 보고 말했다.

"이건 이상한데? 자네도 요전에 이와 똑같은 말을 했지."

한스 카스토르프가 대꾸했다.

"그랬던가? 같은 것이 머리에 떠오른 일이 있었을지도 모르지."

세템브리니는 말 없이 몇 발짝 걸어가면서 말했다.

"그렇다면 더욱 좋습니다. 여러분, 그렇다면 더욱 좋다고요. 나는 여러분에게 독창적인 철학을 강의하려는 뜻은 없었으니까요. 그것은 나의 직업이 아닙니다. 엔지니어가 스스로 이미 이와 일치하는 생각을 입 밖에 냈다고 하면, 그것은 엔지니어가 정신적인 이야기를 즐기고 있고, 타고난 재능이 있는 청년의 일반적인 예로서 모든 가능한 생각을 잠시 동안 단지 실험해 본다고 하는 내 추측을 입증하는 것입니다. 타고난 재능이 있는 청년은 백지가 아니라, 옳은 것이건 그릇된 것이건 마술 잉크*5로 씌어져 있는 종이라고 할 수 있습니다. 그리고 교육자의 할 일은 옳은 것을 뚜렷하게 현상시키고, 싹 트려는 그릇된 것을 적절한 감화로 영원히 없애버리는 일입니다.……그런데 여러분들은 물건을 사러 나온 것입니까?"

세템브리니는 갑자기 완전히 달라진 경쾌한 어조로 물었다.

"아니오, 아무것도 아닙니다."

한스 카스토르프는 얼버무렸다.

"사촌의 담요를 두 장 샀습니다."

요아힘이 무심코 말했다.

"안정 요양용입니다…… 이렇게 추워서요…… 2, 3주일 함께 행동하려고 말입니다." 한스 카스토르프는 웃으면서 말하고 눈을 아래로 떨어뜨렸다.

"아, 담요 말이지요? 안정 요양용으로? 그렇지, 그렇지, 그렇지. 물론이지요. 물론이지요. 그것도 '실험 채택'의 담요 말이지요?"

세템브리니는 '실험 채택'이라는 말을 다시 이탈리아어로 발음했다. 세 사람은 절름발이 문지기의 인사를 받고 요양소로 들어갔다. 세템브리니는 식사 전

---

*5 종이 위에서는 읽기 힘들지만, 가열하거나 화학 약품을 사용하면 글씨가 나타난다.

에 신문을 다 읽겠다면서 홀에서 담화실 쪽으로 꺾어져 들어갔다. 두 번째 안정 요양은 빼먹으려는 것 같았다.

"아, 정말 교육자로군. 그도 얼마 전에 그 방면에 소질이 있다고 스스로 말했어. 그와 함께 있으면 너무 길고 지루한 설교를 하는군. 그러나 그의 말재주는 정말 훌륭해. 어느 말이든 입에서 둥글둥글하고 멋있게 튀어나오거든. 그 사람의 말을 듣고 있으면 언제나 갓 구운 둥근 빵을 떠올리게 돼."

한스 카스토르프는 사촌과 함께 엘리베이터를 탄 뒤에 말했다. 이에 요아힘이 웃으며 말했다.

"그에게는 그런 말을 하지 않는 게 좋겠네. 그의 설교를 듣고 빵을 떠올린다는 사실을 알면 실망할 거야."

"그렇게 생각하나? 아니, 그렇다고만 할 수는 없잖아? 그의 설교를 듣고 있으면 그의 목적은 설교가 아닌 것 같아. 설교는 아마 두 번째일 테고, 첫 번째 목적은 말을 튀게 하고 굴리는 것, 고무공처럼 탄력을 주는 말투가 가장 큰 목적인 것 같아. 그래서 우리가 그쪽을 주로 주의해서 듣고 있다는 것은 결코 그의 기분을 나쁘게 하지 않을 거라는 생각이 들어. 양조자인 마그누스의 '아름다운 품성'은 물론 좀 우습지만. 그렇다면 도대체 문학의 목적은 무엇일까? 세템브리니는 좀더 분명히 해 두어야 하지 않았을까? 약점을 보이지 않으려고 그것을 질문하지 않았는데, 나는 그것을 알고 있는 것도 아니고, 이제까지 문학자를 한 번도 만나 본 적이 없거든. 그러나 아름다운 품성은 문제가 안 되더라도 아름다운 말이 문학의 목적이 아닐까? 세템브리니와 함께 있으면 그런 인상을 받게 돼. 그뿐만 아니라 얼마나 훌륭한 말을 쓰고 있느냐 말이야. 조금도 망설이지 않고 '덕성'이라는 말을 쓰고 있으니 말이야. 그렇지 않아? 나는 그런 말을 아직껏 한 번도 입 밖에 내 본 적이 없어. 학교에서 책에 '덕성'이라는 말이 있어도 우리는 언제나 오직 '용감함' 정도로만 번역하곤 했지. 솔직하게 말해서 어쩐지 몸이 오므라드는 것 같아. 그리고 저렇게 무엇이든지 깎아 내리는 것을 들으면 조금 성질이 날 지경이야. 추운 것이 나쁘고, 베렌스가 나쁘고, 마그누스 부인의 살이 없는 것이 나쁘고……요컨대 무엇이든지 나쁘다는 거야. 그는 그저 반항하는 게 좋은 거야. 나는 곧 그 사실을 알아차렸지. 그는 현존하는 모든 게 나쁘다는 거야. 이런 태도는 건방지다고 할 수 있어."

요아힘은 사려 깊게 말했다.

"자네는 그렇게 말하지만 건방지다는 느낌보다는, 오히려 의연한 데도 있어. 아무튼 그는 자신을 비굴하게 하지 않는, 또는 인간 전체를 천하게 하지 않는 인물이야. 나는 그의 그런 면이 좋아. 어딘지 진지한 데가 있어."

"자네 말이 맞아. 그는 어딘지 준엄한 데가 있어. 가끔 사람을 답답하게 만들 정도로 말이야. 뭔지 모르게 감독을 받고 있다고나 할까? 아니 이것은 결코 졸렬한 표현은 아니야. 어딘지 감독을 받고 있는 그런 느낌이야. 자네는 어떤가? 내가 안정 요양용 담요를 산 일에 대해서 그는 어쩐지 석연치 않은 듯해. 그게 불만이라 공격하고 있어. 자네는 어떻게 생각하나?"

요아힘은 놀란 듯이 깊이 생각하면서 말했다.

"그렇지는 않지. 천만에. 그럴 리가 있나. 나는 그렇게 생각하지 않아."

그리고 요아힘은 체온계를 입에 물고, 침낭과 필요한 것을 갖고 안정 요양에 들어갔다. 한스 카스토르프는 곧 점심 식사를 하려고 몸차림을 시작했다. 그렇지 않아도 점심 식사까지는 이제 한 시간 정도밖에는 남아 있지 않았다.

시간감각에 대한 여담

점심 식사에서 돌아오니 담요가 든 소포가 방 의자 위에 놓여 있었다. 한스 카스토르프는 그날 담요를 처음으로 썼지만, 숙련자인 요아힘이 이 위에서 사는 사람들이 모두 하고 있는, 그리고 신참자라면 누구나 곧 배워야 하는 기술을 가르쳐 주었다. 두 개의 담요를 침대 의자에 한 장씩 펴놓고 담요의 끝이 마루 위로 많은 부분이 드리워지게 한다. 다음에 침대 의자에 앉아, 안쪽 담요를 몸 주위에 덮기 시작하는 데, 처음에 가로의 선에 따라 겨드랑이까지 덮고, 다음으로는 밑에서 발을 덮는다. 이때 앉은 채로 몸을 구부리고 접은 담요의 두 끝을 잡아야 한다. 다음에는 반대쪽에서 되풀이하는데, 될 수 있는 대로 균형 있게 하려면 접혀진 두 겹의 끝을 가로의 선에 맞추어야 한다. 다음에 바깥쪽 담요를 같은 순서로 덮는데, 이 방법은 좀 어렵다. 미숙한 초보자인 한스 카스토르프는 몸을 구부리고 일어나기도 하면서 사촌이 가르쳐 주는 순서를 연습하는 데 적잖이 애를 먹었다. 요아힘의 말로는 두셋의 노련한 사람들만이 익숙한 세 번의 동작으로 두 장의 담요를 동시에 감는다고 했다. 이는 모든 사람들이 부러워하는 특기로서 오랜 세월의 연습 말고도 소질이 필요했다. 한스 카스토르프는 소질이라는 말이 우스워, 연습 때문에 아픈 등을 뒤로 젖히며 웃었다. 요아힘은 무엇이 그리 우스운지 몰라 사촌의 얼굴을 이상하다는 듯이 쳐다보았지만, 그도 곧 웃었다.

"그것으로 됐어. 이만하면 영하 20도가 되더라도 무서울 게 없어."

요아힘은, 한스 카스토르프가 둥근 통처럼 되어 있는 통베개에 머리를 얹고, 연습에 지쳐 침대 의자에 누운 것을 보고 말했다. 그리고 자신도 담요로 감기 위해 유리 칸막이 뒤로 돌아갔다.

영하 20도라는 것에 대해 한스 카스토르프는 생각해 볼 여유가 없었다. 나무로 된 아치 너머로 지금 당장이라도 눈이 내릴 것 같은, 가랑비로 흐려 보이는 바깥의 축축한 풍경을 바라보는 동안, 한스 카스토르프는 여러 차례 오한으로 떨었기 때문이다. 공기가 이렇게 축축한데도 볼은 매우 더운 방에 있는 것처럼 상기되고 깔깔한 것은 참으로 이상한 일이었다. 게다가 담요 덮는 연습으로 우스울 만큼 지쳐 버려, 《대양 기선》을 눈에 가까이할 때마다 책이 손에서 떨렸다. 본디 그다지 건강하다고는 할 수 없는 몸으로 베렌스 고문관도 말했지만, 완전히 빈혈이기 때문에 그로 말미암아 이렇게 쉽게 몸이 얼어 버리는 것이리라. 그러나 그런 불쾌감도 쾌적한 잠자리, 거의 신비스럽게 느껴지는 편안한 침대 의자 덕분으로 누그러졌다. 쾌적한 침대 의자는 처음 누웠을 때 이미 만족을 느꼈지만, 이 만족감은 사용할 때마다 더해 갔다. 쿠션을 만든 방법 때문인지, 의자가 경사졌기 때문인지, 팔걸이의 높이와 넓이가 적당하기 때문인지, 알맞게 달려 있는 베개 때문인지, 요컨대 팔다리를 느슨하게 쉬는 데에는 이 훌륭한 침대 의자 이상으로 적당한 것은 도무지 생각할 수 없을 정도였다.

이리하여 한스 카스토르프는 흐트러질 염려가 없는 자유로운 두 시간, 요양원의 규칙으로는 신성시되어 있고, 이 위에 손님으로 와 있는 것뿐인 그에게도 아주 고마운 제도로 여겨지는 정오의 안정 요양의 두 시간을 맞이하여 만족을 느꼈다. 한스 카스토르프는 인내심이 강하여 아무 일도 하지 않고 오랜 시간을 지낼 수 있었고, 머리가 마비될 정도의 바쁜 일에 쫓기지도 않았기에 자유로운 시간을 마음껏 누릴 수 있었다.

4시에는 케이크와 잼이 나오는 차 마시는 시간이 있다. 그 뒤에 바깥을 조금 산책하고는 다시 침대 의자에 누워 쉬다보면 7시에는 저녁 식사가 있다. 식사 때에는 언제나 그렇듯이 저녁 식사도 즐겁게 기다릴 수 있는 구경거리가 있다. 식후에는 입체경, 망원경식 만화경, 영사 기구를 잠시 들여다볼 수 있는 것이다…… 한스 카스토르프가 이 위에서의 생활에 '익숙'해졌다고 하기에는 아직도 먼 이야기였지만, 매일 일과의 궤도에는 올라가고 있었다.

낯선 곳에 순응하며 살아간다는 것, 힘들기는 하지만 거기에 순응하고 익숙해진다는 것, 순응하고 익숙해지는 것만이 목적이고 거기에 성공하든 그렇지 않든, 또는 성공한 순간 순응의 성과를 미련 없이 내버리고 이전 상태로 돌아가 버리는 것을 처음부터 분명히 예정하고 순응하려고 덤비는 것은 사실 이상하다고 말할 수 있다. 우리는 그것을 일상 생활의 흐름 속에, 막간 또는 '휴양'이라는 의미로 끼워넣는다. 즉 우리 유기체가 10년을 하루같이 단조로운 생활에 익숙해져서 해이해지고 둔해져 버릴 염려가 있든지, 이미 둔해지기 시작한 경우에 유기체를 갱신하고 변화시키려는 것이다. 그러나 정해진 생활을 오랫동안 계속하면 유기체가 해이해지고 둔해지는 것은 어디에 원인이 있을까? 생활의 잡무 때문에 육체와 정신의 피로와 마멸이 있기 때문이라기보다는—그렇다면 휴식하는 것만으로도 회복될 수 있다—오히려 심적인 것, 바로 시간의 체험이 원인이다. 시간의 체험이 똑같은 생활을 계속함으로써 닳아 없어지려 하지만, 시간의 체험은 생활 감정 자체와 깊은 관계와 연결을 갖고 있어서 그 어느 편의 퇴화도 반드시 다른 한쪽의 걱정스러운 위축을 가져오게 한다.

지루함의 현상에 대해 여러 그릇된 생각이 퍼져 있다. 생활의 내용이 흥미 깊고 참신하면 시간은 빨리 흘러간다. 즉 시간이 지나가는 것이 짧아진다. 단조로움과 공허함은 시간의 걸음을 느리게 하고 방해한다고 일반적으로 믿고 있다. 이는 반드시 옳다고 말할 수는 없다. 일순간이나 한 시간 정도의 짧은 시간일 경우에는 공허함과 단조로움이 시간을 연장시켜 '지루하게' 하지만, 많은 시간, 아주 많은 시간은 오히려 시간을 단축하고 사라지게도 한다. 이와는 달리 풍부하고 흥미 있는 내용은 한 시간이나 하루 같은 시간을 단축하고 사라지게도 한다. 그러나 많은 시간인 경우에는 시간의 걸음에다 넓이, 무게, 부피를 더해주기 때문에 사건이 풍부한 세월은 바람에 불려 날아가는 것 같은 빈약하고 공허한 세월보다 훨씬 천천히 지나가는 것이다. 따라서 우리가 '지루하다'고 부르는 현상은, 사실은 오히려 생활의 단조로움 때문에 오는 시간의 병적인 단축으로, 많은 시간이 단조로운 생활의 연속 때문에 많은 시간이 위축되고 만다는 사실을 뜻한다. 어느 하루나 똑같은 나날의 연속이라면, 그것을 모두 모아 둔 것도 하루와 같을 것이다. 날마다 똑같은 나날의 연속이라면, 가장 긴 일생도 아지랑이와 같은 일생처럼 느끼며, 눈 깜짝할 사이에 끝나 버리는 것이다.

　습관이란 시간 감각이 잠들어 버린다는 것으로, 둔해진다는 뜻이다. 청춘의 나날이 더디게 느껴지는 데 반하여, 그 다음의 나날은 차츰 빠르고 속절없이 지나가는 것도 짐짓 습관에 원인이 있는 것이 틀림없다. 우리는 생활에 새롭고 다른 습관을 삽입하는 것이 생명을 연장시키고, 시간 감각을 신선하게 하며, 시간 체험을 젊고 강하게, 혹은 천천히 가게 하며, 따라서 생활 감정 자체를 젊게 하는 유일한 수단임을 알고 있다. 장소나 환경을 바꾸고 온천 여행을 하는 것도 그것이 목적으로, 변화와 재미난 이야기의 회복을 노리는 것이다. 새로운 곳에서 지내는 처음 며칠은 발랄하고 힘차고 육중한 걸음걸이를 다시 찾는다. 그러나 이 또한 6일이나 8일 사이이다. 그 시간이 지나가 버리면 '익숙'해짐에 따라 걸음걸이가 나날이 짧아진다. 생명에 집착하는 사람, 더 정확히 말하자면 생명에 집착하고 싶은 사람은 매일이 다시 가벼워져서, 시간이 스치고 지나가는 것을 보고 깜짝 놀랄 것이다. 예컨대 4주간의 마지막 주일은 불쾌할 만큼 빨리, 그리고 어이없이 끝나 버린다. 물론 시간 감각에 대한 새로움은 삽입 여행이 끝난 뒤에도 효과가 남아 있어, 일상 생활로 돌아간 뒤에도 두고두고 효력을 갖는다. 집에 돌아온 며칠 동안은 기분 전환 뒤여서, 다시 신선해지고 폭넓고 발랄해지는 것을 체험한다. 그러나 이는 며칠에 지나지 않으며, 일상 생활에 복귀하는 것은 평소의 생활 습관을 떠나는 것보다 빨리 순응되기 때문이다. 시간 감각이 나이 때문에 벌써 쇠약해지거나, 처음부터 왕성한 발달을 이룩하지 못한 경우에는―이것은 본디 생활력이 빈약한 증거이지만―시간 감각이 곧 마비되어 버리고, 24시간 뒤에는 집을 떠난 일이 없었던 것처럼 여행은 하룻밤의 꿈처럼 느껴지게 된다.

　이런 여담을 여기에 끼워넣은 것은, 한스 카스토르프가 며칠이 지나서 붉게 충혈된 눈으로 사촌을 바라보면서 다음과 같이 말했을 때, 이와 비슷한 것을 생각했기 때문이다.

　"낯선 땅에서 처음에 시간이 길게 느껴지는 것은 아무리 생각해도 이상해.

그렇다고 해서…… 물론 내가 지루하다는 것은 아니야. 오히려 나는 왕처럼 유쾌하게 지내고 있다고 해도 좋아. 그러나 돌이켜 생각해보면 나는 이 위에 얼마인지 모를 만큼 오래 있었던 것 같은 기분이 드네. 자네가 '자, 내려가게' 하고 말해 주었어. 기억하고 있나? 그것이 나에게는 먼 옛날 일처럼 생각되네. 이는 순전히 감정상의 문제지, 머리로 생각한다든지 계산하는 문제는 아니야. '나는 여기서 벌써 두 달을 지낸 것 같은 생각이 드네' 말한다면 이것은 물론 바보같이 들릴 거야. 이것은 당치도 않은 일이라고 할 거야. 그러나 '아주 오래'라고 말할 수는 있겠지."

요아힘은 체온계를 입에 문 채로 말했다.

"그렇지, 나도 덕분에 꽤 도움받고 있어. 자네가 여기 온 이래로 나는 어느 정도 자네에게 매달려 있는 셈이야."

요아힘이 이 말을 아무런 설명도 없이 말했기 때문에 한스 카스토르프는 웃어 버렸다.

프랑스어 회화를 시도해보다

아니, 아직도 이곳 생활에 익숙해졌다고 말할 수는 없었다. 이 위에서의 생활을 그 특이한 곳까지 남김없이 알아낸다는 점에서도, 이것은 그렇게 짧은 며칠간으로는 불가능했다. 한스 카스토르프가 생각한 것처럼—그리고 요아힘에게도 말한 바이지만—3주일이 지나도 불가능했으리라. '이 위에 사는 사람들'의 아주 색다른 분위기에 자신의 몸을 순응시킨다는 점에서도 익숙해졌다고는 도저히 말할 수 없었다. 왜냐하면 이 순응이라는 것이 그에게는 매우 힘이 들고 대단한 노력을 요하는 일이어서 도무지 나아지는 낌새가 없었기 때문이다.

평일은 일과가 확실하게 나누어지고 세부적인 부분까지 짜여져 있어, 이쪽에서는 그 진행에 보조를 맞추기만 하면 곧 함께 달릴 수 있고 익숙해질 수도 있었다. 그러나 1주일 또는 더 큰 시간 단위의 테두리 안에서는 평일도 주기적인 변화를 받는데, 그 변화는 한 가지 변화가 끝나고 나서 다른 변화가 일어난다는 식으로 차례차례로 되풀이되었다.

날마다 눈에 접하는 개개 사물과 얼굴만 하더라도 한스 카스토르프는 한 걸음 한 걸음 배우는 것이 있었고, 주의하지 않고 본 것을 한결 더 주의하여 관찰한다든지, 처음의 것을 신선한 감수성으로 받아들여야만 했다.

예컨대 한스 카스토르프가 도착한 날 밤에 주의를 끌었던, 복도 군데군데에 놓인 목이 짧고 배가 불룩한 용기에는 산소가 들어 있었다. 요아힘이 사촌이 질문할 때 그것을 설명해 주었는데, 순수한 산소가 들어 있어서 용기 하나에 6프랑이라고 했다. 이 활력 가스는 임종에 가까운 사람들의 생명에 마지막 활력과 지속력을 주기 위해 불어넣는 것으로, 환자는 그것을 관(管)으로 흡입한다는 것이다. 그 용기가 놓여 있는 문 뒤에는 죽어가는 병자, 한스 카스토르프가 2층에서 만난 베렌스 고문관이 한 말을 빌리면 '위독한 환자'가 누워 있다는 것이다. 베렌스 고문관은 흰 수술복을 입고 파리한 얼굴로 복도를 노젓듯이 달려와, 한스 카스토르프와 나란히 계단을 올라갔다.

베렌스가 말했다.

"아이구, 국외자의 청강생. 어떻게 지내십니까? 당신의 비판적인 눈에 우리는 합격입니까? 영광입니다, 영광입니다. 그렇지요. 우리의 여름철은 대단한 것입니다. 이 점을 세상에 선전하는 데 나도 무척이나 고생했습니다. 그러나 당신과 여기서 겨울을 함께 지내지 못한다는 것은 두고두고 유감입니다. 여기에는 8주일 동안만 계신다고 했지요? 그런 말씀이었지요? 뭐요, 3주일간이라고요? 너무 짧은 방문인데요. 외투를 벗을 여유도 없겠습니다. 하지만 좋으실 대로 하십시오. 그러나 이 겨울을 함께 지내지 못한다는 것은 참으로 유감입니다. 왜냐하면 여기에 오는 '호텔 손님들'과—그는 농담조로 형편없는 발음을 했다—아래 시내에서, 각국에서 몰려오는 호텔 손님들은 겨울이 되어야 몰려드는데, 당신도 이 사람들을 보아 둘 필요가 있습니다. 교양에 도움이 되니까요. 그들이 발바닥에 판자를 붙이고 날뛰는 광경은 정말 우습단 말입니다. 게다가 여자들은 극락조처럼 울긋불긋하게 차려 입고는 요염하기 짝이 없답니다…… 그런데 나는 이제부터 위독한 환자 방으로 가야만 합니다. 27호실입니다. 마지막 단계에 들어서 있습니다. 중앙 출구에서 퇴장하는 거지요. 어제와 오늘 산소병 다섯 개를 먹어 버린 대식가랍니다. 그러나 정오까지는 자기 조상한테로 갈 것입니다. 어때, 로이터 군."

그는 27호실로 들어가면서 말했다.

"한 병 더 하면 어떨까요?……."

고문관의 말은 문을 뒤로 닫았기 때문에 사라져 버렸다. 그러나 문이 닫히기 전에 한스 카스토르프는 그 방 안쪽에 있는 침대 베개 위에 엷은 턱수염을 한 젊은 사나이의 창백한 옆얼굴을 보았다. 사나이는 매우 큰 눈알을 천천히 굴리며 입구 쪽을 보았다.

한스 카스토르프가 생전 처음으로 본 위독한 환자였다. 그의 부모도 할아버지도 그때로 말하자면 한스 카스토르프가 모르는 동안에 죽었기 때문이었다. 턱수염이 치켜진 젊은 사나이의 옆얼굴이 베개 위에 얹혀 있는 장엄한 모습! 굉장히 커진 눈을 천천히 입구의 문으로 향할 때 그 시선의 의미심장함! 한스 카스토르프는 힐끗 본 장면에 완전히 정신이 팔려, 다음 계단으로 걸어가면서 위독한 환자의 의미심장하고 침착한 눈초리를 자기도 모르게 흉내를 내보았다. 그러다가 그의 뒤 어느 방에서인지 나와 계단 가운데까지 그를 뒤쫓아온 부인을 그 눈초리로 바라보았다. 그는 그녀가 쇼샤 부인이라는 사실을 곧 알아차리지 못했다. 쇼샤 부인은 청년의 눈초리를 보더니 조금 미소를 짓고는 한 손으로 뒷머리의 많은 부분을 누르며, 그의 앞을 소리 없이 조용하게 계단을 내려갔다.

처음에 한스 카스토르프는 거의 친구가 없었는데, 그 뒤 한동안도 그러했다. 날마다 주어지는 일과가 주로 친구를 만들기에는 적당하지 못했고, 한스 카스토르프가 적극적인 성격이 아닌 탓이기도 했다. 게다가 그는 이 위에서는 자기를 손님이라고 느꼈고, 베렌스 고문관이 말했듯이 '국외자의 청강생'으로 요아힘과 말을 나누고 교제하는 것으로 만족하기 때문이었다. 물론 복도에 나와 있는 간호사는 언제나 사촌 쪽으로 목을 빼고 있었기 때문에 여태까지 짧게나마 말동무를 해준 일이 있는 요아힘은, 사촌을 그녀에게 소개해 주었다. 간호사는 코안경 끈을 귀 뒤에 드리우고 뽐내는 듯 딱딱한 말투를 했는데, 자세히 관찰해 보니 그녀는 지루한 생활이 괴로워 머리가 좀 이상해진 듯한 인상을 주었다. 말이 끝나는 것을 병적으로 무서워하여 청년들이 가 버리려고 할 때마다 말을 빠르게 하고, 눈을 바삐 움직이며 절망한 것 같은 미소를 띠었다. 그 때문에 청년들은 불쌍한 생각이 들어서 그녀 곁에 오래 머물러 있게 되므로 빠져 나가는 데 무척 애를 먹었다. 간호사는 법률학자인 아버지, 의사인 사촌에 대해서 자세하게 이야기했는데, 그럼으로써 자신을 훌륭하게 보이게 하고, 자기가 교양 있는 집안의 아가씨라는 것을 알리고 싶어하는 것 같았다.

"저 방 안에 누워 있는 담당 환자는 코부르크의 인형 제조 공장주의 아들로 로트바인이라는 청년이에요. 로트바인 청년은 최근에 장(腸)에까지 결핵이 침투했어요. 두 분도 알고 계시겠지만, 관계자들에게는 견딜 수 없는 일로, 특히 학자 집안에서 태어나 상류 사회의 예민한 신경을 가진 사람에게는 좀처럼 견딜 수 없는 일이지요. 게다가 잠시라도 눈을 뗄 수 없고…… 얼마 전만 해도 가루치약을 사려고 잠깐 외출했다가 돌아와 보니 환자는 침대에 앉아 흑맥주 한 병, 살라미 소시지 한 개, 커다란 흑빵 한 덩어리, 오이 한 개를 나란히 놓고 있었어요. 이 고향의 진미는 그가 기운 차리도록 집에서 보내온 것이었죠. 그러나 로트바인 청년은 이튿날에는 거의 죽은 상태였죠. 스스로 자기의 죽음을 재촉하는 것이었어요. 그에게는 해방을 의미할 뿐이지만, 제게는—저는 베르타 간호사, 본명은 알프레다 쉴트크네히트예요—해방을 뜻하지 않았죠. 왜냐하면 로트바인 청년이 죽어도 나는 이 요양원 아니면 다른 요양원에서 더 가볍든지 더 어려운 다른 환자를 간호해야 하기 때문이에요. 이것이 제 앞에 열려 있는 유일한 길이며, 그 밖의 길은 없으니까요."

한스 카스토르프가 말을 받았다.

"그렇군요. 당신의 직업은 확실히 괴로운 일이지만 보람을 느낄 수 있으리라고 생각됩니다."

"물론 그래요. 보람을 느낄 수 있는 직업이긴 합니다. 하지만 아주 괴로운 일이지요."

"그러면 로트바인 씨의 건강을 빕니다."

사촌들은 이렇게 말하고 떠나려고 했다.

그러나 간호사는 말과 눈길로 두 사람에게 매달려, 젊은 그들을 조금만 더 붙잡아 두려고 안간힘을 썼다. 그 모양이 너무나 불쌍했기 때문에 더 상대해 주지 않는 것은 잔인하다고 여겨질 정도였다.

그녀가 말했다.

"그는 지금 잠들었어요. 곁에 있지 않아도 괜찮습니다. 그래서 2, 3분간 복도에 나와 본 것입니다……."

그리고 그녀는 베렌스 고문관에 대해 불평을 늘어놓기 시작했다. 고문관이 그녀를 취급하는 태도가 그녀의 출신을 안중에 두지 않는 안하무인격의 태도라고 불평했다. 그녀는 고문관보다는 크로코브스키 박사를 더 좋아하며,

그는 인정이 있는 사람이라고 말했다. 그리고 다시 아버지 이야기를 시작했다. 그녀의 머리에는 그 이상의 화제는 들어 있지 않았다. 두 사람이 떠나려고 하니, 그녀는 갑작스레 어조를 높여 거의 부르짖듯이 큰 소리로 둘을 붙잡아 두려고 애를 썼다. 하지만 이번에는 성공하지 못했다. 두 사람은 마침내 그녀에게서 벗어날 수 있었다. 간호사는 상체를 앞으로 내밀고 그들을 빨아들일 것 같은 눈으로 두 사람의 뒷모습을 보고 있었다. 그러고는 깊은 한숨을 쉬고 나서 담당 환자 방으로 들어갔다.

한스 카스토르프가 그 무렵 이 간호사 외에 알게 된 사람은 정원에서 본 일이 있는 '둘 다'라고 불리는 멕시코 부인으로, 머리칼이 검고 얼굴이 창백한 여인뿐이었다. 한스 카스토르프도 그녀의 별명이 되어 버린 슬픈 입버릇을 드디어 본인의 입에서 듣게 되었다. 그러나 마음의 준비가 되어 있었기 때문에 그 장면에서도 훌륭한 태도를 취할 수 있어서 뒤에 생각해도 스스로 만족할 수 있었다. 사촌들은 첫 번째 아침 식사 뒤, 규정된 산책을 나갈 때 바깥 현관 앞에서 그녀를 만났다. 그녀는 캐시미어의 검은 외투를 입고 무릎을 굽히며 불안한 걸음걸이로 그곳을 걸어다니고 있었다. 슬픔으로 여위고 입이 컸고 늙어가기 시작한 얼굴은, 백발 섞인 머리를 감싸 턱 밑에서 매듭을 지은 검은 베일과는 대조적으로 윤기 없이 하얗게 빛나고 있었다. 오늘도 모자를 쓰지 않은 요아힘이 허리를 굽히고 인사하자, 그녀는 상대를 쳐다보며 이마 주름을 깊게 하며 천천히 답례했다. 그녀는 처음 보는 얼굴을 알아보고는, 멈춰 서서 청년들이 가까이 다가오는 것을 머리를 가볍게 끄덕이면서 기다렸다. 처음 보는 청년도 그녀의 운명을 알고 있는지, 그렇다면 그 운명을 듣지 않고는 있을 수 없다고 생각하는 것 같았다. 요아힘은 사촌을 소개했다. 그녀는 짧은 외투 아래로 손님에게 손을 내밀었다. 여위고 누렇고 힘줄이 서 있으며 반지를 여러 개 낀 손이었다. 그녀는 고개를 끄덕이며 손님을 쳐다보다가 예의 입버릇이 된 말을 했다.

"둘 다. 둘 다입니다……."

한스 카스토르프는 낮은 목소리로 말했다.

"알고 있습니다, 부인. 그래서 매우 유감스럽게 생각합니다."

그녀의 검은 눈동자 밑의 늘어진 피부는 그가 이때까지 본 일이 없을 만큼 크게 늘어져서 무서워 보였다. 시들어 버린 것 같은 희미한 체취가 그녀에게서 풍겨왔다. 한스 카스토르프는 차분하고 엄숙한 기분을 느꼈다.

"고맙습니다."

그녀는 또렷한 발음으로 말했는데, 그것은 그녀의 쇠잔한 모습에 이상하게도 잘 어울렸다. 그녀는 큰 입의 한쪽 끝을 비극적일 정도로 낮게 늘어뜨렸다. 이윽고 그녀는 짧은 외투 밑에 손을 집어 넣고 머리를 수그리고는 다시 걷기 시작했다. 한스 카스토르프는 걸어가면서 말했다.

"어때, 나 잘했지? 나는 저런 사람들하고는 인사를 잘 나눌 수 있어. 아마 그 요령을 천성적으로 잘 아는 것 같아. 그렇게 생각하지 않나? 나는 기뻐하는 사람들보다 슬퍼하는 사람들과 대체로 교제가 잘 되거든. 왜 그런지 이유는 잘 모르지만 말이야. 아마 내가 고아로 부모님을 일찍 여읜 탓인지도 모르겠어. 누구든지 엄숙하고 슬픈 모습을 하고 죽음이 배후에 도사리는 것 같은 경우에 나는 아무런 압박감도 느끼지 않고 당황하지도 않는다네. 오히려 나에게 잘 어울리는 장소에 있는 것 같은 홀가분한 느낌을 받고, 적어도 모두가 즐겁고 흥겨워할 때보다 안정된 기분이 되지. 즐거운 장소는 어쩐지 내 성격에 맞지 않아. 요즘 생각한 것이지만, 여기 여자들이 죽음을 무서워하고 죽음과 관련 있는 것은 무엇이든지 두려워하기 때문에 주위에서도 여자들에게 그런 것을 보이지 않으려고 벌벌 떨고, 임종 때의 성체(聖體)도 여자들이 식사하고 있을 때 모시고 온다는 것은 말도 안 된다고 생각하네. 그렇지, 돼먹지 않았어. 어리석은 짓이야. 자네는 관을 보는 게 좋지 않은가? 나는 관을 아주 좋아하지. 관은 아름답다고도 할 수 있어. 빈 관일 때도 그렇지만, 그 안에 누군가가 들어 있으면 정말 장엄하게까지 보이지. 장례식은 뭐랄까 우리 마음을 높이는 면이 있어. 나는 이제까지 여러 번 생각했지만 마음을 좀 높이고 싶으면 교회로 가는 대신 장례식에 가면 좋다고 생각하네. 다들 멋진 검은 차림을 하고 모자를 손에 쥐고 관을 쳐다보며, 엄숙하고 경건한 태도로 인생의 다른 때처럼 쓸데없는 농담 같은 것은 입 밖에 내지 않으니까 말이야. 나는 모든 사람들이 가끔 좀 경건해지는 게 좋네. 내가 목사가 되는 건 어땠을까 지금까지도 여러 번 생각했어. 어떤 의미에서 나는 그 방면에 맞을 것도 같아…… 참, 아까의 프랑스어 말인데 틀린 데는 없었겠지?"

요아힘이 대답했다.

"없었어. 아무튼 '대단히 유감으로 생각합니다'는 그만하면 만점이었어."

정치적 혐의

평일의 주기적인 변화가 돌아왔다. 일요일, 그것도 테라스에서 요양 음악이 연주되는 14일마다 돌아오는 일요일이었다. 바로 2주일을 구분짓는 변화로서, 한스 카스토르프는 이 2주째 후반에 외부에서 이곳으로 온 것이다. 그는 화요일에 왔기 때문에 일요일은 그날 이후 닷새째였다. 날씨의 급변과 겨울을 향한 복귀 뒤에 이날은 또 봄과 같은 하루였다. 온화하고 상쾌하며 푸른 하늘에는 맑은 구름이 떠 있었고, 비탈과 골짜기는 새로 내린 눈까지 말끔히 녹아 버려서, 다시금 계절에 알맞은 여름의 푸름을 되찾아 부드러운 햇빛을 받고 있었다.

모두가 일요일에 경의를 표해, 그것을 돋보이게 하려고 마음을 쏟는 것이 확실하게 느껴졌다. 경영자측과 환자들이 이를 위해 힘을 합쳤다. 아침에 차 마시는 시간부터 특별히 만든 케이크가 나왔다. 어느 자리에나 산패랭이와 석남화(石楠花) 등을 꽂은 컵으로 꾸며져 있었다. 남자들은 그것을 옷깃의 단추 구멍에 꽂았다—도르트문트의 파라반트 검사는 반점 모양의 조끼에 검은 연미복 차림이었다.

여자들의 차림새도 화려하고 경쾌했다. 쇼샤 부인은 소매가 넓은 산뜻한 레이스의 실내복 모습으로 나타나서, 유리문을 '쾅' 소리내어 닫고는 그 실내복 차림으로 정면을 향해 서서 모든 사람들에게 우아하게 선을 보이고 난 뒤, 발소리를 죽여가며 자기 자리로 걸어갔다. 그 실내복이 그녀에게 아주 어울렸기 때문에 한스 카스토르프의 옆자리에 있던 쾨니 히스베르크에서 온 여교사는 완전히 감격했다. 이류 러시아인 자리의 야만스러운 부부까지 오늘의 안식일에 경의를 표하여, 남자는 가죽 웃옷 대신 짧은 프록코트에 펠트 구두를 가죽 구두로 바꿔 신었고, 여자는 더러운 새털 목도리를 오늘도 둘렀지만, 그 밑에는 주름 잡힌 장식이 달린 녹색 비단 블라우스를 입고 있었다…… 이 부부를 보았을 때 한스 카스토르프는 눈살을 찌푸리고 얼굴을 붉혔는데, 여기 온 뒤부터 그의 얼굴은 걸핏하면 금방 달아올랐다.

두 번째 아침 식사 바로 뒤에 테라스에서 요양 음악이 시작되었다. 여러 가지 금관 악기와 목관 악기 연주자들이 테라스에 와서 거의 점심 식사 시간까지 경쾌한 곡이나 장중한 곡을 연주했다. 이 시간만은 안정 요양도 엄격하게 강요받지 않았다. 그동안 자기 방 발코니에서 침대 요양을 하면서 음악의 향연을 즐기고 있는 사람들도 여럿 있었고, 뜰의 안정 홀 의자도 두셋 점령되어 있었지만, 대부분의 환자들은 차일이 달린 테라스의 희고 작은 테이블에 앉아 있었다. 의자에 앉기가 거북하다고 느끼는 젊고 명랑한 무리들은 뜰로 내려가는 돌계단을 차지하고 거기서 한바탕 떠들어댔다. 그들은 젊은 남녀들로, 한스 카스토르프가 이름과 얼굴을 거의 아는 사람들이었다. 헤르미네 클레펠트도 있었고 알빈 씨도 있었는데, 알빈 씨는 꽃무늬가 있는 큰 초콜릿 상자를 모두에게 돌리면서, 자기는 먹지 않고 인자한 아버지 같은 표정으로 금테 두른 담배를 피우고 있었다. 그 밖에 '반쪽폐 클럽'의 입술이 두꺼운 젊은 사람, 마르고 상아색 피부를 한 레비 양, 손목을 힘없이 굽혀 양손을 가슴께에 지느러미처럼 드리운 라스무센이라는 회색빛 섞인 금발머리의 젊은 사람이 있었다. 빨간 옷을 입은 육체파 미인인 암스테르담 출신의 잘로몬 부인도 젊은 사람들 사이에 끼여있고, 그녀의 뒤에는 '한여름 밤의 꿈'을 연주할 줄 아는 머리숱이 적은 키다리 사나이가 여위고 뾰족한 양 무릎을 두 팔로 안고 앉아 잘로몬 부인의 햇빛에 그을린 목덜미를 음산한 눈으로 뚫어지게 바라보고 있었다. 그리고 머리칼이 붉은 그리스 아가씨, 맥*6과 같은 얼굴을 한 국적 불명의 아가씨, 도수 높은 안경을 끼고 있는 대식가 소년, 그리고 또 한 사람의 15, 16세 되는 소년이 있었다. 그 소년은 외알 안경을 끼고 기침을 할 때마다 소금 숟가락처럼 길게 생긴 새끼손가락 손톱을 입에 댔는데, 슬쩍 보아도 지독한 바보 같았다. 그리고 이 밖에도 많은 사람들이 있었다.

요아힘이 낮은 목소리로 말했다.

"새끼손가락 손톱을 기른 저 소년 말이야. 저 소년이 여기 왔을 때는 그다지 아프지 않았고 체온도 보통이었어. 의사인 아버지가 미리 예방하기 위해 여기로 보냈는데, 고문관은 3개월 정도로 진단했지. 그런 것이 3개월이 지난 지금은 정말로 나빠져서 열이 37도 8부에서 38도나 된다네. 하는 짓이 얼마나 몰상식한지 따귀를 때려 주고 싶을 정도야."

사촌들은 다른 테이블과는 좀 떨어진 테이블에 단둘이 앉아 있었다. 한스 카스토르프는 아침 식사 때 식탁에서 가져온 흑맥주를 마시면서 시가를 피웠다. 오늘은 시가 맛이 좋았다. 그는 맥주와 음악 때문에 몽롱해진 기분으로

---

*6 원시적인 척추동물. 온몸에 짧고 뻣뻣한 털이 나 있으며, 입이 코끼리처럼 늘어지고 꼬리가 짧다.

여느 때처럼 입을 벌리고 머리를 기울인 채, 주위의 태평스러운 요양 생활자들의 광경을 충혈된 눈으로 바라보았다. 주위 사람들이 내부가 막을 수 없는 붕괴 과정에 처해 있어 대부분이 미열 증상을 보인다는 사실은 그의 기분을 조금도 어지럽히지 않았고, 오히려 모든 것에 한결 특이성을 부여해 주었으며, 어떤 정신적인 매력까지도 주었다. 테이블에 앉은 사람들은 거품이 나는 레몬수를 마셨고, 바깥의 돌계단 위에 앉은 사람들은 사진을 찍고 있었다. 붉은 머리의 그리스 아가씨는 스케치북에 라스므센 씨를 그리고 있었는데, 그 스케치를 라스므센에게 보여 주지 않으려고 틈이 벌어진 큰 이를 보이고 웃으면서 몸을 이쪽 저쪽으로 돌렸다. 그 때문에 라스므센 씨는 스케치북을 빼앗는 데 한참이나 걸려야 했다. 헤르미네 클레펠트가 눈을 반만 뜨고 돌계단에 앉아 둘둘 만 신문으로 음악의 박자를 맞추고 있었고, 알빈 씨가 들꽃으로 만든 꽃다발을 그녀의 블라우스에 꽂아 주고 있었다. 입술이 두꺼운 젊은이가 잘로몬 부인 발치에 앉아 머리를 돌려 그녀를 쳐다보며 이야기하고 있었고, 머리숱이 적은 피아니스트가 잘로몬 부인의 목덜미를 뒤에서 꼼짝 않고 바라보고 있었다.

의사들도 나타나 요양객들 사이에 끼어들었다. 베렌스 고문관은 흰 수술복, 크로코브스키 박사는 검은 수술복을 입고 테이블의 열을 따라 지나갔다. 고문관은 거의 모든 테이블에 애교 있는 농담을 하면서 지나쳤으므로 그가 간 뒤에는 명랑한 웃음이 배가 지나간 뒤의 뱃자국처럼 남았다. 의사들이 젊은 사람들이 있는 곳으로 내려가자, 아가씨들은 곧 몸을 비틀고 추파를 던지면서 크로코브스키 박사를 둘러쌌다. 고문관은 일요일의 구경거리로 청년들에게 목 긴 구두 신는 재주를 선보였다. 그는 큰 다리의 한쪽을 한 계단 위에 올려놓고 구두끈을 풀어 그것을 특별한 방법으로 한 손에 쥐고, 또 하나의 손을 쓰지 않고 날쌔게 끈을 십자로 매어 버려서 모두 감탄했다. 몇 사람이 그 흉내를 내 보았으나 누구도 그처럼 해낼 수 없었다.

세템브리니도 뒤늦게 테라스에 모습을 나타냈다. 산책용 지팡이를 짚고 식당에서 나왔는데, 오늘도 두꺼운 모직 윗도리에 조금 누런 바지를 입고 있었고, 섬세하고 냉정하며 비판적인 얼굴로 사람들을 둘러보았다. 그러고는 사촌들의 테이블로 가까이 오더니, "브라보!" 하면서 둘 사이에 끼어들게 해 달라고 했다.

세템브리니가 말했다.

"맥주와 담배와 음악, 이것이 당신의 나라입니다. 당신은 민족적 기분을 잘 아시는 모양이지요, 엔지니어? 물고기가 물을 만난 듯한 분위기군요. 기쁘게 축하드립니다. 나에게도 그 조화로운 당신의 심경을 좀 맛보게 해 주십시오."

한스 카스토르프의 표정이 긴장되었다. 실은 이탈리아인의 모습을 보았을 때부터 얼굴이 굳었다. 그가 말했다.

"늦으셨군요, 세템브리니 씨. 음악회는 이제 곧 끝날 겁니다. 음악 듣기를 싫어하십니까?"

"명령을 받고 듣는 것은 싫습니다. 이렇게 주간 행사로 듣는 것은 싫습니다. 위생적 관점에서 강제된 약국 냄새나는 음악은 듣고 싶지 않습니다. 나는 나의 자유, 또는 우리와 같은 인간에게 남아 있는 자유와 인간의 존엄성을 어느 정도 소중히 여기고 있습니다. 당신이 이 위에서 청강생으로서 지내듯이, 15분 정도 얼굴을 내밀고 다시 자기 생활로 돌아가기로 하고 있습니다. 이것이 나에게 자주성의 환상을 줍니다…… 그것이 환상 이상의 것이라고 말할 수는 없지만, 내가 그로 말미암아 어떤 만족감을 느낄 수 있다면 그것으로 좋은 것이라고 하겠습니다. 당신 사촌의 경우는 좀 다릅니다. 이 사람에게는 이것도 근무의 하나니까요. 그렇지요, 소위님? 당신은 이 또한 근무의 일부라고 생각하시지요? 잘 알고 있습니다. 당신은 노예의 처지에 있더라도 자부심을 잃지 않을 방법을 알고 있습니다. 쉽지 않은 재주이겠지만, 유럽 사람들 누구나가 터득한 것은 아니니까요. 음악 말입니까? 내가 음악 애호가가 아닌가 물으셨지요? 애호가냐고 말씀하신다면(사실 한스 카스토르프는 그런 말을 쓰지 않았다) 그 표현은 나쁘지 않은데요. 부드럽고 경쾌한 느낌을 주니까요. 좋습니다. 이의 없습니다. 그렇습니다. 나는 음악 애호가입니다. 그렇다고 내가 특별히 음악을 존중한다는 것은 아닙니다. 나는 정신을 담는 그릇이고, 진보의 수단이며, 빛나는 쟁기인 '말'을 무엇보다도 존중하고 사랑합니다…… 음악…… 이것은 더듬거리는 듯하고 애매하며, 무책임하고 방자합니다. 아마 당신은 음악도 명석한 것일 수 있다고 반대하실 것입니다. 그러나 그런 의미로는 자연도 시냇물도 명석할 수 있습니다. 그렇다고 해서 그것이 어떻다는 것입니까? 그것은 참된 명석함이 아닙니다. 그것은 꿈이 아무런 의미도 없고 무책임한 명석함, 일관되지 않는 명석함이어서, 사람을 그런 경지에 안주하도록 유혹하는 힘을 갖고 있기 때문에 위험하기도 합니다…… 이를테면 음악에다 이상한 몸짓을 하게 한다고 해 봅시다. 그로 인해 우리의 감정은 불타오를 것입니다. 그러나 우리의 이성을 불타게 할지 아닐지가 문제입니다. 음악은 언뜻 움직임 그 자체처럼 보입니다. 그럼에도 나는 음악이 정적주의*7에 일견되는 것이 아닌가 의심을 품고 있습니다. 극단적으로 말한다면 나는 음악에 정치적인 반감을 품고 있습니다."

여기서 한스 카스토르프는 무릎을 치면서, 이런 말은 이때까지 들어 본 적이 없다고 외치지 않을 수 없었다.

이에 세템브리니는 미소 지으면서 말했다.

"아무튼 생각해 보십시오. 음악은 사람을 감동케 하는 궁극의 수단으로서 가장 좋은 것입니다. 정신에 음악의 힘을 받아들일 준비가 되어 있을 때는 위와 앞으로 끌고 가는 음악의 힘은 대단합니다. 그러나 그러기 위해서는 문학이 음악에 선행해야 합니다. 음악만으로 세계를 진보시킬 수는 없습니다. 음악만으로는 위험합니다. 특히 엔지니어, 당신에게 음악은 절대로 위험합니다. 나는 여기에 왔을 때 당신의 얼굴을 보고 곧 그것을 느꼈습니다."

한스 카스토르프가 웃으며 말했다.

"아니, 내 얼굴을 그렇게 보지 말아 주십시오, 세템브리니 씨. 이 위의 당신들의 공기가 내게는 얼마나 힘겨운 것인지 도저히 이해할 수 없을 정도입니다. 여기의 환경에 적응한다는 것은 생각보다 훨씬 어렵습니다."

"착각하고 계시는 게 아닙니까?"

"천만의 말씀입니다. 나는 여전히 몹시 피로해서 열이 나는 것 같은 기분입니다."

요아힘이 끼어들어 사려 깊게 말했다.

"경영자측이 이렇게 연주회를 해 주는 것은 감사해야 한다고 생각합니다만, 당신은 문제를 한결 더 높은 견지에서, 말하자면 작가의 견지에서 생각하고 계십니다. 세템브리니 씨, 그런 점에서는 나도 반대하지 않습니다. 그러나 우리가 여기서 조금이나마 음악을 들을 수 있다는 사실에는 아무래도 감사해야 한다고 생각합니다. 나는 그리 음악적인 인간이 못 되며, 여기서 연주되는 곡

―――――――――
*7 기독교에서의 신비주의의 하나.

도 그다지 훌륭한 것은 아닙니다. 고전 음악도 아니고 근대적인 것도 아니고 그저 단순한 취주악에 지나지 않을 뿐입니다. 그러나 아무튼 기분 전환을 위한 고마운 것이지요. 두 시간이나 제 시간을 착실하게 채워 줍니다. 시간을 몇 개로 나누어 그 어느 부분도 채워 주며, 이 하나하나에 뭔가 내용을 갖게 합니다. 다른 때에는 여기서 몇 시간, 며칠, 몇 주일이라는 시간을 몸서리쳐질 만큼 싱겁게 보내고 있습니다…… 그렇습니다. 지금 연주되는 경쾌한 곡목은 아마 7분쯤 계속하겠지만, 이 7분 동안은 그것만으로도 가치 있고, 처음이 있고 끝이 있어서 다른 것에서 구별되어 눈 깜짝할 사이에 주위의 혼돈 속에 사라져 버리지 않도록 보호하고 있습니다. 그리고 이 7분간은 또 한 곡의 음형(音形)으로 여러 개로 나뉘어 있고, 그 음형은 다시 박자로 나뉘어 있습니다. 이렇게 해서 언제나 뭔가가 시작되어, 일초 일초가 어떤 의미를 갖고 있기에 우리는 거기에 기대어 있을 수 있습니다. 보통은 그것이…… 그러나 내 생각이 올바른지는 모르겠습니다……."

그때 세템브리니가 큰 소리로 말했다.

"브라보! 브라보, 소위님. 당신은 음악의 본질에 숨어 있는 확실히 윤리적인 면을 정확하게 표현해 주었습니다. 음악은 시간의 흐름을 아주 특수하고 생생한 분할법으로 눈뜨게 하고 정신화하고 귀중한 것으로 합니다. 음악은 시간을 눈뜨게 합니다. 우리가 아주 섬세하게 맛볼 수 있게 눈을 뜨게 합니다. 음악은 눈을 뜨게 합니다…… 그런 점에서 음악은 윤리적입니다. 예술이란 눈을 뜨게 하는 한, 윤리적인 것입니다. 그러나 그 반대의 경우에는 어떨까요? 음악은 우리를 마비시키고, 잠들게 하고, 우리의 행동과 진보를 방해한다고 하면? 음악은 그것도 할 수 있습니다. 마취제의 작용에도 정통해 있습니다. 악마적인 작용에도 말입니다. 여러분! 마취제는 악마적입니다. 왜냐하면 마취제는 둔감과 침체, 무위와 노예적 정지를 창조해 내기 때문입니다. 음악에는 의심스러운 데가 있습니다. 그래서 나는 음악에는 의심스러운 데가 있다는 내 의견을 철회할 생각은 없습니다. 내가 음악에 정치적 혐의를 걸고 있다고 하더라도 그것이 지나친 말이라고는 생각지 않습니다."

세템브리니는 이런 식으로 말을 이어갔다. 한스 카스토르프는 이 말에 귀를 기울였지만, 피곤하기도 했고 저쪽 돌계단 위의 걱정 없는 젊은이들의 즐거운 행동에 정신이 팔려 세템브리니의 말을 제대로 따라갈 수가 없었다. 눈이 좀 이상해진 것일까? 아니면 이것은 또 어찌된 일일까? 맥 같은 얼굴을 한 아가씨가 외알 안경을 낀 소년의 스포츠 바지의 무릎 밴드에 단추를 꿰매어 주고 있었다. 아가씨는 숨이 차서 괴로운 듯이 호흡했고, 소년은 소금 숟가락같이 길게 기른 새끼손가락 손톱을 입에 대고 기침을 하고 있었다. 두 사람 모두 병자임에 틀림없었다. 그러나 이런 광경은 이 위의 젊은 사람들 사이의 이상한 교제 습성을 말해 주는 것이었다. 음악은 폴카가 연주되고 있었다.

히페

이처럼 일요일은 평일과 달랐다. 오후에도 몇 무리의 사람들이 떼지어 마차를 타고 나갔으므로 이 점에서도 평일 오후와는 다른 느낌이었다.

차 마시는 시간 뒤에 말 두 마리가 끄는 마차 여러 대가 차도로 올라왔다. 그리고 바깥 현관 앞에 멈춰서 손님들이 타기를 기다리고 있었다. 마차를 부르는 사람은 주로 러시아 사람들로, 그것도 여자 손님들이었다.

요아힘과 한스 카스토르프는 바깥 현관 앞에 나란히 서서, 재미 삼아 출발 광경을 지켜보았다. 요아힘이 한스 카스토르프에게 말했다.

"러시아 사람은 곧잘 마차를 타고 드라이브를 한다네. 이제부터 클라바델이나 호수, 플뤼엘라 계곡이나 클로스터스로 가려는 거야. 그런 곳이 언제나 목적지라네. 자네도 생각이 있다면 여기 있는 동안 우리도 한번 드라이브를 해도 좋아. 지금 같아서는 자네는 생활에 익숙해지는 데 바빠서 어떤 계획도 필요하지 않을 것 같네."

한스 카스토르프도 이에 찬성했다. 그는 양쪽 손을 바지 주머니에 넣고, 담배를 입에 물고 있었다. 그러고는 몸집이 작고 기력이 좋은 러시아 노부인이 마른 조카 손녀와 다른 두 부인과 함께 마차를 타는 것을 구경하고 있었다. 쇼샤 부인은 등에 벨트가 붙은 얇은 먼지막이 외투를 입고 있었지만 모자는 쓰지 않았다. 그녀는 노부인과 나란히 마차 안쪽 좌석에 앉고, 두 소녀는 뒷좌석을 차지했다. 네 사람은 벌써 마음이 들떠 뼈가 없는 듯한 부드러운 러시아어로 쉬지 않고 입을 놀렸다. 마차 지붕이 낮아서 좌석에 앉기에 방해가 된다면서 고모 할머니가 준비해 온, 곰과 레이스 종이로 채운 나무 상자 속에 든 러시아 케이크를 먹으며 웃고 있었다…… 한스 카스토르프는 쇼샤 부인의 꾸민 말투를 주의를 기울여 분간해 듣고 있었다. 이 거친 여자의 모습을 볼 때마다 언제나 그랬지만, 오늘도 그녀와 어떤 인물이 닮았다는 것을 새삼 느꼈다. 그녀와 똑같은 그 인물이 누구인지 기억하려고 해도 기억할 수 없는 날이 이어져, 드디어 꿈 속에서 기억해 낼 수가 있었지만. 그리고 또 마루샤의 웃음소리, 입을 누르는 손수건 위로 엿보이는 어린아이처럼 둥근 잿빛 눈, 내부는 결코 가벼운 병이라고 할 수 없게 파 먹혔지만 그래도 불룩한 가슴이 한스 카스토르프에게 어떤 다른 일을—얼마 전에 보고 마음 깊이 움직여진 일을 기억하게 했다. 그리하여 그는 머리를 움직이지 않고 옆에 있는 요아힘 쪽을 조심스럽게 보았다. 다행히도 요아힘은 그때처럼 얼굴에 반점은 없었고, 입술도 울려고 하는 것처럼 일그러지지는 않았다. 그러나 사촌은 열심히 마루샤를 쳐다보았다. 그것도 군인이라고는 할 수 없는 태도와 얼굴, 오히려 쓸쓸하고 멍한 얼굴이어서 평범한 사람이라고밖에는 부를 수 없는 태도였다. 물론 사촌은 곧 몸을 가다듬고 한스 카스토르프의 얼굴을 잠깐 보았다. 한스 카스토르프는 당황하여 사촌에게서 몸을 돌려 하늘을 바라보았다. 한스 카스토르프는 심장이 뛰는 것을 느꼈다. 이 위에 온 뒤로 버릇처럼 되어버렸는데, 아무 이유도 없이 곧잘 심장이 뛰는 것을 느꼈다.

그 밖에는 일요일도 평일과 다르지 않았다. 물론 식사 때를 제외하고는. 식사는 평일보다 분량을 많이 할 필요는 없었기 때문에, 요리가 모두 멋진 것이 나왔다. 점심 식사에는 게와 반으로 쪼갠 앵두로 꾸민 마요네즈를 덮은 닭고기가 나왔고, 아이스크림에는 솜사탕으로 엮은 작은 바구니에 넣은 파이를 곁들였으며, 신선한 파인애플도 나왔다. 한스 카스토르프는 저녁 식사 때 맥주를 마셨는데, 어느 때보다도 훨씬 피로하고 오한이 났으며 온몸이 노곤함을 느꼈다. 9시쯤에 벌써 사촌에게 잘 자라고 인사하고는 새털을 넣은 이불을 황급히 턱 위까지 끌어올리고, 얻어맞은 사람같이 쓰러져 잠들어버렸다.

그러나 다음 날, 다시 말해 청강생이 이 위에서 맞이한 첫 번째 월요일에는 정기적으로 돌아오는 일과의 변화가 또 하나 찾아왔다. 크로코브스키 박사가 2주일마다 식당에서 '베르크호프'의 위독한 환자를 제외한 성년자 전원, 독일어를 이해하는 모두에게 들려 주는 강연 시간이 돌아온 것이다. 한스 카스토르프가 사촌에게서 들은 바로는, 그것은 연속 강연으로 '질병 형성력으로서의 사랑'이라는 공통 제목을 가진 통속 과학적인 내용이었다.

이 계몽적인 행사는 두 번째 아침 식사 뒤에 행해지는데, 요아힘의 말에 따르자면, 이 강연에는 꼭 출석해야 한다는 것이었다. 참석하지 않으면 바람직하지 않는 것으로 되어 있었다. 따라서 누구보다도 독일어를 잘하는 세템브리니가 이 강연에 한 번도 나오지 않았을 뿐만 아니라 이 강연을 멸시하는 언사를 했다는 것은 참으로 괘씸한 일로 여겨졌다. 한스 카스토르프는 한편으로는 대접으로, 또 한편으로는 감출 수 없는 호기심에서 출석해 보려고 생각했다. 그러나 출석하기 전에 그는 아주 무모한 실수를 저질렀다. 자기 혼자서 멀리까지 산책하려고 생각했는데 이 산책이 뜻하지 않게 나쁜 결과를 불러온 것이다.

그날 아침 요아힘이 방으로 들어오자 한스 카스토르프가 말했다.

"이제 잘 들어 주게. 이대로 가다간 나도 더 이상 어떻게 할 수 없겠어. 수평 생활에는 이제 진저리가 났네. 이대로 가다간 혈액까지 잠들고 말겠어. 물론 자네는 다르지. 달라. 자네는 환자니까. 자네까지 유혹할 생각은 없어. 하지만 나는 아침 식사를 끝내면 곧 한 번 산책다운 산책을 하려고 생각하네. 자네만 나쁘게 생각하지 않는다면 2, 3시간 발이 가는 대로 자연의 품 속에 곧장 들어가 보려는 거야. 아침 식사 때 식량을 주머니에 슬쩍 좀 집어 넣고, 새처럼 자유로운 몸이 되어서 말이야. 딴 사람이 되어 돌아오게 될 것인지 한 번 시험해 보겠네."

요아힘은 사촌의 욕구와 계획이 진지한 것을 보고 말했다.

"좋아. 하지만 무리해서는 안 돼. 이것만은 말해 두어야겠어. 여긴 우리 고향과는 다르니까 말이야. 그리고 강연에는 늦지 않게 나가야 해."

한스 카스토르프가 이런 계획을 생각해 내게 된 것은 신체적인 이유에서가 아니고, 사실은 다른 데에 있었다. 얼굴이 상기되는 것이나, 거의 언제나 식욕이 당기지 않는 것이나, 심장이 제 마음대로 뛰는 것은 여기 날씨에 익숙해지지 못했기 때문이라고 말할 수는 없다. 오히려 옆방에 있는 러시아인 부부의 무례함, 병들고 어리석은 슈퇴어 부인의 식탁에서의 지껄임, 날마다 복도에서 듣는 아마추어 기수의 맥없는 기침, 알빈 씨의 언동, 젊은 환자들과의 사교에서 얻은 인상, 마루샤를 바라볼 때의 요아힘의 표정, 그 밖에 이와 비슷한 것들을 보기 때문이라고 생각했다. 그래서 이런 베르크호프의 마력에서 한 번 벗어나 야외에서 마음껏 심호흡 하며 걸어다니고, 저녁 때 피곤하여 돌아올 때, 적어도 그것이 무엇으로 인한 피로인지 확실하다면 꽤 기분이 좋으리라고 생각했던 것이다. 그래서 한스 카스토르프는 아침 식사 뒤에 요아힘의 요양 근무상 거리가 제한된 물받이 홈통 옆 벤치까지 내려가 발이 가는 대로 산책을 시작했다.

차고 흐린 아침, 8시 반경이었다. 한스 카스토르프는 계획한 대로 아침의 맑은 공기를 깊이 들이마셨다. 가볍게 흘러들어오는 습기 찬 냄새도, 다른 연상되는 내용이나 추억도 없는 상쾌하고 가벼운 공기였다. 한스 카스토르프는 시냇물과 협궤 선로를 지나 폭이 일정치 않은 길로 나왔는데, 그 길을 곧 벗어나 풀밭 속의 좁은 길로 들어섰다. 이 좁은 길은 한동안 평지를 달리다가 오른편의 비탈을 몹시 급하게 올라갔다. 한스 카스토르프는 올라가는 것이 즐거워 가슴이 확 트이는 것 같았다. 지팡이의 끝으로 모자를 이마에서 젖히고 조금 위로 올라가다가 돌아서서, 이 위로 올 때 기차로 지나온 호수의 수면을 멀리 바라보며 노래를 부르기 시작했다.

대학생의 연회 가요집과 체조 가요집에 들어 있는 민속적이고 감상적인 여러 노래를 생각나는 대로 불렀다. 예를 들면 다음과 같은 가사의 노래도 있었다.

시인이여, 사랑과 술을 찬미하라.
하나 미덕은 더욱더 찬미할지어다.

처음에는 낮게 중얼거리듯 불렀으나 차츰 큰 소리로 힘껏 불렀다. 그의 바리톤에는 윤기가 없었지만, 오늘은 그마저도 아름답게 느껴지고, 음정이 너무 높은 경우에는 젖먹던 힘까지 내어 째지는 듯한 소리가 되었지만 그것조차 아름답게 느껴졌다. 노래하는 동안 마음이 차차 흥분되었다. 가사를 떠올릴 수 없게 되면 멜로디에 의미 없는 엉터리 말을 넣어 불렀고, 그것을 성악가 같은 입 모양으로 화려하게 꾸민 구개음을 공중에 울리게 했으며, 마지막에는 가사도 음정도 모두 입에서 나오는 대로 노래부르고, 그 자작 노래를 오페라 가수 같은 팔 동작까지 곁들여 노래하기도 했다. 비탈을 오르면서 노래하는 것은 매우 힘들었기 때문에 얼마 가지 않아 호흡이 어려워지고 숨이 막혔다. 그러나 노래의 아름다움에 집중하겠다는 이상주의에서 자기의 고통을 견디고 가끔 헐떡이면서 마지막 힘을 다했다. 드디어 극도로 숨이 막혀 갔고, 눈이 캄캄해져서 눈앞에 불꽃 같은 것이 번쩍이며, 맥박도 빨리 뛰어 어둑한 소나무 뿌리에 주저앉아 버리고 말았다. 그렇게 기운이 왕성하게 계속 올라오다가 갑자기 무기력과 절망 직전의 파국을 맛보게 되었던 것이다.

이럭저럭 마음이 다시 가라앉아 산책을 계속하려고 일어섰지만 목덜미가 심하게 떨렸다. 아직 이렇게 젊었는데도 한스 로렌츠 카스토르프와 마찬가지로 그의 목이 와들와들 흔들렸다. 한스 카스토르프는 이 현상으로 돌아가신 할아버지가 몹시 그리워져서 이 떨림을 불쾌하게 느끼지 않았다. 오히려 할아버지가 머리 떨리는 것을 억누르기 위해 턱을 가슴에 위엄 있게 당기던 모습, 어렸을 때에 그의 마음에 들었던 모습을 흉내내어 보았다.

한스 카스토르프는 다시금 꾸불꾸불하게 위로 계속 올라갔다. 암소의 방울 소리에 이끌려 걸어가니 과연 가축 무리가 있었다. 가축들은 지붕에 무거운 돌을 얹은 통나무 오두막집 근처에서 풀을 뜯어먹고 있었다. 수염을 기른 두 사나이가 도끼를 메고 이쪽으로 오고 있었다. 한스 카스토르프의 가까이까지 왔을 때 이 두 사람은 헤어졌다.

"자, 그럼 잘 가게, 고맙네."

한 사람이 목에 걸리는 낮은 소리로 인사하고는 도끼를 바꾸어 메고 길이 없는 곳을, 나뭇가지를 짓밟는 소리를 내면서 가문비나무 사이로 골짜기를 향해 내려갔다.

"자, 그럼 잘 가게, 고맙네" 하는 말이 조용한 주위를 이상하게 울려, 올라오는 것과 노래를 부르는 것 때문에 마비되었던 한스 카스토르프의 마음을 꿈처럼 어루만져 주었다. 그는 산에 사는 사람들의 목에 걸린 둔중하고도 유치한 인사를 흉내내어 낮은 목소리로 중얼거려 보았다. 수목 한계 지대까지 가볼 작정이었기 때문에 오두막집에서 위로 올라갔지만, 시계를 보고 그 계획을 그만두었다.

왼편으로 꺾어 부락으로 가는 방향을 취하면서 좁은 길에 이르렀다. 좁은 길은 한동안 평탄하게 가다가 다음에는 내리막길이 시작되었다. 높은 침엽수 숲으로 들어와 그 속을 빠져나가며 한스 카스토르프가 내려가니, 무릎이 아까보다 이상하게 더 떨리는 것을 느꼈다. 조심하면서 다시 노래를 부르기 시작했다. 그러나 숲에서 나오자, 눈앞에 펼쳐진 멋진 풍경, 평화롭고 웅대하고 그림과 같이 치밀하게 정돈되어 있는 풍경에 접하여 깜짝 놀라 우뚝 서 버렸다.

시냇물이 오른편 비탈에서 평탄한 돌 바닥 위로 떨어져 테라스식으로 위치한 바위 위를 거품을 내면서 흐르고, 거기에는 조잡한 난간이 있는 작은 다리가 그림처럼 걸려 있었다. 땅에는 관목 같은 식물로 덮여 있고, 그 종 모양의 꽃으로 곳곳이 푸르게 보였다. 균형이 잡힌 거대한 가문비나무의 고목들이 띄엄띄엄 떼를 지어 골짜기로 비탈을 따라서 있는데, 그 가운데 하나는 시냇물 옆 비탈에서 튀어나와 그림 같은 풍경 속에 기괴한 모습으로 서 있었다. 물소리밖에 들리지 않는 고요함이 이 아름답고 잠잠한 장소를 뒤덮고 있었다. 한스 카스토르프는 시냇물 저편에 휴식용 벤치가 있는 것을 보았다.

그는 작은 다리를 건너서 급류와 요란한 물거품을 보면서 즐기고, 단조롭지만 갖가지 변화를 간직한 목가적인 재잘거림을 하고 있는 물소리에 귀를 기울이기 위해 벤치에 앉았다. 그는 와글대는 물소리를 음악과 마찬가지로, 아니 음악보다 더 사랑했다. 그러나 벤치에 기분 좋게 앉자마자 갑자기 코피가 흘러내려 그만 옷을 더럽히고 말았다. 코피는 쉴새없이 흘러내렸으므로, 30분쯤 벤치와 시냇물 사이를 계속 오가면서 손수건을 물에 담그고 그것을 짜서 코 위에 얹고는, 다시 벤치에 하늘을 향해 눕는데 여념이 없었다. 겨우 코피가 멎은 뒤에도 그대로 누워 있었다. 양손을 머리 뒤로 깍지 끼고 양 무릎을 높이 세우고, 눈을 감고 물소리에 귀를 기울이면서 누워 있었다. 많은 출혈로 기분이 나쁘다기보다 오히려 침착해지고 생활 기능이 이상하게 저하된 상태였다. 숨을 내뿜고 나서도 새로운 공기를 들이쉴 필요를 한동안 느끼지 않고 몸을 조용히 눕힌 채로, 심장을 천천히 여러 번 고동시키고는 뒤늦게 나른하니 가볍게 숨을 들이쉬는 것이었다.

그러자 갑자기 2, 3일 전 밤에 꾸었던 꿈, 이 위에 온 다음의 인상을 본보기로 한 꿈의 원형이 되었던 옛날의 한 장면에 끌려들어가는 것을 느꼈……그리고 그때와 그 장소로 그대로 끌려들어가 그 사이의 공간과 시간이 소멸해 버렸다. 이 위에서 시냇물 옆 벤치에 누워 있는 것은 생명이 없는 육체에 불과하며, 진짜 한스 카스토르프는 먼 과거의 시간과 공간에 끌려들어가 단순하기 그지없는, 그러나 마음을 마비시켜 버리는 모험적인 장면으로 끌려들어가는 기분이었다.

한스 카스토르프는 13세의 소년으로 아직 반바지 차림의 제3학년 하급생이었다. 그리고 그와 같은 나이 또래의 다른 학급 소년과 이야기를 하면서 교정에 서 있었는데, 이 대화는 한스 카스토르프가 임의로 시작한 대화로서 그 내용도 틀에 박힌 실질적인 성질의 내용이었기 때문에 아주 어이없이 끝나 버렸다. 그러나 이것은 한스 카스토르프를 몹시 기쁘게 했다. 마지막 시간과 그 전 시간 사이에 끼인 휴식 시간, 한스 카스토르프의 시간표에 따르면 역사와 미술 시간 사이였다. 널판자 담으로 거리와 구분되는 교정은 출입구가 두 개 있고 빨간 벽돌이 깔려 있었는데, 여기에서 학생들은 열을 지어 걷는다든지, 몰려 서 있는다든지, 교사(校舍)의 반질반질한 벽에 걸터앉는 것처럼 기대기도 했다. 이야기 소리로 교정은 가득 찼다. 중절모를 쓴 교사가 햄을 넣은 빵을 먹으면서 학생들의 행동을 지켜보고 있었다.

한스 카스토르프와 이야기한 소년은, 성은 히페고 이름은 프리비슬라프라고 했는데, 이상하게도 프쉬비슬라프라고 불렀다. 그리고 이 이상한 이름은, 마찬가지로 좀 이상하다고 할 수 있는 소년의 외모와 비슷했다. 히페의 아버지는 역사학자로 고등학교 교사였다. 따라서 히페도 평판이 좋은 모범생이었고, 나이는 한스 카스토르프와 같았지만, 벌써 한 학년 위였다. 히페는 메클렌부르크 출생으로 여러 인종의 피가 섞였음을 한 번 보아도 확실했다. 게르만의 피에 벤트계의 슬라브족 피가 섞였거나, 그 반대의 경우에서 태어났음이 틀림없었다. 그는 금발이었으며 둥근 머리는 짧게 깎고 있었다. 그러나 눈은 푸르스름한 회색, 또는 회색이 섞인 푸른색을 하고 있었다. 예컨대 조금 종잡을 수 없는 애매한 색, 먼 산과 같은 색이었으며 눈 모양도 가늘었다. 엄밀히 말해서 눈은 비스듬히 올라간 특이한 모양을 하고 있었고, 눈 바로 아래 광대뼈가 두드러지게 튀어나왔다. 이런 용모도 히페의 경우에는 조금도 밉지 않고 정말 매력적이었지만, 친구들로부터 '키르키스인'*8이라는 별명을 얻기에 충분한 얼굴이었다. 또한 히페는 벌써 긴 바지를 입었고, 등이 터진 짧은 청색 윗도리를 목까지 채워 입고 있었으며, 깃에는 언제나 비듬이 조금 붙어 있었다.

사실 한스 카스토르프는 프리비슬라프를 오래전부터 점을 찍어 놓고 있었다. 교정에서 알고 있는 학생, 모르는 학생 가운데서 그를 택해 그에게 흥미를 갖고, 그를 눈으로 좇고, 그를 찬미했다고 할까? 아무튼 그를 남다른 관심을

---

*8 중앙아시아 초원에 사는 터키계 민족.

갖고 바라보았다. 학교에 가는 길에 히페가 학급 친구들과 교제하며 이야기하는 모습을 보고, 히페의 통쾌하고도 무엇을 입에 물고 있는 듯한 목쉰 소리를 멀리에서 듣고 알아내는 것을 낙으로 삼았다. 이 관심은 히페의 이교도적인 이름, 히페가 모범생이라는 것—그러나 이것은 그렇게 문제되는 것은 아니었다—, 마지막으로 키르키스인 같은 눈, 가끔 무의식 중에 옆눈으로 볼 때면 녹는 듯이 어스름하고 밤과 같은 빛으로 변하는 눈이 히페에 대한 관심의 이유라고 말할 수 있지만, 한스 카스토르프는 자기의 감정에 정신적 근거가 있는지 없는지에 대해서는 거의 생각하지 않았고, 그 필요에 접할 경우에 그 감정을 어떤 이름으로 부를 것인가 하는 것은 생각조차 하지 않았다. 왜냐하면 그는 히페를 '잘 알고 지낸' 사이도 아니었으므로 우정이라고 부를 수 없었기 때문이었다. 게다가 그 감정을 언젠가 누구에게 고백할 일이 있으리라고는 생각하지 않았기 때문에 그 감정에 이름을 붙일 필요도 없었다. 고백하기에 알맞은 감정도 아니었고, 고백하고 싶은 성질의 감정도 아니었다. 게다가 또 이름을 붙인다는 것은 비평을 뜻하지 않더라도 한정하는 것이기에, 다시 말해 이미 아는 사실과 익숙해진 경험에 끌어넣는 것을 의미하는데, 한스 카스토르프는 이런 정신적 재산을 이렇게 한정하거나 끌어들여선 안 되며 엄격하게 보호해야 한다고 무의식적으로 확신했다.

이유야 있든 없든, 아무튼 이름을 붙이는 것과 남에게 이야기하기에는 아주 거리가 먼 이 감정은 강한 생명력을 지녔다. 그래서 한스 카스토르프는 거의 1년 전부터—그것이 언제 시작된 것인지는 확실치 않지만—그 감정을 가슴에 품고 있었는데, 그 나이에 1년이라는 시간이 얼마나 긴 시간인가를 생각하면, 적어도 그의 성격이 성실하고 꾸준하다는 사실을 말하는 것이 되리라. 성격은 모두 양면성을 갖고 있지만 성격을 표현하는 명칭은 유감스럽게도 좋은 의미든 나쁜 의미든, 일반적으로 도덕적 비판이 포함되는 법이다. 한스 카스토르프의 성실성은 그가 이것을 자랑으로 생각하고 있었던 것도 아니며, 좋고 나쁘다는 판단을 떠나 있었지만, 그의 기질이 둔중하고 느긋하며 끈기 있는 점, 즉 보수주의적인 기질에서 나온 것으로, 이 기질 때문에 그는 어떤 상태가 오래 계속됨에 따라서 사랑하고 영속할 가치도 있다고 생각했다. 게다가 지금 존속하는 상태나 제도가 무한으로 계속된다고 생각하는 경향이 있었다. 그 때문에 그 상태와 제도를 존중하여 변화를 열망하지 않았다. 이런 기질이었기 때문에 프리비슬라프 히페에 대한 숨겨진, 멀리에서 바라보는 관계에도 익숙해져서 그것을 늘 변하지 않는 상태로 생각하고 있었다. 히페에 대한 관계에서 생기는 감정의 움직임, 이를테면 오늘도 히페를 만날 수 있을까, 히페가 자기 옆을 지나갈 것인가, 행여나 자기를 보아 주지 않을까 하는 긴장, 또 그의 비밀이 주는 고요하고 차분한 실현의 기쁨, 그런 비밀에 따르기 마련인 실망까지도 사랑했다. 더 큰 실망은 프리비슬라프가 결석하는 날이었다. 그런 날에는 교정이 황량하고 그날은 완전히 매력을 잃었지만, 다음 날에 거는 기대는 남아 있었다.

이런 상태가 1년이나 이어지다가 드디어 모험적인 절정에 이르렀다. 그리고도 한스 카스토르프의 보수적인 성실성 때문에 1년 동안 더 계속되다가 끝이 났다. 그러나 한스 카스토르프는 자기를 프리비슬라프와 맺게 한 끈이 늦추어지고 풀어진 것을 그 끈이 처음에 맺어질 때와 마찬가지로 알지 못했다. 게다가 히페는 아버지의 전근 때문에 학교와 도시에서 그 모습을 감추어 버렸다. 한스 카스토르프는 이제 그것도 거의 주의하지 않았다. 그 이전에 이미 히페의 일을 잊고 있었다. '키르키스인'의 모습은 어느 사이에 안개 속에서 그의 생활로 들어와 조금씩 명료함과 선명함을 더해 가다가 드디어 교정에서 눈앞에 똑똑히 섰던 그 순간이 되었다. 그 뒤에도 한동안 정면에 머물렀다가 곧 또 조금씩 멀어져서, 이별의 슬픔도 없이 안개 속으로 사라져 버렸다고 할 수 있었다.

그러나 벤치 위의 한스 카스토르프가 교정으로 되돌아간 순간, 저 모험적이고 과감한 장면인 프리비슬라프와의 대화, 즉 실제 대화는 다음과 같이 시작되었던 것이다. 그림 시간이 시작될 무렵에 한스 카스토르프는 연필을 잊어버리고 온 것을 알았다. 동급생들은 모두 저마다 연필이 필요했다. 다른 학급에도 연필을 빌려 줄 만한 친구가 몇 있었지만 이렇게 오랫동안 숨은 유대를 가졌던 프리비슬라프가 누구보다도 가까운 친구 같은 생각이 들었다. 한스 카스토르프는 마음을 설레면서 이 기회를 이용해 프리비슬라프에게 연필을 빌릴 것을 결심했다. 히페를 정말로 잘 아는 것이 아니었기 때문에 그것은 매우 엉뚱한 행동이었지만 그는 상관하지 않았다. 상관했다 해도 이상하게 대담한 심정에 끌려서 그런 것은 생각하지도 않았다. 이리하여 그는 벽돌을 간 교정의 혼잡 속에서 프리비슬라프 히페에게 말했다.

"미안하지만 연필 좀 빌려 줄 수 있겠니?"

프리비슬라프는 높은 광대뼈 위의 키르키스인의 눈으로 한스 카스토르프를 쳐다보더니, 놀란 기색도 없이 쾌활한 목소리로 대답했다.

"좋아. 하지만 시간이 끝나면 곧 돌려주어야 해."

그리고는 주머니에서 연필을 꺼냈다. 은으로 칠한 캡에 들어 있는, 고리가 달린 연필이었다. 그 고리를 위로 밀면 캡 속에서 대를 빨갛게 칠한 연필이 나오게 되어 있었다. 두 사람은 연필 위에 몸을 구부렸고, 히페가 간단한 구조를 설명했다.

"부러지지 않도록 해야 해."

이런 말까지 덧붙였다. 히페는 무엇을 생각하는 것일까? 마치 한스 카스토르프가 연필을 돌려 주지 않을까, 함부로 다루지나 않을까 하는 말투가 아닌가.

두 사람은 미소를 지으며 서로 얼굴을 쳐다보았지만 다른 말을 할 것도 없었기 때문에 처음에는 어깨를, 다음에는 등을 돌리고 헤어졌다.

다만 이것뿐이었다. 그러나 한스 카스토르프는 프리비슬라프 히페의 연필을 쓸 수 있었던 그 그림 시간만큼 기뻤던 일은 태어나 처음이었다. 게다가 나중에 연필을 주인에게 돌려 주는 기쁨이 남아 있었다. 이것은 빌린 행위에서 덤으로 생긴 자연스럽고 마땅한 의무이기도 했다. 그는 실례를 무릅쓰고 연필 끝을 조금 뾰족하게 했는데, 그때 떨어진 빨간 칠을 한 연필 깎은 부스러기 서넛을 거의 1년 동안 책상 서랍 안에 보관해 두었다. 누군가가 그것을 발견했다고 해도 그것이 얼마나 귀중한 것인가를 알아채지는 못했을 것이다. 또한 연필을 돌려 주는 일은 깨끗하게 끝났지만, 그것은 한스 카스토르프의 기분에 꼭 맞았고, 그는 이 사실을 얼마쯤 자랑스럽게까지 느꼈다. 히페와 다정하게 말을 나누었다는 것만으로도 그의 마음은 마비되는 듯한 쾌감을 맛보고 있었다.

한스 카스토르프는 말했다.

"여기 있어. 아주 고마웠어."

프리비슬라프는 아무 말도 하지 않고 연필을 살펴 보고는 주머니에 넣었다.

이런 일이 있은 뒤 두 사람은 한 번도 말을 나눈 일이 없었지만, 그 한 번만은 한스 카스토르프의 용기 덕분으로 서로 이야기를 나눌 수가 있었던 것이다.

한스 카스토르프는 회상의 깊이에 당황하면서 눈을 떴다. 꿈을 꾸었다고 생각했다.

'그렇다. 프리비슬라프였구나. 오랫동안 그의 일은 생각하지 않았어. 연필 깎은 부스러기는 어떻게 되었을까? 그 책상은 고향의 티나펠 종조부의 다락방에 있음에 틀림없다. 그 부스러기는 왼쪽에 있는 작은 서랍 안에 아직 들어 있을 것이다. 그 뒤에는 한 번도 꺼내지 않았으니 말이다. 버려야 했다고 생각할 만큼 주의하지도 않았다…… 조금도 다르지 않았다. 프리비슬라프하고 똑같았다. 이렇게 선명하게 그를 다시 보리라고는 생각하지 못했다. 어떻게 이다지 이상할 만큼 그녀와 똑같을 수가 있을까. 이 위에 있는 그녀하고. 그래서 나는 그녀에게 이렇게 흥미를 느꼈을까? 그렇지 않으면 그래서 그에게 그렇게 흥미를 느꼈던 것일까? 말도 안 된다. 정말 당치도 않은 일이다. 그건 그렇고 이제는 돌아가야지. 그것도 서둘러서.'

그러나 아직 추억에 잠기면서 누워 있었다. 그러다가 겨우 일어섰다.

"자, 그러면 잘 있어. 고마워."

그는 이렇게 말하고 미소지으면서 눈물을 머금었다. 걸어가려고 했지만 무릎이 말을 듣지 않아 모자와 지팡이를 손에 쥔 채 어쩔 줄 몰라 또 벤치에 앉았다.

'아, 위험하구나. 안 되겠다. 11시 정각에는 강연을 들으러 식당에 가 있어야 하는데. 여기서의 산책은 좋기도 하지만 그 대신 귀찮은 점도 있구나. 그렇지, 그렇지. 그렇지만 여기에 이렇게 있을 수만은 없어. 오래 누워 있었기 때문에 다리가 좀 말을 듣지 않는 거야. 걷기 시작하면 나아지겠지.'

그러고는 다시 한 번 일어서려고 했는데 이번에는 힘껏 애썼기 때문에 이럭저럭 걸을 수 있었다. 그러나 의기 충천하여 외출했을 때와 비교하면 참으로 비참한 귀로였다. 얼굴이 갑자기 새파래지고, 식은땀이 이마에 흐르며, 심장이 불규칙하게 뛰었다. 호흡이 곤란해짐을 느껴 여러 번 길바닥에서 쉬어야만 했다. 이런 상태로 꾸불꾸불한 길을 매우 고생스럽게 내려왔지만, 요양 호텔 가까이의 골짜기에 도착했을 때 거기에서 베르크호프까지의 긴 거리를 자신의 힘만으로는 도저히 걸어갈 수 없다는 것을 절실히 느꼈다. 전차도 없고 빌릴 수 있는 마차도 찾아낼 수 없어서, 빈 상자를 싣고 가는 짐마차의 마부에게 부탁하여 겨우 타게 되었다. 마부와 서로 등을 대고 앉아 마차에 양쪽 다리를 드리우고, 지나가는 사람들로부터 이상한 호기심에 찬 눈길을 받으면서 갔다. 그는 반은 졸고, 마차의 진동으로 흔들리고 끄떡이면서 건널목까지 와서 내렸고, 세어 보지도 않고 돈을 건네 주고는 빠른 걸음으로 곧장 차도 위로 올라갔다.

프랑스인 문지기가 말했다.

"빨리 가십시오! 크로코브스키 선생의 강연이 시작되었습니다."

한스 카스토르프는 모자와 지팡이를 옷걸이에 던지고, 유리문을 살짝 열고, 혀를 아래위의 치아로 누르며 조심조심 재빨리 식당 안으로 들어갔다. 요양객들은 가로로 열을 지어 의자에 앉았고, 오른편 좁은 쪽에 프록코트 차림의 크로코브스키 박사가 테이블보를 덮고 물병을 올려놓은 테이블 뒤에 서서 강연을 하고 있었다.

정신분석

다행히도 문 가까이의 빈자리 하나가 그에게 손짓하고 있었다. 한스 카스토르프는 그 의자에 살며시 미끄러져 들어가, 처음부터 거기에 앉아 있었던 것 같은 태도를 취했다. 청중은 크로코브스키 박사의 입술에 정신이 팔려 그에게는 거의 주의하지 않았다. 한스 카스토르프는 무서운 꼴을 하고 있었으므로 꽤 다행스러운 일이었다. 그의 얼굴은 삼베처럼 창백했고, 옷에는 피가 묻어 있었다. 마치 지금 막 사람을 죽이고 온 듯한 그런 모습이었다. 바로 앞에 앉아 있는 여자는 그가 앉았을 때, 뒤로 돌아보고 눈을 가느다랗게 뜨고 그를 조사하는 것처럼 보았다. 쇼샤 부인이었다. 한스 카스토르프는 그것을 알고 화가 치밀었다.

'정말 큰일났구나, 언제 안정을 되찾을 수 있단 말인가? 이제 여기서 겨우 안정할 수 있다고 생각했는데, 그녀가 바로 코 앞에 앉아 있다니…… 다른 때 같으면 기쁜 우연이었을는지 몰라도 이렇게 피로하고 녹초가 되어서야 무슨 재미가 있단 말인가? 심장에 새로운 부담을 주게 되어 강연 중에 숨만 막히게 할 뿐이다. 그녀는 프리비슬라프와 똑같은 눈으로, 나를, 내 얼굴을, 내 옷에 묻어 있는 피를 보았어. 그것도 문을 거칠게 닫는 여자의 태도에 알맞게, 인정 사정 없이 뻔뻔스럽게. 게다가 의자에 앉는 자세는 어떤가? 내 고향 양가의 부인들이 등을 똑바로 하고 이웃 신사에게 머리만 돌리고 입술 끝으로 말하는 것과는 아주 다르다. 쇼샤 부인은 축 늘어져 단정치 못하게 앉아, 등을 구부리고 양쪽 어깨를 앞으로 처지게 하고 게다가 머리까지 내밀고 있어서, 흰 블라우스 사이의 목덜미의 뼈가 내다보였다. 프리비슬라프는 이렇게 머리를 내밀고 있었지만 그는 칭찬을 받는 모범생이었는데—그런 까닭으로 내가 그에게 연필을 빌린 것은 아니지만. 쇼샤 부인의 무기력한 자세, 문을 거칠게 닫는 버릇, 체면 없는 눈초리가 그녀의 병과 관련이 있는 것은 의심할 여지가 없다. 그렇다. 그녀가 예의바르지 못한 것은 알빈 청년이 자랑한 방종한 자유, 그렇게 명예롭지 못하지만 정말로 무한정한 특전이 나타난 것이었어……'

한스 카스토르프의 상념은 쇼샤 부인의 축 늘어진 등을 보고 있는 사이에 혼란해졌다. 상념은 어느새 몽상으로 변해, 그 몽상에 크로코브스키 박사의 느릿한 바리톤 목소리와 입천장에 부드럽게 혀를 치는 발음이 아주 먼 곳에서 들려오는 것처럼 흘러들어왔다. 그러나 홀의 고요함, 주위의 모든 사람들이 숨을 죽이며 듣고 있는 긴장한 공기가 한스 카스토르프에게도 작용해, 꿈과 같은 상태에서 그를 완전히 깨웠다.

그는 주위를 돌아보았다. 바로 옆에는 머리숱이 적은 피아니스트가 머리를 뒤로 젖히고, 입을 멍하게 벌리고, 팔짱을 낀 채 경청하고 있었다. 저 앞에는 여교사인 엥겔하르트 양이 깊이 파고드는 눈으로, 양 볼을 솜털 밑으로 붉히고 있었는데, 이런 홍조는 한스 카스토르프가 둘러본 모든 부인의 얼굴에 나타나 있었다. 알빈 씨의 옆자리에 앉은 잘로몬 부인의 볼에도, 단백질이 빠져나가고 있다는 양조업자 마그누스 씨 부인의 볼에도 나타나 있었다. 이 부인들보다 뒤에 앉아 있는 슈퇴어 부인의 얼굴은, 정말 교양이 없는 도취 상태로 비뚤어져 있었다. 상앗빛의 레비 양은 눈을 조금 뜨고, 손바닥을 양쪽 무릎 사이에 놓고, 의자에 기대고 있어 죽은 듯했다. 그러나 죽지 않았다는 증거로 가슴이 심하게 율동적으로 부풀었다 줄었다 했다. 한스 카스토르프에게는 그 모습이 옛날 납으로 만든 모형 수집실에서 본 태엽 장치로 가슴이 늘었다 줄었다 하는 납인형을 연상시켰다. 손님 중의 몇 사람은 손바닥을 오므려서 귀에 대기도 하고, 대려고 하는 도중에 긴장한 나머지 굳어져 버린 것처럼 손을 그대로 쳐든 채 이야기를 듣고 있었다.

얼핏 보면 건강한 듯한 가무잡잡한 파라반트 검사는 더 잘 들리게 하려고 한쪽 귀를 집게손가락으로 흔들었다가는 다시 그 귀를 크로코브스키 박사 쪽으로 돌리고 있었다.

크로코브스키 박사는 도대체 무엇을 이야기하는 것일까? 어떤 논리를 펼치는 것일까? 한스 카스토르프는 말을 좇아가려고 머리를 긴장시켰지만, 첫 시작 부분을 듣지 않은데다가 쇼샤 부인의 축 늘어진 등 때문에 몽상에 빠져 있었으므로 곧 좇아갈 수가 없었다. 아무튼 어떤 힘에 대한 이야기였다······ 그 힘······한 마디로 말해 사랑의 힘에 대한 이야기를 하고 있었다. 이것은 당연한 일이었다. 이 주제는 연속 강연의 공통 연제(演題) 중에 밝혀져 있고, 또 이것이 크로코브스키 박사의 전문 분야인 이상, 그 밖에 무슨 이야기를 할 것인가? 언제나 이야기라고 하면 조선술의 전동 장치 같은 것에 국한했는데 갑자기 이렇게 사랑에 대한 강연을 듣는 것이 좀 이상하게 여겨졌다. 사랑이라는 수줍고 비밀스런 대상을 대낮에 신사 숙녀 앞에서 논한다면 어떤 방법을 쓰고 있을까? 크로코브스키 박사는 그 대상을 혼합된 표현 방법, 즉 시적이기도 하고 학문적이기도 한 형식, 또는 엄격한 과학적인 방법과 노래처럼 억양이 있는 어조로 말했다.

이런 이야기 방법이었기에 부인들이 볼을 붉히고 남자들은 귀를 후볐을 것이지만, 한스 카스토르프 청년에게는 좀 난잡하게 느껴졌다. 특히 강연자는 '사랑'이라는 말을 언제나 조금씩 뉘앙스가 다른 의미로 사용했다. 그래서 그가 말하는 사랑이 어떤 성질의 사랑인지, 경건한 사랑인지 열정적이고 육체적인 사랑인지 확실치 않아 가벼운 뱃멀미와 같은 기분을 느꼈다. 한스 카스토르프는 이 말이 연속적으로 쓰이는 것을 오늘 여기서 처음으로 듣는 것 같았다. 생각해 보니 이 말을 입 밖에 내는 것도, 남의 입에서 이런 말을 듣는 것도 전에 없었던 것처럼 느껴졌다. 잘못된 생각인지는 모르겠으나, 어쨌든 이렇게 여러 번 되풀이되는 것은 그 말 때문에도 좋을 것이 없다고 생각했다. 사랑(Liebe)이라는 미덥지 못한 한 음절 반의 말, 한가운데의 가느다란 모음을 설음과 순음으로 끼운 한 음절 반의 말을 되풀이하여 듣게 되니 견딜 수 없게 되었다. 한스 카스토르프는 물을 탄 우유처럼 창백하고 칙칙한 것을 떠올렸는데, 크로코브스키 박사가 사랑에 대해 얘기하고 있는 내용이 엄밀히 말해 꽤 강렬한 내용이었기 때문에 한결 더 그 느낌이 깊었다. 크로코브스키 박사처럼 말을 시작하면 아무리 대담한 말을 해도 청중이 홀에서 도망치지 않게 한다는 것은 확실한 일이었다. 그는 누구나 알고 있으면서 입을 다물고 있는 것을 도취된 어조로 이야기하는 것으로는 만족하지 않고, 환상을 깨뜨리고 진실을 주저함 없이 분명히 하고, 은발 노인의 존엄성과 어린아이의 순결성에 대한 감상적인 신앙에 한 치의 여유도 주지 않았다. 또한 크로코브스키는 오늘도 프록코트를 입고 부드러운 칼라와 쥐색 양말에 샌들을 신고 있어서 한스 카스토르프를 놀라게 했지만, 그 모습은 의사로서 이론가다운 이상주의자의 느낌을 주었다. 크로코브스키 박사는 테이블 위에 놓인 책과 철하지 않은 원고를 들여다보면서 자기 주장을 여러 가지 실례로 보충하고, 가끔 시구를 인용해 사랑의 무서운 형태를 말하고, 사랑의 여러 양상과 위력이 지닌 불가사의하고 비참하며 무서운 변형을 말했다. 그는 이렇게 말했다.

"모든 자연의 본능 가운데 사랑은 가장 불안정하고 위험한 본능으로, 본질적으로 혼미와 무서운 도착에 빠지기 쉽지만 이는 이상한 것이 아닙니다. 왜냐하면 그 강력한 본능은 단일물이 아니라 본디는 온갖 복합물로서, 그것도 전체적으로 보면 정상적이기는 하지만 그 부분은 모두 도착뿐이기 때문입니다. 그러나 우리는 낱낱 성분의 도착성에서 곧 전체의 도착성을 결론짓는 것을 거부하는 것이 마땅하기 때문에, 전체의 정상성의 전부는 아닐지라도 그 일부분을 개개의 도착성에도 필연적으로 인정하지 않을 수 없습니다. 이것은 논리의 필연적인 요구로서, 청중은 이 점에 유의하여 주기 바랍니다. 이것이 심정의 저항과 조정인 것입니다. 성실한 조정의 본능은 거의 소시민적이라고 할 수 있는 본능으로, 이 본능의 조정과 억제력 때문에 도착적인 성분은 정상이고 유용한 전체로 통일되는 것입니다―이것은 가끔 볼 수 있는 환영할 만한 과정이지만, 그 성과에는 (크로코브스키 박사는 좀 멸시하는 듯이 덧붙였다) 의사이고 사상가인 자는 더 이상 문제삼을 필요가 없는 것입니다. 이와 반대로 다른 경우에 이 조정은 성공하지 못합니다. 성공하려고 하지도 않고, 성공해서도 안 됩니다. 그리고 이 경우야말로 더욱 고상하고 심정적으로 귀중한 경우가 아니라고 누가 단언할 수 있겠습니까? 이 경우에는 두 개의 힘의 그룹, 즉 사랑의 충동과 이에 대립하는 본능―이 가운데서도 특히 수치심과 혐오를 들 수 있지만―의 어느 것도 소시민적이고 일반적인 강도를 넘는 이상한 긴장과 정열을 품고 있기 때문에 영혼의 깊이에서 행해지는 이 둘의 투쟁은, 도착한 본능을 울 안에 몰아 넣어 얌전하게 순화합니다. 이로 인해 조정과 이상적인 애정 생활을 실현하는 것을 방해합니다. 순결의 힘과 사랑의 힘이라는 두 가지 힘의 투쟁—사실 그 투쟁이 문제되는 것이지만—, 이것은 어떤 결과로 끝날까요? 겉으로 이 투쟁은 순결의 승리로 끝나는 것처럼 보입니다. 공포, 예의바름, 신중한 혐오, 소심한 순결이 사랑을 억누르고, 사랑을 암흑에 밀어 넣고, 사랑의 혼란스러운 욕구가 거의 부분적으로 의식 내에 들어오는 것을 허락할 뿐, 모든 욕구가 전력을 다해 의식에 떠올라 활동하는 것을 허락하지 않습니다. 그러나 순결의 이 승리는 외견적인 승리이고 희생이 많은 승리입니다. 사랑의 욕구는 억제한다든지 억압할 수 있는 것이 아니기 때문이며, 억압된 사랑은 죽어 버린 것이 아니라 살아 있어서 영혼의 캄캄한 깊이에서 욕구 실현의 기회를 계속 노리고, 순결의 억압을 끊임없이 배격하며, 다른 모습, 즉 그것과 식별할 수 없는 모습으로 다시 나타납니다…… 그러면 의식 속에 들어가는 것을 허용받지 못하고, 억압된 사랑이 다시 나타나는 때의 모습과 가면은 도대체 어떤 것일까요?"

크로코브스키 박사는 이렇게 물어보고는 청중에게서 진정으로 해답을 기대하는 듯이 좌중을 둘러보았다. 물론 이 또한 자기 스스로 말할 것임에 틀림없었다. 이때까지도 그런 식으로 여러 가지로 말했으니 말이다. 자기밖에는 그 해답을 알 사람이 없었지만, 그는 이것도 알고 있음에 틀림없었다. 그의 태도로 이것을 느낄 수 있었다. 게다가 쥐색 털실 양말에 수도사와 같은 샌들을 신은 크로코브스키 박사는 지금 말한 순결과 정열 사이의 투쟁을 스스로 구현하는 것처럼 보였다. 적어도 한스 카스토르프는 다른 청중과 함께 억압된 사랑이 어떻게 나타날 것인가 하는 대답을 무척 긴장하여 기다리는 듯한 그런 인상을 주었다. 부인들은 거의 숨을 죽이고 있었다. 파라반트 검사는 중요한 순간에 귓구멍이 막혀서 확실하게 듣지 못하면 안 되겠다고 서둘러 다시 한 번 귀를 후볐다. 드디어 크로코브스키 박사는 말했다.

"병의 모습으로지요! 병의 증상은 가면을 쓴 사랑의 활동이요, 모든 병은 모습을 바꾼 사랑인 것입니다."

아직 모든 청중이 그 해답을 이해할 수는 없었지만 이것으로 해답을 알 수 있었다. 한숨 소리가 홀 안에 흘렀고, 파라반트 검사는 의미심장한 찬성의 표시로 고개를 끄떡였다. 그러는 동안 크로코브스키 박사는 논지를 계속 전개해 나갔다.

한스 카스토르프도 머리를 숙이고 지금 들은 해답을 생각하고 그것을 이해할 수 있을까 생각해 보려고 했다. 그러나 이런 사고 과정에 익숙하지 않았고, 힘에 겨운 산책으로 머리가 잘 돌아가지 않았기 때문에 주의가 산만해졌고, 코 앞의 등, 그 등에 댄 팔, 땋은 머리를 밑에서 손으로 누르려고 바로 눈앞에서 올려 뒤로 돌린 팔에 곧 주의를 빼앗기고 말았다.

이렇게 바로 눈앞에서 내밀어진 손을 본다는 것은 가슴이 답답해지는 일이었다. 보지 않으려고 해도 그 손을 보게 되고, 그 손의 모든 흠을 확대경으로 보는 것처럼 연구하지 않으면 안 되었다. 눈앞의 손은 손톱이 아무렇게나 깎였고, 전체가 통통하여 귀족적인 데가 조금도 없는 여학생과 같은 손이었다. 손가락 관절의 바깥쪽이 더러워져 있는건 아닌지 사실 의심스러웠다. 손톱 둘레 피부가 거칠어진 것은 손톱을 씹는 나쁜 버릇 때문임은 의심할 바 없었다. 한스 카스토르프는 얼굴을 찡그렸지만 그 눈은 여전히 쇼샤 부인의 손에 빨려들어가고 있었다. 사랑을 억압하려는 소시민적인 저항에 대해 크로코브스키 박사가 말한 것이 불완전하고 막연한 형태로 되살아났다. 머리 뒤로 살짝 돌린 눈앞의 팔은 손보다 아름다웠다. 소매 감이 블라우스 감보다 더 얇았고 아주 얇은 망사 소매로 팔은 거의 다 드러나 있었지만, 그 망사 때문에 팔이 향기 나는 변용*⁹을 보였는데, 아무것도 걸치지 않았으면 이토록 아름답게 보이지는 않았을 것이다. 그 팔은 날씬한 데다 통통했고, 거기다 아무리 보아도 차가운 느낌을 주었다. 이 팔에 대해서는 소시민적인 저항 같은 것을 생각할 수 없었다.

한스 카스토르프는 쇼샤 부인의 팔을 응시하면서 꿈 같은 생각에 잠겼다.

'여자란 정말 옷을 잘 입을 줄 아는구나. 여자는 목과 가슴 등 여기저기를 드러내고, 투명하게 보이는 망사로 팔을 아름답게 보이게 한다…… 세계 어느 곳을 가더라도 여자는 남성들의 욕망을 일깨우기 위해 그런 복장을 한다. 아! 인생은 아름답다. 인생은 여자들이 매혹적인 복장을 한다는 마땅한 일 때문에 아름다운 것이다. 그것은 당연한 것이며 어디서나 행해지고 알려진 것으로, 누구도 그것을 새삼스레 생각해 보는 일 없이 무의식적으로 선뜻 받아들이는 것이다. 그러나 우리는 인생을 충분히 맛보기 위해 새삼 그것을 생각

---

*9 마태복음 17장 1~2절 참조.

해야 한다. 그리고 그것이 얼마나 즐겁고, 사실은 동화 같은 관습임을 생각해 볼 필요가 있다. 여자가 동화 같은 차림을 하고 있는데도 풍기에 어긋나지 않는 것은, 그것은 하나의 목적이며, 다음 세대와 인류의 번식을 위한 것이기 때문이다. 그런데 이를테면 여자가 내부에 질환이 있어 어머니가 될 수 없다면, 그 경우에는 어떻게 될 것인가? 그때도 망사 소매를 입고, 남성들의 호기심을 그녀의 몸에, 내부를 갉아먹히는 몸에 향하게 하는 것이 의미 있을까? 이 것은 분명히 아무 의미도 없고, 사실은 마땅치 않은 것으로 금지되어야 한다. 남성이 병에 걸린 여자에게 호감을 품는 것은 완전히 반이성적이기 때문이다. 내가 일찍이 프리비슬라프 히페에게 남몰래 흥미를 느꼈던 것과 마찬가지이다. 어리석은 비교이고 조금 괴로운 추억이다. 그러나 이 추억은 생각해 내려고 한 게 아니라 저절로 떠오른 것이다.'

그리고 그의 몽상적인 생각은 여기서 멈추었다. 닥터 크로브스키가 이때 목소리를 한층 더 높게 한 것에 주의를 빼앗긴 것이 그 원인이었다. 크로코브스키 박사는 테이블 앞에 양팔을 벌리고, 머리를 비스듬히 들고 서 있어서, 프록코트를 입었지만 거의 십자가상의 그리스도처럼 보였다.

그는 강연 마지막에서 정신 분석에 대한 대선전을 하며 팔을 벌리고 청중에게 자기에게 오라고 촉구했다. '괴로워하고 무거운 짐을 지고 있는 자들이여! 나에게로 오라'는 이 표현을 그는 다른 말로 하고 있었다. 그리고 모든 사람이 예외 없이 괴로워하고 무거운 짐을 지고 있다고 확신하고, 그것을 의심하지 않았다. 그는 숨은 괴로움에 대해, 수치와 번민에 대해 분석의 구체적인 작용을 말하면서, 무의식적 내용의 해명을 찬미하며, 병을 의식화된 감정에 환원시킬 것을 역설하고, 신뢰를 권장하고, 회복을 약속했다. 그리고 양팔을 내리고 머리를 바로 들더니, 강연에 이용한 인쇄물을 한데 모아 그 보따리를 선생처럼 왼손으로 어깨에 걸치고는 고개를 반듯이 하고 홀에서 퇴장했다. 모두 일어서서 의자를 뒤로 밀치고 박사가 홀을 나간 출구를 향해 천천히 움직이기 시작했다.

쥐 잡는 사람의 뒤를 따르는 무리들처럼*10 박사의 뒤를 쫓아 여기저기에서

---

*10 1284년 하멜른에 사는 사람들이 많은 쥐 떼들 때문에 어려움을 겪고 있을 때, 한 낯선 피리 부는 사나이가 피리를 불어 쥐 떼들을 거리에서 끌어내어 주었다. 하지만 하멜른 사람들은 그 사나이에게 약속했던 보수를 주지 않았다. 그 때문에 피리 부는 사나이는 다

모여서, 자기의 의지를 읽고 부화뇌동하여 나가는 것처럼 보였다. 한스 카스토르프는 그 물결 속에서 의자 등에 손을 얹고 서서 생각했다.

'나는 여기에 손님으로 와 있을 뿐이다. 나는 건강하며, 고맙게도 전혀 문제가 되지 않는 인간이며, 다음 강연 때는 여기에 있지 않는다.'

그는 쇼샤 부인이 발소리를 죽여가며 소리 없이 머리를 앞으로 내밀고 걸어나가는 것을 보았다. 그녀도 분석을 해 달라고 갈 것인가 하고 생각하니 심장이 뛰기 시작했다. 요아힘이 의자 사이를 누비고 사촌에게 가까이 왔지만, 그는 이것을 알아차리지 못했으므로 소리를 듣고서야 비로소 깜짝 놀랐다.

요아힘이 물었다.

"마지막 순간에 겨우 시간을 맞추었구나. 멀리까지 갔었나? 그래, 어땠어?"

"아, 좋았어. 꽤 멀리까지 갔었지. 그렇지만 사실대로 말하면 결과는 기대한 것보다 좋지는 않았어. 아직 시기가 너무 일렀든지, 아니면 완전 실패였나봐. 당분간은 장거리 산책은 안 할 작정이야."

강연이 마음에 들었는지에 대해서는 요아힘도 물어보지 않았고, 한스 카스토르프도 이에 대해서는 한 마디도 의견을 말하지 않았다. 그 뒤에도 두 사람은 강연에 대해서는 묵계를 맺은 것처럼 한 마디도 하지 않았다.

의문과 고찰

화요일은 우리의 주인공이 이 위의 사람들이 사는 곳을 찾아온 지 1주일이 되는 날이었다. 아침 산책에서 돌아오니 주말 계산서가 방에 와 있었다. 깔끔하게 작성된 상용문서와 같은 서류로 녹색 봉투에 들어 있었는데, 위쪽에는 그림이 인쇄되어 있고—베르크호프의 건물이 매력적으로 그려져 있었다—왼쪽 옆에는 안내서의 발췌가 좁은 난에 인쇄되어 있었다. '최신 원리에 따른 정신 요법'에 대한 것이 특히 격자체로 광고되어 있었다. 달필로 씌어진 금액은 합하여 약 180프랑으로 되어 있었는데, 그 내역은 음식대와 의료비로 하루에 12프랑, 방 값이 하루에 8프랑, 입원비가 20프랑, 방 소독비가 10프랑, 그 밖에 세탁비며 맥주값, 도착한 날 밤의 포도주 값 등의 세목이 계산되어 총액으로 나와 있었다.

시 피리를 불어 거리에 사는 아이들을 모조리 데리고 하멜른 근처의 산 속으로 모습을 감추어 버렸다는 전설.

한스 카스토르프는 요아힘과 회계를 검산해 보고, 이의를 제기할 것이 하나도 없다고 생각했다.

"나는 치료 같은 건 받은 일이 없는데. 그러나 이것은 내가 마음대로 받지 않았던 것이고 음식대에 포함되어 있으니 치료비만 감해 달라고 요구할 수도 없겠지. 불가능할 거야. 10프랑의 소독비는 폭리야. 미국 아가씨 하나를 소독하는 데 10프랑의 HCO가 들 리 없어. 그러나 전체적으로 볼 때 오히려 싸다고 할 수 있군. 봉사해 주는 것을 생각하면 말이야."

두 사람은 두 번째 아침 식사 전에 사무국으로 지불하러 갔다.

사무국은 1층에 있었다. 홀 저쪽의 의상실, 취사장, 조리실을 따라 복도로 나가면 저절로 사무국 입구 앞으로 갈 수 있었고, 사기로 된 푯말이 붙어 있어서 곧 그곳을 찾을 수 있었다. 한스 카스토르프는 사무국에서 요양원 경영의 영업적인 중추부를 흥미를 갖고 좀 들여다볼 수 있었다. 그곳은 작지만 사무소의 체재를 갖추고 있었다. 타자수가 한 사람 일하고 있었고, 세 사람의 사무원이 책상에 몸을 구부리고 있었으며, 이웃 방에는 관록이 있는 사무장 아니면 지배인 같은 풍채의 신사가 방 가운데 놓여 있는 둥근 책상에서 사무를 보고 있었는데, 두 손님에게 차갑고 사무적인 눈초리를 안경 너머로 던질 뿐이었다. 사무원이 창구에서 지폐를 바꾸어 입금하고는 영수증을 만드는 입금 사무를 끝내고 있는 동안, 두 사람은 관공서에 존경심을 품는 독일 청년답게 진지하고도 겸손하게, 공손함에 가까운 태도로 잠자코 서 있었다. 거기를 나와서 아침 식사를 하러 가는 길에, 그리고 그날 다른 때에도 베르크호프의 조직에 대해 서로 이야기했다. 베르크호프에 전부터 있어 여기 사정에 정통한 요아힘이 사촌의 질문에 대답했던 것이다.

베렌스 고문관이 이 요양원의 소유자이고 경영자인 것처럼 보이지만 사실은 그렇지 않았다. 그의 상부와 배후에는 모습을 나타내지 않는 권력이 존재하고 있었는데, 그것이 이 사무소라는 형식에 조금 그 모습을 드러내 보이고 있었다. 감독 단체의 주식 회사로서, 요아힘의 신용할 수 있는 확언에 따르면, 이 주식 회사는 의사에게 높은 급여를 지불하고 가장 관대한 경영법을 채택하고 있는 데도 해마다 주주에게 높은 비율의 배당을 지불하므로, 이 주를 가지고 있다는 것은 나쁘지 않은 투자 같았다. 따라서 고문관은 독립된 경영자가 아니고 단순히 대리인, 직원, 간부의 한 사람에 지나지 않았다. 물론 최고

간부이고 전체의 심장이라고 할 인물로서, 경영의 영업 방면에는 원장이라는 처지에서 전혀 관여하지 않아도 되었지만, 감사 단체를 포함한 전체 조직에는 결정적인 발언권을 가지고 있었다. 고문관은 독일의 서북부 태생으로, 그의 의도와 계획과는 반대로 몇 년 전에 현재의 지위에 올랐다고 한다. 오른편 비탈진 길 위에 있는 그림같이 아름다운 '동리'의 묘지—뒷골짜기 입구에 가까운 다보스 촌락 묘지에 몇 년 전부터 잠들어 있는 죽은 부인 때문에, 이 위로 올라온 것이다. 베렌스 부인은 베렌스 집안의 곳곳에 장식된 사진, 그리고 아마추어 화가인 베렌스의 손으로 그린 집안 벽에 걸려 있는 유화를 보면, 눈이 너무 크고 창백해 보였지만 아주 사랑스럽고 매혹적이었던 모양이다. 그녀는 고문관과의 사이에서 1남1녀를 낳았으나, 그 뒤 허약한 몸에 열이 나기 시작하여 이 위로 옮겨졌다. 그런데 2, 3개월 사이에 완전히 쇠약해져서 체력을 깡그리 소모해 버리고 말았다고 한다. 사람들의 말로는 부인을 몹시 사랑했던 베렌스는 아내를 잃은 충격에 정신을 잃고, 한동안 우울증에 걸려 머리가 이상해져서 길거리에서도 혼자 웃고, 기이한 손짓을 하거나, 혼자 중얼거리기도 해서 사람들의 눈길을 끌었다는 것이다. 그 뒤부터 그는 이전의 생활로 돌아가지 않고 이곳에 정착해 버렸다. 물론 부인이 영원히 잠든 곳을 차마 떠날 수 없었기 때문이기도 했지만, 그가 이곳에 안착한 것은 그런 감상적인 이유에서가 아니었다. 자기도 조금 가슴을 앓아서, 자기의 의학적 진단에 따르면 결국 그도 이곳을 떠날 수 없는 인간이었기 때문이다. 이리하여 베렌스는 자기가 감독할 환자들과 같은 병에 걸린 의사로서 이 위에 정착한 것이다. 병에 자유로운 처지에 서 있지 않은 의사, 병에 얽매이지 않는 자유로운 처지에서 병을 퇴치하는 게 아니라, 자기도 병에 매인 의사가 된 것이다. 이는 특수한 경우지만 실례가 없는 것은 아니고, 장점과 단점이 있다는 것은 분명하다. 의사가 환자와 같은 병에 걸린 사람이라는 것은 확실히 환영할 만한 일로, 괴로워하는 자만이 괴로워하는 자의 지도자와 구원자가 될 수 있다는 생각은 경청할 가치가 있기 때문이다. 그러나 하나의 힘에 예속된 인간이 그 힘을 정신적으로 정말 지배할 수 있을까? 자기 자신도 예속되어 있는 자가 남을 해방시킬 수 있을까? 병을 앓는 의사는 우리의 솔직한 감정에는 모순이며 의심스러운 현상이다. 병에 대한 이런 의사의 정신적 지식은 경험에 따른 지식으로 풍부해지고, 윤리적으로 강화되기보다는 오히려 흐려지고 혼란해지는 것이 아닐까? 병을 확실한 대립 관계에서 똑바로 보는 것이 아니라, 처지가 자유롭지 않으며, 어느 쪽의 인간인지 애매하다. 병의 진영에 속한 인간이 과연 건강한 사람과 마찬가지로 병자의 치료, 또는 단순히 그 보호 안에라도 흥미를 가질 수 있을까 하는 것은 문제가 문제인 만큼 신중하게 생각해 보아야 할 것이다.

한스 카스토르프는 베르크호프와 그 원장에 대해 이야기를 나누었을 때, 위에 쓴 것과 같은 의문과 고찰을 이때까지와 마찬가지로 떠올렸다. 그러나 여기에 대해서 요아힘은 베렌스 고문관이 아직도 병을 앓고 있는지 어떤지는 전혀 알 수 없고, 아마 벌써 낫지 않았겠느냐고 말했다. 베렌스 고문관이 여기서 치료에 종사한 것은 오래전의 일이었다. 이 위에 오기 전에는 한동안 독립하여 개업했고, 청진과 기흉에 뛰어난 의사로 순식간에 유명해졌다. 그러다가 베르크호프에서 자기 지위를 굳히고, 벌써 10년 가까이 이 요양원과 하나와 마찬가지인 관계에 있었다. 베르크호프 건물 깊숙한 곳, 서북쪽 날개 끝에 살고 있는데—크로코브스키 박사도 그 근처에 살고 있었다—, 세템브리니가 조롱조로 말한 옛 귀족 출신의 부인, 한스 카스토르프도 잠깐 보았던 수간호사가 베렌스의 생활을 위해 자질구레한 가사를 돌보고 있었다. 또한 베렌스는 혼자 지내고 있었다. 아들은 독일 국내 대학에서 공부하고 있고, 딸은 스위스의 프랑스어 지대의 변호사와 결혼해서 살고 있는 주부였다. 베렌스의 아들은 방학 때면 아버지에게로 가끔 놀러 왔다. 요아힘이 이 위에 온 뒤로도 한 번 돌아와 있었다. 요아힘의 말에 따르면, 그럴 때면 요양원 여자들이 흥분해 버려 체온이 올라가고, 안정 홀에서는 질투 때문에 싸움이 벌어지며, 크로코브스키 박사의 개인 진찰 시간에는 치료를 요구하는 여자 손님의 수가 여느 때보다 훨씬 많아진다는 것이었다. 조수 크로코브스키에게는 개인적인 치료를 위해 특별히 방 하나가 제공되어 있었고, 그 방은 큰 진료실, 실험실, 수술실, 뢴트겐 실과 마찬가지로 요양원에서 가장 볕이 잘드는 지하실에 있었다. 지하실이라고 부르는 까닭은 1층에서 돌계단을 통해 거기로 내려가는 것이 정말로 지하실로 내려가는 인상을 주기 때문이었는데, 그러한 인상은 거의 완전한 착각에 의한 것이라고도 말할 수 있었다. 첫째, 1층이 꽤 높은 위치에 있었고, 둘째, 베르크호프의 건물이 주로 비탈에 기대 있듯이 서 있어서 이른바 지하실의 각 방은 전면의 정원과 골짜기로 향해 있었기 때문이었다. 그 때문에 돌계단의 인상과 의미도 좀 약화되고 사라져 버렸다. 1층에서 돌계단을 내려가면 마치 지상에서 지하로 내려가는 듯한 느낌이었지만, 지하로 내려가면 여전히 지상으로, 기껏해야 땅에서 이삼 피트 쯤 낮은 곳에 있을 뿐이었다. 한스 카스토르프는 어느 날 오후 체중을 재러 마사지 선생에게 가는 사촌을 만나 이곳으로 내려 와 보고 그와 같은 착각을 즐기게 되었다. 이 지하도 모든 것이 병원처럼 밝고 깨끗했다. 모두 흰색뿐으로, 문마다 흰 래커가 칠해져서 희게 빛나고 있었다. 크로코브스키 박사의 응접실 문도 흰색으로 칠해져 있었고, 그의 명함이 제도용 핀으로 박혀 있었다. 이 문은 특히 복도에서 두 단 더 내려간 데에 있어서 마치 창고같이 보였다. 문은 계단의 오른쪽 복도 끝에 있어서, 한스 카스토르프가 요아힘을 기다리면서 복도를 왔다 갔다 했을 때 그 문에 특히 주의하고 있었다. 과연 거기에서 누군가 나오는 것을 보았다. 그 사람은 최근에 이곳에 온, 아직 한스 카스토르프가 이름을 알 수 없는 홀쭉하고 키가 작은 고상한 부인으로, 이마에 머리칼을 곱슬곱슬하게 하고 금 귀고리를 달고 있었다. 그녀는 몸을 깊이 구부린 채 한 손으로 스커트를 들고, 반지를 낀 작은 손으로 손수건을 입에 대면서 돌계단을 올라왔다. 그러나 입에 댄 손수건 위로, 상체를 구부린 채 빛깔이 엷고 큼직하며 어리둥절한 눈을 허공으로 보내고 있었다. 그러고는 치맛자락 소리를 살랑살랑 내면서 1층으로 올라가는 계단 쪽을 종종걸음으로 서둘러 가다가 무엇이 생각난 것처럼 갑자기 멈추어 섰다. 그러더니 다시 종종걸음으로 몸을 구부린 채 손수건을 입에 대고 계단 뒤로 모습을 감추었다.

그 부인이 문을 열고 나왔을 때 그녀의 뒤로 보인 방 안은 흰 복도에 비해 훨씬 어두웠다. 병원다운 깨끗한 밝음도 그 지하에 있는 방까지는 미치지 못하는 모양이었다. 한스 카스토르프가 본 바로는 크로코브스키 박사가 정신 분석을 하는 개인실은 은밀하고 엷은 조명과 깊은 어둠에 싸여 있었다.

식탁에서의 담화

화려한 식당에서 식사를 할 때, 요아힘과 떨어져 결행한 산책에서 시작된 할아버지와 같이 목이 떨리는 것이 아직도 남아 있어서 한스 카스토르프를 꽤 당황스럽게 만들었다. 식사 시간에 한해서 거의 규칙적으로 머리가 떨리기 시작했는데, 그렇게 되면 좀처럼 멈출 수가 없었을 뿐 아니라 그것을 숨기기도 어려웠다. 턱을 가슴에 끌어당긴 근엄한 자세가 언제나 계속할 수 있는 자세는 아니었기 때문에 그는 다른 방법으로 이 볼품 없는 모양을 감추려고 여러 수단을 연구했다. 이를테면 좌우의 옆 사람에게 말을 걸어 가능하면 머리를 움직인다든가, 수프의 숟가락을 입에 넣는 경우 왼편 아래팔을 테이블 위에 강하게 눌러 자세를 지탱한다든가, 요리 접시가 바뀔 때에는 팔꿈치를 집고 손으로 머리를 받치는 것이었다. 이 모두가 자신의 눈에도 무례하다고 생각되는 것이었으나, 방종한 환자들과의 식사이니만큼 너그럽게 보아줄 수 있는 행동이었다. 그러나 이런 노력은 번거롭기 짝이 없고, 전에는 이에 따르는 긴장감과 구경거리 때문에 그렇게 즐거웠던 식사도 이제는 완전히 재미없게 되었다.

사실대로 말하면—한스 카스토르프도 그건 잘 알고 있었는데—그가 괴로워하는 부끄러운 현상은 이곳의 공기와 이곳에 익숙해지려는 노력에 따른 생리적인 원인 때문이 아니라 정신적인 흥분에서 오는 현상인 것으로, 식사 때의 긴장과 구경거리와 직접 관계가 있었다.

쇼샤 부인은 식사에는 반드시 늦게 왔는데, 그녀가 모습을 나타내기까지는 한스 카스토르프는 앉아 있어도 안정할 수 없는 기분이었다. 그는 그녀가 왔다는 것을 알려 주는 유리문 닫는 요란한 소리를 이제나저제나 기다리다가 그 소리가 나면 동시에 몸이 떨리고 얼굴에서 핏기가 가셔지는 것을 미리 느꼈다. 사실 언제나 그 예상이 그때마다 적중했다. 처음에는 그럴 때마다 화가 나서 그쪽으로 몸을 돌리고, 눈을 곤두세우고, 이 상습 지각자를 '일류 러시아인 자리'의 그녀의 자리까지 눈으로 쫓아가 그 뒷모습에 대고 화가 치미는 비난의 외침을 이 사이로 들릴락말락하게 퍼부었다. 그러나 이제는 그것을 그만두고 입술을 깨물며 접시 위로 더 깊이 몸을 굽히고, 오히려 의식적으로 얼굴을 반대쪽으로 돌리게 되었다. 성낼 자격도 없어지고, 비난할 수 있을 만큼 자기가 결백하지도 않고, 주위 사람들에 대해 그녀의 무례가 자신의 책임인 것처럼 느껴졌던 것이다. 요컨대 그는 부끄러워했는데 쇼샤 부인 때문에 부끄러워했다는 게 아니라, 주위 사람들에 대해 자신이 부끄러워졌던 것이다. 물론 부끄러워하지 않아도 괜찮았을 것이다. 왜냐하면 식당에서 아무도 쇼샤 부인의 무례함과, 한스 카스토르프가 그것을 부끄러워하는 사실을 주의하지 않았기 때문이다. 오른편 옆자리의 여교사 엥겔하르트를 제외하면 그랬다.

눈에 잘 띄지 않는 이 여자는, 한스 카스토르프가 문이 '쾅' 닫히면 신경질을 부리는 것에서, 그와 러시아 부인 사이에 정서적인 관계가 생겼음을 알아차렸다. 그리고 이런 관계가 생기기만 하면 그것이 어떤 성질의 관계인가는 문제가 아니라는 것, 더구나 청년이 배우의 소질과 재능이 부족하기 때문에 참으로 서툴게 연출하고 있는 꾸민 무관심은, 이 관계를 약화하기는커녕 더욱 깊게 하는 것으로, 관계의 진보와 발전을 의미하는 것도 간파하고 있었다. 자신의 매력에 자신도 없고, 희망도 갖고 있지 않은 여교사는 쇼샤 부인에 대해 자신을 잊은 황홀감에 젖어 말을 계속했는데, 이상하게도 한스 카스토르프는 여교사의 선동적인 언동의 의미를 즉시는 아니더라도, 차츰 명백하게 느끼고 그것을 완전히 알아차리고는 혐오까지 느끼면서도 일부러 부추김당하고 속아넘어가려고 했다.

노처녀가 말했다.

"쾅! 그 여자네요. 누가 들어왔는지 보지 않아도 알 수 있어요. 역시 그 여자예요. 저기 걸어가네요. 그런데 참 귀여운 걸음걸이군요. 우유가 든 접시에 살짝 다가가는 아기고양이 같네요. 당신에게 자리를 바꾸어 드리고 싶어요. 당신도 이렇게 다른 사람에게 신경을 쓰지 않고 천천히 지켜볼 수 있게 말이에요. 당신이 저 사람을 돌아보지 않는 것은 나도 이해할 수 있어요. 저 사람이 그 사실을 알아차리면 얼마나 우쭐해할지 모르니까…… 지금 식탁에 앉은 사람들에게 인사하고 있어요…… 당신도 조금만이라도 볼 수 있었으면 좋을 텐데요. 저 사람을 보고 있으면 기분이 좋아져요. 지금처럼 살짝 웃고, 말을 시작하면 한쪽 볼에 보조개가 생겨요. 언제나 생기는 게 아니라 그렇게 만들려고 할 때뿐이랍니다. 정말 어린아이같이 귀여운 부인이에요. 그래서 저렇게 태도가 칠칠하지 못하겠지요. 저런 사람에게는 무조건 끌려들기 마련이랍니다. 칠칠치 못한 태도에 성을 내도, 그것이 결국은 좋아하게 되는 매력의 하나거든요. 성을 내면서도 좋아하지 않을 수 없는 건 아주 행복한 기분이지요……"

여교사는 손으로 입을 가리고 주위에 들리지 않게 속삭였지만, 노처녀다운 볼의 솜털 밑에 일고 있는 홍조는 평열을 넘는 체온을 말해 주고 있었다. 노처녀의 요염한 수다는 한스 카스토르프의 골수에 젖어 들어 그의 피를 흔들어 놓았다. 그는 어딘지 기대고 싶은 기분에서 쇼샤 부인이 매력적인 여자라는 것을 다른 사람에게 보증받고 싶었고, 또 이성과 양심 때문에 방해의 저항을 받고 있는 감정에 몸을 맡기고 싶도록 외부에서 자극을 받았으면 했다.

그러나 이 대화도 구체적인 내용은 거의 담고 있지 않았다. 엥겔하르트 양이 아무리 열을 올려도 쇼샤 부인에 대해서는 구체적인 사실을 아무것도 모르고 있으며, 이 점에서는 요양원의 누구와도 다를 바가 없었다. 그녀는 쇼샤 부인을 잘 몰랐고, 쇼샤 부인과 가깝게 지내는 친구라고 자랑할 수도 없었다. 그녀가 한스 카스토르프에게 자랑할 수 있었던 오직 한 가지는 그녀가 러시아 국경에서 그리 멀지 않은 쾨니히스베르크에 집이 있고, 러시아말을 몇 마디 알고 있다는 것뿐이었다. 그것은 그리 충분하지 않은 재료였지만, 한스 카스토르프는 곧 그것을 쇼샤 부인과 어떤 개인적인 관계를 가진 증거처럼 느끼려고 했다.

한스 카스토르프가 물었다.

"그녀는 반지를 끼고 있지 않더군요. 결혼 반지를 끼고 있지 않은 것 같아요. 도대체 어찌 된 것일까요? 결혼한 걸로 듣고 있습니다만."

여교사는 질문을 받고 뭔가 말을 해야 했으므로 당황했다. 그녀는 쇼샤 부인에 대해 한스 카스토르프에게 책임을 느꼈다.

"그런 것은 너무 엄밀히 생각하실 것 없다고 생각해요. 결혼한 것만은 확실해요. 그것은 의심할 여지가 없습니다. 흔히 외국 아가씨들이 나이를 좀 먹으면 뽐내기 위해 마담이라고 부르는 모양입니다만, 저분은 그게 아니고 우리 모두가 알고 있듯이 러시아의 어디엔가 남편이 정말 있어요. 이곳에 있는 누구나가 모두 그것을 알고 있어요. 사실은 다른 이름이 있지요. 프랑스 이름이 아니고, 러시아 이름이…… 아노브 아니면 우코브로 끝나는 이름이에요. 그 이름을 잘 알고 있었는데 지금은 갑자기 생각이 안 나는군요. 원하시면 알아보고 오지요. 그것을 아는 사람이 여기에 몇 사람 있을 테니까요. 반지 말입니까? 그래요. 끼고 있지 않아요. 나도 그게 눈에 띄었어요. 하지만 그건 어울리지 않기 때문이 아닐까요? 손이 넓게 보이는 때문이겠지요. 그렇지 않다면 결혼 반지를 끼는 게 구식이라고 생각하는가 보지요. 그런 밋밋한 금반지 같은 것은요…… 그 손으로 시장 바구니라도 드는 날에는 영락없는 가정 주부지 뭐예요…… 아니지요. 그런 것을 끼고 다니기에 그녀는 통이 너무 큰가 봐요…… 나는 알고 있어요. 러시아 부인은 모두 저렇게 구애받지 않는 통이 큰 것을 태어날 때부터 갖고 있지요. 게다가 저런 반지는 어딘지 차갑게 거절하는 것 같은, 흥이 깨지는 듯한 데가 있지 않을까요? 예속의 상징 같아서 여자를 수녀 같은 느낌으로 만들어 버리니까요. '나에게 닿지 말지어다'라는 꽃말의 봉숭 아처럼 만들어 버린답니다. 그런 것이 쇼샤 부인의 취미에 맞지 않는다고 해도 나는 조금도 이상하게 생각지 않아요…… 저렇게 매력적이고, 꽃이라면 지금이 한창이라고 할 사람인걸요…… 아마 저 사람은 악수를 허락하는 신사에게 자기는 결혼으로 얽매인 신분이라는 것을 느끼게 할 필요도, 기분도 없을 거예요……."

여교사가 이렇게 열을 올리다니 정말 놀라운 일이었다. 한스 카스토르프는 깜짝 놀라서 그녀의 얼굴을 쳐다보았지만, 그녀는 당황하면서도 오히려 그를 마주 쳐다보았다. 그리고 두 사람은 숨을 돌리기 위해 한동안 가만히 있었다. 한스 카스토르프는 목이 떨리는 것을 누르면서 계속 먹었다. 그러고는 물었다.

"그러면 남편은? 남편은 그녀를 그냥 내버려 두고 있습니까? 한 번도 이곳에 찾아오지 않았습니까? 도대체 무엇을 하는 사람입니까?"

"관리지요. 러시아 행정관으로, 아주 벽촌인 다게스탄이라는 곳에 임명을 받고 가 있지요. 코카서스 산맥 너머 동쪽에 있는 곳이지요. 그렇지요. 아까도 말했지만, 이 위에서는 아직 아무도 그를 만나지 못했어요. 저이가 이번에 다시 이곳에 온 지 3개월이 되어요."

"그러면 여기에는 처음 온 게 아니군요."

"처음이 아니지요. 이번이 두 번째예요. 그 사이는 어디 다른 곳에 있었겠지요. 여기와 같은 곳에 말이에요. 그리고 반대로 저이 쪽에서 남편을 가끔 찾아가는 모양입니다. 가끔이 아니라 1년에 한 번쯤 말이에요. 별거 생활이라고 할까요?"

"그렇겠지요. 저 여자는 환자니까요."

"물론 환자임에는 틀림없어요. 하지만 대단한 상태는 아니에요. 언제나 요양원에서 살면서 남편과 별거해야만 할 정도로 중병은 아니거든요. 거기에 또다른 이유가 여럿 있는 모양이에요. 이곳 사람들은 모두 그렇게 상상하고 있답니다. 아마 저 여자는 코카서스 산맥 저쪽의 다게스탄과 같은 미개한 고장에서 사는 것이 싫은 모양이지요. 하지만 그렇더라도 그건 당연한 일이라고 생각해요. 그러나 남편과 함께 살지 않는다는 것은 어느 정도는 남편에게도 책임이 있을 거예요. 남편 이름은 쇼샤라는 프랑스식의 이름이지만, 러시아 관리거든요. 러시아 관리는 야만인이니까요. 정말이에요. 나도 언젠가 한 번 러시아의 관리를 본 적이 있어요. 붉은 얼굴에 쇳빛 같은 턱수염을 기르고 있었어요. 그들은 예외 없이 뇌물을 좋아하고 보드카에 정신이 없지요. 브랜디 말이에요...... 체면상 초장에 담근 버섯 두세 개나 상어를 얹은 빵 한 조각을 주문하지만, 노리는 것은 그 보드카랍니다. 정말 목욕하듯 마시고도 그것을 한 잔이라고 하니 어처구니가 없지요......"

"당신은 모든 것을 남편의 죄라고 하는군요. 그러나 두 사람이 함께 잘 살지 못하는 것은 그녀의 죄일는지 모르지요. 공평해야 해요. 저 여자를 보고 있으면, 그리고 문을 '쾅' 소리가 나게 닫는 무례함을 보고 있으면...... 나는 아무래도 천사처럼 생각할 수 없어요. 부디 기분 나쁘게 생각하지 말아 주세요. 나는 그렇게 그녀를 믿을 수가 없습니다. 그런데 당신은 공평하지 않습니다. 그녀에게 온통 반해서 그녀의 편을 들고 계십니다......"

한스 카스토르프가 이렇게 말했는데 이런 투의 이야기는 그가 상투적으로 사용하는 방법이었다. 본래 그의 성질에 없는 교활함을 이용하여, 엥겔하르트 양의 쇼샤 부인에 대한 열광이 어떤 성질의 것인지를 확실하게 느끼면서도 일부러 농담처럼 받아넘겼다. 그러면서도 자신은 방관자인 것처럼 냉정하고 유머러스한 거리를 두고 노처녀를 야유하듯 행동했다. 그래도 자기와 한편인 엥겔하르트 양이 그의 뻔뻔스러운 비꼼을 꾸짖지 않고 감수하리라는 확신이 있어서 조금도 위험할 것은 없었다.

그는 새삼스럽게 여교사에게 인사했다.

"좋은 아침입니다. 잘 주무셨습니까? 아름다운 민카의 꿈이라도 꾸셨겠지요?...... 아니, 그녀에 대한 이야기만 하면 얼굴이 붉어지는군요. 정말 반하셨나 봐요. 이것만은 부정하지 마세요."

여교사는 정말로 얼굴이 붉어져서 찻잔 위로 얼굴을 깊이 숙이고는 왼편 입가로 속삭였다.

"정말 나쁜 사람이군요, 카스토르프 씨. 그렇게 빈정대는 말을 해서 나를 괴롭히다니, 나빠요. 우리가 저 여자에게 눈독을 들이고 있고 그 일로 해서 당신이 내 얼굴을 붉히게 만든다는 것을 모두 눈치채겠어요......"

식탁에서 이웃으로 앉은 이 두 사람은 사실 괴상한 짓을 하고 있었다. 두 사람은 자기들이 이중, 삼중으로 속임수를 쓰고 있다는 것을 잘 알고 있었다.

한스 카스토르프는 쇼샤 부인에 대한 것을 말하고 싶은 나머지 쇼샤 부인을 방편으로 이용하여 여교사를 야유하고, 이 노처녀와의 이런 장난에서 건강하지 못한 도착적 쾌감을 맛보고 있었다. 또 노처녀는 첫째, 중매 역할을 연출할 생각에서, 둘째, 청년의 환심을 사고 그녀 자신도 쇼샤 부인에게 조금은 반했기 때문에, 셋째, 청년에게 농담을 듣고 얼굴을 붉히는 일이 즐거웠기 때문에 그의 상대 노릇을 했던 것이다. 두 사람은 그것을 자신에 대해서나 상대편에 대해서도 확실히 알고 있었고, 어느 쪽도 그것을 알고 있음을 상대가 간파하고 있다는 것 또한 알고 있었다. 참으로 복잡하고 불결한 일이었다. 한스 카스토르프는 이렇게 복잡하고 불결한 것이 싫고 이런 것에는 혐오감을 품었지만, 이 위에 손님으로 와 있을 뿐이며 얼마 안 있어 떠나갈 것이니 괜찮다는 식으로 마음에 위로를 하며 불결한 진흙 구덩이 속을 마구 철벅거린 셈이 되었다. 그는 공평한 태도를 취하면서 '칠칠치 못한' 부인의 외모를 유식한 사람처럼 비판했다. 그녀의 옆얼굴보다 정면 얼굴이 단연 젊고 아름답게 보인다고 하면서, 눈과 눈 사이가 너무 떨어져 있다고 말하고, 자세에 유감스러운 점이 많지만 그 대신 팔이 아름답고 부드러운 모습을 하고 있다고 말했다. 그는 이렇게 비평하면서 목이 떨리는 것을 감추려고 했지만, 여교사가 그 헛된 노력을 알아차린 것을 느꼈을 뿐만 아니라, 그녀의 목도 마찬가지로 떨리는 것을 알자 참을 수 없는 기분이 되었다. 또한 그가 쇼샤 부인을 '아름다운 민카'라고 부른 것은 정략적이며, 본디 그와는 인연이 없는 교활함에서 나온 것으로, 그렇게 하면 그가 계속하여 다음과 같이 물을 수 있었기 때문이었다.

"민카는 농담이라고 해 두고, 그녀의 정말 이름은 무엇입니까? 당신이 반한 분이라면 그 정도는 아시리라 믿습니다."

여교사는 생각하는 얼굴을 하다가 대답했다.

"네, 알아요. 알고 있었어요. 타트야나라고 하지 않았나 모르겠네요. 아니, 그렇지 않았어요. 나타샤도 아니지, 나타샤 쇼샤? 아니, 그렇지 않아요. 알았어요. 아브도트야라고 해요. 아무튼 이런 식의 이름이었어요. 카트엥카 또는 니노츠카라는 이름이 아닌 것만은 확실해요. 그만 깜빡 잊어버리고 말았군요. 하지만 꼭 아시고 싶다면 누구에게 물어보고 오지요. 그런 거야 쉬운 일이니까요."

다음 날 그녀는 정말로 이름을 알아왔다. 점심 식사 때, 유리문이 '쾅' 소리를 내고 닫히는 것을 들으면서 그녀는 그것을 가르쳐 주었다. 쇼샤 부인은 클라브디아라는 이름이었다.

한스 카스토르프는 그 이름을 금방 알아듣지 못했다. 그 이름을 다시 한 번 묻고 발음해 본 뒤에 겨우 이해했다. 그러고는 충혈된 눈을 쇼샤 부인에게 돌리고, 그 이름을 본인에게 맞추어서 시험해 보려는 듯이 되풀이하여 중얼거렸다.

"클라브디아. 정말 그렇겠군요. 잘 어울리는데요."

그는 쇼샤 부인의 이름까지 알게 된 기쁨을 감추려고 하지 않고, 그 뒤부터는 그녀를 '클라브디아'라고만 불렀다.

"당신의 클라브디아는 빵을 뭉치고 있어요. 그다지 고상하다고는 할 수 없겠는데요."

그러자 여교사가 대답했다.

"문제는 누가 그런 일을 하느냐에 달려 있지요. 클라브디아라면 그것이 어울리지요."

그렇다. 일곱 개의 식탁이 나란히 있는 홀에서의 식사는 한스 카스토르프에게는 대단한 매력이었다. 그는 식사가 끝날 때마다 섭섭함을 느꼈지만, 곧 또 두 시간이나 세 시간 반 뒤에는 거기에 다시 앉을 수 있다는 것을 생각하고 마음의 위로를 삼았다. 그리고 거기에 다시 앉으면, 그곳에 계속 앉아 있었던 것 같은 생각이 들었다. 사실 식사와 식사 사이에 무슨 일이 있었겠는가? 아무 일도 없었다. 산에 물이 흐르는 곳 아니면 영국 거리까지 가벼운 산책을 하고 난 뒤, 침대 의자에 잠깐 누워 있었을 뿐이다. 이것은 중단이라고 할 정도의 것은 아니어서 문제가 될 만한 방해는 아니었다. 이것이 만약 머릿속에서 쉽게 예측할 수도 없고 무시할 수도 없는 뭔가 근심이나 수고를 해야만 되는 일이었다면 사정은 달랐을 것이다. 그러나 베르크호프의 빈틈없이 교묘하게 짜여진 생활에서는 그런 것은 생각할 수 없었다.

한스 카스토르프는 식사를 끝내고 의자에서 일어서면, 곧 다음 식사를 낙으로 기다릴 수가 있었다. 그러나 그것도 그가 병든 클라브디아 쇼샤와 같은 홀에서 다시 함께 되기를 고대하는 심정을, 낙이라는 말로 표현해도 좋다면 말이다. 그의 경우 이 말은 경박하고 단순하고 들뜨고 흔히 있는 말이 아니기 때문이다. 또한 독자는 한스 카스토르프의 인품과 내면 생활에는 향락적이고 진부한 말이 꼭 알맞다고 생각할지도 모른다. 그러나 그도 이성이나 양심이 있는 청년으로서 그렇게 함부로 쇼샤 부인을 바라보거나 부인과 함께 있는 것을 낙으로만 삼고 있지는 않았다는 것을 이해해 주기 바란다. 그래서 우리는 누군가 그에게 그런 말을 한다면, 그는 어깨를 움츠리며 그것을 거절했으리라는 것을 여기서 분명히 해 두고자 한다.

그렇다. 그는 어떤 종류의 표현에 대해서는 고자세로 나왔다—이것은 여기서 말해 두어야 할 필요가 있다. 그는 볼이 매우 상기되어 돌아다녔는데, 무심결에 혼자서 노래를 흥얼거렸다. 그 노래는 언제 어디서 배운 것인지, 아무튼 어떤 사교 모임이나 자선 음악회 같은 데서 성량이 작은 소프라노 가수가 부른 것을 기억해 두었다가 지금 생각해 낸 것이리라—. 감미롭지만 보잘것없는 노래로, 가사는 다음과 같은 문구로 시작했다.

내 마음 세차게 뛰노네,
당신이 하신 그 말씀으로.

그는 다시 계속해서,

당신의 입술에서 흘러나와
내 가슴에 스며드는 그 말씀!

이렇게 계속 노래부르려고 하다가 갑자기 어깨를 움츠리고, 시시하다고 말하고는 가련한 노래를 속되고 감상적인 노래로 느껴 멈추고 말았다. 좀 우울한 기분이 들었으나 깨끗이 중단했다. 저지(低地)의 건강한 아가씨에게 세속적이고 온화하고 그럴듯한 방법으로, 이른바 '마음'을 바치는, 속되고 유망하고 상식적인, 즉 행복한 도취감에 만족할 수 있는 그런 젊은이에게는 이런 달콤한 노래가 어쩌면 환영을 받을지도 모른다. 그러나 한스 카스토르프나 그의 쇼샤 부인에 대한 관계에—관계라는 말은 한스 카스토르프가 사용한 말로, 우리는 그 책임을 지지 않는다—그 노래는 전혀 맞지 않았다. 그는 침대 의자에 누워서 그 노래에 '시시하다'는 심미적인 비판을 하고는—대신 더 알맞은 노래를 부를 수 있는 것도 없었지만—코에 주름을 잡고 노래 도중에 입을 다물고 말았다.

　그러나 침대 의자에 누워 심장이 주위의 고요 속에서—하루 중에서 가장 중요한 낮잠의 안정 요양 시간에, 규칙에 따라 베르크호프의 구석구석까지 뒤덮은 고요 속에서—성급하고 선명하게 뛰고 있는 것에 주의하면서 만족을 느끼는 것이 한 가지 있었다. 심장은 이 위에 온 뒤 거의 언제나 그랬지만 지금도 집요하고도 고통스럽게 뛰었었는데, 한스 카스토르프는 최근에는 처음만큼 그것에 신경을 쓰지 않게 되었다는 점이다. 이제 심장은 저절로 이유도 없이, 영혼과 연관이 없이 고동친다고 할 수 없게 되어 있었다. 고양된 육체 활동에 대해 그것을 설명할 수 있는 정신적 흥분을 아주 자연스럽게 연결시킬 수 있었던 것이다. 즉 쇼샤 부인을 생각하기만 하면—그리고 생각하지 않을 수 없었다—심장의 고동을 설명하기에 알맞은 감정이 일어났다.

더해가는 불안, 두 분의 할아버지와 황혼의 뱃놀이에 대해서

　날씨는 정말 나빴다. 그 점에서는 한스 카스토르프가 이 위에서 짧은 기간 머무는 것은 운이 좋지 않았다. 눈은 오지 않았지만 종일 비가 억수같이 쏟아져, 깊은 안개가 골짜기를 덮었다. 게다가 식당에 스팀을 넣어야 할 정도로 추운데다가 천둥이 자꾸 쳐서, 그것이 주위의 산에 몇 번이나 산울림을 보내 왔다.

　요아힘은 말했다.

　“유감인데. 아침 식사를 준비하여 샤츠알프 산에라도 한번 가볼까 했는데 이래서는 말도 안 되지. 하다 못해 자네가 머무르는 마지막 주에는 날씨가 좋아졌으면 좋으련만.”

　그러나 한스 카스토르프는 이렇게 대답했다.

　“괜찮아. 나는 특별하게 해 보고 싶은 것이 없어. 처음 계획이 그렇게 좋지 않았기 때문에 말이야. 큰 변화 없이 하루하루를 보내는 것이 내게는 가장 휴양이 되네. 변화란 여기에서 오래 머무는 사람들에게나 필요하지, 3주일밖에 안 있는 나에게는 변화 같은 게 필요 없어.”

　사실 그랬다. 그는 조금도 지루함을 느끼지 못했다. 희망을 가진다 해도 그 희망을 실현하거나, 안 하는 것도 여기에서의 일이지, 샤츠알프 산에서의 일은 아니었다. 그가 괴로워하는 것은 지루함 때문은 아니었다. 그가 걱정한 것은 머물러 있는 기간의 마지막이 너무 빨리 오고 있다는 것이었다. 2주일째도 남은 날이 며칠 안되고, 예정 시간의 3분의 2가 이제 곧 지나갈 판이다. 3주일째에 들어서면 이제는 짐 꾸리는 일을 생각해야 한다. 한스 카스토르프의 시간 감각은 처음의 신선한 효과가 없어졌으나, 날마다 새로운 기대로 지나가기 시작했다. 하루하루는 그때마다 새로운 기대로 길어지고 남모르는 체험으로 팽창되었지만, 매일매일은 쏜살같이 흘러갔다…… 그렇다. 시간이란 정말 수수께끼여서 정체를 알 수 없는 것이다.

한스 카스토르프의 나날을 괴롭히기도 하고 동시에 빨리 지나가게도 하는 경험을, 여기서 더 자세히 설명할 필요가 있을까? 그 경험은 누구나 알고 있는 것이어서, 그것이 감상적이고 보잘것없는 요소를 가지고 있다는 점에서는 흔히 볼 수 있는 것과 전혀 다를 바가 없었다. 예의 저속한 '내 마음 세차게 뛰는데'라는 노래가 꼭 알맞을 것 같은, 상식적이고 유망한 경우라 할지라도 이 이상으로 평범한 형태를 취할 수는 없었을 것이다.

쇼샤 부인이 어떤 테이블에서 자기 테이블에 던지는 시선을 전혀 알아차리지 못할 리는 없었다. 그리고 그녀가 조금이라도, 아니 될 수 있으면 많이 알아 달라는 것이 어리석은 일이긴 하지만 한스 카스토르프의 뜻이었다. 우리가 이를 어리석다고 한 것은, 그도 그 의도가 얼마나 몰상식한 것인가를 충분히 알고 있기 때문이다. 그러나 지금 빠져 있는, 혹은 빠져들어가는 상태에 있는 인간은 그것이 아무리 무의미하고 상식에서 벗어난 상태라 해도 상대가 그 사실을 알아 주기를 바란다. 그것이 누구나 갖는 마음 아니겠는가?

쇼샤 부인은 우연한 느낌때문이었는지, 식사 중에 테이블 쪽을 두세 번 돌아보았는데, 그때마다 한스 카스토르프와 시선이 부딪치곤 했다. 네 번째에는 일부러 그쪽을 돌아보니 이번에도 청년의 눈과 부딪쳤다. 다섯 번째에는 현장을 직접 잡을 수가 없었다. 그가 자리에 있지 않았기 때문이었다.

그러나 한스 카스토르프는 그녀가 보고 있다는 것을 곧 알아차리고 당황해서 그녀를 쳐다보았다. 그때문에 그녀는 미소를 지으면서 눈을 다른 데로 돌렸다. 그 미소를 보고 그는 의혹과 기쁨으로 가득 찼다. 그녀가 그를 어린 아이와 같다고 생각한다면 그것은 잘못된 것이다. 그는 어디까지나 세련된 몸짓을 바라고 있었다. 여섯 번째에는 그녀가 이쪽을 보고 있는 것을 알고, 느끼고, 깨닫자, 그는 예의 왕고모와 이야기를 하려고 그의 테이블에 와 있던 여드

름투성이의 부인을 불쾌해 죽겠다는 듯이 바라보는 시늉을 계속했다. 저쪽 키르키스인의 시선이 그에게서 떠났다는 것이 확실해질 때까지 그는 그 상태를 2, 3분 동안 끈기 있게 계속했다. 우스운 연극이었지만, 그것이 연극이라는 것이 쇼샤 부인에게 알려져도 전혀 상관없었을 뿐 아니라, 꼭 알려져서 그의 세련됨과 극기심에 관심을 가져 주었으면 싶었다…….

이런 일도 있었다. 음식이 나오는 사이사이에 쇼샤 부인이 아무 생각 없이 뒤를 돌아 식당을 둘러보았다. 한스 카스토르프가 기다리고 있다가 두 사람의 시선은 부딪쳤다. 두 사람이—병든 여자는 애매하게 살펴보는 것 같은 냉소적인 태도였고, 한스 카스토르프는 흥분하여 필사적으로 상대의 눈을 보려고 했다. 그것도 이를 악물고 눈도 깜짝 않으려고 애썼다—서로 쳐다보고 있을 때 그녀의 냅킨이 무릎 위에서 마루로 미끄러져 떨어지려고 했다. 쇼샤 부인은 깜짝 놀라 신경질적으로 그것을 누르려고 했지만, 그것이 그의 사지에도 전해져서 그는 자기도 모르게 허리를 반쯤 세우고, 냅킨이 마루에 떨어지면 큰일이나 날 것처럼 8미터 거리를 단숨에, 사이에 있는 테이블을 돌아서 그녀를 도우려고 달려가려 했다…… 마루와 닿을락 말락 하는 데서 그녀는 겨우 냅킨을 집을 수 있었다. 그러나 그녀는 몸을 구부린 자세로 마루에 비스듬히 몸을 눕혀 냅킨의 끝을 집었다.

그녀는 자기가 보인 당황한 태도에 좀 화가 나서, 이것도 어쩐지 그의 탓이라고 하는 것 같은 사나운 표정으로 그가 있는 쪽을 또 한 번 돌아보았다. 그러나 그의 반쯤 세운 허리 자세와 위로 치켜세운 눈썹을 보자, 그녀는 웃음이 나와서 눈길을 돌렸다.

이 사건에 한스 카스토르프는 정신을 차릴 수 없을 정도로 기뻤다. 그러나 반격이 가해지지 않을 리 없었다. 쇼샤 부인은 그 뒤 꼬박 이틀 동안, 식사로 치면 열 번에 걸쳐 식당을 둘러보는 것을 한 번도 하지 않게 되었고, 식당에 들어올 때 언제나 하던 버릇도 하지 않게 되었다. 이는 괴로운 일이었다. 그러나 이 중단 행위도 분명히 그에 대한 보복이었기 때문에 소극적인 의미이기는 했지만 관계는 분명히 남아 있었다. 그래서 그에게는 그것으로 충분했다.

요아힘이 여기서는 같은 테이블 외의 사람들과 가깝게 되는 것은 쉬운 일이 아니라고 가르쳐 주었지만, 한스 카스토르프는 정말로 그렇다는 것을 알았다. 왜냐하면 저녁 식사 뒤 한 시간 가량은—그 한 시간도 20분으로 줄어드는 일이 여러 번 있었다—사교적인 모임 같은 것이 있었지만, 그 사이에 쇼샤 부인은 정해 놓은 것처럼 식탁 친구인 가슴이 들어간 신사, 부드러운 머리칼을 한 유머러스한 아가씨, 조용한 블루멘콜 박사, 어깨가 처진 청년들과 함께 '일류 러시아인 자리' 사람들의 전용인 작은 살롱 안쪽에 들어가 있었고, 요아힘이 바삐 방으로 갈 것을 재촉했기 때문이었다.

요아힘의 말로는 밤의 안정 요양 시간을 짧게 해서는 안 된다는 것이었지만, 아마 그 밖에도 그가 말하지 않는 극기적인 이유에서였으리라. 한스 카스토르프는 이를 알아차리고 그것을 존중했다. 우리는 한스 카스토르프를 억제할 줄 모르는 사람이라고 비난했지만, 그의 염원이 어떤 것이든 간에 그는 쇼샤 부인과 세속적으로 친하려고 하는 것은 바라지 않았다. 좀 이상한 이야기지만 자기의 의사를 방해하는 것에 그는 내심 동의하고 있었던 것이다. 그와 러시아 부인 사이에 생긴 긴장된 관계는 비세속적인 관계로, 어떤 의무도 지지 않고 또 져서는 안 되는 성질의 관계였다. 한스 카스토르프는 세속적인 견지에서 경원(敬遠)의 감정을 두 사람의 관계에서 느끼고 있는 까닭이었다. 한스 로렌츠 카스토르프의 손자인 한스 카스토르프는 심장 고동의 원인을 '클라브디아' 때문이라고 설명하려 했다. 그러나 남편과 별거하고, 손가락에 반지를 끼지 않고 여러 요양지에서 지내며, 자세가 엉망이고, 문을 요란하게 닫고, 빵을 뭉치고, 손톱을 씹는 버릇이 있는 외국 부인과 현실적으로 지금의 남모르는 관계 이상의 교제를 가질 수 없다는 확신이 있었다. 둘 사이에는 넘을 수 없는 심연이 가로놓여 있어서, 그녀와 함께 되면 그가 인정하고 있는 어떤 비평에도 견딜 수 없으리라는 확신은 심장의 고동 정도만으로는 도저히 흔들릴 수가 없었다. 한스 카스토르프는 현명하게도 자신에 대해서는 조금도 자부심을 갖지 않았지만, 조상 대대로 전해 오는 넓은 의미에서의 자부심은 이마에도, 또한 어느 정도 졸린 듯한 눈언저리에도 나타나 있었다. 그가 쇼샤 부인의 사람됨을 보고 금할 수 없었던, 또 금하려고도 생각지 않은 우월감은 이 자부심에서 온 것이었다. 이 넓은 의미의 자부심을 특히 강하게, 아마 처음으로 느낀 것은 어느 날 쇼샤 부인이 독일어로 말하는 것을 들었을 때였다. 그녀는 그날 식후에 스웨터 주머니에 양손을 넣고, 식당에 서서 안정 홀의 친구 같은 부인 환자와 이야기하고 있었다. 그런데 거기를 지나가던 한스 카스토르프가 들으니, 그녀는 상냥하게 열심히 독일어로 말하고 있었다. 그 순간 그는 이때까지 느끼지 못했던 모국어에 대한 자부심을 갖게 되었다. 그러나 그녀의 사랑스럽고 다소 서툰 독일어에 황홀해져서 그 자부심을 버려도 후회하지 않을 것처럼 느꼈다. 한 마디로 말해서 한스 카스토르프는, 이 위에서 사는 사람들 중의 단정치 못한 이 여자에 대한 남 모르는 관계를 휴가 중의 낭만이라고만 여겼다. 즉 자신의 이성적이고 분별 있는 양심의 비판에 견딜 수 없을 정도의 낭만일 뿐이었다. 무엇보다도 쇼샤 부인이 환자이며, 기력이 없고 열이 있어 몸의 내부가 침식되고 있기 때문이었지만, 그런 사실은 그녀의 인간성이 풍기는 의심스러운 점과 깊은 관계가 있어서, 한스 카스토르프의 경계심과 경원에도 강한 영향을 주고 있었다. 그는 그녀와 현실적으로 가까워질 마음은 없었다. 이 정도의 교제 같으면 1주일 뒤에 '툰더 빌름스 상회'에 수습하기 위해 입사하기만 하면 결국 끝나 버리고 말 것이었다.

물론 현재로서는 병을 앓는 여자에 대한 미묘한 관계에서 생긴 흥분과 긴장, 만족, 실망을 이번 여름 여행의 중요한 의미이자 내용이라고 느끼기 시작하고, 이에 전념하여 그 결과에 따라 기분이 좌우될 정도로 되어 있었다. 그리고 주위의 상황은 그것을 크게 촉진하기에는 더없이 편리했다. 모든 사람들이 일정하게 규정된 일과에 얽매어서 좁은 장소에 동거하고 있었기 때문이다. 쇼샤 부인은 다른 층, 즉 2층에서 머물고 있었지만—그리고 여교사에게서 들은 바로는 쇼샤 부인은 공동 안정 홀, 즉 최근에 미클로지히 대위가 전등불을 껐다고 하는 옥상에 있는 안정 홀에서 안정 요양을 하고 있다는 것이다—, 하루 다섯 번의 식사 때뿐만 아니라 그 밖의 때에도, 그녀와 얼굴을 맞대는, 아니 맞대지 않을 수 없는 기회는 아침부터 저녁까지 얼마든지 있었다. 이렇게 기회가 많은 우연에 둘러싸인 것은 어쩐지 불안한 기분이 들었지만, 어떤 근심이나 고생도 앞날의 생활을 막고 있지 않기에 한스 카스토르프에게는 다행한 일이었다.

한스 카스토르프는 기회를 실현시키려고 스스로도 방법을 연구하고 계산하면서 그쪽으로 머리를 썼다. 쇼샤 부인은 식사 시간에 정해 놓고 늦게 왔기 때문에 그도 식사에 늦게 가려고 마음먹고 도중에 그녀와 함께 가려고 했다. 준비를 일부러 천천히 하여 요아힘이 데리러 왔을 때도 준비가 되어 있지 않아, 곧 따라가겠다고 하고는 사촌을 먼저 가게 했다. 그러고는 그와 같은 상태에 있는 인간의 본능에 적당하다고 생각되는 순간을 기다려 2층까지 달려 내려갔다. 그러고는 내려간 계단의 다음 계단을 내려가지 않고 복도의 저쪽 끝에 있는 계단으로 걸어갔다. 이 계단은 전부터 알고 있는 방—7호실—가까이에 있는 계단이었다. 계단에서 계단까지의 복도를 걷는 사이에 기회가 한 걸음 한 걸음마다 기다리고 있어, 언제 그 문이 열릴지 몰랐고 정말 여러 번 열렸던 것이었다. 쇼샤 부인이 '쾅' 하고 거칠게 문을 닫은 뒤에 계단으로 미끄러지듯 걸어갔다…… 그러다가 그녀가 그의 앞에 서게 되어 머리칼을 손으로 누르면서 걸어갔다. 어떤 때는 그가 그녀 앞을 걸어가게 되어 그녀의 시선을 등에 느끼고, 팔다리에 끌어당기는 듯한 통증과 등골에 개미가 기어가는 듯한 가려움을 느꼈다. 그러면서도 그녀에게 약점을 보이지 않으려고 그녀는 안중에 없다는 듯이 태연하게 혼자 길을 걸어가는 듯이 행동했다. 양손을 윗옷 주머니에 넣고, 어깨를 괜히 흔들거나 심한 기침을 하고, 주먹으로 가슴을 치면서 허심탄회함을 과시하는 것이었다.

그는 두 번이나 교활하게 굴었다. 식탁에 앉아서 손으로 주머니를 더듬다가 당황하고 성난 태도로 말했다.

"아이구, 손수건을 잊어 버렸네. 귀찮아도 다시 한 번 올라갔다 와야겠는걸."

이리하여 클라브디아와 정면으로 만나기 위해 되돌아갔는데, 이는 그녀의 앞이나 뒤를 걸어가는 것보다 더 모험적이고 자극적이었다. 처음에 이 계획을 행했을 때 그녀는 조금 떨어진 곳에서 그를 염치없고 뻔뻔스럽게 머리끝에서 발끝까지 쳐다보았지만, 가까이 온 순간 얼굴을 매정하게 돌리고 지나가 버려 처음 결과는 그렇게 신통치 않았다. 그러나 다음 번에는 그녀는 계속 그를 쳐다보았다. 떨어진 곳에서가 아니라 처음부터 마지막까지, 스쳐지나갈 때까지 계속 쳐다보았고 그의 얼굴을 뚫어지게 음울한 눈초리로 응시했다. 지나갈 때에는 얼굴을 이쪽으로 돌리기까지 했다. 불쌍한 한스 카스토르프는 그 눈길이 뼛속까지 스며드는 것 같은 느낌을 받았다. 물론 우리는 그를 불쌍히 여길 필요는 없다. 모두가 그가 바랐던 것이요, 그가 계획했던 것이었기 때문이다. 그러나 이 만남은 그때에도, 특히 그 뒤에 그의 마음을 뒤흔들었다. 모든 것이 끝난 뒤에 비로소 모든 것이 어떠했던가 확실해졌기 때문이었다. 쇼샤 부인의 얼굴을 그토록 가까이에서 그렇게 세부적인 부분에 이르기까지 자세히 식별할 수 있게 본 것은 처음이었다. 머리 둘레에 아무렇게나 감아올린 금속적인 느낌의 붉은 빛을 띤 금발 머리칼에서 흐트러져나온 잔털이 분간될 정도로 가까운 거리였다. 특이한 얼굴 모양이었지만 한스 카스토르프에게는 먼 옛날부터 친숙하며, 이 세상에서 가장 호감이 가는 얼굴이었다. 이국적이고 개성적이며—우리에게는 이국적인 것만이 개성적으로 느껴진다— 북방적인 정서를 간직하고 있어서 신비스럽고, 그 특징과 관계가 간단하게 규명되지 않기 때문에 호기심을 불러일으키는 그녀의 얼굴은 손을 뻗치면 닿을 만큼 가까이에 있었다. 이 얼굴의 가장 큰 특징은 두드러지게 높은 광대뼈 근처의 인상일 것이다. 편편하고 사이가 떨어진 눈이 이 광대뼈 때문에 눈꼬리가 약간 치켜진 것같이 보였으며, 볼 또한 광대뼈 때문에 부드럽게 들어갔고, 그 들어간 데가 또한 간접적으로 입술이 어느 정도 뒤집혀진 듯한 풍만한 모양을 만들고 있었다. 그러나 무엇보다 눈 자체가 문제였다. 가늘고 매혹적이라고 말할 수밖에 없는—한스 카스토르프는 이렇게 느꼈다—키르키스인의 눈, 먼 산의 회색을 띤 푸른 빛, 또는 푸른빛을 띤 회색을 하고 무엇을 보는 것도 아니며 곁눈질할 때 가끔 녹는 듯이 희미한 검은 빛으로 완전히 흐려지는 눈이었다. 그리고 한스 카스토르프를 염치없이 바로 가까이에서 음울하게 보는 눈은, 위치도 색깔도 표정도 프리비슬라프의 눈과 깜짝 놀랄 정도로 닮아 있었다. 아니 '닮았다'고 해서는 맞지 않았다. 똑같은 눈이었다. 그리고 얼굴 상반이 넓은 점도, 눌러 버린 듯한 코도, 피부의 불그스름한 흰 빛깔도, 볼의 건강한 색도—물론 이것은 쇼샤 부인의 경우에는 건강한 색이 아니라 이 위에서 사는 모든 사람들의 볼과 마찬가지로 옥외의 안정 요양에 의한 표면상의 건강한 색이었다—모두 프리비슬라프와 똑같았다. 프리비슬라프도 교정에서 스쳐 지나가면 이와 같은 눈으로 쳐다보았던 것이다.

이것은 어떤 의미에서는 충격적인 일이었다. 한스 카스토르프는 그녀와의 만남으로 열광적이 됨과 동시에 불안감이 더해짐을 느꼈다. 좋은 장소에서 기회가 많은 우연에 에워싸여 있는 상태에서 느꼈던 것과 같은 종류의 불안이었다. 그리고 옛날에 잊어버렸던 프리비슬라프가 이 위에서 쇼샤 부인의 모습으로 다시 눈앞에 나타나, 키르키스인의 눈초리로 쳐다본 것도 피할 수 없는 운명, 또는 빠져나올 수 없는 운명임을, 행복한 의미에서나 불안한 의미에서나 피할 수 없는 운명에 지배되고 있음을 느끼게 했다. 이것은 희망에 차는 것과 동시에 기분 나쁜, 아니 위협적인 것이어서 젊은 한스 카스토르프는 구제받고 싶은 기분에 빠져들었다. 구원과 조언을 얻기 위해 기댈 곳을 찾아 돌아보고,

탐색하고, 귀를 기울이고 싶은 막연한 본능적인 동요를 느낀 나머지, 그는 도움이 될 만한 사람들을 차례로 생각해 보았다.

먼저 선량하고 진지한 요아힘이 곁에 있었다. 이 5개월 동안 눈이 그토록 슬픈 빛을 띠게 되었고, 전에는 절대로 보인 적이 없었던, 때때로 어깨를 심하게 으쓱거려 보이는 요아힘. 슈퇴어 부인이 언제나 '창백한 하인리히'라고 부르는 유리 용기를 주머니에 감추고 다니는 요아힘. 그녀가 몰염치하고 차디찬 얼굴로 그 말을 꺼낼 때마다 한스 카스토르프는 소름이 끼쳤다. 이곳을 떠나 이 위에서 사는 사람들이 희미하면서도 분명하게 멸시하는 어조로 '저지(低地)' 또는 '아래 세상'이라고 부르는 건강한 사람들의 세계로 돌아가서, 그리워하는 군복무에 들어가기 위해 베렌스 고문관을 괴롭히고 있는 성실한 요아힘이 있었다. 요아힘은 그 갈망의 날을 하루라도 빨리 오게 하고, 이곳 사람들이 낭비하는 시간을 절약하기 위해 이 위에서의 요양 근무를 성실하게 이행하고 있었다. 빨리 완쾌되기 위함은 물론이었지만, 한스 카스토르프가 가끔 느끼기에는, 차츰 요양 근무 자체를 위한 근무로 되어 가고 있었다. 요양 근무도 결국은 근무인 것으로, 의무 수행이라는 점에서는 같았다. 이렇게 요아힘은 밤의 사교 모임에 15분만 있으면 벌써 안정 요양에 돌아가자고 재촉했다. 그러나 이것은 고마운 일이었다. 이렇게 재촉을 받지 않으면, 한스 카스토르프는 작은 살롱을 기웃거리면서 아무 의미도 목적도 없는데도 회합에 더 오래 머물러 있었음에 틀림없다. 이와 같은 그의 시민적 기질에는 요아힘의 군인다운 근엄함이 어느 정도 도움이 되었다. 그러나 요아힘이 밤의 회합을 끝맺을 것에 열을 올리는 까닭은 또한 남모르는 이유가 있어서였다. 한스 카스토르프는 요아힘의 얼굴이 창백해지고, 입술이 어떤 순간에 기묘하게 울 듯한 표정으로 일그러지는 의미를 확실하게 안 뒤로는 그 남모르는 이유도 확실히 알았던 것이다. 즉 아름다운 손가락에 작은 루비 반지를 끼고 오렌지 향수 냄새를 풍기면서, 풍만하지만 병든 가슴을 하고 웃기만 하는 마루샤도 거의 매일같이 밤의 회합에 끼여 있었던 까닭이다. 이 사실이 요아힘을 무서울 정도로 강렬하게 끌어당기기 때문에 요아힘은 도망치지 않을 수 없다는 것을 한스 카스토르프는 이해했다.

요아힘도 '잡혀' 있는 것일까? 오렌지 향수의 손수건을 가진 마루샤는 친절하게도 하루에 다섯 번이나 사촌들의 식탁에 함께 앉기 때문에, 요아힘은 한스 카스토르프보다 더 가슴이 답답하고 숨이 가쁘게 '잡혀' 있는 것이 아닐까? 요컨대 요아힘은 자기 일에 분주하여, 곁에 있어 주었으면 하는 한스 카스토르프의 기분에는 사실 도움이 될 것 같지 않았다. 요아힘이 밤의 모임에서 도망치는 것은 근엄하다는 느낌이 들기는 하지만, 한스 카스토르프의 기분을 가라앉혀 주지는 못했다. 또 요양 근무에 열을 올리는 요아힘의 모범적 태도와 요양 근무에 대한 숙련된 지도에서도 한스 카스토르프에게는 뭔가 염려되는 점이 있는 것처럼 느껴지는 순간이 있었다.

한스 카스토르프는 이 위에 와서 아직 2주일이 못 되지만 더 오래 있었던 것처럼 느껴졌다. 요아힘이 열심히 지켜나가는 이 위에서 사는 사람들과의 일과가 한스 카스토르프의 눈에도 신성하고 자명한 절대적인 것으로 보이기 시작했고, 아래 평지의 생활이 이 위에서 보면 오히려 이상하고 이색적인 것처럼 느껴졌다. 추운 날의 안정 요양에는 납작한 미라와 똑같이 되기 위하여 사용하는 두 장의 담요 취급법에도 한스 카스토르프는 완전히 익숙해졌고, 담요를 규정대로 몸에 감는 수련과 기술도 거의 요아힘의 경지에 다다르게 되었다. 아래 평지에서는 이런 기술과 규정을 아는 사람이 없는 것을 생각하고는 매우 이상하게 느꼈다. 아니, 정말로 이상했다. 그러나 이런 점을 기이하게 느끼는 것을 이상하게 생각하면서, 그의 마음에는 조언과 의지를 찾아 여기저기를 둘러보는 불안한 기분이 새삼스럽게 더해가는 것이었다.

한스 카스토르프는 베렌스 고문관이 무료로 들려 준 충고, 즉 이 위에서 환자들과 같은 생활을 하면서 체온까지 재라고 한 충고를 생각하지 않을 수 없었다. 그리고 또 그 충고를 웃어 넘기면서 '마술 피리'의 어느 부분을 인용한 세템브리니도 생각하지 않을 수 없었다. 한스 카스토르프는 이 두 사람도 도움이 되지 않을까 하는 생각을 했다. 베렌스 고문관은 머리칼도 희고, 한스 카스토르프의 아버지뻘의 나이였다. 더욱이 요양원 원장이고 최고의 권위자이다. 젊은 한스 카스토르프가 불안한 마음에서 찾고 있었던 것도 아버지와 같은 권위였다. 그러나 자식이 갖는 신뢰감으로 고문관을 생각하려고 해도 그것이 불가능했다. 베렌스 고문관은 여기에 아내를 묻고 그 타격으로 한동안 머리가 이상해졌다.

그 뒤에도 아내의 무덤에 묶여서, 그리고 자신도 폐에 이상이 발견되었기 때문에 이 땅에 머물러 버린 것이다. 그것은 이미 지나간 일일까? 그는 이제는 건강해져서 환자들을 하루라도 빨리 평지에 돌려보내 인생 근무에 취업할 수 있도록 건강하게 해 주자고 진심으로 생각하는 것일까? 그의 볼은 언제나 파랗고 보통 이상의 열이 있는 것처럼 보였다. 그러나 이것도 그릇된 판단으로, 파란 얼굴색은 단순히 이곳의 공기 탓일는지도 모를 일이다. 한스 카스토르프 자신도 체온계 없이 판단한 것이기는 하지만, 열이 없는데도 매일같이 이 위에서 얼굴이 상기되는 것을 느꼈다. 그러나 고문관이 이야기하는 것을 들으면 역시 열이 있는 것처럼 가끔 느껴질 때가 있었다. 고문관의 말투는 어딘가 이상했다. 아주 경쾌하고 명랑하고 멋이 있지만, 어딘지 엉뚱하고 기묘한 데가 있었다. 파란 볼과 눈물에 젖은 눈은 아내를 아직도 그리워하여 울고 있는 듯한 느낌을 한결 더해주었다. 한스 카스토르프는, 세템브리니가 고문관에 대해 '말없는 벌레', 또는 '나쁜 버릇'에 대해서 말한 것, 고문관을 '혼돈된 영혼'이라고 부른 것을 떠올렸다. 이것은 세템브리니가 흔히 하는 독설과 과장된 말이었을지 모르지만, 아무튼 한스 카스토르프는 베렌스 고문관을 고려에 넣더라도 그렇게 안심이 되지 않는 것을 알았다.

또 세템브리니라는 사람이 있었다. 반대파이고, 허풍선이로 자칭 '인문주의자'이며, 한스 카스토르프가 병과 어리석음의 결합을 인간 감정에서의 딜레마라고 부르는 것을 날카로운 웅변으로 꾸짖던 세템브리니가 있었다. 이 인물은 어떨까? 그를 기억하는 것이 도움이 될 것인가? 한스 카스토르프는 이 위에 온 뒤의 밤에 찾아 온 이상하게 생생한 여러 꿈을 생각했다. 이탈리아인의 콧수염이 아름답게 뻗쳐오른 밑으로 보이는 메마르고 냉정한 미소에 화가 나서 이 이탈리아인을 '손풍금쟁이'라고 욕하고, 여기 있으면 방해가 된다고 하면서 그를 밀어내려고 했던 적이 있었다. 그러나 이것은 꿈 속에서의 일이고, 깨어 있을 때의 한스 카스토르프는 꿈을 꾸고 있을 때의 한스 카스토르프와는 달리 마음대로 행동할 수가 없었다. 눈을 뜨고 있을 때에는 사정이 조금 달라서 세템브리니의 신기한 성격, 반항벽, 비평벽—감상적이고 수다스럽기는 하지만—을 생각해 보는 것도 나쁜 일은 아니었다. 세템브리니 자신도 교육자로 자처하고 있었고, 사람들에게 감화를 주고 싶어했다. 그리고 한스 카스토르프도 감화를 받는 것을 희망하고 있었다. 물론 그렇다고 해서 요즈음 세템브리니가 진심으로 제안한 내용대로, 예정을 앞당겨서 짐을 꾸려 돌아가라는 것까지 따를 필요는 없었다.

'실험 채택'에 대해서 한스 카스토르프는 웃으면서 생각했다. 그는 인문주의자라고 자칭할 수는 없어도 그 정도의 라틴어는 알고 있었다. 어쨌든 한스 카스토르프는 세템브리니를 주목했는데, 산 중턱의 벤치나 '내(川)'까지라고 규정되어 있는 요양을 위한 산책에서 우연히 함께 걷게 되었을 때, 그리고 그 밖의 기회에, 이를테면 세템브리니가 식사 뒤에 먼저 일어나 예의 줄무늬 바지를 입고 이쑤시개를 물고, 일곱 테이블의 식당을 누비며 규칙과 관습을 무시하고 사촌들의 식탁에 참관하러 오든지 할 때, 그가 들려주는 말에 비평적인 주의를 게을리하지 않고 적극적으로 귀를 기울였다. 세템브리니는 우아한 자세로 다리를 꼬고 서서 이쑤시개를 쥔 손으로 몸짓을 섞어가면서 떠든다든지, 의자를 끌어당겨 한스 카스토르프와 여교사 사이나, 한스 카스토르프와 미스 로빈손 사이의 테이블 모퉁이에 자리를 잡고, 자신은 먹지 않는 디저트를 아홉 사람의 식탁 친구들이 먹고 있는 것을 보곤 했다.

세템브리니는 사촌들과 악수를 하고, 다른 사람들에게는 머리를 숙이며 말을 걸어오곤 했다.

"이 고상한 서클에 한몫 끼게 해 주십시오. 저기에 있는 맥주 양조자 말인데…… 맥주 양조자 부인의 절망적인 용모에 대해서는 말을 하지 않겠습니다. 그러나 마그누스 씨는 지금 막 민족 심리학적인 연설을 했습니다. 들려 드릴까요? '우리가 사랑하는 조국 독일은 위대한 병사(兵士)임에 틀림없습니다. 물론입니다. 그러나 이번에는 훌륭한 용감성을 소지하고 있습니다. 나는 이 용감성을 다른 민족의 바른 예의범절과 교환할 생각은 없습니다. 정면이나 뒤에서 배반을 당한다면, 바른 예의범절이 무슨 소용이 있겠습니까?' 이런 식입니다. 나는 참을 수가 없었습니다. 게다가 내 맞은편에는 볼이 불길한 장미색으로 상기된 지벤뷔르겐 출신의 노처녀가 앉아서, 아무도 모르고 또 알고 싶지도 않은 '형부' 이야기를 하는 것입니다. 그래서 나는 손을 들고 도망쳐 왔습니다."

슈퇴어 부인이 그의 말을 거들었다.

"군기(軍旗)를 들고 도망쳐 왔단 말이군요. 이해할 수 있어요."

"바로 그렇습니다! 군기라, 역시 여기에는 다른 바람이 불고 있군요…… 의심할 여지가 없습니다. 나는 찾고 있었던 항구에 닿은 것입니다. 나는 군기를 들고 도망쳐 나왔습니다…… 이런 명문구는 좀처럼 생각나는 것은 아니지요. 당신의 건강 회복 상태를 물어보아도 좋겠습니까, 슈퇴어 부인?"

슈퇴어 부인의 잘난 체하는 모습은 민망스러울 정도였다. 그녀가 말했다.

"그게 말이죠. 언제나 똑같은 상태예요. 당신도 알고 계시는 대로 일보 전진했다가는 일보 후퇴하는 거지요. 5개월간 꾹 참고 있었더니 또 늙은이가 와서 앞으로 반 년 더 있으라지 뭐예요. 아, 정말 탄탈로스*¹¹의 고통이에요. 밀고 밀어 올려서 겨우 꼭대기에 올라왔다고 생각했더니……."

"정말 친절하십니다. 당신은 불쌍한 탄탈로스에게 조금 기분 전환을 시켜 주신 겁니다. 영원한 굶주림과 갈증 대신 유명한 대리석을 한 번 굴리게 하십시오. 이것이야말로 참된 박애라고 부를 수 있습니다. 그건 그렇고, 부인. 당신에게는 이상한 현상이 일어나고 있습니다. 영혼의 분리, 육체 없는 영혼이라는 말이 있지요. ……나는 이때까지 그것을 믿지 않았습니다만, 당신에게 일어난 일로 내 생각도 의심스러워졌습니다."

"나를 놀리시는 거군요?"

"천만의 말씀입니다. 당치도 않습니다. 당신이라는 존재에 얽혀 있는 이해할 수 없는 일면에 대해 나를 안심시켜 달라는 것입니다. 그러고 난 다음에 놀리느니 마느니에 대한 말을 합시다. 나는 어젯밤 9시 반부터 10시까지 정원을 걸었습니다. 걸어가면서 발코니를 돌아보았습니다. 당신 발코니에 전등이 어둠 속에서 평화스럽게 켜져 있었습니다. 따라서 당신은 의무와 이성, 규칙이 명하는 대로 안정 요양을 하고 있었습니다. '저기에 우리의 아름다운 환자가 누워 있다'고 나는 중얼거렸습니다. '슈퇴어 씨의 품에 하루라도 빨리 돌아가려고 의사의 분부를 충실히 지키고 있다'라고 말입니다. 그런데 바로 몇 분 전에 내가 무슨 말을 들은 줄 아십니까? 당신이 어젯밤 그 시간에 시네마토그라포,*¹² 즉 요양 호텔의 아케이드 영화관에서 영화를 구경하고, 그 뒤에 제과점에서 달콤한 포도주와 크림이 든 과자를 드시는 것을 본 사람이 있다는 겁니다. 그리고……."

---

*11 소아시아 프리지아 지방의 왕인 탄탈로스는 신들을 시험해 보려고 자식을 죽여 그 고기를 신들에게 바쳤다. 그 벌로 저승에서 목까지 물에 잠기어 머리 위의 과일에 손을 뻗치면 과일이 멀어지고, 물을 마시려고 하면 물이 없어지는 등 영원한 굶주림과 갈증의 벌을 받았다. 괴테 작 《타우리스 섬의 이피게니에》 제1막 3장~제3막 1장 참고.

*12 세템브리니는 이탈리아식으로 제4음절에 악센트를 두었다.

슈퇴어 부인은 어깨를 흔들며 냅킨을 입에 대고 킥킥 웃고는, 요아힘과 조용한 블루멘콜 박사의 옆구리를 팔꿈치로 찌르면서 두 사람에게 교활하고 다정하게 눈을 깜박여 보이며 갖은 방법으로 몹시 아둔한 자기 도취를 나타냈다. 사실 그녀는 밤이 되면 감시의 눈을 속이기 위해 발코니의 전등을 켜 둔 채 살짝 밖으로 나가서 아래의 영국 거리에서 기분 전환을 했던 것이다. 그녀의 남편은 칸슈타트에서 아내가 돌아오는 것을 고대하고 있는데 말이다. 그러나 이런 수를 쓰고 있는 환자는 슈퇴어 부인만이 아니었다.

세템브리니는 말을 계속했다.

"게다가 그 크림이 든 과자를 누구하고 먹었을까요? 부카레스트에서 온 미클로지히 대위와 함께였지요. 그는 코르셋을 하고 있다고 누가 나에게 말한 일이 있습니다. 아, 신이여, 이 경우 그것이 어느 정도의 의미를 가지는 것입니까? 부인, 부탁입니다. 당신은 어디에 계셨습니까? 당신이라는 사람이 둘 있습니까? 당신의 육체적 부분이 혼자 외롭게 안정 요양을 계속하는 동안, 영적 부분은 미클로지히 대위를 상대로 크림이 든 과자를 즐기고 있었으니 말입니다."

슈퇴어 부인은 누구에게 간지럼을 당하는 것처럼 몸을 비틀었다.

세템브리니가 말을 계속했다.

"하긴 그 반대쪽이 마음에 드실지 모르겠군요. 즉 크림이 든 과자는 혼자서 드시고 안정 요양은 미클로지히 대위와 함께……."

슈퇴어 부인은 우습다는 듯 킥킥거렸다.

이탈리아인은 느닷없이 화제를 바꾸었다.

"여러분은 그저께의 사건을 들으셨습니까? 누군가가 납치당했습니다. 악마에게, 아니 사실은 친어머니에게 말입니다. 실천력이 강한 부인으로 내 마음에도 들었습니다. 저 안쪽 클레펠트 양의 식탁에 있던 슈네르만 소년, 그러니까 안톤 슈네르만 군입니다. 보시다시피 그의 자리는 비어 있습니다. 뭐, 이제 곧 그 자리도 다시 채워질 것입니다. 그것은 걱정할 필요가 없습니다만, 안톤은 바람을 타고 눈 깜짝할 사이에 홀연히 떠나가 버렸습니다. 그는 이곳에 1년 반 동안 있었습니다. 16세인데 최근에 다시 6개월 추가되었던 것이지요. 그런데 어떻게 된 줄 아십니까? 누구의 것인지는 모르나 누가 슈네르만 부인에게 한 통의 편지를 썼던 모양입니다. 어쨌든 어머니는 아들의 음주와 그 밖의 행적을 냄새맡고 아무런 예고도 없이 나타났습니다. 당당한 노귀부인으로, 나보다도 머리가 셋이 더 있을 정도로 키가 크고 머리가 백발이었습니다. 성질이 급해서 아무 말도 하지 않고 안톤 군을 끌어당기더니, 따귀를 두세 차례 때리고는 목을 휘어잡고 기차에 태워 버렸습니다. '아무래도 죽을 거면 아래에 가서도 죽을 수 있다' 하면서 말입니다. 그러고는 집으로 데려가 버렸지요."

세템브리니의 말하는 모양이 우스워서 그의 말이 들리는 곳에 있던 사람들은 모두 웃었다. 그는 이 위에서 사는 사람들의 단체 생활에는 언제나 비판적이고 빈정대는 태도를 보였으나, 최근에 일어난 소식은 무엇이든지 알고 있는 것 같았다. 사실 무엇이든지 알고 있었다. 새로운 환자들의 이름뿐만 아니라 그 환자들의 신상에 대해서도 알고 있었고, 어제는 이러이러한 남자 환자, 혹은 여자 환자가 늑골 절개 수술을 했다고 말하고는 가을부터는 38도 5부 이상의 환자는 입원시키지 않을 방침이라는 것도 믿을 만한 소식통에서 듣고 있었다.

그의 말에 따르면 어젯밤 미틸렌에서 온 카파슐리아스 부인의 작은 개가 자기 여주인의 침실용 테이블 위에 있는 전기 경보기 버튼 위에 주저앉는 바람에 원내가 우왕좌왕하고 일대 소동이 벌어졌는데, 유감스럽게도 카파슐리아스는 침실에 혼자 있지 않았고, 프리드리히스하겐에서 온 뒤스트문트 판사와 함께 있었기 때문에 소동이 더 한층 커졌다는 것이다. 이 말에는 블루멘콜 박사도 미소를 띠었고, 아름다운 마루샤는 오렌지 향수의 손수건을 입에 대고 숨이 막힐 정도로 웃었으며, 슈퇴어 부인은 양손으로 왼편 가슴을 누르고 째지는 소리를 냈다.

로도비코 세템브리니는 사촌들에게 자신의 과거와 출생에 대해 이것저것 이야기했다. 그런 이야기는 산책 도중이나 밤의 모임 때, 또는 점심 식사 뒤 환자 대부분이 식당을 떠난 뒤 세 사람만 테이블 한구석에 남아 식당 아가씨가 치우는 동안에, 한스 카스토르프가 3주째가 되어서야 조금 맛이 나기 시작한 마리아만치니를 피우고 있을 때 듣곤 했다. 한스 카스토르프는 완전히 새로운 세계를 보여주는 이탈리아인의 말을 주의 깊게 음미하며, 묘한 느낌을 받으면서도 감화를 받으려고 경청했다.

세템브리니는 그의 할아버지에 대해 이야기했다. 밀라노의 변호사였는데 누구보다 열렬한 애국자였고, 정치적 선동가, 웅변가, 잡지 기고가라고 할 수 있는 인물이었던 할아버지에 대한 이야기였다. 할아버지도 손자인 로도비코와 마찬가지로 반항가였지만, 손자보다 대담하고 규모가 크게 활동했던 것이다. 손자인 로도비코는 그가 분통을 터뜨리며 말했듯이 국제 요양원인 베르크호프 생활에 욕을 퍼부으면서 조롱적인 비평을 시도하고, 자유롭게 행동하는 인간성의 이름으로 여기 생활에 항의하는 것만으로 만족해야 했다. 그러나 할아버지는 여러 나라의 정부를 괴롭히고, 그 무렵 분할된 조국 이탈리아를 무기력한 노예 상태로 억눌렀던 오스트리아와 신성동맹*13에 대해 음모를 꾀했고, 이탈리아 전 국토에 파급되어 있던 비밀 결사의 열렬한 당원이었다.

세템브리니가 갑자기 목소리를 죽이면서 지금도 그것을 입 밖에 내는 것이 위험한 것처럼 설명한 것에 따르면, 할아버지는 카르보나리 당원*14이었다. 요컨대 할아버지인 주세페 세템브리니는, 손자의 이야기로 두 사람이 받은 인상에 의하면, 음산하고 정열적인 선동가이며 주모자, 음모자 같았다.

사촌들은 예의상 감탄하는 척했지만 반발의 기색을 얼굴에서 아주 없앨 수는 없었다. 물론 사정이 특이하기도 했다. 즉 사촌들이 들은 이야기는 거의 100년 전에 있었던 옛날 이야기로 이미 역사에 속해 있는 이야기였지만, 그 오랜 역사 속에서 광적인 자유, 정신, 폭정에 대한 불굴의 적개심의 본질과 현상이 이야기 형식으로 두 사람의 몸 가까이에 다가온 것처럼 느껴질 정도였다. 또한 사촌들은 할아버지의 선동적이고 음모적인 활동에는 할아버지가 통일과 독립을 기원했던 조국 이탈리아에 대한 강한 애정과 결합되어 있었다는 것도 들었다. 할아버지의 혁명적 활동은 존경할 만한 결합의 산물이고 발로여서, 이 선동성과 애국심의 결합은 사촌들에게는 이상하게 여겨졌지만, 두 사람 모두 조국애를 보수적인 질서애와 같이 생각했기 때문에—그즈음 이탈리아의 일반 정세로는 반역은 시민 도덕을, 건실한 분별은 공공 단체에 대한 나태한 무관심을 의미했을 것이라고 마음속으로 인정하지 않을 수 없었다.

할아버지인 세템브리니는 이탈리아의 애국자였을 뿐 아니라, 자유를 갈망

---

*13 1815년에 러시아 황제, 오스트리아 황제, 프러시아 왕 사이에 파리에서 체결된 동맹. 여기에는 유럽의 거의 모든 기독교국가의 군인들이 가담하여 자유를 찾는 모든 운동을 탄압했다.

*14 숯굽는 당원. 이탈리아의 정치적 비밀결사원. 숯굽는 당은 프랑스가 나폴리를 지배하고 있을 무렵인 1806년에 국민의 독립과 자유주의적 국가 형태 수립을 기원했다. 숯굽는 일에서 관습을 채택했기 때문에 숯굽는 당원이라고 불렸다.

하는 모든 민족과 나라와 뜻을 함께 한 인물이었다. 투린에서 계획된 습격, 쿠데타 계획이 실패했을 때 거기에 언론으로 뿐만 아니라 행동으로도 가담했던 할아버지는 메테르니히의 추종자들부터 겨우 도망했고, 그 뒤로 망명 생활을 한 몇 년 동안 스페인에서는 헌법의 제정에, 그리스에서는 그리스 민족의 자유 획득을 위해 싸웠고 피를 흘렸다. 이 그리스에서 로도비코의 아버지가 태어났다. 이로 인해 아버지는 그렇게 위대한 인문주의자, 고전의 애호가가 되었을 것이다. 또한 아버지는 독일계 여인의 몸에서 태어났는데, 할아버지는 그 여인과 스위스에서 결혼하여 그 뒤의 파란 많은 생활을 언제나 함께 했다. 할아버지는 그 뒤 10년의 망명 생활 끝에 다시 조국 땅을 밟을 수 있게 되었다. 밀라노에서 변호사로 활동했지만 자유 획득과 통일된 공화국 건설을 위해 문필과 연설, 시와 산문을 써서 국민을 고무시켰고, 정열적이고 독재자적인 명문(名文)으로 혁명적 강령을 기초했으며, 해방된 민족이 인류 행복의 확립을 위해 단결해야 할 것을 유려한 문장으로 예고하는 것을 그치지 않았다. 손자인 로도비코의 말 가운데 한스 카스토르프에게 특히 인상적인 사항이 하나 있었다. 그것은 할아버지인 주세페가 일생 동안 검은 상복 차림으로 동포 앞에 나타났다는 것이다. 할아버지는 평상시에 자기를 일컬어 '이탈리아를 위해, 비참함과 예속에 신음하는 조국을 위해 상복을 입는 자' 라고 말했다는 것이다. 한스 카스토르프가 이 말을 들었을 때 자신의 할아버지와 비교하여 생각하지 않을 수 없었다.

한스 카스토르프의 할아버지도 손자가 기억하는 한에서는 언제나 검은 옷을 입고 있었지만, 그것은 이탈리아인의 할아버지와는 전혀 다른 의미에서였다. 한스 로렌츠 카스토르프는 본질적으로는 과거의 어떤 시대에 속한 인물이었다. 그러나 구식 복장을 함으로써 자기는 현대에 속해 있지 않다는 것을 암시하면서 겉으로만 현대에 순응했고, 죽을 때에 비로소 그의 본질에 알맞은 참된 모습―스페인식 접시 모양의 목도리를 한 모습―으로 엄숙하게 되돌아갔던 것이다. 이 두 할아버지는 사실은 놀랄 만큼 달랐다. 한스 카스토르프는 그것을 생각하면서 시선을 집중시키고 조심스럽게 머리를 흔들었으나, 이것은 주세페 세템브리니에게는 감탄하는 몸짓으로도 보였고, 의심스럽게 느껴져서 찬동할 수 없다는 몸짓으로도 보였다. 한스 카스토르프는 자기와 이질적인 것을 물리치는 것을 삼가고, 단순히 비교한다든지 분류하는 것만으로 그쳤다.

그는 한스 로렌츠 노인의 홀쭉한 얼굴이, 홀에서 전해 내려오는 그릇, 즉 세례반의 엷은 금색의 내부를 들여다보던 명상적인 얼굴 표정을 상기했다. 그때의 할아버지는 입술을 둥글게 오므리고 있었지만, 그것은 '증(曾)'이라는 접두어, 즉 저 공허하고 경건한 소리를 내기 위한 것으로, 그 소리는 사람들이 공손하게 몸을 굽히고 걸어가는 신성한 장소를 연상시켰던 것이다. 그리고 한스 카스토르프는 주세페 세템브리니가 삼색기*¹⁵를 옆에 끼고 칼등이 휜 군도를 한 손에 쥐고, 검은 눈으로 맹세하듯 하늘을 쳐다보면서 자유 전사들의 선두에 서서 전제 정치의 진지로 쳐들어가는 것을 떠올렸다.

이 두 할아버지 모두 저마다 아름답고 훌륭한 데가 있다고 한스 카스토르프는 생각했으며, 개인적인 혹은 반개인적인 이유에서 한쪽 편만 드는 것 같아 더 한층 공평해지려고 애썼다. 세템브리니의 할아버지는 정치상의 권리를 얻기 위해 싸운 것이지만, 한스 카스토르프의 할아버지나 선조들은 본디부터 모든 권리를 장악하고 있던 것을 천민들이 400년 사이에 폭력과 변론으로 빼앗아 버렸기 때문이었다. 그리고 두 할아버지— 북방의 할아버지와 남방의 할아버지는 언제나 검은 옷을 입고 있었는데, 그것으로 두 할아버지는 모두 자신과 타락한 동시대 사이에 확실하게 거리를 두었다. 그러나 한쪽 할아버지는 그의 본성의 고향인 과거와 죽음을 위해 경건한 심정으로 검은 옷을 입었다. 이와 반대로 한쪽 할아버지는 반항에서, 무릇 경건과는 정반대의 진보를 위해 검은 옷을 입고 있었다. 정말로 이 두 사람은 두 개의 정반대의 세계에 살고 있었다.

한스 카스토르프는 세템브리니의 말에 귀기울이면서 두 개의 세계를 번갈아 음미하며 바라보았는데, 전에도 언젠가 똑같은 심정을 경험한 것 같은 생각이 들었다. 몇 년 전 늦은 여름에 홀슈타인의 어떤 호수에서 저녁 때쯤 뱃놀이를 했을 때의 일이 생각났다. 저녁 7시쯤으로 햇빛은 벌써 서산에 지고, 만월에 가까운 달이 동쪽 기슭의 숲 위에 올라와 있었다. 한스 카스토르프가 고요해진 물 위를 배로 지나가니, 햇빛과 달의 매혹적이고 몽상적인 상태가 하늘을 10분 가량 지배하고 있었다. 서쪽 하늘은 아직 유리같이 차고 선명한 낮의 빛이 퍼져 있었지만, 눈을 동쪽으로 돌리면 그쪽은 똑같이 선명하고

---

*15 흰색, 푸른색, 붉은색의 삼색기로 프랑스의 국기를 말함.

촉촉한 안개가 낀 아주 아름다운 달밤이었다. 이 이상한 상태는 10분쯤 계속되다 얼마 안 있어 주위는 달밤의 세계로 변하고 말았지만, 한스 카스토르프는 놀라움에 사로잡혀 넋이 빠진 눈을 이쪽의 빛과 풍경에서 저쪽의 빛과 풍경으로, 낮에서 밤으로, 밤에서 낮으로 옮겼다. 그것을 지금 기억하지 않을 수 없었다.

세템브리니 변호사는 그렇게 여러 면에 걸친 활동적인 생활을 한 탓으로 훌륭한 법률학자가 되지 못했음에 틀림없다고 한스 카스토르프는 생각했다. 그러나 손자인 로도비코 세템브리니의 말로는, 할아버지는 젊었을 때부터 죽는 날까지 법의 기본적 원칙에 정신을 집중했다고 한다. 한스 카스토르프는 그때 마침 머리가 멍해져 있었고, 베르크호프의 여러 가지 점심 식사로 유기체가 활발한 활동을 요구하고 있었다. 하지만 세템브리니가 법의 기본적 원리를 '자유와 진보의 원천'이라고 부른 의미를 이해하려고 노력했다. 한스 카스토르프는 그때까지 진보를 19세기에서의 기중 장치의 진보 같은 것으로 이해해왔다. 그리고 그는 세템브리니 씨가 그런 점을 멸시하지 않는다는 것, 할아버지인 세템브리니도 멸시하지 않는다는 것을 알았다. 이탈리아인은 경청하고 있는 두 사람의 조국인 독일에 대해 봉건시대의 갑옷을 고물로 일변시켜 버린 화약과 사상의 민주적 보급, 다시 말하면 민주적 사상의 보급을 가능케 한 인쇄술을 발명한 나라라는 점에서 경의를 표했다. 그런 점에서 과거를 문제로 하는 한 이탈리아인은 독일을 찬양했지만, 다른 민족이 미신과 노예 상태에 빠져 있는 동안, 처음으로 계몽, 교양, 자유의 깃발을 휘날린 그의 조국 이탈리아에 마땅히 영광이 주어져야 한다고 했다. 사촌들이 그를 산 중턱 벤치 옆에서 처음으로 만났을 때 알았던 것처럼, 그는 한스 카스토르프의 전문인 공학과 교통을 중요시했는데, 그것은 공학과 교통 그 자체를 중요시한다는 것보다는 이 두 가지가 인간의 윤리적 완성에 대해 갖는 의의를 중요시하고 있었던 것이다. 그는 두 가지에 그런 의의를 인정하는 것을 주저하지 않는다고 분명히 했다. 그에 따르면 공학은 자연을 차례차례로 정복하고, 도로망과 전신망을 완성하고, 이로 인해 풍토적 차별을 극복하고 여러 민족을 서로 접근시키며 친목을 촉진하고, 또 인간적 협조의 길을 열어 여러 민족의 편견을 없애고, 마침내는 인류 전체의 융합과 통일을 실현하는 데에 가장 신뢰할 수 있는 수단이라는 것이다. 인류는 암흑, 공포, 증오에서 출발하여 빛나는 길을 나아가고 향상하여 내적 광명, 친선 행복이라는 최후의 목표에 향하는 것인데, 이 과정에서 공학은 가장 유효한 추진력이라고 했다. 세템브리니는 이렇게 말하면서, 한스 카스토르프가 이제까지 언제나 서로 떨어져 있는 것이라고만 생각해 온 두 가지의 범주를 한데 묶어서 공학과 윤리성이라고 말했다. 그리고 그는 기독교의 구세주에 대해 말하기 시작했다. 그리스도가 처음으로 평등과 융합의 원리를 제시한 데 이어 인쇄술이 그 원리의 보급을 두드러지게 촉진했고, 마지막으로 프랑스 혁명이 그것을 법률에까지 높였다고 했다. 세템브리니는 그것을 아주 명쾌하고 생생하게 이야기했지만, 한스 카스토르프는 막연한 이유에서였으나 이 말이 아주 혼란스럽게 들렸다. 세템브리니의 말로는, 그의 할아버지는 일생에 단 한 번, 장년기 초기에 마음으로부터 행복을 느낀 일이 있었는데, 그것은 파리의 7월 혁명*[16] 때의 일이라고 했다. 할아버지는 그 무렵 인류가 파리의 3일간을 천지 창조*[17]의 6일간과 함께 두는 날이 올 것이라고 소리높이 공언했다는 것이다. 한스 카스토르프는 이 말을 듣자 놀라서 테이블 위를 손으로 치지 않을 수 없었다. 파리 사람들이 새로운 제도를 만든 1830년 여름의 3일간을, 하느님이 육지와 물을 나누고 영원한 별, 꽃, 새, 나무, 물고기 이외의 모든 생명을 창조한 6일과 같이 생각하는 것은 지나친 생각이었기 때문이었다. 그는 사촌과 단둘이 있게 된 뒤에도 그것을 너무 엉터리 같고 모독에 가까운 말이라고 분명하게 이야기했다.

그러나 한스 카스토르프는 여러 가지로 실험을 해 보는 것도 좋다는 의미에서 영향을 받아 보자는 생각이었다. 그는 세템브리니식의 가치의 병렬에 대해 느끼는 불만을 참고, 자기에게는 모독이라고 느끼는 것도 세템브리니에게는 대담함이라고 할 수 있을지 모르며, 또한 자기에게는 악취미라고 느끼는 것, 이를테면 세템브리니 할아버지가 바리케이드를 '민중의 왕좌'라고 부른다든지 '시민의 창을 인류의 제단에 바칠 때'라고 선언하는 것이 적어도 그때의 이탈리아에서는 시정(詩情)에 넘친 고매한 정신의 표현으로서 통용되었는지도 모른다고 생각했다.

한스 카스토르프는 왜 자기가 세템브리니의 말에 귀를 기울이는지를 알고

---

*16 샤를 10세의 폭정에 대해 1830년 7월 27일 파리에서 일어난 혁명. 그 결과 부르봉 왕조가 무너지고 7월 왕정으로 되었다.
*17 〈창세기〉 1장 참고.

있었다. 내일 아니면 글피에는 다시 날개를 펴고 본디의 질서 속으로 돌아갈 것을 의식하면서 어떤 인상도 달게 받고 무슨 일에도 접근을 허용하려는, 여행자로서 또는 청강생으로서의 휴가 중의 해방적인 기분도 있었지만, 이 밖에 의무감도 있었다. 바로 양심의 명령 같은 것, 자세히 말해서 뭔지 모르게 양심의 가책에서 오는 명령과 권고 때문에 세템브리니의 말에 귀를 기울였던 것이다. 양 다리를 꼬고 마리아만치니를 피우거나, 또는 세 사람이 영국 거리에서 베르크호프로 향한 언덕길을 올라오거나 하면서.

세템브리니가 분류하고 표현하는 바에 따르면, 두 가지의 원리가 서로 지배하려고 싸웠다. 권력과 정의, 압제과 자유, 미신과 지식, 보수적 원리와 끓어오르는 운동의 원리, 즉 진보의 원리가 그것이었다. 하나를 아시아적 원리라고 부른다면, 또 하나는 유럽적 원리라고 부를 수 있었다. 유럽은 반항, 비평, 혁명적 행동의 땅인데 반하여, 아시아는 부동(不動), 아무 일도 하지 않는 안정을 구현하고 있었다. 두 가지의 힘 가운데 어느 것이 최후의 승리를 얻을 것인가는 의문의 여지 없이 명백한 것으로, 계몽의 힘, 합리적인 완성력이 최후의 승리자이다. 인간성은 빛나는 발전 과정에서 차례차례로 새로운 민족을 규합했다. 유럽에서도 한결 더 지반을 넓혀 아시아로도 진출하기 시작했기 때문이다. 그러나 완전한 승리는 아직도 앞길이 멀다. 유럽의 여러 나라 중에서 18세기나 1789년*¹⁸을 사실상 경험하지 못했던 나라들까지도 전제 군주제와 종교가 망하는 날을 맞이하기 위해서는, 광명을 본 동지들의 위대하고 고귀한 노력을 기다리지 않으면 안 되었다. 그러나 그날은 오고야 말 것이라고 세템브리니는 말하고 나서, 콧수염 밑으로 섬세한 미소를 띠었다. 그날은 비둘기의 날개를 타고 찾아오지 않으면, 독수리의 날개를 타고 찾아와서 이성, 과학, 정의의 깃발 아래 세계의 모든 민족이 단결하는 친목의 새벽을 의미할 것이다. 그날은 할아버지 주세페의 숙적이었던 파렴치하기 이를 데 없는 왕들과 정부 동맹과는 너무나 대조적인 시민적 민주주의 신성 동맹, 요컨대 세계 공화국을 실현할 것이다. 그러나 이 마지막 목표를 이루려면, 아시아적, 노예적인 부동 원리의 중심부로서 저항을 계속하는 빈을 쳐부수는 것이 선결 문제인 것이다. 오스트리아의 머리 위에 철퇴를 내리고 분쇄해야 한다. 과거의 원한을 풀기

---

*18 프랑스혁명의 해.

위해서도, 지상에 정의와 행복의 나라를 건설하기 위해서도.

한스 카스토르프는 세템브리니의 변론, 상쾌한 웅변의 결론이라고도 할 수 있는 이 말에 조금도 흥미를 갖지 못했다. 마음에 들지 않았다고 할까? 그 결론이 되풀이될 때마다 개인적인 또는 민족적인 욕을 듣는 듯한 불쾌감을 느끼지 않을 수 없었다. 요아힘 침센 또한 마찬가지여서 이탈리아인의 말이 그쪽으로 쏠리기 시작하면 눈썹을 찌푸리며 고개를 옆으로 돌렸다. 그리고 듣기를 그만두고, 요양 근무 재촉을 하거나 화제를 딴 데로 돌리려고까지 했다. 한스 카스토르프도 이런 중심을 벗어난 말에까지 귀를 기울일 필요를 느끼지 않았다. 그 이야기는 자신의 양심의 소리가 시험삼아 영향을 받아 보라고 충고한 한계를 분명히 넘고 있었다. 그러면서도 양심의 소리가 확실하게 들릴 정도로 강했기 때문에 한스 카스토르프는 세템브리니가 사촌들의 식탁에 앉는다든지, 밖에서 함께 만났을 때 이쪽에서 세템브리니에게 그의 이론을 들려달라고 조르기까지 했다.

세템브리니는 그런 이념, 이상, 경향이 세템브리니 집안의 전통이라고 했다. 할아버지와 아버지와 그 자신, 이렇게 세 사람은 자기 나름대로의 이념에 생애와 정신력을 바친 것이다. 이 점에서는 아버지도 할아버지인 주세페에게 지지 않았다. 아버지는 할아버지처럼 정치적 선동가나 자유 투사가 아니라, 책상 앞의 조용하고 단정한 학자, 인문주의자였던 점이 조금 다를 뿐이었다. 그러나 인문주의자란 무엇인가? 인간에 대한 사랑에 불과하며 또한 정치이기도 한데, 정치란 인간이라는 이념을 더럽히고 천대하는 모든 것에 대한 반항이다. 인문주의는 형식을 지나치게 존중한다고 비난받아 왔지만, 인문주의가 아름다운 형식을 존중한다는 것은 오로지 인간의 존엄 때문이며, 이 점에서 인문주의는 중세가 반인간성과 미신뿐 아니라 멸시해야 할 무형식에 빠져 있는 것과는 반대로 빛나는 대조를 이루고 있다. 인문주의는 처음부터 인간의 권리와 현세적 이해, 사상의 자유와 현세의 기쁨을 옹호해왔고, 천국 같은 것은 모름지기 어리석은 자에게 맡겨야 하는 것이라고 생각해 왔다. 프로메테우스![*19] 그야말로 그는 인문주의자의 원조요, 카르두치가 찬가를 바친 저 악마와 같다…… 아, 카르두치! 볼로냐의 이 늙은 교회 적대자가 낭만파 사람들의 기독

[*19] 신들에게서 불을 훔쳐서 인간에게 주어, 인류의 문화를 발족케 했다. 괴테의 《프로메테우스》 참고.

교적 감상주의를 빈정대고 조롱하는 것을 사촌들에게 들려주고 싶었다. 만초니*20의 성가를 공박하고, 만초니가 '창백한 하늘의 수녀'에 비유한 낭만주의의 그림자와 달빛의 시를 조롱했던 것이다. 정말이지 귀의 향연이었다. 그리고 카르두치가 단테를 어떻게 해석했는지도 사촌들에게 들려주고 싶었다. 카르두치는 단테를 금욕과 현세 부정에 반대하여 혁명적, 세계 개선적인 행동력을 옹호한 대도시 시민으로 찬양했던 것이다. 왜냐하면 시인 단테는 베아트리체의 허약하고 비교적(秘敎的)인 그림자와 같은 존재에게 '우아하고 경건한 여성'의 이름을 바치지 않고, 오히려 자신의 곁에서 현세적 인식, 실천적 근로의 원리를 구현하는 자신의 부인에게 바쳤기 때문이었다.

이렇게 하여 한스 카스토르프는 단테에 대해서도 이것저것 들을 수가 있었다. 그것도 가장 신뢰할 수 있는 근거에 따른 말을 말이다. 소개자의 과장을 계산에 넣어 어느 정도 깎아서 듣기는 했지만, 단테가 깨달음을 얻은 도시인이었다는 설은 어쨌든 경청할 만했다. 한스 카스토르프는 또 세템브리니가 자신에 대해 이야기하면서 가장 가까운 조상, 즉 할아버지의 공민적 경향과 아버지의 인문주의적 경향이 손자인 자기, 바로 로도비코 속에서 결합하여 문학자이며 자유로운 문필가가 된 것이라고 설명했다. 왜냐하면 문학이란 인문주의와 정치의 결합에 지나지 않으며, 이 결합은 인문주의가 이미 정치이고 정치는 인문주의이기 때문에 한결 자연스럽게 실현되는 것이다……

이것을 듣고 한스 카스토르프는 귀를 곤두세우고 이야기를 더 잘 이해하려고 노력했다. 맥주 양조자인 마그누스가 얼마나 무지한가를 이해할 수 있을 것 같았고, 문학은 대체로 '아름다운 품성'과는 짐짓 다른 것이라는 이유를 알 것 같았다. 세템브리니는 사촌들에게 1250년경 피렌체 시의 서기였고, 덕과 악덕에 대한 책을 낸 부르네토 라티니에 대해 들은 일이 있느냐고 물었다. 이 대가가 피렌체 사람들에게 처음으로 광채를 주고 그들에게 화술을, 또 피렌체 공화국을 정치 원칙에 따라 통치하는 방법을 가르쳤던 것이다.

"바로 이것입니다!"

여기서 세템브리니는 '말'에 대해, 말의 예찬에 대해, 그의 말에 따르면, 인간의 승리라는 웅변의 예찬에 대해 말했다― 말은 인간의 자랑이며 말만이

---

* 20 1785~1837. 이탈리아의 극작가이자 소설가.

인간이 인생을 살아갈 가치가 있도록 하는 것이기 때문이다. 인문주의뿐만 아니라 전반적인 인간애, 옛날부터의 인간의 존엄성, 인간 존중, 인간의 자기 존중은 말과 문학에 밀접하게 결합되어 있다.

나중에 한스 카스토르프는 사촌에게 말했다.

"들었나, 자네? 문학에서는 아름다운 말이 문제된다는 거야. 나도 그렇게 생각하고 있었어. 따라서 정치도 문학과 결합되어 있지. 왜냐하면 정치는 인간애와 문학의 결합에서 생기는 것이야. 아름다운 말은 아름다운 행위를 낳기 때문이야."

어쨌든 세템브리니의 말은 다음과 같이 이어졌다.

"당신들 나라에서도 200년 전의 시인으로 멋진 화술의 대가가 있어서, 아름다운 문자는 아름다운 문체를 낳는다고 생각하고 아름다운 문학을 예찬했습니다. 그는 한 걸음 더 나아가 아름다운 문체는 아름다운 행위를 낳는다고 말해야 했을 것입니다. 아름답게 된다는 것은 아름답게 생각하는 것과 거의 같은 의미로, 거기에서 아름다운 행동을 하는 것까지는 매우 가깝다고 볼 수 있습니다. 모든 순화와 윤리적 완성이란 문학의 정신, 인간 존엄성의 정신에서 생기지만, 이 정신은 인간애와 정치의 정신이기도 합니다. 그리고 이것들은 본디 같은 것, 같은 힘, 같은 이념으로 하나의 명칭으로 묶을 수 있습니다."

어떠한 명칭으로 말인가? 그것은 흔히 듣는 음절로 조정된 것이지만, 사촌들은 그 의미와 위대함을 아직 한 번도 분명히 파악하고 있지 않았으리라.

그 명칭이 '문명!'인 것이다. 세템브리니는 이 말을 입 밖에 내면서 작고 누런 오른손을 건배하는 것처럼 들어올렸다.

한스 카스토르프는 이런 이야기는 모두 경청할 가치가 있다고 생각했다. 구속받지 않고 시험 삼아 하는 말들이었지만, 들을 가치가 있다고 느꼈다. 그래서 이런 의견을 요아힘 침센에게도 말했으나 사촌은 체온계를 물고 있었기 때문에 애매한 대답만 했을 뿐, 그 뒤에도 체온계의 숫자를 읽고 그것을 체온표에 써넣는 데 바빠서 세템브리니의 견해에 비평을 내릴 만한 여유가 없었다. 그러나 한스 카스토르프는 이미 말한 대로 자기 쪽에서 적극적으로 세템브리니의 견해를 듣고 그것으로써 생각을 검토하려고 했다. 그리고 그러한 자기 음미에서 밝혀진 것은 우선 첫째로 눈뜨고 있을 때의 인간은 잠을 자면서 꿈을 꾸고 있을 때의 인간과 확실히 구별된다는 고마운 사실이었다.

꿈 속의 한스 카스토르프는 그때까지도 여러 차례 세템브리니를 '손풍금쟁이'라고 욕하고 "여기 있으면 방해가 됩니다" 하면서 있는 힘을 다해 그를 뿌리치려고 했지만, 눈을 뜨고 있을 때의 한스 카스토르프는 세템브리니의 말에 정중하고 주의 깊게 귀를 기울이고, 대선생의 병렬법과 표현법에 반대하고 싶어도 공평을 으뜸으로 생각하고 그 반항심을 억제하려고 했다. 반항적인 기분이 일어난 것은 사실인데 이 기분은 이전부터 언제나 숨어 있기도 했고, 현재의 상태에서, 즉 이 위에 와서부터 간접적인 견문과 숨은 체험에서 비로소 생긴 것도 있었다.

그런데 인간이란 무엇일까? 인간의 양심이란 참으로 속기 쉽다. 인간이란 의무의 목소리 속에서조차 정열에 몸을 맡기기 위한 구실을 교묘하게 가려내는 것이다. 한스 카스토르프는 의무감에서 공평과 균형을 유지하기 위해 세템브리니의 이야기를 경청하고, 거기서 감화를 받으려고 그의 이성이나 공화국이나 아름다운 문체에 대한 견해를 호의적으로 비판했다. 그러나 그 뒤로는 그것과는 다른 방면, 정반대의 방향으로 더 한층 자유롭게 자기의 생각과 상념을 돌리는 일이 허용되는 것처럼 느껴졌다. 우리의 의혹, 또는 통찰을 솔직히 말한다면, 그는 양심으로부터 그냥 교부받을 성싶지 않은 특권을 속여서라도 받기 위해 세템브리니의 말에 귀를 기울였을 것이리라. 이런 애국심과 인간의 존엄성과 문학과는 다른 방향, 즉 정반대의 방향에는 도대체 무엇이 있었던 것일까? 한스 카스토르프가 다시 상념과 행동을 서슴지 않고 향해도 괜찮다고 느낀 방향에는? 거기에는 클라브디아가 있었다…… 축 늘어진 자세로 몸 속을 침식당하면서, 키르키스인의 눈을 한 클라브디아 쇼샤가 있었다.

한스 카스토르프는 그녀를 생각하니—생각한다는 표현은 그가 그녀에게 마음이 쏠린 격정에 비하면 너무나 온건한 표현이긴 하지만—다시금 홀슈타인 호수에서 작은 배를 타고, 서쪽 기슭의 유리와 같은 낮의 빛에서 안개 낀 동쪽 기슭의 달밤으로 걷잡을 수 없이 눈을 옮기는 기분이 되었다.

체온계
한스 카스토르프가 이 위에 온 것은 화요일이었기 때문에, 그의 1주일은 화요일에 시작되어 화요일에 끝난다. 그가 사무소에서 두 번째의 주말 계산서를 지불한 것은 벌써 2, 3일 전의 일이었다. 모두 160프랑이라는 얼마 되지 않는 액수였다. 이곳에서 머물러 있는 것에 돈으로 평가할 수 없는 이점들을 돈으로 환산하지 못하여 전혀 고려하지 않는다고 해도, 당연히 돈으로 환산하지 못할 것도 없는 서비스, 이를테면 2주일마다 돌아오는 요양 음악이나 크로코브스키 박사의 강연들도 계산에 포함하지 않았다. 단순히 일반 호텔식으로 본디 의미에서의 서비스, 즉 쾌적한 방이라든가 하루 다섯 번에 걸친 풍부한 식사만을 헤아리더라도 이 금액은 한스 카스토르프에게는 적은 돈이라는 생각이 들었다.

청강생은 이곳에 오래 머물러 있는 사촌에게 말했다.

"비싸지 않아, 싸다고 할 수 있지. 여기서는 너무 비싸다고 불평할 수 없어. 자네는 한 달에 방값과 식비로 650프랑을 내는 셈인데, 그 가운데는 치료비도 포함되어 있어. 그러나 자네가 주위 사람들에게 친절한 대접을 받기 위해 이 밖에 팁을 한 달에 30프랑 쓴다고 치자. 그래도 합해서 680프랑이야. 그런데 또 이 밖에도 자질구레한 잡비와 수수료 같은 것이 든다고 자네는 말하겠지. 마시는 것, 화장품, 시가를 사기도 하겠고, 가끔 하이킹도 하겠지. 원한다면 드라이브까지도 말이야. 그리고 가끔 구둣방 또는 양복점에 지출도 있겠지. 좋아. 그렇다 하더라도 한 달에 1천 프랑까지는 안 쓸 걸세. 1년이라도 1만 마르크도 안되네. 그 이상은 절대로 넘지 않을 걸세. 그것으로 살 수 있으니 말이야."

"자네 암산은 만점이라 하겠네. 자네가 그렇게 암산을 잘하리라고는 꿈에도 생각하지 못했어. 게다가 금방 1년 분의 계산을 해내다니. 자네도 이 위에서 배운 게 있었나 보군. 그러나 자네 계산은 너무 많아. 나는 시가를 피우지 않고, 양복도 여기서는 맞추지 않을 생각이야. 그럴 생각은 없어."

"그렇다면 너무 비싸게 쳤나?"

한스 카스토르프는 좀 당황하면서 말했다. 그가 어떤 생각으로 사촌의 비용에 시가비와 새 양복비를 더했는지는 그만두고라도, 그의 암산 속도에 대해 말한다면 이것은 속임수였고, 있지도 않은 재능을 가지고 있는 것처럼 보이려고 한 것에 지나지 않았다. 모든 일에 그랬지만, 암산에서도 둔한 편이어서 암산 같은 것은 열심히 하지도 않았었다. 지금 계산이 훌륭했던 까닭은 즉석에서 한 것이 아니라, 미리 준비해서, 그것도 종이를 써서 계산해 둔 결과였다. 어느 날 밤, 안정 요양을 하고 있을 때—요즈음은 그도 이 위에서 사는 사람들과 마찬가지로 밤에도 발코니에서 자기로 하고 있었다—갑자기 생각이 나서, 그 멋진 침대 의자에서 일부러 일어나 방에서 계산용 종이와 연필을 가지고 왔던 것이다. 종이와 연필로 계산한 결과, 사촌이나 이 위에서 사는 사람들이 1년에 합계 1만 2천 프랑이 필요하다는 것을 확인했다. 또 1년 수입이 1만 8천 프랑 또는 1만 9천 프랑이 되는 한스 카스토르프는 경제적으로 보아 이 위에서의 생활이 무리 없이 가능하다는 것을 심심풀이로 생각해 보았다.

그의 두 번째 주말 지불이 3일 전에 끝났는데, 이 일은 이곳에서 머문 지 3주째, 즉 예정의 마지막 주로 들어간 것을 뜻했다.

"다음 일요일에는 2주마다 돌아오는 요양 음악을 여기서 듣게 될 테고, 월요일에는 2주마다 돌아오는 크로코브스키 박사의 강연에 또 한 번 출석하게 될 것이다."

한스 카스토르프는 자기에게, 또 사촌에게도 이렇게 말했다. 그러나 화요일 아니면 수요일에는 다시 요아힘을 혼자 이곳에 남겨 놓고 떠나게 될 것이다. 라다만토스에게 몇 개월 요양 기간을 더 연장받은 불쌍한 요아힘은, 날마다 가까워지는 한스 카스토르프의 출발이 화제에 오를 때마다 정답고 검은 눈이 슬프게 흐려졌다. 정말 그랬다. 여름 휴가는 어디로 사라져 버렸는가. 흘러가듯, 날아가듯 도망가 버렸다. 어떻게 날아가 버렸는지 정말 모를 정도였다. 둘이 함께 지내기로 했던 날은 21일간이라는, 처음에는 까마득하게 많은 날이었는데, 그것이 이제는 갑자기 앞으로 3일이나 4일이라는 짧은 기간이 되어 버렸다. 거의 문제도 되지 않을 정도의 기간이다. 하긴 평일의 두 가지 정기적 변화 때문에 어느 정도 무게가 더해졌다고는 하나 그동안은 짐꾸리기와 출발 인사 같은 것으로 틀림없이 바쁠 것이다. 이 위에 오자마자 곧 모든 사람들에게서 들었던 것처럼 3주일간은 이 위에서는 정말 없는 거나 마찬가지였다. 여기서는 최소의 시간 단위가 1개월이라고 세템브리니가 말했지만, 한스 카스토르프의 체재는 그 단위에도 미치지 못했기 때문에 체재라고 할 수도 없었고, 베렌스 고문관의 말대로 그저 짧은 방문에 불과했다. 이 위에서 시간이 이토록 성급히 지나가 버리는 것은 온몸의 연소 작용이 증진되는 때문일까? 이렇게 시간이 날아가는 것은, 아직도 5개월을 남아 있어야 하는—5개월로 끝이 나면 말이지만—요아힘에게는 위안이 될 것이다. 그러나 이 3주일 동안, 두 사람은 시간에 더 신경을 쓰면서 지내야 했을 것이 아닌가. 예를 들어 규정의 7

분간이 그렇게 길게 느껴지는 체온 검사 때처럼 말이다. 한스 카스토르프는 2, 3일 안으로 한 사람의 교제 상대를 잃게 될 슬픔을 눈에 드러내고 있는 사촌에게 동정을 느꼈다.

한스 카스토르프 자신은 다시 평지에서 지내면서 모든 민족을 결합하는 항해술을 위해 활동할 것인데, 불쌍하게도 사촌은 전처럼 늘 혼자서 여기에 남아야 할 것을 생각하니 사촌에게 정말 심한 동정심을 느꼈다. 정말 울고 싶을 정도의, 어떤 순간에는 가슴이 메어질 듯한 심한 동정을 느껴, 과연 자기가 이런 기분으로 요아힘을 홀로 여기에 두고 갈 수 있을까 하고 가끔 진지하게 생각해 보는 일도 있었다. 그토록 불쌍하다는 생각에 괴로웠던 것이다. 한스 카스토르프가 자기 쪽에서 출발에 대해 차츰 말하지 않게 된 것도 짐짓 그런 동정심에서 온 것이었다. 가끔 이 문제를 언급한 사람은 오히려 요아힘이었다. 한스 카스토르프는 지금 말한 것처럼 천성적인 섬세한 분별심과 염려에서 마지막 순간까지 출발에 대한 것을 생각하고 싶지 않다는 태도를 취했다.

요아힘은 말했다.

"적어도 자네가 여기 와서 얼마쯤 휴양이 되었고, 아래로 돌아간 뒤 원기를 회복했다는 것을 느낄 수 있었으면 좋겠어."

한스 카스토르프가 대답했다.

"그래, 모든 분들에게 자네 인사를 전해 주겠어. 그리고 자네도 늦어도 5개월 안으로는 돌아온다고 말이야. 휴양 말인가? 이렇게 짧은 시간에 휴양이고 보양이고 있을 게 뭔가? 아무튼 휴양이 되었다고 해두지. 혹 기간은 짧았더라도 결국 휴양이 된 것은 틀림없으니까 말이야. 물론 이 위에서의 이런저런 인상은 참 진지한 것들이었어. 모든 점에서 새로워. 정신과 육체에 아주 자극적이었지만 그 반면에 지치기도 했어. 그런 인상을 깨끗이 소화할 만큼 이 고장에 익숙해졌다는 생각은 아직 들지 않아. 익숙해진다는 것이 휴양의 전제 조건일 텐데 말이야. 마리아 시가는 다행히도 예전과 마찬가지로 며칠 전부터 다시 제 맛을 찾게 되었어. 그러나 손수건에는 아직도 가끔 빨갛게 피가 묻어 나오고, 얼굴이 기분 나쁘게 상기되는 것과 미친 듯이 뛰는 심장의 고통은 웬일인지 마지막까지 해방될 것 같지 않아. 천만에 말씀이지. 여기 생활에 익숙해졌다는 것은 농담으로도 말할 수 없어. 그리고 이렇게 짧은 시간에 익숙해질 수 있는 것도 아니니까 말이야. 좀더 오래 머물러야 휴양도 될 테고 살이 붙게 될 거야. 유감이야. 유감이라고 말한 것은 좀더 오래 머물 수 있게 하지 않았던 게 역시 잘못이었다는 거야. 결국 시간은 아무렇게나 처리되었을 거야. 나는 평지로 돌아가면 먼저 휴양을 취해 3주일쯤 잠을 자야 할 것 같아. 그만큼 지친 것 같아. 그리고 이번에는 기관지염증까지 겹쳤으니 화가 날 지경이야……."

사실 한스 카스토르프는 심한 기관지염을 선물로 받고 평지로 돌아갈 것 같았다. 그는 감기에 걸렸다. 안정 요양 중에 말이다. 정확히 말하면 밤의 안정 요양 중에 말이다. 그는 축축하고 차디찬 날씨인데도 약 1주일 전부터 밤에도 안정 요양을 하고 있었다. 이 기후는 그가 출발하기까지 회복될 것 같지 않았다. 그러나 한스 카스토르프는 이런 날씨도 이 위에서는 나쁜 날씨라고는 할 수 없다는 것을 경험했다. 일반적인 나쁜 날씨라는 개념은 이 위에서는 통용되지 않았다. 누구든지 날씨를 두려워하지 않았고, 거의 날씨에 신경을 쓰지 않았다. 한스 카스토르프도 젊은 사람이 그때 그때에 따라 자기를 에워싸고 있는 환경의 사고 방식과 습관에 순응하는 유순성으로, 이 위에서 사는 사람들의 무관심에 젖어 버렸다. 비가 억수같이 쏟아져도 그 때문에 공기가 습도를 더해 갈 것이라고는 생각하지 않았다. 그리고 사실 그렇다고 너무 더운 방 안에 있든지, 포도주를 마시든지 했을 때와 마찬가지로 얼굴의 붉은 기운이 사라지지 않았다. 추위에 대해 말한다면, 이건 지독한 추위였지만 그렇다고 방으로 들어가 봤자 다른 수도 없었다. 눈이 오지 않으면 방에 스팀을 넣지 않았기 때문에, 방에 앉아 있어도 겨울 외투를 입고 두 장의 고급 담요를 순서대로 두르고 발코니에 누워 있어야 했다. 오히려 발코니에서 누워 있는 편이 비교가 안 될 만큼 기분이 좋고, 솔직히 판단해 본다면 한스 카스토르프가 이때까지 경험한 것 중에서 가장 기분이 좋은 것이었다.

문필가이자 카르보나리 당원이라고 자칭하는 사람이 은연중에 악의를 담고 이 모습을 '수평 생활'이라고 해 보았자 그 즐거움은 조금도 흔들리지 않았다. 특히 밤이 되어, 옆 테이블 위의 전등 불 밑에서 담요를 따뜻하게 두르고, 제 맛을 찾게 된 마리아 시가를 입에 물고, 침대 의자의 설명할 수 없는 장점을 차분하게 즐겼다. 물론 코 끝을 얼음처럼 차게 하고 얼어서 붉어진 손에 책을—여전히 《대양 기선》이었다—쥐고 있었다. 발코니의 아치 너머로 이쪽에는 점점이, 저쪽에는 빽빽이 모인 아름다운 등불이 보이는 저물어 가는 골짜기를 바라보며, 그 골짜기에서 거의 매일 밤, 적어도 한 시간쯤 귀에 익은 선율의 아름다운 음악이 경쾌하고 부드럽게 들려오는 것에 귀를 기울이면 더없이 기분 좋았다. 곡목은 〈카르멘〉, 〈일 트로바토레〉, 〈마탄의 사수〉 등 오페라의 발췌곡, 균형 잡힌 명쾌한 왈츠, 듣고만 있어도 용감하게 머리를 흔들고 싶은 행진곡이 이어지고, 다음으로 명랑한 마주르카가 들려 온다. 그리고 이웃 발코니에는 두껍고 흐린 유리 뒤에 요아힘이 누워 있었다. 한스 카스토르프는 다른 동료들에게 충분히 신경을 쓰면서 가끔 요아힘과 낮은 목소리로 말을 주고받았다. 요아힘은 음악에는 취미가 없고 밤의 콘서트를 그다지 즐거워하지 않았지만, 자기의 발코니에서 한스 카스토르프와 마찬가지로 행복에 젖어 있었다. 음악을 즐기지 못하는 것은 요아힘을 위해서 유감스러운 일이었지만, 그 대신 그는 러시아 문법책을 읽고 있었으리라. 한스 카스토르프는 《대양 기선》을 담요 위에 놓고는 음악에 정신이 팔려, 곡 구성의 투명한 깊이를 만족스럽게 들여다보고, 개성과 기분에 찬 선율상의 영감에 진심으로 만족을 느꼈다. 음악에 대한 세템브리니의 비평, 즉 음악이 정치적으로 귀찮다는 말이, 할아버지 주세페의 7월 혁명과 우주 창조의 6일간에 대한 말과 별반 다를 게 없는 폭언임을 생각하고는 가끔 적의를 느꼈다.

요아힘은 한스 카스토르프처럼 음악을 즐기지 않았고 향기로운 시가의 즐거움도 몰랐지만, 그 밖의 점에서는 사촌과 마찬가지로 평온하고 아무 걱정도 없이 평화롭게 발코니에 누워 있었다. 오늘 하루가 끝나고 그 모든 것이 끝나면 더 이상 아무것도 없다. 깜짝 놀랄 일도 일어나지 않아서 심장 근육에 무리한 요구가 가해질 걱정도 없다. 동시에 이 좋은 세계 속에서 생활이 얼마나 원활하고 규칙적으로 진행되어 가는가를 생각해 볼 때, 틀림없이 내일도 오늘과 같이 처음부터 끝까지 똑같이 반복되리라는 확신에 도달하기도 한다. 이러한 이중의 확실성과 안심은 아주 기분이 좋고, 음악이나 맛이 돌아온 마리아 시가와 더불어 한스 카스토르프의 밤의 안정 요양을 정말로 행복한 시간으로 만드는 데 중요한 한 부분을 맡고 있었다. 이처럼 완벽한 경지에 있으면서 이 신참자인 청강생은 밤의 안정 요양 중에—혹은 어딘가에서 어쩌다가—심한 감기에 걸리고 말았던 것이다. 심한 코감기의 초기인 듯, 그것이 이마 뒤에 척 도사리고 있어 기분을 무겁게 할 뿐 아니라 목젖까지 따끔따끔하게 했다. 공기조차 자연이 마련해 준 대로 정상적인 통로를 지나오지 않고 차디차게 스며들어왔다. 그 때문에 끊임없이 경련을 일으키듯 기침이 났다. 목소리는 하룻밤 사이에 독한 술로 타 버린 것같이 둔탁한 저음으로 변해 버렸다. 본인의 말에 따르면, 그날 밤은 숨이 막힐 것같이 목이 말랐고, 침대에서 쉴새없이 숨이 차서 아침까지 한잠도 잘 수 없었다고 했다.

요아힘이 걱정스럽게 말했다.

"거참 야단났는데. 어쩔 도리가 있어야지. 여기서는 감기 같은 건 인정도 해 주지 않는다네. 그런 건 있을 수 없다는 거야. 공기가 건조하기 때문에 감기는 걸릴 수 없다고 일반적으로 알려져 있어. 감기가 들었다고 해봐. 베렌스에게 야단맞는 게 고작이지. 물론 자네 경우는 좀 사정이 다르지만. 자네는 감기에 걸릴 권리가 있으니 말이야. 빨리 기관지염의 뿌리를 뽑아 버려야 할 텐데. 평지 같으면 처방을 받을 수 있을 텐데, 여기서는 어떨지…… 그걸 곧이들어줄지 모르겠어. 여기서는 감기에 걸리지 않도록 조심해야 해. 아무도 관심을 가져 주지 않으니 말이야. 새삼스러운 일은 아니지만 자네도 마지막 선물로 이걸 경험하게 된 셈이야. 내가 여기 왔을 때, 여기 있었던 여자 중의 한 사람이 1주일간을 꼬박 귀를 누르고 아파했는데, 그게 베렌스의 눈에 띄었지 뭐야. 그런데 베렌스가 뭐라고 말한 줄 아나? '걱정할 필요는 없습니다. 결핵성이 아닙니다.' 그것으로 그만이야. 물론 할 수 있는 데까지는 해보도록 해야지. 내일 아침 마사지 선생이 오면 내가 부탁해 보겠어. 그게 순서니까. 그러면 틀림없이 그가 위에 전달해 줄 테니 뭔가 해 주겠지."

요아힘이 말한 대로 절차는 밟아졌다. 금요일에 한스 카스토르프가 아침 산책을 끝마치고 방으로 돌아오니 누군가가 문을 두드렸다. 수간호사라고 불리는 폰 밀렌동크 양과 직접 알게 될 기회가 생긴 것이다. 그는 이때까지 이 분주해 보이는 여자를 가까이서 본 일이 없었다. 다만 어떤 병실에서나 복도를 가로질러 반대쪽의 병실로 들어가는 것을 보거나, 식당에 잠깐 나타났을 때 그 꺽꺽거리는 목소리를 들었을 뿐이었다. 그러나 그녀가 지금 틀림없이 그를 찾아온 것이다. 그녀는 그의 기관지염 일로 해서 왔는데, 그의 방문을 뼈가 앙상한 손가락으로 급하게 두드리고는, 상대의 대답도 채 기다리지 않고 들어와서는 문턱 위에서 다시 한 번 몸을 젖히고 방 번호를 확인했다.

그녀는 여전히 꺽꺽거리는 높은 목소리로 말했다.

"34호실. 틀림없이 댁이 감기에 걸렸다지요?"

그녀는 이렇게 프랑스어로 말하고 다음에는 그것을 영어로, 러시아어로, 마지막에 독일어로 했다.

"도대체 어느 나라 말로 말해야 좋은가요? 독일어지요. 알았습니다. 아, 침센 청년의 손님이군요. 알았습니다. 나는 이제부터 수술실로 가야 해요. 클로로포름으로 마취를 해야 할 사람이 있어요. 콩 샐러드를 먹었기 때문이지요. 정말 한시도 눈을 뗄 수 없어요…… 그래, 댁은 여기서 감기에 걸렸다는 거지요?"

한스 카스토르프는 옛 귀족 출신이라는 이 여자의 말에 넋이 빠져 버렸다. 그녀는 자기 말을 뛰어넘어가는 것처럼 떠들면서 뭔가를 찾는 듯, 코 끝을 들어 우리 속의 맹수처럼 머리를 빙빙 돌리며 이쪽 저쪽을 보았다. 그녀는 주근깨가 있는 오른편 손을 가볍게 쥐고, 그 엄지손가락을 세워 몸 앞에서 손목 위를 흔들어댔다.

"빨리요, 빨리요. 내가 하는 말을 듣고만 있지 말고, 당신도 뭔가 말씀하세요. 빨리 나를 보내 주세요."

그녀는 이렇게라도 말을 하려는 것 같았다. 40대의 빈약하고 시들어버린 체격인데, 허리띠가 있는 흰 가운을 입었고 가슴에는 석류석의 십자가가 달려 있었다. 간호사 모자 밑으로 붉고 숱이 적은 머리카락이 보였다. 물처럼 푸른 눈은 충혈되어 있었지만, 한쪽 눈에는 아주 큰 다래끼가 나 있었다.

눈초리가 한 곳에 머물러 있지 못하고, 코는 끝이 들렸으며, 입은 개구리 입 같고, 아랫입술이 비스듬히 나와 있어서 말할 때마다 그 입술이 삽처럼 움직였다. 그러나 한스 카스토르프는 타고난 붙임성과 남을 신뢰하는 겸손하고 끈기 있는 태도로 그녀를 지켜보았다.

"도대체 어떤 감기인가요?"

수간호사는 다시 한 번 묻고는 상대를 날카로운 눈으로 보려고 했지만, 눈길이 옆으로 빗나가 잘 되지 않았다.

"우리는 그런 감기를 환영하지 않아요. 가끔 감기에 걸리나요? 사촌도 가끔 감기에 걸리지요. 도대체 나이는 몇 살이지요? 24세? 위험한 나이인데요. 그래, 여기에 올라와서 감기에 걸렸다는 것이지요? 여기서는 '감기'라고 말하지 않는 것이 좋아요. 그건 평지에서 흔히 하는 허튼 소리예요."

그녀가 아랫입술을 삽처럼 움직이면서 '허튼 소리'라고 한 말은 몸이 오싹해지는 이상한 느낌을 주었다.

"기관지염에 걸렸어요. 그건 인정해요. 댁의 눈을 보면 알 수 있어요."

그녀는 다시 그를 똑바로 쳐다보려고 노력했지만 이번에도 눈이 빗나가고 말았다.

"그러나 감기는 추위 때문에 일어나는 게 아니라, 받아들일 태세가 되어 있으면 어떤 전염병이 원인이 되어 생기는 거예요. 다만, 전염병이 아무 해가 없는 것인지, 해가 있는 것인지가 문제가 됩니다. 그 밖에는 모두 허튼 소리예요."

또 다시 몸이 오싹하는 '허튼 소리'라는 말이 나왔다.

"댁의 경우에는 그 전염도 대수로운 것이 아닐지 모르겠군요."

수간호사는 이렇게 말하고는, 다래끼가 난 눈으로 그를 쳐다보았는데, 이것이 무엇을 말하는 것인지 알 수 없었다.

"그러면 해가 되지 않는 소독약을 드리지요. 아마 효과가 있을 거예요."

그녀는 이렇게 말하고, 허리띠에 달고 있던 검은 가죽 가방에서 작은 봉지를 꺼내 테이블 위에 놓았다. 포르마민트였다.

"그런데 흥분한 얼굴로 계시는군요. 열이 있는 모양이지요. 열은 재 보셨습니까?"

그러고는 상대의 얼굴을 쳐다보려는 시도를 그치지 않았지만, 그럴 때마다 눈이 옆으로 좀 빗나가곤 했다.

한스 카스토르프는 체온 검사는 하지 않았다고 대답했다.

"왜요?"

수간호사는 이렇게 물으면서, 비스듬히 내민 아랫입술을 말이 끝난 뒤에도 그대로 쳐들고 있었다.

한스 카스토르프는 잠자코 있었다. 그 청년은 아직 순진해서 초등학교 학생이 대답을 못하는 것처럼 가만히 있었다.

"체온 검사를 전혀 하지 않나요?"

"합니다, 간호사님. 열이 있을 때는 말입니다."

"검온을 하는 첫째 목적은 열이 있는지 없는지를 알기 위해서예요. 그런데 댁의 의견에 따르자면 지금은 열이 없다는 말인가요?"

"잘 모르겠습니다, 간호사님. 확실하게 알 수가 없습니다. 조금 열이 있고, 몸이 오싹오싹 추운 건 여기에 온 날 밤부터 그랬습니다만."

"그래요, 그러면 체온계는 어디에 있어요?"

"가지고 있지 않습니다, 간호사님. 그럴 필요가 없습니다. 나는 손님으로 왔고, 건강하기 때문입니다."

"허튼 소리, 건강하기 때문에 나를 불렀어요?"

이 말에 한스 카스토르프는 웃음이 났다.

"아닙니다. 나는 좀……."

"감기에 걸렸기 때문이지요. 우리는 이런 감기를 이미 여러 번 겪었어요. 이걸 드리지요."

수간호사는 이렇게 말하고 다시 가방을 뒤져서, 검은색과 붉은색의 가늘고 긴 가죽 주머니 두 개를 꺼내어 테이블 위에 놓았다.

"이쪽 것은 3프랑 반, 저쪽 것은 5프랑이에요. 물론 5프랑 짜리가 물건이 더 좋아요. 잘 쓰면 평생 쓸 수 있어요."

한스 카스토르프는 미소를 지으면서 테이블 위에서 붉은 주머니를 들고 열어 보았다. 유리로 된 기구가 그만한 크기로 오목한 붉은 비단 속에 들어 있었다. 그것은 장신구처럼 아름다웠다. 붉은 횡선은 도수, 검은 횡선은 분수를 나타내고, 숫자는 붉은 글자로 적혀 있고, 가늘어진 아랫부분에는 수은이 반짝이고 있었다. 수은주는 포유동물의 표준체온보다 훨씬 낮은 온도를 나타내며 빛나고 있었다.

한스 카스토르프는 그의 신분과 체면에 어울리는 방법을 알고 있었다. 그는 다른 주머니에는 눈길도 보내지 않고 말했다.

"이쪽으로 하겠습니다. 이 5프랑짜리 말입니다. 대금은 곧 여기서……."

수간호사는 깩깩거리는 목소리로 말했다.

"알았어요. 귀중한 물건에는 돈을 아껴서는 안 되지요. 곧 주지 않아도 좋아요. 계산에 달아 두지요. 잠깐, 이리 줘 보세요. 더 내려놓겠습니다. 훨씬 아래까지 내려놓죠……이렇게요."

수간호사는 그의 손에서 체온계를 받아 들고, 그것을 여러 번 허공에 대고 흔들어서 수은을 훨씬 아래인 3도 이하로 내렸다.

"이래도 또 올라가요. 수은은 또 올라간다고요."

그녀는 말을 이었다.

"자, 여기 있어요. 여기서 하는 검온 방법은 아시겠지요? 혀 밑에 7분 동안

넣습니다. 하루에 네 번, 그리고 혀로 꼭 싸도록 해야 합니다. 그러면 안녕히 계세요. 좋은 성과가 있기를 바랍니다."

그리고 그녀는 방에서 나갔다.

한스 카스토르프는 인사를 하고는 테이블 옆에 그대로 서서 수간호사가 사라진 문을 바라보기도 하고, 그녀가 남기고 간 도구를 쳐다보기도 했다.

'저 사람이 폰 밀렌동크 부장이구나. 세템브리니가 그녀를 좋아하지 않던데, 정말 여러 가지로 호감이 안 가는 여자다. 다래끼가 보기 흉하지만, 언제까지나 붙어 있는 것은 아니겠지? 그런데 왜 나를 여러 번 댁(Menschenskind)이라고 부르는 걸까? 게다가 댁이라는 글자 한가운데에 필요도 없는 S자를 넣다니, 학생 용어 같아서 이상한데. 체온계를 파는 것을 보면 늘 가방 속에 두세 개 넣고 다니는 모양이지? 요아힘의 말을 들으면 여기서는 모든 가게에서, 그런 것이 있으리라고는 상상도 못할 그런 가게에서조차 체온계를 팔고 있다는데, 내 경우에는 이쪽에서 사러 가지 않는데도 체온계가 내 품 속에 날아든 셈이야.'

그는 예쁘장한 도구를 상자에서 꺼내 바라보다가 그것을 손에 쥔 채 방 안을 불안한 듯이 서성거렸다. 심장이 쿵쾅쿵쾅 소리를 내면서 심하게 울렸다. 그는 열린 발코니 문쪽을 돌아보다가 요아힘을 찾아가 보고 싶은 충동을 느꼈다. 그러나 생각을 달리하고 다시 테이블 옆으로 돌아와, 목소리의 쉰 정도를 알아보려고 기침을 해 보았다. 기침이 나왔다.

"그렇지, 감기로 열이 있는지 어떤지 조사해 보아야지."

그는 체온계를 수은이 있는 끝부터 먼저 혀 밑에 넣고, 입술에서 비스듬히 위로 올리고는 바깥 공기를 입 안에 넣지 않으려고 입술로 그것을 꼭 덮었다. 그리고 손목시계를 보았다. 9시 36분이었다. 7분이 지나가기를 기다렸다.

'1초라도 더 지나도 안 되고 빨라도 안 된다. 나 같으면 믿어도 좋지. 올리지도 내리지도 않을 테니 말이야. 세템브리니가 언젠가 말한 오틸리에 크나이퍼처럼 '무한정' 같은 것은 필요 없으니까.'

그는 체온계를 혀로 누르면서 방 안을 걸어다녔다. 시간은 어찌나 더디 가는지 7분이 무한한 것처럼 길게 느껴졌다. 잘못해서 그 순간을 지나쳐버리는 게 아닌가 걱정이 되어 시계를 보았다. 이제 고작 2분 30초를 지났을 뿐이었다. 그는 이것저것으로 시간을 보냈다. 방 안에 있는 물건을 집어 보기도 하고,

그것을 다시 놓기도 했다. 주위의 뾰족한 산봉우리와 암벽이 비스듬히 마을로 내려가 있고, 산허리는 목장인 황량한 숲으로 덮여 있는 왼편의 '브렘뷜' 절벽, 그 이름을 지금은 모두 외고 있는 오른편의 산들, 또 발코니에서 보면 골짜기를 남쪽에서 막은 것처럼 보이는 '알타인 암벽' 등 모든 것이 이제는 친구처럼 되어버린 고원의 풍경을 둘러보기도 했다. 또 대지 위에 만들어진 정원 자갈길, 화단, 동굴, 가문비나무 등을 내려다보고, 안정 요양을 하는 안정홀에서 들려오는 속삭이는 말에 귀를 기울이기도 했다. 그리고 방으로 돌아가면서 입 안의 체온계의 위치를 고치고, 팔을 앞으로 내밀어 손목에서 소매 끝을 당겨 올려 팔을 얼굴 앞으로 굽혀서 시계를 보았다. 이렇게 별짓을 다 했지만 이제 겨우 6분이 지났을 뿐이었다. 그러나 그 뒤 그가 방 한가운데 서서 꿈이라도 꾸는 듯한 기분으로 멍하니 생각에 잠겨 있는 동안 나머지 1분이 고양이 걸음으로 살짝 지나가 버려, 팔을 다시 한 번 올렸을 때에는 그 1분이 조금 지나가 버렸다. 그래서 그가 '에이, 귀찮아. 결과는 어차피 마찬가지겠지' 생각하면서 체온계를 입에서 빼어 보았을 때에는 이미 시간은 8분에서 20초가 더 지나간 뒤였다.

그는 체온계의 눈금을 금방은 읽을 수가 없었다. 수은 빛이 편평한 유리의 바깥벽에 반사되어 수은주가 훨씬 위까지 올라간 것도 같았고, 전혀 올라가지 않은 것처럼도 보였기 때문이다. 한스 카스토르프는 체온계를 눈 가까이에 대고, 이쪽 저쪽으로 돌려보았지만 아무것도 보이지 않았다. 마침내 적당한 각도를 찾게 되어 수은주가 똑똑하게 나타났으므로 그것을 읽고 서둘러 그 온도를 외워두었다. 수은주는 꽤 높은 데까지 올라가, 표준 체온의 한계를 넘어 분선(分線)이 몇 개 더 올라가 있었다. 한스 카스토르프는 열이 37도 6부였다.

이제 겨우 오전 10시 안팎인데 벌써 37도 6부라니, 너무 높다. 이것이 진짜 열이고, 한스 카스토르프가 받아들인 태세였던 전염 결과의 열이다. 문제는 그 전염이 어떤 종류의 것인가 하는 점이다. 37도 6부. 요아힘도 이보다 높지 않았고, 중환자나 위독한 환자로 침대에 누워만 있는 사람들을 빼놓고는 아무도 이보다 더 높지는 않았다. 기흉의 클레펠트도…… 쇼샤 부인만 해도 그렇지 않았다. 물론 한스 카스토르프의 경우에는 진짜 열은 아니고 아래 평지에서 말하는 감기로 인한 열에 불과한 것이리라. 그러나 그렇게 확실하게 구별하고 분류할 수는 없었다. 한스 카스토르프는 그의 '체온'이 감기에 걸린 뒤에 그토록 높아졌다고 믿어지지 않았다. 그건 그렇고, 더 빨리 수은주의 힘을 빌리지 않은 것이 후회되었다. 고문관이 권고한 대로 곧 재어 보지 않은 것이 말이다. 고문관의 충고는 매우 마땅했는데 그것을 이제서야 알았다. 세템브리니가 그것을 그렇게 조롱조로 비웃은 것은 큰 잘못이었다. 공화제니 아름다운 문체니 제멋대로 허풍을 떨던 그 세템브리니가 얄미웠다. 한스 카스토르프는 체온계의 수은주가 유리가 반사되어 보이지 않게 될 때마다 체온계를 이리 저리 돌리면서 수은주를 찾아 내어 그것을 여러 번 고쳐 보면서 공화제와 아름다운 문체를 멸시했다. 체온계는 여전히 37도 6부였다. 그것도 아침부터 말이다.

한스 카스토르프는 무척 흥분했다. 그는 체온계를 손에 쥔 채, 그것도 수직으로 움직이면 수은주가 잘못될까봐 수평으로 쥐고 방 안을 두세 바퀴 돌았다. 그러고는 세심한 주의를 기울이면서 체온계를 세면대 위에 놓고, 겨울 외투와 담요를 가지고 안정 요양에 들어갔다. 그는 앉아서 배운 대로 담요를 좌우에서, 다음에는 밑에서 한 장씩 익숙한 솜씨로 몸에 둘렀다. 그러고는 움직이지 않고 누워서 두 번째 아침 식사 시간이 되어 요아힘이 데리러 오기를 기다렸다. 그는 가끔 웃었는데, 누구인지 보이지 않는 사람에게 미소짓는 것 같았다. 가끔 가슴이 괴롭게 떨리면서 부풀고, 그 때문에 기관지염인 것 같은 기침이 가슴에서 튀어나왔다.

11시 종이 울린 뒤, 아침 식사에 가려고 사촌을 데리러 방에 들어온 요아힘은 사촌이 아직 누운 채로 있는 것을 보았다.

요아힘은 침대 의자에 가까이 오면서 의아한 얼굴로 물었다.

"어찌된 일이야?"

한스 카스토르프는 한참 아무 말 없이 앞을 바라보았다. 그러고는 대답했다.

"그래, 가장 새로운 소식은 내가 열이 좀 있다는 것이야."

요아힘이 깜짝 놀라면서 물었다.

"그건 또 무슨 의미야? 열이 있다고?"

한스 카스토르프는 이번에도 한참동안 가만히 있다가 나른하게 말했다.

"열이 있다고는 벌써 예전부터 느끼고 있었어. 오래전부터 말이야. 하지만 이번에는 그런 주관적인 느낌이 아니라, 정확한 측정을 하고 하는 말이네. 검온을 해 보았어."

"검온을 했다고? 검온이라니 무엇을 가지고?"

한스 카스토르프는 냉소하듯 단호하게 말했다.

"물론 체온계를 가지고 말이야. 수간호사에게서 하나 샀지. 왜 그녀가 '댁'이라고 부르는지는 모르겠어. 그건 문법적으로 옳지 않아. 그러나 꽤 고급 체온계를 눈 깜짝할 사이에 팔고 갔어. 몇 도 되는지를 알고 싶으면 저기 세면대 위에 있어. 미열이야."

요아힘은 방 안으로 들어갔다가 발코니로 도로 나와서 머뭇거리면서 말했다.

"정말 37도 5부 반이구나."

한스 카스토르프는 조급히 말했다.

"그러면 좀 내려갔군. 6부였었는데."

"오전임을 감안하면 미열이라고 할 수 없어. 야단났는데."

요아힘은 양 팔을 허리에 대고, 고개를 숙이며 사촌의 침대 의자 옆에 계속 서 있었다. 그러고는 말했다.

"어쨌든 누워 있어야 해."

한스 카스토르프는 그 말에 대한 대답을 기다렸다.

"나는 이해가 안 가. 왜 37도 6부인 내가 누워 있어야 하는지 말이야. 나보다 좋지 않은 자네와 다른 많은 사람들이, 그 모두가 여기서 자유롭게 돌아다니고 있는데 말이야."

"그건 사정이 달라. 자네 경우는 급성이어서 해가 없는 거야. 자네 것은 감기로 생긴 열이야."

이에 한스 카스토르프는 자기의 주장을 일목요연하게 말했다.

"첫째로 말이야. 아무 해가 없는 열이라면—그런 열이라고 가정하고—누워 있어야 하고, 그렇지 않은 열이면 누워 있지 않아도 좋다는 게 나에게는 이해가 안 가. 그리고 둘째로, 나는 감기에 걸리기 전부터 열이 있었지, 감기에 걸렸다고 체온이 올라간 것은 아니야. 요컨대 나의 37도 6부는 어디까지나 37도 6부란 말이야. 자네들이 그 체온으로 뛰어다닌다면 나도 뛰어다니지 못할 이유가 없잖아?"

요아힘이 반박했다.

"그러나 나도 여기에 왔을 때는 4주 동안 누워 있어야 했어. 그리고 누워 있어도 체온이 내려가지 않는다는 것을 알고야 비로소 일어나게 되었다네."

한스 카스토르프는 미소를 지으며 말했다.

"그런데 왜 그러지? 네 경우에는 사정이 좀 달라. 그리고 네 논리는 모순이 있어. 처음에는 다르다고 하고 이번에는 같다고 하니 말이야. 그건 허튼 소리야……"

요아힘은 발꿈치로 한 바퀴 돌았다. 그리고 다시 사촌에게 얼굴을 돌렸을 때 그의 햇빛으로 그을린 얼굴이 한결 더 검붉어져 있었다.

요아힘이 말했다.

"그건 달라. 나는 같다고는 하지 않아. 자네야말로 혼돈하고 있어. 나는 단지 네가 심한 감기에 걸려 목소리로도 그것을 알 정도이고, 게다가 다음 주에는 집으로 돌아가야 하기 때문에 오래 끌지 않기 위해서도 누워 있어야 한다고 말했을 뿐이야. 하지만 네가 그럴 생각이 없으면 누워 있지 않아도 좋아. 너에게 이렇게 하라고 명령하는 것은 아니니까. 어쨌든 이제부터 아침 식사를 하러 가야 해. 자, 어서, 지각이야."

"그렇구나, 서둘러야지."

한스 카스토르프는 이렇게 말하고 담요를 차 던지고 일어났다. 그가 방으로 돌아와서 머리를 빗는 동안, 요아힘은 세면대 위의 체온계를 다시 한 번 보고 있었다. 한스 카스토르프는 좀 떨어진 곳에서 이 모습을 바라보고 있었다. 그리고 두 사람은 말없이 방을 나와 식당 자리에 앉았다. 식당은 언제나 이 시간에 그랬던 것처럼, 자리마다 우유가 놓여 있어서 하얗게 빛나고 있었다.

난쟁이 아가씨가 한스 카스토르프에게 쿨름바흐산 맥주를 가지고 왔지만, 그는 거절하며 말했다.

"오늘은 맥주를 그만두기로 하지요. 음료수는 아예 마시지 않기로 할게요. 아니, 필요 없어요. 차라리 물을 한 모금 마시지요."

한스 카스토르프의 거절은 식당에서 이야깃거리를 불러일으켰다. 주위 사람들이 놀란 듯 물었다.

"왜 그러세요? 정말 변했는데요. 왜 맥주를 안 마시지요?"

한스 카스토르프는 아무렇지도 않은 듯이 대답했다.

"열이 좀 있어서요. 37도 6부, 정말 미열입니다."

그러자 다들 집게손가락을 세우고 그를 나무라는 시늉을 했다. 정말 기묘한 광경이었다. 모두 장난꾸러기처럼 목을 갸우뚱하고, 한쪽 눈을 감고, 귓전에서 집게손가락을 흔들었다. 마치 여태까지 순진함을 가장한 인간이 뭔가 유별난 짓을 하다가 그것을 사람들에게 들키기라도 한 것 같았다.

"아유, 아유, 당신! 무슨 말씀이에요? 생각지도 않은 일이군요. 대체 어쩌려구요?"

여교사는 미소를 지으면서 위협하는 시늉을 하며 솜털이 난 볼을 빨갛게 붉혔다.

"아니, 아니, 아니! 방문객께서 열이 있다는 거군요. 굉장해요. 훌륭해요. 믿음직한 동지예요."

슈퇴어 부인은 짧고 붉은 손가락을 코 옆에 대고 그 손가락으로 위협하며 말했다.

테이블의 윗자리에 앉아 있던 고모 할머니도 소식이 거기까지 이르자, 마찬가지로 장난기가 섞인 위협하는 시늉을 해 보였다. 그때까지 한스 카스토르프를 거의 거들떠보지도 않았던 사랑스러운 마루샤도 이쪽으로 몸을 구부리고 오렌지 향수 냄새가 나는 손수건을 입에 대고, 둥근 회색 눈으로 쳐다보면서 위협하는 시늉을 했다. 블루멘콜 박사도 슈퇴어 부인에게서 이야기를 듣자, 모두가 하는 대로 같은 시늉을 했다. 물론 그는 이 경우에도 한스 카스토르프의 얼굴을 보려고 하지 않았다. 미스 로빈손만은 언제나 마찬가지로 흥미 없다는 듯 언짢은 얼굴로 앉아 있었다. 요아힘은 근엄한 얼굴로 눈을 내리깔고 있었다.

한스 카스토르프는 그렇게 놀림을 받고 기분이 좋으면서도, 부정을 해야 한다고 느꼈다. 그가 입을 열었다.

"아닙니다, 아닙니다. 그렇지 않습니다. 내 경우는 정말 아무런 해가 없습니다. 보시다시피 단지 감기일 뿐입니다. 눈에 눈물이 나오고 숨이 가쁘고, 밤이면 반은 기침으로 보내는 등 아주 기분이 나쁩니다……."

그러나 누구도 그 변명을 들으려고 하지 않고 웃고 손을 흔들면서 외쳤다.

"그래요, 그래요, 그래요! 속임수, 구실, 감기로 인한 열! 알고 있어요. 알고 있어요."

그러고는 모두 입을 모아 한스 카스토르프에게 곧 진찰을 받도록 권했다.

모두 이 뉴스로 활기를 띠어, 아침 식사 동안 일곱 테이블 중에서 이 테이블이 가장 떠들썩했다. 특히 슈퇴어 부인은 주름 장식이 달린 옷 위로 빨갛고 고집센 얼굴을 내밀었는데, 볼에는 작은 보랏빛 핏줄이 희미하게 보였다. 그녀는 야만스럽게 계속 떠들어대면서 기침의 쾌감에 대해 지루하게 늘어놓았다.

"가슴 속이 근질근질해지면서 그것이 점점 심해져, 이쪽에서도 그 자극에 응하려고 경련을 하고 참기도 하면서 숨을 깊이 들이 마시는 기분은 정말 뭐라고 표현할 수 없는 즐겁고 멋진 기분이지요. 그러다가 갑자기 재채기를 하고 싶은 자극을 받으면 도저히 참을 수가 없어서, 황홀한 얼굴로 두세 번 크게 숨을 토하고는 들이마시고, 드디어 눈을 황홀하게 감고 감미로운 폭발에 전 세계를 잊어버리게 되는 그 쾌감과 똑같아요. 그리고 이것은 가끔 두세 번 계속하여 찾아오는 것이지요. 이야말로 인생에서 공짜인 즐거움일 거예요. 이밖에 이와 비슷한 예로는 이른 봄에 동상에 걸린 곳이 견딜 수 없이 가려울 때 그것을 정신 없이 잔인하게, 피가 나올 만큼 미친 듯이 긁어 대는 것과 마찬가지의 희열이지요. 그럴 때 거울을 보면 악마의 찡그린 얼굴이 비치는 거예요."

교양이 없는 슈퇴어 부인이 이렇듯 몸이 오싹해질 정도로 자세히 이야기하는 동안, 양은 많지만 본디 짧은 중간 식사는 끝났다. 사촌들은 오전의 두 번째 산책인 다보스 거리까지의 산책을 떠났다. 가는 길에서 요아힘은 생각에 잠겨 있었고, 한스 카스토르프는 감기 때문에 숨을 헐떡이면서 녹이 슨 듯한 가슴으로 기침을 했다. 돌아오는 길에 요아힘이 말했다.

"자네한테 한 가지 제안할 일이 있어. 오늘이 금요일이지? 내일 식사 뒤에, 내가 한 달에 한 번 받는 정기 진찰을 받게 돼. 종합 진찰은 아니지만, 베렌스가 나를 조금 타진해 보고 크로코브스키에게 몇 가지 적어 두게 하지. 너도 그때 함께 가서 잠깐 진찰을 받아 보지 그래? 좀 거창한 것 같지만, 집에 있었으면 하이데킨트 선생에게 왕진을 부탁할 텐데 말이야. 전문의가 두 사람이나 있는 이 위에서 네가 어디가 좋지 않은지, 어느 정도 나쁜지, 누워 있는 게 좋은지, 아니면 걸어다니는 게 좋은지 정도는 알고 있어야 하잖아?"

한스 카스토르프가 말했다.

"좋아. 네 말대로 할게. 물론이지. 그렇게 해야지. 그리고 진찰을 한 번 견학해 두는 것도 흥미 있는 일이야."

이렇게 두 사람은 의견의 일치를 보았다. 그들이 언덕을 올라 요양원 현관 앞에 도착했을 때 우연히 베렌스 고문관과 마주쳤다. 둘은 이 기회를 놓치지 않고 그 장소에서 말을 꺼냈다. 몸집이 큰 베렌스 고문관은 목덜미의 살이 툭 튀어나왔는데, 머리에는 모자를 젖혀 쓰고, 시가를 입에 물고, 파리한 볼에 젖은 눈을 하고 현관에서 나오는 중이었다. 그는 여태까지 수술실에서 일을 하다가 그것을 끝마치고 이제부터는 개인 환자를 왕진하러 시내로 가는 길이라 아주 기분이 좋을 때였다.

그가 먼저 말을 걸었다.

"두 분, 안녕하십니까? 오늘도 산책하십니까? 넓은 세계는 훌륭하지요. 나는 메스와 망치로 몹시 나쁜 격투를 끝내고 오는 길입니다. 큰일이었지요. 늑골 절개 말입니다. 전에는 50퍼센트는 수술대 위에서 싸늘하게 굳어 버렸지요. 요즘은 우리도 요령이 생겼습니다만, 그래도 가끔 수술 도중에 죽는 자를 덮어씌우는 경우도 있습니다. 그러나 오늘 환자는 말이 통하는 분이어서 마지막 순간까지 지치지 않더군요……. 흉곽은 정말 이상하더군요. 연한 부분이라서 흉곽이라는 관념을 애매하게 해 버리니 말이지요. 그런데 당신들은 어떻게 지내십니까? 아베크 생활은 훨씬 더 재미있습니까, 침센 선배님? 아니, 참관인 손님, 왜 우십니까?"

그러면서 한스 카스토르프를 향해 말했다.

"여기서는 공공연히 우는 것은 금지되어 있습니다. 병원 규칙이 허락하지 않아요. 모두가 흉내내고 싶어지거든요."

한스 카스토르프가 대답했다.

"감기 때문입니다. 고문관님. 어떻게 해서 이렇게 되었는지 알 수 없지만 심한 기관지염에 걸렸습니다. 기침이 나고 가슴도 답답합니다."

"그래요? 그렇다면 용한 의사에게 진찰을 받아야지요."

두 사람은 웃었다. 요아힘은 구두 뒤꿈치를 꼭 붙이고 말했다.

"그렇게 하려고 생각하고 있었습니다, 고문관님. 내일은 제가 진찰을 받는 날입니다만, 그때 사촌도 진찰을 받을 수 있는지 부탁드리려고 생각하고 있었습니다. 화요일에 출발할 수 있을지 모르겠지만 말입니다……."

"좋습니다, 좋습니다. 진작 그랬어야 했을 텐데요. 여기에 계시니 그것도 함께하는 것이 마땅하지요. 그러나 이쪽에서 강제할 일은 아닙니다. 그러면 내일 2시에 식사가 끝나고 곧 오십시오."

한스 카스토르프가 말했다.

"열도 좀 있습니다."

베렌스가 외쳤다.

"말씀 안 하셔도 알고 있었습니다. 그걸 모를 리가 있습니까? 내가 눈이 없는 줄 아십니까?"

그러고는 큼직한 집게손가락으로 충혈되고 젖어 있는 카스토르프의 두 눈동자를 가리켜 보였다.

"그런데 열이 도대체 얼마나 됩니까?"

한스 카스토르프는 얌전하게 체온을 말했다.

베렌스는 그 말을 듣고 놀라워했다.

"오전 중에 말입니까? 대단한데요. 무시할 수 없는 온도군요. 그러면 내일 2시에 두 분 다 함께 오십시오. 영광입니다. 그러면 축복받은 자양분 섭취를 하시도록 빌겠습니다."

그러고는 안짱다리 걸음으로 공기를 헤치듯이 양손을 휘저으며 시가 연기를 뒤로 날리면서 언덕길을 천천히 내려갔다.

한스 카스토르프가 말했다.

"이제 자네 희망대로 결정되었어. 이보다 더 잘될 수는 없어. 나도 이것으로 신청을 끝냈어. 그도 아마 감초 달인 즙이나 기침을 멎게 하는 쓴 탕약을 처방해 주는 정도겠지만, 지금의 내 마음으로서는 의사한테서 이런저런 말을 듣는 편이 기분도 안정될 거야. 그런데 왜 저렇게 요란하게 떠들어대는 걸까? 처음에는 재미있었지만 언제나 저런 식이니 이제 싫증이 나는걸. '축복된 자양분 섭취를 하라'니, 허튼 소리를 해도 분수가 있지. '축복된 식사를 하라' 하면 또 모르겠네. '식사'라는 것은 '매일의 양식'과 마찬가지로 시적인 말이어서 '축복된'이란 말과 서로 통하지. 그러나 '자양분 섭취'라는 것은 순전히 생리 현상으로, 이에 대해 축복을 기원한다는 것은 모독적인 언사야. 그리고 시가를 피우는 것도 좋지 않아. 담배가 그 사람 건강에는 해롭고 마음을 우울하게 만든다니 말이야. 보기에 어쩐지 불안해. 고문관이 억지로 쾌활한 척한다고 세템브리니가 말했지만, 세템브리니는 누가 뭐라 해도 비평가로서 판단을 내리는 인간이니까 이것은 부정할 수 없어. 나도 좀 비평하도록 노력해서 지금

제4장 225

까지처럼 무엇이든지 그대로 받아들이지 않도록 해야 할 것 같아. 이 점은 세템브리니 말이 옳았어. 그러나 처음에는 비평이나 비난, 그리고 타당한 분개에서 출발한 것도 얼마 안 가서 비평과는 조금도 관계없는 전혀 다른 것이 생기게 되지. 그렇게 되면 도덕적인 엄격성 같은 것이 어디론지 날아가 버리고, 공화제나 아름다운 문체도 매력 없는 것으로 느껴지는 일이 가끔 있단 말이야……."

한스 카스토르프는 뭔지 이해할 수 없는 이야기를 중얼거렸으나 자기도 무엇을 말하는 건지 확실히는 알지 못한 것 같았다. 요아힘도 사촌의 얼굴을 옆에서 잠깐 보고는 작별 인사를 했다. 그리고 둘은 저마다 자기 발코니로 돌아갔다.

"몇 도야?"

얼마 뒤 요아힘은 사촌이 체온계를 쓰는 것을 본 것은 아니지만 낮은 목소리로 물었다.

한스 카스토르프는 매우 평온하게 대답했다.

"여전해."

사실 그는 방으로 돌아가자 곧 오늘 아침에 산 작은 기계를 세면대 위에서 집었다. 그러고는 그것을 아래로 흔들어 37도 6부를 없애고 유리로 된 시가 모양의 기구를 익숙한 태도로 입에 물고 안정 요양에 들어갔다. 기대와는 달리 체온계를 혀 밑에 8분간이나 두었는데, 37도 6부보다 오르지 않았다. 아침보다 열이 높지는 않았지만 열임에는 틀림없었다. 점심 식사 뒤에는 이 빛나는 수은주가 37도 7부까지 올라갔고, 밤에 환자가 하루의 흥분과 사건으로 피로에 지쳤을 때에는 37도 5부에 머물렀다. 다음 날 아침에는 37도였을 뿐, 정오에 이르러서야 비로소 어제와 똑같은 높이에 도달했다. 이런 오르내림 가운데 다음 날의 점심 식사 시간이 왔고, 그것이 끝나자 베렌스 고문관과의 만남이 가까워왔다.

나중에 한스 카스토르프는 쇼샤 부인이 이 점심 시간에 큰 단추와 가장자리를 장식한 주머니가 달린 황금색 스웨터를 입은 것을 기억했다. 그 스웨터가 새것인지는 모르지만 한스 카스토르프로서는 처음 보는 스웨터였다. 그녀는 그것을 입고 여느 때와 마찬가지로 늦게 나타나, 한스 카스토르프가 잘 알고 있는 모습으로 식당의 모든 사람들에게 잠깐 얼굴을 들어 보였다. 그러고는 날마다 다섯 번 언제나 그러하듯이 그녀의 식탁으로 미끄러져 가는 것처럼 걸어가 상냥하게 앉아 떠들면서 식사하기 시작했다. 한스 카스토르프는 옆으로 향한 중간 테이블 끝에 앉아 있는 세템브리니의 등 너머로 '일류 러시아인 자리'를 넘겨다보고, 매일 그러했지만 오늘은 특히 주의해서 그녀의 머리가 이야기할 때마다 움직이는 것을 쳐다보고, 그녀의 목덜미의 둥근 점, 구부정한 등허리의 선을 새삼스럽게 관찰했다. 그러나 쇼샤 부인 쪽에서는 점심 식사 때 한 번도 식당을 돌아보지 않았다. 디저트가 끝나고 홀 오른쪽에 있는 '이류 러시아인 자리' 옆벽에 걸려 있는 사슬이 달린 큰 추시계가 2시를 알렸을 때, 그녀는 그제야 이쪽을 돌아다보아 한스 카스토르프의 마음을 이상하게 흔들어 놓았다. 시계가 두 번 쳤을 때 우아한 부인 환자는 허리를 천천히 돌리고 상체를 조금 비틀더니 어깨 너머로 분명하게 한스 카스토르프의 테이블을, 그것도 단지 막연하게 그의 테이블이 아니라 틀림없이 그만을 쳐다보았다. 그 다문 입술과 가느다란 프리비슬라프의 눈이 '어떻게 하시겠어요? 이제는 시간이 되었어요. 당신은 가셔야지요?' 라고 말하는 듯한 미소를 머금고 있었다—입으로는 '당신'이라고 말한 적이 없는 사이라도 눈으로는 '당신'이라는 말을 하는 법이다—. 그리고 이 뜻하지 않는 사건이 한스 카스토르프의 마음을 완전히 어지럽히고 깜짝 놀라게 했다. 그는 자기의 눈을 믿을 수 없어서, 처음에는 멍하니 쇼샤 부인의 얼굴을 쳐다보고, 다음에는 그녀의 이마로, 머리로 옮겼다가 마지막에는 허공으로 눈길을 돌렸다. 쇼샤 부인은 그가 2시에 진찰을 받도록 되어 있는 것을 알고 있는 것일까? 그녀의 태도를 보면 아는 것 같기도 했지만 그런 일은 생각할 수 없었다. 얼마 전까지만 해도 한스 카스토르프는 이제는 감기가 괜찮아지기 때문에 진찰받을 필요가 없음을 요아힘을 통해 베렌스 고문관에게 말하는 게 어떨까 생각했지만, 그녀의 질문하는 듯한 미소를 본 순간부터 그 생각은 매력을 잃고 불쾌한 지루함만을 느끼게 했다. 다음 순간 요아힘은 벌써 냅킨을 테이블 위에 놓고, 눈썹을 위로 올리며 사촌에게 고개를 끄덕여 보이고, 주위에 인사를 하고 테이블을 떠났다. 한스 카스토르프도 보기에는 태연한 발걸음이었지만, 속마음은 아까 그녀의 눈초리와 미소가 자기에게 아직 머물고 있음을 느끼면서 사촌을 따라 식당을 나왔다.

둘은 어제 오전부터 오늘의 진찰에 대해서 아무 말도 하지 않았으나 지금도 계속 말없이 걷고 있었다. 요아힘은 걸음을 빨리 했다. 약속 시간이 지났고 베렌스 고문관은 지각에 잔소리가 많았기 때문이었다. 식당을 나와 1층 복도를 사무국을 따라 걸어갔다. 그리고 초로 닦은 리놀륨을 깐 깨끗한 계단을 통해 '지하'로 내려갔다. 계단을 다 내려가면 맞은편에 사기로 만든 푯말로 진찰실 입구임을 알게 해주는 문이 있었는데, 요아힘이 이 문을 두드렸다.

"들어오시오."

베렌스는 '오'에 힘을 주어 외쳤다. 그는 수술복을 입고 오른손에 들고 있는 검은 청진기로 허벅다리를 두드리면서 방 한가운데에 서 있었다.

"빨리요, 빨리."

그는 이렇게 말하고 젖은 눈으로 벽시계에 눈을 돌렸다.

"부탁하니 좀더 빨리 오시오, 여러분. 우리는 당신들만을 위한 의사가 아닙니다."

창 앞 사무용 이중 탁자에 크로코브스키 박사가 빛나는 무명 셔츠 같은 검은 진찰복 때문에 한결 창백하게 보이는 얼굴을 하고 있었다. 그는 책상 앞에 팔꿈치를 짚고, 한 손에 펜을 쥐고 또 한 손은 수염을 만지며 앞에 놓은 카드 같은 서류를 보고 있었다. 두 사람이 들어오자, 그는 조수로서 있을 뿐이라는 무표정한 얼굴로 맞이했다.

"그러면 상태 기록을 제출하시오."

고문관은 요아힘의 지각에 대한 사과의 말에 대답하고는 체온표를 받아들고 눈으로 훑어보았다. 그 사이에 요아힘은 재빨리 상반신만 벗고, 벗은 옷을 문 옆 옷걸이에 걸었다. 아무도 한스 카스토르프에게 관심을 두지 않았다. 한스 카스토르프는 한동안 서서 구경하다가 물이 든 유리병 있는 작은 테이블 앞에 있는, 팔걸이에 술이 달린 작고 고풍스러운 안락의자에 앉았다. 두꺼운 의학서와 문서가 꽉 찬 책장이 벽에 서 있었다. 이 밖에 가구로는 핸들로 높낮이를 조절 할 수 있는 긴 의자가 하나 흰 커버로 덮여 있고, 머리를 얹는 베개에는 종이 커버를 씌워 두었다.

"코머 7, 코머 9, 코머 8!"

베렌스는 요아힘이 하루에 다섯 번씩 하는 검온 결과를 성실하게 기입한 주간 체온표를 넘기면서 읽었다.

"여전히 조금 열이 많군요, 침센 군. 요전보다(요전이란 4주일 전을 말한다)

더 좋아졌다고는 말할 수 없어요. 독이 해소되어 있지 않아요. 물론 오늘내일 당장 좋아질 수는 없지요. 우리가 마법을 쓸 수도 없으니까요."

베렌스의 말에 요아힘은 여기 온 것이 하루, 이틀이 아니라는 것을 항의할 수 있었지만, 그냥 고개를 끄덕이고 벌거벗은 어깨를 으쓱했을 뿐이었다.

"언제나 날카로운 숨소리를 내던 오른쪽 폐문의 통증은 어때요? 괜찮아요? 그러면 이쪽으로. 다시 한 번 제대로 타진해 볼까요?"

그리고 진찰이 시작되었다.

베렌스 고문관은 다리를 벌리고 몸을 위로 젖히더니, 청진기를 옆구리에 끼고 먼저 요아힘의 오른쪽 어깨의 상부를 살펴봤다. 오른쪽 가운뎃손가락을 해머 대신으로 하고 손목을 움직이면서 진찰했다. 다음으로 등뼈 아래로 내려가, 등의 중간과 하부 측면의 타진을 끝내자, 훈련이 되어 있는 요아힘은 팔을 올려 겨드랑이 밑을 살펴보게 했다. 계속 똑같은 일이 왼쪽에서도 되풀이되고, 그것이 끝나자 고문관은 '뒤로 돌아'라고 호령하여 가슴 타진에 들어갔다. 목 바로 아래의 쇄골 근처에서부터 시작하여 가슴 위에서 가슴 아래로 내려갔고, 처음에 오른쪽, 다음에 왼쪽을 타진했다. 진찰이 완전히 끝나자 이번에는 청진으로 들어갔다. 청진기의 두 끝을 귀에 끼고 나팔을 요아힘의 가슴과 등에 대고는, 아까 타진한 곳을 남김없이 청진했다. 그 사이 요아힘은 깊이 숨을 들이쉬고 일부러 기침을 해야 했는데, 꽤 피곤한 일이라 숨이 막히고 눈물이 나올 정도였다. 베렌스 고문관은 요아힘의 체내에서 들은 모든 결과를 사무용 책상에 앉아 있는 조수에게 간결한 용어로 기입시켰다. 한스 카스토르프는 그것을 지켜보면서 양복점에서 양복 치수를 재는 광경을 떠올렸다. 단정한 차림새의 재단사가 손님의 허리와 팔다리의 여기저기를 줄자로 일정한 순서에 따라서 대고, 옆에 있는 조수에게 줄자로 잡은 치수를 기입시키는 광경이 머리에 떠오른 것이다.

'난음(難音)', '단축', 베렌스 고문관은 이런 말을 적게 했다. '정상', 또 '정상'(이것은 결과가 양호함에 틀림없었다)이었다가 '거칠다'라고 말하고 이번에는 눈썹을 찌푸렸다. 이어서 '아주 거칠다', '잡음'이라고 말했다.

닥터 크로코보스키는 이 모든 것을 재단사의 조수가 주인이 말하는 숫자를 기입하듯 하나하나 적어넣었다.

한스 카스토르프는 고개를 옆으로 비스듬히 하고, 요아힘의 상반신을 신중하게 보고 있었다. 요아힘이 크게 숨을 들이쉴 때마다 피부가 긴장하여 들어간 배 위에 늑골이—다행히 요아힘에게는 아직 늑골이 있었다—뚜렷이 나타났고, 가슴과 억센 팔—한쪽 팔목에는 금사슬의 팔찌가 있었다—에는 검은 털이 나 있는 밀빛의 늘씬한 청년다운 상반신이었다. 이것은 체조 선생의 팔이라고 한스 카스토르프는 생각했다. 한스 카스토르프는 그런 것에 조금도 흥미가 없었지만, 요아힘은 평상시부터 체조를 좋아했고 그것이 군인이 되고 싶다는 희망과도 연결되어 있었다. 요아힘은 한스 카스토르프와는 다른 의미에서 몸에 관심을 갖고 있었다. 한스 카스토르프는 평상시부터 문화적이었고 목욕을 한다든지 고급 음식을 즐기는 일에 마음을 쏟아 왔지만, 요아힘은 남성적인 것이 요구되는 일을 하기를 좋아했다. 그런데 지금 요아힘의 육체는 병 때문에 이전과는 다른 의미로 살이 붙어 있었다. 그의 몸에 스며 있는 독은 해소될 것 같지도 않고 언제 건강한 몸이 될지 모른다. 불쌍하게도 평지에서는 군인이 되고 싶어했는데…………

'보라! 아무것도 나무랄 데 없는 발육 상태가 아닌가. 검은 가슴털만 없다면 벨베데레의 아폴로—로마의 바티칸 궁전의 벨베데레라고 부르는 곳에 있는 아폴로 조각상—와 똑같다. 그러나 가슴은 침식당하고 있고, 외부도 병 때문에 너무 뜨겁다. 병은 인간을 완전히 육체적으로, 아니 단순한 육체로 만들어 버린다……'

한스 카스토르프는 이렇게 생각하고 깜짝 놀랐다. 그리고 당황하여 요아힘의 벌거숭이 상반신에서 눈을 돌리고, 요아힘의 검고 다정한 큰 눈을 살피듯이 보았다. 일부러 기침을 하고 숨을 들이쉬었기 때문에 눈물이 글썽해진 눈, 진찰을 받으면서 견학을 하고 있는 한스 카스토르프의 머리 너머로 허공을 슬프게 쳐다보고 있는 요아힘의 눈을 보았다.

이윽고 베렌스 고문관은 진찰을 끝마쳤다. 그러고는 말했다.

"이제 됐어요, 침센 군. 모두 순조롭습니다. 그리 좋지는 않지만 말입니다. 다음에는(그것은 4주 뒤의 이야기다) 더욱 좋아질 것입니다."

"고문관님 생각으로는 얼마나 더 걸릴지……."

"또 독촉인가요? 이런 상태로는 당신 부하를 혹사시킬 수 없지 않습니까? 전에도 앞으로 반 년이라고 말했을 텐데요. 그때부터 얼마나 지났는지 손꼽아 보십시오. 그런데 반 년이라는 것은 최소한의 계산이라고 생각해야 합니다.

여기서도 잘 지낼 수 있을 테니까요. 조금은 점잖게 기다리셔야지요. 이곳은 감옥이 아닙니다. 시베리아의 탄광도 아닙니다. 다른 할 말이라도 있습니까? 좋습니다. 침센 군, 물러가십시오. 자, 다음 분!"

베렌스 고문관은 이렇게 말하고는 허공을 쳐다보았다. 그리고 팔을 걷고 청진기를 크로코브스키 박사에게 넘겨 주었다. 조수는 그것을 받더니 요아힘의 몸을 연습삼아 조수로서의 간단한 진찰을 하기 시작했다.

한스 카스토르프는 의자에서 벌떡 일어났다. 그는 다리를 벌리고 입을 벌린 채 생각에 잠긴 듯한 고문관에게서 눈을 떼지 않고 서둘러 준비했다. 너무 당황하여 반점 무늬의 와이셔츠가 머리에서 쉽사리 벗겨지지 않았다. 그는 금발머리에 하얗고 여윈 모습으로 겨우 고문관 앞에 섰다. 요아힘보다 문화인다운 몸집이었다.

그러나 고문관은 여전히 뭔가를 깊이 생각하고 있어서 앞에 서 있는 한스 카스토르프에는 관심이 없었다. 크로코브스키 박사가 다시 사무용 책상에 앉고 요아힘이 옷을 입기 시작하자, 베렌스는 비로소 '다음 분'에게 눈길을 돌렸다.

"아, 그렇지. 다음은 당신 차례였지."

그는 이렇게 말하더니 한스 카스토르프의 팔을 큰 손으로 잡고, 청년의 몸을 자기에게서 좀 밀어 내고는 날카롭게 쳐다보았다. 그 눈은 사람의 얼굴이 아니라 몸을 보고 있었던 것이다. 그는 어떤 물건을 돌리는 것처럼 청년의 몸을 돌리고 등을 보았다.

"흠! 그러면 어떤 소리가 나는지 한번 들어 볼까요?"

그러고는 요아힘 때와 마찬가지로 진찰을 시작했다.

요아힘 침센의 경우와 같은 곳을 전부 살펴보고, 두세 군데에서는 여러 번 되풀이하여 타진했다. 왼쪽 위의 쇄골 근처와 거기에서 조금 내려 온 근처를 번갈아 가며 비교하는 듯이 한동안 진찰했다.

"들립니까?"

베렌스는 그 부분을 살펴보면서 크로코브스키 박사에게 물었다. 다섯 걸음쯤 떨어진 사무용 책상에 앉아 있는 크로코브스키 박사는 고개를 끄덕이며 들린다는 것을 알렸다. 그러나 너무 힘을 주어 고개를 끄덕였기 때문에 수염이 아래로 밀려 수염 끝이 위로 구부러질 지경이었다.

"깊게 숨을 쉬고……기침을 하고."

고문관은 다시 청진기를 손에 쥐고 명령했다. 한스 카스토르프는 고문관이 청진을 계속하는 8분에서 10분간, 열심히 숨을 들이쉬고 기침을 하기도 했다. 고문관은 그동안 한 마디말도 하지 않고 청진기를 이쪽 저쪽에 대고, 앞서 타진으로 시간이 걸린 곳을 특히 정성들여 여러 번 청진을 되풀이했다. 그것이 끝나자 그는 청진기를 겨드랑이에 끼고, 두 손으로 뒷짐을 지고 그와 한스 카스토르프 사이에 있는 마루에 눈길을 떨어뜨렸다. 그리고 입을 열었다.

"그렇지요, 카스토르프 군."

그가 한스 카스토르프의 성만 부른 것은 이번이 처음이었다.

"상태는 우리가 예상했던 것과 거의 일치하고 있어요. 지금이니까 말씀드립니다만, 나는 당신에게 점을 찍어 두고 있었습니다. 처음부터였지요. 당신과 가까이할 수 있는 과분한 영광을 얻은 뒤부터 말입니다. 그리고 당신이 사실은 여기에 속하는 인간이고, 얼마 안 가서 그 사실을 깨닫게 되리라는 것도 꽤 자신을 갖고 생각했던 것입니다. 이곳에 놀이 삼아 올라온 사람들이 주위를 흘겨보면서 콧대를 세우는데, 이런 방관적이고 호기심에 찬 태도를 깨끗이 버리고 더 오래 머무는 것이 현명하지 않을까, 아니 '현명하지 않을까' 정도가 아니지요. 이 점을 잘 이해해 주셔야 합니다. 이렇게 깨달은 실례가 얼마든지 있습니다."

고문관의 말을 들은 한스 카스토르프의 얼굴빛이 변했다. 요아힘은 바지 멜빵의 단추를 채우려다가 그 손을 멈추고 그대로 귀를 기울였다.

고문관은 발가락과 발뒤꿈치로 몸을 앞뒤로 흔들면서 요아힘을 턱으로 가리키며 말을 계속했다.

"카스트로프 군, 당신에게는 이렇게 훌륭하고 호감이 가는 사촌이 있습니다. 이 사람도 병에 걸린 일이 있다는 것을 옛날 이야기처럼 말할 날이 이제 올 것입니다. 그러나 아무리 그런 날이 오더라도 이 사람이, 즉 당신의 친사촌 말입니다. 병을 앓았다는 것은 여전히 변함 없는 사실인 것으로, 이것은 사상가의 이른바 선험적(先驗的)인 일로 당신에 대한 일도 어느 정도 설명해줄 것입니다."

"그러나 이 사람과 나와는 외종간입니다. 고문관님."

"무슨 말이요? 당신은 사촌이라는 것을 부인하려는 것은 아니겠지요? 외종간이든 뭐든간에 이 사람과 당신은 혈연 관계가 있는 것만은 확실하겠지요? 그러면 어머니 쪽?"

"외가 쪽입니다, 고문관님. 그의 어머니가 우리 어머니의 올케지요."

"그러면 당신 어머니는 건강하십니까?"

"아니요, 돌아가셨습니다. 내가 아직 어렸을 때 돌아가셨습니다."

"그래요. 무슨 병으로요?"

"혈전(血栓) 때문입니다. 고문관님."

"혈전으로요? 오래간만에 들어보는 말입니다. 그러면 아버님은?"

"아버지는 폐렴으로 돌아가셨습니다. 그리고 할아버지도 마찬가지 병으로……."

"오, 할아버지께서도? 아무튼 조상 이야기는 그쯤 해 두기로 합시다. 이번에는 당신에 대해서입니다. 당신은 평소에 빈혈 증상이 꽤 있었을 텐데요. 없었습니까? 육체 노동과 정신 노동에도 곧 피로를 느끼지 않았습니까? 피로를 느꼈어요? 그리고 심장이 자주 뛰었습니까? 좋습니다. 그 밖에도 기관지염에 걸릴 경향이 많지요. 당신은 전에도 한 번 이 병을 앓은 것을 알고 있습니까?"

"내가 말입니까?"

"그럼요. 지금은 당신에 대한 말을 하고 있는 거예요. 이 차이점을 알겠습니까?"

고문관은 이렇게 말하고는 청년의 가슴 왼쪽 위와 그 아래를 번갈아 가면서 두들겼다.

한스 카스토르프가 대답했다.

"그쪽이 이쪽보다 탁음이 더 들립니다."

"맞습니다. 전문 의사가 될 수 있겠어요. 이것은 탁음으로, 탁음은 벌써 석회질화된 옛날 환부가 들러붙어서 나오는 소리입니다. 당신은 오래전부터 환자였던 겁니다, 카스토르프 군. 그러나 당신이 그 사실을 모르고 지냈다고 해도 우리는 탓하지 않습니다. 조기 진단은 어려우니까요. 특히 평지의 동료들의 경우에는요. 그렇다고 우리가 더 훌륭한 귀를 가지고 있다는 것은 아닙니다. 물론 이 방면을 전문적으로 연습하는 것은 어느 정도 사실입니다만, 어쨌든 여기 공기가 우리의 청각을 예민하게 해주고 있습니다. 이 위의 희박하고 건조한 공기가 말입니다."

"그렇겠지요."

"좋습니다. 카스토르프 군. 그런데 잠깐만 들어 주십시오. 이제부터 당부의 말을 두세 가지 들려주지요. 당신이 지금 이 정도만이라면, 즉 체내 바람 주머니의 탁음과 유착, 체내의 석회성 이물 정도로 일이 끝난다면, 나는 당신을 고향으로 보내서 당신 일에는 더 이상 걱정하지 않기로 하겠습니다. 알아들었습니까? 그러나 사정이 현재와 같고, 진찰 결과도 확실해진 현재로서는, 또 이렇게 이미 여기에 머물고 있는 형편이니, 고향에 돌아가는 것은 어렵겠군요. 한스 카스토르프 군. 당신은 결국 여기에 되돌아오게 될 것이기에 말입니다."

한스 카스토르프의 피가 다시 심장으로 거꾸로 흘러들어가, 그 때문에 고통이 심해지는 것을 느꼈다. 요아힘은 여전히 뒷단추에 손을 돌린 자세 그대로 눈을 아래로 깔고 있었다.

고문관의 말은 계속되었다.

"왜냐하면 탁음 말고 왼쪽 위에서도 소음이 있는데, 거의 잡음에 가까워 분명히 생생한 환부입니다. 나는 지금부터 벌써 병이 꽤 진전되어 그 부위가 약해졌다는 등의 이야기를 하려는 게 아닙니다. 적어도 병이 시작된 것만은 틀림없습니다. 당신이 저 평지에서 여태까지와 마찬가지로 지내면 폐엽(肺葉) 전부가 곧 못 쓰게 될 것입니다."

한스 카스토르프는 꼼짝도 않고 서 있었다. 입가가 이상하게 경련을 일으켰고, 심장이 늑골을 향해 툭툭 치고 있는 소리가 뚜렷이 들리는 듯했다. 그는 요아힘을 보았지만 그 시선을 잡을 수 없었기 때문에, 다시 고문관의 얼굴을 쳐다보았다. 볼이 창백하고 눈은 푸르게 젖었으며, 콧수염이 한쪽으로 치솟은 고문관의 얼굴을.

베렌스는 말을 이었다.

"이 밖에 외적으로 드러난 증상으로서 오전 10시에 37도 6부라는 체온이 있군요. 이것은 오늘의 진찰과 청진 결과와 거의 일치합니다."

한스 카스토르프가 떨리는 목소리로 말했다.

"나는 기관지염 때문에 나는 열이라고만 생각하고 있었습니다."

"그 감기 말인데 그게 무엇 때문이겠습니까? 당신에게 이야기해 드리지요. 카스토르프 군, 잘 들어 주십시오. 내가 알고 있는 한, 당신은 뇌에 주름을 아주 많이 가지고 있는 것 같아요. 그런데 여기 공기가 병을 낫게 하는데 좋다고 당신은 생각할 것입니다. 그렇지요? 사실 그렇습니다. 그러나 또한 여기 공기는 병을 유발하는 데 좋은 공기입니다. 처음에는 병을 촉진하고, 몸에 혁명을 일게 하고, 숨어있던 병을 폭발시킵니다. 기분 나빠하지 마십시오, 당신의 감기도 그런 폭발입니다. 아래 평지에 있을 때부터 열이 있었는지 모르겠습니다만, 적어도 이 위의 첫날부터 열이 났었고, 감기 때문에 열이 난 것은 아닙니다. 내 의견을 말씀드리면 이렇습니다."

"그렇습니다. 확실히 나도 그렇게 생각합니다."

고문관은 힘을 주어 말했다.

"당신은 아마 여기 도착하자마자 얼근히 취해 있었을 겁니다. 이것은 박테리아를 발생한 가용성(可溶性) 독소에 의한 것으로, 이것이 중추 신경 계통에 도취 작용을 끼치는 것입니다. 알아들었습니까? 그렇게 되면 볼이 상기되는 것입니다. 당신은 먼저 침대로 들어가야 합니다, 카스토르프 군. 2, 3주 지내는 동안 취한 것이 깨는가를 시험해 봅시다. 그리고 다음에 할 일은 또 그때 가서의 일입니다. 우리는 당신의 몸 안 상태를 사진으로 찍어 두지요. 자기 신체 내부를 들여다보는 것도 재미있습니다. 그러나 이것만은 이제부터 말해 두겠습니다. 당신과 같은 경우는 오늘, 내일 낫는 성질의 것이 아닙니다. 광고에 있는 것 같은 결과나 기적과 같은 치료는 바랄 수 없습니다. 그러나 나는 한눈에 당신이 저기 있는 여단장 각하보다 훨씬 훌륭한 환자가 될 병자로서의 재능을 갖추고 있다고 직감했습니다. 이 여단장 각하는 체온계 선이 두세 개 내리게 되면 곧 평지로 돌아가려고 합니다. '쉬어' 라는 호령은 '차려' 라는 호령보다 좋지 않다고 생각하니까요. 안정은 시민 도덕의 첫째 의무입니다. 서두르는 것은 백해무익입니다. 그러면 내 기대에 어긋나지 않도록 해 주십시오, 카스토르프 군. 나의 인간 감식력에 흠이 안 가도록 해 주십시오. 부탁드리겠습니다. 그럼 앞으로 전진! 차고로 들어가도록 해요."

베렌스 고문관은 이야기를 끝내고, 다음 환자를 진찰할 때까지의 시간을 활동가답게, 무엇을 쓰려고 책상으로 향했다. 그러자 크로코브스키 박사는 의자에서 일어나 한스 카스토르프에게로 가까이 가더니, 머리를 비스듬히 뒤로 젖히고 한쪽 손을 청년의 어깨 위에 얹고 수염 속에 누런 이가 드러날 정도로 뚜렷한 미소를 띠었다. 그러고는 아주 반갑다는 듯이 새로 온 환자의 오른손을 잡았다.

제5장

영원한 수프와 갑작스러운 광명

여기서 독자가 너무 놀라지 않게 하기 위하여, 이 이야기를 엮어온 저자가 대신 놀라는 편이 좋을 사실이 한 가지 있다. 한스 카스토르프가 이 위의 사람들과 함께 지낸 처음 3주일—인간인 그의 예상으로 이번 여행의 총 일수를 한여름의 21일로 잡았다—에 대한 보고는 우리가 생각했던 예측과 이상할 만큼 일치하는 공간과 시간을 필요로 했다. 그러나 그가 이 위에서 지낸 그 뒤 이어진 3주일에 대해서 말한다면, 처음 3주일을 보고할 때 필요로 했던 종이와 페이지와 시간과 날짜 수에는 도저히 미칠 수 없는 행(行)과 말과 순간들을 필요로 할 뿐이다. 이제 알게 되겠지만, 그 뒤 계속되는 3주일은 눈 깜짝할 사이에 지나가고 말 것이다.

이상하게 느껴지겠지만 이것은 잘 생각해 보면 마땅히 그렇게 되는 것으로, 이야기를 하고 듣는 경우의 법칙에 맞는 이치이다. 운명의 장난으로 뜻하지 않게 이 위에서 발이 묶여 버린 주인공 한스 카스토르프의 경우와 마찬가지로, 우리에게도 시간이 길어지기도 하고 짧아지기도 하며, 우리의 시간 체험에서 시간이 늘어나기도 하고 줄어들기도 하는 것은 마땅한 이치이며 이야기의 법칙에도 맞는 것이다. 우리가 한스 카스토르프와 함께 경험하는 시간의 불가사의한 현상에 대해 지금 주의를 환기하는 것과 전혀 다른 현상에 대해서도 독자의 주의를 환기시키는 것이 현명할지 모르겠다.

그러나 우리가 환자로서 침대에서 보내는 나날이 아무리 '긴' 나날의 연속이라 해도 얼마나 빨리 지나가 버리는가를 독자들이 상기해 준다면, 지금으로서는 충분하다. 매일이 같은 나날의 되풀이이기는 하지만, 하루하루가 똑같은 나날이라고 한다면 '되풀이'라는 것은 사실 옳다고 할 수 없다. 단조롭다든지 언제나 계속되는 현재, 또는 영원이라고 불러야 한다. 당신에게 정오의 수프가 어제 나왔고, 내일도 또 나올 것과 마찬가지임을 뜻한다. 그리고 그것을 보는 순간, 당신은 영원의 호흡을 맛보게 된다. 그 호흡이 어떻게 어디서 불어오는 것인지 당신은 모른다. 아무튼 수프가 날라져 오는 것을 보는 순간 현기증을 느끼고, 시간의 구분을 모르게 되고, 그것이 당신의 눈에 삼라만상의 참된 모습으로 비치는 것은, 베갯머리에 영원의 수프가 운반되어 오는, 전후의 넓이도 없는 현재인 것이다. 그러나 영원에 관련해서 지루하다든가 지루하지 않다든가를 말하는 것은 큰 모순이라 하겠다. 우리는 모순을 피하려고 한다. 특히 이 이야기의 주인공과 함께 있는 동안은 말이다.

한스 카스토르프는 그가 현재 머무는 이 작은 세계의 최고 권위자인 베렌스 고문관의 명령으로 토요일 오후부터 침대에 누워 있었다. 가슴 주머니에 이름의 머릿글자를 실로 꿰맨 잠옷을 입고, 양쪽 손을 머리 밑에 넣고, 미국 아가씨와 그 밖에도 여러 사람이 그 위에서 죽었을 깨끗하고 흰 침대에 누워 현재의 이상한 생활 환경을 생각하면서, 감기 열로 흐려진 푸르고 단순한 눈을 천장으로 보내고 있었다. 만일 감기에 걸리지 않았더라면 그의 눈은 밝고 맑아 흐린 구석이 없었을까? 알 수 없는 일이다. 그의 마음이 아무리 단순하다 해도, 그의 지금의 심정은 밝고 맑기는커녕 몹시 흐리고 혼란스러워 멍했으며, 어딘지 수상하고 애매했기 때문이다. 침대에 누워 있으면 미친 것 같은 기쁨의 웃음이 치밀어 올라와 내부에서 가슴을 흔들었다. 이 때까지 경험한 적이 없는 방종한 기쁨과 희망에 심장이 멎을 것같이 되기도 하고, 공포와 불안 때문에 얼굴이 창백해지고 심장이 빠르게 늑골을 마구 두들기기도 했는데, 사실 그것은 양심의 고동이었다.

요아힘은 첫날에는 환자의 기분을 어지럽히지 않으려고 이야기를 아예 피했다. 두세 번 병실에 조심스럽게 들어와서는 누워 있는 환자에게 고개를 끄덕여 보이고, 뭔가 필요한 것이 없느냐고 다정하게 물었다. 요아힘이 무슨 말이든 피하고 싶어하는 한스 카스토르프의 기분을 알고 존중하는 까닭은, 자신도 같은 기분이기 때문이었다. 그의 생각으로는 그가 사촌보다 더 괴로운 처지에 있었기 때문에 더욱 쉬운 일이기도 했다.

그러나 일요일 오전, 사촌이 오기 전처럼 아침 산책을 혼자서 끝마치고 돌아온 요아힘은, 지금 당장 필요한 일에 대해 사촌과 의논할 것을 이제는 망설이지 않았다. 그는 환자의 베갯머리에 서서 한숨을 짓고 말했다.

"인제 걱정한들 무슨 소용이 있겠나? 이렇게 된 이상 할 수 있는 데까지는 해 보도록 해야지. 가족들이 자네가 돌아오는 것을 기다리고 있을 거야."

한스 카스토르프가 고개를 갸웃거리며 말했다.

"글쎄, 그럴까?"

"지금은 그다지 걱정하지 않겠지만, 수요일이 되고 목요일이 되면 걱정하겠지."

"뭘, 아무도 오늘 내일 하고 기다리지는 않아. 내가 돌아가기 전부터 언제 돌아올 거라고 기다린다든가, 날짜를 세고 할 만큼 다들 한가하지 않거든. 내가 돌아가는 날이 돌아가는 거지. 그러면 티나펠 종조부는 '오, 너 돌아왔구나' 하고, 야메스 삼촌은 '그래, 재미있었니?' 하면 그것으로 끝이야. 내가 안 오는 것을 깨닫게 될 때까지는 꽤 시간이 걸릴 거야. 정말이야, 물론 조만간 알려 드리긴 해야 하지만……."

요아힘이 한숨을 지으며 말했다.

"이번 일로 내가 얼마나 괴로운 생각을 하고 있는지 자네는 알겠지? 도대체 이제부터 어떻게 될까? 나는 책임을 느끼고 있어. 자네는 나를 문병하러 여기에 올라왔고, 자네를 이 위에 소개한 사람도 나였는데, 그런 자네가 여기에 붙들려 언제 다시 빠져나가 직장에서 일을 하게 될지 아무도 모르니 말이야. 그 점을 생각하면 나는 이루 말할 수 없이 가슴이 쓰리다는 것을 자네도 알아주기를 바라네."

"잠깐만."

한스 카스토르프는 양쪽 손을 머리 밑에 넣은 채 요아힘의 말을 막았다.

"무엇 때문에 괴로워한다는 거야? 자네답지 않게. 바보 같은 소리 하지 말아. 자네를 문병하러 여기에 올라왔단 말이지? 하긴 그렇지. 그러나 결국 첫째는 하이데킨트의 명령으로 나도 휴양하기 위해 올라온 거야. 그런데 하이데킨트나 우리나 아무도 생각할 수 없을 정도로 휴양이 절대적으로 필요하다는 사실이 나타난 것뿐이야. 여기에 잠깐 예정으로 찾아왔다가 상황이 달라진 예는 내가 처음이 아니잖아? 이를테면 저 '둘 다'의 둘째아들을 생각해 보게. 그리고 둘째아들이 나와는 달리 얼마나 심한 꼴이 되었나? 아직 살아 있는지 어떤지는 모르지만, 아마 식사 중에 운반되어 나간 것이 아닐까? 내 몸이 좀 나쁘다는 것은 내게도 뜻밖의 일이야. 지금까지처럼 여기에 손님으로서가 아니라 환자의 한 사람, 정말로 자네들의 한 사람이 되기 위해서는 이제부터 그런 기분이 되어야 할 거야. 그러나 한편으로 나는 그것을 거의 뜻밖이라고 느끼지 않는다고도 할 수 있어. 왜냐하면 나는 몸 상태가 아주 좋다고 느낀 적이 사실 한 번도 없었거든. 게다가 부모님이 저렇게 일찍 돌아가신 것을 생각하면 아주 건강한 몸을 바라는 것은 무리야. 자네 몸에 다소 흠이 있다는 것도—지금으로는 거의 나았다고 하겠지만—우리가 그것을 정직하게 인정하지 않을 수 없는 것은 우리 혈통에는 어딘지 그런 면이 있다고 하겠어. 적어도 베렌스는 그런 말을 했어. 나는 어제부터 이렇게 누워서 생각해 왔어. 도대체 나는 평소 어떤 마음으로 살아왔을까. 그리고 인생에 대해, 그리고 인생의 요구에 어떤 태도로 살아왔는가 하고 말이야. 내 성격에는 평소 모든 것을 엄숙하게 생각하는 것과 씩씩하고 소란스러운 것을 혐오하는 경향이 있었어. 이 점에 대해서는 얼마 전에도 둘이서 이야기를 나눈 적이 있지. 그리고 내가 슬프고 경건한 것에 흥미를 느끼는 것에서 성직자가 되어 보려고도 가끔 생각했다고 하는 거 말이야. 이를테면 관을 덮는 검은 헝겊이라든가, 은으로 된 십자가를 얹는다든가, R.I.P……즉 '평화롭게 쉬소서'라는 것 말이야…… 이 말은 어떤 말보다도 아름다운 말로서 나에게는 다른 야단스러운 말보다 훨씬 호감을 주는 거야. 그것도 나 자신이 흠이 있는 몸이고 처음부터 병과는 친숙했기 때문이 아닌가 싶어. 그것이 이번 기회에 알려진 것뿐이야. 그렇다고 한다면, 내가 이 위에 올라와서 진찰을 받았다는 것은 운이 좋다고도 할 수 있지. 자네는 그것 때문에 양심의 가책을 받을 필요는 조금도 없어. 자네도 들었지? 내가 평지에서 한동안 지금처럼 계속 살고 있었다면 내 폐엽(肺葉) 전부가 영락없이 못쓰게 되었을지도 모른다는 소리 말이야."

"그건 모를 일이야. 정말이야. 그건 알 수 없는 일이야. 자네는 전에도 좀 나쁜 데가 있었다지만, 그건 아무도 모르는 사이에 저절로 나아 버렸고, 이제는 대단치 않은 탁음이 조금 남아 있을 뿐이라잖아? 그러니 지금 나쁘다고 하는 감염된 부분도 자네가 우연히 이렇게 내가 있는 곳에 올라오지 않았더라면, 아마 이전의 경우와 마찬가지로 저절로 나아 버렸을지도 모르지. 그러니 그건 모를 일이란 말이야."

"그야 그렇지. 아직 뭐라고 말할 수 없는 것만은 확실해. 그렇다고 가장 나쁜 경우를 예상할 권리도 없어. 예를 들어 내가 요양하기 위해 머물러야 할 기간에 대해서도 말이야. 자네는 내가 언제 이곳을 나가 조선소에 들어가게 될지 아무도 모른다고 했지만, 자네가 모른다는 것은 비관적인 의미에서 말하는 것이지. 내가 볼 때 그렇게 생각하는 것은 너무 성급한 것 같아. 앞으로 어떻게 될지 모른다고 하니 말이야. 베렌스는 언제까지라고 말을 하지는 않았지만, 그는 생각이 젊은 사람이니 예언자의 흉내를 내지 않은 거야. 아직 뢴트겐 투시와 촬영이 남아 있어. 그러면 비로소 진상을 객관적으로 확실하게 해 줄테지만, 그 결과 예정 이상으로 열이 내려가게 되어 자네들과 작별 인사를 안하게 된다고도 할 수 없잖아? 내 생각으로는 아직 아무것도 잘 모르면서 아는 체하면서 집에다 엉뚱한 말을 전할 필요는 없다는 거지. 형편을 보아서 편지를 쓰면 돼. 몸만 조금 일으키면 이 만년필로 충분히 쓸 수 있어. 그냥 내가 심한 감기에 걸려서 열이 있으니까 얼마 동안 여행을 못한다고 쓰면 되는 거야. 그 다음 일은 그때 가서 할 일이야."

"알았어. 잠시 그렇게 하는 게 좋겠어. 그리고 또 한 가지 일이 있는데, 그것도 좀 기다렸다가 하기로 할까?"

"또 한 가지 일이라니 뭔데?"

"태평스러운 말을 하는군. 자네는 가방 하나만 들고 3주일 예정으로 여기 오지 않았나? 그러니 속옷과 셔츠, 그리고 겨울옷도 필요할 거야. 구두도 말이야. 돈도 보내 달라고 해야 하겠고."

한스 카스토르프가 고개를 끄덕이며 말했다.

"만일 그런 게 모두 필요하게 되면 말이지."

"좋아, 그러면 기다리도록 하지. 그러나……아냐, 그래도 좋겠지."

요아힘은 이렇게 말하고 흥분한 것처럼 방 안을 돌아다녔다. 그리고 말을 계속했다.

"그러나 낙관은 금물이야. 나는 여기에 이만큼 있어 보아서 이곳 상황을 잘 알아. 베렌스가 잡음에 가까운 거친 부분이 있다고 할 때는……그러나 물론 기다려 보아도 되지."

이번에는 이것으로 말을 끝냈다. 그 뒤에 먼저 평일의 1주일째와 2주일째의 변화가 돌아왔다. 한스 카스토르프는 누워 있으면서도 그 변화에 참여할 수 있었다. 현장에서 직접 참여하지는 않았지만, 요아힘이 방으로 찾아와 침대 옆에 15분쯤 앉아서 말해 준 보고로 간접적으로 들을 수 있었다.

일요일의 아침 식사를 얹은 쟁반에는 화초를 꽂은 작은 꽃병으로 장식되어 있었고, 그날 식당에 나온 고급 케이크를 곁들이는 것도 잊지 않았다. 이윽고 아래 정원과 테라스는 활기를 띠고, 2주일마다 돌아오는 일요일의 연주회가 나팔 소리와 클라리넷의 비음(鼻音)으로 시작되었는데, 요아힘은 사촌 방에 와서 그것을 함께 들었다. 요아힘은 발코니로 나가는 열린 문 옆에 서서 방 밖에서 들었고, 한스 카스토르프는 침대에 몸을 반쯤 일으키고 고개를 들어 애정에 차고 경건한, 그러나 멍한 눈으로 하모니에 귀를 기울였다. 그리고 음악이 '정치적으로 좋지 않다'고 말한 세템브리니의 말을 마음속으로 생각하고 어깨를 으쓱했다.

전에도 말했지만, 한스 카스토르프는 방에서 지내는 동안의 현상과 행사 등에 대해서는 요아힘에게서 들었다. 일요일에 레이스가 달린 아침 옷 또는 이런 비슷한 옷차림을 한 사람이 있었는지—레이스 달린 아침 옷을 입기에는 날씨가 추웠다—, 오후에 드라이브가 있었는지—사실 두세 무리의 드라이브가 있었는데, '반쪽폐 클럽' 회원들이 대거 클라바델로 갔다는 것이다—하는 것도 요아힘에게 자세하게 물었다. 월요일에 요아힘이 크로코브스키 박사의 강연에서 돌아와 정오의 안정 요양에 들어가기 전에 잠깐 병문안을 하니 한스 카스토르프는 강연 내용을 듣고 싶어했다. 요아힘은 입이 무거워 강연에 대해 이야기하려고 하지 않았다. 앞서의 강연에 대해서도 두 사람은 아무 말도 하지 않았었다. 그러나 한스 카스토르프는 그것을 자세하게 들려 달라고 계속 졸랐다.

"나는 이렇게 누워 있지만 지불할 것은 다른 사람 못지 않게 내고 있단 말이야. 그러니 나도 좀 서비스를 받고 싶어."

그리고 그는 2주일 전 일요일에 혼자 단행하여 그리 좋은 결과를 가져오지 못한 산책을 생각하고, 그의 몸에 혁명적인 작용을 주어 잠재하던 병을 폭발한 것은 사실은 그 산책이 아니었나 하는 추측도 해보았다.

그가 요아힘에게 말했다.

"그건 그렇다 하고, 여기 사람들이 말하는 것 말이야. 단순한 보통 사람들인데 아주 장중하고 위엄이 있어. 때로는 시(詩)처럼 들리더군. '그럼 잘 가게. 고맙네.' (이때 그는 나무꾼의 말투를 흉내내 보였다.) 나는 숲 속에서 그 소리를 들었는데, 그건 한평생 못 잊을 거야. 그런 인상은 다른 여러 인상이며 추억과 함께 평생토록 귀에 남을 것 같아. 그런데 크로코브스키는 오늘도 '사랑'에 대해 말했는가?"

그는 '사랑'이라는 말을 할 때 얼굴을 찡그렸다.

"물론이지. 그 밖에 무슨 말을 하겠나? 처음부터 그게 그의 주제인데."

"그래, 오늘은 무슨 말을 했나?"

"별것 아니야. 요전번에 자네도 들었으니 대강 짐작은 갈 거야."

"그래도 뭐 새로운 말을 했겠지."

"그다지 새로운 것은 없었어…… 이번에 들려 준 것은 순전히 화학 강연이었어."

이렇게 요아힘은 마지못한 듯 말을 시작했다. '이 경우'에는 일종의 중독 유기체의 자가 중독이 일어나는 것이라고 크로코브스키 박사가 말했다는 것이다. 이 중독은 인체에 퍼져 있는, 오늘날까지 아직 알려지지 않은 어떤 물질이 분해하는 결과로 일어나는 중독으로, 이 분해의 산출이 척수 신경 중추의 어떤 부분에 마취 작용을 끼치는 것이다. 그리고 이 마취 작용은 모르핀 또는 코카인 등의 외적 독소를 사용하는 경우와 똑같은 작용이라고 요약해 말했다.

한스 카스토르프가 말했다.

"그 결과 볼이 붉어진다는 거지? 그것 보라지, 역시 들어 두는 게 좋잖아? 그는 무엇이든지 잘 알고 있는 아주 해박한 사람이야. 두고 봐, 언젠가는 그는 몸에 퍼져 있다고 하는 그 미지의 물질도 반드시 밝혀 낼 테고, 중추를 마비시킨다는 가용성 독소도 조합해 내게 될 테니까. 그렇게 되면 그는 누구라도 특수한 방법으로 취하게 해 버릴 수 있을 거야. 아마 옛날 사람들은 그것도 할 수 있었던 모양이지. 그의 말을 듣고 있으면 책에 있는 옛날의 미약(媚藥)이라든가 비슷한 것도 참말같이 생각된단 말이야…… 아니, 벌써 가려고?"

"그래. 난 지금부터 좀 누워 있어야겠어. 어제부터 체온이 또 올라가기 시작했어. 자네의 일이 영향을 좀 준 것 같아."

이것은 일요일과 월요일의 일이었다. 그리고 한스 카스토르프의 이른바 '차고' 생활의 3일째가 밝았는데, 이렇다 할 특징이 없는 평일과 같은 화요일이었다. 그러나 화요일이라고 하면 그가 이 위에 온 요일이었고, 이것으로 여기에서 꼬박 3주일을 지낸 것이 되었다. 그래서 그는 집에 편지를 써서 삼촌들에게 근황을 잠시라도 알려야 할 상황이었다. 이리하여 그는 새털 베개를 등에 대고 귀향이 예정보다 늦어진다는 것을 요양원의 편지지에 썼다. 감기로 누워 있지만, 베렌스 고문관은 매우 양심적인 사람 같아서 이 감기를 단순한 감기로 처리하려고 하지 않고 그의 체질과 연관이 있다고 생각하는 것 같다. 왜냐하면 원장은 처음 만났을 때부터 그가 심한 빈혈이라는 사실을 주의시켜 주었기 때문인데, 요컨대 요양원의 권위자들은 한스 카스토르프가 휴양을 위해 예정했던 시간을 충분한 기간이라고는 생각하지 않는 것 같다. 앞으로의 일은 알려지는 대로 보고할 작정이다—'이만하면 되겠지' 한스 카스토르프는 생각했다. 한 마디라도 지나치게 쓰지 않고, 이것으로 한동안은 숨을 돌릴 수 있었다. 편지는 요양원의 심부름꾼에게 넘어갔는데, 심부름꾼은 그것을 우편함에 넣지 않고 직접 다음 정기 기차에 부탁해 두었다.

이 일이 있은 뒤 우리의 모험가는 한결 가벼워진 기분으로, 기침이 나고 기관지염으로 머리가 괴로웠지만 날마다 한가로이 보내고 있었다. 몇 개의 작은 부분으로 구분지어져 있어 언제나 변화가 없는 단조로움 때문에 길게도 짧게도 느끼지 않고 늘 똑같은 나날의 연속인 평일을 보내고 있었다. 아침이 되면 마사지 선생이 방문을 힘차게 두드리고 들어왔다. 이 사람은 투른 헤르라는 이름의 골격이 우람한 대장부로, 셔츠 소매를 걷어올린 팔에는 혈관이 튀어올라왔고 걸걸한 목소리로 말을 했다. 한스 카스토르프를 모든 환자와 마찬가지로 방 번호로 부르고는 알코올로 몸을 닦아 주었다. 이 대장부가 나가 버리면 얼마 안 있어 요아힘이 옷을 갈아입고 들어와서 아침 인사를 서로 나누고, 사촌의 오전 7시의 체온을 묻고는 자기 체온을 알렸다. 요아힘이 아래 식당에서 아침 식사를 하는 동안, 한스 카스토르프는 새털 베개를 등에 대고 생활이 변했기 때문에 왕성해진 식욕으로 아침 식사를 끝마쳤다. 또 이 시간에 침대에서 떠날 수 없는 환자와 위독한 환자의 방을, 식당을 지나서 빠른 걸음으로 회진하고 다니는 의사들이 사무적으로 뛰어들어오는 것에도 거의 기분이 상하지 않았다. 그는 설탕에 절인 과일을 입 안에 넣고 '푹' 잘 수 있었다고 보고하고, 고문관이 방 한가운데에 있는 테이블에 주먹을 짚고 거기에 놓여 있는 체온표를 조사하는 것을 찻잔 너머로 바라보고, 나가는 의사들의 인사에도 무관심하고 길게 끄는 목소리로 대답했을 뿐이다. 그러고는 시가를 입에 물고 있으면, 산책 나갔다는 것도 거의 모르고 있었던 요아힘이 아침의 규정된 산책에서 이제는 돌아와 있었다. 그리고 둘이서 다시 이것저것 이야기를 했다. 두 번째 아침 식사까지의 시간은 머릿속이 텅 비어 있어, 정신적으로 빈약한 사람까지도 지루함을 느끼지 못할 만큼 짧았다. 요아힘은 그 사이에 안정 요양을 했지만, 한스 카스토르프는 이 위에서의 처음 3주일 동안의 인상으로 생각할 것이 너무 많았고, 더욱이 현재의 처지를, 또 그것이 앞으로 어떻게 진전할 것인가에 대해서도 생각해야 했기 때문에, 요양원의 도서실에서 빌려온 두 권의 두꺼운 사진이 곁들여진 잡지는 침대 옆 테이블에 놓인 그대로 있었다. 손에 들어 볼 틈도 제대로 없었기 때문이다.

요아힘이 다보스 시내까지의 두 번째 산책을 끝마치는 사이의 시간도 한 시간 가량의 짧은 시간이었다. 요아힘이 산책에서 돌아오면 다시 한스 카스토르프의 방에 와서 산책 도중 눈에 띈 것을 이것저것 이야기하여 들려주며, 한동안 환자의 머리맡에 서 있든지 앉아 있든지 하고는 정오의 안정 요양을 하러 나갔다. 이 시간도 겨우 한 시간 정도였다. 양쪽 손을 머리 밑에 넣고 잠깐 천장을 쳐다보며 한 가지 생각에 몰두하고 있으면, 벌써 종이 울려 침대에서 지내는 환자와 위독한 환자들을 빼놓고는 모두 점심 식사를 하러 오라고 준비를 재촉한다.

요아힘이 식사하러 나가면 병실에는 '정오의 수프'가 운반되어 왔다. 나온 실물에 비하면 '정오의 수프'라는 이름은 너무도 간소하고 상징적이었다. 한스 카스토르프는 환자의 식사를 배당받지 못했다. 더욱이 그런 것을 배당받을 필요가 없었다. 그의 용태로서는 감식이나 절식은 어떤 형식으로든 요구되지 않았다. 그는 침대에 누워 있었으나 내야 할 것은 다른 사람에 못지 않게 지불하고 있고, 이 영원한 현재의 시각에 운반되어 온 것들도 '정오의 수프'가 아니라, 한 가지도 감해져 있지 않은 베르크호프의 정식 6품 요리였다. 평일에도 음식 분량이 많았지만 일요일은 호화판 연회석상처럼 진수성찬의 요리로, 요양원에 완비된 호텔식 조리장에서 유럽 각국 요리에 통달한 요리장이 조리한 요리였다. 침대에서 지내는 환자 담당의 식당 아가씨가 니켈로 도금한 깊은 뚜껑을 덮은 예쁜 큰 냄비에 넣어 날라 와서는 미리 준비된 병실용 테이블—한 개의 다리로 서 있는 마법 테이블을 침대에 비스듬히 환자 앞에까지 밀고 온다. 한스 카스토르프는 그 테이블에서 마치 그림 동화에 나오는 재단사의 아들이 "요리상을 차려라" 하는 명령대로 식사를 내놓는 식탁을 앞에 둔 듯이 식사를 했다.

식사가 끝나면 요아힘이 돌아와 자기의 발코니로 들어갔다. 정오 안정 요양의 고요함이 베르크호프의 건물을 덮을 때면 주로 2시 반이 되었다. 2시 반까지는 되지 않을지 모른다. 정확하게 말하면 2시 15분이었다. 그러나 시간 계산이 대범한 경우, 예를 들어 여행길에 오랜 시간의 기차 여행을 하는 경우와 그밖에도 우리의 노력과 생활을 다하여 시간 소비에 전념하고 기다리고만 있는 공허한 상태 속에서는 15분이라는, 한 시간에도 미치지 않는 끝다리 시간은 계산에 넣지 않고 그냥 무시되어 버리는 법이다. 2시 15분, 이것은 2시 반과 마찬가지이다. 벌써 3시에 들어가기 시작했으니, 건너뛰어 3시라 해도 상관이 없다. 아직 부족한 30분은 3시부터 4시까지 묶여진 한 시간의 서곡이라고 생각하고 머릿속에서 뛰어넘어 버린다. 시간 계산이 대범한 경우에는 이렇게 처리하는 법이다. 정오의 안정 요양 시간도 결국은 한 시간으로 축소되어 버렸다고 할 수 있는데, 그 한 시간도 끝이 더 축소되고 잘리어 생략 부호로 처리되고 만다. 그 생략 부호는 크로코브스키 박사였다.

그렇다. 크로코브스키 박사는 오후의 회진을 혼자서 할 때 이제는 한스 카스토르프를 피하지 않게 되었다. 지금은 한스 카스토르프를 회진 환자 가운데에 넣어, 중간적 존재라는 간격이 없어진 환자의 한 사람으로서 용태를 물었다. 이때까지 매일 되풀이되어 그럴 때마다 한스 카스토르프가 은근히 화가 나 있었는데 이제는 따돌림을 당하지 않았던 것이다. 크로코브스키 박사가 34호실에 처음으로 나타난 것은 월요일이었다. '나타났다'고 한 것은 한스 카스토르프가 그때 물리칠 수 없었던 이상한, 좀 무서운 인상을 표현하는 데 이것이 가장 알맞은 말이기 때문이다. 그때 한스 카스토르프는 4분의 1쯤 꾸벅꾸벅 졸고 있었는데, 크로코브스키 박사는 복도를 따라서가 아니라 바깥 발코니를 따라 회진을 하고, 발코니 문이 열려 있는 곳으로 들어왔다. 그 때문에 마치 하늘에서 내려온 것 같은 인상을 지울 수가 없었다. 아무튼 시간의 생략 부호인 조수는 한스 카스토르프의 베갯머리에 검은 머리칼과 창백한 얼굴, 넓은 어깨와 당당한 모습으로 서서 양갈래로 가른 수염 사이로 누런 이가 보일 만큼 웃었다.

"내가 들어와서 놀란 모양이군요. 카스토르프 씨."

조수는 바리톤의 부드러운 목소리로 느릿느릿하니 점잔을 빼면서, r의 구개음을 굴리지 않고 혀를 위의 앞니 바로 뒤에 가볍게 한 번 치고 외국 사람처럼 발음하며 말했다.

"내가 이렇게 당신 방에 상태를 물으려고 나타난 것은 나의 즐거운 의무를 다하는 것뿐입니다. 당신과 나와의 관계는 새로운 단계에 들어가, 손님은 하룻밤 사이에 동료가 되었습니다……."

그의 '동료' 라는 말이 한스 카스토르프를 좀 불안하게 했다.

"누가 오늘 같은 날을 예상했겠습니까?"

크로코브스키는 정말 동료를 대하듯 농담조로 말했다.

"내가 처음 당신을 만나 인사를 하고 나의 그릇된—그때는 확실히 그릇되어 있었습니다—추측을 말씀드리자, 당신이 완전히 건강하다고 대답한 방에서 누가 오늘과 같은 날이 있을 것을 예상했겠습니까? 그때 나는 당신이 말씀하신 내용을 의심한다고 말한 것으로 기억합니다만, 나는 그런 의미에서 말씀드린 것은 아닙니다. 정말입니다. 나는 실제보다 눈이 밝은 것처럼 보이려는 생각은 없습니다. 그때에는 감염은 생각하지 않았고, 아주 다른 의미에서, 더 일반적으로 철학적으로 말씀드렸을 뿐이지요. '인간'과 '완전한 건강'이라는 두 말이 주로 결합될 수 있는 말인지 아닌지 하는 의심을 입 밖에 냈을 뿐입니다. 그리고 당신의 진찰이 있었던 오늘도 나는 내 원칙으로, 존경하는 원장과는 달리 당신의 이 침윤 부분을……."

이렇게 말하고 그는 손가락으로 한스 카스토르프의 어깨를 살짝 짚었다.

"흥미의 중심이라고 생각할 수는 없습니다. 이것은 나에게는 두 번째인 현상입니다…… 유기체에 대한 것은 언제나 두 번째입니다……."

한스 카스토르프는 두 번째라는 말을 듣고 깜짝 놀라 숨을 죽였다.

크로코브스키 박사는 아주 시원스럽게 덧붙였다.

"이런 관계로 내가 볼 때 당신의 기관지염은 세 번째 현상입니다. 그러면 그 기관지염은 어떤 것일까요? 누워서 안정을 취하면 곧 잘 되어 갈 것입니다. 오늘 검온 결과는 어떻습니까?"

조수의 방문은 이 뒤로는 보통 회진과 다를 게 없었고, 그 다음의 여러 날과 몇 주의 방문도 똑같았다. 크로코브스키 박사는 3시 45분, 또는 이보다 조금 전에 발코니에서 들어와 누워 있는 청년에게 씩씩하고 명랑하게 인사하고는, 의사로서의 간단한 질문을 한 뒤 짧은 잡담을 꺼내고는 동료답게 농담을 하기도 했다. 이 모든 것이 어딘지 수상하다는 느낌이 있었지만, 도를 넘지만 않으면 결국 거기에 익숙해지는 것이다. 그러므로 한스 카스토르프도 똑같은 날의 연속인 평일의 일과로 되어버렸다. 그리고 정오의 안정 요양 시간에 생략 부호를 찍는 크로코브스키 박사의 규칙적인 출현에도 익숙해져서 이를 역겹게 생각하지 않게 되었다.

조수가 발코니로 사라지면 4시가 되었고, 말하자면 늦은 오후가 되었다. 그때가 되면 곧 석양이 가까워진다. 아래 식당과 위의 34호실에서 오후의 차를 마시는 동안에 5시가 가까워지고, 요아힘이 세 번째의 산보에서 돌아와서 사촌의 방을 찾아 올 무렵에는 거의 6시가 되었다. 그래서 저녁 식사까지의 안정 요양은 좀 대범하게 계산하면 겨우 한 시간 가량 계속하는 것이 되고, 머릿속에서 무엇을 생각하거나 옆 테이블에 두꺼운 세계 사진 화보를 가지고 있는 사람에게는 간단하게 처리될 수 있는 시간이었다.

요아힘이 저녁 식사를 하러 나가면 식사가 방으로 운반되어 왔다. 골짜기는 벌써 어두워졌고, 한스 카스토르프가 식사를 하는 동안에 하얀 방 안도 금방 어두워졌다. 그는 식사를 끝내면 새털 베개에 기댄 채 다 먹은 식탁을 앞으로 하고, 성급히 저물어 가는 풍경, 어제도 그제도 1주일 전도 거의 변화가 없는 황혼을 바라보았다. 어느새 밤이 되었다. 조금 전까지도 아침 같았는데, 작게 구분되어져 있어 지루함을 느끼지 않아도 되게끔 구성되어 있는 하루가 문자 그대로 어느 사이에 무너지고 사라져 버렸다. 한스 카스토르프는 그것을 알아차리고, 미소를 자아내는 놀라움과 여러 의미에서 감개무량한 기분을 느꼈다. 그의 젊은 나이로는 이런 것에 깊은 공포심을 가지기에는 아직 거리가 멀었기 때문이다. '여전히' 같은 석양을 보고 있다는 느낌뿐이었다.

한스 카스토르프가 침대에 누워 있게 된 뒤 10일이나 12일이 지났을까? 어느 날 해질 녘에, 즉 요아힘이 저녁 식사와 밤의 사교 모임에서 아직 돌아오지 않았을 때, 창문 두드리는 소리가 들렸다. 한스 카스토르프가 이상히 여기면서 "들어오십시오" 하자, 로도비코 세템브리니가 문지방 위에 모습을 드러냈다. 이와 동시에 순식간에 방 안이 눈부실 정도로 환해졌다. 방문객이 방 안으로 들어오면서, 문도 아직 닫기 전에 천장의 전등 스위치를 켰기 때문이었다. 전등불은 천장과 가구의 흰색에 반사하여 방은 금방 밝은 빛으로 가득해졌다.

요양객 중에서 이 이탈리아인은, 한스 카스토르프가 요아힘에게 이름을 분명히 말하고 소식을 물어 본 유일한 인물이었다. 요아힘은 사촌의 침대 가장

자리에 앉는다든지 침대 옆에 서서 10분쯤 말할 때마다—하루에 열 번이었다—요양원 생활에서 일어난 작은 사건들과 변화를 말해 주었지만, 한스 카스토르프 쪽에서 질문하는 경우에는 언제나 일반적이고 비개인적인 것에 대해서만이었다. 격리되어 지내는 청년의 호기심은 새로운 손님이 왔는가, 또는 얼굴을 잘 아는 환자 중에 누가 퇴원했는가 하는 것을 알고 싶어하는 것으로, 새로 온 손님은 있었지만 퇴원한 사람은 없다는 말을 듣고는 만족해했다. '새 얼굴'이 한 사람 왔는데, 볼이 여위고 창백한 얼굴의 그 젊은 사람은 사촌들의 식탁 바로 왼쪽 이웃 식탁, 상아색 피부의 레비 양과 일티스 부인의 식탁에 앉게 되었다는 것이다. 그렇다면 한스 카스토르프도 얼마 안 있어 이 사람을 보게 될 것이다. 그러면 퇴원한 사람은 아무도 없다는 말인가? 이 질문에 대해 요아힘은 눈을 아래로 깔고 그런 사람은 없다고 간단히 대답했다. 그리고 요아힘도 마침내는 짜증을 내는 목소리로, 자기가 알고 있는 한에는 아무도 퇴원하게 될 사람은 없고, 주로 여기서는 그렇게 간단하게 퇴원할 수 없다고 딱 잘라 말했다. 그러나 그 뒤에도 여러 번, 사실은 하루 걸러 한 번씩 같은 질문에 대답해야 했다.

세템브리니에 대해서는 아까도 말했지만 한스 카스토르프가 이름을 물어 보았고, 세템브리니가 자기의 '이번 일'에 대해서 어떻게 말했는지 듣고자 했다.

요아힘이 물었다.

"이번 일이라니?"

"내가 이렇게 병에 걸려 누워 있다는 것에 대해서 말이야."

그러자 요아힘은, 사실 세템브리니가 '이번 일'에 대해서 아주 간단하지만 자기의 의견을 입 밖에 냈다고 말했다. 한스 카스토르프의 모습이 보이지 않게 된 그날에 세템브리니는 청년이 있는 곳을 물으러 요아힘 옆으로 가까이 와서, 한스 카스토르프가 집으로 돌아가 버렸다는 대답을 기대했던 것이다. 요아힘에게서 사정 이야기를 듣더니 이탈리아인은 두 마디의 이탈리아 말로 대답했다는 것이다. 처음에는 '에코(Ecco)'를, 다음에는 '포베레토(Poveretto)'라고 말했다는데, 이것을 옮기면 '그것 보라지'와 '가엾게시리'이다. 청년들의 이탈리아어 지식으로도 이 두 가지 말의 의미 정도는 이해할 수 있었다.

한스 카스토르프가 당치도 않다는 듯이 말했다.

"왜 내가 가없다는 거야? 그는 인문주의와 정치의 결합에서 생겼다는 문학을 내세우고, 이 위에 살면서 현세의 복지를 조금도 증진시키지 못하고 있잖아? 그런 그가 나를 내려다보면서 불쌍하다고 하다니 말도 안 되지. 이래 봬도 나는 그보다는 빨리 평지로 돌아가게 될 거야."

그런 세템브리니가 갑자기 밝아진 방 안에 서 있는 것이었다. 한스 카스토르프는 팔꿈치를 짚고 문 곁으로 얼굴을 돌렸는데, 상대를 실눈을 뜨고 보다가 그가 세템브리니라는 사실을 알고 얼굴을 붉혔다. 세템브리니는 평소와 마찬가지로 조금 낡은 칼라에 깃이 큰 두꺼운 웃옷을 입고 바둑판 무늬의 바지를 입고 있었다. 저녁 식사를 마치고 돌아오는 터라, 늘 하는 버릇대로 이쑤시개를 입에 물고 있었다. 콧수염이 곱게 올라간 밑으로, 입을 삐죽거리면서 점잖고 냉정한, 그리고 비판적인 미소를 띠고 있었다.

"안녕하십니까, 엔지니어! 어떻게 지내는지 보러 왔습니다. 아무래도 불빛이 필요하다고 생각했기에—내 독단적인 행동을 용서해 주십시오."

세템브리니는 이렇게 말하고 작은 손으로 힘차게 천장의 전등을 가리켰다.

"명상을 하고 있었던 모양이군요. 그다지 방해할 생각은 없습니다. 지금의 당신 처지로서는 생각을 하지 않을 수 없겠지요. 더욱이 이야기 상대로는 사촌이 있으니까 나 같은 사람이 필요 없다는 것은 나도 잘 알고 있습니다. 그렇지만 우리는 좁은 장소에서 이웃하여 살고 있기에 정신적인 관심, 기분상의 관심을 가지고 있습니다…… 당신의 모습을 못 본지 1주일 남짓 되는군요. 나는 아래 레펙토리움*¹에서 당신 자리가 비어 있는 것을 보고, 틀림없이 당신은 고향으로 돌아간 줄로만 알았지요. 그런데 소위님이 그런 내 착각을, 좀 불손하게 들릴지 모르겠습니다만, 내 즐거운 착각을 고쳐 주었습니다…… 그건 그렇고, 어떻게 지내십니까? 기분은 어떻습니까? 그다지 대단한 것은 아니겠지요?"

"아, 당신이군요, 세템브리니 씨. 찾아 주셔서 감사합니다. 하하하, '레펙토리움'이라고요? 금방 재치 있는 말씀을 하시는군요. 그 의자에 앉으십시오. 방해라니요, 천만의 말씀입니다. 나는 그냥 누워서 뭔가 좀 생각하고 있었지요. 생각을 했다면 좀 과장입니다만, 나는 어떻게나 게을러빠졌던지 전등을 켜지도

---

*1 수도원의 식당.

못했습니다. 정말 고맙습니다. 기분은 여느 때와 거의 다를 바 없습니다. 감기는 침대에서 안정을 취한 탓으로 거의 다 나았습니다만, 이것은 일반적인 말로는 두 번째 현상이라는군요. 체온이 역시 아직 정상이 아니어서 37도 5부로 되었다가 37도 7부로 되기도 하는데, 누워 있어도 변함이 없군요."

"시간을 정해 놓고 검온을 하십니까?"

"네, 하루에 여섯 번, 이 위에 사는 당신들과 똑같이 하고 있습니다. 하하하, 실례했습니다. 당신이 우리 식당을 레펙토리움이라고 말씀하신 것이 우스워서요. 수도원에서 식당을 그렇게 부르는 것이 아닙니까? 정말이지 여기도 그런 느낌이 좀 들기는 합니다. 나는 아직 수도원을 방문한 일이 없습니다만, 이런 게 아닌가 하고 생각해 봅니다. 게다가 '계율'도 완전히 잘 외고, 엄격히 지키고 있습니다."

"신앙심이 깊은 수도사처럼 말입니까? 당신의 수업 시대는 끝났습니다. 종교 단체의 가입 선서도 끝마쳤다고 할 수 있겠지요. 진심으로 축하드립니다. 당신이 '우리 식당'이라고 말할 정도로 되었으니 말입니다. 게다가 당신의 남성으로서의 자랑을 상하게 하려는 것은 아닙니다만, 당신은 수도사라기보다는 오히려 젊은 수녀를 생각나게 합니다. 머리를 지금 막 깎은 순교자 같은 큰 눈을 한 수녀, 그리스도의 순결한 신부 말입니다. 나는 전에 가끔 그런 어린양을 보고 그때마다…… 왠지 감상적인 기분을 금할 수가 없었습니다. 아, 그리고 사촌에게 다 들었습니다. 당신은 이곳을 떠날 때가 다 되었을 무렵에 진찰을 받았다고요."

"열이 있어서요. 그렇지만 세템브리니 씨, 이 정도로 감기에 걸리면 평지에 있어도 단골 주치의를 불렀을 겁니다. 하물며 전문 의사가 두 분이나 있는, 말하자면 이 본바닥에서 진찰도 받지 않는다는 것은 우스운 일이 아니겠어요?"

"맞습니다, 맞습니다. 한데 당신은 의사가 말하기 전에 검온을 하신 거군요. 하긴 처음부터 권고를 받으셨습니다만. 체온계는 밀렌동크에게 강매당했겠지요?"

"강매당했다구요? 필요했기 때문에 한 개 산 것뿐입니다."

"딴은 합법적인 거래였군요. 그래, 원장은 당신에게 몇 달을 선고합디까? 그러고 보니 내가 언젠가도 당신에게 이런 말을 물어보았지요. 기억하십니까? 당신이 이곳에 온 바로 뒤였습니다. 그때만 해도 당신은 씩씩하게 대답해 주었습니다만······."

"물론 기억합니다. 세템브리니 씨. 나는 그 뒤 여러 가지로 새로운 체험을 쌓았습니다만, 그때의 일은 아직 어제 일처럼 기억합니다. 그때부터 당신은 아주 재미나는 말씀을 해주셨지요. 베렌스 고문관을 염라대왕으로 말하기도 하고 말입니다······ 라다메스······ 아니, 조금 틀렸군요······."

"라다만토스 말입니까? 내가 그렇게 불렀을지도 모르지요. 가끔 머리에 떠오르는 일을 모두 다 기억하고 있지는 않습니다."

"라다만토스, 그렇습니다. 미노스와 라다만토스, 그리고 카르두치에 대해서도 말씀해 주셨습니다."

"실례합니다만 카르두치에 대해서는 언급하지 맙시다. 지금 이 순간에 당신이 그 이름을 언급한다는 것은 너무나 어울리지 않습니다."

한스 카스토르프가 웃으며 말했다.

"그것도 좋습니다. 그러나 나는 당신을 통해 그 인물에 대해서도 여러 가지로 알 수 있었습니다. 나는 그때는 아무것도 생각하지 않고 당신에게도 3주간의 예정으로 왔다고 말씀드렸습니다. 그렇게만 생각했던 것입니다. 그때는 클레펠트 양에게 기흉으로 이상한 인사를 받았던 터라 기분이 좀 이상할 때였습니다. 그러나 그때부터 이미 열이 있는 것을 느끼고 있었습니다. 말하자면 여기 공기는 병을 고치는 데 좋을 뿐 아니라 병을 걸리게 하는 데에도 알맞아 가끔 병을 폭발시켜 놓습니다. 결국 이것은 병을 고치는 데 필요할 것입니다만."

"속기 쉬운 가설이군요. 베렌스 고문관은 당신에게 독일계의 러시아 부인 이야기를 말하던가요? 작년, 아니 재작년에 여기에 6개월 정도 있었던 부인 말입니다. 아직 말하지 않았던가요? 이야기했어야 하는 건데요. 사랑스러운 부인인데, 태생은 독일계 러시아인으로, 결혼을 해서 아기도 있는 젊은 어머니였습니다. 동방의 나라에서 이곳에 와서 림프선 체질로 빈혈증에 걸려 있었습니다만, 그 밖에도 좀 염려스러운 병이 있었던 모양입니다. 그런데 여기에 와서 1개월이 지나자 기분이 좋지 않다고 호소하기 시작했습니다. 의사는 별 반응을 보이지 않았습니다. 2개월이 지났지만 여전히 나빠지기만 했습니다. 여기에 대해 의사는, 나빠지기만 할 뿐인지 아닌지는 의사만이 판단할 수 있는 것이고, 그녀가 말할 수 있는 것은 기분의 좋고 나쁘고 뿐이니 이것은 중요한 게 아니라고 했습니다. 그녀의 폐는 만족할 만한 상태에 있다는 것입니다. 그래서 그녀는 아무 말도 하지 않고 요양에 열중했습니다만, 매주 체중이 줄어들었습니다. 4개월째에는 진찰 중에 기절까지 했습니다. 아무렇지도 않다, 폐는 만족할 상태에 있다고 베렌스는 말했습니다. 그러나 5개월째에는 걸어다닐 수도 없게 되어 그녀는 동방에 있는 남편에게 편지를 썼고, 베렌스는 남편에게서 편지를 받았습니다. 겉봉에 씩씩한 필치로 '지급', 그리고 '친전(親展)'이라고 써 있었습니다. 나도 이 눈으로 그것을 보았습니다. 그러자 베렌스가 말하기를, '그렇군요. 당신은 여기 기후에는 맞지 않는 것 같습니다.' 하고는 어깨를 으쓱거렸습니다. 그녀는 매우 분노했습니다. 그러면 그렇다고 더 빨리 말해 주었어야 할 게 아니냐고 따졌습니다. 그런 것을 자기는 처음부터 알고 있었다, 덕택에 완전히 몸을 망쳐 버렸다고 말했답니다…… 아마 그녀는 동방의 남편 곁에서 이제 다시 원기를 회복했을 겁니다."

"멋집니다. 당신은 어떻게 그렇게 재미있게 말씀하십니까, 세템브리니 씨. 말씀이 정말 모두가 조형적입니다. 언젠가 말씀해 주신 호수에 들어가 '무한정'을 억지로 받았다는 아가씨의 말씀만 해도 나는 지금도 혼자서 가끔 웃곤 합니다. 정말이지 여러 이야기가 있군요. 모두 다 안다는 것은 바랄 수 없군요. 여하튼 내 경우는 아직 아무것도 모르는 상태입니다. 고문관이 내 몸에 좀 나쁜 데를 발견한 것 같기는 합니다. 내가 모르는 가운데 병을 앓은 일이 있다고 하는 옛날의 환부는 타진할 때 나도 그 소리를 듣기는 했습니다만, 이번에는 어딘지 이 근방에 신선한 환부의 소리가 난다는 것입니다. 하하, 이런 것을 '신선'이라고 하니 이상한데요. 그러나 여태까지는 청각상의 진단뿐이니까, 진짜 진단다운 진단은 내가 앞으로 일어날 수 있게 되어 뢴트겐 투시와 촬영이 끝나야 비로소 할 수 있을 것입니다. 그때 가면 정확한 결과가 드러날 것입니다."

"그렇게 생각하십니까? 뢴트겐의 사진 원판에 가끔 반점이 나타나죠. 그것이 단지 기술상의 반점에 불과한데도 공동이라고 진단되는 일이 있고, 정말로 나쁜 데가 있는데도 원판에는 반점이 전혀 나타나지 않는 일이 있다는 것을 알고 있습니까? 사진의 원판 같은 건 정말 믿을 수가 없습니다. 여기에 젊은 고전 연구가가 있었습니다. 열이 있었지요. 하루는 의사가 그의 진단에 확실하게 공동을 발견했습니다. 타진을 하면 공동의 소리까지 들린다는 것입니다. 그래서 폐병 치료를 받았는데, 그것이 원인이 되어 죽고 말았습니다. 시체 해부 결과, 폐에는 아무런 이상이 없고 죽음의 원인은 뭔가 구균이 원인이었다는 것이 밝혀졌습니다."

"잠깐 기다리십시오, 세템브리니 씨. 지금부터 벌써 시체 해부 이야기입니까? 나는 아직 거기까지는 가 있지 않다고 생각하는데요."

"엔지니어, 당신은 보통이 아니군요."

"그리고 당신은 골수에 젖은 비평가요, 회의론자입니다. 그렇습니다. 정확한 과학까지도 믿지 않으니 말입니다. 당신의 원판에는 반점이 보입니까?"

"네, 조금은 보이지요."

"그렇다면 정말로 건강이 나쁩니까?"

"네, 유감스럽게도 매우 나쁩니다."

세템브리니는 이렇게 말하고 머리를 수그렸다. 말이 잠깐 중단되더니 세템브리니는 가볍게 기침을 했다. 한스 카스토르프는 말이 없는 손님을 편안히 누운 자세로 보고 있었다. 지금 두 가지의 간단한 질문으로 모든 것을, 공화제와 아름다운 문체까지도 반박하고 말을 못하게 만든 것 같았다. 이쪽에서 말을 다시 계속하려는 생각은 조금도 없었다.

얼마 뒤, 세템브리니는 미소를 지으며 얼굴을 들었다.

"인제 말해 주십시오. 엔지니어. 당신의 가족들은 당신의 보고를 어떻게 듣고 계십니까?"

"무슨 보고 말입니까? 내 귀가가 늦어진다는 것 말입니까? 우리 가족이라야 세 사람뿐입니다. 종조부와 그분의 두 아들—두 분의 숙부와 나하고는 사촌 사이입니다. 그 밖에는 가족이 없습니다. 나는 어렸을 때 부모님을 여의었으니까요. 집안사람들이 어떻게 받아들이고 있는가 말씀이지요? 아직 자세한 내용은 보내지 않았습니다. 나도 자세한 것은 모르니까요. 안정 요양을 처음 시작했을 때 심한 감기가 걸려서 그 때문에 못 돌아간다고 써 보냈지만, 너무 오래 끌기 때문에 어제 또 한 통의 편지를 썼지요. 베렌스 고문관이 기관지염 일로 해서 가슴 상태에도 눈을 돌리기 시작했는데, 이 점이 뚜렷해질 때까지는 출발을 연기해야 한다고 하더라는 내용을 보고했습니다. 아마 집에서는 이 점을 아주 냉정하게 이해해 줄 겁니다."

"그러면 당신 직장은요? 취직이 될 단계였다고 하는 실제적인 일을 들은 적이 있는데요."

"네, 수습하는 일이지요. 그 조선소는 일단 그만두기로 했습니다. 그 때문에 조선소가 곤란하게 되지는 않을 테니까요. 수습생 같은 건 몇 년을 안 와도 충분히 해 나갑니다."

"잘하셨습니다. 그럼 그 면에서는 아무 지장이 없다는 거군요. 주로 독일 사람들은 모두 냉정하군요. 그렇지요? 그리고 또 정력적이고요."

"네, 그래요. 정력적이기도 합니다. 그뿐이겠습니까. 지나치게 정력적입니다."

한스 카스토르프는 말했다. 그리고 멀리 멀어진 고향 사람들의 생활 기풍을 생각하고, 이탈리아 친구가 참으로 정확하게 그 특색을 포착했다는 생각이 들어 맞장구를 쳤다.

"냉정하고 정력적이라, 정말 그렇습니다."

"그러면 당신이 이제부터 여기 머무르게 되면 우리도 여기서 당신의 종조부님을 만나 뵐 수 있겠군요. 당신의 상태를 알아보려 문병하러 오실 테니 말입니다."

이에 한스 카스토르프가 외쳤다.

"천만에 말씀입니다! 무슨 일이 있어도 안 올라오십니다. 열 마리의 말이 끌어당겨도 여기에는 안 옵니다…… 종조부님은 심한 고혈압입니다. 그리고 거의 목이 없을 정도로 비만이시지요. 아무튼 종조부님에게는 정상적인 기압이 필요합니다. 여기 올라왔다가는 그야말로 아까 말씀하신 동방에서 온 부인 이상으로 더 심하게 되어 큰일이 날 것입니다."

"거 참 유감인데요. 고혈압이라는 말이군요. 그렇다면 냉정함도 정력도 통용되지 않겠군요. 종조부님은 부자지요? 당신도 그렇지요? 당신 나라 사람들은 모두 부자더군요."

한스 카스토르프는 세템브리니의 문필가다운 요약 방법에 미소를 지었지만, 편안한 자세 그대로 먼 세계—멀리 떨어진 고향 하늘을 생각해 보았다. 그는 생각에 잠겨 제3자로서 공평하게 비판하려고 노력했다. 멀리 떨어져 있는 거리감이 공평하게 판단하는 힘을 얻게 했기에 그는 말했다.

"부자입니다. 그렇습니다. 부자가 아닌 경우도 있습니다만, 부자가 아니면 이거야말로 한결 더 불행합니다. 나 말입니까? 나는 백만 장자는 아닙니다만, 내가 가지고 있는 재산을 확실한 곳에 투자했기에 나는 누구의 신세도 지지 않고 지냅니다. 살아가는 데 불편한 것은 없습니다. 그러나 내 이야기는 그만 둡시다. 당신이 저 아래에서는 부자가 아니면 견딜 수 없느냐고 묻는다면, 나도 당신에게 찬성했을 것입니다. 그렇습니다. 부자가 아닌 경우에는 참으로 비참합니다. '그자? 그자는 아직 돈을 가지고 있는가?' 이렇게 누구나 말합니다. 이와 같은 말로, 비웃는 얼굴로 말하는 것입니다. 나는 가끔 이런 말을 들었습니다만, 이것이 깊은 인상을 주었던 것 같습니다. 자주 들어도 역시 이상하게 느껴졌으니까요. 그렇지 않았다면 마음에 남지 않았을 것입니다. 그래, 당신은 어떻게 생각하십니까? 그렇지요. 요컨대 인문주의자인 당신에게 우리나라가 호감을 주리라고는 생각하지 않습니다. 그쪽 인간인 나에게까지도 지금 생각해 보면 가끔 거칠고 품위가 없게 느껴집니다. 나는 개인적으로는 그쓰라림을 겪지는 못했지만, 오찬에 가장 비싸고 좋은 포도주를 내놓지 못하는 집과는 아무도 교제하려 하지 않고, 그 집 딸은 시집을 가지 못합니다. 그런 사람들입니다. 나는 여기 이렇게 누워서 멀리에서 그것을 생각해 보니 어쩐지 무서운 생각이 드는군요. 아까 뭐라고 그랬던가요? 냉정하고 정력적이라고요? 그렇습니다. 그런데 이것은 무엇을 의미하는 것일까요? 그것은 냉혹하고 무정하다는 말입니다. 그리고 냉혹하고 무정하다는 것은 무엇을 뜻합니까? 그것은 잔인함을 의미합니다. 저 아래에는 잔인한 기풍이 있습니다. 무정한 기풍 말입니다. 여기 이렇게 누워서 그것을 생각해 보니 몸이 오싹해지는군요."

세템브리니는 귀를 기울이고 고개를 끄덕였다. 한스 카스토르프가 비평을 끝내고 입을 다물어 버린 뒤에도 이탈리아인은 계속 고개를 끄덕였다. 그리고 그 다음에 한숨을 쉬고 말했다.

"인생에 따르기 마련인 잔인성이 당신 나라의 사회에서 취하고 있는 특수한 형태를 나는 변호하려고 생각하지 않습니다. 그건 그렇다 치더라도 잔인성이라는 비난이 꽤 감상적인 것이라는 생각에 변함은 없습니다. 당신도 그곳에 살고 있으면 스스로 자기가 우습게 느껴지는 것이 두려워 그런 비난을 입 밖에는 내지 않았을 것입니다. 그런 비난은 모름지기 인생의 무능력자들에게 맡기고 있었을 것입니다. 당신이 지금 잔인성을 비난하는 것은 어떤 소외를 말하고 있는 것인데, 나는 그런 소외가 심해지는 것을 보고 싶지 않습니다. 인생의 잔인성을 비난하는 것에 길들여지면 인생으로부터, 타고난 생활 양식으로부터 탈락해 버리게 됩니다. 엔지니어, '인생으로부터의 탈락'이 무엇인지 알고 계시지요? 나는 그것을 알고 있습니다. 여기서 날마다 그것을 보고 있습니다. 여기에 올라오는 젊은 사람은—여기에 올라오는 사람은 거의 젊은 사람뿐입니다—늦어도 반 년 뒤에는 아양떨기와 체온 말고는 머리에 남는 게 없게 됩니다. 그리고 늦어도 1년 뒤에는 그 밖의 것은 생각할 수 없게 되어, 다른 것은 모두 '잔인', 더 정확하게 말하면 오류, 무지로 느끼게 됩니다. 당신은 실화를 좋아하시는 모양이니 당신의 희망을 들어 줄 수 있을 것 같군요. 여기 11개월 묵고 있어서 나도 잘 알고 지내던, 아내까지 있었던 어떤 환자 이야기를 해 드리지요. 그는 당신보다 나이를 조금 더 먹었을 것입니다. 아니지요. 상당한 연배였어요. 의사는 그를 상당히 좋아졌다고 판단하여, 시험삼아 퇴원시켜 가족들의 품으로 돌려보냈습니다. 그의 경우는 당신처럼 숙부들이 아니라, 어머니와 아내였지요. 그런데 그는 종일 체온계를 입에 물고 누워 있을 뿐, 다른 것에는 전혀 관심이 없었습니다. '당신들은 그걸 몰라요'라는 것입니다. '이것이 어떤 기분인지는 저 위에서 지내 본 사람이 아니면 몰라요. 이 아래에서는 근본 개념이 결핍되어 있으니까요'라는 것입니다. 그래서 드디어 어머니가 '위로 올라가도록 해라. 우리는 어떻게 할 도리가 없구나' 하는 식으로 결단을 내리고 말았습니다. 이리하여 그는 다시 위로 돌아왔습니다. 말하자면 '고향'으로 돌아온 셈이지요. 당신도 아시겠지만 여기서 한번 살아 본 사람은 여기를 '고향'이라고 부르고 있습니다. 그는 젊은 아내를 완전히 소외시켜 버렸습니다. 그녀에게는 '근본 개념'이 결핍되어 있었으니까요. 그래서 그녀는 단념을 했습니다. 그녀는 남편이 '고향'에서 같은 '근본 개념'을 가진 여성을 발견하여 이제 아래에는 내려오지 않을 것이라고 생각했기 때문이지요."

한스 카스토르프는 건성으로 듣고 있었던 것 같았다. 그는 하얀 방의 눈이 부신 빛을 여전히 먼 곳을 바라보는 눈초리로 보고 있었다. 그러다가 한참 만에야 웃으면서 말했다.

"'고향'이라고요? 아까 말씀하신 대로 그건 좀 감상적인데요. 정말이지 당신은 실화를 무척 많이 알고 계십니다. 나는 아까 말한 냉혹함과 잔인함에 대해서로 대화할 것을 계속 생각하고 있었습니다. 나는 요즈음 그것을 곰곰이 생각해 보았습니다. 어떻습니까? 아래 평지에 사는 사람들의 사고 방식, 그리고 '그자는 아직 돈이 있나?'라는 질문, 그때 지어 보이는 얼굴 표정, 그런 것에 대해 조금도 잔인함을 느끼지 않는다는 것은 어지간히 둔한 신경을 가진 사람이 아닐까요? 나는 인문주의자는 아니지만, 그것을 아무렇지 않게 들은 일은 한 번도 없었습니다. 이제 와서 느낍니다만, 나는 그 말을 들을 때마다 왠지 건성으로는 들을 수 없었던 것입니다. 그걸 예사로 들을 수 없었던 때에는 나도 몰랐던 나의 발병(發病) 경향과 관계가 있었는지도 모르겠습니다. 나는 내 귀로 옛날 환부의 타진을 들었고, 베렌스 선생은 신선한 환부를 발견했다고 하니 말입니다. 나로서도 그것은 의외였습니다만, 사실은 그렇게 놀라지도 않았습니다. 나 자신을 바위처럼 단단한 건강체라고 느낀 적은 한 번도 없었습니다. 부모님도 모두 빨리 돌아가셨으니까요. 나는 아주 어릴 때 부모님을 모두 여의었답니다."

세템브리니는 머리와 어깨, 그리고 손을 같이 움직이면서 "그래요? 그리고요?" 묻는 듯한 몸짓을 밝고 우아하게 해 보였다.

한스 카스토르프가 말을 이었다.

"당신은 문필가이고 문학자이시니까 이런 점을 잘 이해해 주실 테고, 또 나 같은 처지의 인간이 그렇게 둔감하지 않다는 것, 그러니까 세상 사람들의 잔인성을 마땅한 것으로 느낄 수 없다는 것도 잘 이해해 주시리라 믿습니다. 뛰어다니고, 웃고, 돈을 벌고, 배불리 먹고 지내는 일반 사람들의…… 아무래도 나는 내 생각을 잘 표현할 수가……."

세템브리니는 점잖게 허리를 구부리며 주석을 덧붙였다.

"당신이 말씀하시고 싶은 것은, 어려서부터 죽음과 여러 번 가깝게 접촉한 사람은 무분별한 세상 사람들의 무정하고 잔혹한 말과 행동, 다시 말해서 야비함에 대해서는 신경질적이 될 수밖에 없다, 예민해지지 않을 수 없다, 이런 말이겠지요?"

"바로 그렇습니다!"

한스 카스토르프는 진심으로 감격하여 외쳤다.

"정말이지 아주 정확하게 말씀해 주셨습니다, 세템브리니 씨. 죽음과의 접촉, 나는 알고 있었습니다. 문학자인 당신 같으면……."

세템브리니는 머리를 옆으로 갸우뚱하고 눈을 감더니 한스 카스토르프 쪽으로 손을 들었는데, 그것은 상대에게 잠자코 자신의 말을 더 들어 달라는 부드러운 부탁이었다.

한스 카스토르프가 말을 하지 않고 이제부터 무슨 말을 들을 것인가 어느 정도 당황하면서 기다리고 있은 뒤에도 그는 몇 초 동안 그 몸짓을 계속하고 있었다. 그러고는 검은 눈*2을 뜨고 말했다.

"들어 주십시오. 엔지니어. 아무쪼록 마음에 새겨 두시기 바랍니다. 죽음에 대해 건강하고 고귀하고, 또—이것은 이미 언급했습니다만—종교적이기도 한 유일한 견해란 죽음을 생(生)의 일부분, 그 부속물, 신성한 조건이라고 생각하고 느끼는 점입니다. 건강, 고귀함, 이성적, 종교적인 것과는 정반대인 관찰 방법, 말하자면 죽음을 정신적으로 어떤 형태로든 생에서 떼어놓고, 생과 대립시키고, 그 뿐만 아니라 생을 천하게 하여 죽음을 높이려는 관찰 방법이 아닙니다. 고대 사람들은 죽은 자의 석관(石棺)을 생(生)과 번식뿐만 아니라 음탕함의 상징으로까지 장식했습니다. 고대의 종교심에게는 신성한 것과 음탕한 것은 가끔 동의어였던 것입니다. 고대 사람들은 죽음을 존경할 줄 알았다고 말할 수 있습니다. 죽음은 생의 요람, 새로움의 모태라는 의미에서 존엄합니다. 생에서 떼어놓은 죽음을 생각하면 죽음은 괴물이요, 그리고 가장 저주스러운 것으로 변합니다. 정신적으로 독립한 힘으로서의 죽음은 아주 방종한 힘으로써 그 마력적인 매력은 아주 큰 것임에 틀림없겠습니다만, 그 힘에 인간 정신이 공명한다는 것은 가장 비참한 잘못이라는 것도 의심할 여지가 없습니다."

이 말과 더불어 세템브리니는 입을 다물었다. 이 일반론으로 입을 다물고는 말을 딱 끊어 버렸다. 그는 진지했다. 흥취를 돋우기 위해 이렇게 말한 것도 아니고, 상대에게 말을 계속하게 한다든지 반박하게 하는 기회를 주지 않고, 끝까지 말하고 나서는 목소리를 낮추어 마침표를 찍어 버렸다. 그러고는 입술을 꼭 물고는 양 손을 무릎 위에 얹고, 바둑판 무늬 바지의 다리를 포개고 허공에 뜬 발을 엄숙한 눈초리로 바라보면서 발을 흔들고 있었다.

한스 카스토르프도 잠자코 있었다. 새털 베개를 뒤로 하고 앉아 얼굴을 벽으로 돌리고, 손가락으로 홑이불 위를 가볍게 두드리고 있었다. 그는 설교를 듣고, 훈계를 받고, 꾸지람까지 당한 것처럼 느껴져, 잠자코 있는 그의 태도는 어린아이처럼 토라져 보였다. 대화는 꽤 오래 중단된 채로 있었다.

---

*2 손풍금쟁이의 눈.

드디어 세템브리니가 다시 얼굴을 들어 미소를 지으며 말했다.

"당신은 기억합니까, 엔지니어? 우리는 언젠가도 이와 비슷한, 아니 같다고 할 수 있는 토론을 한 적이 있었지요. 그때 우리는 산책 중이었다고 생각합니다. 병과 어리석음에 대해 대화했는데 당신은 그 두 가지의 결합을 모순이라고 말했습니다. 그것도 병을 존경하는 관점에서였습니다. 나는 그 존경을, 인간이라는 이념을 더럽히는 음산하고 일시적인 감정이라고 불렀습니다만, 다행히도 당신은 내 항의를 한 번 생각해 보는 것이 싫지 않은 것 같았습니다. 우리는 또 젊은 사람들의 중립성, 정신적인 주저, 선택의 자유, 모든 가능한 입장을 실험해 보려는 성향 등에 대해서도 서로 말을 하고, 이런 실험을 결정적인 최종 선택이라고 생각해서는 안 되며, 또 생각할 필요도 없다는 것에 대해 서로 이야기를 나누었습니다. 그러면 어떻습니까……."

이렇게 말하고 세템브리니는 양쪽 발을 마루 위에 가지런히 하고 두 손을 무릎 사이에 포개고, 머리를 조금 비스듬히 내밀고 미소를 띠면서 의자 위에서 몸을 앞으로 내밀었다. 그는 좀 감동받은 목소리로 말했다.

"이후에도 당신의 연습과 실험에 조금이라도 도움이 되어, 당신이 위험한 입장에 빠져 버릴 염려가 생길 경우에 당신에게 교정적인 영향을 끼칠 수 있는 것을 내게 허락해 주실 수 있겠습니까?"

"물론이지요. 세템브리니 씨."

한스 카스토르프는 어찌할 바를 모르며, 반쯤 반항적인 태도를 서둘러 지워 버리고, 홑이불 위를 두드리는 것을 그만두고 갑자기 상냥하게 손님에게 얼굴을 돌렸다.

"사실 이쪽에서 그렇게 부탁드리고 싶습니다. ……과연 내가 정말로…… 말하자면 나에게 그만한……."

"완전히 무료입니다."

세템브리니는 의자에서 일어나면서 이렇게 말했다.

"어떻게 인색할 수 있겠습니까?"

이에 두 사람은 함께 웃었다. 그때 입구의 이중문 가운데, 처음에는 바깥문이 열리는 소리가 들리더니 곧 안쪽 문도 열렸다. 요아힘이 밤의 모임에서 돌아왔던 것이다. 그는 이탈리아인이 있는 것을 알자 좀 전의 한스 카스토르프처럼 얼굴을 붉혔다. 햇빛에 그을린 그의 검은 얼굴빛은 한결 더 검붉어졌다.

요아힘이 말했다.

"아니, 자네한테 손님이 오셨군. 마침 잘 됐다. 나는 붙들렸었어. 브리지를 한판 했지. 겉으로는 브리지라고 하지만 말이야."

그는 고개를 흔들면서 말했다.

"사실은 전혀 다른 거야. 그래도 5마르크 땄어……."

한스 카스토르프가 말했다.

"자네가 거기에 빠지지만 않으면 가끔 하는 것도 괜찮겠지. 음, 나도 그동안 세템브리니 씨 덕분에 아주 즐겁게 보낼 수 있었어…… 그런데 '즐겁게'라는 말은 딱 들어맞는 말은 아니야. 자네들의 가짜 브리지에는 알맞은 말일지 몰라도, 세템브리니 씨가 시간을 아주 유익하게 메워 주셨거든. 적어도 진지한 사람이라면 여기서 도망쳐 나가도록 전력을 다해야 했어. 자네까지도 가짜 브리지에 손을 대게 된 이곳에서부터 말이야. 그러나 한편으로 나는 세템브리니 씨의 말씀을 더 많이 듣기 위해, 그러니까 여러 가지 참고가 될 이야기를 듣기 위해 좀 더 오랫동안 열이 내려가지 않아서 여기 머무르고 싶어. 결국 나도 '무한정'을 사용하여 속임수를 쓰게 될지도 모르겠는데."

"엔지니어, 아까도 말씀드렸지만 당신도 보통이 아닌데요."

이탈리아인은 이렇게 말하고는 아주 정중하게 인사를 하고 나갔다. 한스 카스토르프는 요아힘과 단둘이 되자 한숨을 쉬고 말했다.

"대단한 교육자야…… 정말 인문 교육자야, 실화와 이론을 교묘하게 섞어서 줄곧 교정적 간섭을 노리고 있으니 말이야. 그와 이야기를 하고 있으면 아무래도 이야기가 고상해지거든. 이런 고상한 이야기를 하거나 생각하게 될 줄은 꿈에도 몰랐어. 만약 그와 아래의 평지에서 만났더라면 나는 도저히 그런 이야기는 이해하지 못했을 거야."

요아힘은 이 시간에는 언제나 한스 카스토르프의 방에 한동안 머물러 있었다. 그 때문에 밤의 안정 요양을 30분 아니면 40분으로 줄였다. 한스 카스토르프의 식탁 위에서 장기를 둘 때도 있었다. 요아힘이 아래에서 한 벌 가지고 왔던 것이다. 그 뒤에 요아힘이 침낭을 가지고 체온계를 입에 문 채로 자기 방 발코니로 돌아가면, 한스 카스토르프도 밤의 장막에 싸인 골짜기 가까운 데에서나, 또는 멀리에서 들려 오는 경음악에 귀를 기울이면서 하루의 마지막 검온을 했다. 10시에 안정 요법이 끝나면 요아힘의 방과 '이류 러시아인 자리'

의 부부 방에서도 안정 요양을 마치는 소리가 들렸다. 그러면 한스 카스토르프도 옆으로 누워서 잠을 청했다.

밤은 낮과 비교가 안 될 만큼 다루기 어려운 하루의 절반이었다. 한스 카스토르프는 체온이 이상해서인지, 한동안 수평 생활을 계속했기 때문에 잠잘 기력이 쇠약해진 탓인지, 가끔 눈을 뜨고 여러 시간 잠을 이루지 못하는 일도 많았다. 그 대신 잠자는 동안은 변화에 찬 아주 생생한 꿈을 꾸었고, 잠을 자지 않고 누워 있는 동안에도 그 꿈을 생각해 낼 수 있었다. 낮은 여러 부분으로 구분되어 있기 때문에 짧게 느꼈지만, 밤은 흘러가는 시간이 어느 것이나 구별 없이 용해되어 짧게 느껴졌다. 그러나 겨우 아침이 가까이 와서 방 안이 서서히 밝아지고 주위의 것이 모습을 나타내기 시작하는 것을 조용히 바라보고, 또한 바깥에서 흐리거나 활짝 갠 새로운 하루가 밝아 오는 것을 보는 것도 재미있었다. 그리고 오늘 일과의 시작을 알리는 마사지 선생의 힘찬 두드림 소리가 들려왔다.

한스 카스토르프는 이번 여행을 떠날 때 달력을 가지고 오지 않았기 때문에 언제나 날짜를 정확하게 알지 못했다. 그래서 사촌에게 가끔 물어보았지만, 사촌도 이런 일에 있어서는 그때마다 자신 있게 대답할 수 없었다. 그러나 일요일의 존재가 어느 정도 길잡이가 되어 주었다. 특히 연주회가 있는 격주 일요일—한스 카스토르프가 오늘 같이 지낸 일요일이 어느 정도 길잡이가 되었다. 이에 따르면, 9월도 꽤 깊어서 벌써 중순이 가까워지고 있었다. 바깥 골짜기에서는 한스 카스토르프가 눕고 난 뒤 그 때까지 계속되었던 음산하고 찬 날씨가 한여름처럼 맑은 날씨로 변하여 여러 날 이어졌다. 그 바람에 요아힘은 매일 아침 사촌의 방에 흰 바지 차림으로 나타났다. 이런 좋은 날씨에 날마다 누워만 있어야 한다는 것은 한스 카스토르프로서는 기분으로나 젊은 근육을 위해서나 참으로 유감스러운 일이었다. 그는 작은 소리로 '치욕'이라고 말한 적도 있지만, 여기서 활발하게 돌아다니는 것이 위험하다는 사실을 경험상 잘 알고 있었기 때문에, 일어나 있어도 누워 있는 현재와 그다지 다를 바 없다고 생각하며 스스로를 달랬다. 더욱이 발코니의 큰 문을 활짝 열어 놓으면 바깥의 따뜻한 햇빛을 조금은 느낄 수도 있었다.

그러나 그에게 주어진 방 안 생활이 끝날 무렵부터 날씨는 다시 급변했다. 하룻밤 사이에 안개가 끼고 기온이 내려갔다. 골짜기는 싸락눈이 섞인 눈보라에 싸이고, 스팀으로 건조해진 공기가 방을 가득 채웠다. 그런 어느 날 아침 한스 카스토르프는, 오늘로 자리에 누운 지 3주일이 된다면서 고문관에게 일어나게 해 달라고 간청했다.

베렌스가 말했다.

"허, 벌써 졸업입니까? 한번 볼까요? 정말이군요. 말씀대로입니다. 벌써 이렇게 되었군요. 그러나 그 뒤 별 변화는 볼 수 없는데요. 뭐라고요? 어제는 평열이었다구요? 그렇지요. 오후 8시의 검온까지는 말입니다. 카스토르프 군, 그러면 나도 멋대가리 없는 것은 이제 그만하도록 하고 당신을 인간 세계로 돌려보내 드리지요. '자, 일어나 가라(《누가복음》 17장 19절).' 물론 규정된 범위와 정도를 넘어서는 안 됩니다. 며칠 뒤에 곧 당신의 뢴트겐 사진을 찍도록 합시다. 미리 기입해 두시오."

그는 방을 나오면서 끝으로 크로코브스키 박사에게 이렇게 지시하고, 굵은 엄지손가락으로 한스 카스토르프를 어깨 너머로 가리키면서, 충혈된 새파란 눈으로 조수의 창백한 얼굴을 쳐다보았다. 이렇게 하여 한스 카스토르프는 '차고'에서 나왔다.

그는 외투의 깃을 세우고 고무 구두를 신고 침대를 떠난 뒤 처음으로 사촌과 함께 개울 옆 벤치까지 왕복했는데, 가는 길에 3주일이 지나갔다는 것을 이쪽에서 말하지 않았더라면 고문관은 도대체 얼마나 더 눕혀 둘 것이었을까를 문제삼지 않을 수 없었다. 여기에 대해 요아힘은 눈을 멍하니 뜨고 입을 절망적으로 '아' 하는 한숨짓는 모양으로 벌리고, '무제한으로 눕혀 두었겠지' 하는 몸짓을 허공에 대고 해 보였다.

아, 보인다

한스 카스토르프가 폰 밀렌동크 수간호사로부터 뢴트겐 검사실로 출두하도록 명령받은 때는 그로부터 1주일이 지난 뒤였다. 사실 그는, 이런 일에 서두르고 싶지 않았다. 베르크호프의 사람들은 무척 바빠서 의사는 물론 직원도 일에 쫓기는 모양이었다. 며칠 사이에 또 새로운 손님들이 왔던 것이다. 더벅머리에 내의를 입지 않고 앞이 막힌 검정 블라우스를 입은 러시아 학생들, 세템브리니의 식탁에 앉게 된 네덜란드인 부부, 그리고 꼽추인 멕시코인이었다. 이 멕시코인은 무서운 천식 발작으로 식탁 사람들을 놀라게 했다. 그는 발작이 일어나면 남녀 구별 없이 긴 손으로 옆자리에 앉은 사람들을 꽉 붙들고 죄어 댔다. 그리고 깜짝 놀라 저항한다든지, 구원을 청하는 사람들을 그 자신의 공포 속으로 몰아넣곤 했다. 겨울철은 10월부터라고 하는데도 식당은 벌써부터 사람들로 가득 찰 만큼 성황을 이루었다. 그리고 한스 카스토르프 정도의 증상과 병의 등급으로는 특별 취급을 요구할 권리가 거의 없었다. 예를 들어 슈퇴어 부인이 아무리 어리석고 교양 없는 부인이라 해도 한스 카스토르프보다 훨씬 중병인 것은 확실했고, 블루멘콜 박사는 더 말할 것도 없었다. 등급이라든지 차별이란 것에 전혀 무감각한 사람이 아니면 한스 카스토르프의 증상으로는 공손하게 가만히 있는 것이 당연했다. 특히 이런 차별 정신이 베르크호프의 가풍이었으니 이것은 더욱 말할 필요가 없었다. 베르크호프에서는 가벼운 증세의 환자는 가벼이 여겨졌고, 한스 카스토르프는 주위 사람들의 말투로 가끔 이것을 느낄 수 있었다. 가벼운 증세의 환자는 여기서 통용되는 기준에 따라 멸시당했는데, 그 증세가 무거운 환자들뿐만 아니라 같은 '가벼운 증세'의 환자들로부터도 그러했다. 물론 '가벼운' 사람들의 이런 태도는 스스로를 멸시한다는 것을 고백하는 것이었지만, 주위의 기준에 따라감으로써 건강한 사람들에 대해서는 자기들의 자랑을 지킬 수 있었다. 인간이란 이런 것이다.

"아, 그 사람 말인가?"

그들은 이렇게 쑥덕거리기 일쑤였다.

"저 사람은 사실 아무 데도 아픈 곳이 없어. 여기에 있을 권리도 없는 거지. 폐에 공동이 하나도 없으니까 말이야……."

이것이 베르크호프의 정신이었고 특수한 의미에서 귀족주의 정신이었다. 적어도 규칙이라든지 제도라는 이름이 붙는 것에는 어떤 것이든 경의를 표하는 한스 카스토르프는, 베르그호프의 이 정신에도 경의를 표했다. 장소가 다르면 풍습도 다르다는 말이 있다. 여행자가 행선지 민족의 풍습이나 기준을 비웃는 것은 자기의 교양 없음을 광고하는 것과 같은 것으로, 어떤 민족에게도 타민족을 뛰어넘는 장점이 있는 법이다. 한스 카스토르프는 요아힘에게도 어떤 존경과 관심을 느꼈지만, 이것은 요아힘이 여기에 자기보다 더 오래 있었고 이 위 세계의 안내자, 지도자였기 때문이기보다는 요아힘이 자기보다 분명히 '중환자'였기 때문이었다. 이 위의 사정이 이러했기 때문에 누구나 자기의 병을 될 수 있는 대로 중하게 보이려고 했고, 그것을 과장도 하여 귀족층에 들어가든지 또는 거기에 가까이 가려는 것은 이상한 일이 아니었다. 한스 카스토르프도 식사 때에 누군가의 질문을 받으면 실제 검온 결과보다 몇 눈금 더 올려 말했고, 모든 사람들에게 보기와는 딴판으로 교활하기 짝이 없다고 놀림을 받으면 득의양양해지는 것이었다. 그러나 조금 올려서 말을 해도 그는 여전히 경시되는 급의 한 사람이었고, 따라서 인내와 체면을 차리는 것이 그에게 어울리는 태도였다.

한스 카스토르프는 처음 3주일과 같은, 요아힘의 이웃에서 완전히 익숙해져 변화 없고 정확하게 맞추어진 생활로 돌아가 있었다. 이리하여 생활은 중단된 일이 없었던 것처럼 첫날부터 순조롭게 진행되었다. 사실 이 중단은 없었던 것과 마찬가지여서 한스 카스토르프는 침대를 떠나 처음으로 식당에서 식사를 했을 때에 이것을 확실히 느꼈다. 생활의 이런 뚜렷한 선의 하나하나에 특별한 의미를 충실하게 두었던 요아힘은 침대를 떠난 사촌의 자리를 두세 송이의 꽃으로 장식하는 것을 잊지 않았다. 식탁의 다른 사람들의 인사는 떠들썩하지 않았다. 3주일만에 얼굴을 맞댄 오늘도, 앞서 세 시간 만나지 않은 뒤의 인사와 본질적으로 다를 게 없었다. 단순하고 호감이 가는 그의 존재에 모두 무관심했기 때문이라든가 누구나 저마다의 문제, 즉 각자의 관심의 대상인 신체에 전념하고 있었기 때문이라기보다는 아무도 3주일의 공백을 의식하지 못했기 때문이었다. 그리고 한스 카스토르프도 여교사와 미스 로빈손 사이에 끼어 맨 끝 자리에 앉아 있으면, 거기에 마지막으로 앉은 것이 기껏해야 어제처럼 느껴졌고 주위의 태도에 순응하는 것이 어렵지도 않았다.

그의 식탁 사람들까지도 그의 칩거 생활이 끝난 것을 떠들어대지 않았으니, 식당의 다른 식탁 사람들이 이것을 떠들어댈 리는 없다. 정말 어느 누구도 그것을 알아차리지 못했다. 세템브리니만은 예외로 그는 식후에 가까이 와서 농담을 섞어 상냥하게 인사를 했다. 물론 한스 카스토르프로서는 이외에도 세템브리니와 같은 예외가 있을 거라고 생각했겠지만, 우리는 그 생각이 맞았는지 그렇지 않은지를 대답할 수가 없다. 다만 클라브디아 쇼샤는 그가 다시 모습을 나타낸 것을 알아차렸을 것이라고 그는 혼자 단정지었다. 그녀는 평소처럼 늦게 들어와서 유리문을 '쾅' 소리를 내며 닫은 뒤에 곧 실눈으로 그를 쳐다보았고, 그도 그 눈을 마주 쳐다보았다. 그녀는 자리에 앉자마자 다시 한 번 어깨 너머로 그를 3주일 전에 그가 진찰을 받으러 갈 때처럼 미소를 지으면서 돌아보았다. 돌아보는 그 모습이 아주 노골적이고 단도직입적이어서, 자신과 거기에 앉아 있는 사람들은 전혀 고려에 넣지 않는 것 같았기 때문에 이를 기뻐해야 할지, 그가 안중에도 없는 증거라고 생각하여 분노해야 할지 알수 없었다. 어느 쪽이든 간에 그녀의 눈초리는 그녀와 그와 친분이 있다는 사실을 냉정하게 부정하는 것이어서 그의 심장은 꽉 조일 정도였다. 더욱이 유리문이 '쾅' 소리를 내는 순간이 다가오면 그의 심장은 이미 아플 정도로 죄어진 상태였다.

한 가지 부인할 것은 '일류 러시아인 자리'의 부인 환자에 대한 한스 카스토르프의 정신적 관계, 즉 그의 감정과 순수한 정신이, 중간 키에다 키르키스인과 같은 눈을 한 그녀에게 품고 있는 관심, 다시 말해서 연정(戀情)—이 말은 '아래' 평지의 말로서, 차라리 '내 마음 세차게 뛰노네' 하는 노래가 여기에서 어느 정도 해당되리라고 생각되겠지만, 그냥 이 말을 쓰기로 한다—은 3주일의 칩거 생활 동안 두드러지게 깊어져 갔다. 그가 아침에 눈을 뜨고 차츰 밝아오는 방을 바라보고 있을 때에도, 저녁에 짙어져 가는 황혼을 바라보고 있을 때에도 그의 눈앞에는 언제나 그녀의 모습이 떠오르는 것이었다—세템브리니가 뜻하지 않게 불을 켜고 방에 들어왔을 때에도 그녀의 모습이 빤히 떠올랐기 때문에, 그는 인문주의자의 모습을 보고 그토록 얼굴을 붉혔던 것이다—.

한스 카스토르프는 세밀하게 구분된 어느 시간에도 그녀의 입술, 광대뼈, 가슴을 파고드는 눈의 빛깔과 모양과 위치, 축 늘어진 등, 머리의 모습, 블라우스 뒤의 파인 데서 보이는 목덜미, 넓은 망사포를 통하여 보이는 팔을 계속 떠올렸고, 이 때문에 그에게는 시간이 쉽게 흘러갔던 것이다. 우리가 이제까지 이에 대해 언급하지 않았던 것은 그의 이런 환상의 도취 속에는 양심의 가책이 섞여 있어서 그것에 대한 동정을 하고 있었기 때문이었다. 그렇다. 이 도취에는 공포와 놀라움이 결합되어 있고, 막연한 무제한의 꿈, 당치도 않는 꿈에까지 뻗어가려는 희망과 기쁨과 불안이 결부되어 있어 이것이 청년의 심장—본래 의미인 육체적 의미에서의 심장—을 심하게 죄었기 때문에 한쪽 손을 심장에, 다른 손을 눈 위에 가리듯이 대고 속삭이는 것이었다.

"아아, 견딜 수 없어."

왜냐하면 그의 머릿속에는 여러 상념의 씨앗이 가득 차 있었기 때문이었다. 이런 상념이 위험할 만큼 감미롭게 그 환상을 에워싸고 있었는데, 그것은 쇼샤 부인의 무분별과 주위에 대한 무관심, 병으로 인한 그녀 신체의 고양과 강조, 의사의 말에 따르면 한스 카스토르프와도 관계가 있다는 병으로 인한 그녀의 육체화 등을 대상으로 한 것이었다. 그는 쇼샤 부인이 돌아보고 미소를 지을 때마다, 두 사람이 사회적인 의미로 전혀 관계가 없다는 사실을 무시하고—마치 그들이 사회적인 존재가 아니고 둘 사이에서는 말을 나눌 필요도 없는 사이인 듯이 행동한—위험하게 자유로운 기분을 음미했다. 그가 깜짝 놀란 것도 그 때문이었다. 언젠가 진찰실에서 요아힘의 벗은 상반신에 당황하여 눈을 돌리고 사촌의 눈을 쳐다보았을 때와 마찬가지 의미에서였다. 그때는 동정과 근심으로 깜짝 놀란 데 반하여, 이번에는 전혀 다른 기분에서였다.

좁은 무대이긴 하지만 기회가 많은 규칙적인 베르크호프의 생활은 다시 단조로운 걸음을 걷기 시작했고, 한스 카스토르프는 몸 속 사진이 촬영되는 날을 기다리면서 선량한 요아힘과 다시 생활을 함께 하여 24시간의 어느 한 시간도 요아힘과 마찬가지로 지냈는데, 이 생활은 한스 카스토르프에게 행복한 것이라고 말할 수 있었다. 병을 앓기는 했지만 요아힘은 군대적인 진지함을 다분히 지닌 이웃이었다. 물론 요아힘의 이 진지함은 스스로도 모르는 사이에 요양 근무로 만족하려고 하고 있었다. 말하자면 요양 근무는 요아힘에게는 평지에서의 의무 수행의 대용물이 되었고 천직으로도 되어버렸다. 한스 카스토르프도 그것을 확실하게 이해하지 못할 바보는 아니었다. 그러나 한스 카스토르프는 이 이웃이 자기의 문화인적인 기질을 견제하고 억제해 주는 영향력을 충분히 느꼈다. 이 이웃의 모범적인 감독이 있었기에 한스 카스토르프는 극단적인 행동과 무분별한 의도를 삼갈 수 있었던 것이리라. 한스 카스토르프는 착실한 사촌이 둥근 갈색 눈과 작은 루비를 낀 손, 너무 쉽게 나오는 웃음, 보기에 풍만한 가슴을 감싸는 오렌지 향수의 냄새와 날마다 얼마나 싸우고 있는가를 확실히 알고 있었고, 그 오렌지 향수 냄새의 영향을 두려워하여 피하고 있는 요아힘의 이성과 착실함에 감명받았다. 이로 인해 자신도 가느다란 눈의 부인에게서 '연필을 빌리는 것'을 망설이는 것이었다. 이 규율이 엄한 이웃이 없었더라면, 이때까지의 모든 경험으로 보아 한스 카스토르프는 '연필을 빌리는' 행동을 저질렀을지도 모른다.

요아힘은 웃기를 좋아하는 마루샤에 대해서 한 번도 이야기를 꺼낸 적이 없었다. 그 때문에 한스 카스토르프도 클라브디아 쇼샤에 대한 이야기를 요아힘에게 할 수가 없었다. 한스 카스토르프는 그것을 보충하려고 식사 때 왼쪽의 여교사와 소곤소곤 이야기를 나누고는, 이 노처녀가 부드러운 부인 환자인 쇼샤 부인에게 정신 없이 열중하는 것을 놀려대면서 노처녀의 얼굴을 붉히게 했다. 그러면서 자기는 옛날 카스토르프 노인의 턱을 위엄 있게 가슴 쪽으로 당기는 방법을 흉내냈다. 그는 또 쇼샤 부인의 집안, 남편, 나이, 용태 같은 개인적인 상황에 대해 새로운 소식을 입수해 달라고 그녀에게 졸랐다. 클라브디아에게 어린아이가 있는지도 그는 알고 싶어했다. 그녀가 대답하기를, 천만의 말씀이다, 어린아이는 하나도 없다, 클라브디아와 같은 부인이 아이를 가져서 어찌할 것인가, 아마 아이를 가지는 것이 금지되어 있을 것이라고 했다. 한스 카스토르프도 이 말에는 수긍하지 않을 수 없었다. 어린아이를 갖기에는 너무 늦었을 것이라고 그는 지나치게 실질적인 억측을 했다. 쇼샤 부인의 옆모습을 보면, 얼굴에 뼈가 좀 많이 드러나 있는데 아마 서른을 넘었을까? 여기에 대해 엥겔하르트 양은 완강하게 항의했다.

"클라브디아가 서른이라고요? 아무리 많아도 스물여덟 정도일 거예요."

그리고 그가 옆모습에 대해서 이야기하자 엥겔하르트 양은 그런 이상한 말은 하지 말라고 청년을 나무랐다. 클라브디아의 옆모습은 특징이 있다면서, 흔히 볼 수 있는 건강하고 평범하며 어리석은 여자의 옆모습과는 달리 가장 부드러운 젊음과 감미로움에 찬 모습이라고 그녀는 주장했다. 그리고 엥겔하르트 양은 청년을 골려 주려고 말을 이었다. 쇼샤 부인에게로 가끔 남성 방문객—시내에 살고 있는 같은 러시아인 방문객—이 오는데, 쇼샤 부인은 그 사람을 오후에 그녀의 방에서 맞아들이고 있다는 것이다.

이 말은 정말 효과가 있었다. 한스 카스토르프는 아무렇지도 않다는 몸짓을 하려 했지만, 그 얼굴은 완전히 일그러졌다. 그가 그녀의 보고를 흘려듣는 것 같은 투로 말한, '아무리'라든가 '설마'라는 말도 부자연스러웠다. 그는 처음에는 같은 나라 사람의 등장을 억지로 문제삼지 않는 것처럼 노력했지만, 그것이 불가능해져서 입술을 떨면서 이야기를 줄곧 남성에게로 돌렸다.

"젊은 사람이냐고요? 들은 바로는 젊고 훌륭한 사람인 것 같은데, 아직 눈으로 보지 않았으니까 뭐라고 말할 수는 없군요."

여교사는 이렇게 말했으며, 병을 앓는 사람이냐는 질문에는 가벼운 환자일 거라고 대답했다.

"그 사람은 아마 '이류 러시아인 자리'의 사람들처럼 속옷을 입지 않는 건 아니겠지요?"

한스 카스토르프가 조롱하듯 묻자, 엥겔하르트 양은 그를 더욱 골려 주려고 '그것은 보증할 수 없다'고 단언했다. 그래서 한스 카스토르프도 이것은 그냥 내버려둘 수 없는 문제라는 것을 시인하고, 쇼샤 부인의 방을 드나드는 사람이 어떤 사람인지 조사해 줄 것을 여교사에게 간청했다. 그녀는 2, 3일 뒤에 여기에 대해, 보고 대신 이것과는 전혀 다른 소식을 듣고 왔다. 그녀는 클라브디아 쇼샤가 초상화의 모델이 되었다는 소식을 듣고 와서, 한스 카스토르프에게 그 사실을 알고 있는지 물었다. 그것은 확실한 정보였기 때문에 믿을 수 있는 말이었다. 쇼샤 부인이 얼마 전부터 이 요양원에 있는 어떤 사람의 모델이 되어 초상화를 그리게 하고 있다. 그 사람은 누구일까? 바로 고문관이다! 베렌스 고문관이 바로 그 사람으로, 그녀는 그래서 거의 날마다 그의 사택에 드나들고 있다는 것이었다.

이 보고는 한스 카스토르프에게 지난번 이야기보다도 더 심한 충격을 주었다. 그러나 그는 일부러 아무렇지 않은 듯 생각하려고 했다. 그럴 테지. 고문관이 유화를 그린다는 것은 널리 알려진 것으로 그렇게 떠들어댈 것은 없다. 금지된 것이 아니고 누구나 해도 괜찮은 일이다. 그러면 고문관이 혼자 사는 집에서 말인가? 폰 밀렌동크 양은 그 장소에 함께하는 것이 아닐까? 그러자 수간호사는 그럴 시간이 없으리라는 것이 여교사의 대답이었다.

"시간이 없는 점에서는 베렌스도 수간호사에 지지 않을 텐데요."

한스 카스토르프는 잘라 말했다. 이것으로 이 문제에 대해서는 최종적인 결론이 내려진 셈이었지만, 그는 여기서 그 이야기를 그치지 않고 더 자세하고 새로운 것을 알려고 질문 공세를 폈다. 초상화의 크기에 대해, 즉 머리 부분만 그리는 것인지, 무릎까지의 그림인지에 대해서, 그리고 모델로 앉아 있는 시간에 대해서도 알고자 했다. 그러나 엥겔하르트 양은 이번에도 자세한 내용은 알 수 없으니 앞으로의 조사 결과를 기대하라고 청년을 위로하는 수밖에 없었다. 이 일로 한스 카스토르프의 체온은 37도 7부로 올랐다. 쇼샤 부인이 몸소 하는 방문은 그녀가 받는 방문보다 더 한층 그의 마음을 괴롭히고 불안하게 했다. 쇼샤 부인의 사생활 그 자체가 그 내용과는 관계 없이 그에게 고뇌와 불안을 주기 시작했는데, 그 내용에 여러 의심스러운 점이 귀에 들어 온 뒤로는 고뇌와 불만도 더 심해 갔다. 쇼샤 부인과 그녀를 찾아오는 같은 나라의 남자 손님의 관계는 의심의 여지가 없다고 생각했지만, 한스 카스토르프는 얼마 전부터 깨끗한 관계라는 것은 허튼 소리라고 생각하기에 이르렀다. 그리고 명랑하게 떠들어대는 독신 남성과 살금살금 걸어가는 눈이 가느다란 젊은 부인과의 관계를 단지 그림을 위한 관계라고 생각하는 것도 어리석다고 느꼈다. 고문관이 모델 선택에 드러낸 취미는 자신의 취미와 너무도 일치했기 때문에 깨끗한 관계라고는 도저히 생각할 수 없었다. 고문관의 창백한 볼과 벌겋게 충혈된 젖은 눈을 떠올려 봐도 그다지 마음의 위로가 되지 않았다.

그 무렵 한스 카스토르프가 자기 눈으로 우연히 발견한 사실도 그의 취미의 정당성을 확인하는 것이 되었다. 그리고 이 또한 그에게 충격을 주었다. 사촌들의 식탁으로부터 왼쪽 식탁의 유리문 가까이에, 잘로몬 부인과 안경을 낀 대식가 소년이 앉는 식탁에 만하임에서 온 환자가 있었다. 한스 카스토르프가 들은 바에 따르면, 그는 나이가 30세 정도로 머리 숱이 적고 충치가 있으며 말을 더듬는 습관이 있었다. 그 환자는 밤의 모임에서 가끔 피아노를, 그것도 거의 '한여름 밤의 꿈'에 나오는 결혼 행진곡을 연주했다. 이 위의 사람들 사이에서는 이상한 일이 아니라고 한스 카스토르프는 들었고 수긍이 가기도 했지만, 그 사나이가 무척 신앙이 독실한 사람이었다는 것이다. 그 환자는 아래 '시내' 교회 예배에 참석하고, 안정 요양 중에도 표지에 성배(聖杯)나 종려 가지를 인쇄한 경건한 책을 읽는다는 것이다. 그런데 어느 날 한스 카스토르프는 이 사나이가 한스 카스토르프가 바라보고 있는 방향과 똑같은 방향에 눈길이 머물고 있음을 발견했다. 쇼샤 부인의 우아한 모습에 눈길을 쏟고, 그것도 머뭇머뭇하며 그리고 야비할 만큼 뻔뻔스럽게 쏟고 있는 것이었다. 한스 카스토르프는 그 사실을 알아차리자 여러 번 그것을 확인하지 않을 수 없었다. 한스 카스토르프는 그가 저녁 식사 뒤 오락실에서 환자들과 어울리면서도, 저쪽 작은 살롱의 소파에 앉아 있는 사랑스러운 쇼샤 부인이 부드러운 머리의 타마라—유머러스한 아가씨는 이런 이름이었다—, 블루멘콜, 납작한 가슴과 굽은 어깨를 한 같은 식탁의 신사들과 이야기하며 앉아 있는 것을 멍하니 바라보는 것을 발견했다. 또 그 사나이가 눈길을 반대로 돌려 사람들을 이리저리 돌아보다가 윗입술을 야비하게 치켜세우고, 다시 어깨 너머로 부인 쪽으로 얼굴을 돌리는 것을 보았다. 또 유리문을 '쾅' 닫으면서 쇼샤 부인이 자기 자리로 미끄러지듯 걸어가면, 그 사나이는 얼굴빛이 변해서 눈을 내리깔다가 다시 눈을 들고는 갈망하듯 그녀를 쳐다보는 것을 보았다. 그리고 이 불쌍한 사나이가 식사 뒤에 출구와 '일류 러시아인 자리'에 서서 쇼샤 부인을 지나가게 해놓고, 바로 가까이에서 그를 거들떠보지도 않는 부인을 슬픔에 찬 눈으로 뚫어지게 바라보는 것도 보았다.

이 발견도 한스 카스토르프에게 적지 않게 충격을 주었다. 물론 이 만하임 출신의 불쌍한 사나이의 눈길은 나이, 인물, 지위의 어느 것에도 한스 카스토르프가 도저히 맞설 수 없는 베렌스 고문관과 클라브디아 쇼샤와의 사적인 교제만큼 그를 불안하게 하지는 않았다. 클라브디아는 이 만하임 출신의 사나이를 거들떠보지도 않았으니 말이다. 만약 쇼샤 부인이 어떤 관심을 나타냈다면 한스 카스토르프의 민감해진 기분이 그것을 놓칠 리 없었을 것이다. 이리하여 그가 이 경우에는 질투가 섞인 역겨운 가시 같은 것이 돋쳐 있지는 않았다. 그러나 자기와 똑같은 도취와 정열에 괴로워하는 타인을 보았을 때 느끼는 기분, 즉 혐오감과 공동체감이 뒤섞인 이상한 기분을 떨칠 수가 없었다. 그러나 이야기를 진행하려면 여기서 세부적인 사항에 이르는 것까지 밝히거나 분석할 수는 없다. 어쨌든 만하임 출신의 사나이를 관찰한 뒤 불쌍한 한스 카스토르프가 경험한 기분은 그의 현재의 상태로 보아 너무 벅찬 것이었다.

이렇게 하여 한스 카스토르프의 뢴트겐 검사까지 1주일이 지나간다. 그는 1주일이 흘렀다는 사실을 모르고 있었는데, 아무튼 어느 날 아침 첫 번째 아침 식사 때 수간호사로부터—수간호사는 이번에도 다래끼가 나 있었는데, 앞서 다래끼와는 다른 것이었기에 그녀의 체질적인 문제로 보아도 괜찮겠다—오후에 검사실로 오라는 명령을 받았다. 그러니 그것은 1주일이 지났음을 말해 주었다. 지정된 시간은 오후의 차 마시는 시간이 시작되기 30분 전이었다. 요아힘과 함께 오라고 했는데, 요아힘도 이 기회에 다시 뢴트겐 사진을 찍게 되어 있었기 때문이다. 이전 것은 너무 오래 되어 미덥지 못했다.

이리하여 두 사람은 오후의 오랜 안정 요양을 오늘은 30분만에 빨리 끝내고, 시계가 그 시각을 알리자 지하실 돌계단을 내려가, 진찰실과 뢴트겐실 가운데에 있는 작은 대기실로 가서 앉았다. 요아힘은 이미 경험한 터라 침착하게 앉아 있었지만, 한스 카스토르프는 자기 몸의 내부를 들여다본 일이 없었기 때문에 좀 흥분하여 가슴이 뛰었다. 대기실에는 다른 환자들도 순서를 기다리고 있었다. 두 사람이 대기실에 들어갔을 때, 벌써 먼저 온 손님들이 찢어진 화보를 무릎 위에 놓고 앉아 있었다. 사촌들은 이 사람들과 함께 기다리게 되었다. 그들 가운데는 식당에서 세템브리니의 식탁에 앉는, 거인처럼 키가 큰 젊은 스웨덴 사람도 있었다. 이 사나이는 4월에 여기에 올라왔을 때에는 상당한 중환자로 입원을 거절당했다는데, 이제는 체중이 80파운드나 늘어 얼마 안 있으면 완쾌되어 퇴원할 수 있다고 했다. 이 밖에 '이류 러시아인 자리'의 부인이 한 사람 있었다. 몸집이 빈약한 부인인데, 그녀의 아들인 사샤라는 사내아이는 더 빈약한 모습이어서 코가 길고 얼굴이 미웠다. 이 세 사람이 사촌들보다 먼저 온 손님들이었다. 그들이 호출 명령을 받은 순서가 사촌들보다 빨랐을 텐데, 옆방 뢴트겐실의 일이 늦어지고 있는 것 같았다. 그래서 아무래도 따끈한 차는 마실 수 없을 것 같았다.

검사실은 분주했고, 고문관이 지시하는 소리가 들렸다. 검사실의 문이 열린 것은 3시 반 정도였다. 이 지하실에서 일하는 전문 조수가 문을 열자, 스웨덴 거인이 검사실로 들어가는 행운을 가졌다. 그의 바로 앞 환자는 다른 출구로 나가버린 것 같았다. 그 다음부터는 일이 잘 진전되어 간다. 10분 뒤에는 완쾌한 스웨덴인, 이곳과 요양원의 움직이는 광고라고 할 수 있는 사나이가 억센 발걸음으로 복도를 나가는 소리가 들렸다. 그러자 러시아인 어머니와 사샤의 이름이 불렸다. 스웨덴인이 들어갔을 때와 마찬가지로 이번에도 한스 카스토르프는 뢴트겐 검사실 속에 인공적인 엷은 조명이 퍼져 있는 것을 보았다. 이 엷은 조명은 반대쪽의 크로코브스키 박사의 분석실에 퍼져 있는 것과 똑같았다. 검사실 창문은 모두 닫혀져 햇빛이 차단되어 있었고, 작은 전등이 두세 개 켜져 있었다. 사샤와 어머니가 이름을 불려 한스 카스로르프가 이 두 사람을 보고 있을 때, 복도 문이 열리더니 사촌들 다음으로 이름을 불린 환자가 아직 순서도 되지 않았는데 대기실로 들어왔다. 쇼샤 부인이었다.

뜻하지 않게 작은 대기실로 들어온 것은 클라브디아 쇼샤였다. 한스 카스토르프는 그 사실을 알고 눈을 크게 떴다. 그 순간 얼굴에서 핏기가 싹 가시고 아래턱이 늘어졌다. 이 때문에 입이 열려지려는 것을 느꼈다. 클라브디아의 등장은 자연스럽고도 갑자기 이루어져서 그녀는 불쑥 사촌들과 함께 좁은 장소에서 마주 앉게 되었다. 요아힘은 한스 카스토르프의 얼굴을 힐끗 쳐다보고는 곧 눈을 내리깔고, 테이블에 놓은 화보를 다시 집어 들어 얼굴을 가렸다. 한스 카스토르프는 사촌과 같은 행동을 할 수 있는 결단력이 없었다. 그래서 그의 얼굴은 창백해졌다가 빨개졌으며, 심장은 몹시 뛰었다.

쇼샤 부인은 검사실로 들어가는 문 옆의 의자—팔걸이가 앙상하게 달려 있는 작은 원형 안락 의자에 앉아서, 몸을 뒤로 기대고 양다리를 가볍게 포갠 채 허공을 쳐다보고 있었다. 프리비슬라프와 똑같은 눈은 두 사람이 보고 있다는 것을 의식하고 정면에서 신경질적으로 방향을 바꾸었으므로 조금 사시가 되었다. 흰 스웨터에 푸른 치마를 입고, 도서관에서 빌린 듯한 책을 무릎 위에 놓고 구두 뒤꿈치로 가볍게 마루를 치고 있었다.

그녀는 1분 남짓 지나자 자세를 바꾸어 주위를 돌아보고는, 어떻게 하면 좋을지 어느 쪽에 말을 걸어 볼까 하는 난처한 얼굴로 일어나서 말을 시작했다. 그녀는 뭔가를 물었는데, 아무것도 하지 않고 앉아 있는 한스 카스토르프에게가 아니라 화보를 열심히 읽고 있는 듯한 요아힘에게 물었다. 그녀는 그 입술로 말을 만들었고, 그 말은 흰 목을 통해 소리를 냈다. 깊지는 않지만 날카롭고 기분 좋은 목소리로, 한스 카스토르프가 오래전부터 알고 있는 목소리로 언젠가 바로 귓전에서 "좋아, 그러나 시간이 끝나면 꼭 돌려줘야 해" 하던 그 목소리였다. 그때는 더 유창하고 또렷하게 말했었는데, 오늘은 다소 더듬거리는 서툰 말씨였다. 지금 이야기하고 있는 부인에게는 본디 이 말을 사용할 권리가 없고, 단지 그것을 빌리고 있을 따름이었기 때문이다. 한스 카스토르프는 전에도 그녀가 독일어로 말하는 것을 듣고 그때마다 우월감 같은 것을 느낌과 동시에 황홀경에 빠지기도 했다. 쇼샤 부인은 한 손을 스웨터 주머니에 넣고, 다른 한 손으로는 뒤쪽의 머리칼을 누르면서 물었다.

"실례지만 당신들은 몇 시에 호출을 받으셨나요?"

요아힘은 사촌의 얼굴을 힐끔 쳐다보고는, 앉은 채로 구두 뒤꿈치를 끌면서 대답했다.

"3시 반입니다."

그녀는 계속 말했다.

"나는 3시 45분이에요. 도대체 어떻게 된 것일까요? 이제 곧 4시가 되는데요. 아직도 누군가가 들어가 있나 보죠? 그렇지요?"

요아힘이 대답했다.

"그렇습니다. 두 사람이 우리 앞에 불렸답니다. 일이 늦어지나 봅니다. 전체로 30분쯤 늦어진 것 같습니다."

"아이, 불쾌한데요."

그녀는 이렇게 말하고 신경질적으로 머리를 만졌다.

요아힘도 맞장구를 쳤다.

"정말입니다. 우리도 30분쯤 기다리고 있습니다."

두 사람이 이렇게 대화하는 것을 한스 카스토르프는 꿈결처럼 들었다. 요아힘이 쇼샤 부인과 말하는 것은 한스 카스토르프 자신이 그녀와 이야기하는 것과 거의 마찬가지였다. 물론 전혀 다른 것이기는 했지만, 요아힘의 "정말입니다"는 한스 카스토르프의 마음에 들지 않았다. 현재의 상황으로 생각할 때 "정말입니다"는 뻔뻔스럽고 냉정한 대답으로 느껴졌다. 그러나 요아힘으로서는 그렇게 대답할 수밖에 없는 입장이었다. 요아힘은 그녀와 당당히 말할 수 있는 처지에 있었고, 지금처럼 의기양양하게 "정말입니다" 하는 말도 아마 사촌에게 과시하는 것이리라. 한스 카스토르프도 여기에 얼마만큼 묵을 작정인가 하는 질문을 받았을 때 "3주일"이라고 대답하여 요아힘과 세템브리니에게 뽐낸 것과 마찬가지였다. 쇼샤 부인은 요아힘이 화보로 얼굴을 감추고 있는데도 특히 요아힘을 택하여 말을 걸었다. 물론 그것은 요아힘이 한스 카스토르프보다 이 위에 오래 있었고, 그녀와 전부터 서로 얼굴을 알고 있었기 때문이었다. 그러나 그뿐만은 아니다. 요아힘과 그녀와의 사이에서는 문명 사회의 교제, 말로 인한 교제가 알맞으며 야성적, 심연적, 공포적이고 신비적인 요소가 두 사람 사이에 숨겨져 있기 때문인지도 모른다. 루비 반지를 끼고 오렌지 향수 냄새를 내뿜는 갈색 눈의 여성이 사촌들과 함께 대기실에서 기다린다면, 두 사람을 대표하여 "정말입니다"라고 말하는 것은 그 여성과 자유롭고 결백한 관계인 한스 카스토르프가 할 일이었으리라.

"정말입니다. 불쾌하기 짝이 없습니다, 부인."

자기 같으면 이렇게 말하고, 윗주머니에서 곧 손수건을 꺼내 코를 풀기라도 했을 것이다.

"조금만 참으십시오. 우리도 당신과 같은 상태니까 말입니다."

요아힘은 사촌의 거리낌없는 태도에 놀랄 테지만, 그녀와 말할 수 있다는 사실만으로 진심으로 사촌과 입장을 바꾸려고 생각하지 않았을 것이다. 그렇다. 한스 카스토르프로서는 쇼샤 부인이 자기가 아니라 요아힘과 이야기를 나누었다고 해서 그를 원망하지는 않았다. 그녀가 요아힘을 택해 말을 건 것은 그녀도 현재의 상황을 고려했기 때문이며, 이로 말미암아 그녀도 현재의 상황을 의식하고 있음을 고백한 것이다. 여기까지 생각하자 그의 심장은 요란하게 뛰었다.

쇼샤 부인은 요아힘에게 냉정한 취급을 받은 뒤에—한스 카스토르프는 같은 병을 앓는 부인에 대한 선량한 요아힘의 이 냉정한 태도에 가벼운 적대 감정을 느껴 기분이 격동하는 가운데서도, 미소를 짓지 않을 수 없었다—대기실 안을 좀 걸어 볼까 했지만, 그럴 만한 공간이 아니었기 때문에, 화보를 테이블 위에서 집어 들고 형태뿐인 팔걸이가 달린 의자로 돌아갔다. 한스 카스토르프는 할아버지의 턱을 당기는 자세를 흉내내면서 우스울 만큼 할아버지와 똑같은 자세로 앉아 쇼샤 부인을 쳐다보았다. 쇼샤 부인은 이번에도 양다리를 포개고 있어서, 푸른 모직 치마에는 무릎 선뿐 아니라 다리 전체의 날씬한 선이 드러나 보였다. 그녀는 중키로 한스 카스토르프의 취향에 꼭 맞는 알맞은 신장이었으며 키에 비해 다리가 길고 허리도 굵지 않았다. 그녀는 의자에 기대지 않고 몸을 구부리고 앉아 팔장낀 양팔을 포갠 다리의 허벅지 위에 얹고, 등을 굽혀 양쪽 어깨를 앞으로 떨어뜨리듯 했기 때문에 목덜미뿐 아니라 등뼈까지 몸에 딱 붙은 스웨터 밑에서 가슴이 보일 정도였다. 마루샤의 가슴처럼 불룩하게 풍만하지는 않았지만, 소녀 같은 작은 가슴이 눌리고 있었다. 갑자기 한스 카스토르프는 클라브디아도 뢴트겐으로 투시를 받기 위해 대기실에 앉아 기다리고 있다는 사실을 깨닫게 되었다. 고문관은 그녀의 모습을 캔버스에 재현하고 있는데, 이번에는 그녀의 몸 안을 드러내는 광선을 엷은 조명 속에서 그녀에게 비추려고 하는 것이다. 한스 카스토르프는 그것을 생각하자 그 상상에 대해 진지하고 신중한 태도를 취함이 좋겠다고 생각하여, 근엄하게 찡그린 얼굴로 눈을 돌렸다.

대기실에서 세 사람이 마주하는 시간은 오래 계속되지 않았다. 이웃 검사실에서는 사샤와 어머니에게 너무 시간이 걸리지 않게 하여, 늦어진 시간을 만회하려는 기척이 있었다. 흰 작업복을 입은 조수가 다시 문을 열자 요아힘이 일어나면서 화보를 책상 위에 올려 놓았다. 한스 카스토르프도 사촌의 뒤를 따라 문 쪽으로 갔으나 그는 속으로 망설였다. 왜냐하면 부인보다 먼저 가지 않으려는 기사적인 양보심을 느꼈을 뿐만 아니라 짐짓 문명 사회의 교제법에 따라 쇼샤 부인에게 말을 걸어 순서를 양보하려는 생각이 들었기 때문이었다. 될 수 있으면 프랑스어로 말을 걸려고 생각하고, 머릿속에서 프랑스어의 단어와 문장 구조를 떠올려보았다. 그러나 이런 예의범절이 여기서 존중되고 있는지 어쩐지, 그렇지 않고 일단 정해진 순서는 기사도보다 더 존중되어야 하는지 그로서는 알 수 없었다. 요아힘은 그것을 알고 있겠지만, 한스 카스토르프의 간절한 눈길에도 아랑곳없이, 눈앞의 부인에게 순서를 양보할 기색을 전혀 보이지 않았다. 그래서 한스 카스토르프도 사촌의 뒤를 따라 쇼샤 부인 앞을 지나 검사실로 들어갔다. 쇼샤 부인은 몸을 굽힌 자세 그대로 눈을 힐끔 쳐들었을 뿐이었다.

한스 카스토르프는 아까부터 10분 동안의 모험에 빠져 있었기 때문에 뢴트겐실에 들어가서도 기분을 곧 되돌릴 수가 없었다. 인공적인 엷은 조명 속에 들어선 그의 눈에는 아무것도, 아니 대강밖에 보이지 않았다. 쇼샤 부인의 "도대체 어떻게 된 거예요?…… 지금도 사람들이 들어왔는데…… 아이 불쾌해요……"라는 경쾌한 음성이 귓전에 남아 감미로운 자극제가 되어 그의 등줄기를 타고 내렸다. 그녀의 무릎 선이 모직 치마 아래 훤히 드러난 것을 보았고, 땋은 머리에서 풀어져 나온 불그스름한 금발의 짧은 머리칼 아래 목덜미도 보았다. 다시 전율이 등줄기를 스쳤다. 베렌스 고문관이 방 안으로 들어온 두 사람에게 등을 돌리고, 책장인지 서가인지에서 튀어나온 물체 앞에 서서 팔을 뻗어 검은 사진판을 천장의 컴컴한 전등 빛에 비춰 보는 모습이 보였다. 사촌들은 그 옆을 지나 방 안 깊숙이 들어갔는데, 뒤에서 조수가 두 사람을 검사할 준비를 하기 위해 둘을 앞질러 갔다. 방 안에서는 이상한 냄새가 났다. 김이 빠진 오존 같은 냄새로 가득 차 있었다. 방의 돌출부가 검은 헝겊으로 덮인 창 사이에 튀어나와서 방을 두 부분으로 나누고 있었다. 물리 기계가 보이고 오목 렌즈, 배전반, 수직으로 서 있는 측정기, 작은 바퀴가 달린 대 위에 있는 카메라 같은 상자가 보이고, 벽에는 유리의 투명한 양화(陽畵)가 열을 지어 꽂혀 있었다. 사진사의 아틀리에 아니면 암실에 있는 것 같은 기분이 들었고, 과학자의 마법실에 있는 것 같기도 했다.

요아힘은 곧 상반신만 벗기 시작했다. 볼이 붉고 작달막한 키에 흰 작업복을 입고 있는 이 지방 출신 조수가 한스 카스토르프에게도 사촌처럼 행동하라고 지시했다. 곧 그의 차례가 될 것이니 옷을 벗으라는 말이었다. 한스 카스토르프가 조끼를 벗고 있는 동안 베렌스 고문관이 그때까지 서 있던 좁은 곳에서 넓은 곳으로 나왔다.

베렌스가 말했다.

"어서 오시오. 우리 쌍둥이 양반 카스토르와 폴리데우케스*3······ 아무쪼록 비명을 지르지 않도록, 아시겠습니까? 잠깐만 기다리십시오. 두 사람 다 즉시 투시해 보여 드릴 테니까요. 우리에게 내부를 들여다보게 하는 게 무섭지요? 카스토르프 군, 걱정할 것 없습니다. 아주 미학적으로 처리되니 말입니다. 보십시오, 우리의 이 사설 화랑을 구경하신 적이 있습니까?"

그러더니 그는 한스 카스토르프의 팔을 붙들고 컴컴한 유리판이 열을 지어 있는 벽 앞에 세우고 유리판 위의 불을 켰다. 유리판이 밝아지더니 그림이 나타났다. 한스 카스토르프는 인간의 팔다리를, 손을, 발을, 무릎뼈를, 윗허벅지를, 아랫다리를, 팔을, 골반을 보았다. 그러나 인체의 이들 부분의 모습은 안개처럼 윤곽이 희미해서, 정밀하고 또렷하게 나타난 골격을 안개처럼 푸르스름한 빛으로 흐릿하게 싸고 있었다.

그걸 보던 한스 카스토르프가 말했다.

"정말 흥미로운데요."

"물론이지요. 젊은 사람들에게는 유익한 실물 교육입니다. 빛에 의한 해부, 근대 과학의 승리이지요. 이것은 부인의 팔입니다. 이 사랑스러운 느낌으로도 알 수 있을 것입니다. 그녀는 누군가 사랑하게 된다면 이 팔로 껴안겠지요."

고문관은 이렇게 말하고 웃었는데, 윗입술이 짧게 깎은 수염과 함께 한쪽으로 들렸다. 사진들은 곧 사라졌다. 한스 카스토르프는 요아힘의 내부 사진을 찍는 준비가 된 장소로 눈길을 돌렸다.

뢴트겐 촬영은 돌출부를 사이에 두고, 아까 베렌스 고문관이 서 있던 쪽과 반대편에서 행해졌다. 요아힘은 구둣방에서 쓰는 걸상 같은 데에 앉아서, 앞에 드리워진 판에 가슴을 대고 그 판을 양팔로 안았다. 조수가 요아힘의 자세를 고쳐주면서 어깨를 더 앞으로 나오게 하고 등을 쓸어 내렸다. 그러고는 카

---

*3 주신 제우스와 레다 사이에 생긴 쌍둥이의 이름.

메라 뒤로 가서 사진사처럼 몸을 구부리고 양다리를 벌리더니, 비치는 모양을 조절하고 이만하면 됐다는 얼굴 표정을 했다. 그러고는 옆으로 비켜 요아힘에게 깊이 숨을 들이마시게 하고 다 끝날 때까지 숨을 내쉬지 말라고 주의를 주었다. 요아힘의 둥근 등이 펴지고 그대로 움직이지 않게 되었다. 그 순간 조수는 배전반에 필요한 조작을 했고, 물질을 투시하는 데 필요한 거대한 에너지가 2초쯤 활동했다. 몇천 볼트 아니면 몇만 볼트의 전력이라고 한스 카스토르프는 들은 적이 있는 것 같았다. 전기가 이제 한 선으로 이어졌다고 생각하는 순간 옆으로 빗나가, 마치 총을 쏘는 듯 '탕' 소리가 나면서 방전했다. 계량기 있는 곳이 '팡' 소리를 내며 푸른빛을 내자 전광(電光)이 소리를 내면서 벽을 따라 지나갔다. 어딘가에 붉은빛이 눈동자처럼 조용히 위협하듯 실내를 들여다보았고, 요아힘의 등 뒤에 있는 병이 초록빛으로 가득 차게 되었다. 이윽고 모든 것이 조용해지고 빛의 현상은 사라졌다. 요아힘은 겨우 숨을 내쉬었다. 이제 끝난 것이다.

"다음 사람."

베렌스는 이렇게 말하고는 한스 카스토르프를 팔꿈치로 찔렀다.

"피곤하다고 달아나려고 해서는 안 됩니다. 견본을 한 장 드리지요, 카스토르프 군. 그렇게 되면 당신은 아들이나 손자에게도 당신 가슴의 비밀을 벽에 비쳐 보일 수 있습니다."

요아힘이 걸상에서 일어나자 기사는 건판을 갈아 넣었다. 베렌스 고문관은 신참자에게 직접 어떻게 앉고, 어떻게 자세를 해야 하는지를 가르쳐 주었다.

"판을 껴안아요. 이것을 다른 것이라고 상상해도 좋습니다. 그리고 황홀한 듯이 가슴을 딱 붙이십시오. 옳지, 됐어요. 숨을 빨아들이고, 절대로 내뿜으면 안 돼요."

그는 이렇게 명령한 뒤, 조수에게 신호를 보냈다.

"그럼!"

한스 카스토르프는 가슴 가득히 숨을 들이마시고는 눈을 끔벅이면서 기다렸다. 뒤에서 다시 방전이 시작되면서 '탁탁' 소리가 나더니 조용해졌다. 대물(對物) 렌즈는 한스 카스토르프의 내부를 들여다보았던 것이다.

한스 카스토르프는 광선이 뚫고 지나간 것을 조금도 느끼지 못했지만, 내부를 보인 일에 기분이 혼란스럽고 멍해진 채 걸상에서 내려왔다.

"잘했습니다. 이번에는 우리 눈으로 들여다봅시다."

고문관이 말하자, 모든 것을 잘 알고 있는 요아힘은 벌써 다음 장소로 옮겨가 출구 가까이에 있는 대 옆에서 복잡한 구조의 기계를 뒤로 하고 섰다. 그 기계의 키만큼 높은 곳에 절반 가량 물이 든 증류기가 붙어 있고, 앞가슴 높이에는 틀에 넣은 형광판이 도르래에서 내려져 있었다. 요아힘의 왼편 배전반과 계량기 사이에는 빨간 전구가 튀어 나와 있었다. 고문관이 활차에서 내려져 있는 형광판을 앞으로 하고 걸상에 걸터앉아 붉은 전구를 켰다. 천장의 불이 꺼지고 루비색의 빛만이 그 위를 비추었다. 이윽고 전문의가 그 빛마저 간단하게 꺼 버리자 깊은 어둠이 환자들을 감쌌다.

"먼저 눈을 익혀야 합니다."

고문관의 말이 어둠 속에서 들려 왔다.

"이제부터 보려고 하는 것을 보기 위해서는 처음에 눈동자를 크게 떠야 합니다. 당신도 아시겠지만 낮의 보통 눈으로 간단하게 볼 수 있는 그런 게 아니니까 말입니다. 밝은 낮과 낮의 화려한 여러 현상을 먼저 머릿속에서 깨끗하게 지워야 합니다."

"그렇겠군요."

고문관의 어깨 뒤에 서 있던 한스 카스토르프는 아주 캄캄하여 눈을 뜨나 감으나 마찬가지였기 때문에 차라리 눈을 감아 버렸다.

"이런 것을 보기 위해서는 말하자면 눈을 암흑으로 씻을 필요가 있겠군요. 이건 당연합니다. 처음에는 무언의 기도를 드리는 식으로 정신을 좀 가다듬는 게 좋겠다고 생각합니다. 그게 옳지 않겠습니까? 나는 여기에 서서 눈을 감고 있습니다. 졸음이 오는 듯한 아주 좋은 기분입니다. 그런데 이 냄새는 무슨 냄새입니까?"

한스 카스토르프의 질문에 고문관이 말했다.

"산소이지요. 공중에 떠 있는 것은 산소입니다. 실내 뇌전(雷電)의 대기적인 산물이지요. 자, 눈을 뜨십시오. 이제부터 마술이 시작됩니다."

그 말에 한스 카스토르프는 얼른 눈을 떴다.

스위치를 바꾸는 소리가 들렸다. 모터가 움직이기 시작하자 무서운 소리가 허공을 향해 으르렁대기 시작했다. 그러나 다음 조작으로 일정한 속도로 조절되었다. 마루가 규칙적으로 진동했다. 붉은 빛이 가느다랗고 수직으로 조용히 위협하는 듯이 이쪽을 바라보고 있었다. 어디서인지 전광이 '탁탁' 소리를 냈다. 그리고 어둠 속에서 형광판의 창백한 사각형이 서서히 밝아 가는 유리창처럼 우유 빛깔로 떠올랐다. 고문관이 그 판 앞에서 구둣방에서 쓰는 듯한 걸상에 두 다리를 벌리고 앉아, 넓적다리 위에 두 주먹을 짚고 인간 유기체의 내부를 보이는 판에 사자코를 바짝 붙이다시피 했다.

"보입니까?"

고문관이 물었다.

한스 카스토르프는 고문관의 어깨 너머로 몸을 구부리다가 다시 얼굴을 들고, 전날 진찰 때처럼 부드럽고 슬픈 빛을 띤 것 같은 생각이 드는 요아힘의 눈 주위의 어둠을 향해 물었다.

"봐도 괜찮은가?"

"그럼, 괜찮고말고."

요아힘이 어둠 속에서 상냥하게 말했다.

한스 카스토르프는 대지가 진동하고, 활동하는 에너지가 '탁탁' 소리를 내면서 으르렁대는 속에서 앞으로 몸을 굽혔다. 그리고 청백색의 유리창을 들여다보았을 때 요아힘 침셴의 해골이 보였다. 가슴뼈가 척추와 겹쳐져서 하나의 연골같이 검은 기둥으로 보였다. 앞쪽의 갈빗대는 이것보다 더 희미하게 보이는 등뼈와 교차해 보였고, 윗부분에는 쇄골이 양쪽으로 활 모양으로 갈라져, 부드럽고 몽롱하게 보이는 살 부분에 덮여 요아힘의 어깨뼈와 위팔뼈 끝부분이 선명하게 나타났다. 가슴 안은 밝고 투명하게 보였지만 그 안에 혈관과 거무스름한 반점과 검어진 파문이 보였다.

고문관이 설명했다.

"선명한 상입니다. 단정하고 여윈 몸, 군인다운 몸입니다. 나는 여기서 굉장한 배불뚝이의 배를 본 일이 있었는데, 광선이 침투되지 않아 거의 아무것도 식별할 수 없었습니다. 그런 지방층을 꿰뚫는 광선은 앞으로 발명되기를 기다려야 합니다. 그런데 이 청년의 몸은 아주 훌륭하고 바람직합니다. 횡격막이 보입니까?"

그는 이렇게 말하고 유리창 속에 오르내리는 거무스름한 활 모양을 가리켜 보였다.

"이 왼편의 돌출부 융기가 보입니까? 이것은 15세 때 앓은 늑막염의 흔적입니다. 깊이 숨을 들이쉬십시오."

그는 이렇게 요아힘에게 호령했다.

"더 깊이, 더 깊이!"

그러자 요아힘의 횡격막은 떨면서 훨씬 위에까지 올라가 폐장의 상부가 밝게 되는 것이었다. 그러나 고문관은 만족하지 않았다.

"충분하지 못합니다. 폐문 림프선이 보입니까? 이 유착 부분이 보입니까? 이 공동이 보입니까? 그를 취하게 하는 독소는 여기에서 만들어지는 것입니다."

그러나 한스 카스토르프의 주의력은 중앙의 굵은 기둥의 뒷부분, 그것도 주로 오른편으로 향해 거무스름하게 보이는 주머니 같은 것, 흉한 동물과 같은 그것에 빼앗기고 있었다. 그것은 떠다니는 해파리처럼 규칙적으로 늘었다 줄었다 하고 있었다.

"심장이 보입니까?"

고문관은 큰 손을 다시 허벅지에서 떼고, 맥박치면서 드리워진 물체를 집게 손가락으로 가리켰다. 한스 카스토르프가 보고 있었던 것은 틀림없이 심장이었다. 명예를 존중하는 요아힘의 심장이었다.

"자네 심장을 보고 있어."

한스 카스토르프는 짜내는 듯한 목소리로 말했다.

"그래."

요아힘은 이번에도 대답했는데, 느낌으로 어둠 속에서 조용히 웃는 것 같았다. 고문관은 두 사람에게 감상적인 이야기는 하지 말고 입을 다물고 있으라고 주의를 주었다. 고문관이 가슴 안의 반점, 선, 검은 무늬를 조사하는 동안, 한스 카스토르프도 요아힘의 해골, 즉 드러나 보이는 뼈와 바늘처럼 가느다란 죽음의 모습을 쉬지 않고 보고 있었다. 경건한 기분과 공포의 기분이 마음을 어지럽혔다.

"보이고말고요. 잘 보입니다!"

한스 카스토르프는 여러 번 감동어린 목소리로 외쳤다. 그는 티나펠 쪽의 친척인, 오래전에 죽은 부인에 대해서 들은 적이 있었다. 그 부인은 어떤 불행한 능력을 짊어지고 있어서 그 능력을 겸허한 기분으로 계속 받아들였다. 그 능력이라는 것은, 죽음을 앞둔 사람이 그녀의 눈에는 해골로 보이는 것이었다.

그런데 오늘의 한스 카스토르프에게도 선량한 요아힘이 그런 식으로 보였다. 물론 그의 경우는 물리적이고 광학적인 과학의 도움과 설비에 따른 것이니 그다지 문제삼을 것도 없었지만, 그래도 그는 투시력을 가졌던 그 부인의 운명에 따라다니던 비애를 알 것만 같았다. 그는 지금 본 것보다도 자기가 그런 것을 보았다는 사실에 감동을 받아 그런 것을 보는 것이 이상스럽게 생각되는 것인가, '탁탁' 소리를 내면서 진동하는 어둠 속에서 그런 것을 보는 게 허락되어도 좋은 것인지에 대한 의구심 때문에 마음이 꺼려짐을 느꼈다. 그의 마음속에서는 강렬한 쾌감과 경건한 감정이 엇갈리고 있었다.

그러나 몇 분 뒤에는 한스 카스토르프 자신이 광선을 받는 몸이 되고, 요아힘은 다시 얌전한 몸으로 돌아가 옷을 입었다. 고문관은 다시 우윳빛 판에서 이번에는 한스 카스토르프의 내부를 들여다보았다. 고문관의 중얼대는 듯한 말, 띄엄띄엄하는 잔소리와 말투로 추측할 때, 형광판에 나타난 결과는 그의 기대와 맞아떨어지는 것 같았다. 고문관은 조사를 끝내자 환자의 간절한 바람을 들어 주어 환자에게 자신의 손을 형광판으로 보게 해 주었다. 한스 카스토르프는 보기를 각오해야만 했던 것, 그러나 정말은 인간이 보는 것을 허락받지 않은 것, 자신도 그것을 보는 일이 있으리라고는 꿈에도 생각하지 않았던 것, 즉 그 자신의 무덤의 모습을 보았다. 죽은 뒤의 분해 작용을 빛의 힘으로 살아 있을 때 보아 버린 것이다. 현재 알고 있는 육체가 분해되어 소멸하고 안개처럼 몽롱하게 사라지고, 그 안개 속에 오른손의 정밀한 골격이 약 손가락 밑 마디의 관절에 할아버지의 유물인 문장이 달린 반지를 검고 흐릿하게 부각시켜 놓고 있었다. 인체를 장식하기 위해 만들어진 이 세상의 비정한 물건 중의 하나인 반지는 육체가 분해하면 자유로워지고 다시 다른 육체로 옮겨가 한동안 그 육체를 장식하는 것이다. 한스 카스토르프는 티나펠 일가의 먼 옛날에 죽은 부인처럼 투시하고 예견할 수 있는 눈으로, 자신의 육체의 늘 보는 부분을 보았다. 태어나 처음으로 그는 자기가 언젠가는 죽는 날이 있음을 이해했다. 그리고 그는 음악을 들을 때 언제든지 하는 얼굴 표정, 정말 얼빠지고 졸린 듯하고 경건한 얼굴로, 입을 반쯤 벌리고 머리를 갸우뚱거리고 있었다. 고문관은 말했다.

"무섭지요? 어떻습니까? 좀 이상한 데가 있는 것은 부정할 수 없지요."

그리고 고문관은 기기를 정지시켰다. 마루가 잠잠해졌고 빛의 현상은 사라지고 마법의 유리창은 다시 어둠 속에 잠겼다. 천장의 불이 켜졌다. 한스 카스토르프가 서둘러 옷을 입는 사이, 베렌스는 보통 사람도 이해할 수 있게 지금 본 결과에 대해 두 청년에게 몇 가지 설명을 해 주었다. 특히 한스 카스토르프에 대한 뢴트겐 투시 결과는 과학의 이름에 부끄럽지 않게 청진의 결과와 일치했다. 예전 환부와 새로운 환부를 볼 수 있었고 '매듭이 있는 줄'이 기관지에서 폐장의 꽤 깊은 곳까지 들어가 있었다. 아까도 말했지만 그 줄은 얼마 안 있어 투명한 양화를 보일 터이니 한스 카스토르프는 그 양화로 그것을 직접 보게 될 것이다. 그러면 안정과 인내와 규율을 지키고, 검온을 잘하고, 식사하고, 안정 요양을 게을리하지 않고 대기하고, 이제부터 가서 차를 마시도록 하라고 고문관은 말하고 두 사람에게 등을 돌렸다. 사촌들은 검사실을 나왔다. 한스 카스토르프는 요아힘의 뒤를 따라가면서 출구에서 뒤를 돌아보았다. 쇼샤 부인이 기사에게 불려 검사실로 들어가고 있었다.

자유

카스토르프에게는 도대체 어떻게 느껴졌던 것일까? 이 위의 사람들이 사는 곳에서 의심할 여지 없이 확실하게 지낸 7주일이 그에게는 7일간과 마찬가지로 느껴졌을까? 그렇지 않으면 그 반대로 이 위에 정말로 머물렀던 것보다 훨씬 더 오래 있었던 것처럼 느껴졌을까? 그는 이것을 머릿속으로 생각해 보기도 하고 요아힘에게 물어 보기도 했지만, 어느 쪽으로도 결정을 내리지 못했다. 말하자면 둘 가운데 어느 쪽이라고도 할 수 있었다. 이 위에서 지낸 시간은 돌이켜 생각해 보면 부자연스러울 만큼 짧게도 느껴졌고 길게도 느껴졌지만 실제 시간만큼은 아무리 해도 느낄 수가 없었다. 이런 것을 말하는 것도, 시간이라는 것이 주로 자연 현상으로서 실제의 길고 짧음이라는 것을 말해도 괜찮으리라 가정한 뒤의 일이다.

어쨌든 10월도 눈앞에 다가와서 내일에라도 올 것만 같았다. 그것을 헤아리는 것은 한스 카스토르프에게도 쉬운 일이었고, 같은 환자들의 말을 들어 보아도 알 수 있었다.

"앞으로 닷새 지나면 또 초하루야. 알아?"

그는 헤르미네 클레펠트 양이 함께 어울리는 두 젊은 남자들, 학생인 라스무센, 갠저라는 입술이 두꺼운 젊은 사람에게 말하는 것을 들었다.

이 세 사람은 점심 식사 뒤, 음식 냄새가 아직 남아 있는 식당에서 식탁 앞에 선 채로 안정 요양을 하러 돌아가지 않고 떠들고 있었다.

"10월 초하루예요. 사무국 달력을 보고 왔어요. 이것으로 이 놀이터의 10월을 두 번 맞이하게 되었어요. 할 수 없지요. 여름은 끝났어요. 그것도 여름이라고 할 수 있다면 말이에요. 우리는 여름에 속아넘어갔어요. 크게 말한다면 일생을 속아 넘어 간 것과 마찬가지지요."

그러고는 헤르미네 클레펠트 양은 머리를 흔들며, 무지스런 빛을 띤 눈을 천장으로 올리고 한쪽 폐로 한숨을 쉬었다.

"기운을 내요, 라스무센."

그녀는 이렇게 말하고 동료의 처진 어깨를 두들겼다.

"재미나는 이야기라도 해요."

"별로 아는 것이 없어."

라스무센은 이렇게 대답하고 두 손을 지느러미처럼 가슴에 드리웠다.

"내가 가지고 있는 것은 잘 나오지 않는데다가 나는 늘 피곤하기 짝이 없어."

그러자 갠저가 입 속으로 중얼거렸다.

"개도 안 할 거야. 이런 식으로만 살아간다는 건 말이야."

그리고 세 사람은 어깨를 움츠리고 웃었다.

세템브리니도 이쑤시개를 입에 물고 그 옆에 서 있었는데, 식당에서 나오면서 한스 카스토르프에게 말했다.

"그들이 말하는 것을 있는 그대로 받아들여서는 안됩니다, 엔지니어. 그들이 뭐라고 투덜대더라도 액면 그대로 받아들이지 마십시오. 모두 여기서 아주 편안하게 지내는 주제에 예외 없이 투덜대는 겁니다. 게으른 생활을 하면서도 주위의 동정을 구한다든지, 빈정거림과 독설, 침묵할 권리가 있다고 생각하고 있습니다. '이 놀이터'라고 했지요? 바로 그렇습니다. 나는 여기를 놀이터라고 봅니다. 그것도 아주 얕보는 의미에서 말입니다. '속아 넘어간다'고 저 아가씨가 말했습니다. '이 놀이터에서 일생을 속아 넘어갔다'고요. 그러나 저 아가씨를 시험삼아 평지로 돌려보내 봅시다. 평지에서의 생활은 이 위로 하루 빨리 돌아오고 싶다고 할 수밖에 없는 생활일 것입니다. 그렇습니다. 빈정대는 것 말입니다. 당신은 여기서 유행하는 빈정거림에 대해 경계해야 합니다. 엔지니어, 무릇 빈정거림이라는 이 정신적 태도에 경계하십시오. 빈정거림이 수사법의 솔직한 고전적인 수단이 아닌 이상, 또 건전한 감성을 현혹하지 않는 빈정거림이 아닌 이상, 그것은 방종으로 변하여 문명의 장애, 침체와 반정신(反精神), 악덕과 불결의 장난이 됩니다. 우리를 둘러싸는 이 분위기는 이런 진흙의 식물을 번성하게 하는 데 적절한 것입니다. 내가 말씀드리는 게 당신에게 이해가 잘 되었으면 합니다만, 그것이 잘 될 것인지 걱정이 되기도 합니다.”

정말이지 이탈리아인의 말은 7주일 전에 평지에서 들었다면 한스 카스토르프에게는 횡설수설이었을 테지만, 이 위에 7주일이나 있었기 때문에 그의 정신은 이 말의 의미를 이해할 수 있었다. 그것도 아직 머리로 이해되었다는 것뿐이지 더 중요한 이해, 즉 기분으로 이해하는 지경에는 아직 이르지 못했다. 한스 카스토르프는 세템브리니가 두 사람 사이에 어색한 일이 있었음에도 그치지 않고, 이렇게 말을 해 주어 가르치고 경고하여 영향을 끼치려고 하는 것을 내심 기쁘게 느끼지 않을 수 없었다. 청년의 이해력도, 이제는 스스로 이탈리아인의 말을 비판하고 여기에 적어도 어느 정도 찬성을 보류하기에 이르렀던 것이다.

그는 생각했다.

‘이것 보라지. 빈정거림에 대해서도 음악에 대해서와 마찬가지 말을 하는군. 빈정거림을 정치적으로 의심스럽다고 말하지 않을 뿐이다. 빈정거림이 솔직한 고전적인 수사법의 수단이 되어 버리지 않는 순간부터 그것이 귀찮다고 말하지 않을 뿐이야. 그러나 한시라도 현혹시키는 일이 없는 빈정거림이란 도대체 어떤 것이란 말인가. 나에게 한 마디 하라고 한다면 나는 이렇게 이야기하고 싶다. 이런 빈정거림은 무미건조하고 현학적인 빈정거림일 뿐이야. 그렇게 은혜를 받으면서도 그 은혜를 모르고 그것을 헐뜯으려고 하다니!’

그러나 이런 반항적인 기분을 말로 표현하는 것은 아무래도 지나치다고 생각했다. 그는 세템브리니가 헤르미네 클레펠트를 비평한 데 대해서만 이의를 제창하기로 했다.

한스 카스토르프가 말했다.

“그러나 그 아가씨는 병을 앓고 있습니다. 그녀는 정말 중환자입니다. 절망적이 될 충분한 이유가 있습니다. 도대체 저런 아가씨에게 무엇을 하라는 것입니까?”

"병과 절망은 방종의 한 형태에 지나지 않습니다."

한스 카스토르프는 다시 생각했다.

'그렇다면 레오파르디는 어떠한가? 과학과 진보에도 공공연히 실망했다고 하는 레오파르디 말이야. 그리고 당신 자신은? 당신 자신도 병을 앓아 이곳으로 여러 번 다시 돌아왔으니 카르두치가 기뻐할 만한 제자라고 말할 수 없지 않은가?'

이렇게 생각하고 한스 카스토르프는 소리 내어 이렇게 말했다.

"당신은 좋은 사람이 아닙니까? 그런데도 그 아가씨가 언제 죽을지 모르는데, 당신은 그것을 방종이라고 부르고 있습니다. 이것은 더 자세한 설명을 필요로 합니다. 병은 종종 방종의 결과라고 말씀하시는데요……."

세템브리니가 말을 가로챘다.

"아주 명백합니다. 그러면 내가 그것을 어떻게 말씀드려야 이의가 없겠습니까?"

"혹은 병이 이따금 방종의 구실에 이용된다고 말씀하셨다면 나도 이해할 수 있을 겁니다."

"과분한 말씀입니다."

"그러나 병이 방종의 한 형태라고 하셨지요? 다시 말해 방종했던 결과로서가 아니라 방종과 같은 것이라고요? 이것이야말로 역설입니다."

"아, 엔지니어, 제발 오해하지 말아 주십시오. 역설은 빈정거림보다도 더 미워해야 할 것입니다. 역설은 정적주의(靜寂主義)의 독이 든 꽃, 퇴폐한 정신의 광채, 모든 방종에서 가장 큰 것입니다. 그건 그렇고, 당신은 또다시 병을 옹호하는 게 분명합니다."

"아닙니다. 당신이 하신 말에 흥미를 느끼고 있습니다. 크로코브스키 박사가 월요일에 들려 준 것을 여러 가지로 생각하게 합니다. 그 사람도 유기체의 병을 두 번째 현상이라고 말하고 있습니다."

"그다지 순수한 이상주의자는 아니더군요."

"그분의 어떤 점이 마음에 들지 않습니까?"

"지금 말씀드린 점 말입니다."

"당신은 정신 분석을 부정하십니까?"

"그렇다고만 할 수는 없습니다. 절대적으로 반대이기도 하고 대찬성이기도 하여 양쪽 다입니다, 엔지니어."

"그건 어떤 의미에서입니까?"

"정신 분석은 계몽과 문명의 수단으로서는 훌륭합니다. 완고한 미신을 깨뜨리고 자연적인 편견을 해소하고 권위를 뒤엎는 경우에는 훌륭합니다. 다시 말해서 해방시키고 순화하고 인간화하고 노예가 자유를 얻도록 하기 위해 노력하는 경우에는 말입니다. 그러나 정신 분석이 행동을 방해하고 생명 형성 능력이 결여되어 있어, 오히려 생명의 근원을 손상하는 경우에는 무서워할 악입니다. 분석은 매우 불쾌한 것입니다. 분석은 역시 죽음을 모태로 하는 것이어서 죽음과 마찬가지로 불쾌한 것이 될 수 있습니다. 무덤과 그 추악한 해부와 비슷한 것이 될 수 있습니다."

'정말 사자처럼 으르렁대는구나.'

한스 카스토르프는, 세템브리니가 교훈조의 말을 들려 줄 때처럼 이번에도 그렇게 생각하지 않을 수 없었다. 그러나 입 밖으로는 이렇게만 말했다.

"빛에 의한 해부는 우리도 얼마 전에 지하실에서 실험해 보았습니다. 베렌스는 우리를 뢴트겐으로 투시했을 때 그것을 광선에 의한 해부라고 불렀습니다."

"그래요, 당신은 그 단계에까지 벌써 이르렀습니까? 그래요?"

"나는 내 손의 해골을 보았습니다. 세템브리니 씨도 자신의 해골을 보셨습니까?"

"아니오, 나는 내 해골 같은 것에는 조금도 흥미가 없습니다. 그래서 의사의 진단은요?"

"줄이 보인다는 것이었습니다. 매듭이 있는 줄 말입니다."

"악마의 종놈 같으니라구."

"당신은 언젠가도 베렌스 고문관을 그렇게 불렀지요. 그건 무슨 뜻입니까?"

"꼭 들어맞는 별명이라고 믿어도 좋습니다."

"아닙니다. 그건 좀 심합니다, 세템브리니 씨. 나도 그 사람에게 결점이 있다는 것은 시인합니다. 그 사람이 말하는 투를 한참 듣고 있으면 불쾌하게 느껴지니까요. 가끔 부자연스러운 것을 느낍니다. 특히 이 위에서 부인을 잃었다는 큰 불행을 겪은 사람이라는 것을 생각하면 더욱 그렇습니다. 그러나 아무튼 존경할 만한 훌륭한 인물, 고통받는 인류의 은인입니다. 나는 요전 날에도 늦곧 절개 수술을 끝마치고 나오는 그를 만났습니다. 죽느냐 사느냐의 수술을 끝마치고 말입니다. 그 사람이 그토록 어렵고 이로운 일을 끝마치고 나오는 것을 보고 나는 깊은 감명을 받았습니다. 그 사람은 아직 흥분이 가시지 않은 얼굴로 담배를 피워 물고 있었는데, 아마 일을 끝낸 상으로 피운 것이었겠지요. 나는 정말 그 사람이 부럽더군요."

"그건 좋은 말씀입니다. 그런데 당신에게 내린 형량은?"

"언제까지라고 확실한 날짜는 말하지 않았습니다."

"그것도 나쁘지 않군요. 자, 그러면 이제 가서 자도록 합시다, 엔지니어. 저마다의 자리로 돌아가도록 합시다."

이렇게 해서 두 사람은 34호실 앞에서 헤어졌다.

"이제부터 옥상에 올라가시는 거죠, 세템브리니 씨? 혼자서 안정 요양을 하는 것보다 옥상에서 다른 사람과 함께하는 것도 즐거울 겁니다. 모두 함께 서로 말을 주고 받습니까? 안정 요양을 함께 하는 사람들은 재미있는 사람들입니까?"

"모두가 파르티아인*4과 스키타이인뿐입니다."

"러시아 사람 말입니까?"

"그렇습니다. 러시아 부인을 포함해서 말입니다."

세템브리니는 이렇게 말하고는 입 가장자리를 팽팽하게 했다.

"자, 그럼 또 만납시다, 엔지니어."

그것은 분명히 속뜻이 있는 말이었다. 한스 카스토르프는 멍한 기분으로 방으로 들어갔다. 세템브리니는 한스 카스토르프의 현재 상태를 아는 것일까? 아마 그는 교육자다운 관찰로 한스 카스토르프의 눈길이 가는 곳을 추적했으리라. 한스 카스토르프는 이탈리아인에게 분노를 느꼈고, 또 섣불리 쓸데없는 것을 물어 본 자신에게 화가 났다. 그는 안정 요양에 갖고 갈 펜과 종이를 찾으면서도—이제는 주저하고 있을 수가 없어 고향에 세 번째 편지를 써야 했다—여전히 화가 났다. 자기는 거리에서 아가씨에게 추파를 던지는 주제에 자기와 아무 관계도 없는 남의 일에까지 참견하는 이 허풍선이 궤변가에게 그는 투덜거렸다. 이제는 편지를 볼 기분조차 사라져 버렸다. 손풍금쟁이

---

*4 고대 페르시아(오늘날의 이란 북동부) 지역에서 살았던 유목민.

가 아까 비꼬는 말로 자기 기분을 완전히 망쳐 버렸던 것이다.

그러나 기분이 깨지든 말든 겨울 옷 없이는 지낼 수가 없었다. 돈, 속옷, 구두도 필요했다. 요컨대 한여름의 3주일뿐만 아니라 어쨌든 겨울의 일부도, 아니, 이 위 세계의 시간 관념으로 볼 때 겨울 전체에 걸쳐 머물지 모르는 아직 확실하지 않은 기간, 처음부터 알고 있었으면 준비하고 왔음에 틀림없는 모든 것이 필요했다. 만일을 위해서라도 집에 알려 두어야 했다. 이번에야말로 아래에 있는 사람들에게 모든 것을 있는 그대로 다 알려야만 했다. 그들에게 계속 속이고 있을 수는 없었다…….

한스 카스토르프는 이런 생각으로 편지를 썼다. 요아힘이 여러 번 하는 것을 본 방법에 따라 침대 의자에 누워 두 무릎을 세운 위에 여행용 손가방을 얹고 만년필로 썼다. 책상 서랍에 들어 있는 요양원 편지지를 사용하여 두 숙부 가운데서 더 친한 야메스 티나펠에게 쓰고, 영사인 종조부에게도 말해 달라고 부탁했다. 뜻하지 않은 난처한 사건에 대해 쓰고, 그것이 사실이 되어 걱정스럽다는 점과, 겨울 동안 잠시나 아니면 겨울 내내 이 위에서 지내야 한다는 의사의 진단에 대해서 썼다. 자기와 같은 증세는 더 활발하게 발병하는 증세보다 더 무서운 것으로 이맘 때 완전히 치료하여 예방하는 것이 중요하며, 이렇게 볼 때 우연히 이곳에 올라와 진찰받게 된 것은 다행이었다는 것, 그렇지 않으면 상태가 어떤 것인지 아직도 전혀 모르고 있어서 나중에 어쩔 수 없는 지경이 되었을 것이라는 것, 요양에 예상되는 기한에 대해서 말한다면 아마 겨울도 여기서 지내게 될 것이며, 사촌보다 더 빨리 평지에 돌아가지 못하게 될지라도 놀라지 말라고 썼다. 이 위에서의 시간 관념은 보통 온천 여행이나 휴양 여행에 예정되는 시간 관념과는 달리 1개월이 최소의 시간 단위여서 1개월은 전혀 문제도 되지 않는다고 덧붙였다.

날씨가 매우 추웠다. 그래서 한스 카스토르프는 외투를 입고 담요를 둘러쓴 채 빨갛게 언 손으로 편지를 썼다. 그는 그럴듯한 이론, 정연한 말로 채워진 편지지에서 가끔 눈을 들어 이제는 완전히 익숙해져 거의 보지 않게 된 풍경, 길게 뻗은 골짜기를 바라보기도 했다. 골짜기 입구에 있는 산들은 햇빛에 화창하게 빛났고, 거친 숲과 목장이 있는 비탈에서는 암소의 방울 소리가 들려 한스 카스토르프는 차츰 붓끝이 가벼워져 이 편지를 쓰는 것을 왜 두려워했는지 이해할 수가 없었다. 글을 써감에 따라 이 문장 내용보다 더 좋은 것이라고 생각되는 설명은 생각할 수 없게 느껴져, 집에서도 완전히 이해해 줄 것임에 틀림없다고 생각했다. 그와 같은 계급과 환경에 처해 있는 사람이라면, 이것이 현명하다는 것이 확실해지면 어느 정도 사치를 하여 자기를 위해 준비되어 있는 문화적 시설을 이용하는 것이 보통이었다. 마땅히 그래야만 했다. 그가 집으로 이대로 돌아가면 사람들은 그에게서 사정을 듣고 그를 여기로 되돌려 보냈을 것이다. 그는 필요한 것을 보내 달라고 하고는, 필요한 돈은 정기적으로 송금해 달라고 마지막으로 부탁했다. 그리고 1개월에 800마르크가 있으면 충분하다고 끝을 맺었다.

그는 서명을 하고는 이것으로 일을 끝냈다. 집에 보내는 이 세 번째 편지 내용은 충분하여 한동안은 안심해도 좋았다. 그것도 아래의 시간 개념이 아닌 이 위에서의 시간 개념에 따른 '한동안'이었다. 이 편지는 한스 카스토르프의 '자유'를 보증해 주었다. 이 '자유'라는 말은 그가 쓴 말이었다. 확실하게 머릿속에서 그 말이 자리잡은 것은 아니지만, 이 위에서 머물게 된 뒤로 느낄 수 있게 된 그 말의 가장 넓은 의미로 사용했던 것이다. 세템브리니가 그 말에 포함시킬 의미와는 거의 관계가 없는 의미를 포함하여 사용했다. 그리고 전부터 경험이 있는 공포와 흥분의 파도가 몰려와 한숨을 쉬자 가슴이 떨렸다.

편지를 쓰느라고 머리에 피가 올라와 볼이 붉게 되었다. 그는 전등이 놓여 있는 테이블에서 체온계를 꺼내 이 기회를 놓치지 않고 검온했다. 수은은 37도 8부로 올라가 있었다.

'이것 보라지.'

한스 카스토르프는 이렇게 생각하고는 얼른 추신을 덧붙였다.

"이 편지를 쓰느라고 피곤했던 모양입니다. 체온이 37도 8부로 올라갔습니다. 한동안은 절대 안정을 계속해야 할 모양입니다. 편지를 자주 못 드리더라도 용서해 주십시오." 그러고는 조용히 누워, 형광판 뒤에 내밀던 때처럼 손바닥을 밖으로 향해 하늘에 쳐들어 보았다. 그러나 일광은 손의 생태를 바꾸지 못하고, 그 밝은 빛으로 손 근육이 보통보다 더 어둡고 불투명하게 되었으며, 가장 바깥 부분만이 불그레하니 투명해 보였다. 그것은 언제나 보고 씻고 사용하는 살아 있는 손으로, 형광판 속에서 본 알지 못하는 골격은 아니었다. 그때 들여다본 해부된 무덤은 다시 닫혀 있었다.

수은주의 변덕

새로운 달이 늘 시작할 때처럼 10월도 시작되었다. 그 자체로는 아주 근엄하고 정숙한 시작이었다. 기호가 있는 것도 아니고 표시도 없이 슬그머니 들어와, 시간의 변천에 눈을 부릅뜨고 주의하지 않는 사람들은 보고도 놓쳐 버리기 쉬운 그런 것이다. 시간에는 사실 새긴 눈금이 없다. 새로운 해나 달이 시작할 때도 천둥 소리나 나팔 소리가 울리는 것이 아니다. 새로운 세기가 시작할 때도 총을 쏜다든지 종을 울린다든지 하는 것은 우리 인간뿐이다.

한스 카스토르프가 맞이한 10월 초하루도 9월의 마지막 날과 조금도 다를 바 없이 똑같이 춥고 음산한 하루였지만, 이어진 며칠도 같은 나날이었다. 안정 요양에는 밤뿐만 아니라 낮에도 겨울 외투와 두 장의 낙타 담요가 필요했다. 볼은 까칠까칠하고 화끈거렸지만 책을 든 손은 축축하고 뻣뻣했다. 요아힘은 털가죽 침낭을 끄집어 내고 싶은 유혹을 느꼈지만 일찍부터 추위를 타면 안 된다고 생각하여 단념했다.

그러나 며칠 뒤에는—월초와 월 중간의 사이였는데—모든 것이 달라져, 느지막하나 여름이 놀랍게도 눈부시게 찾아왔다. 한스 카스로르프는 전부터 이곳의 달을 찬미하는 이야기를 듣고 있었지만, 정말 그렇구나 하고 느꼈다. 2주일 반 가량 사이에 맑게 갠 하늘이 산과 골짜기 위에 퍼지더니 날이 갈수록 청명해져 갔다. 구름 한 점 없는 하늘에서 햇빛이 비쳤고, 누구나 벗어 버린 가벼운 하복 모슬린의 웃옷과 리넨 바지를 다시 꺼내지 않으면 안 되었다. 또 구멍을 여러 개 뚫은 나뭇조각으로 침대 의자와 팔걸이에 달도록 되어 있고 돛배로 만든, 손잡이가 없는 큰 양산도 이 한낮 태양의 직사광선에는 크게 도움이 되지 않았다.

"새삼스레 이런 좋은 날씨를 만나게 되어 다행이야. 여러 번 고약한 나날이 있었으니, 마치 겨울이 끝나 이제부터 좋은 계절이 시작하는 것 같은데."

한스 카스토르프는 사촌에게 말했다.

사실 그랬다. 가을을 알리는 것이 좀 있기는 했지만, 그것도 그다지 눈에 띄지 않는 것이었다. 아래 '시내'에서 겨우 엷은 빛을 유지하고 있는, 나뭇잎들이 오래전에 떨어져 버린 두세 그루의 단풍나무를 빼놓으면, 주위 풍경에 계절감을 주는 활엽수는 없었다. 가을같이 벌거숭이의 모습을 보이는 것은 부드러운 침엽을 넓은 잎사귀처럼 떨어뜨리는, 암수가 한 나무에 접해져 있는 오리나무뿐이었다. 그 밖에 이 주변의 나무들은 높이 올라가거나 낮게 웅크린 것도 모두 상록의 침엽수뿐으로, 1년 중 어떤 계절에도 눈보라치는, 한계가 뚜렷하지 않는 이 위의 겨울을 이길 수 있는 것들뿐이었다. 여름과 같이 뜨겁게 내리쬐는 태양을 모르는지, 깊어 가는 가을을 알리는 것은 숲을 여러 층으로 짙거나 엷게 물들이고 있는 적갈색의 색조뿐이었다. 그러나 주의하여 보면 들꽃들도 계절을 알려 주고 있었다. 한스 카스토르프가 이 위에 왔을 무렵 비탈을 장식하고 있었던 난초와 비슷한 손바닥 난초 관목 모양을 한 매발톱꽃은 이미 보이지 않고, 패랭이꽃도 자취를 감추었으며, 용담이나 줄기가 짧은 콜키쿰만은 아직 남아서 표면이 덥게 느껴지는 대기 어딘가에 냉기가 흐르고 있음을 설명해 주었다. 그런데 이 냉기는 피부를 거의 태울 만큼 그을려서 안정 요양을 하는 청년의 뼛속에까지 스며들어, 오한이 열병 환자를 습격하듯 갑자기 느끼게 하는 일이 있었다.

그런데 한스 카스로르프는 시간을 중요하게 생각하는 사람처럼 시간의 경과에 주의한다든지 시간을 작은 단위로 구분하여 세고, 하나하나의 단위를 연결해서 정리하는 그런 수고를 게을리했다. 그는 10월이 찾아온 사실조차 생각하지 못했고, 다만 10월의 감촉이라고나 할까, 내부와 밑바닥에서 상쾌한 냉기를 숨긴 태양의 더위만을 느끼고 있었다. 이 감촉을 이렇게 강하게 느낀 것은 처음이었으므로, 이를 어떤 요리에 비교해 볼 생각이 들었다. 그가 요아힘에게 말한 것에 따르면, 이 냉기는 뜨거운 거품 밑에 아이스크림을 숨긴 '오믈렛 쉬르프리즈'를 상기시킨다는 것이었다. 그는 가끔 그런 말을 했는데, 그럴 때에는 피부에 열이 있는데도 오한을 느끼는 사람처럼 떨리는 목소리로 급하게 말했다. 물론 그렇지 않을 때에는 깊은 생각에 잠겨 있지는 않았으나 침묵을 지켰다. 왜냐하면 그의 주의는 외부이기는 했지만 어떤 점에 집중되어 있고, 그 밖의 것은 인간이든 사물이든 모든 것이 안개 속에 몽롱해져 있었기 때문이다. 그 안개는 한스 카스토르프의 머릿속에 일어난 안개로, 베렌스 고문관이나 크로코브스키 박사는 아마 가용성 독소의 산물이라고 판단했음에 틀림없을 것이고, 안개 속의 본인도 그렇게 생각하고 있었다. 그러나 그처럼 잘 알고 있으면서도 그는 그 도취에서 깨어나려고 분발하기는커녕 깨어나고 싶다는 마음까지도 가지려 하지 않았다. 도취란 취하는 자체가 목적이기에 거기에서 깨어나는 것을 무엇보다도 괴롭고 역겹게 느낀다. 도취는 도취를 깨우려고 하는 인상에 대해 자기를 주장하고, 그런 인상을 받지 않으려고 한다.

한스 카스토르프는 쇼샤 부인이 빈약하여 뼈가 드러나 보이고, 이제 그렇게 젊어 보이지 않는 것을 알고, 언젠가 그것을 입 밖에 낸 일도 있었다. 그래서 어떻게 되었는가? 그는 그녀를 옆에서 보는 것을 피하고, 멀리에서 또는 가까이에서 우연히 그녀의 옆모습을 보는 일이 있으면 눈을 감아 버렸다. 그녀를 보는 것이 고통스러웠다. 왜 그랬을까? 한스 카스토르프의 이성은 이 기회를 과감히 이용하여 세력을 만회해야만 했을 것이다. 그러나 그것은 무리한 주문이었다. 클라브디아가 요즈음 맑은 날씨가 이어지자 언제나 따뜻한 날에 입기로 한, 그녀를 아주 사랑스럽게 보이게 하는 흰 레이스의 아침 실내복을 입고 두 번째 아침 식사에 나타났다. 늘 그렇듯이 늦게 들어와서 문을 요란스레 닫고 두 팔을 높이 올려 미소를 지으면서 식당의 모든 사람들에게 정면으로 얼굴을 내보이면, 한스 카스토르프는 황홀하여 얼굴이 창백해졌다. 쇼샤 부인이 사랑스럽게 보였기 때문에 황홀해졌다기보다는 사랑스럽게 보여 준 모습에 황홀해진 것으로, 그것은 머릿속의 도취를 더 강렬하고 감미롭게 해 주기 때문이었다.

로도비코 세템브리니식으로 사고하는 비평가가 이런 성실한 의식의 결여를 보았다면, '방종' 또는 '방종의 한 형태'라고 말했을 것이다. 한스 카스토르프는 세템브리니가 '병과 절망'에 대해 말한 문필가다운 문구, 한스 카스토르프로서는 이해할 수 없었지만 이해하는 시늉을 한 문구를 가끔 생각했다. 한스 카스토르프는 클라브디아 쇼샤를—그녀의 축 늘어진 등과 앞으로 내민 머리를 보았다. 쇼샤 부인이 이렇다 할 이유나 구실도 없이, 다만 규율과 예의를 지키는 힘이 부족하여 식사에 언제나 늦게 나타나는 것을 보았다. 또한 쇼샤 부인이 이와 마찬가지의 결함 때문에 드나드는 문이라는 문은 모두 거칠게 닫고 빵을 뭉치고 손톱을 씹는 것을 보았다. 그리고 쇼샤 부인이 정말로 병을 앓는다면—정말로 병을 앓고 있음에 틀림없었다. 이렇게 오랫동안, 이렇게 여러 번 이 위에서 지내야만 하니 거의 병이 나을 전망이 없을 만큼 불치의 병일 것이다—그 병은 전부라고 말할 수는 없어도 거의 윤리적 결함에 기인하는 것은 아닐까? 그러면 세템브리니가 말한 것처럼 그녀의 병은 방종의 원인이 아니라 방종 그 자체와 같은 것일까? 이런 막연한 의혹이 떠올랐다. 한스 카스토르프는 지금도 안정 요양을 함께 해야 하는 '파르티아인과 스키타이인'

을 입 밖에 냈을 때의 세템브리니의 경멸하는 듯한 몸짓을 떠올렸다. 그런데 그 몸짓은 이유를 따질 것도 없는 자연스럽고 본능적인 경멸과 거부의 몸짓으로, 한스 카스토르프도 전부터 알고 있는 기분이었다. 언제나 식탁에 올바른 자세로 앉아 있는 그로서는 문을 요란하게 닫는 그녀를 마음속으로 미워하고 손톱을 씹는 일은 꿈에도 생각한 일이 없고—그에게는 마리아만치니가 있었으므로—쇼샤 부인의 예의 범절이 좋지 않은 것에 화를 냈으며, 가느다란 눈의 외국 여인이 한스 카스토르프의 모국어로 말하려 하는 것을 보고 우월감 같은 기분을 갖지 않았던가?

그러나 한스 카스토르프는 환경의 변화에 따라 이런 기분을 완전히 내 버렸고, 오히려 화가 나는 것은 오만하게 '파르티아인과 스키타이인'이라고 말한 이탈리아인에 대해서였다. 더구나 이탈리아인은 머리칼이 텁수룩한 학생들이 속옷을 입지 않고 앉아서, 다른 나라 말로는 생각을 입 밖에 낼 수 없는지, 베렌스 고문관이 요전에 말한 것처럼 늑골 없는 흉곽을 연상시키는 뼈가 없는 듯한 느낌의 도무지 알 수 없는 자기 나라 말로 토론하고 있는 '이류 러시아인 자리'의 회원들을 꼬집어서 말한 것은 아니었다. 이 사람들의 예의 없는 행동이 인문주의자로 하여금 심한 혐오감을 느끼게 했다고 해도 이상할 것은 없었다. 그들은 나이프로 요리를 찍어 입에 넣었고, 화장실을 말로 표현할 수 없을 만큼 더러웠다. 세템브리니는 그들 중의 한 의과 대학 상급생은 라틴어를 전혀 모르며, '바쿰(Vacuum, 진공)'이라는 뜻조차 모른다고 말했다. 그리고 슈퇴어 부인이 식탁에서 한 말에 따르면, 32호실의 러시아인 부부는 아침 마사지를 하러 방으로 들어오는 마사지 선생을 침대에 누운 채로 맞이했다고 하는데, 한스 카스토르프 자신의 매일 경험으로 생각해 보아도 슈퇴어 부인의 이야기는 거짓말이 아닐 것 같았다.

그러나 이런 말이 모두 참말이라고 해도 '일류'와 '이류'의 확실한 구별은 장식으로 있는 것은 아니었다. 한스 카스토르프는 이 두 식탁의 사람들을 오만하고 냉담하게—자기도 열이 있어 다소 취해 있는데도—'파르티아인'과 '스키타이인' 이름으로 한데 묶어 버린 사나이, 공화제와 아름다운 문체를 선전하는 사나이에 대해서는 멸시만 있을 뿐이라고 결심했다. 세템브리니가 이것을 어떤 의미로 말했는지를 한스 카스토르프는 잘 알고 있었다. 그는 쇼샤 부인의 병과 그녀의 '칠칠치 못한 행동'과의 관계를 이해하기 시작했기 때문이다.

그러나 사정은 그가 언젠가 요아힘에게 말한 대로였다. 처음에는 분개하고 차별감을 가지는 것에서 출발했어도 도중에 갑자기 '비평과는 전혀 관계가 없는 다른 것'이 섞여 들어와서 예의 범절에 대한 엄격함 같은 것은 어디론가 사라져 버렸다. 이렇게 되면 공화적이고 웅변적인 교육자의 영향은 경청될 리가 없었다. 대체 인간의 비판을 마비시키고 정지시키며 비판력을 빼앗아버리고 본인이 자발적으로 비상식적인 기쁨을 갖고 그 권리를 포기하게 하는 그 다른 기분, 그것은 무엇일까? 우리는 그 이름을 묻는 것이 아니다. 그것은 누구나 다 알고 있지 않은가? 우리는 윤리적인 성질을 묻고 있는 것인데, 솔직하게 말해서 정확한 대답을 기대하지도 않는다. 아무튼 그 윤리적인 성질은 한스 카스토르프의 경우에는 절대적인 힘을 나타내서, 그는 비판을 그만두었을 뿐만 아니라 매혹된 생활 양식을 스스로 시험해 보게 되었다. 식탁에서 등을 구부정하게 하고 앉으면 어떤 기분일까 시험해 보고, 그것이 골반 근육의 부담을 뚜렷하게 덜어 주는 것을 알았다. 또 출입하는 문을 뒤로 살짝 닫지 않고 '쾅' 소리가 나도록 닫는 것도 시험해 보고 이 또한 쉽고 편리하다는 것을 알았다. 그 느낌은 어깨를 으쓱하는 것과 같은 느낌이었다. 요아힘이 언젠가 마을의 역에서 해 보였고, 그 뒤 이 위의 사람들이 하는 것을 여러 번 보아 온 것이었다.

말하자면 우리의 여행자인 한스 카스토르프는 클라브디아 쇼샤에게 홀딱 반했다. 이 말이 불러일으킬 오해는 이제까지 충분히 예방해 놓았다고 생각하기에 여기서도 이 말을 사용한다. 한스 카스토르프의 연정(戀情)의 본질은, 앞에 나온 노래의 정신인 온화하고 감미로운 감상은 아니었다. 오히려 연정 가운데에서도 아주 모험적이고 방랑적이며 변질적인 것으로서, 열병 환자의 용태나 고원의 10월과 마찬가지로 오한과 열기가 섞여 있는 상태였다. 그리고 이 양극단을 이어 주는 정서적인 중간 매개물, 이것이 결여되어 있었다. 한스 카스토르프의 연정은 한편으로는 쇼샤 부인의 무릎, 다리의 선, 등, 목덜미, 소녀와 같은 가슴을 양쪽에서 밀어붙이고 있는 팔, 한 마디로 말해서 그녀의 육체, 그녀의 칠칠치 못하고 심해지는 병으로 지나치게 강조되고 더 한층 육체화된 몸으로 향해졌다. 그것도 청년의 얼굴을 일그러지게 하고 창백하게 할 정도로 관능적인 것으로 향하게 했다. 또 한편으로 이 연정은 어딘가 극단적이고 막연한 상념, 아니 하나의 꿈이었다. 무의식적이긴 했지만 뚜렷하게 제출

된 '무엇 때문에?'라는 의문에 대해 공허한 침묵 말고는 해답을 얻을 수 없었던 청년이 꿈꾸었던 무서운 꿈, 무한히 매혹적인 꿈이었다. 우리는 진행 중인 이 이야기의 중간에 사견(私見)을 말하는 것을 허락을 받을 수 있다면, 다음과 같은 억측을 들어 보기로 하자. 한스 카스토르프가 인생의 의의와 목적에 대해 그 시대의 깊이에서 그의 영혼을 만족시킬 수 있는 해답을 얻을 수 있었다면, 이 위의 사람들 곁에서의 체재에 처음 예정했던 시간을 현재의 선까지 연장시키지 않았을 것이다.

게다가 그의 연정은 이런 정신 상태가 어떤 장소, 어떤 환경에서도 동반하는 고뇌를 그에게 맛보게 하고 기쁨도 남김없이 주었다. 모든 괴로움이 그러하듯이 연정에 따르는 괴로움도 살을 도려내는 듯이 아프고 굴욕적이어서 대장부로 하여금 쓰라린 눈물을 흘리게 할 정도이다. 그러나 그에 못지 않게 기쁨 또한 컸다. 그리고 그 기쁨이 눈에 띄지 않는 동기에서 싹튼 것이긴 했지만, 괴로움에 못지 않게 영혼을 뒤흔들었다. 베르크호프의 하루는 거의 순간마다 그런 기쁨을 품고 있었다. 예를 들어 한스 카스토르프가 식당에 들어가려고 할 때, 동경하던 여인이 뒤에서 오는 것을 알게 된다. 그 결과는 처음부터 빤한 것으로 아주 단순한 것이긴 했지만, 그래도 정신적으로는 기쁨의 눈물을 흘리게 할 정도로 심한 도취를 주었다. 두 사람의 눈과 눈이 바로 가까이에서 마주친다. 그의 눈과 그녀의 잿빛을 띤 녹색 눈이 마주치면, 그녀의 좀 아시아인 같은 눈매와 뼛속에까지 파고드는 그녀의 눈길에 황홀하게 취해 버린다. 그러면 그는 방심 상태가 되지만, 방심하면서도 옆으로 비켜서서 그녀가 문으로 먼저 들어가게 한다. 그녀는 미소를 던지면서 들릴락말락한 낮은 목소리로 "메르시(고마워요)"라고 하고는, 남의 눈에는 부인에 대한 예의에 지나지 않는 그의 "먼저 들어가시지요"를 받아들여 그의 옆을 지나 식당으로 먼저 들어간다. 그는 자기 곁을 지나가는 그녀의 향기 속에서 만난 기쁨과 그녀의 입술에서 흘러나온 '메르시'가 자기에게 직접 말해진 기쁨에 멍하니 서 있는다. 그러고는 그녀의 뒤를 따라 오른편의 자기 좌석에 비틀비틀 가까이 가서 의자에 넘어지듯 앉아, 저쪽의 클라브디아도 의자에 앉으면서 문에서 그와 만난 것을 생각하는—그는 이렇게 생각한다—얼굴을 하면서 이쪽으로 몸을 돌리는 것을 본다.

아, 믿을 수 없는 모험이며 환희이며 승리이며 한없는 기쁨이다! 그렇다. 이런 꿈과 같은 행복의 도취는, 아래 평지에서 건강하고 순진한 아가씨를 만나 그 아가씨에게 공개적으로, 목가적으로 희망에 찬 노래의 의미로서 '심장'을 바쳤다 하더라도 맛보지 못했으리라. 한스 카스토르프는, 이 모든 것을 보고 솜털 밑에서 볼을 붉히는 여교사에게 열에 들뜬 것처럼 인사하고는, 미스 로빈손에게는 말도 안 되는 영어 회화로 공격해댔다. 그러면 이런 도취와는 인연이 없는 노처녀는 놀라 뒤로 물러서면서 무섭다는 눈초리로 청년을 바라본다.

그리고 한 번은 어느 저녁 식사 때였는데, 빨갛게 저물어 가는 태양이 '일류 러시아인 자리'에 비치고 있었다. 베란다로 나가는 문과 식당 유리문에는 커튼이 처져 있었지만, 어딘가에 틈이 있어 붉은 광선이 차디차고 눈부시게 들어와 바로 쇼샤 부인의 머리를 비쳤다. 그녀는 오른편 이웃에 앉은, 가슴이 넓은 한 고향 사람과 말을 하면서 손으로 햇빛을 막아야 했다. 번거로운 일이기는 했지만 참지 못할 정도의 것은 아니며, 아무도 이것을 주의하지 않았고 쇼샤 부인도 이를 불쾌하게 여기지 않았다. 한스 카스토르프는 이것을 홀 건너편에서 보았다. 그는 한동안 이것을 주시하다가 사태를 곧 알아차리고 광선의 진로를 더듬어 빛이 들어오는 장소를 알아냈다. 오른편 구석의 베란다로 나가는 문 하나와 '이류 러시아인 자리' 사이에 있는 모퉁이의 반원형 창에서 들어오는데, 쇼샤 부인의 자리에서 멀리 떨어져 있었지만 한스 카스토르프의 자리로부터도 거의 같은 거리로 떨어져 있었다. 그는 결단을 내렸다. 아무 말 없이 일어나서 냅킨을 쥔 채로 비스듬히 식당을 가로질러 안쪽 깊숙이 있는 크림빛 커튼을 꼭 붙게 닫고는, 뒤로 돌아 보고 석양을 막아서 쇼샤 부인이 이제는 홀가분해진 것을 확인하고는 되도록 태연스러운 자세로 되돌아왔다. 아무도 이런 일을 하지 않기 때문에, 이 주의 깊은 청년이 해야겠다는 결심을 갖게 한 것뿐이다. 그의 세심한 배려에 주목한 사람은 거의 없었지만, 쇼샤 부인만은 해방감을 가지고 이쪽을 돌아보았다. 한스 카스토르프가 자리로 돌아와 앉으면서 그녀 쪽을 볼 때까지 그녀는 쭉 돌아보고, 그러고 나서는 놀란 듯이 상냥하게 미소짓고 사의를 표했다. 머리를 숙였다기보다 앞으로 내밀었다. 그도 머리를 숙여 이에 답례했는데, 그 순간 심장이 멎어 버려 전혀 뛰지 않는 것 같았다. 모든 일이 끝나고서야 비로소 심장이 뛰기 시작했다. 그는 그때가 되어서야 요아힘이 접시 위에 눈길을 떨구고 있는 것을 알아차렸고, 슈퇴어 부인이 블루멘콜 박사의 옆구리를 찌르며 킬킬거렸으며, 그녀의 식탁이나 다른 식탁에서 이 사건을 안 사람이 있지 않을까 하고 찾고 있다는 사실에 생각이 미쳤다.

우리는 일상에서 흔히 일어나는 평범한 일을 이야기하고 있지만, 이것도 특수한 환경에서 일어나면 짐짓 특별한 것이 된다. 둘 사이에는 긴장감이 있고 긴장감이 기분 좋게 해소되는 일도 있었다. 두 사람 사이라고 말할 수 없다면 ─쇼샤 부인이 어느 정도로 이것을 느끼고 있었는지는 그대로 두기로 하자─, 한스 카스토르프의 공상과 감정으로는 그러했다.

요즈음 계속된 맑은 날씨로 요양객 대부분은 점심 식사 뒤 식당 앞 베란다로 나와, 거기에서 무리를 지어 15분쯤 햇빛을 쬐곤 했다. 그때는 격주 일요일마다 열리는 관악기 콘서트 때와 마찬가지 장면이 펼쳐졌다. 미열이 있을 뿐인 젊은 환자들이 아무 일도 하지 않고 고기 요리와 과자로 배를 채우고는, 수다를 떨면서 여자들에게 추파를 던지기도 했다. 암스테르담의 잘로몬 부인도 난간 옆에 앉아 있었는데, 한편에서는 입술이 두툼한 갠저가, 다른 한편에서는 스웨덴의 거인이 양쪽에서 그녀를 무릎으로 죄어 대고 있었다. 스웨덴인은 완쾌했지만 병후의 가벼운 요양을 계속하기 위해 여기서 한동안 지내고 있었다. 일티스 부인은 미망인처럼 행동했다. 왜냐하면 얼마 전부터 어떤 '남자'와 어울리는 것을 즐기고 있었기 때문이다. 그는 우울하고 보잘것없는 남자였는데, 그래서인지는 모르지만 일티스 부인은 이 남자와 어울리면서도 한편으로는 미클로지히 대위의 친절도 함께 받아들였다. 미클로지히 대위는 매부리코 밑의 콧수염을 포마드로 바르고, 가슴이 떡 벌어졌으며 매서운 눈매를 하고 있었다.

그 밖에 공동 요양 홀에 함께 지내는 국적이 서로 다른 부인들이 있었다. 이 가운데에는 10월 초하루부터 나타난 새로운 얼굴도 있었는데, 한스 카스토르프가 아직 이름을 잘 모르는 사람들이었다. 이 부인들에 끼여 알빈 씨 유형의 젊은이들이 있었다. 외알 안경을 낀 17세 가량의 소년, 그리고 장밋빛 얼굴을 하고는 우표 교환에 광기에 가까운 정열을 보이는 안경을 낀 젊은 네덜란드인도 있었다.

그 밖에 그리스인들이 있었는데, 이들은 머리에 포마드를 바르고 도토리 눈에, 식사 때에는 남의 요리에까지 손을 대는 버릇이 있었다. 그리고 언제나 둘이서 다니기 때문에 '막스와 모리츠*⁵'라 불렸으며 탈출의 명수이기도 했다.

꼽추의 멕시코인도 있었는데, 이 사람은 여기서 오가는 말을 하나도 이해하지 못하기 때문에 귀머거리 같은 얼굴을 하고 있었다. 그는 사진 기계의 삼각(三脚)을 이상할 만큼 민첩하게 테라스의 여기저기로 끌고 다니면서 사진을 계속 찍고 있었다. 고문관도 한데 어울려 구두끈을 매는 숨은 '재주'를 보이기도 했다. 그리고 사람들이 모여 있는 어딘가에는 만하임의 신앙가가 처량하게 서서, 슬픔을 가득 담은 눈을 어느 한 곳으로 돌려서 한스 카스토르프의 기분을 거슬리게 했다.

그러면 다시 '긴장과 긴장 해소'에 화제를 돌려 두세 가지 예를 든다면, 한스 카스토르프는 이런 경우 벽 옆에 있는 래커를 칠한 정원 의자에 앉아, 억지로 끌려나온 요아힘을 상대로 떠들어댔다. 그의 앞에는 쇼샤 부인이 담배를 입에 물고 식탁 회원들과 함께 난간 곁에 서 있었다. 한스 카스토르프는 그녀에게 들리도록 이야기를 했다. 그런데 그녀는 그에게 등을 돌린 채 있었다. 그는 자기의 열정적인 말 상대가 사촌뿐인 것에는 만족하지 않고 한 사람을 더 찾았는데, 그 때문에 어떤 인물과 가까워졌다. 누구였을까? 바로 헤르미네 클레펠트였다. 이 젊은 여성에게 우연인 것처럼 말을 걸어 자기와 요아힘의 이름을 소개하고, 더 효과적인 목적을 수행하려고 클레펠트에게 래커 칠을 한 의자를 끌어와 앉게 했다. 그리고 클레펠트에게 물었다.

"어느 날 아침 산책에서 처음으로 만났을 때 당신이 나를 얼마나 놀라게 했는지 알고 있습니까?"

그렇다. 그때 그렇게 통쾌하도록 환영(歡迎)의 픽 소리를 낸 사람이 그녀였던 것이다.

"정직하게 고백하는데 당신의 목적은 백 퍼센트 이루어져 나는 곤봉으로 머리를 얻어맞은 것 같았습니다. 이것은 사촌에게 물어보아도 좋지요. 하하하, 기흥을 울려서 죄 없는 산책자를 깜짝 놀라게 하다니요. 나쁜 장난입니다. 그런 것을 남용이라고 부를 수 없어서 분개하는 것입니다."

한스 카스토르프는 이렇게 떠들어댔다. 요아힘은 자기가 도구로 이용되고 있음을 알고 눈을 내리깔았고, 클레펠트도 한스 카스토르프의 불안정하고

＊5 시인이자 풍자 화가인 빌헬름 부시(1832~1908)의 대표적인 어린이 취향의 그림책.

안절부절못하는 눈초리에서 자기가 목적을 위한 수단으로 이용되고 있다는 굴욕감을 차츰 가지게 되었다. 그런데도 한스 카스토르프는 성난 얼굴을 했다가, 진지한 척 알랑거리는 말을 하기도 하면서 목소리에 윤기를 붙이려고까지 했다. 그 수고는 헛되지 않아서 쇼샤 부인은, 이상하게 떠들어대는 사나이에게 얼굴을 돌려 그의 얼굴을 쳐다보았다. 아주 짧은 순간이었다. 프리비슬라프와 같은 눈은 다리를 포개고 앉아 있는 남자의 몸을 재빨리 훑어 내려와 그의 누런 구두 위에 경멸의 눈초리로 잠시 머물고, 다음에는 나른한 미소를 지으면서 구두로부터 떠나갔다.

아주 된서리를 맞은 결과가 되었다. 한스 카스토르프는 한동안 열에 들뜬 사람처럼 계속 떠들었지만, 구두를 쳐다보던 눈길이 마음속에 뚜렷이 떠오르자 입에서 나오려던 단어가 도중에 갑자기 잠잠해지고 비탄에 빠져 버렸다. 클레펠트는 모욕을 당한 듯한 얼굴로 자리를 떠났다. 요아힘도 마침내 마음이 조급해진 목소리로, 이제는 안정 요양을 하러 가자고 말했다. 그러자 한스 카스토르프는 얼빠진 사람처럼 핏기없는 입술로 그러자고 대답했다.

한스 카스토르프는 이 사건으로 이틀 동안이나 괴로워했다. 이 이틀 동안 타오르는 상처의 아픔을 가라앉혀 주는 일은 아무것도 일어나지 않았다. 어째서 그녀는 그런 눈초리를 했을까? 삼위일체 신의 이름으로 하는 말이지만 어째서 그에게 그렇게 멸시를 드러냈단 말인가? 그를 아무렇지도 않은 일에 열을 올리기 좋아하는 평지의 건강하고 평범한 녀석이라고 생각한 것일까? 말하자면 평지의 순진한 사람처럼 뛰어다니고 킬킬대고 줏대 없이 날뛰며 돈을 벌어대는 속인, 명예가 주는 고루한 특전만 알고 있을 뿐인 인생의 모범생이라고 생각하는 것일까? 그는 그녀의 영역과는 인연이 없는 3주일만 지나면 날아가는 청강생이란 말인가? 그렇지만 침윤 부분이 있어서 그도 입문의 선서를 하지 않았던가? 그도 이제는 편입되고 소속이 되어 이 위 사람들 가운데 한 사람이며, 2개월 남짓한 경력이 있으며 어젯밤에도 수은주가 또 37도 8부까지 올라가지 않았던가? 그렇다. 그것이다. 그것이 그의 번민을 더 부추겼다. 수은주가 더 올라가지 않았다. 이 이틀간의 심한 의기소침 때문에 유기체가 냉각되고 침체되고 이완되어, 그것이 거의 평열에 가까운 검온 결과로 나타나 그를 번민하게 만들었다. 그리고 아무리 괴로워하고 슬퍼해도 그 결과는 클라브디아의 존재와 세계로부터 점점 멀어져갈 뿐이라는 것을 알게 되어, 울고 싶어도 울 수 없는 심정이었다.

그러나 3일째에는 부드러운 구원의 손길이 뻗쳐졌다. 그것도 이른 아침부터였다. 화창한 가을 아침은 밝고 상쾌했으며, 풀밭은 은회색 베일로 덮여 있었다. 청명한 하늘에는 떠오르는 태양과 기울기 시작한 달이 거의 같은 높이에 걸려 있었다. 사촌들은 아름다운 가을에 경의를 표시하기 위해, 아침 산책을 정해진 길보다 더 연장하여 물줄기 옆 벤치의 숲 속 길을 여느 때보다 더 멀리까지 걸어가 보기로 하고 아침 일찍 일어났다.

요아힘이 체온이 내려가기 시작한 것을 기쁘게 생각하고 이런 예외적인 조치를 제안했고, 한스 카스토르프도 여기에 반대하지 않았다.

한스 카스토르프가 말했다.

"우리는 나았으니까 말이야. 열이 없어지고 독이 해소되어 이제 평지로 돌아가게 되었으니까 망아지처럼 뛰어다녀도 괜찮을 거야."

이리하여 두 사람은 모자도 쓰지 않고—이 위의 사람들이 모자 없이 걷는 습관에 대해, 처음에는 평지의 생활 양식과 예의 범절을 그토록 자신만만하게 지켰던 한스 카스토르프도 선서식을 마치고나서는 이 위의 풍습에 그냥 따르고 있었다—지팡이를 흔들면서 떠났다. 그런데 황톳길의 오르막 부분을 아직 다 오르기 전에, 언젠가 도착한 지 얼마 되지 않아서 한스 카스토르프가 기흥의 회원들을 만났던 곳에 왔을 때, 조금 앞서서 천천히 올라가는 쇼샤 부인의 모습이 보였다. 흰 스웨터에 흰 플란넬의 치마, 흰 구두 등 모두 흰색차림의 쇼샤 부인이 불그스름한 머리칼에 아침 햇빛을 받으며 올라가고 있었다. 엄밀히 말하면 한스 카스토르프가 그녀라는 것을 알아차렸고, 요아힘은 동반자에게 억지로 끌려가는 불쾌한 기분으로 비로소 사태를 알아차렸다. 옆에서 가던 사촌이 처음에는 갑자기 다리에 브레이크를 걸고 거의 멈추어서는 듯하더니, 다음에는 급히 재촉하듯 빨리 걷기 시작했다. 요아힘은 이렇게 재촉받는 것을 도저히 참을 수 없어서 화를 냈다. 곧 숨이 막히고 가벼운 기침이 나왔다. 그러나 목적에 맹진하는 한스 카스토르프는 모든 기관이 활발하게 운동을 시작하는 듯 요아힘의 기분 같은 건 문제삼지 않았다. 요아힘은 사태를 알아차리자 사촌만 먼저 가게 할 수 없어 눈썹을 찌푸리면서도 늦지 않게 걸어갔다.

한스 카스토르프는 아름다운 아침을 맞았기에 활기를 띠었다. 더욱이 지난 이틀의 의기소침으로 원기가 쌓여 있어서, 오늘이야말로 머리 위에 감돌고 있는 먹구름을 없애버리는 절호의 기회라는 확신이 들었다. 그는 요아힘이 헐떡거리면서 마음이 내키지 않아 하는 것을 끌다시피하여 돌진해, 길이 평평해지고 숲으로 덮인 언덕을 따라 오른편으로 꺾어지기 직전에 쇼샤 부인을 뒤따라갔다. 한스 카스토르프는 거기에서 다시 발걸음을 느릿하게 했다. 바삐 걸었기 때문에 흐트러진 모습으로 계획을 실행하기가 망설여졌던 것이다. 이렇게 길의 모퉁이를 지나 비탈과 절벽 사이, 나뭇가지 사이에서 햇빛이 새어 나오는 청동색의 소나무 가운데서 계획은 실행되어, 마침내 한스 카스토르프는 사랑스러운 부인 옆을 지나가게 되었다. 청년은 그녀의 옆을 구두 소리를 높이면서 지나가 그녀의 오른편으로 나온 순간, 모자 없는 머리를 숙이고 낮은 목소리로 "안녕하세요" 공손하게 인사했더니 그녀도 답례를 해 주었다. 그녀는 그다지 놀라는 기색도 없이 상냥하게 독일말로, "안녕하세요" 인사하며 눈웃음을 지었다. 모든 것이 지난번에 구두를 쳐다본 눈초리와는 완전히 달라, 그 자리에서 뛰어 오르고 싶을 정도였다. 이번에는 행운이었고 사태의 호전, 최대한의 호전, 비길 데 없는 호전이었다. 그는 드디어 구원을 받았다.

어리석은 기쁨에 눈이 멀고 지금 한 '안녕하세요' 하는 인사와 미소를 얼싸안고 한스 카스토르프는 발도 땅에 닿지 않는 심정으로 요아힘과 나란히 앞으로 발을 옮겼다. 그에 반해 이용당한 요아힘은 눈을 사촌에게서 돌려 비탈길을 내려다보며 걸었다. 급습이었고 대담무쌍한 모험이어서 요아힘의 눈에는 아마 간사함과 배신으로 보였을 것이다. 한스 카스토르프도 이것을 잘 알고 있었다. 그러나 전혀 안면이 없는 상대에게 연필을 빌려 달라고 간청한 것은 아니다. 몇 개월을 같은 지붕 아래 살고 있는 부인 옆을 모르는 체하고 인사도 하지 않고 지나간다면 이것이야말로 무례한 일일 것이다. 요전에도 클라브디아와 대기실에서 둘이 이야기까지 나누지 않았던가? 그러기에 요아힘도 잠자코 있을 수밖에 없었다. 그러나 한스 카스토르프는 명예를 존중하는 요아힘이 여러 의미에서 침묵을 지키며 얼굴을 돌리고 걷는 이유를 잘 알고 있었다. 한스 카스토르프 자신은 성공한 모험에 이렇게도 얼빠진 사람처럼 기뻐하고 있었다. 평지에서 희망에 차 명랑한 방법으로 어느 건강하고 순진한 처녀에게 '자기의 심장을 바쳐서' 일대 성공을 거둔 사나이라도 지금의 한스 카스토르프보다 더 행복하지는 못했으리라. 아니 만일 그 사나이가 행복하다 해도, 한스 카스토르프가 기회를 잡아서 확보한 작은 성공으로 어쩔 줄 몰라하는 만큼 행복하지는 못했을 것이다. 그래서 한스 카스토르프는 한참 뒤에 사촌의 어깨를 툭 치며 말했다.

"이봐 자네, 어떻게 된 거야? 좋은 날씨 아닌가. 나중에 요양 호텔로 내려가 보기로 하지. 아마 음악을 연주하고 있을 거야. 멋진 '카르멘' 중에서 '이 가슴에 깊이 숨겨져 있는 이 꽃. 아, 지나간 아침의 이 꽃'을 연주할지도 몰라. 아니, 뭔가 걱정스러운 일이라도 있나?"

요아힘이 대답했다.

"아니, 딱히 없어. 그러나 자네는 열이 아주 심한 것 같은데? 모처럼 내려갔던 평열이 벌써 끝나버린 거나 아닌지 모르겠군."

사실은 그랬다. 한스 카스토르프의 유기체의 굴욕적인 침체 상태는 클라브디아와 나눈 인사로 사라져 버렸다. 더 정확하게 말하면 그것을 의식하고 만족을 느꼈던 것이다. 그렇다. 요아힘의 예언은 적중하여 수은주는 다시 올라갔다. 산책에서 돌아와 검온을 하니 수은주는 38도까지 올라갔다.

백과사전

한스 카스토르프는 세템브리니의 넌지시 암시하는 말에 화를 냈지만, 사실 이것을 이상하게 생각할 이유도 없고, 인문주의자의 교육자다운 탐색을 탓할 권리도 없었다. 한스 카스토르프가 현재 어떤 상태에 있는지는 장님도 알아차릴 수 있을 것이다. 그 자신도 이것을 조금도 숨기려고 하지 않았고, 개방적이고 밝고 단순한 그의 성격이 그 기분을 감출 수 없게 했다. 그 점에서 그는 애욕으로 괴로워하는 만하임 태생의 머리숱이 적은 사나이의 그 음험함에 비해 인간성이 좀 위라고도 말할 수 있었다. 여기서 다시 말하자면, 현재 한스 카스토르프 같은 상태에 있는 자에게는 자기의 기분을 드러내지 않고는 배길 수 없는 충동, 고백의 본능, 맹목적인 자기 중심과 충동적 행동이 따라다니게 마련이다. 이것은 그 대상이 무의미하고 무분별하고 전망이 없다는 것이 뚜렷하기 때문에 냉정한 자들에게는 이상하게 여겨진다. 어째서 이런 사람들이 자기의 기분을 나타내지 않고 못 견디는가 하는 것은 설명하기 곤란하다. 다만 그렇게 하지 않을 수 없다는 것만은 확실하다. 특히 비평가들은 주로 두 가지 일밖에는 머릿속에 없다고 비판한 그런 사회에서는 더욱 그러했다. 즉 하나에도 체온, 둘에도 체온 말고는 머리에 없는 사회, 이를테면 빈에서 온 부름브란트 총영사 부인이 미클로지히 대위의 바람기를 누구를 이용해 위로받을 수 있을 것인가? 완쾌한 스웨덴의 거인인가, 아니면 도르트문트의 파라반트 검사인가? 그렇지 않으면 두 사람 모두를 이용하려는 것일까? 이런 문제들 말고는 무관심한 사회에서는 더욱 그러하다. 파라반트 검사와 암스테르담의 잘로몬 부인 사이에 몇 개월 동안을 걸쳐 맺어진 관계는 두 사람의 우호적인 합의로 소멸되었고, 잘로몬 부인은 나이 취향에 따라 더 젊은 대학생들에게 방향을 돌려 클레펠트 양의 식탁에 있는 입술이 두꺼운 갠저 청년을 자기 날개 안에 넣게 되었다. 슈퇴어 부인의 관료적이긴 하나 실감나는 표현을 빌린다면, 잘로몬 부인이 갠저 청년을 '자기 것으로 접어 넣었다'는 것은 확실하고 이미 알려진 사실이었기 때문에, 검사는 총영사 부인의 일로 스웨덴인과 결투하거나 타협하거나 제 마음대로 할 수 있는 일이었다.

베르크호프의 사회, 특히 미열이 있는 젊은 사람들 사이에서 일어난 이런 복잡한 사건은—여기에는 발코니의 유리 칸막이를 지나 난간을 따라나가는 통로가 분명히 중요한 역할을 하고 있었다—, 이런 문제가 모든 사람들의 머리를 채우고, 이곳 생활 분위기의 중요한 비중을 차지했다. 그러나 이 이야기만으로는 지금 여기서 말하고자 하는 핵심을 언급하지 못했다. 즉 한스 카스토르프는 세계 어디서나 진지한 태도든 농담과 같은 태도든 비범한 관심을 보이는 인생의 근본 문제가 여기서는 더욱더 고조되고, 중요성과 의의를 띠고 있다는 인상을 받았다. 그리고 그 때문에 근본 문제까지 완전히 새로운 느낌, 무섭다고까지는 할 수 없지만 생생한 느낌을 주기 때문에 사람을 깜짝 놀라게 할 정도였다.

우리는 여기서 진지하게 다시 한 번 말해 둔다. 문제가 되는 여러 남녀 관계에 대해 이제까지 가벼운 농담조로 말했지만, 이것은 세상에서 그런 말들이 보통 그런 식으로 말해지는 경우와 같은 은밀한 이유 때문이지, 대상 자체까지 희롱할 것은 못 된다. 우리가 현재 있는 이 위의 사회에서는 다른 어느 곳보다 더 그렇게 말할 수 있다. 한스 카스토르프는 농담의 대상이 되기 쉬운 그 '근본 문제'에 대해 남다른 지식을 가지고 있다고 믿었으며, 그렇게 믿어도 사실 괜찮았다. 그러나 이 위에 와 보고 비로소 평지에 있었을 때의 이런 문제에 대한 그의 지식이 사실은 박약하고 불충분하고 무지에 가까운 단순한 것이었다는 사실을 깨달았다. 여기에 와서부터는 겨우 그 일의 이상할 정도로 모험적이며 표현하기 어려운 경험이 이 위의 사람들 사이에서 일반적으로나 개인적으로 특별한 억양을 느끼게 된 것이다. 거기에는 우리가 여태까지 여러 번 암시하려고 노력했고, 또 어떤 순산에는 "아, 견딜 수 없어" 외치게 한 그의 개인적 경험이 큰 역할을 하고 있었다. 물론 이 위에서도 그 근본 문제에 대해 야유를 퍼붓지 않는 것은 아니었다. 그러나 여기서는 농담의 정도가 평지에서 보다 더 부자연스러운 느낌을 갖게 해, 이빨을 덜덜 소리내거나 숨을 헐떡이게 하는 데가 있어, 그런 농담 뒤에 숨기고 있는—또한 숨기려 해도 숨길 수 없는—고민이 너무 뻔해서, 그 농담이 핑계에 지나지 않는 것을 너무도 분명하게 느끼게 했다. 한스 카스토르프는 마루샤의 몸매에 대해 꼭 한 번 평지에서의 농담처럼 입 밖에 낸 적이 있는데, 그때 요아힘의 얼굴에 그늘이 드리워지고 새파래졌던 것을 생각했다. 그리고 또 여러 번에 걸쳐 여러 사람들의 얼굴에서 핏기가 사라지는 것을 보았다. 때때로 두 얼굴이 동시에 창백해지기도 했는데, 이를테면 슈퇴어 부인이 그렇게 관료주의적 용어로 표현했던 관계가 잘로몬 부인과 갠저 청년 사이에 시작되었을 무렵에 이 두 사람의 얼굴도 동시에 창백해졌던 것이다. 한스 카스토르프는 그런 것을 떠올리고, 자신의 현 상황에서는 자기 기분을 '나타내지' 않는다는 것이 매우 어려울 뿐만 아니라 주위의 분위기에 어느 정도 힘입었기 때문이라는 것을 이해했다.

한스 카스토르프가 이곳을 방문한 초기에, 요아힘은 여기서는 새로운 친구를 만드는 것이 어렵다고 말했다. 그러나 그 어려움은 사촌들이 요양객 중에서 둘이서만 어울리려 했고, 군인 같은 요아힘이 빨리 낫는 일만 생각하고 다른 환자들과 교제를 갖는 것을 싫어했기 때문이기도 했다. 만약 이런 장애가 없었다면 한스 카스토르프는 공공연히 사람들 가운데서 천진난만하게 기분을 나타낼 기회가 더 많이 있었을 것이고, 그 기회를 살릴 수도 있었으리라. 아무튼 요아힘은 어느 날 밤 살롱 모임에서 사촌이 헤르미네 클레펠트나 그 식탁 친구들인 갠저나 라스무센, 외알 안경을 끼고 새끼손가락 손톱을 길게 기르고 있는 소년과 함께 어울려 눈을 이상하게 번쩍이면서 쇼샤 부인의 이 국적인 용모에 대하여 흥분한 목소리로 즉흥 연설을 하는 것을 보았다. 네 사람의 청중은 서로 눈짓을 하거나, 툭툭 치기도 하고, 킥킥 웃으며 사촌의 연설을 듣고 있었다.

이것은 요아힘에게는 괴로운 일이었으나 구경거리가 된 당사자는 자기의 비밀을 드러내는 데 태연해서, 오히려 그것이 모든 사람들에게 감추어진 채로 있으면 자기의 마땅한 권리를 포기하는 것이라고 생각했다. 그래서 이에 따르는 심술궂은 웃음조차 달게 받아들였다. 식사가 시작되어 유리문이 '꽝' 소리를 내고 닫히면, 한스 카스토르프의 식탁 멤버뿐만 아니라 주위의 다른 식탁 멤버까지도 그의 얼굴이 파래졌다 붉어지는 모습을 보면서 흥겨워했는데, 그는 이것까지도 만족해했을 것이다. 그의 도취는 주위로부터 주목받음으로써 외부로부터 인정받고 보증되어, 그로 말미암아 그의 문제는 촉진되고 막연한 비상식적인 희망이 고무된다고 생각하기 때문이었다. 이것이 그를 행복하게 만들었다. 이렇게 사람들은 이 눈먼 청년을 구경하려고 그의 주위에 모여들게 되었다. 이를테면 식사 뒤에 테라스 위라든가, 일요일 오후에는 수위실 앞에서였다. 일요일에는 우편물이 저마다 방에 배달되지 않고 요양객들은 수위실에서 이것을 받게 되어 있었다. 거기서 사랑에 도취되어 몹시 기분이 좋은 사나이가 서서 무엇이든지 구경시켜 주었다. 거기에는 슈퇴어 부인, 엥겔하르트 양, 클레펠트 양, 맥 같은 얼굴을 한 그녀의 친구, 불치병 환자인 알빈 씨, 새끼손가락의 손톱을 길게 기른 소년, 이 밖에도 다른 환자들이 서서 입을 꾹 다물고 웃음이 터져나오려는 것을 겨우 참고 코를 벌름거리면서 구경했다. 한스 카스토르프는 이 위에 온 첫날밤에 그랬던 것처럼 볼을 빨갛게 물들이고, 아마추어 기수의 기침 소리를 들었을 때처럼 눈에 빛을 띠고 건성으로 미소지으면서 멍청하게 하늘을 쳐다보고 있었다…….

그럴 때 세템브리니가 한스 카스토르프에게 가까이 와서 말을 걸고 안부를 물어 준 것은 정말로 고마운 일이었다. 하지만 한스 카스토르프가 세템브리니의 배려에서 온 부드럽고 친절한 행동을 감사하게 받아들일 수 있었는지는 의심스러웠다. 어느 일요일 오후, 바깥 현관에서의 일이었다. 수위실에는 손님들이 서로 밀며 우편물을 받으려고 손을 내밀고 있었다. 요아힘도 앞으로 나와 있었다. 한스 카스토르프는 뒤에 남아서 앞에서 말한 것 같은 상태로 클라브디아 쇼샤의 식탁 친구들과 함께 옆에 서서, 수위실 앞 사람들이 좀 덜 붐비게 될 때를 기다리고 있는 클라브디아 쇼샤의 시선을 끌려고 했다. 이 우편물을 수령하는 시간은 요양객들을 한데 섞어 버리는 시간으로, 기회가 넘쳐서 한스 카스토르프가 좋아했던 시간이었다. 1주일 전에도 그는 창구에서 쇼샤 부인과 서로 닿을 정도로 가깝게 있었다. 그녀는 그를 좀 떠밀고는 얼른 이쪽을 돌아보고 '실례해요'라고 했는데, 이에 그는 자기로서도 훌륭하다고 느낄 정도로 재빨리 프랑스어로 대답할 수 있었다.

"천만의 말씀입니다. 부인."

그리고 그는 생각했다.

'언제나 일요일 오후에 바깥 현관에서 우편물을 받는다는 것은 얼마나 멋진 습관인가.'

그는 다음 번의 이 시간이 다시 돌아오기를 기다리면서 1주일을 보낸다고도 할 수 있었다. 기다린다는 것은 앞질러간다는 것을 뜻하며, 시간과 현재를 귀중한 것으로 느끼지 않고 방해물로 느끼며, 시간과 현재 자체의 가치를 인정하지 않고 그것을 무시한 채 마음속에서 뛰어넘어 버리는 것이다. 기다리는 사람은 시간이 길다고 한다. 그러나 기다리는 사람이야말로 시간을 짧게 만든다고 할 수도 있다. 기다리는 사람은 긴 시간을 긴 시간으로 보내지 않고, 그것을 이용하지 않은 채 마구 삼켜 버리는 것과 같기 때문이다. 기다리기만 하는 사람은, 소화 기관이 받은 음식물을 영양분으로 바꾸지 않고 그냥 지나가게 하는 대식가와 같다. 한 걸음 더 나아가 소화할 수 없는 음식이 인간을 강하게 할 수 없는 것처럼, 기다리기만 하고 지낸 시간은 인간을 늙게 만들지 않는다고도 말할 수 있다. 물론 순수하게 기다리기만 하며, 그 밖에는 아무것도 생각하지 않고 아무 일도 하지 않는 경우는 두말할 나위 없이 실제로 있을 수 없다.

그런데 이렇게 1주일이 마구 삼켜지고 일요일 오후의 우편 시간이, 1주일 전의 그 시간이 다시 찾아왔다. 마찬가지로 숨막히는 듯한 기회를 줄곧 품고 있고, 또 그것이 쇼샤 부인과 사회적인 관계가 맺어지는 기회였기에 한스 카스토르프의 심장은 조이고 뛰었으나, 그는 아직 이 기회를 행동에 옮기지는 않았다. 거기에는 군대적인 장애와 문화적인 장애가 가로막고 있었다. 하나는 근엄한 요아힘의 존재, 그리고 한스 카스토르프 자신의 명예와 의무에 관련된 장애였고, 또 하나는 클라브디아 쇼샤에 대한 세속적 관계, 즉 '당신'이라고 부르고 인사하고 프랑스어로 서로 말을 나누는 문화적인 관계—그런 관계는 필요하지도 않고, 소망스럽지도 않다는 기분에서 오는 장애였다. 그는 옛날에 프리비슬라프 히페가 교정에서 웃으며 말하는 것과 같이, 그녀가 웃으며 말하는 모습을 서서 보았다. 그녀의 입은 웃을 때 무척 크게 벌어졌고, 광대뼈 위의 조금 비뚤어진 녹회색의 눈은 실처럼 가늘어졌다. 결코 '아름답지'는 않았으나 그녀의 있는 그대로의 모습이었다. 더욱이 사랑하는 사람에게는 도덕적 방면에서 냉정한 판단을 내릴 수 없는 것과 마찬가지로, 심미적 방면에서도 냉정한 판단은 내릴 수 없는 것이다.

"당신도 우편 서류를 기다리고 있습니까, 엔지니어?"

이렇게 말하는 사람은 방해자 말고는 없다. 한스 카스토르프는 깜짝 놀라 뒤를 돌아보고, 눈앞에 미소를 지으면서 서 있는 세템브리니를 보았다. 언젠가 통나무로 만든 물줄기 옆 벤치 있는 데서 초심자인 한스 카스토르프에게 첫 인사를 했을 때의 섬세한 인문주의자다운 미소였다. 그런데 그 미소를 보자 한스 카스토르프는 그때와 마찬가지로 얼굴을 붉혔다. 꿈 속에서는 이 '손풍금쟁이'를 "여기 계시면 방해가 됩니다" 여러 번 밀어내려고 했지만, 깨어 있을 때에는 그와는 달리 마음이 가라앉을 뿐 아니라 마침 잘 만났다는 고마운 기분까지 들었다.

"우편 서류라뇨, 세템브리니 씨. 나는 대사(大使)가 아닙니다. 우리 친척 중 누군가에게서 엽서 정도가 와 있겠지요. 사촌이 지금 보러 갔습니다."

"나는 벌써 저 절름발이에게서 우편물을 조금 받았습니다."

세템브리니는 언제나 변함없는 단벌 모직 윗도리 옆주머니에 손을 대보였다.

"흥미로운 우편물입니다. 문학적 의의와 사회적 의의가 있는 우편물이지요. 바로 백과사전에 대한 것인데, 어떤 인문 단체가 나에게도 그 일부를 담당해 달라고 부탁해 온 것입니다. 요컨대 꽤 큰일이지요."

세템브리니는 여기서 말을 잠깐 멈추더니 화제를 돌렸다.

"그런데 당신은 그 뒤 어떻습니까? 기후에 익숙해지는 일은 어느 정도 진전이 있습니까? 당신은 아직 이런 질문을 우습게 여길 만큼 이곳에 오래 있지 않았으니 말입니다."

"고맙습니다, 세템브리니 씨. 여전히 잘 되지 않고 있습니다. 마지막까지 이런 게 아닐까 생각합니다. 내가 여기에 왔을 때 사촌이 말해 준 바에 따르면, 여기 기후에 익숙해지려고 아무리 애써도 잘 안 되는 사람이 적지 않다는군요. 그러나 익숙하지 않은 것에 익숙해지는 경우도 있을 겁니다."

그 말에 이탈리아인이 웃으며 말했다.

"까다롭게 익숙해지는 방법이군요. 특이한 경우의 정착입니다. 물론 젊은 사람들에게는 가능한 일입니다. 익숙해지지 않아도 어쨌든 뿌리는 박습니다."

"게다가 여기는 시베리아 광산은 아니니까 말입니다."

"그렇지요. 아, 그런데 당신은 동방과의 비교를 즐겨 쓰십니다. 이해가 갑니다. 아시아가 우리를 삼켜버리려 하고 있으니까요. 어디를 보아도 타타르인의 얼굴뿐입니다."

그리고 세템브리니는 어깨 너머로 살짝 뒤를 돌아보았다.

"칭기즈칸, 스텝 지대의 늑대의 눈, 눈(雪)과 보드카, 가죽 채찍과 감옥의 거리, 굳게 닫힌 성(城)과 러시아 정교. 우리는 이 현관에 지혜의 신 팔라스 아테네를 위해 제단을 세울 필요가 있겠습니다. 방어의 의미에서 말입니다. 보십시오. 저기서 속옷을 입지 않은 이반 이바노비치가 파라반트 검사하고 말다툼을 하고 있습니다. 두 사람 모두 우편물을 받을 차례가 자기라고 주장하고 있습니다. 나는 어느 편이 옳은지는 모릅니다만, 내 기분으로 검사 편이 팔라스 아테네의 보호를 받고 있는 것 같습니다. 그는 어리석기는 하지만 라틴어를 알고 있으니 말입니다."

한스 카스토르프가 웃었다. 그러나 세템브리니는 소리내어 웃는 일이 전혀 없었다. 그가 진심으로 웃는 모습이란 상상할 수 없었다. 입가를 조금 냉정하게 긴장시켜서 짓는 미소 말고는 결코 웃지 않았다. 그는 청년이 웃는 것을 바라보며 물었다.

"당신의 X-레이 사진은 받았습니까?"

그 질문에 한스 카스토르프는 진지하게 대답했다.

"받았습니다. 바로 최근입니다. 여기 있습니다."

그는 이렇게 말하고 가슴 안주머니에 손을 넣었다.

"아, 당신은 그것을 지갑에 넣어 가지고 다니는군요. 말하자면 신분 증명서, 여권, 회원증처럼 말입니다. 아주 좋습니다. 잠깐 보여 주시겠습니까."

세템브리니는 이렇게 말하고 꺼멓고 두꺼운 종이틀에 들어 있는 작은 유리판을 왼손 엄지손가락과 집게손가락으로 집고 햇빛에 비춰 보았는데, 이것은 이 위에서 흔히 볼 수 있는 광경이었다. 세템브리니는 검은 사진을 검사하면서 까만 눈의 갸름한 얼굴을 조금 찌푸렸는데, 그것을 더 자세히 보기 위해 찌푸린 것인지 다른 이유 때문인지는 확실하지 않았다.

잠시 뒤에 세템브리니는 말했다.

"그렇군요. 이것으로 당신도 신분 증명서가 손안에 들어온 셈이군요. 고맙습니다."

그러고는 그 유리판을 어깨 너머로 주인에게 돌려 주었다.

한스 카스토르프가 물었다.

"줄을 보았습니까? 그리고 결절(結節)도 말입니다."

세템브리니는 말을 길게 빼면서 대답했다.

"당신도 아시리라 믿습니다. 내가 이런 사진의 가치를 어떻게 생각하고 있는지 말입니다. 또 내부의 반점과 그림자가, 거의 어느 것이나 생리적이라는 것도 알고 계시리라 믿습니다. 나는 당신의 사진과 비슷한 사진을 많이 보아 왔습니다. 다만 그것이 과연 정말로 '증명서'가 될 수 있는지는 보는 사람의 생각에 달라질 수 있습니다. 물론 내가 말하는 것은 오랜 경험을 가진 비전문가의 생각입니다만."

"당신의 증명서는 내 것보다 더 나쁜 것입니까?"

"그렇습니다. 좀더 나쁜 것입니다. 게다가 나는 우리 전문가 선생들도 이런 어린애 장난감 같은 것만 가지고 진단을 내리지 않는다는 사실도 알고 있습니다. 그건 그렇고, 당신은 우리가 있는 이곳에서 겨울을 보낼 작정입니까?"

"아마 그렇게 될 것 같습니다. 아마 사촌과 함께 돌아가게 되지 않을까 생각합니다."

"익숙하지 않은 것에 익숙해지듯이…… 당신은 아까 꽤 재미있는 표현을 했는데, 물론 준비는 다 되어 있겠지요? 따뜻한 옷이라든가 툭툭한 구두 같은 것 말입니다."

"전부 다 갖추었습니다, 세템브리니 씨. 집에 부탁했더니 가정부가 모두 빠른 객차 편으로 보내 주었습니다. 이제는 견뎌낼 수 있습니다."

"그 말을 들으니 안심이 됩니다. 그런데 잠깐, 침낭도 없어서는 안됩니다. 가죽으로 만든 것 말입니다. 우물쭈물할 시간이 없습니다. 이런 늦여름은 믿을 수가 없습니다. 한 시간 뒤에는 추운 겨울이 올지도 모르니까요. 당신은 이 위에서 아주 추운 몇 개월을 보내게 될 것입니다……."

"네, 안정용 부대 말이군요. 그것도 일곱 가지 도구 가운데 하나이지요. 나도 사촌과 함께 앞으로 시내에 가서 하나 사야 하겠다고 생각하고 있습니다. 퇴원한 뒤에도 쓸 수 있는 것은 아니지만 결국 4개월 또는 6개월 동안은 도움이 되겠지요."

세템브리니는 청년의 코 앞에 다가와서 목소리를 낮추어 말했다.

"도움이 되고말고요, 엔지니어. 당신이 여기서 시간을 낭비하는 것이 얼마나 몸서리쳐지도록 무서운 것인지 알지 못합니까? 그것이 부자연스럽고 당신의 본성에 어긋나고 당신의 젊음에서 오는 순응성에 따르는 것이기 때문에 몸서리가 납니다. 아, 젊은 사람들의 과도한 순응성, 이것은 교육자를 절망시킵니다. 왜냐하면 젊은 사람들은 나쁜 일에만 순응하려고 하기 때문입니다. 당신은 여기에 널리 퍼지고 있는 공기에 영향받지 말고 당신의 유럽적인 생활 양식에 알맞은 말을 사용하십시오. 여기에는 특히 아시아적인 것이 널리 퍼지고 있습니다. 모스크바계의 몽골인이 우글거리고 있을 뿐입니다. 그 사람들에게⋯⋯."

이렇게 말하고 세템브리니는 턱으로 뒤를 가리켜 보였다.

"저런 사람들에게 기분을 순응해서는 안 됩니다. 저 사람들의 사고 방식에 감염되어서는 안 됩니다. 오히려 당신은 그들의 본성에 대해 당신의 본성, 더 고상한 본성을 주장하십시오. 그리고 서구의 아들, 신성한 서구의 아들, 문명의 아들이 민족적으로 갖고 있는 신성한 것, 요컨대 시간을 신성시하여 주십시오⋯⋯ 시간을 낭비하는 야만적인 대담성, 이것은 아시아적입니다. 이 또한 동방의 아들에게 여기가 기분 좋게 느껴지는 이유의 하나일 것입니다. 아십니까? 러시아인이 '네 시간'이라고 하는 것은 우리가 '한 시간'이라고 하는 것과 거의 같다는 것을 말입니다. 그들의 시간에 대한 무관심이 그들 나라의 미개한 넓이와 연관성이 있다는 것은 쉽게 생각할 수 있습니다. 공간이 많은 곳에는 시간도 많습니다. 그들은 많은 시간을 갖고 기다릴 수 있는 민족입니다. 그러나 우리 유럽인들은 그것이 불가능합니다. 섬세하게 분할된 우리의 고귀한 공간이 부족한 것처럼, 우리는 시간도 부족합니다. 우리는 공간과 시간의 어느 것도 면밀히 처리하고 이용하도록 강요받고 있습니다. 엔지니어, 우리 도시 문명의 이 중심과 초점, 사상을 상징으로 하여 생각해 주십시오. 도시에서 땅값이 오르고 공간의 낭비가 불가능해지면서 이것과 보조를 맞추어 도시에서는 시간도 날이 갈수록 귀중한 것이 되고 있습니다. 시간을 아끼라고 어떤 도

시인*6이 이렇게 노래했습니다. 시간이란 신들의 선물로, 인간에게 이용하도록 빌려 준 것입니다. 엔지니어, 인류의 진보를 위해서 쓰도록 말입니다."

마지막 이 '인류의 진보'라는 독일어는 지중해 연안에서 태어난 세템브리니에게는 정말 발음하기 어려웠을 텐데, 그는 명확하고 명쾌하며 유창하게, 조형적이라고 말할 수 있게 발음했다. 한스 카스토르프는 설교를 듣는 학생처럼 멍하니, 조금은 어색하고 부끄럽다는 듯이 인사했을 뿐, 아무런 대답도 하지 못했다. 어떻게 대답할 것인가? 세템브리니의 개인 교습은 다른 요양객에게 등을 돌린 채 거의 속삭이듯이 행해졌고, 비사교적이고 비대화적이었기 때문에 이에 대해 찬동을 표명하는 것까지도 무례하게 생각될 것 같았다. 교사의 설교에 "정말 훌륭한 말씀이었습니다" 대답하는 학생은 없으리라. 한스 카스토르프는 이전에는 사교적으로 대등한 처지를 잃지 않기 위해 그런 대답을 한 일도 가끔 있었지만, 인문주의자가 이렇게 교육자적인 어조로 절실하게 말한 적은 없었기 때문에 그 훈계를 잠자코 듣는 수밖에 없었다. 도덕 설교를 듣는 초등학교 학생처럼 황송해하면서. 게다가 세템브리니의 모습은, 그가 입을 다물고 있는 동안에도 그의 사상이 진전되고 있음을 느끼게 했다. 그가 한스 카스토르프의 코 앞에 계속 서 있었기 때문에 한스 카스토르프는 몸을 좀 뒤로 젖히지 않으면 안 되었다. 그러나 이탈리아인의 검은 눈은 생각에 잠긴 듯이 청년의 얼굴을 응시했다.

세템브리니는 말을 계속했다.

"당신은 고민하고 있습니다. 엔지니어. 길을 잃은 사람처럼 당신은 고민하고 있습니다. 누가 이것을 알아차리지 못하겠습니까? 그러나 고민에 대한 당신의 태도 또한 유럽적이어야 합니다. 부드럽고 병에 걸리기 쉽기 때문에 이곳에 저토록 많은 사람들을 보내고 있는 동방과 같아서는 안 됩니다. 동정과 무한한 인내와 순종, 이것이 고뇌에 대한 아시아의 태도입니다. 그것은 우리나 당신의 태도는 아니며, 또한 그래서는 안 됩니다. 나의 이 우편물 말입니다만…… 보십시오, 이것은…… 아니 여기보다는 저쪽이 낫겠습니다. 여기서는 원, 저기로 들어가기로 합시다. 당신에게 털어놓을 게 있습니다. 저쪽으로 갑시다."

세템브리니는 뒤로 돌아서 한스 카스토르프를 현관 바로 옆에 붙어 있는

*6 로마의 시인 호라티우스, 기원전 65~8.

응접실로 데리고 갔다. 그곳은 바깥 현관에 가장 가까운 응접실로, 무엇을 쓴다든지 독서용 방으로 배당되었는데, 지금은 손님이 한 사람도 없었다. 이곳은 밝은 느낌의 둥근 천장에, 벽은 참나무 판자로 되어 있었다. 책장이 나란히 있고, 틀에 끼운 신문이 중앙 테이블 위에 놓여 있었다. 그 주위에는 의자가 나란히 있고, 튀어나온 아치형 창 아래에는 책상이 있었다. 세템브리니는 그 유리창 쪽으로 가까이 갔다. 한스 카스토르프도 그의 뒤를 따라갔다. 입구 문은 열려 있었다.

이탈리아인은 거친 모직 옷이 부대처럼 불룩해진 옆주머니에서 개봉된 두툼한 큰 봉투를 재빨리 꺼내어, 봉투 속의 여러 인쇄물과 한 통의 편지를 한스 카스토르프의 눈앞에서 하나씩 내보였다.

"이 문서에는 프랑스어로 '진보 촉진 국제 연맹'이라고 인쇄되어 있습니다. 이 연맹의 지부 소재지인 루가노에서 보내온 것입니다. 당신은 연맹의 원칙, 그 목적을 알고 싶지 않습니까? 나는 그것을 두 가지 말로 대답하겠습니다. 바로 '진보 촉진 연맹'은 다윈의 진화론에서 인류의 가장 내재적 천직이 자기 완성에 있다고 하는 철학적 견해를 연역하는 것이 첫 번째이고, 여기에서 결론지어 그 천직을 다하려고 하는 자는 누구나 인류 진보를 위해 적극적으로 힘을 다할 의무가 있다는 것이 두 번째입니다. 이 연맹의 깃발 아래 많은 사람들이 모여들었고 프랑스·이탈리아·스페인·터키, 그리고 독일에도 꽤 많은 회원이 있습니다. 나도 회원 명부에 이름을 얹는 영광을 얻었습니다. 인류라는 유기체에 대해 현재 개선이 가능하다고 생각되는 모든 면을 포함한 과학적인 대규모의 개혁안이 작성되었습니다. 그리고 인류의 건강 문제가 검토되고, 증진하는 공업화에 한탄할 만한 곁딸린 현상으로 간주되는 인류 퇴화의 모든 방지책이 검토되고 있습니다. 또 연맹은 국립 대학의 설립, 효과가 있으며 적절하다고 생각되는 사회적 개선에 따른 계급 투쟁의 극복, 마지막으로 국제법의 발달에 의한 민족 투쟁과 전쟁의 제거를 위해 폭넓고 수준높은 노력을 하고 있습니다. 여러 국제 잡지가 연맹의 활동을 말해 주고 있습니다. 3,4개국의 세계어로 문학적 인류의 진보에 대해 아주 흥미 깊은 보고를 하는 월간 잡지입니다. 여러 개의 지부가 온갖 나라에 설치되어 토론의 밤과 일요일 대회를 통해 '인류 진보의 이상과 정신'이라는 표어 아래 계몽과 교화에 온 힘을 기울이고 있습니다. 특히 연맹은 모든 나라의 진보적인 정치 단체에 정보를 제공하여, 그것을 돕는 데 노력하고 있습니다…… 당신은 내 말을 듣고 계시는지요, 엔지니어?"

"물론입니다."

한스 카스토르프는 당황하여 말했다. 대답을 하면서 발이 미끄러졌는데 겨우 위태롭게 그대로 밟고 서 있을 수 있었다.

세템브리니는 이 대답에 만족한 듯했다.

"이런 이야기는 아마 처음 듣는 일이라 깜짝 놀랐으리라 믿습니다만……."

"네, 솔직히 처음 듣는 이야기입니다. 그런……그런 노력에 대해 듣는 것은 말입니다."

세템브리니는 갑자기 목소리를 낮추며 말했다.

"당신이 이것을 더 일찍 들었더라면! 그러나 지금부터라도 늦지 않을 것입니다. 그래서 이 인쇄물 말인데요…… 당신은 이게 어떤 인쇄물인지 알고 싶지요?…… 그러면 계속 들어 주십시오. 지난 봄에 연맹 총회가 바르셀로나에서 성대하게 치러졌습니다. 아시다시피 이 도시는 정치적 진보의 관념과 특별히 깊은 관련이 있는 도시입니다. 회의는 연회와 제전 속에 1주일 동안 계속되었습니다. 아, 나도 거기에 가고 싶었습니다. 회의에 참석하기를 간절히 바랐지요. 그러나 고문관 악당이 죽어도 괜찮다면 하고 위협하는 바람에 허가를 얻지 못하고 말았습니다. 그러니 별 도리가 없지요. 나는 죽음이 무서워서 출발을 못했습니다. 이해해 주시겠지만, 나의 좋지 못한 건강이 내게 준 이 아픔 때문에 나는 절망할 뿐이었습니다. 우리의 유기적 부분, 동물적 부분 때문에 이성에 봉사하는 것을 방해당하는 일처럼 비통한 것은 없습니다. 그런고로 루가노 지부에서 받은 이 편지가 나에게는 한결 더 기쁜 것입니다. 당신은 이 편지 내용에 흥미를 느끼시겠지요? 그러리라고 믿습니다. 그 요지를 간단하게 말씀드리지요…… '진보 촉진 연맹'은 임무로 하는 것이 인류의 복지 초래, 다시 말하면 조직있는 사회 활동으로 인류의 고뇌를 막고, 나아가서는 그 고뇌를 완전히 없애는 데에 있습니다. 또한 이 최고 임무는 완전한 국가를 궁극적 목표로 하는 사회 과학의 도움으로만 실현될 수 있다는 사실에 비추어, 연맹은 바르셀로나에서 많은 권수로 된 '고뇌 사회학'이라는 표제로 인간 고뇌의 모든 종별에 따라 면밀하고도 철저하며 체계적으로 다루는 책 편찬을 결의했습니다. 어쩌면 당신은 여기에 대해 종별과 체계가 무슨 도움이 되겠는가 하고 반박하실 것입니다만, 나는 이렇게 대답하겠습니다. 정리와 분리야말로 극복의 첫걸음이며, 참으로 무서운 것은 정체가 분명치 않은 적입니다. 우리는 인류를 공포와 체념적인 무감각한 원시 상태에서 해방시키고 목적을 확실하게 의식한 행동의 단계로 이끌어야 합니다. 이것이 '사회 병리학'이 의도하는 것입니다. 이 병리학은 약 20권에 달하는 백과사전적인 총서로, 적어도 생각할 수 있는 한의 인류가 지닌 고뇌를 모두 열거하고 해부하게 되어 있습니다. 더없이 개인적이고 사적인 고뇌로부터 시작하여 집단적인 갈등, 즉 계급 투쟁과 국제간의 충돌에서 생기는 고뇌에 이르기까지입니다. 요컨대 '사회 병리학'은 인간의 모든 고뇌를 구성하는 화학적 성분을 여러 가지 혼합과 결합 이전의 상태로 돌아가 끄집어내 보이는 것입니다. 그리고 인간의 존엄성과 행복을 지침으로 하여, 고뇌의 원인 제거에 효과가 있으며 알맞다고 생각되는 수단과 방법을 모든 경우에 걸쳐 인류에게 제공하려는 것입니다. 유럽 학계의 저명한 전문가, 의사, 경제학자, 심리학자들이 이 고뇌 백과사전의 편찬에 협력하여 루가노의 편찬 본부가 원고를 모으는 수조가 될 것입니다. 그리고 이 작업에 내가 어떤 역할을 맡고 있는지 당신은 눈으로 묻고 계시는군요? 마지막까지 들어 주십시오. 이 일대 작업은 문학까지도 소홀히 하지 않습니다. 문학이 인간의 고뇌를 대상으로 하는 한 말입니다. 특히 문학도 한 권이 예정되어 있어, 그 속에서는 고민하는 사람들을 위로하고 가르치는 목적 아래, 세계 문학 가운데서 개개의 갈등에 참고가 될 수 있을 모든 걸작을 집대성하고 간결하게 분석하기로 되어 있습니다. 그리고 그것이 여기에 보시는 이 편지 속에서, 당신의 충실한 하인인 나에게 명령되어 온 작업입니다."

"무슨 말씀입니까? 하인이라니요, 세템브리니 씨. 그러나 진심으로 기쁘다는 말씀을 드리고 싶습니다. 연맹이 당신에게 그 일을 위촉하여 온 것은 조금도 이상하지 않습니다. 그리고 당신으로서도 인간의 고뇌 해소에 협력하신다는 것은 얼마나 만족스러운 일이겠습니까?"

세템브리니는 사려 깊은 표정으로 말했다.

"방대한 작업입니다. 여러 모로 섭렵하고 독서도 해야 합니다."

그는 작업의 방대함에 다소 멍한 눈초리를 하면서 덧붙였다.

"특히 문학은 거의 언제나 고뇌를 대상으로 삼고 있고, 이류 삼류의 작품도 어떤 형태로든 고뇌를 다루고 있습니다. 그러나 그런 것은 문제가 아닙니다.

아니, 그런 만큼 더욱 좋다고 생각합니다! 내 작업은 아무리 폭넓은 것이라 해도 아무튼 이런 역겨운 장소에서도 이럭저럭 처리할 수 있는 성질의 작업입니다. 여기서 그것을 완결하고 싶지는 않지만 말입니다⋯⋯."

세템브리니는 한스 카스토르프에게 바싹 다가오면서 목소리를 거의 속삭이듯이 낮게 하여 계속했다.

"이것은 당신의 경우, 자연이 당신에게 부과한 작업과는 관계가 없습니다. 엔지니어, 나는 그것을 당신에게 말하고 당신에게 주의를 주고 싶었습니다. 내가 당신의 천직을 얼마나 찬미하는지는 당신도 알고 계십니다. 그러나 당신의 천직은 실제적인 것이고 정신적인 것이 아니므로, 당신은 나와는 달리 아래 세상에서만 그것을 수행할 수 있습니다. 당신은 평지에서만 유럽인이 될 수 있습니다. 당신이 하는 방법으로 고뇌를 적극적으로 이겨낼 수도, 진보에 이바지할 수도, 시간을 이용할 수도 있습니다. 내가 나의 작업에 대해 당신에게 말씀드린 것도, 당신이 반성하고 생각을 달리 하게 하여 당신의 생각을 바르게 고치기 위함이었을 뿐입니다. 이곳 공기의 영향으로 분명히 혼란스러워지기 시작한 당신의 생각을 말입니다. 나는 당신에게 몇 번이고 말씀드립니다. 자신을 비굴하게 하지 마십시오. 자부심을 가지고 전혀 다른 이 세계에 말려들지 말아 주십시오. 이 진흙 구덩이에서, 이 마녀의 섬에서 도망치십시오. 오디세우스가 아닌 이상 당신이 여기서 무사히 지내게 될 리가 없습니다. 머지않아 네 발로 걸어다니게 될 겁니다. 벌써 앞다리가 땅에 붙으려고 하고 있습니다. 얼마 안 있으면 엉엉 울기 시작할 것입니다. 주의하십시오."

인문주의자는 낮은 목소리로 훈계하면서 심하게 머리를 흔들었다. 그러고는 눈을 내리깔고 눈썹을 찌푸리더니 입을 다물었다. 한스 카스토르프는 여느 때와 마찬가지로 농담을 하고 가볍게 달아나려고 생각했지만, 이번에는 그것이 불가능했다. 그도 눈을 아래로 내리깔고 서 있었다. 그러고는 그도 어깨를 으쓱하고 낮은 목소리로 물었다.

"내가 어떻게 하면 좋겠습니까?"

"지금 말씀드린 대로입니다."

"이곳을 떠나라는 것입니까?"

세템브리니는 말이 없었다.

"내가 고향으로 떠나야 한다는 말입니까?"

"그것은 첫날밤에 당신에게 충고해 드렸습니다, 엔지니어."

"그렇습니다. 그때는 나도 그렇게 할 수 있는 처지에 있었습니다. 물론 여기의 공기가 나에게 좀 좋지 않다는 것만으로 예정을 바꾼다는 것은 이성에 어긋난다고 생각했습니다만. 그러나 그 뒤로 사태가 아주 달라졌습니다. 그 뒤 진찰을 받았는데 베렌스 고문관이 나에게 솔직하게 이렇게 말했습니다. '돌아가도 아무 소용이 없다. 얼마 안 있으면 다시 되돌아오게 될 것이다. 아래 세상에서 지금처럼 계속 살았으면 폐엽이 몽땅 없어져 버렸을 것이다' 하고 말입니다."

"알고 있습니다. 그리고 이번에는 주머니에 신분 증명서까지 가지고 있습니다."

"당신은 그것을 빈정대며 말씀하시지만…… 물론 그것은 옳은 이유, 한순간도 오해할 수 없을 뿐더러 수사학의 확실하고 고전적인 수단인 이유를 갖고 말씀하셨습니다. 보시다시피 나는 당신의 말씀을 모두 다 잘 알고 있습니다. 그러나 당신은 이 사진이 있는데도, 그리고 뢴트겐 검사의 결과와 고문관의 진단이 있는 현재에도 나더러 떠나가라고 말씀하시니 그 말씀에 책임을 질 수 있습니까?"

세템브리니는 순간 망설였다. 그리고 그는 몸을 일으키고 눈을 들어 한스 카스토르프를 검은 눈으로 바라보고는 연극적이고 기교적인 느낌이 드는 억양으로 대답했다.

"좋습니다, 엔지니어. 책임지겠습니다."

그러자 한스 카스토르프의 태도도 긴장했다. 그는 발꿈치를 모으고 서서 세템브리니의 눈을 똑바로 쳐다보았다. 이번에는 싸움이었다. 한스 카스토르프는 한 치도 물러서지 않았다. 세템브리니가 가까운 곳에서 준 영향이 그를 강하게 한 것이다. 이쪽에는 교육자, 방 밖에는 눈이 가느다란 부인이 있었다. 한스 카스토르프는 과격한 말을 사과하려 하지도 않고 "나쁘게 생각하지 말아 주십시오" 덧붙이지도 않았다. 그는 대답했다.

"그렇다면 당신은 당신 일에는 주의 깊고, 남의 일에는 신중하지 않은 분이라는 것이 됩니다. 당신은 의사의 금지를 무시해 가면서까지 바르셀로나의 진보 회의에 가려고 하지 않았습니다. 당신은 죽음을 두려워해서 여기에 머물러 계셨습니다."

이 반박으로 세템브리니의 자세가 얼마쯤 흔들린 것은 사실이었다. 그는 조금 괴로운 듯한 미소를 띠면서 말했다.

　"당신의 논리는 좀 궤변 같다고 말할 수 있습니다만, 나는 그런 빈틈없는 대답을 존중할 줄 압니다. 나는 여기서 병을 중하게 보이려고 하는 좋지 않은 경쟁에 유행처럼 가입하는 것에 혐오를 느끼기 때문에 잠자코 있습니다만, 그렇지 않다면 내가 당신보다 훨씬 병이 무겁다는 사실을 말할 것입니다. 유감스럽습니다만 정말 병이 무거워서, 언제 이곳을 떠나 아래 세계로 돌아갈 수 있으리라는 희망을 가진다 하더라도 그건 어딘지 기교적이고 자기 기만인 것입니다. 만일 그런 희망을 가지는 것이 완전히 무의미하다는 것이 알려지면, 그 순간에 나는 이 요양원을 나와 골짜기에 있는 어떤 하숙집으로 옮기고 여생을 지내게 될 것입니다. 이는 슬픈 일입니다만, 내 작업의 세계가 아주 자유롭고 정신적인 세계이기 때문에, 여기 있어도 숨이 붙어 있는 한 인류를 위해 노력하고 병의 정신에 반항할 수 있을 것입니다. 이 점에서 우리 두 사람 사이에 차이점이 있는 것은 아까도 말씀드린 대로입니다. 엔지니어, 당신은 당신이 갖고 있는 훌륭한 천분을 여기서는 발휘할 수 없는 사람입니다. 이 점은 당신을 처음 만났을 때부터 알고 있었습니다. 당신은 내가 바르셀로나에 가지 않은 것을 비난하셨습니다. 나는 죽음을 스스로 재촉하고 싶지 않았기 때문에 의사의 말에 복종했습니다. 그러나 나는 이 불쌍한 육체의 횡포에 매우 엄중한 조건, 정신의 아주 자랑스러운 비통한 항의로써 거기에 가는 것을 단념했습니다. 이곳 권위자들의 명령에 따라 여기에 머물러 있는 당신에게 과연 나와 같은 열렬한 항의가 불타고 있는지 어떤지. 오히려 당신이 너무 쉽게 순종한다는 것은 육체와 그 나쁜 본능 때문이 아닐까요……?"

　"당신은 대체 육체의 어떤 점이 좋지 않다고 하시는 겁니까?"

　한스 카스토르프는 상대의 말을 재빨리 가로막으며 충혈된 푸른 눈을 크게 뜨고 상대의 얼굴을 보았다. 자기의 대담성에 머리가 어지러워졌고, 태도에도 그것이 드러나 있었다. 그는 생각했다.

　'나는 무엇을 떠들어대는 것일까? 이거 큰일 날 것 같은데. 그러나 전쟁은 선포되었다. 궁지에 몰릴 때까지는 지지 말아야지. 물론 그가 틀림없이 이기겠지만 그것은 문제가 아니다. 내가 패배 당해도 얻는 것이 있을 것이다. 그를 초조하게 만드는 것만으로도 만족이다.'

그래서 한스 카스토르프는 항의를 계속했다.

"당신은 인문주의자이죠? 그런 당신이 육체를 어째서 나쁘게 말하는 것입니까?"

세템브리니는 이번에는 자연스럽게 자신 있는 미소를 지었다.

"당신은 정신 분석의 어떤 점이 좋지 않다고 말씀하는 것입니까?"

세템브리니는 머리를 갸우뚱하고 한스 카스토르프가 언젠가 한 말을 흉내 냈다.

"전날 당신은 '당신은 정신 분석에 반대하십니까?' 하고 나더러 물었는데, 나는 언제 어느 때라도 대답할 수 있습니다. 엔지니어."

그는 허리를 굽히고 절을 하는 듯한 몸짓을 하면서 말했다.

"특히 당신의 항의가 훌륭한 항의라면 더욱 그렇습니다. 당신은 꽤 훌륭하게 응수하십니다. 인문주의자—그렇습니다. 나는 인문주의자입니다. 나에게 금욕적인 경향이 있다고는 누구도 말할 수 없을 것입니다. 나는 형태, 아름다움, 자유, 명랑함, 향락을 긍정하고 존중하고 사랑하는 것처럼 육체를 긍정하고 존중하고 사랑합니다. 감상적인 현실 도피에 대해 '현세'와 현세적 행복을 옹호하고, 낭만주의에 대해 고전주의를 옹호하는 것처럼 말입니다. 나의 주장은 또렷하다고 생각합니다. 그러나 내 최고의 긍정이고 마지막 존경과 사랑이 향하는 힘과 원리가 있습니다. 그 힘, 그 원리는 정신입니다. 나는 '영혼'이라 부르는 귀찮은 달빛의 환영과 망령 때문에 육체를 천하게 다루는 것을 보면 몸서리가 쳐집니다만, 육체와 정신과의 대립에서는 육체가 사악한 악마적 원리입니다. 육체는 자연이기 때문입니다. 그리고 자연은—정신과 이성에 비교해서 말입니다—사악하기 때문입니다. 신비롭고 사악합니다. '당신은 인문주의자이시지요?' 이렇게 물었지요? 물론 나는 인문주의자입니다. 왜냐하면 나는 프로메테우스가 그러했듯이 인간의 친구이며 인류와 그 귀족성의 애호가이기 때문입니다. 그러나 이 귀족성은 기독교가 말하는 '영혼'에 있는 게 아니라 정신과 이성에 있는 것입니다. 따라서 인류의 귀족성을 존중하는 인문주의가 정신의 육체와 자연에 대한 예속을 굴욕, 치욕이라고 느끼는 날이 있다고 해도, 당신이 그것을 기독교적인 비개화주의라고 비난한다면 번지수가 틀렸습니다……."

한스 카스토르프는 그렇지 않다는 몸짓을 했다.

세템브리니는 다시 강조했다.

"……그 비난은 번지수가 틀렸습니다. 당신은 위대한 플로티노스가 육체를 가진 것을 부끄럽게 생각한다고 말했다는 사실을 알고 계십니까?"

세템브리니는 이렇게 묻고 정말로 대답을 기다리는 눈치였으므로, 한스 카스토르프는 할 수 없이 처음 듣는 말이라고 고백했다.

"포르피리오스가 이를 전하고 있습니다. 비상식적인 말이라고 할 수 있지만, 비상식적인 것이야말로 정신적으로는 존경받을 만합니다. 정신이 자연에 대해 자신의 존엄성을 주장하고 자연에 굴복하기를 거부하는 것을 비상식이라고 비난하는 것처럼 불쌍한 것은 없습니다…… 엔지니어, 당신은 리스본의 지진 이야기를 들은 적이 있습니까?"

"아니오. 지진이 있었습니까? 나는 여기 온 뒤로는 신문을 보지 않아서……."

"아니, 당신은 내 말을 오해하고 있습니다. 그리고 덧붙여 말씀드리지만 당신이 여기서 신문을 읽고 있지 않다는 것은 슬픈 일입니다. 그리고 그것이 바로 여기가 어떤 장소라는 것을 말해 주는 사실이기도 합니다. 그러나 당신은 오해하고 있습니다. 내가 말하는 천지 이변은 요즘 일이 아니라 오늘로부터 거의 250년 전의 일입니다……."

"아, 그렇습니까? 그렇지, 그렇지, 그렇지요. 어디선지 읽은 적이 있습니다. 그 무렵 괴테가 바이마르의 침실에서 밤중에 하인한테 말한……."

세템브리니는 눈을 감고 햇빛에 그을린 작은 손을 공중에 흔들면서 상대의 말을 가로막았다.

"아, 나는 그것을 말한 게 아닙니다. 당신은 두 지진을 혼동하고 있습니다. 당신이 말하는 것은 메시나의 지진입니다. 내가 말하는 것은 1765년에 리스본을 급습한 지진입니다."

"이거 실례했습니다."

"그때 볼테르는 거기에 반항했습니다."

"무슨 말입니까. 반항했다니요?"

"반항했습니다. 그렇습니다. 볼테르는 그 잔인한 운명과 진실을 감수하지 않았습니다. 거기에 굴복하는 것을 거부한 것입니다. 번화한 도시의 4분의 3과 몇 천 명의 인명을 앗아간 자연의 파렴치한 포악함에 대해, 그는 정신과 이성의 이름으로 항의했습니다…… 놀라시는 겁니까, 웃으시는 겁니까? 놀라시는 것은 상관없지만 웃으신다면 실례지만 삼가주십시오. 볼테르의 태도는 하늘을 향해 활을 쏘았다는 고대의 갈리아인의 참된 후예로서 어울리는 태도입니다…… 아십니까, 엔지니어? 이것이야말로 자연에 대한 정신의 적개심, 자랑스러운 불신, 자연과 그 사악한 비이성적인 힘에 대한 비평 정신의 고매한 주장입니다. 왜냐하면 자연은 폭력적이기 때문입니다. 그리고 폭력을 감수하고 이에 굴복하는 것은 노예적 행위이기 때문입니다. 볼테르의 태도는 육체를 사악한 악마적인 원리라고 생각하고, 그러면서도 전혀 모순과 당착에 빠지지 않고 또 기독교적인 현세 도피에 빠지는 일도 없는 인문주의의 한 예입니다. 내가 인문주의자이면서 육체를 나쁘게 말하는 것을 당신은 모순이라고 말씀하셨지만, 결국 그것은 언제나 같은 것에 대해 모순이라고 간주하고 있습니다. 요전에도 당신은 '정신 분석의 어떤 점이 나쁘다고 말씀하시는 것입니까?' 하고 물었습니다. 아무 데도 나쁜 것이 없습니다…… 분석이 교화와 해방, 진보를 지향하는 한에서는 말입니다. 분석이 추악한 썩은 냄새를 동반하는 경우에는 좋은 데가 없습니다. 육체에 대해서도 마찬가지입니다. 육체의 해방과 아름다움, 관능의 자유, 행복과 쾌락이 추구되는 경우에는 육체는 존중되고 옹호되어야 합니다. 그러나 육체가 둔감과 무기력의 원리가 되고, 광명을 향한 운동을 방해하는 경우에는 멸시되어야 합니다. 육체가 병과 죽음의 원인을 대표하고 육체 고유의 정신이 이치에 어긋나고 부패와 음탕, 파렴치의 정신인 경우에는 멸시해야 합니다……."

세템브리니는 말을 끝맺으려 할 때 마지막 말을, 한스 카스토르프의 코앞에 서서 거의 목소리를 죽이고 빨리 말해 버렸다. 한스 카스토르프에게 구원의 손길이 다가왔기 때문이다. 요아힘이 엽서 두 장을 갖고 독서실로 들어온 것이다. 문필가는 말을 딱 끊고 사교적인 경쾌한 어조로 옮겼지만, 그 경쾌함은 그의 제자—한스 카스토르프를 이렇게 부를 수 있다면—에게 어떤 인상을 주지 않을 수 없었다.

"오셨군요, 소위님. 사촌을 찾으셨지요? 미안합니다. 우리는 여기서 열띤 대화를 했습니다. 언쟁을 좀 했습니다. 사촌은 논쟁이 벌어지면 얕잡아 볼 수 없는 상대입니다."

고전문학 연구

점심 식사가 끝난 뒤 한스 카스토르프와 요아힘 침센은 푸른 웃옷에 흰 바지 차림으로 정원 의자에 앉아 있었다. 이날도 이곳에서 찬미되는 10월의 어느 하루로, 화창하고 상쾌하며 화려하고도 조금 더웠다. 골짜기 위에는 남국과 같은 푸른 하늘이 펼쳐졌고, 길은 여러 갈래로 줄달음치고 있었다. 인가가 들어선 골짜기의 풀밭은 아직도 밝은 녹색을 띠고 있었고, 거친 숲에 덮인 비탈에서는 암소의 단조로운 방울 소리가 평화롭게 울려 퍼졌다. 그 소리는 희박하고 공허할 만큼 조용해진 공기 속을 선명하게, 흐트러짐 없이 흘러와서 고원을 지배하는 휴일 기분을 짙게 해 주었다.

사촌들은 정원 한구석에 둥글게 심어져 있는 나무 앞 벤치에 앉아 있었다. 거기는 베르크호프 일대의 골짜기보다 5미터나 높은 곳에 있는 울타리를 두른, 대지의 서북단이었다. 두 사람 모두 말이 없었다. 한스 카스토르프는 시가를 피웠다. 그는 요아힘에게 내심 화를 내고 있었다. 요아힘이 식사 뒤 안정 요양을 하기 전의 베란다 모임에 참석하려 하지 않고, 자기를 이 조용한 정원으로 억지로 끌고 왔기 때문이었다. 요아힘의 횡포라고 할 수 있었다. 엄밀히 말하면 두 사람은 샴 쌍둥이가 아니므로 둘의 취미가 서로 달라지면 언제라도 떨어질 수 있는 사이였다. 한스 카스토르프는 요아힘을 상대해 주기 위해 이 위에 머물러 있는 게 아니라 그도 환자 중의 한 사람이었다. 그런 의미에서 시무룩했지만, 그에게는 마리아만치니가 있었기 때문에 계속 이렇게 시무룩한 표정이었다. 그는 웃옷의 옆주머니에 두 손을 넣고, 다갈색 구두를 신은 두 다리를 앞으로 내밀고, 이제 겨우 타기 시작해서 아직 재를 한 번도 털지 않은 회색의 긴 시가를 좀 밑으로 드리워 물고, 식후에 완전히 옛 맛을 되찾은 풍부한 시가의 향기를 맛보고 있었다. 이 위에서의 그의 순응 작용은 익숙해지지 않는 일에 익숙해졌을 뿐이라고 해도, 위(胃)의 화학 반응이나 건조하여 출혈을 자주 하는 코의 점막 신경에 대해서는 이미 순응이 된 것 같았다. 교묘하게 만들어진 식물성 자극과 마비 수단에 대한 유기체적 쾌감은 날이 갈수록, 65일 또한 70일이 지나는 사이 여러 번의 진척 상태를 알아차리지 못한 사이에 완전히 회복되어 있었다. 그는 회복된 기능을 기뻐했다. 그리고 이 정신적 만족감도 생리적 쾌감을 더해 주었다. 여기에 갖고 온 시가 200개는 병상 생활을 하는 동안 절약되어 아직도 남아 있었다. 그리고 속옷과 겨울옷과 함께 브레멘 제품의 마리아 시가 500개를 샬렌에게 보내 오게 했기에 더 보충할 수 있었다. 그것은 래커칠을 한 아름다운 상자 속에 들어 있었는데, 그 상자는 지구의(地球儀)와 많은 상패와 깃발이 휘날리는 전람회장이 금색으로 그려져 있었다.

두 사람이 벤치에 앉아 있는데, 우연히도 베렌스 고문관이 정원을 걸어왔다. 고문관은 지금 홀에서 점심 식사를 하고 오는 길이었다. 그들은 아까 잘로몬 부인의 식탁에서 고문관이 큰 손을 마주잡고 있는 것을 보았었다. 아마 그는 그 뒤 테라스에 남아서 그 독특한 어조로 말하면서, 아직 본 일이 없는 사람들을 위해 구두끈 묘기를 보이고 있었던 것이리라. 그랬던 그가 이제 자갈길을 어슬렁거리며 이리로 가까이 오고 있었다. 수술복을 입지 않고, 가는 바둑판 무늬 연미복 차림으로 실크 모자를 머리에 쓰고, 마찬가지로 아주 검은 색의 시가를 입에 물고 흰 연기를 내뿜으면서 가까이 오고 있었다. 창백하게 상기된 볼, 납작코, 젖은 푸른 눈, 한쪽이 치켜 올라간 콧수염—그의 얼굴은 조금 구부정한 장신의 체구와 거대한 팔다리에 비해 작았다. 그는 신경 과민이라 사촌들의 존재를 알아차리자 눈에 보일 만큼 깜짝 놀랐다. 뿐만 아니라 당황한 듯이 발걸음을 멈추기까지 했다. 그 이유는 그대로 걷다가는 사촌들 쪽으로 곧장 내닫지 않을 수 없었기 때문이다. 그는 여느 때와 같이 상투적인 말투로, "여기들 있었군요. 티모테우스"라든가 두 사람의 신진대사를 축복하는 말 등으로 인사하고, 두 사람이 그에게 경의를 표시하며 일어서려는 것을 막으며 계속 앉아 있으라고 했다.

"그대로, 그대로. 나 같은 서민에게 신경 쓰지 마십시오. 그러면 오히려 미안합니다. 더욱이 두 분 모두 환자니까요. 상관 마십시오. 지금 상태에 아무 불만이 없습니다."

고문관은 두 사람 앞에 계속 서서, 커다란 오른손의 집게손가락과 가운뎃손가락 사이에 시가를 끼워 들었다.

"그 시가는 맛이 어떻습니까, 카스토르프 군? 좀 보여 주십시오. 이래봬도 나는 그 방면에 안목이 있는 애연가랍니다. 잿빛은 좋습니다. 도대체 이 갈색의 연인은 뭐라고 부릅니까?"

"마리아만치니라고 하는 브레멘 제품의 식후용 잎담배입니다. 값이 아주 싸지요. 순품(純品)으로 19페니히입니다만, 보통 이런 값으로는 바라기 어려운 향기가 있습니다. 수마트라 하바나의 잎으로, 보시다시피 아랫잎입니다. 나는 이것에 완전히 젖어 버렸습니다. 짙은 혼합으로 향기가 아주 높으며 혓바닥 감촉이 부드럽지요. 재를 오래 털지 않는 게 좋기 때문에 나는 많아야 두 번밖에 재를 털지 않습니다. 물론 간혹 불량품도 있습니다만, 제조할 때 세심한 주의를 기울이고 있어서 정말 믿을 수 있는 제품이며, 더욱이 연기가 아주 잘 빨립니다. 한 개비 피워 보시지 않겠습니까?"

"고맙습니다. 그럼 한 개비 교환해 볼까요?"

이리하여 두 사람은 저마다 담뱃갑을 꺼냈다.

고문관은 잎담배 한 개를 꺼내면서 말했다.

"이것도 품질이 좋습니다. 질도 좋고, 맛도 좋고, 힘도 있습니다. 성 펠릭스 브라질이라고 하는데, 나는 줄곧 이것을 피우고 있습니다. 정말이지 근심 걱정을 없애 주는 최고의 것입니다. 브랜디처럼 톡 쏘는 맛이 있는데, 특히 마지막에 가까워 올수록 더 독해집니다. 이걸 피울 때는 조심해야지, 함부로 계속 피울 수는 없습니다. 남자의 힘으로도 당해 내지 못하지요. 그러나 하루 종일 수증기 같은 것을 피우는 것보다는 톡 쏘는 것을 한 대 피우는 게 낫습니다."

두 사람은 서로 교환한 시가를 손가락 사이에서 돌려, 전문가다운 안목으로 시가의 날씬한 몸매를 바라보았다. 가장자리가 조금 부풀었고, 여기저기에 틈이 있으며, 평행으로 비스듬히 감긴 모양이 늑골 같았고, 두드러진 엽맥(葉脈)은 맥박을 치는 것 같았다. 울퉁불퉁한 표면은 인간의 피부를 느끼게 했고, 표면과 모난 곳에 빛이 흐르는 정도에 따라 뭔가 생명이 있는 것 같은 느낌이었다. 한스 카스토르프는 이와 같은 생각을 입 밖에 내어 말했다.

"이런 시가는 마치 살아 있는 것 같군요. 엄연히 호흡을 하고 있습니다. 고향에서 내가 마리아에게 습기가 차지 않도록 밀폐된 양철통 속에 넣어 둔 적이 있었습니다. 그런데 어찌 된 영문인지 마리아는 죽고 말았습니다. 숨이 끊어져 1주일만에 죽어 버렸지요. 가죽처럼 바삭바삭하게 되어버렸답니다."

그리고 두 사람은 시가, 특히 외국산 시가를 저장하는 가장 좋은 방법에 대한 경험담을 주고받았다. 고문관은 외국산 시가를 좋아하여 될 수 있으면 독한 하바나만 피우고 싶은 모양이었다. 그러나 유감스럽게도 하바나는 고문관에게 너무 독했다. 그는 어떤 모임 석상에서 사랑했던 두 개의 헨리 클레이 때문에 하마터면 저 세상으로 갈 뻔했다는 이야기를 했다.

"나는 커피를 마시면서 아무 생각 없이 한 개, 또 한 개를 연거푸 피웠습니다. 그러나 다 피우고 나자마자 내가 어떻게 된 걸까 하는 의문이 들기 시작했습니다. 아무튼 보통과 전혀 다른 아주 이상한 기분이 되었습니다. 태어나 처음 맛보는 기분이었습니다. 집에까지 가까스로 돌아오긴 했지만, 돌아와서야 이건 예삿일이 아니구나 하는 것을 처음으로 알았던 것입니다. 발이 얼음처럼 차가웠고, 온몸은 식은땀으로 흠뻑 젖어, 얼굴은 모시처럼 창백하고, 심장 고동은 뒤죽박죽이 되어 맥박은 실오라기처럼 거의 느낄 수 없을 정도였다가 갑자기 세차게 뛰는 것이었습니다. 그리고 머리는 어지럽기 이를 데 없었습니다…… 나는 훨훨 날아 저 세상으로 가 버리는 게 아닌가 하는 생각이 들기도 했습니다. 훨훨 날아 저 세상으로 퇴장하리라는 것은 그때 머리에 떠오른 말 그대로이며, 그때의 상태를 꼭 그대로 표현한 말일 것입니다. 더 정확히 이야기하자면, 너무나 무서워서 온몸이 모두 공포 덩어리였습니다. 그러나 한편으로는 아주 마음이 들떠 정말이지 축제 기분이었습니다. 이런 공포와 축제의 기분이란 아시다시피 서로 물리치는 것이 아닙니다. 난생 처음으로 아가씨를 껴안은 젊은이나 그 아가씨 또한 공포를 느끼면서도, 동시에 두 사람 다 황홀해서 녹아 버릴 지경이지 않습니까? 나 또한 그랬습니다. 나도 녹아 버릴 지경이 되어, 어찌나 가슴이 뛰는지 훨훨 날아서 하마터면 이 세상과 작별하게 될 뻔했습니다. 다행히도 밀렌동크 여사의 간호 덕분에 겨우 그 위험한 기분에서 깨어날 수 있었던 것입니다. 얼음 찜질, 브러시 마찰, 캠퍼 주사 등으로 가까스로 살아날 수 있었습니다."

한스 카스토르프는 환자 자격으로 벤치에 앉아서 뭔가를 생각하는 듯한 얼굴로 베렌스의 얼굴을 쳐다보고 있었다. 베렌스의 푸르게 젖은 눈은 이야기하는 사이에 눈물이 가득히 괴어 있었다.

"당신은 가끔 그림을 그리시지요, 고문관님.?"

한스 카스토르프는 갑자기 이렇게 물었다.

고문관은 펄쩍 뛰어 오르는 시늉을 했다.

"아니, 젊은이, 갑자기 그게 무슨 생각에서 하는 말이오?"

"미안합니다. 어떤 기회에 그런 이야기를 들었기 때문입니다. 지금 갑자기 그 생각이 났습니다."

"그렇다면 나도 덮어놓고 부정하지는 않겠습니다. 우리는 모두 약한 인간이니까요. 그렇습니다. 그런 때도 있었습니다. 스페인 사람처럼 입버릇으로 하는 말은 아니지만, 나도 화가의 한 사람입니다."

"풍경화가입니까?"

한스 카스토르프는 짤막하게, 좀 버릇없는 말투로 물었다. 그때의 분위기가 그로 하여금 자기도 모르는 사이에 그런 어조로 이야기하게 했다.

"무엇이든지 그립니다."

고문관은 계면쩍어하면서도 뽐내듯 대답했다.

"풍경, 정물, 동물, 나는 무엇이든 그립니다."

"그러면 초상화는요?"

"초상화도 한 번은 주문 받은 일이 있습니다. 당신 초상화도 한 번 그리게 해 주시겠습니까?"

"하하하, 아닙니다. 하지만 언제 한 번 고문관님의 작품을 구경할 수 있으면 참 고맙겠습니다."

이때 요아힘은 깜짝 놀라면서 사촌의 얼굴을 쳐다보았으나, 자기도 구경할 수 있으면 참 고맙겠다고 다급하게 사촌을 따라 말했다. 베렌스는 너무 기뻐서 황홀할 정도였다. 기쁨으로 얼굴이 빨개졌고 눈에서는 눈물이 흘러나올 것 같았다.

"좋습니다!"

베렌스가 외쳤다.

"말할 수 없이 기쁩니다. 괜찮으시다면 오늘 곧 보여 드리지요. 이쪽으로 오십시오. 함께 갑시다. 내 집에서 터키 커피라도 대접하겠습니다."

그는 두 청년의 팔을 잡고는 벤치에서 일으켜 세웠다. 그리고 두 사람 사이에 매달리다시피 하면서 자갈길을 따라 두 사람을 그의 집으로 안내했다. 고문관의 집은 두 사람도 알고 있었던 것처럼 베르크호프 건물의 서북쪽 날개에 있었고, 정면에서 그 날개는 가까웠다.

"나도 옛날에는 가끔 이 방면에 손을 대 본 적이 있었지요."

한스 카스토르프가 말했다.

"아니, 정식으로 유화를 그리셨다는 말씀입니까?"

"아니, 천만에요. 수채화를 한두 점 그리다가 그 이상은 진전을 보지 못했습니다. 배를 그리고 바다를 스케치했지만, 모두 어린애 장난 같은 것이었지요.

그러나 그림을 보는 게 좋아서 이런 실례를……."

이 설명에서 요아힘은 사촌의 이상한 호기심에 대한 이유를 이해할 수 있게 되어 얼마쯤 안심했다. 한스 카스토르프도 고문관에게보다 요아힘에게 들려주기 위해 그의 그림 수업 이야기를 끄집어 냈다. 세 사람은 고문관의 집에 이르렀다. 베르크호프의 이쪽에는 바깥의 주차장과는 달리 양옆에 가로등이 즐비한 화려한 현관은 없었다. 몇 개의 둥근 계단을 올라가니 느티나무 옆에 들어가는 문이 있었다. 고문관은 열쇠가 잔뜩 달린 열쇠 다발에서 하나를 골라내어 문을 열었는데, 그 손이 부들부들 떨렸다. 신경과민인 것만은 틀림없었다. 베렌스는 휴대품을 놓는 설비가 되어 있는 방에 들어가 그곳에 중산모를 걸었다. 그 방 뒤에는 짧은 복도가 있었는데, 이 복도는 건물의 주요 부분과 한 장의 유리문으로 격리되어 있었고, 양쪽에는 작은 개인실이 나란히 있었다. 베렌스는 그 복도에서 하녀를 부르더니 용건을 알렸다. 그러고는 손님을 격려하는 듯한 명랑한 문구를 연발하면서 오른편 문의 하나로 두 사람을 맞아들였다.

평범한 소시민적 취미인 듯한 가구가 놓인 두세 개의 방이 바깥 골짜기를 내려다보고 있었다. 방과 방을 연결하는 문은 없고, 커튼이 칸막이 구실을 하고 있었다. '고대 독일풍'의 식당과 사무용 책상이 있는 거실 겸 서재, 터키풍으로 된 객실이 있었는데, 서재에 있는 사무용 책상 위에는 대학 모자와 두 개의 칼이 X모양으로 걸려 있었고, 모직 양탄자와 책장과 소파 세트도 있었다. 곳곳에 고문관이 직접 그린 그림들이 걸려 있었다. 사촌들은 들어가자마자 곧 감탄하는 자세를 취하면서, 눈길은 재빨리 그림으로 보냈다. 이미 세상을 떠난 고문관 부인의 모습이 여기저기 보였는데, 유화 초상화도 있었으며 사무용 책상 위에는 사진도 있었다. 한들거리는 엷은 옷을 입은 어딘지 수수께끼 같은 느낌이 드는 금발머리의 부인으로, 두 손을 왼쪽 어깨에 모으고―그것도 꼭 모으지 않고 손가락 끝을 가볍게 휘감을 정도로 모았다―눈은 하늘을 향하든지 아니면 깊이 아래로 내리깔았는데, 눈꺼풀에서 비스듬히 나온 긴 속눈썹으로 덮여 있었다. 고인의 모습은 정면을 바라보고 있는 것은 하나도 없었다. 이 밖의 그림은 거의가 산을 그린 풍경화로 눈이 아니면 전나무로 덮인 산, 짙은 안개로 덮인 산 등인데, 날카롭게 그려진 선이 세간티니*7 식으

---

*7 이탈리아 화가, 1858~1899. 이탈리아 알프스 산지의 주민의 생활을 즐겨 그렸다.

로 깊은 창공을 뚫고 있는 산들이었다. 또 목동의 오막살이집, 양지바른 풀밭에 서 있거나 누운 목 밑이 처진 암소들, 비틀어진 목을 야채 사이로 테이블에 드리우고 있는 날개 뜯긴 닭, 그리고 꽃과 산지 주민들을 그린 그림도 있었다. 어느 그림이나 아마추어 화가다운 가벼운 터치로 그려졌으며 빛깔이 대담하게 칠해졌고, 튜브에서 짜서 직접 캔버스에 바른 것같이 마르기까지 시간이 꽤 걸렸을 것 같은 그림도 여기 저기 있었다. 심한 실수로 보이는 곳도 있었지만 그런 면이 오히려 효과를 내기도 했다.

사촌들은 이 집 주인의 안내로 전람회를 관람하고 다니는 것처럼 벽을 따라서 걸어갔다. 주인은 가끔 그림의 동기를 설명하는 것 말고는 잠자코 있으면서, 예술가다운 자부심에 벅찬 심정으로 자기 작품을 남들과 함께 감상하는 기쁨에 젖었다. 클라브디아 쇼샤의 초상화도 거실 유리창과 유리창 사이의 벽에 걸려 있었다. 이 초상화는 실물과는 거리가 멀었지만, 그래도 한스 카스토르프는 거실로 발을 들여놓는 순간 그것을 알아차렸다. 그는 일부러 그 장소를 피해서 다른 두 사람을 식당에 머물게 하고, 자기는 거기에 걸린 푸른 빙하를 배경으로 한 제르기 계곡의 초록빛 풍경화에 감탄하는 척하면서 자기 마음대로 터키식으로 된 객실로 들어갔다. 거기에서도 찬사를 곁들이면서 샅샅이 보고 난 뒤에 드디어 거실 입구 가까이의 벽으로 옮겨가, 요아힘에게 찬사를 여러 번 촉구하면서 감상했다. 드디어 그는 위로 돌아서면서 적당하게 놀란 표정을 지으며 말했다.

"아니, 저기 낯익은 얼굴이 있었군."

"누군지 알겠습니까?"

베렌스는 듣고 싶은 듯 물었다.

"알고 있습니다. 틀릴 리가 없습니다. '일류 러시아인 자리'에 앉은 부인으로 프랑스식 이름의……."

"그렇습니다. 쇼샤 부인입니다. 실물과 비슷하다니 기쁩니다."

"똑같습니다."

한스 카스토르프는 거짓말을 했다. 거짓말을 하려고 하지는 않았지만, 그도 여교사에게서 예비 지식을 받고 있지 않았더라면 모델이 누구인지 전혀 알아보지 못했을 것이라고 느꼈기 때문이다. 요아힘도 마찬가지로, 그도 한스 카스토르프의 언급이 없었더라면 그 모델을 알아보지 못했을 것이다. 감쪽같이 당한 선량한 요아힘은 한스 카스토르프에게 끌려다닌 뒤, 이제 겨우 사실을 알 수 있게 되었다.

"아, 그런가?"

요아힘은 중얼거리면서 초상화를 함께 바라보는 역할을 했다. 사촌은 베란다의 모임에 들어가지 못한 것을 여기서 메운 것이다.

초상화는 실물보다 좀 작았으며, 비스듬한 옆모습의 흉상이었다. 목덜미가 드러났고, 어깨와 가슴둘레에는 망사를 걸치고 있었다. 그 그림은 캔버스에 접하는 곳을 금색으로 꾸민, 안으로 경사진 넓은 액자에 끼워져 있었다. 개성을 강조하고 싶어하는 아마추어 화가의 솜씨 그대로 쇼샤 부인도 실제 나이보다 열 살쯤 늙어 보였다. 전체적으로 볼 때 얼굴에 붉은 빛이 너무 많고, 코도 서툴게 그려졌으며, 머리빛깔도 실물과는 달리 짚같이 보이고, 입이 비뚤어지고, 얼굴의 특별한 매력은 보지를 못했는지 표현할 수가 없었는지, 매력의 원인이 빠진 실패작이었다. 초상화로서도 모델과는 너무나 거리가 멀었다. 그러나 한스 카스토르프는 실물과 닮지 않았다는 사실을 그리 문제삼지 않았다. 그 그림은 쇼샤 부인을 나타낸 것이고, 쇼샤 부인은 이 방 어디에서 이 그림의 모델이 되었을 터이며, 이 그림과 쇼샤 부인과의 연관은 그것만으로도 다분히 깊은 것으로 느껴졌기 때문에 그는 그것으로 충분했다. 그는 감동하여, 되풀이해서 말했다.

"실물과 꼭 같습니다."

"너무 그렇게 말씀하지 마십시오."

고문관은 겸손하게 대답했다.

"졸작입니다. 모델에게는 스무 번쯤이나 앉아 달라고 했습니다만, 충분히 소화했다는 자부심은 갖지 못하고 있습니다. 더욱이 저렇게 복잡한 얼굴을 어떻게 소화할 수 있단 말입니까? 북극인 같은 광대뼈와 효모 넣은 빵에 금이 간 듯한 눈을 보면 그리기 쉬운 것같이 생각될지 모르겠으나 꽤 어렵습니다. 세세한 부분을 충실히 그려 놓으면 전체를 놓치고 맙니다. 정말 어렵습니다. 아마 그녀는 모델로 앉혀 놓고 그릴 게 아니라, 기억에 따라 그려야 할 인물인 것 같습니다. 그녀를 알고 있습니까?"

"안다고도 할 수 있고, 그렇지 않다고도 할 수 있습니다. 여기서 얼굴을 알게 된 정도의 표면적인 것입니다……."

"나는 그녀를 오히려 내면적으로, 즉 피하적(皮下的)으로 알고 있습니다. 그녀의 동맥, 혈압, 조직의 활력, 림프 운동에 대해 꽤 자세히 알고 있습니다. 어떤 의미에서는 표면적인 것이 더 어렵습니다. 그녀가 걷는 모습을 보셨습니까? 그녀의 얼굴은 걸음걸이와 똑같습니다. 살며시 다가오는 고양이 얼굴입니다. 이를테면 눈을 보기로 합시다. 빛깔을 말하는 게 아닙니다. 빛깔도 이상이긴 합니다만 내가 말하는 것은 그 눈매 말입니다. 당신은 그녀의 눈매가 가느다랗고 비스듬하게 올라가 있다고 생각하지요? 그러나 그건 그렇게 보일 뿐입니다. 그렇게 사람의 눈을 현혹시키는 것은 안으로 사팔뜨기이며 눈꺼풀에 살이 많은 것으로, 어떤 민족에서 볼 수 있는 돌연변이의 하나입니다. 이것은 그들의 넓적한 콧마루 때문에 지나치게 많은 살이 눈꺼풀 위에 높게 안으로 덮고 있기 때문입니다. 시험삼아 콧마루의 가죽을 조금 집어 올려 보십시오. 우리와 다름없는 눈이 됩니다. 하나의 속임수입니다. 물론 그다지 명예스러운 일은 아닙니다. 분명히 말하면 안으로의 사팔뜨기는 격세유전적(隔世遺傳的)인 발육 불완전에서 오는 하나의 기형이라고 말할 수 있으니까 말입니다."

"그렇군요, 고문관님. 그런 줄은 전혀 몰랐습니다만, 그런 눈에는 전부터 흥미를 가지고 있었습니다."

"야유이고 기만입니다. 저 눈을 그저 비스듬히 올라간 모양으로 실처럼 그려 보십시오. 그러면 영 아니올시다 입니다. 저렇게 올라가 붙은 실눈은 자연이 저렇게 만든 것처럼 그리지 않으면 안 됩니다. 말하자면 자기도 속아야 남도 속이는 것입니다. 그러기 위해서는 안으로 된 사팔눈에 대한 지식을 가지고 있을 필요가 있습니다. 모든 것을 알아 두어서 해로울 것은 없으니까요. 이 피부를 보십시오. 이 몸의 피부 말입니다. 실물과 닮았습니까? 아니면 별로 그렇지 않습니까? 당신 의견은 어떻습니까?"

"아주 생생하게 그려져 있습니다. 이렇게 잘 그려진 피부는 이때까지 본 적이 없다고 생각합니다. 털구멍까지 보이는 것 같습니다."

한스 카스토르프는 초상화의 드러난 목덜미 부분을 손바닥으로 살짝 만져 보았다. 그 피부는 언제나 햇빛을 본 일이 없는 몸의 부분처럼 매우 희어서, 얼굴의 지나친 붉은 빛과 대조를 이루었다. 우연인지는 몰라도 노출되어 있다는 느낌을 강력하게 불러 일으켰다. 어쨌든 꽤 생생한 효과를 내고 있었다. 그러나 한스 카스토르프의 찬사는 겉치레 인사만은 아니었다. 푸른 망사 속에 가려진 날씬하지만 여위지 않은 가슴에, 어렴풋하게 빛나는 흰 피부는 정말 살아 있는 느낌이었다. 분명히 감정을 들여 그렸지만, 화가는 그 피부가 발산하는 감미로운 느낌을 해치지 않고 피부에 과학적인 사실성과 생생한 정밀성을 부여하는 데 성공하고 있었다. 화가는 캔버스의 오톨도톨함을 이용하여 피부 표면에 특유한 느낌을 주고 있었다.

특히 부드럽게 올라가는 쇄골 근처에서 그 오톨도톨함을 유화물감만으로 피부의 자연스러움을 생생하게 표현하고 있었다. 왼쪽 가슴 윗부분에 있는 작은 주근깨도 빼놓지 않았고, 유방의 두 언덕 사이에는 희미하고 푸른 혈관이 투명하게 보이는 것 같았다. 보는 사람의 시선을 의식하는지 드러난 피부 표면에는 보이지 않는 수치심의 전율이 느껴졌다. 과장하여 말한다면, 땀의 분비, 눈에 보이지 않는 살 냄새가 느껴지고, 입술을 대면 물감과 니스 냄새가 아니라 체취가 풍길 것 같기도 했다. 이는 모두 한스 카스토르프가 받은 연상을 그대로 전한 것이다. 그는 이 그림에서 이런 인상을 받으려는 기분을 특히 강하게 가지고 있었는지도 모른다. 어쨌든 쇼샤 부인의 드러난 가슴을 그린 초상화가 그 방의 다른 어떤 그림보다도 훨씬 주목할 만한 작품이라는 것은 어느 모로 보나 확실했다.

베렌스 고문관은 두 손을 바지 주머니에 넣고 구두 뒤축과 발끝으로 몸을 앞뒤로 흔들면서, 두 손님과 함께 자기 작품을 바라보고 있었다.

"기쁩니다, 여러분. 여러분이 내 작품을 알아 주셔서 기쁩니다. 그렇습니다. 피부의 표면 아래 있는 것에 대해서 어느 정도 지식을 가지고 있는 것도 유익할 것입니다. 눈에 보이지 않는 것까지 함께 그릴 수 있다면 말입니다. 서정적인 것 이상의 다른 관계를 자연에 대해서 갖는 것도 좋은 일입니다. 이를테면 화가가 의사, 생리학자, 해부학자가 되어 부인의 피부 아래 것에 대해서도 지식이 있다면 마음 든든하고 유리한 일입니다. 이 그림의 피부는 과학을 내포하고 있습니다. 현미경으로 그 유기적 정확성을 조사해도 좋습니다. 표피의 점액층과 각질층이 보일 뿐만 아니라 그 밑에 진피 조직과 이에 따르는 지방선, 땀샘, 혈관, 소유두까지 그려져 있습니다. 또 그 밑에는 지방질, 즉 많은 지방 세포에 의해 여성의 매력적인 형태를 이루는 쿠션도 그려져 있습니다. 마음에 의도된 것은 저절로 밖으로 나타나게 되지요. 그것은 손 안에 흘러들어와서 그 나름대로의 작용을 하는 겁니다. 생생한 실감은, 실재하지 않으나 어딘지 존재하는 것이 됩니다.”

한스 카스토르프는 고문관의 이 말에 흥분이 되어, 이마까지 빨개지고 눈이 빛났다. 이것저것 입 밖에 내고 싶은 말이 많아, 어느 것부터 시작했으면 좋을지 몰랐다. 그는 먼저 첫째로 이 그림을 창과 창 사이의 어스름한 벽에서 더 밝은 장소로 옮기고 싶었고, 둘째로 아주 흥미를 느끼게 된 피부 구조를 실마리 삼아 화제를 진행하고 싶었다. 셋째로는 자기 자신의 철학적 일반론을 드러내 보고 싶었다.

그는 초상화에 손을 대어 벽에서 떼어 내리려고 하면서 재빨리 말했다.

“그렇습니다, 그렇습니다. 말씀대로입니다. 그건 정말 중요한 것입니다…… 내가 말하고 싶은 것은 고문관님은 ‘다른 관계를 갖는다’고 말씀하셨습니다. ‘서정적 관계 외에도’ 라고 말씀하셨다고 생각합니다. 즉 예술가로서의 관계 말고 다른 관계를 가지고 있어서, 대상을 아주 다른 관점에서, 이를테면 의학적 견지에서 바라본다면 도움이 된다고 말씀하셨습니다. 사실입니다. 죄송합니다. 그런데 그것은 근본적으로 다른 여러 관계나 견지가 아니라 언제나 같은 보편적 관심사의 변화가 문제되는 게 아닐까요? 예술가의 작업도 그렇게 말할 수 있다면 그 일부분, 한 형태에 지나지 않기 때문에 저는 당신의 설이 멋진 진리라고 생각합니다. 용서해 주십시오, 이 그림을 떼겠습니다. 여기서는 빛이 아주 부족합니다. 보면 아실 것입니다. 제가 이것을 저기 소파 있는 데로 옮겨보겠습니다. 과연 전혀 다른 효과가 생기지 않을까요?…… 제가 말하고 싶었던 것은 의학은 무엇을 대상으로 하고 있을까요? 저는 의학에 대해서는 물론 아무것도 모릅니다만, 아무튼 의학은 인간을 대상으로 하고 있습니다. 그리고 또 많은 경우에 교육자의 일에 결부되는 언어학은요? 그리고 신학, 종교, 성직은요? 그 어느 것도 인간을 대상으로 삼고 있고 어느 것도 어떤 하나의 중요한 관심, 즉 인간에 대한 관심의 변화에 불과한 것입니다. 한 마디로 어느 것이나 인문적인 작업으로 그 어느 것을 배우려고 해도 모든 기초로 고대어를 배웁니다. 그렇습니다. 이른바 형식적 교양 때문에 말입니다. 제가 이 말을 하는 것을 이상하게 생각하실 것입니다. 실제로 저는 기술자일 뿐이기 때문입니다. 그러나 저는 요즈음 안정 요양을 하면서 생각했습니다. 어떤 종류의 인문적 직업에도 형식적인 것, 형식의 관념과 형식미, 즉 아름다운 형태라는 관념이 기본이 된다는 것은 멋진 일이며, 인생에서 놀라운 구조의 하나라고 생각합니다. 이것이 직업에 뭔가 고귀하고 비실용적인 성질을 띠게 하고, 또한 감정과 예의 범절을 부여하고, 그 때문에 관심이 거의 우아한 것으로 높여집니다…… 제 표현이 아마 딱 들어맞지는 않을 것입니다. 요컨대 그것으로 보아도 정신적인 것과 아름다움, 다시 말해서 과학과 예술은 혼합되며, 사실은 같은 것임을 가르쳐 줍니다. 따라서 예술적 활동도 제5분과에서는 확실히 그 일부분이며, 또한 예술의 가장 중요한 주제나 관심은 역시 인간이라는 점을 당신도 인정하셔야 합니다. 내가 소년이었을 때 그림 공부를 했다고는 하지만, 그저 배와 물을 그린 정도에 지나지 않습니다. 그런데도 가장 그리고 싶은 것은 뭐니뭐니해도 초상화입니다. 직접적인 대상이 인간이기 때문입니다. 그래서 아까도 고문관님께 초상화도 그리느냐고 물었던 것입니다…… 그림을 여기에 걸어 두는 게 훨씬 더 효과적이 아닐지요?"

베렌스와 요아힘 두 사람 모두, 제멋대로 떠들어대는 한스 카스토르프를 부끄럽지도 않은가 하고 묻는 듯이 쳐다보았다. 그러나 한스 카스토르프는 말하는 데 열중해서 겸연쩍어하지도 않았다. 그는 그림을 소파 위의 벽에 대고, 빛을 받는 방향이 훨씬 더 좋지 않느냐고 물었다. 그때 하녀가 쟁반 위에 더운물과 알코올 램프와 커피 잔을 얹어 가지고 왔다. 고문관은 그것을 객실로 가져가도록 말하고, 이어서 한스 카스토르프에게 이야기했다.

"그렇다면 당신은 그림보다 조각에 흥미를 가졌어야 했습니다. 어쨌든 그쪽이 빛을 잘 받는군요. 이 그림이 그렇게 밝은 곳으로 내놓아도 될 만한 작품이라면 말입니다. 왜냐하면 조각이야말로 순수하게 인간 형태에 관계되고 있으니까 말입니다. 자, 물이 식기 전에 한 잔 드십시오."

"그렇군요. 조각이라……."

한스 카스토르프는 다른 두 사람과 옆방으로 옮겨 가면서 말했다. 그는 그림을 제자리에 거는 것도, 아래로 내려놓는 것도 잊어버리고 액자 아래쪽을 쥐고 옆방으로 가지고 갔다.

"그렇지요. 그리스의 비너스나 운동선수들의 조각에 인문적인 것이 가장 뚜렷이 나타나 있지요. 또 사실은 그런 것이 진짜이고 정말로 인문적인 예술일 것입니다. 잘 생각해 보면 말이지요."

고문관이 말했다.

"그러나 저 아름다운 쇼샤에 대해 말씀드리면 그녀는 아무튼 조각보다는 그림에 더 알맞은 대상이라고 하겠습니다. 피디아스도 그렇고, 이름 끝이 유대식으로 된 또 한 사람의 조각가도, 그녀와 같은 인상에는 코를 찌푸렸을 것입니다…… 왜 그러십니까? 그렇게 하찮은 그림을 뭐하러 그렇게 들고 다니십니까?"

"죄송합니다. 이 그림을 잠시 의자 다리에 기대어 두겠습니다. 잠시 동안만 세워 두겠습니다…… 그러나 그리스의 조각가들은 얼굴에는 그다지 관심을 가지지 않았습니다. 그들에게는 육체가 문제였는데, 그것이 아마 바로 인문적인 것이었겠지요…… 그런데 여성의 조형성, 이것은 지방질에서 오는 게 아닙니까?"

"지방질에서 오지요."

고문관은 벽장 문을 열어 커피를 타는 데 필요한 도구들을 꺼내면서 말했다. 그것은 터키식의 파이프 모양의 커피 분쇄기, 긴 자루가 달린 커피 주전자, 가루로 만든 커피와 설탕을 넣는 이중 용기로 모두 놋쇠 그릇이었다.

"팔미틴, 스테아린, 올레인."

고문관은 지방의 성분을 열거하면서 양철통에서 커피 알을 커피 분쇄기 안에 넣어 핸들을 돌렸다.

"보시다시피 나는 처음부터 마지막까지 내가 직접 합니다. 이렇게 하면 맛은 그만입니다. 당신은 이것을 뭐라고 생각했습니까? 불로장수의 신선약이라고 생각했습니까?"

"아닙니다. 나도 알고는 있었습니다. 그러나 말씀을 들으니 아무래도 이상한 기분이 듭니다."

세 사람은 객실 문과 유리창 사이의 구석에 자리잡고, 동양식으로 꾸며진 놋쇠판이 붙은 등나무 테이블에 둘러앉았다. 커피 도구와 담배 도구가 그 위에 함께 놓여 있었다. 요아힘은 비단 쿠션이 여러 개 놓인 터키식의 긴 의자에 베렌스와 함께 앉았고, 한스 카스토르프는 작은 바퀴가 달린 팔걸이의자에 앉아 쇼샤 부인의 초상화를 거기에 세웠다. 마루에는 화려한 융단이 깔려 있었다. 고문관은 긴 자루가 달린 커피 주전자에 커피와 설탕을 떠 넣고 거기에 끓는 물을 부은 뒤, 알코올 램프에 올려놓고 끓였다. 이윽고 갈색 커피가 찻잔에 부어지고, 거품이 올라왔다. 맛은 달고도 쌉싸름했다.

베렌스가 다시 말을 이었다.

"그리고 당신의 조형성도 조형성이라고 말할 수 있다면 물론 지방질입니다. 여성의 지방만큼은 아닙니다만. 우리들 남성의 지방은 일반적으로 체중의 20분의 1에 지나지 않지만, 여성은 16분의 1을 차지하고 있습니다. 이 피하 지방 조직이 없으면 누구든지 마른 버섯과 똑같아 보일 겁니다. 나이를 먹으면서 지방이 사라지고 그다지 아름답지 않은 주름이 생깁니다. 지방이 가장 많이 붙어 있는 곳은 여성의 가슴과 배와 허벅지인데, 우리의 가슴을 조금이라도 두근거리게 하는 부분입니다. 발바닥에도 지방이 많아 간지럼을 잘 탑니다."

한스 카스토르프는 파이프 모양의 커피 분쇄기를 만지작거렸다. 커피 분쇄기는 세트 전체가 그러했듯이 터키제라기보다는 인도 아니면 페르시아 제품 같았다. 놋쇠에 새겨진 조각 양식과 조각 표면이 둔한 바탕 색조에서 화려하게 두드러진 점이 그것을 암시했다. 한스 카스토르프는 그 조각이 무엇을 나타내는지 바라보았다. 그것을 알자 자기도 모르게 얼굴을 붉혔다.

베렌스가 얼른 눈치채고 말했다.

"그렇습니다. 독신자에게 알맞은 도구입니다. 그래서 나는 열쇠를 잠가 보관합니다. 하녀의 눈에 해가 될지 모르니까요. 당신에게는 그렇게 위험하지는 않을 것입니다. 나는 이것을 어느 부인 환자에게서 선물 받았습니다. 여기서 1년쯤 머물렀던 이집트의 왕녀로부터입니다. 보시다시피 어디든지 같은 모양이 되풀이되고 있습니다. 우습지요, 안 그래요?"

"그렇군요. 독특하군요. 하하하, 물론 나는 걱정할 필요가 없습니다. 게다가 생각하기에 따라서 엄숙하고 장중하다고 할 수 있으니까요…… 커피 세트로 알맞다고 할 수는 없습니다만, 옛날 사람들은 이런 것을 관에 장식했다고 합니다. 옛날에는 음탕한 것과 신성한 것은 거의 같은 것이었으니까 말입니다."

"그런데 그 왕녀는 말입니다…… 아마 음탕한 것을 좋아했던 것 같습니다. 그리고 또 나는 그녀에게서 아주 최고급 담배를 받았습니다. 월등한 고급 담배로, 아주 특별한 경우에만 내놓지요."

베렌스는 이렇게 말하고는 벽장에서 유별나게 현란한 색의 작은 상자를 꺼내어 두 손님에게 권했다. 요아힘은 두 발꿈치를 붙이면서 사양했고, 한스 카스토르프는 한 대 꺼내서 아주 길고 툭툭한 그 담배를 피워 보았다. 금빛의 스핑크스가 새겨진 그 담배는 정말 맛이 기가 막혔다.

"피부에 대해 좀더 말해 주십시오. 마음이 내키신다면 말입니다. 고문관님."

한스 카스토르프는 쇼샤 부인의 초상화를 다시 들어 무릎 위에 세워 놓고 의자 등에 몸을 기대면서, 담배를 입에 물고 그림을 바라보았다.

"지방질에 대한 것이 아니라도 좋습니다. 거기에 대해서는 지금 말씀만으로 어떤 것인지 대충 알았습니다. 그러니 당신이 이토록 멋지게 그리는 우리의 피부 일반에 대해 한 마디 부탁드리겠습니다."

"피부에 대해서 말입니까? 당신은 생리학에도 흥미를 가지고 있습니까?"

"네, 그렇습니다. 나는 예전부터 생리학에 큰 흥미를 갖고 있었습니다. 인간의 육체에 언제나 특별한 흥미를 가져 왔습니다. 이제까지도 나는 내가 의사가 되어야 했을 게 아닌가 하고 생각한 일이 여러 번 있습니다. 어떤 의미에서는 내가 의사가 되었어도 나쁘지는 않으리라고 생각합니다. 왜냐하면 몸에 흥미를 느끼는 사람은 병에도 흥미를 가질 수 있기 때문입니다. 그렇지 않습니까? 이것은 그다지 의미가 있는 것은 아닙니다. 나는 이것도 저것도 다 될 수 있었을 테니까 말입니다. 요컨대 성직자가 되어도 좋았을 테니까요."

"아니, 그건 또 무슨 말입니까?"

"가끔 그렇게 생각했습니다, 고문관님. 성직자가 되었으면 꼭 맞았을 것이라고 말입니다."

"그러면 왜 엔지니어가 되었지요?"

"우연한 일 때문이었습니다. 엔지니어가 되기로 결정한 것은 조금 외부적인 사정이었다고 말할 수 있습니다."

"피부에 대해서였지요? 당신의 지각엽(知覺葉)에 대해서 무슨 말을 해야 할지요? 피부는 당신의 외뇌(外腦)라고 할 수 있습니다. 이해가 됩니까? 발생학적으로는 당신의 두개골 안에 있는 이른바 고등 기관 장치와 같은 성질의 것입니다. 중추 신경도 표피층이 조금 변형한 것에 지나지 않습니다. 그리고 하등 동물에 있어서 중추와 말초 사이에는 주로 아직도 구별이 되지 않으며, 이것들은 피부로 냄새를 맡기도 하고 맛을 보기도 합니다. 대체로 이것들은 피부 감각을 가지고 있을 뿐이지요. 이런 단순한 생활은 생각하기만 해도 유쾌합니다. 이와는 반대로 당신이나 나처럼 고도로 분화된 생물에 있어서는 피부의 기능은 간지럼 정도에 그치고 보호와 전달 기관에 지나지 않지만, 몸에 지나치게 접근해 오는 것에 대해서는 한시도 경계를 게을리하지 않습니다. 촉감 장치, 즉 체모를 전초로 하여 파견하는데, 이것은 각막화한 피부 세포에서 생긴 것에 불과하지만 무엇이든 외부에서 피부에 접근하면, 그것이 미처 피부에 닿기 전에 재빨리 전달하는 것입니다. 여기에서만 말입니다만, 피부의 보호와 방어 작업이 생리적 방면에만 국한되는 게 아니라는 것을 생각할 수 있습니다…… 당신은 얼굴이 창백해지거나 빨개지는 이유를 알고 있습니까?"

"잘 모릅니다."

"그렇지요. 우리도 솔직히 말해 그렇게 확실하게는 모릅니다. 적어도 부끄러워서 빨개지는 점에 대해서는 말입니다. 이 현상은 아직도 충분히 밝혀지지 않고 있습니다. 맥관 운동 신경 때문에 움직인다는 확장근(擴張筋)이 오늘날까지 맥관에서 아직 확인되지 않았기 때문입니다. 수탉의 볏이 왜 빨갛게 부풀어오르는지……, 그 밖에도 여러 뚜렷한 예가 많이 있지만, 이것은 모두 신비에 싸여 있습니다. 특히 심리적 작용이 개입하면 말입니다. 우리는 대뇌 피막과 뇌수 속의 맥관 중추 사이에 연관 소통이 있는 것으로 가정하고 있습니다. 그래서 어떤 자극이 있는 경우에, 이를테면 아주 부끄러운 일이 있을 때 이 연락이 활동하면서 얼굴에 나와 있는 맥관 신경이 활동을 시작하여, 안면 혈관이 퍼지고 부풀어져 당신의 얼굴은 칠면조 얼굴처럼 되고, 혈액으로 얼굴이 부풀어올라 눈도 보이지 않게 되는 수도 있습니다. 이와는 반대로 다른 경우에는, 예를 들어 뭔가 무서울 정도로 기쁜 일이 기대되는 경우에는 피부의 혈관이 수축하여 피부가 새파랗게 되고 차가워지고 위축되어, 당신은 이 격동으로 시체와 같은 얼굴이 되고 눈자위는 납빛이 되고 코는 하얗게 됩니다. 그러나 심장만은 교감 신경의 작용으로 북을 두들기는 것처럼 마구 뛰게 되는 것입니다."

"그렇군요."

한스 카스토르프가 고개를 끄덕이며 말했다.

"거의 그렇습니다. 이것이 반사 운동입니다. 그러나 어떤 반사 운동도 본디 목적을 가지고 있기 때문에 정신적 흥분에 따르는 이들 현상도 사실은 목적을 갖는 방위 수단이라고 추측합니다. 예를 들어 소름의 경우도 몸의 자기 방위를 위한 반사 운동임에 틀림없다고 생리학자들 거의가 이렇게 생각하고 있습니다. 당신은 어째서 소름이 생기는지 알고 계십니까?"

"그것도 확실히는 모릅니다."

"이것은 피지선의 작용 때문입니다. 즉 피지라고 불리는 단백질 함유의 지방성 분비물을 분비하는 선입니다. 이 분비물은 그리 기분 좋은 것은 아니지만,

이놈이 피부를 미끄럽게 하고, 말라서 금이 가지 않게, 그리고 접촉할 때 기분 좋게 해줍니다. 이 콜레스테롤이 없으면 인간의 피부가 어떤 감촉을 줄 것인가는 생각만 해도 몸이 오싹해집니다. 피지선은 작은 유기적인 근육을 갖추고 있어서 이것이 선을 일어나게 하는데, 이 경우에 당신은 왕녀에게서 미꾸라지 물통을 세례받은 동화 속의 젊은이*[8]처럼 피부가 강판처럼 됩니다. 자극이 강할 경우에는 모낭(毛囊)까지 일어섭니다. 머리카락도 몸의 털도 고슴도치처럼 거꾸로 서게 됩니다. 당신은 몸이 오싹하는 것이 어떤 것인지 이제 아셨겠지요?"

"네, 나는 벌써 여러 번 경험하고 있습니다. 아무렇지 않은 일에도 몸이 오싹합니다, 고문관님. 정말 온갖 일 때문에 말입니다. 내가 이상하게 생각하는 것은 그렇게도 많은 것이 이런저런 일이 생길 때마다 일어난다는 것입니다. 석필로 유리를 문지르는 소리만 들어도 소름이 돋고 특별히 멋있는 음악을 들어도 그렇습니다. 견진 성사 때에 성찬을 받게 되어도 느닷없이 소름이 나서 계속 떨리고 그치지 않았습니다. 작은 근육이 무슨 일이 있기만 하면 곧 움직이기 시작하는 것은 이상한 현상입니다."

"그렇지요. 자극은 자극이니까요. 자극의 내용은 문제가 되지 않습니다. 미꾸라지든 성찬이든 피지선은 상관없이 일어납니다."

한스 카스토르프는 무릎 위의 그림을 바라보며 말했다.

"고문관님, 나는 아까 이야기로 돌아가고 싶습니다. 당신은 아까 체내의 현상 가운데 림프 운동을 말씀하셨습니다…… 그건 어떤 것입니까? 괜찮으시다면 이에 대해 더 자세한 말씀을 듣고 싶습니다. 아주 흥미를 느낍니다."

"그러리라고 생각합니다. 림프액, 이것은 인체의 모든 기능 중에서 가장 미묘하고 친밀하고 섬세한 것입니다. 당신도 그런 것을 염두에 두고 물어 보시는 거겠지요. 세상에서는 혈액과 그 신비를 이야기하면서, 혈액을 특별한 액으로 다루고 있습니다. 그러나 림프액이야말로 액 중의 액, 아주 중요한 혈유(血乳)입니다. 정말로 훌륭한 액으로서, 지방성 음식물을 섭취한 뒤의 우유와 똑같습니다."

*8 그림 동화집에 나오는 주인공. 몸이 오싹하는 것을 겪은 일이 없어서 이것을 느껴 보려고 여행길에 오르는데, 마지막으로 신부에게서 미꾸라지가 든 물통을 세례받고 몸이 오싹해진다는 이야기.

그리고 고문관은 신이 나서 문구를 써 가면서 설명을 시작했다.

"이에 따르면 혈액이라는 것은 무대용 외투처럼 빨갛고, 호흡과 소화에 의해 제조되고, 가스 포화 상태가 되며, 노폐물을 함유한 지방과 단백질, 철분, 당분, 그리고 염분으로 이루어져 있으며, 38도의 온도를 갖고, 심장 펌프에 의해 혈관 속에 보내져, 몸 안 곳곳에서 신진대사와 체온을, 한 마디로 생명을 유지하고 있습니다. 또 피가 세포에 직접 접근하는 일은 없고 심장에 보내진 압력에 의해 혈관 속의 엑스, 즉 유미(乳)만이 맥관 벽에서 여과되어 조직 속으로 침투하여 조직을 샅샅이 씻고, 조직액으로써 모든 틈을 채우고, 탄력성 있는 세포 조직을 확장하고 긴장시키는 것입니다. 이 긴장이 조직 긴장, 즉 투르고르인데, 세포를 부드럽게 씻으며, 세포와 성분을 교환한 림프액은 이번에는 반대로 조직 긴장에 의해 림프관 속으로 보내지고 혈액 속으로 들어갑니다. 그 양은 하루 1리터 반입니다."

고문관은 또한 림프관의 관상 조직(管狀組織)과 흡수관 조직을 설명하고, 두 다리와 복부, 흉부와 한쪽 팔, 두부의 반쪽 림프액이 모여 있는 흉부 유미관에 대해 이야기했다. 그리고 림프관의 여기저기에 형성되는 림프선이라 부르는 기관, 바로 목과 겨드랑이와 팔꿈치, 그리고 무릎처럼 미묘하고 섬세한 체부에 존재하는 미세한 여과 기관에 대해 말했다.

"그 림프선이 부을 때가 있습니다. 거기에서 우리 이야기가 시작되었지요? 림프선의 비대라고나 할까요? 무릎과 팔꿈치에 종기가 나는 일이 있습니다. 여기에는 뭔가 좋지 않은 원인이 반드시 있습니다. 경우에 따라서는 결핵성 림프관 폐쇄가 아닌가하고 의심해도 틀림없을 겁니다."

한스 카스토르프는 말이 없다가 한참 뒤에야 중얼거리듯 말했다.

"그렇군요. 나도 좋은 의사가 될 수 있었을 것입니다. 흉부 유미관…… 다리의 림프액…… 참으로 흥미진진합니다. 육체란 무엇일까요?"

그러더니 그는 갑자기 광적으로 말했다.

"살이란 무엇입니까? 인체란 무엇일까요? 무엇으로 되어 있습니까? 오늘 이 기회에 우리한테 말씀해 주십시오, 고문관님. 확실하고 자세하게 말씀해 주십시오. 알아들을 수 있도록 말입니다."

"인체는 물로 되어 있습니다. 당신은 유기 화학에도 흥미를 갖고 계시는군요. 인문적 인체를 이루는 것은 거의 대부분 물입니다. 이 이상의 것도 이 이

하의 것도 아니며 이 사실에 분개할 이유는 없습니다. 고체 성분은 전체의 25퍼센트에 지나지 않으며, 20퍼센트는 보통의 난백(卵白), 좀더 고상하게 말씀드리자면 단백질입니다. 정말은 여기에 지방과 염분이 조금 더 가해집니다만, 이것이 거의 전부입니다."

"그 난백 말인데요, 그것은 무엇입니까?"

"그것은 여러 원소로 되어 있습니다. 즉 탄소, 수소, 산소, 유황입니다. 가끔 여기에 인도 들어가지요. 당신은 왕성한 지식욕을 갖고 있군요. 단백질의 어떤 것은 탄수화물과 결합되어 있습니다. 즉 포도당과 전분과도 말입니다. 노인이 되면 살이 굳어집니다만, 이것은 결체조직(結締組織)의 교원질(膠原質), 즉 뼈와 연골의 가장 중요한 성분인 교질이 많아지기 때문입니다. 이 밖에 무엇을 더 말해 드릴까요? 균장(菌粧) 중에는 미오지노겐이라는 하나의 단백질이 있어서, 죽으면 이것이 응결하여 근육 섬유소를 형성하고 사후 경직이라는 현상을 만들어 냅니다."

한스 카스토르프는 매우 들뜬 상태로 말했다.

"그렇군요, 사후 경직. 잘 알았습니다, 잘 알았습니다. 다음에 총분해(總分解), 바로 무덤의 해부가 오는군요."

"두말할 것도 없지요. 그런데 그건 당신이 벌써 아주 멋지게 말했습니다. 이제부터가 복잡합니다. 말하자면, 녹아서 흘러가 버리는 것입니다. 무척 많은 물을 상상해 보십시오. 그리고 그 밖의 성분도 생명이 사라진 뒤에는 서로 결합할 수 없어서 부패로 단순한 화학물, 무기 화학물로 분해되어 버립니다."

"부패와 분해라, 그것은 연소지요. 내가 알고 있는 한은 산소와의 결합이지요, 고문관님."

"바로 그렇습니다. 산화 작용이지요."

"그리고 생명이란 뭘까요?"

"그것도 마찬가지입니다. 그것도 산화 작용입니다. 생명도 세포 속의 단백의 산화 작용에 지나지 않습니다. 이것으로써 그 아름다운 유기체에 열이 생기고, 이것이 가끔 도를 넘는 일이 있습니다. 그렇습니다. 생이란 죽음입니다. 이것은 말로 얼버무릴 수 없습니다. 어떤 프랑스인[9]이 타고난 가벼운 기분으로

---

*9 프랑스의 철학자 베르그송의 《창조적 진화》 첫머리에서 된 말.

말했듯이 유기적 파괴입니다. 확실히 생명에 그런 데가 있습니다. 그렇지 않다고 생각하는 것은 판단이 옳지 못한 것입니다."

"고문관님, 그렇다면 생명에 흥미를 가지는 사람은 특히 죽음에 흥미를 느낀다는 것도 되겠군요. 그렇지 않습니까?"

"그러나 아무래도 차이점은 있습니다. 생명이란 물질이 교대되면서 형태는 그대로 유지하는 것입니다."

"형태 같은 것을 왜 유지합니까?"

한스 카스토르프의 반문에 베렌스는 어이없다는 듯이 말했다.

"왜라니요? 들어보시오. 그 말은 결코 인문적이라고는 할 수 없습니다."

"형태라는 것은 말이 안 됩니다."

"당신은 오늘 대단한 기세를 부리는데요. 그야말로 저돌적이군요. 그러나 나는 이제 끝내겠습니다. 벌써 우울증이 닥쳐왔습니다."

고문관은 이렇게 말하더니 큰 손을 얼굴에 갖다댔다.

"보십시오. 내 우울증은 이렇게 찾아온답니다. 지금 나는 당신들과 커피를 맛있게 마셨는데, 갑자기 이렇게 우울증이 오거든요. 그러면 오늘은 이만 실례해야겠습니다. 나로서는 더없이 기쁘고 유쾌하기 그지없었습니다……."

고문관의 갑작스러운 돌변에 사촌들은 당황하면서 자리에서 일어섰다. 그리고 이렇게 오랫동안 고문관에게 폐를 끼쳤다고 사과했다. 베렌스는 두 사람을 안심시키기 위해 천만의 말씀이라고 대답했다. 한스 카스토르프는 서둘러 쇼샤 부인의 초상화를 옆방으로 가져가 본디 자리에 걸었다. 두 사람은 자기 방으로 돌아갈 때 이번에는 정원을 지나가지 않았다. 베렌스가 경계선의 유리창까지 배웅해 주면서, 건물 가운데의 길을 가르쳐 주었기 때문이다. 베렌스는 우울증의 급습 때문인지 보통 때보다 목덜미가 더 불룩하게 튀어나온 것 같이 보였다. 그는 피곤한 듯 젖은 눈을 잇따라 끔벅였다. 입술 한쪽이 일그러졌기 때문에 비뚤어진 콧수염은 가엾은 느낌을 주었다.

요아힘과 함께 복도와 계단을 지나면서 한스 카스토르프가 말했다.

"내 착상이 어때? 좋았지?"

요아힘이 대꾸했다.

"아무튼 기분 전환은 되었어. 정말 오늘은 온갖 말을 많이 했어. 이야기가 어찌나 복잡한지 나는 머리가 띵했어. 차 마시기 전에 적어도 20분은 안정 요양을 할 수 있도록 서둘러 돌아가야지. 내가 이렇게 말하는 걸 보고 자네는 시시하다고 생각하겠지? 요즈음처럼 자네가 저돌적이면 말이야. 그러나 자네는 나만큼은 안정 요양을 필요로 하지 않는다는 걸 알고 있어."

탐구

이렇게 하여 한스 카스토르프가 여기서 맞이하리라고는 꿈에도 생각할 수 없었던, 그러나 반드시 오기로 되어 있었던 '겨울'이 찾아왔다. 요아힘이 여기에 온 것은 작년 겨울이었으니 그에게는 두 번째 겨울인 셈이었다. 그러나 이곳에서 겨울을 처음 맞이하는 한스 카스토르프는 준비가 완전히 되어 있다는 것은 알고 있으면서도 짐짓 좀 걱정이 되었다. 요아힘은 사촌을 안심시키려고 애썼다.

"너무 거창하게 생각하지 말게. 북극은 아니니까. 공기가 건조해서 바람이 없기 때문에 거의 추위를 느낄 수가 없어. 몸만 충분히 잘 싸고 있으면 밤이 샐 때까지 발코니에 누워 있어도 몸이 어는 일이 없어. 안개가 끼는 고도가 되면 온도가 내려간다는 말은 지어낸 말이야. 사실은 높은 곳일수록 따뜻해지지. 나도 여기에 와서야 그 점을 알게 되었어. 비가 오면 추위를 느끼기는 하지. 그러나 자네도 가죽 침낭이 준비되어 있고, 어떻게 할 수 없는 심한 추위가 오면 스팀을 좀 넣어 줄 거야."

아무튼 급습이나 강습이라는 느낌은 전혀 없이 겨울은 평온하게 찾아왔고, 한동안은 한여름에 가끔 경험한 추운 날과 별반 다름없는 날이 이어졌다. 2, 3일간 남풍이 불고 태양이 비춰 골짜기가 좁아진 것처럼 보이고, 골짜기 출구의 알프스 절벽이 바로 가까이에 뚜렷하게 보였다. 그리고 구름이 나타나 그 구름이 피츠 미헬과 틴첸호른에서 동북방 쪽으로 다가가 골짜기는 어두워졌다. 그리고는 드디어 세찬 비로 변했다. 그 비는 불투명한 흰 잿빛이 되더니 눈이 섞이기 시작하고, 드디어 눈만으로 바뀌었으므로 눈보라가 골짜기를 메웠다. 그 눈보라가 오래 이어졌기 때문에 기온이 쑥 내려가 버렸다. 이로 인해 눈이 축축한 채로 녹지 않고 남아, 골짜기는 축축한 얼룩 눈옷을 입고 비탈길은 침엽수로 검게 드러나 보였다. 식당에는 스팀관이 겨우 미지근하게 되었다. 11월 초 만령절(萬靈節) 때의 일이었지만, 그다지 새로운 것은 아니었다. 8월에도 이런 일이 있었고, 이제는 누구도 눈은 겨울만의 풍경이라고 생각하지 않게 되었다. 언제 어떤 날씨에도, 비록 먼 곳이기는 하지만 눈을 볼 수 있었다. 골짜기 입구를 막고 있는 것처럼 보이는 래티콘식 바위가 겹쳐진 여러 산봉우리에도 그 틈새와 협곡에는 언제나 잔설이 비쳤고, 남쪽의 가장 먼 고봉도 1년 내내 눈을 이고 이쪽을 보고 있었다. 그러나 이번에는 눈도, 그리고 기온의 저하도 오래 이어졌다. 하늘이 회색으로 골짜기 위에 낮게 드리워져 마치 작은 눈 조각으로 용해되어 내리는 듯, 눈은 소리 없이 쉬지 않고 계속 내렸다.

　조금 불안감을 느끼게 할 만큼 많은 양의 눈이 계속 내리자, 기온도 시시각각으로 더 추워졌다. 어느 날 아침 한스 카스토르프의 방 온도는 7도가 되더니 그다음 날 아침은 5도가 되었다. 그야말로 혹한이었다. 그 이상 더 추워지지는 않았지만 아무튼 그대로 계속되었다. 다른 계절에도 밤은 늘 얼어 있었지만 이번에는 낮에도 얼어, 이것이 아침부터 밤까지 누그러지지 않았다. 게다가 눈은 4일째와 5일째, 7일째에 줄곧 내렸다. 눈이 높이 쌓이면서 차츰 두통거리가 되었다. 홈통이 있는 벤치까지의 규정된 산책길과, 골짜기로 내려가는 차도는 통행할 수 있게 눈을 쳐서 길을 냈으나, 폭이 좁았기 때문에 오가는 사람들은 도중에 서로 피할 수가 없어 양옆의 눈더미를 밟아 무릎까지 눈 속에 빠지게 되었다. 아래 요양지의 거리에는 돌처럼 딱딱해진 눈을 다지는, 바퀴를 단 말이 한 남자에게 고삐를 끌려 하루 종일 왔다갔다했다. 요양 호텔 거리와 '마을'이라 불리는 부락 북부 사이에는 옛날식 포장 마차 같은 누런 썰매 마차가 앞에 단 눈쟁기로 눈의 흰 덩어리를 파내어 옆으로 던지면서 오가고 있었다. 이 위의 사람들의 세계, 좁고 높은 분리된 세계는 담요와 이불을 덮은 듯 어느 기둥이나 말뚝도 모두 하얀 솜모자를 썼다. 베르크호프의 바깥 현관으로 올라가는 계단도 눈 밑으로 사라져 편평한 비탈길로 변했다. 가문비나무 가지마다 우스운 모양을 한 눈덩이가 무겁게 얹혀 있고, 그것이 여기저기에 떨어지고 흩어져, 구름이나 흰 안개처럼 나무 사이를 떠돌았다. 주위의 산도 눈에 덮였고 산기슭은 거친 빙벽을 하고 있었다. 식물 한계선 위를 뚫고 나와 있는 이런저런 모양을 한 산꼭대기는 부드러운 눈으로 덮여 있었다. 주위는 희미하니 침침하고 태양은 구름 층 뒤의 창백한 빛에 지나지 않았다. 그러나 눈이 온화한 빛을 반사하여, 그 젖빛의 밝음 속에서 자연도 사람도 아름답게 보였다. 모두가 흰색과 여러 빛깔의 모자 밑에서 빨간 코가 되기는 했지만 말이다.

이 지방의 멋진 계절인 겨울이 시작되었다는 것이, 식당의 일곱 테이블에서는 화제의 중심이 되었다. 많은 관광객과 운동선수들이 몰려와서 '마을'과 '시내' 호텔을 번창하게 한다는 소문이었다. 강설량은 60센티미터를 보였고, 눈의 질도 스키를 타는 사람들에게 이상적이라는 말이었다. 샤츠알프에서 저쪽 서북방의 비탈길을 내려오는 쌍썰매 코스는 열심히 손질되어서, 남풍이 불어 예정대로만 간다면 며칠 안에 코스 개시가 된다는 것이었다. 누구나 올해에 저 아래에서 오는 손님들의 축제 소동, 스포츠 대회나 활주 대회를 즐겁게 생각하면서, 금지를 무릅쓰고서라도 안정 요양을 빼먹고 살짝 빠져 나가 구경하려고 마음먹고 있었다. 한스 카스토르프가 들은 바로는 올해에는 뭔가 새로운 경기, 북극에서 고안한 스키저링이라는 경기가 행해질 것이라는데, 이것은 경주자가 스키를 타고 말에 끌려가는 종목이라는 것이었다. 환자들은 그것을 살짝 가서 보려고 계획했다. 그리고 크리스마스도 화제에 올랐다.

크리스마스에 대해…… 한스 카스토르프도 여기까지는 아직 생각하지 않고 있었다. 그는 의사의 진단으로 이 위에서 요아힘과 함께 겨울을 지내게 되었다고 가벼운 마음으로 말했고, 고향에도 편지를 썼다. 그러나 이제 생각하면 그것은 크리스마스를 여기서 맞이해야 한다는 것을 뜻하는 것으로, 이것은 확실히 마음을 좀 놀라게 하는 데가 있었다. 이때까지 크리스마스를 언제나 고향의 가족 곁에서 보냈기 때문에 그랬지만, 꼭 그것 때문만은 아니었다. 그래도 어쩔 수 없는 일이었다. 이제 어린아이도 아니고, 요아힘도 그것에 대해 그다지 이상하게 생각하지 않고 단념하는 것 같았다. 게다가 세계 어디에서도, 어떤 환경에서도 크리스마스는 축하의 날이 아니었던가!

그건 그렇고, 강림절의 첫날이 찾아오기 전부터 크리스마스 이야기를 하는 것은 좀 빠른 것같이 느껴졌다. 아직 6주일 정도나 남아 있는데 말이다. 그러나 식당에서는 그 6주일이 뛰어넘어지고 삼켜져 버렸다. 이 정신적 곡예를 한스 카스토르프도 자기 힘으로 해치우는 방법을 배웠다. 물론 그의 곡예는 이 위에 훨씬 더 오래 있었던 선배 환자들처럼 대담한 것은 아니었지만 말이다. 이 사람들에게 1년 여정의 마무리인 크리스마스는, 그 사이에 걸쳐 있는 공허한 시간을 훌쩍 뛰어넘기 위한 발판 아니면 목마 같은 것이었다. 누구나 몸에 열이 있고, 신진대사가 왕성하고, 육체 생활이 강조되고 촉진되어서, 시간을 그렇게 성급하게 큰 단위로 그냥 지나치게 된 것도 이런 육체 생활과 연관이 있는 것이리라. 그들이 크리스마스를 이제는 지나간 것으로 하고, 이제부터는 신년이나 카니발 이야기를 서로 주고받았다고 해도 한스 카스토르프는 그다지 놀라지 않았을 것이다. 그러나 베르크호프의 식당에서도 사람들은 그렇게까지 경솔하고 마음이 들떠 있지는 않았다. 누구나 크리스마스에 마음이 머물렀고, 크리스마스 일로 머리와 마음을 쓸 일들이 많았다. 베르크호프의 연중 행사 가운데 하나로 원장 베렌스 고문관에게 크리스마스 이브에 드리기로 되어 있는 공동 선물, 벌써 이 때문에 모두에게 돈을 걷는 일이 시작되고, 선물에 대한 의논이 있었다. 여기에 1년 이상 있는 사람들의 말에 따르면, 작년에는 여행용 가방을 선사했다는 것이다. 이번에는 새로운 수술대, 화가(畵架), 털가죽 외투, 흔들의자, 상아에 '상감(象嵌)'을 박은 청진기 등이 물망에 올랐다. 사람들이 의견을 묻자 세템브리니는, 거의 완성 중인 《고뇌 사회학》이라는 백과사전 같은 책을 추천했는데, 이 의견에 찬성한 사람은 얼마 전부터 클레펠트 식탁에 앉게 된 출판업자뿐이었다. 모두의 의견이 하나로 모아질 것 같지 않았다. 특히 러시아인 환자들과의 의견 절충은 어려웠다. 모금이 두 갈래로 갈라졌다. 러시아인들은 베렌스에게, 자기들은 따로 선물하겠다고 의견을 밝혔다. 슈퇴어 부인은 돈을 모금할 때 일티스 부인의 몫을 빌려 주었다가, 일티스 부인이 돌려 주는 것을 '깜박 잊어먹은' 10프랑 때문에 며칠 동안 부산을 떨었다. 이 '깜박 잊어먹었다'는 말을 슈퇴어 부인은 강조했는데, 그것은 아주 미묘한 어감을 품고 있어, 상대편의 건망증을 믿을 수 없음을 보이려고 한 것이다. 슈퇴어 부인이 주장하는 말에 따르면, 그녀는 일티스 부인에게 완곡하고 교묘하게 암시를 주고 생각이 나도록 야단을 부렸지만, 상대는 고집을 부려 기억하지 않으려는 것 같았다는 것이다. 슈퇴어 부인도 여러 번 단념할 마음으로 일티스 부인에게 빌려 준 10프랑을 그냥 줘 버리겠다고 선언했다.

"그렇게 되면 내 몫과 그녀의 몫, 두 사람 분을 내는 결과가 되겠지만 좋아요. 내가 부끄러운 일은 아니니까요."

그러나 끝내 그녀는 묘안을 생각해 내 그 결과를 식탁 회원들에게 말해서 모두를 웃게 했다. 즉 그녀는 '사무국'에서 10프랑을 돌려 받고, 그것을 일티스 부인이 계산하게 했다. 이렇게 하여 이 태만한 채무자는 역습을 받아 이 일은 이럭저럭 결론이 지어졌다.

눈이 멈추자 하늘이 여기저기에 얼굴을 나타냈다. 청회색의 구름이 갈라지면서 그 사이로 햇빛이 비쳐 곳곳의 풍경을 푸르게 물들였다. 그러다가 날씨가 활짝 개었다. 화창하고 찬 기운기가 도는 11월 중순의 맑고 안정된 겨울의 쾌청함이 발코니의 아치 저쪽에서 파노라마처럼 펼쳐졌다. 눈으로 화장한 숲, 부드러운 눈에 덮인 협곡, 푸르게 빛나는 하늘 아래서 밝고 희게 빛나는 골짜기는 멋스러웠다. 특히 밤이 되어 만월에 가까운 달이 비치면, 세상은 마법에 걸린 것처럼 반짝였다. 숲마다 흑백의 대조를 이루었다. 달에서 먼 하늘에는 어스름하게 별이 빛났으며, 반짝이는 눈 위에는 인가와 수목, 가로등이 실물보다 더 선명하게 짙은 그림자가 되어 똑똑히 나타났다. 해가 지고 두세 시간이 지나면 온도는 영하 7도 또는 8도가 되었다. 세상은 얼음처럼 청명하게 변하고 본래의 더러움이 감추어져서, 죽음의 요사스러운 악몽에 얼어붙어 있었다.

한스 카스토르프는 마술에 걸린 겨울 골짜기가 눈 아래 보이는 발코니에서 밤늦게까지 머물렀다. 옆방의 요아힘이 10시쯤에 방에 들어간 뒤에도, 그는 거기에 오래 있었다. 쿠션과 통베개가 붙은 멋진 침대 의자는 곧게 뻗은 나무 난간까지 옮겨졌다. 옆에 있는 흰 테이블 위에는 전등이 켜져 있었고, 높이 쌓인 책 옆에는 '아주 진하고 고소한' 우유 한 컵이 놓여 있었다. 이 우유는 베르크호프 환자들에게 밤 9시에 방에 배급되는 우유였는데, 한스 카스토르프는 마시기 쉽게 거기에 코냑을 조금 탔다. 그는 할 수 있는 한 방한구와 장비를 모조리 마련했다. 요양 거리의 전문 상점에서 사들인 단추 달린 침낭에 목을 내놓고 들어가서, 그 주위에 낙타 담요 두 장을 규정대로 둘렀다. 그 밖에 겨울옷 위에 짧은 가죽 웃옷을 입고, 털모자를 깊숙이 쓰고, 펠트 장화를 신고, 두껍게 안을 받친 장갑을 끼었지만, 아무리 무장을 해도 손가락이 얼어드는 것을 막을 수는 없었다.

한스 카스토르프를 이렇게 늦은 밤 12시 가까이까지, 그리고 12시 지나서까지—'이류 러시아인 자리'의 부부가 옆 발코니에서 방으로 물러간 뒤에도—바깥에 머물게 한 것은 겨울밤의 아름다움이었다. 특히 11시까지는 골짜기 여기저기에서 들려오는 음악이 수놓는 추운 겨울밤의 매력이기도 했다. 그렇지만 거기에는 주로 나른함과 흥분이 결합해 동시에 그를 습격했다. 즉 그는 움직이기 귀찮을 만큼 나른했고, 또 요즈음 시작한 흥미로운 연구로 안정되지 않는 정신의 흥분도 조금 있었다. 한스 카스토르프는 요즈음 구운 쇠고기에 거위 불고기가 따라 나오는 베르크호프의 꽤 많은 양의 식사를 엄청난 식욕으로 먹어 치울 정도가 되었다. 이러한 식욕은 여기서는 보통이었고, 여름보다 겨울에 더 발휘되었다. 또한 한스 카스토르프는 줄곧 졸음이 와서 낮에도 달밤에도 책을 뒤지면서—어떤 책이었는지 나중에 소개하겠지만—가끔 잠이 들어 몇 분 동안 꿈나라에서 놀다가, 다시 연구를 계속했다. 그는 이 위에 온 뒤로 평지에 있을 때보다 빠르게 말하고 대담하게 떠들어대는 버릇이 생겼다. 눈길을 산책하면서도 요아힘을 상대로 열변을 계속하다가 완전히 피로해지는 경우가 많았다. 그는 가끔 현기증과 몸의 떨림과 마비를 느끼고, 머리에 불타는 듯이 열이 났다. 겨울이 오면서 그의 체온 곡선이 올라가서, 베렌스 고문관이 주사를 놓게 되었다. 집요한 고열에 놓는 주사로, 요아힘을 포함한 환자의 3분의 2가 정기적으로 맞고 있었다. 한스 카스토르프의 생각으로는, 그의 체온 상승은 새하얀 눈이 반짝이는 추운 겨울밤에 늦도록 침대 의자에서 계속한 정신의 흥분과 활동과 관련이 있었다. 그가 열중한 독서가 그런 해석을 하게 해 주었다.

국제 요양원 베르크호프의 안정 홀과 각 방의 발코니에서는 독서를 하는 사람이 많았다. 특히 신참 환자와 단기간의 입원 환자가 그랬다. 몇 개월을 머무는 사람들, 하물며 몇 년을 있는 사람들은 머리를 쓰지 않고도 시간을 보낸다든지 정신적인 기교로 시간을 보내는 방법을 터득해서, 책에 매달리는 일은 초심자의 미숙함이라고 공언했다. 기껏해야 한 권의 책을 무릎 위 아니면 옆 테이블 위에 놓아 두면, 그것으로 큰 배에 올라탄 기분이 될 수 있는 것 같았다. 그림이 많고 여러 나라말로 쓰인 요양원의 책은, 치과 의사의 대기실에 비치된 오락책의 범위를 넓힌 정도이며, 자유로이 열람할 수 있었다.

시내 서점에 있는 소설책도 서로 바꾸어 읽었다. 모두 앞을 다투어 읽고 싶어하는 책이 가끔 나타나, 독서열을 잃어버린 사람들까지도 관심이 없는 척하면서 손을 내밀기도 했다. 우리가 지금 여기서 말하는 것은 알빈 씨가 손에 넣은 《유혹술》이라는 제목의, 인쇄가 나쁜 소책자인데, 그것이 다투어 읽혔다. 프랑스 원문에서 직역된 것으로 원문 구조까지 그대로 번역문에 옮겨져 있어, 그 때문에 번역문이 아주 품위를 띠어 매혹적이고 우아한 맛을 주었다. 그 내용은 육욕과 쾌락의 철학을 사교인답게 향락적이고 이교적(異敎的) 정신으로 쓴 것이었다. 슈퇴어 부인은 이 책을 읽고, '황홀해진다'고 비평했다. 단백질이 빠져나가고 있다는 마그누스 부인도 슈퇴어 부인의 의견에 무조건 찬성했다.

맥주 양조자인 마그누스는 이 책에서 배운 것이 많지만, 아내가 이것을 읽은 것은 유감이라고 말했다. 이런 책은 부인들에게 '응석부리는 것을 부추겨' 불손한 생각을 품게 하리라는 것이다. 마그누스의 이 말은 이 책에 대한 열의를 높이는 결과가 되었다. 10월에 입원해 아래 안정 홀에서 요양을 하고 있는 두 부인, 폴란드 기업가의 아내인 레디슈 부인과 베를린의 헤센펠트 미망인은, 두 사람 모두 그 책의 열람을 상대보다 먼저 신청했다고 주장하며 양보하지 않아, 점심 시간 뒤에 야만스럽다고 할 장면을 벌이기까지 했다. 한스 카스토르프는 그 장면을 발코니에서 듣는 처지가 되었는데, 이 싸움은 두 부인 중의 한 사람이—레디슈 부인이었는지 헤센펠트 미망인이었는지 모를 일이다—신경질적인 울부짖음으로 발작을 일으켜, 부인을 그녀의 방으로 운반하면서 막을 내렸다. 젊은 사람들은 나이 든 사람들보다 한걸음 빨리 이 책을 차지했다. 이들은 저녁 식사 뒤, 이쪽저쪽 방에 모여서 이 책을 함께 연구했다. 한스 카스토르프는 새끼손가락 손톱을 길게 기른 소년이, 가벼운 신참 환자인 프랜츠헨 오베르당크라는, 최근 어머니와 함께 와 있는 금발 머리를 기른 아가씨에게 식당에서 그 책을 건네주는 광경을 보았다.

　아마 예외도 있을 것이다. 안정 요양 시간을 무언가 진지한 정신적인 공부, 이로운 공부에 쓰는 사람들도 있었을 것이다. 이 공부를 통해서 평지에서의 생활과 연관을 유지하기 위해서도, 또 시간이 단순한 시간만이 되어 그 밖에 아무것도 남기지 않는 시간이 되지 않도록, 시간에 조금이라도 무게와 깊이를 주기 위해서라도 말이다. 인류의 고뇌 해소에 정진하는 세템브리니, 러시아어 공부를 하는 진지한 요아힘, 이 두 사람 말고도 그런 성실한 사람들이 몇 명 있었으리라. 식당 사람들 가운데 없더라도—정말 있을 것 같지 않았다—아마 침대에서 지내야 하는 위독한 환자들 가운데 오히려 그런 사람들이 많이 있을 것이다. 한스 카스토르프는 그렇게 믿고 싶었다. 그 자신으로 말하면, 이제는 《대양 기선》에서 배울 게 없었기 때문에, 겨울옷과 함께 그의 전문 방면의 서적 및 공학 관계의 교과서와 조선 기술 방면의 책을 집으로부터 여러 권 받았다. 그러나 이 책들은 한스 카스토르프가 요즈음 흥미를 갖기 시작한 방면의 책, 전혀 분야가 다른 학과에 속하는 학술 서적 때문에 등한시되었다. 바로 독일어, 프랑스어, 영어, 그리고 여러 언어로 씌어진 해부학, 생리학, 생물학의 서적들로서, 어느 날 요양 거리의 서점에서 보내진 것이었다. 물론 주문했기 때문에 온 것이었다. 그것도 요아힘이 주사를 맞거나 마사지하러 가 있는 동안, 시내로 산책하러 내려간 기회에 혼자 결정하여 아무 말 없이 주문했던 것이다. 요아힘은 사촌이 그 책을 들고 있는 것을 보고 깜짝 놀랐다. 과학서가 그렇듯 어느 것이나 비쌌으며, 정가는 표지 안쪽에 쓰여져 있었다. 요아힘은 사촌에게, 그 분야의 책을 읽고 싶으면 그 분야의 문헌을 갖고 있을 고문관에게서 왜 빌려 보지 않는가 하고 물었다. 이에 한스 카스토르프는 자기 책을 갖고 싶었다고 대답하고, 자신의 책이 되면 읽는 기분이 전혀 다를 수 있고, 더욱이 연필로 써 넣는다든지 줄을 그어 넣고 싶었기 때문이라고 말했다. 요아힘은 사촌이 옆 발코니에서 몇 시간이고 큰 가제본 책의 페이지를 종이 자르는 칼로 자르는 소리를 들었다.

그런 책은 무겁고 다루기 어려웠다. 한스 카스토르프는 누워서 책을 가슴 위에 얹어놓고 읽었다. 무겁고 숨이 가빴지만 참았다. 입만 반쯤 벌리고, 어려운 쪽의 행을 위에서 아래로 눈으로 좇으며 턱이 가슴에 닿기까지 읽어 내려갔고, 다음 쪽을 읽기 위해 얼굴을 들 때에는 한참 동안 턱을 가슴에 댄 채로 있으면서, 뭔가를 생각하며 눈을 끔벅이곤 했다. 옆에 갓을 쓴 등의 희미한 붉은 빛이 종이 위에 떨어졌지만, 그 빛이 거의 필요 없을 만큼 달빛이 밝았다. 한스 카스토르프는 수정처럼 번쩍이는 알프스의 높은 하늘을 달이 궤도를 따라 지나가는 아래에서 연구에 몰두했고, 유기 물질에 대해, 원형질의 속성에 대해 읽었다. 또 생성과 분해의 중간에서, 이상한 생존 부유(生存浮遊)를 계속하는 민감한 물질에 대해 읽고, 그 물질이 원시적이지만 언제나 현존하는 원형에서 형태를 만들어 내는 과정에 대해 읽고는, 생명과 그 신성하고도 불결한 비밀에 흥미를 갖게 되었다.

생명이란 무엇인가? 아무도 그것을 모른다. 생명은 생명이 된 순간부터 자기를 의식하고 있음에 틀림없지만, 자기가 무엇인지는 모른다. 자극 감성이라는 의미의 의식은, 생명 발생이 가장 낮은 미발달의 단계에서도 어느 정도까지 눈뜨고 있다는 것은 의심할 수 없다. 따라서 의식 현상의 최초의 발현을 생명의 일반적인 또는 개별적인 역사의 어느 시기에 연결 짓는 것, 예를 들어 신경 계통의 출현을 의식의 선행 조건으로 하는 것은 불가능했다. 최하급의 동물은 대뇌는 물론 신경 계통도 소유하고 있지 않지만 누구도 그들이 자극 감각을 갖고 있지 않다고 단언할 수는 없다. 또한 우리는 생명이 형성하는 자극 감각의 특수 기관, 이를테면 신경뿐만이 아니라 생명 그 자체까지도 마비시킬 수 있다. 식물계와 동물계에서 생명을 부여받는 모든 물질의 감성을 잠시 동안 없앨 수도 있다. 또한 난자와 정자도 클로로포름과 수화클로랄, 모르핀 등으로 마비시킬 수 있다. 이렇게 생각할 때 생명의 자의식이란 결국 생명을 이루는 물질의 한 기능에 불과하다. 그리고 이 기능은 강해지고 커짐에 따라, 주인인 생명에 맞서 자기를 낳은 생명 현상을 해명하고 설명하려고 한다. 이는 생명이 자기 자신을 인식하려고 하는 희망에 찬, 그러나 덧없는 욕구로, 자연의 자기 발굴이지만 결국은 헛된 노력이다. 자연이란 인식되는 것이 아니며, 생명 또한 결국은 알 수 없는 것이다.

생명이란 무엇일까? 아무도 이것을 모른다. 생명이 발생하고, 불타오르는 자연적 시점은 누구도 모른다. 이 시점 이후에는 생명 세계에서 우발적인 현상은 하나도 존재하지 않지만, 생명 그 자체는 우발적인 것이라고밖에는 볼 수 없다. 생명에 대해 말할 수 있는 것은 생명이 매우 고도로 발달된 구조를 갖고 있기 때문에 무생물계에는 이것과 비견할 수 있는 것은 하나도 존재하지 않는다는 사실뿐이다. 생명의 가장 단순한 형태와 무기(無機)이기 때문에 죽어 있다고 말할 수조차 없는 자연물을 비교한다면, 척추동물과 위족(僞足) 아메바와의 차이점은 문제도 되지 않는다. 왜냐하면 죽음은 생의 논리적 부정에 지나지 않지만, 생명과 생명이 없는 것 사이에는 과학이 아무리 노력해도 다리를 놓을 수 없는 심연이 입을 벌리고 있기 때문이다. 사람들은 이 심연을 여러 이론으로 막아 보려고 했지만, 심연은 그 이론들을 모조리 삼켜버려, 깊이와 넓이를 조금이라도 줄이려 하지 않는다. 사람들은 생물계와 무생물계를 잇는 연쇄를 발견하기 위해 결정(結晶)이 모액(母液) 속에서 응고하는 것처럼, 단백액 속에서 자연히 응고하는 무구성(無構成)의 생명물, 즉 무기적 유기물을 가정하는 모순까지도 행했다. 그러나 유기적 분화성이야말로 모든 생명의 선행 조건이고 발현인 것으로, 동종 생식에서 탄생하지 않는 생명은 하나도 존재하지 않는다. 심해에서 원형질을 떠내어 환호성을 질렀지만, 얼마 안 있어 얼굴을 붉히고 말았다. 원형질로 생각되었던 것은 석고의 침전물에 지나지 않는다는 것이 확실해졌기 때문이다. 그러나 생명을 기적이라고 생각하지 않게 하기 위해—무기 자연과 동일하게 구성되어 있어, 같은 물질에 분해되어 버리는 생명은 그것이 우발적인 이상 기적이라고 하지 않을 수 없기 때문에—

사람들은 우연 발생, 즉 무기물에서 유기물이 발생한다고 믿으려 하지만, 이 또한 기적을 믿는 것과 다름이 없다. 이렇게 하여 사람들은 중간의 단계나 과정을 계속 생각하여, 이미 알려진 모든 유기체보다 하등이면서도 그 자체로서 자연의 가장 원시적인 생명의 선행자가 존재한다고 생각되는 유기체의 존재를 가정했다. 현미경을 아무리 확대해도 볼 수 없을 만큼 작은 원충류가 그것이다. 그리하여 이 원충류가 발생했다고 생각되기 이전에 단백질의 합성이 행해졌음이 틀림없다고 생각하는 것이다.

그렇다면 생명이란 무엇인가? 그것은 바로 열이다. 형태를 유지하면서 한순간도 같은 상태에 있지 않는 것이 만들어내는 열, 같은 상태를 유지하는 것이 불가능할 정도로 정교한 구성을 가지는 단백 분자가 쉬지 않고 분해하고 다시 태어나는 과정에 따르는 물질열이다. 따라서 본디 존재할 수 없는 것의 존재이고, 분해와 신생이 엇갈리는 열 과정에 있어야만 더욱 감미롭고, 고달프고, 겨우 생명선에 균형을 보전하고 있는 존재인 것이다. 생명은 물질도 아니고 정신도 아니다. 둘의 중간물로서 폭포수에 걸린 무지개처럼, 또는 불길처럼 물질을 소재로 하는 한 현상이다. 생명은 물질은 아니지만, 쾌감과 혐오를 느끼게 할 만큼 관능적이고, 자기 자신을 감지할 수 있을 만큼 민감해진 물질의 에로틱한 모습, 존재의 음란한 형식이다. 만물의 순결한 냉기 속에서의 민감하고 비밀스러운 운동이며, 영양 섭취와 배설물에 의한 호흡이다. 즉 탄산가스와 혈통과 성질도 확실치 않은, 의심스러운 물질에서 성립한 배설물의 호흡인 것이다. 생명은 살이라 부르는 뭉클뭉클한 것, 물과 단백질, 염분과 지방으로 이루어진 물질로, 변하기 쉬운 생활의 잉여를 자본으로 주어진 조성 법칙에 얽매이면서 행하는 늘어남, 발전, 형태의 조성이다. 그것은 형태를 얻어서 고귀한 형상과 아름다움으로 될 수 있지만, 또 관능과 욕망의 덩어리이기도 하다. 생명이 다다를 수 있는 형태와 아름다움은 시나 음악처럼 정신을 소재로 하는 것이 아니고, 또 조형 미술 작품의 형태나 아름다움처럼 정신을 순결하게 관능화하는 물질을 소재로 하는 것도 아니기 때문이다. 오히려 생명의 형태와 아름다움은 어떤 미지의 과정에 의해 육욕에 눈이 뜬 물질, 분해하면서 계속 존재하는 유기물질, 냄새나는 살을 소재로 한다.

반짝이는 골짜기를 눈 아래로 하고, 침낭과 털실로 열이 발산하지 못하게 함으로써 따뜻한 체온을 느끼며 누워 있는 한스 카스토르프에게는, 생명이

서식하지 않는 천체의 빛을 받는 아주 추운 밤 속에서 생명의 모습이 또렷하게 떠올랐다. 눈앞 공간의 어딘가에 멀리, 그러나 뚜렷하게 떠오르는, 체취를 발산하고 땀을 흘리는 축축한 우윳빛의 육체, 특유한 오점과 얼룩이 있는 피부, 반점과 젖꼭지, 황달과 균열, 발육이 불완전한 솜털의 부드러운 유선(流線)의 소용돌이가 표면을 달리고 있고, 콩 같고 비늘 같은 부분이 있는 피부들이 보이고 떠올랐다. 그 모습은 무생물의 냉기를 떠나, 자기의 발산물에 포근하게 덮여 피부의 소산인 차갑고 각질인 머리칼로 덮이고, 두 손을 목덜미에 두르고, 조금 젖혀진 입술을 절반쯤 열고, 눈꺼풀을 아래로 깔고, 눈꺼풀 피부의 이상한 형성 때문에 비뚤어져 보이는 눈으로 한스 카스토르프를 찬찬히 보고 있었다. 한쪽 다리에 체중을 모으고 서 있기 때문에 링이 들어가 있는 요골(腰骨)은 살 속에 드러나 보이고, 힘이 빠진 다리는 발끝으로 세웠는데, 가볍게 굽은 무릎이 체중을 받은 다리 안쪽에 붙어 있었다. 이런 자세로 미소를 지으면서 몸을 비틀어 아름다운 자세로 쉬고, 희게 빛나는 팔꿈치를 앞으로 내밀어 팔다리의 구조와 체구의 밀모부(密毛部)와의 대로에서 나온 균형미를 보이고 서 있었다. 즉 자극적인 냄새가 나는 겨드랑이의 검은 부분이 두 다리 사이의 검은 부분과 신비스러운 삼각형을 이루고, 두 개의 눈은 빨간 입술과 마주하고 있으며, 가슴에 있는 두 개의 붉은 젖꼭지는 세로로 긴 배꼽과 대응하여 저마다 삼각형을 이루었다. 어떤 중추 기관과 척추에서 나와 있는 운동 신경의 작용으로 복부와 흉부가 늘어나거나 줄어들고, 흉막과 복막 사이의 낮은 곳이 부풀고 오그라들며, 숨은 폐장 기포 속에서 산소를 혈액 속의 헤모글로빈에 결합해 내부 호흡을 영위하여, 기관의 점막에서 온기와 습기를 받아 채워진 노폐물을 입술 사이로 토해 내고 있었다.

한스 카스토르프는 이 생체(生體), 즉 혈액으로 길러지고, 신경, 정맥, 동맥, 모세관의 무수한 분지에 덮여 림프액에 의해 남김없이 침투된 온 몸의 신비스러운 균형미를 보이는 생체는, 본래의 지지물질인 교질(膠質) 조직이 칼슘염과 교(膠)가 합쳐져 만들어진 지탱뼈, 즉 골수가 든 관상골, 견갑골, 추골, 부골로 이루어진 체내의 발판이라고도 할 골격 구조에 지탱되어서 관절의 피막, 축축한 구멍 인대, 연골, 200개 이상의 근육, 영양과 호흡과 자극 전달의 역할을 하는 중추 기관, 보호 역할을 하는 피부, 장액이 가득한 구멍, 분비물이 풍부한 선, 입을 벌리고 몸 밖의 자연에 접하는 복잡한 내벽의 관 조직과 틈새를 갖고 있음을 배웠다. 또한 이런 육체 조직을 갖는 자아가 한결 높은 생명 단위로서, 몸의 전 표면에서 호흡하고 양분을 취하며 사고하는 가장 단순한 생명과는 달리, 어떤 원형에서 출발하여 여러 번 분열을 되풀이함으로써 몇 배로 늘어나고, 여러 직책과 연락을 위하여 체제와 분화를 행하여 저마다 독자적 발달을 이루고, 성장 조건인 동시에 결과이기도 한 가지각색의 형태를 만들어 낸 미세한 유기체의 무수한 접합이라는 것을 배웠다.

　그의 눈앞에 떠오르는 육체, 이 개체이며 살아 있는 자아는 호흡하고 영양을 취하는 무수한 개체의 복합체이다. 그 무수한 개체는 유기적 체제와 분업으로 저마다의 존재와 독립과 자유성을 완전히 잃어 해부학적인 요소로 변한다. 그리고 그 어떤 것의 기능은 빛, 음향, 접촉, 온도를 느끼는 것만으로 국한되고, 다른 것은 수축으로 인해 형태를 변화시키고, 소화액을 만드는 것 말고는 능력이 없어지고, 또 다른 것은 보호, 지지(支持), 체액 운반, 생식 방면에 기울어져 발달하여 거기에만 숙달된다. 이 고도의 자아를 구성하는 유기적 복합은 분산되어 있는 경우가 있다. 구성 개체의 다수가 느슨하고 불확실한 결합으로 상위의 생명 단위를 이루는 경우가 바로 이것이다. 우리 젊은 연구자는 이런 세포 군체의 현상에 대해 명상하고, 준유기체인 해초에 대해 읽었다. 이것은 개개 세포가 교질의 외피에 싸여 있을 뿐으로 서로 자주 떨어져, 세포의 집합적 형성물에는 틀림없지만, 단세포의 군체로서 생각할 것인지, 단일물로 생각할 것인지가 문제가 되며, 또한 '자기'를 자아라고 부를 것인지, '우리'라고 부를 것인지가 이상하게 망설여지는 그런 존재였다. 자연은 이 해초에 의해, 무수한 원시적 개체가 집합하여 상위 자아의 조직과 기관을 구성하는 고도의 사회적 통일체와 원시적 개체의 자유로운 개체적 생활의 중간물로 나타나고 있었다. 다세포 유기체는 생식에서 생식으로의 순환 과정—생명은 이 과정 속에서 영위되는 것이다—의 발현에 지나지 않는 것이다. 두 개의 세포체의 성적 융합인 수태 행위는 단세포 원시 생물의 각 세대의 처음에 존재하다가 마지막에 다시 출현하지만, 이것은 모든 다세포 개체의 구성 초기에도 존재한다. 쉬지 않고 분열을 되풀이함으로써 번식하고, 따라서 수태 행위를 필요로 하지 않는 몇 세대의 사이에도 수태 행위는 잊히지 않고 있어, 무성 생식에 따라서 발생한 자손이 성적 행위에 다시 복귀하는, 한 순환을 완료하는 순간이 찾아오는 것이다. 이렇게 다세포 개체는 두 개의 부모 세포의 합체에 근원을 두고, 무성 생식으로써 일어난 세포 개체의 몇 세대가 공동 생활을 영위하는 생명 국가로서, 이 생명 국가의 번영이란 무성 세대 수의 증가이다. 생식의 목적 때문에 발달한 요소인 생식 세포가 체내에 형성되어, 생명 쇄신의 성적 행위에 다시 도달한 순간에 생식의 순환이 완결되는 것이다.

우리의 젊고 대담한 모험가는 태생학 한 권을 명치 위에 얹고 유기체의 성장을 연구했다. 많은 정자 가운데 오직 하나만이 모든 정자의 선두에 서서, 꼬리의 운동으로 전진하여 머리를 난자의 교질 피막에 부딪쳐, 난막의 원형질이 영합하도록 부풀어 있는 수태(受胎)에 돌입하는 순간부터 생명은 시작된다. 자연은 이 단조로운 과정에 변화를 주기 위해 그 어떤 희극도 마다하지 않는다. 수컷이 암컷의 체내에 서식하는 동물도 있다. 또 수컷이 암컷의 아가리에서 태내에 팔을 넣어 거기에 씨를 뿌리면 그 팔이 잘라졌다가, 그 팔이 곧 토해지면 팔만 손가락으로 서서 허둥지둥 도망치는 동물도 있다. 과학은 감쪽같이 여기에 속아 그 팔에 그리스어와 라틴어의 학명을 붙이고, 오랫동안 독립한 생물로 다루어야 한다고 생각했다. 한스 카스토르프는 두 학파, 즉 난원론자와 정충론자의 논쟁을 읽었다. 난원론자는 난자 자체가 작은 개구리나 개나 인간으로 되며, 정충은 그 성장을 자극할 뿐이라고 주장했다. 이에 반대하여 정충론자는 머리, 팔, 다리를 가진 정자를 미래 생물의 원형이라고 생각하고, 난자는 정자의 '배양기'에 지나지 않는다고 주장했다. 그러나 결국 둘은 타협하여 난세포도 정세포도 본디 구별할 수 없는 생식 세포에서 발생한 것이라고 하여, 두 파 모두에게 공적을 인정하기로 했다. 한스 카스토르프는 수정한 난자의 단세포 유기체가 난할 분열로 다세포 유기체로 바뀌려는 과정을 연구해 보았다. 세포체가 융합하여 점막엽(粘膜葉)이 되고, 이 배포(胚胞)가 빠져 들어가 하나의 술잔 같은 공동(空洞)을 만들고, 이 공동이 영양 섭취와 소화 작업을 시작하는 것도 연구했다. 이것이 원생동물 또는 가스트룰라라고 부르는 것으로, 모든 동물 생명의 전형이고, 살을 소재로 하는 아름다움의 원형이었다. 이 가스트룰라의 내외의 표피층, 즉 내배판과 외배판은 원시 기관으로 이것이 안팎으로 포개고 접혀서 선(腺) 조직, 감각 기관, 체돌기로 되는 것이었다. 외배엽(外胚葉)의 하나가 응고하여 도랑 모양의 주름을 만들고, 이것이 닫혀서 신경관을 형성하고 척추가 되고 뇌수가 되었다. 한스 카스토르프는 교질 세포가 점액소 대신 교질 물질을 만들기 시작하고, 이로써 태막 점액이 응고

하여 결체 조직과 연골이 되고, 또 어떤 부분의 결체 조직 세포가 주위의 체액에서 석회염과 지방을 흡수해 뼈로 변화하는 것을 보았다. 인간의 태아는 어머니의 태내에 둥글게 웅크리고 앉아, 꼬리를 가진 돼지의 태아와 조금도 다를 것 없이 긴 복강경(腹腔鏡)을 갖고 그루터기 같은 보기 흉한 팔다리를 달고, 추악한 얼굴을 큰 배 위에 엎드리고 있었다. 진리에 대해 진지하고 음울한 태생학에 따르면, 이 태아의 성장은 계통 발생사의 소규모적인 반복이었다. 태아는 한동안 가오리처럼 아가미 주머니를 갖고 있다. 태아가 성장 단계에서 원시 시대에 완성한 인간이 보여준, 그다지 인문적이라고 할 수 없는 면모를 상상하는 것이 허용되고 그것이 마땅하기도 했다. 그 무렵 인간의 피부는 곤충류를 막기 위해 경련성 근육이었으며, 이것은 밀모(密毛)에 덮여 있고, 후각 점막의 면적이 아주 넓고, 귀가 꼿꼿이 서서 활발히 움직였으며, 그것이 얼굴 표정에도 밀접한 관계를 가져서 현재 인간의 귀보다 음향을 잡기에 알맞았다. 눈은 드리워진 제3의 눈꺼풀에 보호되어 머리 측면에 붙어 있었지만, 현재 솔방울샘이라 해서 흔적을 남기는 제3의 눈만은 창공을 감시할 수 있었다. 그리고 그때의 인간은 매우 긴 장관(腸管)과 많은 구치(臼齒)를 갖고 있었으며, 후두에는 포효하기 위한 음향 주머니가 있었고, 복강 내에는 남성 생식선을 갖고 있었다.

해부학은 우리 연구자에게 인체의 팔다리 껍질을 벗겨 보였다. 허벅지, 발, 특히 팔—상박(上膊)과 전완(前腕)—의 표면과 내부의 근육, 건(腱), 인대를 보였다. 인문 정신의 변화인 의학이 이것들을 품위 있고 재치 있게 분류한 라틴명을 가르치고, 또 골격을 가르쳐 주었다. 골격의 형성은 모든 인간적인 것의 단일성과 모든 학과의 일원성을 생각하게 하는 새로운 관점을 제공했다. 즉 한스 카스토르프는 이런 골격의 구조가 이상하게도 그의 전부터의—전부터라고 말할 수 없을지도 모른다—전문 분야, 그가 이 위에 처음 왔을 때에 만났던 사람들에게—크로코브스키 박사와 세템브리니에게—그가 속한 과학적 직업으로 소개한 공학을 연상케 하는 것이다. 그는 뭔가 습득하기 위해—무엇을 습득할 것인가는 전혀 문제되지 않았다—대학에서 정력학(靜力學), 가요성 지주(可撓性支柱), 가중 기계재(機械材)의 활용으로서의 구조학을 배웠다. 공학의 관점에서 역학의 법칙이 유기 자연에도 적용된다고 생각하는 것은 유치할 것이며, 역학의 법칙이 유기체에서 도입된 법칙이라고 할 수도 없을 것이다. 그러나 역학 법칙은 유기체 속에서 되풀이되고 뒷받침이 되었다. 속이 빈 원통의 원리는 긴 관상골의 구조에도 지켜져 있고, 최소한의 단단한 물질로 정력학의 법칙이 살려지고 있었다. 장력(張力)과 압력으로 부여된 부담을 고려하여 기계적으로 사용할 수 있는 재료의 줄기와 판으로 구성된 물체는 같은 재료로 만들어진 거대한 물질과 같은 가중에 견딘다고, 한스 카스토르프는 대학에서 배웠다. 마찬가지로 관상골의 생성에 있어서도 뼈의 표면에 단단한 물질이 형성됨에 따라 역학적으로 불필요해진 중심 부분이 지방 조직의 황색 수질(髓質)로 변하는 것이 보였다. 대퇴골은 기중기에 비할 만했다. 유기 자연은 대퇴골을 조립할 때, 한스 카스토르프가 옛날에 같은 용도의 기계를 제도할 때 정밀하게 기입해야 했던 것과 똑같은 장력과 압력의 곡선이 각 골재에 할당된 방향에 그려져 있었다. 한스 카스토르프는 그것을 알고 유쾌해했다. 그는 이것으로 대퇴골, 아니 일반 유기 자연에 대해 이미 세 가지 관계, 바로 서정적, 의학적, 공학적 관계를 갖게 되었기 때문이며, 그에 대한 흥미도 그만큼 강해졌다. 그리고 이 세 가지 관계는 인간 속에서 통일되어, 세 가지 중 어느 것도 하나의 절실한 관심의 변화이며 인문적 학과에 불과하다는 것을 알았다.

그런데 원형질의 작업은 여전히 수수께끼로 남아 있다. 생명은 자신을 아는 것이 거절된 것 같았다. 생화학(生化學)의 대부분의 현상은 해명되어 있지 않을 뿐만 아니라 대체로 인식할 수 없는 성질의 것이었다. '세포'라는 생명 단위의 구조와 합성에 대해서도 거의 알려져 있지 않았다. 죽은 근육의 성분을 명백히 했다고 해서 그것이 무슨 소용이 있는가? 살아 있는 근육의 화학을 조사할 수는 없다. 죽은 뒤의 경직이 가져오는 변화만 해도 모든 실험을 무의미하게 하는 데 충분했다. 신진대사도 신경 작용의 본질과 그 밖에 어떤 것에 대해서도 이해하지 못했다. 맛이 나는 물체는 어떤 속성으로 맛이 나는 것일까? 어떤 지각 신경이 향료에 의해 여러 가지로 흥분하는 것은 무엇 때문일까? 그리고 냄새가 나는 것은 대체 무엇에 의한 것일까? 동물과 인간의 특수한 체취는 어떤 물질의 발산에 따른 것이라지만, 이 물질의 정체는 아무에게도 알려져 있지 않았다. 땀이라 불리는 분비물의 성분도 거의 해명되지 않았다. 땀을 분비하는 선은 향료를 만들어 내고, 그 향료는 포유 동물에게는 분명히 중요한 의의를 갖고 있지만, 인간의 경우에는 어떤 의의를 갖고 있는가는 분명치 않다고 한다. 틀림없이 중요하다고 생각되는 부분에 대해서도 그 생리적 의의는 완전히 수수께끼였다. 맹장은 문제삼지 않는다 하더라도 이 또한 신비에 싸여 있다. 토끼의 맹장은 보통 죽 같은 것으로 가득 차 있지만, 이것이 어떻게 외부에 배설되고 또 어떻게 새로이 보충되는 것인가는 수수께끼였다. 그리고 뇌수의 백색과 회색 물질은 무엇인가? 시신경에 연락되고 있는 시신경상은 무엇인가? 뇌교의 회색 부착물은 무엇인가? 뇌수와 척수의 성분은 아주 부서지기 쉽기 때문에 그 구조를 구명한다는 것은 영원히 불가능했다. 수면 중에 대피막의 활동이 멈추는 것은 무엇 때문일까? 죽은 시체에 가끔 일어나는 위(胃)의 자가 소화 현상은 살아 있을 때에는 무엇에 의해 방지되는 것일까? 그것은 생명, 즉 살아 있는 원형질의 특수한 저항력 때문이라고 사람들은 대답할 것이다. 그리고 그 대답 자체가 이미 신비스러운 설명이라는 것을 모르는 척한다. 발열이라는 흔한 현상에 대해서도 이론은 모순에 가득 차 있다. 신진대사 증진의 결과는 열 제조의 증진으로 드러난다. 그러나 이 경우, 왜 다른 경우처럼 열의 소비도 조정적으로 증진하지 않는 것일까? 발한(發汗)의 감퇴는 피부의 수축 작용에 원인이 있는 것일까? 그러나 피부의 수축은 열성 오한(熱性惡寒)의 경우에만 볼 수 있고, 다른 경우에는 피부는 오히려 열을 내고 있다. '열에 취함'이라는 말로 본다면, 중추 신경 계통에서 신진대사 증진의 원인을 찾아야 하며, 또 달리 표현할 수가 없기 때문에 이상(異常)이라고 하는 피부 상태의 원인에서 찾아야 할 것이다.

그러나 이런 모든 무지함도 기억이라는 현상, 아니 그것보다는 더 폭넓고 놀랄 만한 기억인 획득 형질의 유전이라는 기억 현상에 대한 어려움에 비한다면 문제삼기에는 불충분한 것이다. 세포 조직의 이런 작용을 기계적으로 설명할 수 있는 실마리마저도 전혀 잡을 수 없는 것이다. 부친의 무수히 복잡한 종목 형질과 개인 형질을 난자에 전하는 정자는 현미경에 의해서만 나타나지만, 아무리 강한 현미경을 가지고서도 정자가 등질체라는 것 말고는 알 수 없을 뿐더러 그 본성을 결정할 수도 없다. 어떤 동물의 정자도 모두 같은 형상을 하고 있기 때문이다. 정자의 조직 상태로 보아, 하나의 세포는 그것이 구성하는 상위의 유기체와 성질을 달리 하는 것은 아니라는 것, 또 세포 자신이 이미 상위의 유기체이며 그 자체가 살아 있는 분열체로서 개체적 생명 단위로 구성되는 것이 아닌가 하고 생각되었다. 이렇게 하여 가장 작은 것에서 시작하여 가장 작은 것으로, 원시적인 것을 더욱 원시적인 것으로 분해하는 필요성을 강요당했다. 동물계가 여러 동물로 이루어지고, 또 동물과 인간의 유기체가 많은 세포 종족으로 구성되는 것처럼, 세포라는 유기체도 원시적인 생명 단위의 다양한 집합으로 구성되어 있음이 틀림없었다. 물론 이 생명 단위의 크기는 현미경으로 밝혀지는 크기보다는 훨씬 작고, 혼자 힘으로 성장하며, 모든 생물은 같은 종류의 생물만을 낳을 수 있다는 법칙에 따라 자력으로 번식하고, 분업의 원칙에 따라 일단 상위의 생명 단계인 세포를 공동으로 구성한다.

이것이 유전 인자, 원생자(原生子), 생명의 근원체였다. 한스 카스토르프는 어느 추운 밤에 그 이름들을 알아 낸 것을 기뻐했다. 그는 이런 원시물의 성격과 상태를 더 정밀하게 규명한다면 어떻게 될 것인가 하고 생각해 보았다. 그것도 생명을 가지고 있는 이상 유기체임에 틀림없다. 생명은 유기 조직에 기반을 두고 있기 때문이다. 그러나 유기체라면 이미 원시적이라고는 할 수 없었다. 유기체는 원시물이 아니고 복합체였기 때문이다. 이들 유전자는 공동으로 유기적으로 구성하고 있는 생명 단위인 세포보다 하위의 생명이었다. 그렇다면 그것들은 상상할 수 없을 정도로 작긴 하지만, 자신도 '구성되어' 있고, 생명의 하나의 단계로서 유기적으로 구성되어 있음에 틀림없었다. 왜냐하면 생명 단위라는 개념은 작은 하위의 생명 단위에서, 즉 상위의 생명 단위를 조직하는 단위에서 구성되는 것을 의미하기 때문이다. 분해의 결과로 생명의 특성인 동화(同化)와 성장과 번식 능력을 갖는 유기적 단위가 나타나는 동안은 원시적 단위라고 부르는 것은 옳지 않았다. '생명' 단위라는 개념은 하위의 구성 단위라는 내재 개념을 무한으로 내포하기 때문이다. 원시적 생명, 다시 말해서 이미 생명이면서 아직 원시적이라고 하는 것은 존재할 리가 없기 때문이다.

그러나 논리적으로는 존재할 수 없어도 그런 것은 결국 어떤 형태로든 존재하고 있음에 틀림없었다. 왜냐하면 우연 발생, 다시 말해 무생물에서 생명이 일어난다는 생각을 통틀어 배격할 수 없기 때문이다. 사람들이 외적 자연에서 메우려고 헛되이 노력했던 심연, 즉 생명과 무생물 사이의 심연은 자연의 유기적 내부에서는 어떤 형태로 채워지고 다리가 놓여진 것임에 틀림없었다. 분해가 이어지는 동안 합성은 되어 있지만 아직 조직되어 있지 않다는 '단위' 생명과, 무생명의 중간 '단위'는 생명 단계와 단순한 화학과의 중간을 차지하는 분자군에 도달함에 틀림없었다. 그러나 이 화학적 분자에 다다른 순간 유기 자연과 무기 자연의 심연보다 더 신비스러운 물질과 비물질 사이의 심연이 가까이에 입을 벌리고 있는 것이 보였다. 왜냐하면 분자는 원자로 합성되어 있고, 원자는 매우 작다고 할 수 있을 정도의 크기도 갖고 있지 않기 때문이다. 원자는 더없이 작으며 비물질적인 것, 즉 아직 물질은 아니지만 이미 물질에 가까운 것으로 에너지의 이른 시기의 아주 작은 중간적인 집합이고, 아직 물질이라고 할 수 없고, 오히려 물질과 비물질의 중간물, 즉 경계점이라고 생각해야 했다. 유기물의 우연 발생과는 다른, 더 신비롭고 모험적인 자연 발생의 문제—물질이 비물질에서 발생한다는 문제가 등장하는 것이다. 사실 물질과 비물질 사이의 심연을 메우는 것이 유기 자연과 무기 자연 사이의 심연과 마찬가지로, 아니 더 절실하게 문제되고 있다. 유기체가 무기적 결합에서 생기는 것처럼 물질이 비물질적 결합에서 발생하는 비물질의 화학이 필연적으로 존재하지 않으면 안 되었다. 그리고 원자는 물질의 원충류와 단충류의 성질로 보아 물질적인 것과 물질적이 아닌 것을 의미할 것이다. 그러나 '작다고 말할 수 없는' 단계에 이르면 표준이 없어져 버린다. '작다고 말할 수 없다'는 것은, 이제는 '무섭게 크다'는 것을 의미했다. 그리고 원자까지 내려가는 것은 매우 모험적인 탐험이라 해도 과언이 아니며, 물질을 마지막까지 분해하고 미분하여 갔을 때에 홀연히 천문학적 우주가 눈앞에 열리는 것이다.

원자는 에너지에 찬 한 우주로서, 그 체계 속에는 태양계처럼 중심체의 주위를 많은 천체가 자전과 공전을 하고 있고, 혜성이 중심체의 인력에 의해 외심적 궤도상에 만류되면서, 광년의 속력으로 천체를 비행한다. 이것은 다세포 생물의 신체를 '세포 국가'라고 부르는 것처럼 단순한 비유는 아니다. 분업의 원리에 따라 조직된 사회적 단체인 도시와 국가는 유기 생명에 비할 수 있을 뿐만 아니라 그것은 유기 생명의 반복이다. 이와 마찬가지로 두터운 옷을 입은 우리 청년 연구자의 머리 위에서 추위 속에 반짝이는 골짜기 상공의 무수한 집단과 군단과 형상이 월광에 창백하게 떠돌고 있는 대우주의 별 세계는 자연 깊숙이 존재하는 원자 속에도 아주 광대한 반영으로 되풀이되고 있었다. 원자의 이 태양계 물질을 구성하는 모든 태양계의 군성과 은하 속의 유성, 이 내계적(內界的) 천체는 지구를 생명 서식에 알맞은 상태에 있다고 생각해서는 안 되는 것일까? 신경 중추가 취하고, 피부가 '이상한 상태'에 있고, 금지된 사항의 세계에서도 이미 여러 가지를 겪고 있는 청년 연구자에게는 그런 상상이 황당무계한 것이 아니라 집요하게 붙어다니는 상상이며, 아주 분명한 논리적 진실성을 가진 상상이었다. 내계적 천체의 '미소'를 왈가왈부하는 것은 아주 부당한 반론이며, 크다든지 작다든지 하는 표준은 적어도 '최소' 분자의 우주적 성질이 분명해진 순간에는 통용하지 않게 되고, 바깥과 안이라는 개념도 차츰 그 근거를 잃게 될 것이다. 원자의 세계도 외계라고 할 수 있을 것이고, 반대로 우리가 살고 있는 지구도 유기적으로 생각하면 아마 깊은 '내계(內界)'라고 말할 수 있으리라. 어떤 탐구자는 대단한 상상력으로 살과 뼈, 뇌수도 모두 태양계에서 구성되고 있는 우주적 괴물로 공상하여 '은하동물'이라고 부르지 않았는가? 그러면 한스 카스토르프가 생각한 것처럼 궁극까지 내려갔다고 믿는 순간에 모든 것은 처음부터 다시 시작해야 하는 것이다. 그리고 한스 카스토르프라는 인간의 내부 가장 깊숙한 곳에 또 하나의 몇 백 사람의 한스 카스토르프 청년이 따뜻하게 옷을 입고, 달 밝은 알프스 고원의 추운 밤이 내려다보이는 발코니에 누워 손가락은 얼고 얼굴은 상기되며, 인문적인 의학에 흥미를 갖고 인체의 생활을 연구하는 것이 아닐까?

빨간 불빛이 도는 탁상등불 옆에 앉아 읽고 있던, 삽화가 많이 들어 있는 병리 해부학 책은 한스 카스토르프에게 기생성 세포 합체와 전염성 종기의 본성을 가르쳐 주었다. 이것은 다른 종류의 세포가 자기를 선뜻 받아들여 주고, 자기들의 번식에 어떤—역시 방종한 방법이라고 말하지 않을 수 없다—형태로 수용 태세를 갖춘 것으로 나타난 유기체 속에 들어가서 생기는 조직 형태, 그것도 매우 왕성한 형태였다. 이 기생물은 주위 조직에서 영양을 빼앗을 뿐만 아니라 모든 세포의 예에 따라 신진대사를 영위하는데, 그것의 산물인 유기 합성물은 주인인 유기체 세포에게 아주 해로워, 주인의 파멸을 불가피하게 만드는 것이었다. 이미 몇몇의 생물에서 독소를 유리시켜 그것을 농축시키는 것에 성공했는데, 단백 화합물의 하나에 지나지 않는 이 물질을 동물의 혈관 속에 주사했을 때, 매우 소량으로도 놀랄 만큼 위험한 중독 작용, 심한 부작용을 일으켰다. 이 부식 작용(腐蝕作用)의 외적 특징은 조직의 비대, 병적인 종기인데, 이것은 주인 세포들이 자기들 사이에 기생한 세균에 따른 자극에 반응한 결과였다. 점막 조직 세포 가운데에 박테리아가 살게 되면 어떤 세포는 원형질이 크게 자라 아주 거대하게 되고, 많은 핵이 생기고 서로 결합하며 좁쌀만 한 결절(結節)을 형성한다. 이 비대는 곧 파멸로 이끈다. 즉 이 괴물 세포의 핵은 위축하여 붕괴되고, 그 원형질이 응고하여 이 때문에 사멸하기 시작하는 것이다. 주위의 다른 조직 부분도 이 종기 세포의 자극을 받아 염증 현상이 확산 작용을 일으키게 되어 이웃 혈관에도 누를 끼치는 것이다. 백혈구가 도우러 달려오지만 응고에 따른 사멸이 촉진된다. 그 사이에 세균의 가용성 독소는 신경 중추를 마비시켜 버리고, 유기체는 높은 체온을 띠고, 가슴은 파도처럼 떨리면서 비실비실 파멸의 길을 걸어가는 것이다.

이것이 병리학, 병의 학문, 육체의 고뇌 증대에 대한 학문이지만, 고뇌 증대는 육체의 강조를 의미하기 때문에 쾌감의 강조이기도 하다. 이렇게 볼 때 병은 생명의 방종한 형태였다. 그러면 생명 그 자체는 무엇일까? 생명은 아마 물질의 전염성 질환에 불과한 것이 아닐까? 물질의 우연 발생이라 부르는 현상은 아마 비물질의 질환 자극에 따른 비대에 지나지 않는 것과 마찬가지로 악과 쾌감, 죽음을 향한 제1보는 어떤 미지의 침윤에 따른 쾌감 때문에 정신적인 것, 즉 에너지의 밀도가 증대하고 그 조직이 확실히 병적으로 비대하는 순간에 시작되는 것은 분명하다. 이 비대는 비물질이 물질로 변하는 현상, 물질이 비로소 출현하는 현상으로 쾌감과 고뇌가 반반씩 유지되는 현상이며 이것이 인간의 타락이다.

제2의 우연 발생, 즉 무기로부터 유기의 탄생은 물질성이 증대함에 따라 의식을 띠게 된다. 유기체의 질병이 육체의 도취적 증대, 그 방종한 강조와 같이 생명이란 순결성을 잃은 정신의 모험에 필연적인 것에 지나지 않으며, 자극에 의해 의도된 것에 대해 준비 태세에 있던 물질이 감성에 눈뜬 결과인 수치열(羞恥熱)의 방사에 지나지 않는 것이다.

여러 책들이 등불이 켜진 작은 탁자 위에 쌓여 있고, 책 하나는 침대 의자 옆의 마룻바닥, 발코니의 매트 위에 놓여 있었다. 한스 카스토르프가 마지막으로 읽었던 책은 배 위에 얹혀 있어 호흡을 곤란하게 했지만, 대뇌 피질에서 소속 근육에 그 책을 내려놓으라는 명령을 하지 않았기 때문에 그대로 있었다. 한스 카스토르프는 페이지를 넘기며 읽어 내려가다가 턱이 가슴에 닿았고, 어느새 푸른 눈 위의 눈꺼풀이 내려졌다. 그는 생명의 상(像)을 보았던 것이다. 살이 빚어낸 아름다운 팔다리를 보았다. 그녀는 목덜미에서 잡고 있던 두 손을 풀고 두 팔을 폈다. 그 팔의 안쪽, 특히 팔꿈치의 엷은 피부 밑에 혈관이 있는데, 두 개의 대정맥이 푸르고 투명해 보였다. 그것은 말로 표현할 수 없을 만큼 감미로운 느낌의 팔이었다. 그녀는 그의 쪽으로 오더니 그의 위에 몸을 구부렸다. 그는 유기체인 그녀의 냄새를 맡았고, 그녀의 심장 고동을 느꼈다. 그녀의 달아오른 부드러운 팔이 그의 머리를 껴안았다. 그는 쾌감과 공포 때문에 정신이 희미해지면서 그녀의 삼두근을 싼 단단한 피부가 기분 좋게 느껴지는 부분에 두 손을 댔다. 이어서 그녀의 촉촉한 입술이 그의 입술을 부드럽게 빨아대는 것을 느낄 수 있었다.

망자(亡者)의 춤

크리스마스가 지나고 얼마 뒤 아마추어 기수가 죽었다. 물론 그 전에 크리스마스 축제가 있었다. 이 이틀 간의 축제일—크리스마스 전날 밤까지 계산하면 3일간의 축제—에 한스 카스토르프는 여기서는 어떻게 축하하는 것일까 하고 조금 두려워하기도 하고 기대하기도 했지만, 아침, 낮, 밤으로 계절답지 않은 날씨—눈이 좀 녹았다—를 동반한 다른 평범한 날과 마찬가지로 금방 왔다가는 지나가 버렸다. 이틀 동안 겉으로는 그런대로 장식도 하고, 사람들의 머리와 마음을 지배하여 여느 때와는 다른 인상을 남기기는 했다. 그러나 그 일도 이미 가까운 과거가 되었다가, 아주 먼 과거가 되고 말았다.

고문관의 아들인 크누트 청년이 방학이 되어 돌아와 요양원 옆에 있는 아버지의 집에서 함께 지냈다. 아주 호남이기는 했지만 아버지를 닮아 벌써 목덜미가 튀어나왔다. 베렌스 아들의 체류는 주위의 분위기로도 느낄 수 있었다. 여인들은 아무렇지 않은 일에도 웃고, 화장을 하고, 신경을 곤두세우고, 정원·숲·요양 호텔·거리 등에서 크누트를 만났다는 말로 열을 올렸다. 한편 크누트한테는 손님들이 와 있었다. 대학 친구 6,7명이 골짜기로 올라와서, 읍내에 머무르며 고문관 집에 식사 초대를 받기도 하고, 동료인 크누트와 함께 어울려 여기저기를 걸어다니기도 했다. 한스 카스토르프는 이 학생들과 얼굴을 마주치지 않으려고 했다. 이 위의 한 사람인 한스 카스토르프와, 노래를 부르고 곳곳을 걸어 다니고 지팡이를 흔들어대는 이런 학생들과는 서로 다른 세계의 인간으로, 그는 이 학생들과는 어떤 만남도 갖고 싶지 않았다. 그들 대부분은 북부 독일 출신 같았으므로 한 고향 사람도 있을지 몰랐다. 한스 카스토르프는 여기서 고향 사람을 만나기가 몹시 두려웠다. 함부르크의 어떤 사람이 베르크호프에 올지도 모르겠다는 생각만 해도 반감이 앞섰다. 게다가 베렌스의 말에 따르면 함부르크 도시는 해마다 이 요양원에 꽤 많은 수의 단골 손님들을 보내고 있다는 것이었다. 아마 아직 보지 않은 중환자와 위독한 환자 가운데에는 고향 사람이 있을 것이다. 그러나 얼굴을 마주하는 사람들 가운데에서 고향 사람은 2, 3주일 전부터 일티스 부인의 식탁에 앉아 있는, 볼이 쑥 들어간 상인 한 사람뿐이었다. 이 사나이는 쿡스하펜에서 왔다고 했다. 한스 카스토르프는 그를 볼 때마다 여기서는 식탁을 함께 하는 사람 말고는 친구로 사귀는 것이 어렵다는 사실을 다행으로 생각했고, 자기 고향이 크고 넓은 것을 기뻐했다. 이 위에서 함부르크에서 온 사람을 만나는 것이 두려워 걱정했던 한스 카스토르프는 이 상인이 있어도 아무렇지도 않다는 것으로 기분이 아주 홀가분했다.

크리스마스 전날 밤이 다가오나 싶더니 어느새 크리스마스가 눈앞에 닥쳐 다음 날로 다가왔다. 이 위의 사람들이 벌써부터 크리스마스에 대해 말하는 것을 듣고 한스 카스토르프가 놀란 것은 벌써 6주일 전의 일이었다. 산술적으로 생각할 때, 그가 처음 머물 예정이었던 3주일에 그가 침대에서 누워지냈던 3주일만큼을 합쳤던 기간이 크리스마스까지는 아직 있었던 것이었다. 그러나 수학적으로는 같다고 해도, 처음의 6주일은 엄청난 시간으로, 특히 전반 3주일은 지금 생각해도 긴 3주일이었다. 이와 반대로, 후반의 3주일은 아주 짧아서 거의 없는 것 같았다. 사람들이 시간을 아주 사소하게 생각한다는 것은 마땅한 노릇이었다. 6주일이 마치 일주일도 안 되는 것처럼 느껴졌는데, 그것이 어느 만큼의 길이인가는, 월요일에서 일요일이 지나 다시 월요일로 돌아오는 일주일의 작은 한 회전이 대체 어느 정도의 길이에 해당되는가 하는 또다른 문제를 생각해 보면 대체로 짐작이 간다. 시간의 단위를 차츰 작게 해서 그 단위의 가치와 의미를 생각해 나가면, 그 단위를 합해도 얼마 되지 않는 것을 알 수 있다. 게다가 이런 합계는 시간을 두드러지게 단축시키고 소멸시키는 힘을 가지고 있다. 이를테면 하루를 점심 식사 식탁에 앉는 순간부터 24시간 뒤에 다시 같은 순간으로 돌아올 때까지의 시간이라고 계산한다면 이 하루란 무엇일까? 24시간이라는 시간임에는 틀림없지만 없는 거나 마찬가지다. 그렇다면 한 시간이란 어떤가? 예를 들어 안정 요양, 산책, 식사—이것만으로도 한 시간이라는 단위를 보내는 가능성은 충분히 준비된 것이다—에 소비되는 한 시간이라는 것은? 이것도 없는 거나 마찬가지다. 그러나 무(無)를 아무리 합해도 그 성질로 볼 때 대수로운 것이 되지 않았다. 오히려 최소 단위로 내려갔을 때 비로소 큰 것이 되었다. 이를테면 체온계의 곡선을 멈추지 않기 위해 체온계를 입에 물고 있는 60초의 7배라는 시간은 정말 강인하고 묵직하여 작은 영원이라고 할 정도로 확대되어, 많은 시간이 그림자처럼 덧없이 날아가 버리는 데에 반하여 아주 중후한 층을 만들고 있다.

크리스마스도 베르크호프 사람들의 생활 양식을 어지럽히는 일은 거의 없었다. 아름다운 전나무가 2, 3일 전부터 식당의 오른쪽 옆인 '이류 러시아인 자리' 가까이에 세워졌고, 그 향기가 풍부한 요리 냄새 사이로 흘러 식사를 하는 사람들의 코에 가끔 느껴졌다. 그러면 일곱 식탁에 앉은 사람들의 얼굴에 뭔가 생각에 잠기는 표정이 나타났다. 12월 24일의 저녁 식사 때 전나무는 금색과 은색 테이프, 유리알, 금색으로 칠한 전나무 솔방울, 그물에 넣어 걸어 놓은 작은 사과와 온갖 과자들로 화려하게 꾸며졌고, 채색한 양초가 식사가 끝날 때까지 줄곧 타올랐다. 침대를 떠날 수 없는 환자들의 방에도 크리스마스 트리가 장식되었다. 그리고 며칠 사이에 우편물이 아주 많아졌다. 요아힘 침센과 한스 카스토르프도 저 아래 고향에서 정성들여 꾸려진 선물을 받았다. 두 사람은 그것을 자기 방에서 펴보았다. 사치스러운 옷, 넥타이, 가죽과 니켈로 만든 장식품, 크리스마스용 케이크, 호도·사과·편도가 든 과자였는데, 그 양이 아주 많아서 사촌들은 이것을 언제 다 먹을 수 있을까 고개를 갸웃거리며 물어 볼 정도였다. 한스 카스토르프는 자기의 소포가 샬렌의 손으로 꾸려졌고, 그녀가 숙부들과 구체적인 의논을 한 뒤에 선물을 혼자 준비해 보낸 것임을 알게 되었다. 거기에는 야메스 티나펠의 편지가 한 통 들어 있었다. 편지지는 개인 편지지의 두꺼운 종이였지만 타자기로 친 편지였다. 숙부는 이 편지에서 종조부의 안부와 더불어 자기의 크리스마스 인사와 병문안 말을 쓰고, 수고를 덜기 위해 앞으로 다가올 새해 인사도 요령 있는 솜씨로 덧붙였다. 이 요령은 한스 카스토르프가 어느 때인가 크리스마스 편지 겸 병상 보고를 티나펠 영사에게 했을 때 실행한 방법이기도 했다.

식당 전나무에서는 촛불이 타서 바삭바삭 소리를 냈고, 그 향기와 더불어 사람들의 머리와 마음속에 오늘 밤의 의의를 일깨워 주었다. 사람들은 모두 몸치장을 했는데, 남자들은 예복을 입고 여자들은 저 아래 여러 나라에 사는 남편들이 보내온 것 같은 장신구를 달고 있었다. 클라브디아 쇼샤도 여기서 유행하는 털스웨터를 야회복으로 갈아입었다. 그 옷은 좀 덜 독창적이라고 할까 민족적인 느낌을 주는 것으로, 전체 느낌이 러시아의 민속적인 느낌이었다. 발칸식이라고도 또는 불가리아식이라고도 할 수 있는, 밝은 색에 자수가 있는 장식띠가 달리고, 섬세한 금실수가 놓인 것이었다. 주름이 많은 그 옷은 그녀의 얼굴 모습에 여느 때에는 없던 부드러운 곡선을 띠게 했다. 또 세템브리니가 '타타르인의 관상'이라고 혹은 '초원 지대의 늑대 눈'이라 부른 눈에 알맞게 조화되어 그녀의 옷차림을 멋지게 드러나 보이게 했다. '일류 러시아인 자리'는 꽤 흥청거렸다. 이 식탁에서 처음으로 샴페인을 터뜨리는 소리가 났고, 이에 따라 거의 모든 식탁에서 그 소리가 이어졌다.

사촌들의 식탁에서는 왕고모가 조카와 마루샤를 위해 샴페인을 주문하여 모든 사람에게 권했다. 요리는 특별히 준비된 것으로 치즈가 든 과자와 봉봉으로 끝났지만, 모두들 뜨거운 커피와 리큐어를 추가했다. 가끔 전나무가지에 촛불이 옮겨 붙어 끄지 않으면 안 되었고, 그때마다 요란스런 소동으로 변했다. 세템브리니는 여느 때와 같은 복장을 하고, 축하 식사 마지막에 이르러 이쑤시개를 입에 문 채 사촌들의 식탁에 잠시 머물면서 슈퇴어 부인을 놀려댔다. 그러고는 오늘 밤 태어났다는 목수의 아들, 인류의 스승에 대해 지껄여댔다. 그 인물이 과연 실재 인물이었는지 어떤지는 잘 모르지만, 그 무렵에 탄생하여 오늘날에 이르기까지 끊임없이 승리의 길을 걷는 것은, 개인 영혼의 가치와 평등의 관념, 한 마디로 말하면 개인주의적 민주주의의 정신이며, 자기는 그런 의미에서 권하는 술잔을 다 마시겠다고 말했다. 슈퇴어 부인은 세템브리니의 이 말을 '애매하고 인정미가 없다'고 항의하면서 의자에서 일어섰다. 이때는 다른 식탁의 사람들이 이미 응접실로 옮기기 시작했으므로, 사촌들의 식탁 사람들도 이들을 따랐다.

그날 밤의 모임은 크누트 청년과 밀렌동크 양을 거느리고 30분쯤 얼굴을 내민 고문관에게 기념품을 증정하는 식으로 무게와 활기를 주었다. 증정식은 광학을 응용한 오락 기구가 놓여 있는 살롱에서 행해졌다. 러시아인들이 보낸 기념품은 한가운데에 고문관의 이름을 새긴 매우 크고 둥근 은쟁반으로, 얼른 보아서는 아무 쓸모 없는 것으로 느껴졌다. 러시아인들을 제외한 손님들이 증정한 침대 의자는, 이불도 쿠션도 없고 커버가 덮여 있을 뿐이었는데, 아무튼 그 위에 누울 수는 있었다. 그리고 머리를 얹는 부분이 높낮이를 조절할 수도 있어, 베렌스는 누운 기분을 시험해 보려고 아무 쓸모 없는 은쟁반을 옆 구리에 끼고 침대 위에 길게 누웠다. 그리고 눈을 감더니 자기는 보물을 지키는 파프니르라고 말하고는 코를 골아 보였다. 이에 모두 크게 웃었다. 쇼샤 부인도 베렌스의 행동을 보고 웃었는데, 웃을 때 눈이 가늘어지면서 입을 벌렸다. 이는 프리비슬라프 히페가 웃을 때와 꼭 같다고 한스 카스토르프는 생각했다.

고문관이 사라지자 손님들은 얼른 카드대에 앉았고, 러시아인들은 여느 때처럼 작은 살롱으로 물러갔다. 몇몇 손님들은 크리스마스 트리를 둘러서서 닳은 양초가 금속제 작은 접시 속에서 사라져 가는 것을 바라보기도 하고, 매달아 놓은 과자를 집어 먹기도 했다. 내일 첫 번째 아침 식사 준비가 다 되어 있는 식탁 여기저기에는 손님들이 서로 멀리 떨어져 앉아 저마다 팔꿈치를 괴고 생각에 잠겼다.

크리스마스의 첫날은 안개가 끼고 축축했다. 베렌스는 곳곳을 둘러싸고 있는 것은 구름이지, 이 위에는 안개 같은 것이 없다고 주장했다. 그러나 구름이든 안개든 아무튼 심한 습기였다. 쌓여 있는 눈 표면이 녹아 곳곳에 구멍이 생겼고 질퍽해졌다. 요양 근무를 할 때에는 맑고 추운 날씨보다 얼굴과 손이 훨씬 더 시렸다.

그날 밤은 음악회가 열렸다는 점이 평일과는 달랐다. 정식 음악회여서 의자가 여러 줄로 놓여졌고 인쇄된 프로그램까지 준비되었다. 베르크호프 요양소가 이 위의 사람들을 위해 제공한 것이었다. 가곡의 밤에 나온 가수는 이곳에 살면서 개인 교수를 하는 전문 성악가였다. 그녀는 가슴이 파인 무용복을 입었는데 두 개의 메달을 달았고, 장대처럼 가느다란 팔을 드러냈으며, 목소리도 힘이 없었다. 마치 그녀가 이 위에 정착하게 된 원인에 대한 서글픈 사연을 말해 주는 듯했다. 그녀가 노래불렀다.

나의 사랑은 한시도
나에게서 떠나지 않네.

반주하는 피아니스트도 이곳 사람이었다. 쇼샤 부인은 맨 앞줄에 앉아 있었는데, 휴식 시간을 이용하여 도중에서 일어나 버렸다. 한스 카스토르프는 그 뒤로는 차분한 기분으로 음악—어쨌든 음악이긴 했다—을 들을 수 있었고, 프로그램에 인쇄된 가사를 눈으로 좇기도 했다. 세템브리니는 한동안 옆에 앉아 있었지만, 이곳 가수의 답답한 미성(美聲)에 대해 조형적이고 엄격한 비평을 몇 마디 하고, 베르크호프측과 환자들이 오늘 밤에 이렇게 사이 좋게 지낸다고 만족의 뜻을 표시하면서 마찬가지로 모습을 감추어 버렸다. 한스 카스토르프는 눈이 가느다란 부인과 교육자가 없어져 아무에게도 얽매이지 않고 노래를 들을 수 있게 되어 사실은 홀가분했다. 세계의 어디에도, 어떤 환경 아래에서도, 아마 극지의 탐험 여행에서도 음악이 연주된다는 것은 고마운 일이라고 한스 카스토르프는 느꼈다. 크리스마스의 둘째 날은 둘째 날이라는 가벼운 의식을 제외한다면, 여느 일요일, 아니 여느 요일과 다를 게 없었다. 그리고 이날이 지나자 크리스마스는 과거의 일이 되었다. 또는 그것은 다시 먼 훗날의 일, 1년 뒤의 일이 된다고도 할 수 있었다. 크리스마스가 돌아올 때까지는 다시 12개월을 필요로 한다. 그렇다고 해도 그것은 결국 한스 카스토르프가 이 위에서 이때까지 보낸 5개월보다 7개월이 많은 셈이다.

그런데 이번 크리스마스가 끝나자 새해가 되기도 전에 아마추어 기수가 죽었다. 사촌들은 이 슬픈 이야기를 복도에서 알프레다 쉴트크네히트, 통칭 베르타 간호사라 불리는, 불쌍한 프리츠 로트바인을 간호하는 간호사에게서 들었다. 한스 카스토르프는 이 사건에 완전히 사로잡혔다. 그것은 이 아마추어 기수의 기침이 이 위에서 한스 카스토르프가 처음으로 받은 인상 가운데 하나였으며, 그 뒤 사라지지 않게 된 얼굴의 상기를 처음 일으킨 최초의 인상이었기 때문이다. 그 밖에 거기에는 도덕적이고 종교적인 이유가 있었다. 그는 요아힘을 붙잡아 놓고 간호사와 한참 이야기했다. 간호사는 자기에게 이렇게 말을 걸어오는 것을 무척 좋아했다. 그녀 말에 따르면, 아마추어 기수가 크리스마스까지 산 것이 기적이라고 한다.—이미 예전부터 끈기 있는 신사라는 사실을 느끼기는 했지만, 마지막에는 도대체 어떻게 호흡을 할 수 있는지 알 수 없었다. 며칠 전부터 매우 많은 양의 산소를 흡입하여 가까스로 호흡했고, 어제만 해도 한 개에 6프랑이나 하는 산소통을 40개나 비웠다. 두 사람도 계산해 보면 알겠지만 대단한 금액이 될 것이다. 그건 그렇다 해도 기억해야 할 일은, 숨을 거둘 때까지 곁에 있었던 부인이 완전히 무일푼이 되었다는 사실이다.—간호사는 이렇게 말했다. 요아힘은 그것이 쓸데없는 비용 지출이라며 비난했다. 전혀 희망이 없는 환자를 괴롭히고 그토록 큰 돈을 낭비하여 인공적으로 임종을 연기할 필요가 어디에 있단 말인가? 본인이야 강제적으로 마시게 된 것이니 값비싼 활력 가스를 거리낌 없이 마셨다 해도 탓할 것은 없다. 그러나 치료 담당자들은 더 머리를 써서 아무래도 피할 수 없는 길이라면 그대로 가게 해야 했으리라. 재산 상태를 생각하지 않아도 그렇지만, 그것을 고려한다면 더욱 그러하다. 뒤에 남아서 살아야 하는 사람에게도 권리는 있으니 말이다.—요아힘의 주장은 대충 이런 것이었다. 여기에 한스 카스토르프는 강하게 반대했다. 사촌의 말은 세템브리니가 말하는 것과 마찬가지로 고통에 대해서 존경도 외경도 느끼지 않는 말이다. 아마추어 기수는 이미 죽었으니 불손한 말을 입 밖에 낼 때가 아니며, 누구나 진지한 감정을 표시하려면 말을 삼가는 것이 옳다. 죽은 사람에게는 존경과 경의를 표시하는 것이 최대한의 예의이다—한스 카스토르프는 이렇게 단호하게 역설했다.

"그건 그렇고 베렌스가 혹시 임종을 앞둔 아마추어 기수에게 소리지르거나 꾸짖지는 않던가요?"

한스 카스토르프가 간호사에게 이렇게 물었다.

"그럴 필요는 이미 없었어요. 인제 마지막이라고 할 때, 기수가 발버둥을 치면서 침대에서 뛰쳐나오려고 했지만, 아무리 그렇게 해도 소용이 없다는 말을 듣고는 완전히 체념했던 것 같았어요."

한스 카스토르프는 이 기수의 주검을 보았다. 그는 보지도 듣지도 말하지도 않으려는 주의의 이기적인 비밀주의에 항의할 작정으로 직접 고인을 조문하러 갔던 것이다. 그는 식사 때 아마추어 기수의 죽음을 화제에 올리려고 했지만, 그 화제는 모든 사람들에게 완강히 거부되었으므로 그는 부끄러워졌고 동시에 화가 났다. 슈퇴어 부인 같은 사람은 버럭 화를 내기까지 했다. 무슨 생각으로 그런 말을 꺼내는 것인가 하고 슈퇴어 부인은 마구 대들었다. "도대체 당신은 어떻게 된 사람이지요? 요양원의 규칙으로 환자들은 그런 말을 듣지 않도록 엄하게 보호되어 있는데 말이에요. 하필이면 불고기가 나와 있는 이때에 당신 같은 초심자가 왜 그런 말을 꺼내는 거예요? 그리고 내일 죽을지도 모르는 블루멘콜 박사 앞에서 (슈퇴어 부인도 이 말만은 살짝 말했다) 그런 말을 하다니, 두 번 다시 이런 일이 되풀이되면 고소해 버리겠어요!"

이렇게 거센 항의를 받은 한스 카스토르프는, 자기로서는 죽은 동숙자를 방문하여 그 머리맡에서 조용히 명복을 빌어 마지막 경의를 표시하겠다고 밝혔다. 그리고 요아힘에게도 함께 가자고 강요했다.

두 사람은 간호사 알프레다의 안내로 그들의 방 바로 아래 있는 2층 빈소로 들어갔다. 두 사람을 맞이한 그의 아내는 키가 작은 금발머리 부인으로, 계속된 밤샘 간호로 머리가 흐트러지고 몸이 여위었다. 게다가 방 안이 몹시 추워 코가 빨개져서 두꺼운 외투를 입고 그 깃을 올리고, 입에는 손수건을 대고 있었다. 스팀은 꺼져 있고 발코니의 문은 열린 채로 있었다. 두 청년은 목소리를 낮추어 필요한 인사를 하고, 그녀의 처량한 손짓에 따라 방을 가로질러 침대 가까이 갔다. 구두 뒤꿈치가 마루에 닿지 않게 공손히 앞으로 나아가더니, 깊이 생각하는 자세로 서서 죽은 자를 바라보았다. 요아힘은 군대식으로 똑바로 선 자세로 경례하듯 상체를 반쯤 굽혔고, 한스 카스토르프는 여유있는 자세로 두 손을 앞으로 마주잡은 채 머리를 옆으로 갸우뚱하고는 마치 음악을 듣는 듯한 표정을 짓고 있었다. 아마추어 기수는 베개로 머리를 높여 놓았는데, 생명의 가늘고 긴 구성물, 복잡한 생식환(生殖環)인 육체는 아래에서 두 다리가 이불 속에 높이 들려 있기 때문에 더 한층 넓적하게, 거의 판자처럼 넓게 보였다. 화환 한 개가 무릎 근처에 놓여 있고, 그 화환에서 튀어나온 종려나무 가지 하나가 움푹 파진 가슴 위에서 마주 잡힌, 뼈가 앙상한 누런 손에 닿아 있었다. 머리는 벗겨지고, 매부리코에 광대뼈가 뾰족한 얼굴도 누렇고 앙상해 있지만, 숱이 많은 불그레한 금발 콧수염이 그루터기처럼 덮여 회색 볼의 움푹함을 더욱 깊게 보이게 했다. 두 눈은 부자연스러울 만큼 굳게 감겨졌는데, 감은 게 아니라 억지로 감겨진 것이라고 한스 카스토르프는 생각했다. 눈을 감기는 것은 죽은 사람을 위해서라기보다, 오히려 뒤에 남은 사람의 기분을 위로하려는 것이며, 죽은 사람에 대한 마지막 성의라고 생각되었다. 더욱이 이것은 죽은 즉시 행해져야 한다. 근육 속에 근섬유소가 형성되면 이미 때를 놓치고 말아, 죽은 자는 누워서 계속 눈을 떠야 하기에 '영면'이라는 느낌이 없어지고 말기 때문이다.

한스 카스토르프는 경험자답게 모든 것을 다 알고 있는 듯한, 그러면서 경건한 기분으로 침대 앞에 서 있었다.

"잠을 자는 것 같습니다."

그는 사실과는 다르지만 부인의 기분을 위로하기 위해 이렇게 말했다. 그리고 목소리를 낮추어 그녀와 이야기를 시작했다. 그녀 남편의 오랜 병고, 마지막 며칠 사이의 모습과 마지막 순간을 이야기했으며, 유해를 캐른텐으로 옮기는 일에 대해 그의 의학적·종교적·윤리적 관심과 지식을 생각하게 하는 종류의 질문을 했다. 그의 부인은 오스트리아 사람답게 느릿느릿하고 조금 콧소리 섞인 말씨로 때때로 울먹이면서, 젊은 사람이 남의 불행에 이렇게도 관심을 가져주는 일은 드문 일이라고 말했다. 여기에 대해 한스 카스토르프는 그도 사촌도 병을 앓고 있고, 자신은 어릴 때부터 근친의 죽음을 여러 번 겪은 일이 있으며, 부모 없는 고아로서 어릴 때부터 죽음과 가까운 사이라고 말했다. 미망인이, 직업이 무엇이냐고 묻자 한스 카스토르프는 기술자'였습니다' 라고 대답했다.

"……였습니다요?"

그녀가 되물었다.

"그렇습니다. 지금 이렇게 병 때문에 앞으로 얼마나 더 이곳에 있어야 할지 모르겠습니다. 이것이 아마 내 일생에서 중대한 고비, 아마 일생의 분기점과 같은 것이 될지도 모르기에 '기술자였다'고 대답했습니다."

이에 요아힘이 깜짝 놀라 사촌의 얼굴을 살피듯이 쳐다보았다.

"그러면 사촌은요?"

그 부인이 다시 물었다.

"사촌은 군인이 되려 하는 사관 후보생입니다."

한스 카스토르프는 사촌 대신 대답해 주었다.

"아, 그러세요? 군인의 임무란 진지함을 필요로 하지요. 그리고 군인은 언제 죽음에 맞닥뜨릴지 모르니 일찍부터 죽음의 모습을 보아 익혀 두는 것이 좋을 거예요."

미망인은 이렇게 말한 뒤, 두 청년에게 감사의 말과 침착하고 상냥스러운 태도를 보냈다. 이런 태도는 그녀의 현재의 곤궁함, 특히 남편이 남겨 놓은 고액의 산소 대금을 생각하면 존경을 느끼게 하는 것이었다.

사촌들은 3층으로 돌아왔다. 한스 카스토르프는 이 방문에 만족한 듯했고, 방문에서 얻은 인상에 종교적인 흥분을 느끼는 것 같았다.

그는 라틴어로 말했다.

"그대여, 평안히 잠들지어다. 그의 육신이여, 평안히 쉴지어다. 주여, 그에게 영원한 휴식을 주소서."

그러고는 요아힘에게 말했다.

"죽음이라는 것이 문제가 되어 죽은 자에게 말을 한다든지, 죽은 자에 대해 말하게 될 때면 라틴어가 효력을 가지기 시작하는 거야. 라틴어는 이런 경우의 공용어로, 이로 말미암아 죽음이 얼마나 특별한 것인가를 느끼게 하지. 그러나 죽음을 위해 특별히 라틴어를 쓰는 것은 인간적인 예의범절에서만은 아닌 거야. 죽음이라는 말로서의 라틴어는 교양을 위한 라틴어는 아니야. 이것과는 전혀 다른, 정반대라고 할 수 있는 정신에서 생긴 라틴어야. 즉 종교상의 라틴어, 성직자의 용어, 중세기적인 음산하고 단조로운 지하의 노래라고 할 수 있지. 세템브리니의 마음에는 들 수 없는 라틴어야. 인문주의자, 공화주의자인 그런 교육자에게는 맞지 않고, 이것과는 다른 사고에서 나온 라틴어야. 내 생각으로 우리는 여러 사고, 더 정확하게 말하면 온갖 느낌을 저마다 명확하게 구분해 두어야 해. 경건한 느낌과 자유로운 느낌이 있다는 걸 말이야. 어느 쪽에도 각기 그 좋은 점이 있지만, 나는 자유로운 느낌, 즉 세템브리니식의 느낌에 불만스러운 점이 있어. 그것은 인간의 존엄성을 자기 홀로 떠맡듯이 생각하는 것으로, 좀 지나쳐. 또 하나의 느낌은, 그 형태는 다르지만 마찬가지로 인간의 존엄성이 다분히 포함되어 있어서, 예의범절 등 고귀한 형식을 깊게 해주는 것으로, 이 점에서는 '자유로운' 느낌을 넘어선다고 할 수 있지. 경건한 느낌은 인간의 약점과 허망함을 특히 염두에 두고, 죽음과 분해의 관념이 중요한 역할을 차지하는 사고인 거야. 자네는 연극 '돈 카를로스'를 본 일이 있나? 이 연극에서 필립 왕이 완전히 검은 옷을 입고, 가터 훈장*10과 금양피 훈장을 달고 들어와, 오늘날의 중산모와 거의 비슷한 모자를 천천히 벗어 들고는, '쓰시오. 경들' 하는 장면을 볼 때 스페인의 궁정 공기가 어떤 것이었는가? 모든 것이 가지런했고 방종 같은 것은 조금도 느낄 수 없었어. 그래서 왕비도 '내가 태어난 프랑스에서는 이렇지 않았어요' 말하는 거야. 물론 왕비에게는 모든 것이 지나치게 엄격하고 까다롭기 때문에, 그녀는 더 밝고 인간적인 것을 바란다고 말하는 거겠지. 그런데 인간적이란 무엇을 말하는 것일까?

---

*10 영국에서 기사에게 수여하는 최고의 훈장.

스페인식의 경건하고 겸허하고 장중하고 까다로운 생활도 인간성의 고귀한 형식일 거야. 또 거꾸로 '인간적'이라는 말로 모든 칠칠치 못한 것과 해이한 것도 얼버무릴 수 있어. 자네도 여기에 동감하겠지?"

"동감이고말고. 나도 칠칠치 못한 것과 해이한 것은 참을 수가 없어. 규율이 없으니 말이야."

"그렇지, 자네는 군인이니까 그렇게 말하는 게 마땅해. 군대에서 규율을 엄격하게 말하는 것은 나도 인정해. 자네들의 임무는 진지한 것으로, 언제나 비상 사태에 대처할 수 있는 각오가 필요하고, 죽음에 직면할 수 있는 각오가 필요하다고 그 부인도 말했지. 사실 그렇지. 자네들은 정돈되고 단정한 제복을 입고 있어. 딱딱한 깃이 자네들을 말쑥하게 해 주고 있지. 더욱이 자네들에게는 계급과 복종의 의무로 깍듯이 서로 경례하는데, 이것은 스페인식 정신, 즉 경건한 느낌이기 때문에 나도 그게 싫지는 않아. 우리 시민 사이에서도 그런 정신은 더 살려져야 해. 우리의 범절과 태도에도 말이야. 나는 그것에 호감이 가고 또 그렇게 되어야 한다고 생각해. 이 세상과 인생이란 모두 검은 옷을 입고, 자네들의 깃보다 더 풀을 먹인 목도리를 두르고, 진지하고 조용하고 예의 바르게 죽음을 염두에 두고 서로 교제하는 성질의 것이라고 생각해. 그게 내 기분에도 들어맞고 도덕적이라고도 느껴져. 자네는 어떤가? 그 점에서도 세템브리니의 그릇된 생각과 오만을 지적할 수 있지. 또 한 가지가 있는데, 자네와 말하는 동안 이 점을 말할 수 있게 되어 정말 잘 되었어. 그는 인간의 존엄성을 자기 혼자서만 대표하는 것처럼 생각하고 있을 뿐만 아니라, 도덕에 대해서도 그렇게 생각하더군. 그의 '인생의 실제적인 일'이나, '진보'의 일요일의 축제—일요일까지 진보를 생각하지 않아도 그 밖에 생각할 일이 있을 텐데—나 '고뇌의 조직적인 해소' 같은 것 말이네. 물론 자네는 이 해소에 대해서 아직 아무것도 듣지 못했겠지만, 나에게는 교화의 목적으로 들려주었어. 조직적으로 고뇌를 해소한다는 거야. 그런데 내가 이것이야말로 부도덕하다고 느낀다면 어떻게 되겠나? 물론 나는 그에게 이런 것을 말하지는 않아. 그러면 그는 또 예의 조형적인 말투로 간곡히 설교하면서, '나는 당신에게 경고합니다. 엔지니어' 라고 할 거야. 그러나 생각이란 각자의 자유야. '경들이여, 나에게 사상의 자유를 줄지어다.' 그건 그렇고, 자네에게 할 말이 있어."

한스 카스토르프는 이렇게 말을 맺었다.

두 사람은 요아힘의 방으로 돌아갔고, 요아힘은 안정 요양 준비를 했다.

한스 카스토르프는 다시 이야기를 시작했다.

"내가 계획하고 있는 것을 자네에게 들려주지. 우리는 여기서 죽어 가는 사람들과 비참한 불행이나 슬픔을 함께 나누며 살아가고 있는데, 아무도 그런 것은 알 바 아니라는 얼굴을 하고 있어. 그뿐 아니라 주위로부터도 우리가 그것과 상관하지 않고 보지 않고 지낼 수 있도록 위로와 보호를 받고 있어. 아마추어 기수도 아마 우리가 저녁 식사나 아침 식사하러 간 사이에 감쪽같이 처리될 게 틀림없어. 내 생각으로는 이것이야말로 부도덕이야. 슈퇴어 부인은 내가 그 사나이가 죽었다는 것을 말한 것만으로도 미친 사람처럼 화를 냈잖아? 말도 안되지. 아무리 교양 없는 부인이기로서니. 며칠전에 식당에서 '은밀하고도 거룩한 선율'이라는 가사가 '탄호이저'*¹¹에 나온다고 우기는 무식한 사람이야. 좀더 도덕적으로 느낄 듯도 한데 말이야. 다른 사람들도 마찬가지야. 그래서 내 계획을 말하겠는데, 나는 앞으로 요양원에 있는 중환자와 위독한 환자에게 접근하기로 했네. 나에게도 좋으리라고 믿고 있어. 오늘 문상한 것도 꽤 효과가 있었어. 그 불쌍한 로이터군 말이야. 여기에 왔을 때 문틈으로 들여다본 25호실 사람, 그 사람은 아마 벌써 오래전에 저승으로 가 버려서 몰래 처리되었을 거야. 그때만 해도 눈이 남달리 컸었지. 그러나 그 사람 말고도 다른 사람들이 얼마든지 요양원 안에 우글거리고 있어. 새로 들어오는 환자 때문에 부족함을 못 느낄 정도야. 알프레다 수간호사나 베렌스도 우리를 도와서 누구 할 것 없이 관계를 맺게 해 줄 거야. 그렇게 어려운 일은 아니니까. 이를테면 위독한 환자 중의 한 사람이 생일을 맞이했는데, 우리가 그것을 알았다고 하자. 그거야 물어서 알아내는 것도 괜찮겠지. 그렇게 될 때 우리가 그에게 또는 그녀에게 화분을 방으로 보내면 어떨까? '완쾌를 빕니다. 같은 병을 앓고 있는 무명의 환자로부터' 이렇게 써서 말이야. 완쾌라는 말은 의례상 어떤 경우에도 사용할 수 있는 말이니까. 물론 우리 이름은 결국 그 환자에게 알려질 테지. 그리고 그나 그녀는 마음이 쓸쓸할 때이니만큼 문 너머로 다른 사람을 통해 우리에게 감사의 말을 하게 될 터이고, 어쩌면 우리를 잠깐만이라도 방 안으로 들어가게 하겠지. 그렇게 되면 우리는 그 환자가 분해되어 사

---

*11 독일의 작곡가 리하르트 바그너(1813~1883)의 가곡.

라지기 전에 인간다운 말을 몇 번 나누게 될 거야. 나는 이렇게 생각하는데,
자네는 찬성하나? 무슨 일이 있어도 시작해 보려네."

요아힘은 그 계획에 대해 이러니저러니 말을 할 수가 없었다. 다만 이렇게
말했다.

"그건 여기 규칙에 어긋나는 일인데. 그렇게 되면 자네는 규칙을 깨뜨리는
것이 돼. 그러나 자네가 간절히 바란다면 베렌스도 허락해 줄 거야. 그 의학적
흥미를 이유로 하면 될 거야."

"그렇지, 그런 점도 있어."

한스 카스토르프는 이렇게 대답했다. 그의 희망은 사실 여러 동기에서 비
롯되었다. 주위의 이기주의에 대한 항의는 그런 여러 가지 동기 가운데 하나
에 지나지 않았다. 그 밖에 고뇌와 죽음을 진지하게 생각하든가, 경외하려는
정신적 욕구가 가장 큰 것이었다. 그런 욕구를 만족시키고 그것을 강화하고
자 여러 굴욕적인 견문에 거스르는 의미에서, 그는 감히 중환자나 위독한 환
자에게 접근하려 했던 것이다. 굴욕적인 견문에 대해 말한다면, 그것은 유감
스럽게도 세템브리니의 비평을 입증하는 실례가 얼마든지 있었기 때문이다.
한스 카스토르프가 그 실례에 대한 질문을 받는다면 베르프호프의 주민들
가운데 아무 데도 아픈 곳이 없으면서도 가벼운 피로를 구실로, 사실은 그저
놀기 위해, 환자 생활이 체질에 맞기 때문에 여기에 머무르는 사람들을 첫 번
째 사례로 들었을 것이다. 예컨대 앞에서 잠깐 소개한 헤센펠트 부인도 그 가
운데 한 사람이다. 그녀의 도락은 내기였다. 그녀는 남자들과 모든 것에 내기
를 했다. 내일의 날씨, 이번 식사의 요리, 종합 진단의 결과, 누구에게 몇 개월
이 판결되는가 등이었고 운동 경기에서는 쌍썰매, 빙상 썰매, 스케이트 선수,
스키 선수에게 걸었으며, 환자들 사이에 벌어지는 연애 사건의 전망에도 내기
를 걸었다. 이 밖에 모든 것에, 때로는 아주 보잘것없어 아무래도 상관없는 것
에까지 내기를 했다. 내기에 거는 것은 아무것이라도 좋았으므로 초콜릿 내기,
나중에 식당에서 진수성찬이 나올 때를 예상하여 샴페인과 캐비어 내기, 돈
내기, 영화관 입장권 내기, 키스하기까지 내걸었다. 요컨대 그녀는 이 내기로
식당 안을 긴장시키고 활기를 띠게 했지만, 한스 카스토르프는 그녀의 행실을
그렇게 진지하게 느낄 수 없었을 뿐 아니라, 그녀가 여기에 있는 것이 고뇌의
장소에 대한 엄숙성을 손상하는 것으로 느껴졌다.

한스 카스토르프는 이 엄숙성을 지키고 자기의 기분으로도 그것을 잃지 말자고 마음에 굳게 맹세했지만, 이 위에 반 년 가까이 있는 현재로서는 이것이 힘에 겨운 일이었다. 반 년 사이에 이 위의 사람들의 생활과 행실과 습관과 사고 방식에 대해 보고 들어서 얻은 결과는 그의 결심을 그다지 격려해 주는 것은 되지 못했다. 예컨대 '막스와 모리츠'라고 불리는 17세와 18세의 날씬한 두 멋쟁이들은 밤이 되면 슬그머니 빠져 나가 부인들과 포커를 하고 술을 마신다고 해서 화제에 많이 올랐다. 요즈음도, 다시 말해서 새해 들어 일주일쯤 지난 다음의 일이지만—우리가 이야기하는 중에도 시간은 흘러가 멈추지 않는다는 사실을 잊지 말기 바란다—아침 식사 때 이런 소문이 퍼졌다. 마사지 선생이 아침에 이 두 사람이 구겨진 사교복 차림 그대로 침대에 누워 있는 모습을 발견했다는 것이다. 한스 카스토르프도 그것을 듣고 웃기는 했지만, 이 또한 그의 결심을 망설이게 만드는 말이었다. 그러나 이 같은 말은 위테르보그의 아인후프 변호사의 이야기에 비한다면 그리 대단한 것은 못 되었다. 아인후프는 염소 수염을 기르고 손에는 검은 털이 나 있는 마흔 남짓한 사나이였는데, 얼마 전부터 세템브리니의 식탁에서 완쾌하여 퇴원한 스웨덴인의 자리에 앉게 되었다. 그가 매일 밤 만취하여 요양원으로 돌아올 뿐만 아니라 요즈음에는 아예 돌아오지도 않고 풀밭에서 잠든 것을 발견했다는 것이다. 그는 위험한 난봉꾼이라는 소문이 자자했다. 슈퇴어 부인은, 어떤 젊은 부인—더구나 평지에 약혼자까지 있는 여자였다—이 아인후프의 방에서 털외투 밑에 팬티만 입은 모습으로 아침에 나오는 것을 목격했다고 했다. 듣기 민망할 정도로 불쾌한 이야기였다. 도덕적 의미에서도 불쾌했고 한스 카스토르프 개인에게도 그의 정신적 노력에 굴욕감을 주는 이야기였다. 그는 또 아인후프를 생각하면 몇 주일 전에 거기에 온 프랜츠헨 오베르당크를 떠올리지 않을 수 없었다. 프랜츠헨 오베르당크는 시골 귀부인 타입의 어머니와 함께 2, 3주일 전에 베르크호프에 올라온, 머리에 가르마를 탄 처녀였다. 그녀는 이 위에 올라왔을 때 처음에는 병이 가볍다는 진단을 받았다. 그러나 어떤 실수가 있었는지, 아니면 그녀의 경우에도 이 위의 공기가 병을 고치기보다는 병을 일으키는 데 알맞았는지, 또는 무슨 음모와 흥분에 말려들어 그것이 몸에 지장을 주게 되었는지, 아무튼 그녀는 4주일 뒤에 다시 진단을 받고 식당에 들어와서는 핸드백을 높이 던지며 밝은 목소리로 이렇게 외쳤다.

"만세! 나는 여기서 1년을 더 있어야 한대요!"

이 말을 들은 식당 사람들은 한꺼번에 폭소를 터뜨렸다. 그런데 2주일 뒤에 아인후프 변호사가 프랜츠헨 오베르당크에게 파렴치한 행동을 했다는 소문이 퍼졌다. 물론 파렴치라는 말은 우리가, 또는 기껏해야 한스 카스토르프가 사용한 말로서, 소문을 낸 사람들에게는 그리 놀랄 만한 성질의 것이 아니었다. 게다가 사람들은, 그런 사건에는 본디 두 당사자가 필요하고 또한 두 사람의 당사자 가운에 그 어느 쪽의 소망과 의지에 어긋나는 일이 행해졌을 리 없다는 것을 은근히 암시했다. 적어도 문제의 사건에 대한 슈퇴어 부인의 태도와 견해는 이러했다.

이 카롤리네 슈퇴어는 어이없는 여자였다. 한스 카스토르프의 진지하고 성실한 정신적 노력을 흐트러지게 하는 것이 있다면, 그것은 특히 이 부인의 존재와 인품이었다. 그녀가 날마다 해대는, 교양 없는 말의 오류만으로도 충분했다. 그녀는 '단말마'를 '단말미(斷末味)'라고 했고, 누군가가 철면피라는 것을 '철인피(鐵人皮)'라고 했으며, 일식을 일으키는 천문 현상에 대해 터무니없는 말을 늘어놓았다. 눈이 쌓인 것에 대해서는 '대단한 용적'이라고 했고, 어느 날 세템브리니에게, 자기가 요양원의 도서실에서 빌린 책을 읽고 있는데 이것은 그에게도 관련이 있는 책으로 '실러가 번역한 베네데토 체넬리'라고 말해서 세템브리니는 한동안 벌려진 입을 다물지 못했다. 그녀는 유행어를 즐겨 썼는데, 이것도 한스 카스토르프에게는 몰상식하고 진부하고 속되게 느껴져 신경에 몹시 거슬렸다. 이를테면 '그것은 최고예요', 또는 '상상도 못해요'라는 유행어였다. 새로운 말을 좋아하는 사람들이 '멋지다', 또는 '훌륭하다'라는 의미에서 오랫동안 사용했던 '굉장하다'라는 말은 빛과 박력을 완전히 잃어 더럽혀지고 낡아 버렸기 때문에 슈퇴어 부인은 가장 첨단적인 '견딜 수 없어요'라는 말에 덤벼들었다. 그 뒤로는 정당한 의미에서든지 익살의 의미에서든지 아무튼 모든 것에 적용했다. 썰매 코스에도, 푸딩에도, 자신의 체온에도 모두 '견딜 수 없어요'를 썼는데 이 또한 구역질나는 행동이었다. 게다가 그녀는 엄청난 가십광이었다. 그녀의 말에 따르면 잘로몬 부인이 지금 최고급 레이스의 속옷을 입고 있는 까닭은 오늘 진찰을 받을 날이기 때문이며, 아름다운 속옷 차림으로 의사들 눈앞에서 교태를 부리려는 것이란다. 이쯤 되는 가십이면 그럭저럭 참을 만했다. 한스 카스토르프 자신도 진찰 시간은 그 결과와는 관계없이 부인들에게 기쁨을 주며, 부인들이 진찰 때문에 요란스러운 화장을 하는 듯한 인상을 받았다. 슈퇴어 부인은 척수 결핵인 듯한, 포젠에서 온 레디슈 부인이 매주 한 번 고문관의 눈앞에서 완전 나체로 10분 동안 실내를 걸어다닌다고 우겼는데, 이에 대해서는 뭐라 말해야 할 것인가? 이 이야기는 터무니없는 말이고 음탕한 험담이었지만, 슈퇴어 부인은 맹세코 사실이라고 주장하고 단언했다. 이 뻔뻔스러운 슈퇴어 부인은 자기와 관련된 문제만으로도 괴로운 일이 너무나 많을 텐데, 왜 이런 일에 그토록 힘을 들이고 옳다고 우기는지 이해하기가 어려웠다. 그녀는 나날이 심해진다는 '노곤함' 때문인지, 또는 체온의 곡선이 계속 올라갔기 때문인지, 가끔 마음이 약해져 훌쩍훌쩍 울면서 불안한 발작에 빠지기도 했다. 피부가 거친 붉은 볼을 눈물로 적시고 흐느껴 울면서, 식탁으로 와서는 손수건을 입에 대고 외쳐댔다—베렌스는 자기를 침대에서 떠나지 않기를 바라는데 자기는 베렌스가 무엇을 뜻하는지 알고 싶다, 자기의 몸이 어디가 나쁘며 자기의 상태는 어느 정도인가, 자신은 진실을 바로 보고 싶다. 어느 날 그녀는, 자기 침대 발치 쪽이 방 입구를 향해 놓여진 것을 보고 깜짝 놀라 거의 경련이 일어날 지경이었다는 것이다. 사람들은 그녀의 분개와 공포의 의미를 당장은 알아차리지 못했다. 특히 한스 카스토르프에게는 이해할 수 없는 일이었다.

"그게 어쨌다는 거지요? 왜 침대가 그렇게 놓여져서는 안 된다는 건가요?"

한스 카스토르프의 질문에 슈퇴어 부인이 울부짖었다.

"아이구, 정말 모르겠어요? 어리석기는…… 시체가 침대째 운반되어 나갈 때처럼 발을 입구 쪽으로 놓으면 되겠어요?"

그녀가 너무나 소란을 피웠기 때문에 곧 침대의 방향을 바꾸어 놓아야만 했다. 그 덕분에 눈 위로 직사광선을 받으면서 누워 있어야 했기에 잠자는 데는 방해가 되었지만.

이 모두는 성실치 못한 것으로서 한스 카스토르프의 정신적 욕구를 충족시키지 못했다. 그 무렵, 식사 때 일어난 무서운 사건이 이 청년에게 깊은 인상을 남겼다. 이 위에 온 지 얼마 안 되었을 때, 마르고 조용한 포포브라는 교사가 마찬가지로 마르고 조용한 신부(新婦)와 함께 '일류 러시아인 자리'에서 식사를 하게 되었다. 그런데 식사가 한창일 때 이 포포브가 간질병이라는 것이 확실해졌다. 처절한 발작이 일어나 많은 책에 묘사된 악마적이고 비인간적인 소리를 지르며 마루 위에 넘어졌던 것이다. 그는 의자 밑에서 허우적대며, 보는 사람의 몸이 오싹할 정도로 손과 다리를 뒤틀었다. 그때 나온 요리는 생선 요리였기 때문에 포포브는 경련 도중 생선뼈에 목구멍이 찔릴 우려가 있었다. 이 소란은 차마 글로 표현할 수 없을 정도였다. 이에 슈퇴어 부인을 필두로 하여 잘로몬 부인, 레디슈 부인, 헤센펠트 부인, 마그누스 부인, 일티스 부인, 레비 양과 그 밖의 부인들도 앞을 다투어 갖가지 반응을 보였고, 몇몇 여인들은 포포브에게 지지 않는 추태를 보였다. 부인들의 소동은 대단했다. 곳곳에 경련을 하다가 감겨진 눈, 멍하니 벌어진 입, 뒤틀어진 상체가 있었다. 어떤 부인은 조용히 기절한 상태였다. 모두 요리를 씹고 넘기고 있을 때 이런 처참한 사건이 일어났기 때문에 여기저기서 질식에 따른 발작이 일어났다. '일류 러시아인 자리'의 사람들 가운데 일부는 출구로 도망갔다. 바깥은 아주 축축하고 추웠지만 베란다에서 밖으로 뛰어나간 사람도 있었다. 그러나 이 사건 전체가 처참하다는 느낌 외에 뭔가 특별한 애처로운 느낌을 띠고 있었다. 크로코브스키 박사가 요전에 강연에서 말한 것이 모든 사람들의 머리에 떠올랐기 때문이다. 이 정신 분석학자는 '질병 형성력'으로서의 사랑에 대한 강연에서 바로 간질병을 언급했던 것이다. 정신 분석이 행해지지 않던 시대의 인류는 이 병을 뭔가 실성한 예언자적인 수난이라든가 마귀에 들렸기 때문이라고 생각했지만, 크로코브스키는 반 정도는 시적이고 반 정도는 엄정한 과학적인 말로 간질병을 사랑의 등가물, 뇌수의 색정 증가라고 단정했던 것이다. 요컨대 그는 이 병을 뭔가 음탕하고 수상한 병처럼 말했기 때문에 그 강연을 들은 사람들은 포포브 교사의 광태를 그 강연의 실연(實演)이라고 느끼고, 그것을 뭔가 음탕한 계시, 신비스런 스캔들처럼 느꼈다. 따라서 광태에 숨어 달아난 부인들의 모습에는 어떤 수치의 빛까지 보였다. 식사 때 그 자리에 있었던 고문관은, 새파래진 얼굴로 거품을 물고 뻣뻣해진 채 경련하고 있는 황홀 상태의 포포브를, 밀렌동크와 '일류 러시아인 자리'의 힘이 센 몇 명의 젊은 사람들을 시켜 식당에서 홀로 운반해 갔다. 그리고 홀에서 의사와 수간호사, 그 밖의 직원들이 의식을 잃은 포포브를 간호하는 것이 보였지만, 그 환자는 곧 들것으로 실려 나갔다. 그러나 얼마 안 있어 포포브 교사는 침착하고 명랑한 얼굴로, 마찬가지로 침착하고 명랑한 얼굴의 신부와 함께 '일류 러시아인 자리'로 돌아와 아무 일도 없었던 듯이 점심 식사를 마치는 것이었다.

한스 카스토르프는 이 사건을 공포에 질린 얼굴로 보고 있었지만, 내심으로는 이 사건에서도 진지한 인상을 받지 못했다. 포포브는 입 안에 있던 생선의 가시가 목구멍에 걸릴 염려가 있었는데도 실제로는 그런 일이 없이 끝났다. 그렇게 자기를 잊고 광란과 도취에 빠져 있었으면서도 짐짓 남모르는 주의를 하고 있었음에 틀림없다. 그리고 지금 그는 명랑한 얼굴로, 미친 듯이 날뛴 전사(戰士), 또는 난폭한 술주정꾼처럼 소란을 피운 흔적도 없이 식사를 했는데, 조금 전의 일을 전혀 기억하지 못하는 듯한 태도였다. 포포브의 태도도 한스 카스토르프의 고뇌에 대한 외경심을 강하게 해주는 것은 아니었고, 형태는 다르지만 성실치 않은 방종한 인상을 강하게 했을 뿐이었다. 그래서 한스 카스토르프는 그런 인상에 반항하기 위해서도 주위의 관습을 무시하고 중환자와 위독한 환자에게 더 가까이 접촉하여 그 인상에 맞서려고 결심했던 것이다.

사촌들과 같은 3층에서, 그들의 방과 그다지 멀지 않은 방에 라일라 게른그로스라는 이름의 소녀가 누워 있었는데, 알프레다 간호사의 말에 따르면 내일이라도 죽을 것 같은 상태였다. 그녀는 열흘 동안에 네 번이나 심한 객혈을 하여 그녀의 부모들은 살아 있는 동안만이라도 딸을 고향으로 데려 가려고 올라왔다. 그런데 고문관은 게른그로스 소녀가 움직이는 것은 불가능하다고 말했다. 그 소녀는 16세쯤의 아가씨였다. 한스 카스토르프는 완쾌를 비는 말과 화분을 보내는 계획을 실행할 수 있는 좋은 기회라고 여겼다. 라일라의 생일은 한스 카스토르프가 알아낸 것에 의하면 봄이었기 때문에 아직 멀었다. 따라서 라일라가 다시 한 번 봄을 맞이할 전망은 없을 것 같았다. 그러나 한스 카스토르프는 그런 것은 동정에 의한 친절을 표시하는데 장애물은 되지 않으리라고 단정했다. 그는 정오에 요양 호텔 가까이 산책 나갔을 때 사촌과 함께 꽃집에 들어갔다. 그리고 흙 냄새와 꽃 향기가 자욱하고 축축한 공기를 흠뻑 들이마시면서 아름다운 수국(水菊) 화분을 골라 "진심으로 완쾌를 빕니다…… 무명의 동숙자들로부터" 라고 쓴 종이쪽지를 붙여서 그 소녀의 방으로 배달해달라고 부탁했다. 한스 카스토르프가 꽃집에 들어갔을 때 바람이 몹시 찼기 때문에, 문에 들어서자 꽃 향기와 안의 따뜻한 공기로 말미암아 얼었던 눈물이 흘러내렸다. 게다가 그 때문에 그는 기분이 좋고 황홀해져서 그의 작은 계획의 모험성과 대담성과 유익함을 의식하면서 그 계획에 상징적인 의의를 남몰래 느끼고 기쁜 마음으로 모든 일을 끝마쳤다.

라일라 게른그로스는 개인 간호사 없이 폰 밀렌동크 양과 의사들이 직접 간호하고 있었지만, 알프레다 간호사가 그 방을 드나들고 있어서 청년들은 두 사람의 호의의 효과를 그 간호사에게서 들었다. 절망적인 위독 상태에 있었던 소녀는 타인의 호의를 어린아이처럼 기뻐했다. 그녀는 수국 화분을 머리맡에 놓고, 그것을 눈과 손으로 어루만지며 물을 주는 데 무척 신경을 썼다. 심한 기침이 발작해도 걱정스런 눈길로 꽃을 바라볼 정도였다. 그녀의 부모인 퇴역 소령 게른그로스 부부도 감동하고 기뻐했지만, 그들은 요양원에 아는 사람이 한 사람도 없었으므로 보내 준 사람을 추측해 볼 방법이 없었다. 그것을 보다 못한 알프레다 쉴트크네히트는, 결국 보내 준 사람의 이름을 가르쳐 주었다고 사촌들에게 고백했다. 그리고 사촌들에게, 소녀의 방을 방문하여 고맙다는 감사인사를 받아 달라는 게른그로스 가족의 부탁을 전했다. 사촌들은 이튿날 간호사와 함께 라일라의 수난의 방으로 걸어 들어갔다.

죽음에 임박해 있는 이 소녀는 아주 사랑스러운 금발머리의 아가씨로, 물 망초와 똑같은 푸른 눈을 하고 있었다. 심한 객혈이 이어져 기능을 가진 폐 조직의 일부분만으로 호흡하고 있었다. 그 모습이 가냘프긴 했지만 비참한 느낌은 없었다. 그녀는 어느 정도 쉰 듯한 목소리로 감사의 인사를 했다. 그러면서 볼에 장밋빛의 붉은 기운이 돌기 시작했는데 좀처럼 사라지지 않았다. 한스 카스토르프는 자리를 함께한 부모와 소녀에게 꽃을 보낸 방법을 설명하고, 조금 변명도 하면서 낮은 목소리로 정답게 경의를 표했다. 그는 환자의 침대 옆에 무릎을 꿇고 싶은 심정이었다. 아무튼 그런 충동이 느껴졌다. 그는 줄곧 라일라의 손을 잡고 있었는데, 그 뜨거운 손은 축축하다 못해 거의 젖어 있었다. 땀이 심하게 나서 많은 수분을 섭취하기 위해 옆 테이블 위의 유리병에 들어 있는 레모네이드를 정신없이 마셨는데, 그렇게 수분을 공급하지 않았으면 그녀의 몸은 벌써 시들어 버리고 말았을 것이다. 부모는 슬픔에 차 있으면서도 사촌들의 신상을 물어 보고, 그 밖의 화제를 찾아내어 짧은 대화일망정 멈추지 않으려고 했다. 소령은 어깨가 벌어지고 이마가 좁으며 콧수염을 길렀다. 이 대장부의 체질은, 딸의 연약한 체질과 수용성에는 책임이 없다는 사실을 말해 주고 있었다. 딸의 체질에 책임이 있는 쪽은 오히려 어머니였다. 분명히 결핵성 체질이고 몸이 자그마했으며, 그런 체질로 결혼한 것을 괴로워하는 것 같았다. 라일라가 10분 뒤에 피로의 기색이라기보다는 흥분의 징조를 보였으므로—볼의 장밋빛이 짙어지고, 물망초 같은 눈이 불안스러운 빛을 띠게 되었다—사촌들은 알프레다 간호사의 눈길에 독촉을 받고 작별 인사를 했다. 그때 소령 부인은 두 사람을 입구까지 배웅 나와 거기서 슬픈 자책의 심정을 길게 이야기했는데, 이 일은 한스 카스토르프에게 이상한 감명을 주었다. 소령 부인은 모든 것이 자신의 책임이라고 괴로운 듯이 하소연했다—불쌍한 딸은 나에게서 모든 것을 물려받았으며, 남편은 전혀 관계가 없고 아무런 책임이 없다. 자기도 처녀 시절에 잠깐 가벼운 병을 앓은 적이 있었는데, 의사의 도움으로 그것을 이겨냈다. 그리고 결혼해서 살고 싶은 소망이 컸기 때문에 그 소망대로 되었고, 자기는 완전히 건강해져서 그런 것을 꿈에도 모르는 건강한 남편과 결혼 생활에 들어갔던 것이다. 그러나 병이 없고 건강한 체질의 남편도 힘으로 불행을 막을 수는 없었다. 묻혀지고 잊힌 무서운 병은 딸의 몸에 나타났고, 딸은 그것을 극복하지 못하고 이로 말미암아 죽는 것이다. 어머니인 자기가 뛰어넘어 불안이 없는 안정된 나이에 이르고 있는데도, 사랑스럽지만 불쌍한 딸은 틀림없이 죽을 것이다. 의사들도 단념하고 있다. 그리고 어머니인 자기만이 처녀 시절의 병 때문에 책임이 있는 것이다…… 대충 이런 이야기였다.

청년들은 소령 부인을 위로하려고 병세가 나아질 수도 있다고 말했다. 그러나 소령 부인은 흐느껴 울기만 하면서, 다시 한 번 두 사람의 호의와 수국에 대해서, 그리고 문병으로 딸의 기분을 조금이라도 바꿔 주고 기쁘게 해준 데 대해 감사의 말을 했다. 다른 젊은 처녀들이 인생을 즐기고, 젊고 멋진 청년들과 어울려 춤추며 지낼 때, 불쌍하게도 저 딸은 병이 나서 괴로워하며 홀로 누워 있다. 그런데 두 청년이 그런 딸에게 이 세상에서 마지막 햇빛을 가져다주었다는 것이다. 수국은 그녀에게는 화려한 무도회와 같고, 두 훌륭한 기사와의 교제이다. 이것이 딸에게는 즐겁고도 가벼운 사랑의 희롱이기도 했을 것이다. 어미로서는 그것을 확실히 느낄 수 있었다—소령 부인은 이런 말도 했다.

이 말은 한스 카스토르프에게 불쾌한 인상을 주었다. 특히 소령 부인은 사랑의 희롱(Flirt)이라는 말을 영어식으로 정확하게 '플러트'라고 발음하지 않고 독일어식으로 '플리르트'라고 발음했기 때문에 이것이 그의 신경을 몹시 건드렸다. 더욱이 한스 카스토르프는 멋진 기사가 아니라, 주위의 이기주의에 반항하는 기분과 의학적이고 종교적인 관심에서 라일라 소녀를 방문한 것뿐이었다. 어쨌든 소령 부인의 방문에 대한 해석에는 좀 불만이었지만, 그 밖에는 계획을 수행한 것에 마음이 들떠 행복했다. 이 방문에서 특히 두 가지가 그의 기분과 감각에 인상을 남겼다. 그것은 꽃가게의 흙 냄새를 품은 꽃 향기와 라일라의 작은 손에 맺힌 땀이었다. 이것으로 그의 계획이 궤도에 올랐기 때문에 한스 카스토르프는 그날로 알프레다와 상담하여 그녀가 돌보고 있는 프리츠 로트바인을 방문하기로 했다. 이 환자는 얼마 남지 않은 임종을 자기의 간호사와 함께 견딜 수 없을 만큼 지루하게 기다리는 중이었다.

선량한 요아힘의 생각은 완전히 무시되었으나, 그는 사촌과 행동을 나란히 하는 수밖에 없었다. 한스 카스토르프의 열의와 동정에 의한 행동 정신은 사촌의 혐오감보다 더 강했다. 게다가 요아힘은 그 혐오감을 설명하려면 기독교적 정신이 부족하다는 사실을 광고하는 셈이 되므로, 그로서는 은근히 자기의 기분을 암시하는 도리밖에 없었다. 한스 카스토르프는 그것을 확실히 느꼈기 때문에 요아힘을 이용했다. 그는 사촌의 군인으로서 그런 일을 달가워하지 않는다는 것을 잘 알았다. 그런데도 한스 카스토르프 자신이 그 계획으로 활기를 찾고 행복을 느끼며 이롭다고 느낀다면 요아힘의 말 없는 저항을 무시하는 수밖에 없었다. 한스 카스토르프는 요아힘에게 이런 위독한 환자인 프리츠 로트바인 청년에게 남성이지만 꽃을 보낼 것인지, 직접 가지고 갈 것인지 의논했다. 한스 카스토르프로는 꽃을 보내기를 바랐다. 이런 경우에 꽃은 마땅히 따라가는 것이라고 그는 생각했다. 모양이 좋은 자줏빛 수국이 남달리 마음에 들었다. 그래서 그는 로트바인은 마지막 상태에 있기 때문에 남녀의 구별은 사라졌고, 죽음에 닥친 인간은 그대로의 상태로 언제나 탄생을 맞이한 어린아이라고 생각해야 하며, 생일이 아니더라도 꽃을 보내는 것이 상관없다고 단정지었다. 그러고는 사촌과 함께 흙 냄새와 꽃향기가 가득 찬 따뜻한 분위기의 꽃가게를 다시금 찾았다. 그리고 방금 물을 준 향기 짙은 장미와 카네이션과 아라세이도 꽃다발을 가지고, 두 사람의 방문을 알린 알프레다 쉴트크네히트에게 안내되어 로트바인의 병실로 들어갔다.

이 중환자는 아직 스무 살 정도밖에 되지 않았지만 벌써 머리가 좀 벗겨졌고 흰 머리칼이 섞였으며, 창백한 얼굴은 무척 초췌했다. 손도 코도 귀도 큰 사나이였지만, 두 청년의 문병에 눈물을 글썽이며 기뻐했다. 그가 두 사람에게 인사하고 꽃다발을 받을 때에는 마음이 약해져 정말로 울었다. 그러나 환자는 이 꽃다발과 관련하여 거의 속삭이듯이 낮은 목소리로 유럽에서의 꽃 매매와 현재 높아가고 있는 꽃 수요에 대해 말하기 시작했다. 니스와 칸에서 반출되는 엄청난 꽃과 그곳에서 전 세계에 날마다 발송되는 객차편과 소포편에 대해 말했고, 파리와 베를린의 도매 시장, 러시아로의 수출을 설명했다. 로트바인은 상인이므로, 살아 있는 한 그의 관심은 그쪽 방면으로 향해 있는 것 같았다. 그는 코부르크의 인형 제조 공장 주인인 아버지로부터 학업을 위해 영국에 보내져, 거기서 병을 얻었다고 가냘픈 목소리로 말했다. 의사는 그의 발연성 질병을 티푸스라고 오진하여 그렇게 잘못된 치료를 계속했다. 즉 물처럼 묽은 수프의 식사 요법을 하여, 이 때문에 완전히 쇠약해져 버린 것이다. 이 위에 와서부터는 많이 먹을 수 있게 되어, 침대에 앉아 이마에 땀을 흘려가며 영양을 섭취하는 데 노력했다. 그러나 이미 때는 늦어 유감스럽게도 장(腸)도 병독에 침해를 받았기에 고향에서 보내오는 소의 혀와 찐 장어도 헛수고가 되었고, 장은 아무것도 받아들이지 못하는 형편이었다. 현재 베렌스로부터 전보를 받은 아버지가 코부르크에서 오는 중이었다. 죽느냐, 사느냐의 갈림길에서 마지막으로 늑골 절개를 해보기로 되어 있었다. 성공율은 거의 적지만 아무튼 해보자는 것이었다. 로트바인은 이에 대해서도 아주 실무적으로 따져 수술 문제도 채산(採算)이 맞느냐 어떠냐의 관점에서만 생각했다. 숨이 남아 있는 한은 모든 것을 그 관점에서만 생각하려는 것이었다. 비용은 척수 마취제 비용까지 포함해서 1천 프랑으로 낙찰되었다. 흉부의 거의 전부, 늑골을 여섯 개에서 여덟 개를 잘라내는 것인데, 문제는 그 수술이 어느 정도 채산이 맞는 투자인지 어떤지 하는 것이었다. 베렌스는 어느 쪽이든 손해가 없으므로 수술을 자꾸 권하지만, 로트바인의 처지로는 이해득실이 확실치 않아, 지금 그대로 늑골을 달고 조용히 죽는 편이 현명할지 모른다는 것이었다.

　로트바인에게 좋은 조언을 해 주기는 곤란한 일이었다. 그래도 고문관의 비범한 의과적 수완을 계산에 넣어 생각해야 할 것이라고 사촌들은 말했다. 아무튼 기차로 가까이 오고 있는 늙은 로트바인의 결정에 따르기로 결론 내려졌다. 사촌들이 일어나자 로트바인은 또다시 울었다. 마음이 약해서 운 것이었지만, 볼을 적신 눈물은 겉으로 드러난 재미없고 실질적인 사고 방식과는 이상한 대조를 이루었다. 로트바인은 손님들에게 또 방문해 달라고 부탁했다. 사촌들도 그렇게 할 것을 약속했지만 그것은 약속으로 끝나고 말았다. 그날 밤에 인형 공장 주인이 도착하여 다음 날 오전에 수술을 했고, 그 뒤로 프리츠 청년은 만날 수가 없었다. 그리고 이틀 뒤에 한스 카스토르프가 요아힘과 함께 그 앞을 지나갈 때 로트바인의 방은 소독 중이었다. 알프레다 간호사는 숨을 돌릴 사이도 없이 다른 요양원의 위독한 환자 방으로 다시 배치하여, 그는 벌써 작은 트렁크를 가지고 베르크호프에서 자취를 감추고 말았다. 그녀는 코안경의 끈을 귀에 걸고 새 환자한테로 옮겨갔는데, 그것이 그녀의 앞에 열려 있는 오직 하나의 생활이었다.

식당으로 가거나 외출을 하는 길에 지나가다 보면 사람이 사라진 방, 비어 있는 방, 가구가 쌓이고 이중문이 열리고 소독되어 있는 그 방을 볼 수 있었다. 그것은 많은 의미를 지니고 있으나, 무척 흔히 보는 광경이라 누구도 특별한 인상을 받지 못했다. 특히 그 다음 사람이 이렇게 막 '없어져 버린' 소독된 방을 할당받아 거기서 안정하고 있는 경우에는 더욱 그러했다. 그러나 그 방에 누가 묵고 있었는가를 아는 경우에는 달랐다. 로트바인의 경우가 그랬고, 일주일 뒤에 게른그로스 소녀의 방이 소독되는 것을 보는 순간에도 그랬다. 처음에는 거기에서 사람들이 바삐 움직이고 있는 의미를 이해하지 못하고 멍하니 서 있었다. 그가 계속 서서 생각에 잠겨 있을 때, 그곳을 고문관이 지나갔다.

한스 카스토르프가 고문관에게 먼저 말을 걸었다.

"안녕하십니까, 고문관님? 여기서 소독하는 것을 보고 있습니다. 그런데 라일라 양은……."

"글쎄요."

베렌스는 대답하고는 어깨를 으쓱했다. 그리고 말했다.

"당신은 문이 닫히기 직전에 정식으로 저 아가씨에게 잘해 주셨다지요? 감사하게 생각합니다. 아직 비교적 건강한 당신이 나의 폐조류(肺鳥類)들을 위해 그 새장을 방문해서 수고를 해주셨지요. 좋은 일입니다. 이것이 당신 성격의 아주 아름다운 일면임을 이 기회에 인정하기로 하지요. 나한테도 당신을 안내할 기회를 주시겠습니까? 나는 정말로 여러 가지 병아리를 기르고 있습니다. 흥미를 가지고 계시다면 이제부터 '너무 많이 넣은' 방을 잠깐 들여다보러 가지 않겠습니까? 일단 동숙자라는 소개만 하지요······."

한스 카스토르프는 자신이 하려고 생각했던 것을 고문관이 모두 말해 주었다는 것, 또 고문관이 꺼낸 말은 자신도 고문관에게 부탁하려고 마음먹었던 것이라고 대답했다. 그러고는 기꺼이 고문관과 동행하겠는데, 도대체 '너무 많이 넣은' 방이란 누구의 이야기이며 어떤 의미로 그 이름이 붙여졌는지 알고 싶다고 말했다.

고문관이 대답했다.

"글자 그대로의 뜻이지 조금도 상징적인 뜻은 없습니다. 그러나 거기에 대해서는 그들이 직접 말할 것이니 들을 수 있을 겁니다."

그리고 그들은 얼마 안 가서 '너무 많이 넣은' 방에 다다랐다. 고문관은 자기 동행자에게 기다리라고 하더니 홀로 이중문으로 들어갔다. 이와 동시에 방 안에서 숨이 가쁜 듯한, 그러면서도 밝고 명랑한 웃음소리와 떠들어대는 소리가 들려왔는데, 곧 문이 닫히면서 그 소리도 들리지 않았다. 그러나 2, 3분 뒤에 호기심이 많은 방문객이 베렌스의 안내를 통해 방으로 들어가서 침대에 누워 있는 금발머리 부인에게 소개되었을 때, 그 부인은 손님을 호기심에 찬 푸른 눈으로 바라보더니 밖에서 듣던 것과 똑같은 웃음소리를 냈다. 그녀는 베개를 등에 대고 반쯤 누운 것 같은 불안한 자세로 구슬을 굴리는 듯한 아름다운 소리로, 은방울을 흔드는 듯이 가쁘게 숨을 쉬며, 호흡 곤란으로 흥분하여 간지러운 것처럼 웃어댔다. 고문관이 손님을 소개한 말이 우습다며 웃고, 고문관이 방에서 나갈 때에는 손을 흔들며 "안녕히 가세요, 고맙습니다. 또 만나요" 여러 번 인사를 되풀이하면서 은방울을 바삐 흔들듯 웃었다. 그럴 때 그녀의 삼베 속옷 밑에서 가슴이 출렁거렸다. 그녀는 그 풍만한 가슴을 두 손으로 누르고 다리를 떨었다.

그녀는 침머만 부인이라고 했다. 한스 카스토르프는 이 부인을 본 일이 있어서 그녀를 알고 있었다. 그녀는 잘로몬 부인과 대식가인 학생의 식탁에 2, 3주일 앉아 있었는데, 그때도 잘 웃었다. 얼마 뒤 그녀의 모습이 사라졌는데 청년은 그것을 개의치 않고 있었다. 아마 그녀는 퇴원했으리라고 생각한 것이다. 그런 그녀가 이제 '너무 많이 넣은' 방에 누워 있다니. 한스 카스토르프는 그 이름의 의미가 설명되기를 기대했다.

"하하하······."

그녀는 간지러운 듯이 가슴을 떨면서 구슬을 굴리는 듯한 목소리로 말했다.

"베렌스 씨는 정말 우스운 사람이에요. 어처구니없이 우습고 재미있는 사람이에요. 뱃가죽이 뒤틀려 병이 날 지경이에요. 제발 앉으세요, 카스텐 씨. 아니, 카르스텐 씨인가요? 그렇지 않다면 뭐라고 불러야 할까요? 당신 이름은 우스워요. 하하, 용서하세요. 내 발밑 의자에 앉으세요. 그렇지만 다리를 흔드는 것을 용서하세요. 하하하……."

그녀는 거기서 입을 벌려 한숨을 쉬더니, 다시 은방울을 흔드는 듯한 소리로 웃어댔다. "나는 다리를 가만히 둘 수가 없답니다."

그녀는 미인이라고 해도 좋았다. 눈, 코가 지나치게 정돈되어 있다는 인상을 주기는 해도 호감이 가는 얼굴을 하고 있었고, 턱이 도톰해서 사랑스러웠다. 입술과 코끝이 파르스름했는데, 이것은 분명히 호흡 곤란 때문이었다. 가냘픈 손은 잠옷 레이스의 소맷자락 때문에 더욱 아름답게 보였으나, 이것도 다리와 마찬가지로 가만히 두지 못했다. 목은 소녀의 목처럼 가냘프고, 날씬한 쇄골에는 속된 말로 '소금단지'라고 하는 움푹한 데가 있었다. 웃음과 가쁜 숨 때문에 속옷 밑에서 심하게 헐떡이는 가슴도 가련한 소녀의 유방 같았다. 한스 카스토르프는 그녀에게도 니스와 칸에서 수입된, 물을 뿌린 향기롭고 아름다운 꽃을 배달시키거나 직접 가지고 가리라고 결심했다. 그는 침머만 부인의 헐떡이듯 숨가빠하는 웃음에 조금 불안한 기분으로 박자를 맞추고 있었다.

그녀가 물었다.

"당신은 여기서 중환자들을 방문하고 다닌다지요? 얼마나 유쾌하고 친절한 분인지 모르겠어요. 하하하, 그렇지만 나는 병이 중하지도, 아무렇지도 않아요. 사실은 그랬어요. 얼마 전까지만 해도요. 아무렇지도 않았어요…… 그런데 얼마 전에 이런 일이…… 들어 주세요. 당신도 이런 우스운 이야기는 태어나 처음……."

그러고는 숨을 헐떡이며 은방울을 흔들고 구슬을 굴리는 듯한 목소리로 자기에게 일어난 일을 이야기했다. 그녀가 여기에 올라왔을 무렵에는 병이 그리 중하지 않았다. 물론 여기에 올라올 정도이니 병이 있었음에는 틀림없고, 아무튼 가볍다고 할 정도는 못되어도 중증은 아니었다. 발병이 된 지 얼마 안 되었지만 일약 외과 의학의 총아가 되어 버린 기흉법은 그녀의 경우에도 훌륭한 성과를 보였다. 수술은 성공했고, 침머만 부인의 용태는 눈에 띄게 좋아졌다. 그녀의 남편은—그녀는 아이는 없었지만 기혼이었다—3, 4개월만 지나면 그녀를 껴안을 수 있을 듯했다. 그래서 그녀는 기분 전환을 위해 취리히로 여행을 떠났다. 정말 이 여행은 기분 전환 말고는 다른 목적이 없는 여행이었다. 그녀는 실제로 마음껏 기분을 풀었지만, 폐에 가스를 공급받아야 한다는 것을 깨닫고 그곳 의사에게 그 일을 부탁했다. 의사는 호감이 가는 젊고 패기 있는 의사였지만, 그 결과는 어떤 것이었을까? 의사는 가스를 너무 많이 넣은 것이다. 의사는 그녀에 대한 지나친 호의로 가스를 많이 넣었는데, 사실은 이 새로운 방법을 잘 몰랐던 것 같았다. 아무튼 그녀는 바람을 너무 많이 넣은 상태가 되어, 즉 심장이 압박을 받아 호흡 곤란 상태로 이 위에 되돌아왔고, 베렌스에게 몹시 꾸지람을 듣고는 침실로 보내지고 만 것이다.

"이번에야말로 중병이 되어 버린 거지요. 사실 처음에는 중환자까지는 아니었는데 실수로 모든 것을 망치고 말았어요. 하하하, 당신은 왜 그런 얼굴을 하지요?"

그녀는 한스 카스토르프의 얼굴을 손가락질하면서 웃어대더니 이마까지 새파래지고 말았다.

"그러나 무엇보다도 우스운 것은 베렌스의 화난 모습과 거친 태도였어요. 가스를 너무 많이 넣었다고 생각하니, 그 생각이 날 때마다 웃지 않을 수 없었어요. 베렌스 고문관이 나에게 뭐랬는지 아세요? '당신은 정말이지 생사의 경계선을 헤매고 있습니다'—이렇게 호통쳤단 말이에요. 하하하…… 용서하세요."

그녀는 고문관의 그 꾸지람 어디가 그렇게 우스운지 줄곧 웃어댔다. 그 '호통을 친' 선고가 우스웠는지, 아니면 그녀에게는 그 사실이 믿어지지 않았던지, 그것도 아니라면 그 말을 믿을 수밖에 없기에 자신이 삶과 죽음의 갈림길에서 헤매고 있다는 사실이 너무 두려워 오히려 우습게 느껴졌는지 어느 것도 확실치 않았다. 아무래도 한스 카스토르프에게는 후자가 아닐까 하고 느껴졌고, 그녀가 사실은 어린아이 같은 무분별과 무지에서 그렇게 주책없이 웃는 것이라 여겨져 유감스러웠다. 그래도 그는 그녀의 방에 꽃을 보내게 했는데, 이렇게 웃기 좋아하는 침머만 부인을 본 것은 그때가 마지막이었다. 그녀는 그 뒤 며칠동안 산소의 힘으로 살아 있다가, 전보로 불러온 남편의 품에 안겨 결국 죽고 말았다. 그 소식을 한스 카스토르프에게 말해 준 고문관이 덧붙여 말했듯이, 그녀는 말도 못하게 어리석은 부인이었다.

그러나 침머만 부인이 죽기도 전에 한스 카스토르프의 동정에서 나온 활동은 고문관과 간호사들의 협력으로 요양원 안의 중환자들을 쉽게 방문할 수 있었다. 그리고 요아힘도 거기에 동행하지 않으면 안 되었다. 요아힘은 '둘 다'의 아들, 아직 살아 있는 둘째아들의 방에도 동행했는데, 옆에 있던 장남의 방은 벌써 깨끗이 청소하고 HCO로 소독되었다. 요아힘은 얼마 전까지 '프리드리히 대왕학교'에 다니다가 병세가 나빠져 이곳에 올라온 테디 소년의 방에도 함께 갔으며, 독일계 러시아인이며 보험 회사 직원이자 선량하고 인내심 많은 안톤 카를로비치 페르게의 방에도, 그리고 아주 불행한 부인인데도 교태를 부리는 폰 말린크로트 부인의 방에도 함께 갔다. 이 부인에게도 이 위에 언급한 사람들과 마찬가지로 꽃을 보냈을 뿐만 아니라, 요아힘이 보는 앞에서 한스 카스토르프는 여러 번 그녀에게 죽을 떠먹였다. 사촌들은 사마리아인*12으로 소문나게 되었다. 세템브리니도 어느 날 한스 카스토르프에게 그런 의미의 말을 했다.

"아니, 엔지니어! 요새 당신의 행동에 대해 이상한 말을 듣고 있습니다. 당신은 자선 행위를 하고 있다지요? 착한 행실로 당신의 행위를 정당화하려는 것입니까?"

"그렇게 말씀하실 정도는 아닙니다, 세템브리니 씨. 칭찬받을 만한 것은 조금도 없습니다. 다만 사촌과 함께……."

"사촌까지 끌어들이는 일은 그만두십시오. 두 사람의 일이 화제가 될 때에 책임자는 언제나 당신입니다. 그것은 틀림없습니다. 소위님은 존경할 만한 인물이지만, 본디 단순하고 정신적으로 위험성이 없는 인물이어서, 이 교육자에게는 거의 불안을 느끼지 않게 합니다. 그 사람이 먼저 나서서 한다고 해도 나는 믿지 않습니다. 둘 가운데에서 위험한 사람은 바로 당신입니다. 이렇게 말씀드려도 될지 모르겠지만, 당신은 인생의 걱정거리 자식이라서 내가 보살피고 신경 써줘야 합니다. 괜찮겠지요? 당신은, 내가 당신을 돌보기를 허락했

---

*12 〈누가복음〉제10장 참고. 자비로운 형제 성 요한 폰 고트(1495~1955)가 창설한 자비로운 단체로, 주요 임무는 병자의 간호임.

으니 말입니다."

"물론입니다. 세템브리니 씨. 정말 고맙습니다. '인생의 걱정거리 자식'이란 멋진 말입니다. 문필가는 무슨 말이든 척척 생각해 내는군요. 그런 칭호를 받아 자랑스럽게 생각해야 할지 어떤지 잘 모르겠습니다만, 아무튼 좋은 말입니다. 그건 확실합니다. 그렇습니다. 나는 얼마 전부터 '죽음의 자식들'과 좀 관련을 맺고 있습니다. 당신은 아마 그 일을 말하는 것이겠지요? 시간이 있을 때 하는 일로 요양 근무에 거의 지장이 없는 한도에서 중환자와 위독한 환자들을 가끔 들여다보고 있습니다. 기분전환을 위해 방종한 생활을 하는 그런 사람들이 아니라, 여기서 죽어 가는 사람들을 위해서 말입니다."

"그러나 성서에도 적혀 있습니다. 죽은 자는 죽은 자로 하여금 장사지내도록 하라고요."

이탈리아인의 말에 한스 카스토르프는 두 팔을 들고 성서에는 무슨 일에 대해서든 양면적으로 씌어 있어서, 그 가운데서 올바른 것을 골라 따라간다는 일은 어렵다는 얼굴을 해 보였다. 물론 손풍금쟁이는 방해되는 견해를 일부러 골라낸 것인데, 이는 이상한 일이 아니었다. 한스 카스토르프는 여태까지 그랬듯이 세템브리니 말에 귀를 기울이고, 그의 가르침을 참고하여 그의 교훈에 따라야 한다고 생각했다. 실험하는 의미로 그로부터 교육적인 영향을 받으려는 마음에는 오늘도 변함이 없었지만, 교육자가 어떤 느낌을 받더라도 그 때문에 현재의 계획을 그만둘 생각은 조금도 없었다. 게른그로스 소녀의 어머니의 인품, '즐겁고 가벼운 사랑의 희롱'이라는 말, 불쌍한 로트바인 청년의 무취미한 성품, '너무 많이 넣은' 은방울 같은 우둔한 침머만 부인 등의 일이 있긴 했지만, 그래도 그의 계획은 뭔가 이롭고 중요한 의의가 있는 것처럼 느껴졌다.

'둘 다'의 아들은 이름이 라우로였다. 라우로에게도 흙 냄새 나는 니스의 오랑캐꽃이 '마음으로부터 완쾌를 빕니다. 두 동숙자로부터'라는 익명으로 보내졌지만, 요즈음에는 익명은 형식뿐으로 보내 준 사람이 누구인지는 모두 알고 있었다. 그 때문에 멕시코에서 온, 검은 옷에 창백한 얼굴을 한 어머니 '둘 다'도 사촌들을 복도에서 만나면 감사하다고 인사를 하고는, 그녀 아들의—그녀의 마지막 남은 아들이자 형처럼 죽어가고 있는 아들—입에서 직접 감사하다는 인사를 하게 해 달라고 애원했다. 이는 곧 실행으로 옮겨졌다. 라우로는 불타는 듯한 눈에 콧방울이 벌렁거리는 매부리코, 검은 콧수염 자국이 난, 탐스러운 입술의 잘생긴 청년이었다. 하지만 그가 너무 뽐내는 듯한 표정을 지녔기에, 방문객인 한스 카스토르프와 요아힘 침센은 병실에서 나왔을 때 안도의 숨을 내쉴 수 있었다. 어머니인 '둘 다'가 검은 캐시미어 옷을 입고 검은 베일을 턱밑에 매고, 좁은 이마에 주름살을 지으며 새까만 눈 밑에 눈물주머니를 드리우고, 무릎을 굽혀서 방 안을 걸어다니면서 큰 일을 겪어 슬픈 듯 입을 이지러뜨리다가, 이따금 환자의 머리맡에 앉아 있는 사촌들에게 가까이 왔다. 그리고 예의 프랑스어로 "둘 다입니다…… 처음에 하나, 그리고 이제 또 하나입니다." 넋두리를 되풀이했다. 그러면 아름다운 라우로도 프랑스어로 넌더리가 날 만큼 요란하고 높은 어조로 연설을 해댔다.

"나는 영웅처럼 죽을 거야, 영웅처럼! 나보다 먼저 스페인의 영웅처럼 죽은 젊고 용감한 페르난도 형처럼!"

그는 소리를 지르며 가슴을 열어젖히고 죽음의 마신에게 누런 가슴을 드러냈다. 얼마 뒤 기침 발작이 시작되어 입에서 붉은 거품을 뿜는 바람에 겨우 호언장담이 끝났는데, 이 틈을 기회로 사촌들은 발끝으로 살그머니 나와 버렸다.

두 사람은 그 뒤 라우로를 방문한 일에 대해서는 서로 이야기를 나누지 않았고, 둘 모두 저마다 머릿속에서도 라우로의 태도를 비평하는 것을 사양했다. 이와는 반대로 페테르부르크에서 온 안톤 카를로비치 페르게를 방문했을 때에는 두 사람 모두 기분 좋은 인상을 받았다. 페르게는 선량해 보이는 탐스러운 콧수염을 기르고, 마찬가지로 선량해 보이는 툭 튀어나온 후두를 드러내고서 침대에 누워 있었다. 지난번 기흉 수술 때 하마터면 수술대 위에서 생명을 잃을 뻔했는데, 그 뒤 회복이 뜻대로 잘 되지 않았다. 그는 그 수술로 인해 합병증인 심한 흉막진탕에 급습되었던 것이다. 그의 경우에는 그 진탕이 예외적으로 위험한 형태로 되어, 완전한 허탈과 매우 우려할 만한 실신 상태를 동반하여 수술을 연기해야 했다.

페르게는 그때 일이 몹시 무서웠던 모양으로, 그 이야기를 할 때마다 선량한 회색 눈을 크게 뜨고 얼굴은 흙빛이 되어 버리곤 했다.

"전신 마취도 하지 않고 말입니다. 그건 좋습니다. 우리 같은 사람은 전신 마취에는 견딜 수 없기 때문에 그건 금물이지요. 분별 있는 사람이라면 그러려니 생각하고 단념합니다. 그러나 국부 마취는 깊숙이까지 미치지 못합니다. 외부 살만 마취되어 있을 뿐으로 절개되는 것을 느낄 수 있습니다. 물론 누른다든지 으깨지는 것을 느낄 뿐입니다만. 나는 아무것도 보지 못하도록 얼굴에 헝겊이 덮인 채 누워 있었습니다. 조수는 오른쪽에서, 간호사는 왼쪽에서 누르고 있었습니다. 나는 눌리고 으깨지는 것을 느꼈습니다. 살이 절개되고 핀셋으로 뒤집혀진 것입니다. 나는 그때 고문관이 '이제 시작' 하는 것을 들었습니다. 그 순간 고문관이 둔한 기구로—혹시 다른 데를 찌르거나 했을 때 다치는 일이 없도록 하기 위해 둔한 기구를 쓰는 것입니다—늑골을 찾기 시작했습니다. 구멍을 뚫어서 가스를 넣기에 알맞은 장소를 찾으려고 늑골을 이리저리 만지고 있을 때—나는 죽는 줄만 알았습니다—뭐라고 말할 수 없는 상태가 되었습니다. 늑골은 만지는 게 아닙니다. 절대로 손을 대서는 안 됩니다. 그것은 살로 덮여 있고 떨어져 있어 접근할 수 없게 되어 있습니다. 그런데도 고문관은 그것을 살집을 드러내고 찾았지 뭡니까? 그래서 나는 뭐라고 말할 수 없이 기분이 나빠졌던 겁니다. 생각만 해도 몸이 오싹합니다. 그처럼 고약하고 몸서리날 만큼 싫은 기분은 지옥을 빼놓고는 이 세상에 없을 것 같더군요. 나는 기절해 버렸습니다—한꺼번에 세 번의 기절을 말입니다. 녹색, 갈색, 자색의 기절을 한꺼번에 했지요. 게다가 기절했을 때의 악취야말로 뭐라고 말하면 좋을까요—흉막진탕이 코를 찔렀던 것입니다. 마치 코가 비뚤어지는 것 같았습니다. 그야말로 지옥의 악취처럼 유황 냄새가 지독했습니다. 그런데 나는 기절하면서 내가 웃는 소리를 들었지 뭡니까? 그것도 인간이 웃는 그런 소리가 아니라 이제까지 한 번도 들어 본 적이 없는 가장 음탕하고 구역질나는 웃음이었습니다. 늑골을 주무르면 정말 못 견디게 간지러운 법이거든요. 네, 바로 그런 간지러움을 동반하는 게 흉막진탕입니다. 가급적이면 여러분은 그런 걸 모르고 지내게 되시기를 빌겠습니다. 흉막진탕은 그 정도로 몸서리쳐집니다."

안톤 카를로비치 페르게는 '말할 수 없이 싫은 경험'을 가끔 들려주었는데, 그럴 때마다 그는 흙빛 공포의 표정을 보이며 두 번 다시 그런 경험을 하고 싶지 않다고 힘주어 말했다. 더욱이 그는, 단순한 사람이라는 사실을 처음부터 스스로 인정하고, '고상한 것' 과는 전혀 인연이 없는 인간으로, 자신은 누구에게도 정신적으로나 정서적인 면으로 어려운 주문을 하지 않는 대신 자기도 그런 주문을 누구에게도 받고 싶지 않다고 했다. 그것을 양해받은 뒤에 그가 병 때문에 그만두어야 했던 생활, 화재보험 회사의 사원으로 출장을 다닐 때의 생활을 꽤 재미있게 들려주었다. 페테르부르크를 중심으로 러시아 전국을 종횡으로 구석구석까지 여행하며, 계약된 공장 가운데 경제적으로 어려운 공장을 찾아내는 것이 그의 일이었다. 그도 그럴 것이 공장 화재의 대부분이 공장의 경영난으로 일어나는 것이 통계적으로 드러났기 때문이다. 그래서 그는 여러 구실을 만들어 공장의 실정을 정탐하여 그 결과를 회사에 보고했다. 그리고 고액의 화재보험이나 프리미엄 분배 등으로 입을 심한 손해를 미리 막으려는 것이었다. 그는 광막한 러시아의 겨울 여행을 이야기했다. 무섭게 추운 밤에 양가죽 방한복을 입고 의자가 달린 썰매로 여러 날 밤을 달리는 여행도 이야기했다. 눈을 뜨면 눈으로 덮인 평원 위에 별처럼 반짝이는 늑대의 눈을 볼 수 있다는 것이었다. 야채 수프나 빵 같은 양식은 모두 얼려서 상자에 넣어 지녔다가, 말을 바꾸려고 역에서 멈췄을 때 녹여서 먹는다고 했다. 그렇게 하면 빵은 갓 구운 것처럼 신선한 맛이 나는데, 다만 덩어리 상태로 휴대한 야채 수프가 도중에 갑자기 해동 기온이 되면 녹아서 상자에서 흘러내리는 게 흠이라고 했다.

   페르게는 이렇게 말하는 도중에 가끔 한숨을 쉬면서 말을 멈추고, 기흉 수술을 더 이상 하지 않으면 얼마나 좋겠는가 하고 탄식했다. 페르게의 이야기는 어느 것 하나 고상하지는 않았지만 모두 실제적인 이야기여서 꽤 들을 만했고, 특히 한스 카스토르프에게는 러시아의 생활 양식과 사모바르,*13 러시아식 파이, 카자흐인, 버섯이나 양파를 닮은 많은 탑이 솟아 있는 목조 교회 이야기를 듣는 것이 어쩐지 유익하게 느껴져 흥미진진했다. 그는 또 러시아인의 특성―북방적인, 그 때문에 그에게는 더욱 몽상적으로 느껴지는 이국적인 인상에 대한 이야기도 들었다. 그는 페르게에게 러시아인의 아시아적 요소, 튀어나온 광대뼈, 핀란드적이며 몽골인적인 눈매에 대해 들려 달라고 하고는, 그 모든 것을 인종학적인 흥미를 갖고 들었으며 러시아어로 이야기해달라고 부탁했다. 이 동방의 말은 페르게의 선량해 보이는 콧수염 밑에서, 선량한 인상을 주는 목에서 뼈도 없는 것처럼 빠르게 흘러나왔다. 한스 카스토르프가 지

---

*13 러시아에서 차를 끓이는 주전자.

금 노리고 있는 세계가 교육적으로는 금단의 세계였기 때문에 한결 더 강한 흥미를 느꼈다. 젊은 사람이란 언제 어디서나 이렇다.

두 사람은 안톤 카를로비치 페르게를 여러 번 방문했으며 그때마다 15분 정도가 걸렸다. 그 밖에 '프리드리히 대왕학교'의 테디 소년을 문병했다. 이 소년은 14세인데, 금발에다 세련되었고 개인 간호사가 있었다. 그는 끈으로 가장자리를 장식한 흰 비단 파자마를 입고 있었다. 소년의 말로는, 자기는 고아지만 부자라고 했다. 그는 병균의 침입을 받은 부분을 시험삼아 없애 보자는 큰 수술을 받기로 되어 있었는데, 기분이 좋을 때에는 가끔 한 시간쯤 병상을 떠나 스포츠복 차림으로 아래의 모임에 참가하는 일도 있었다. 부인들은 소년과 놀고 싶어했고, 소년 또한 부인들이 하는 이야기, 이를테면 아인후프 변호사와 개량 팬티를 입은 아가씨인 프랜츠헨 오베르당크에 대한 이야기에 귀를 기울였다. 그러고는 다시 병상으로 돌아오는 것이었다. 테디 소년은 날마다 이렇게 보내면서 그 밖의 일은 기대하지 않는 것 같았다.

50호실에는 폰 말린크로트 부인이 누워 있었는데, 이름은 나탈리에라고 했다. 까만 눈에 금귀고리를 한 멋지고 화려한 부인이었다. 그녀는 나자로[14]와 욥[15]처럼 온갖 병을 앓고 있었다. 유기체가 병독의 소굴과 같아서, 모든 병이 번갈아 가며 동시에 그녀를 괴롭혔다. 피부도 병독으로 완전히 침해받아 거의 온몸이 습진으로 뒤덮였는데, 그 부분이 참을 수 없을 만큼 가려워 긁다가 여기저기서 피가 나와 있었다. 입 주위도 그랬기 때문에 숟가락을 넣기조차 어려울 정도였다. 늑막, 신장, 폐, 골막이 번갈아 염증을 일으키고, 그것이 뇌수에까지 염증을 일으켜 실신한 일도 있었다. 열과 통증으로 심장이 쇠약해졌고, 그 때문에 가슴이 답답하여 음식물을 삼킬 때에 그것이 내려가지 않아 식도 입구에서 막혀 버리기도 했다. 말린크로트 부인은 이것만으로도 심한 고통을 받았는데, 게다가 의지할 곳이라곤 없는 신세였다. 그들이 그녀에게서 들은 바로는, 그녀는 애송이 같은 젊은이 때문에 남편과 아이들을 버렸는데, 나중에는 그녀도 젊은이에게 버림받았다는 것이다. 그녀에게 배반당했던 남편이 돈을 보내 주어 무일푼은 아니었지만, 돌아갈 집이 없었다. 그녀는 자기를 올바르지 못하고 부끄러움을 모르는 죄 많은 여자로 여겼기 때문에, 남편

---

*14 〈누가복음〉 제16장 20절 참고.
*15 〈욥기〉 주인공.

의 변하지 않는 애정을 받아들이고 그것에 기대어 욥과 같은 고통에도 놀랄 만한 인내와 끈기, 여성 특유의 강인한 저항력을 갖고 버텼다. 그녀는 갈색을 띠고 있는 육체의 비참한 상태도 이겨내고, 뭔지 불길한 이유에서 머리에 두르고 있어야 하는 흰 붕대까지도 잘 어울리는 장식처럼 둘렀다. 그녀는 하루에도 몇 번씩 장신구를 바꾸었는데, 아침에는 산호로 시작하여 밤에는 진주로 끝나는 식이었다. 한스 카스토르프에게서 꽃을 받은 것도 동정이라기보다 뭔가 낭만적인 선물이라고 생각하여 아주 기뻐했으며, 그 보답으로 두 청년을 자기 방에 초대해 차를 대접했다. 그녀는 손가락마다, 심지어 엄지손가락에까지 오팔, 자수정, 에메랄드로 만든 반지를 끼고, 빨대 달린 컵으로 차를 마셨다. 그러고는 귀고리를 흔들면서 자기 신상 이야기를 하기 시작했다. 성실하지만 따분한 남편 이야기, 아버지를 닮아 얌전하지만 따분한 아이들에게 진심으로 애정을 느끼지 못하는 이야기, 함께 도망을 친 젊은 남자와 그의 시적인 섬세한 애정을 이야기했다. 그러나 그의 친척들은 간계와 폭력으로 그를 그녀에게서 떼어놓았고, 그도 그때부터 여러 형태로 갑작스레 나타난 그녀의 병에 싫증을 느꼈으리라고 말했다.

"두 분께서도 저에게 싫증을 느끼셨나요?"

그녀가 교태를 부리면서 물어보았을 때, 얼굴의 절반을 덮은 습진에도 그녀의 여성다운 아름다움이 느껴졌다.

한스 카스토르프는 싫증을 느꼈다고 하는 젊은 애인을 멸시한다는 기분의 표시로 어깨를 으쓱해 보였다. 사실 그는 그 시적(詩的)인 젊은 애인의 배신을 자극제로 삼아, 기회가 있을 때마다 불행한 폰 말린크로트 부인을 문병하여 간호에 대한 지식이 전혀 없어도 되는 세세한 일을 도와주었다. 이를테면 죽을 먹여줄 때 조심해서 입에 넣어주고, 음식이 목에 막히면 빨대 달린 컵으로 물을 먹였으며, 침대에서 돌아누울 때에도 도와 주었다. 그녀는 수술의 상처 때문에 누워 있는 데에도 어려움을 겪었다. 한스 카스토르프는 식당으로 가거나 산책에서 돌아올 때에는 요아힘에게, 자기는 50호실에 잠시 들르겠으니 먼저 가라고 하고는, 그녀의 방을 찾아가 돌봐 주면서 가슴이 뛰는 듯한 행복을 느꼈다. 그 기쁨은 그의 행위가 주는 희생의 열매와 이로운 일을 하는 데서 오는 남모르는 상징적인 의미에 근거를 둔 기쁨이었다. 또한 거기에는 그의 행위가 훌륭한 기독교적 색채를 띠고 있어 정말로 경건하고 선한 행위이며, 그 때문에 군대적인 관점에서나 인문주의적 교육의 관점에서도 이렇다 할 비난을 받을 리가 없다는 것을 흐뭇해하는 기분도 섞여 있었다.

이런 일이 있은 지 얼마 안 되어 한스 카스토르프와 요아힘은 카렌 카르슈테트를 돌봐 주게 되었는데, 그들은 이 소녀를 특별히 잘 돌봐 주었다. 이 소녀는 고문관의 개인적인 원외 환자로 두 사람은 고문관으로부터 특별한 부탁을 받았던 것이다. 그녀는 4년 전부터 이 위에 있었지만 돈이 한 푼도 없어서 냉담한 친척들의 신세를 지고 있었다. 그들은 어차피 죽을 사람이라면서 그녀를 여기에서 데리고 갔는데, 고문관의 주선으로 다시 돌아온 것이다. 그녀는 아래에 있는 마을의 싸구려 하숙집에서 살고 있었다. 그녀는 19세로 가냘픈 몸매, 기름을 발라서 빗은 머리, 소모성(消耗性) 열로 홍조를 띤 볼, 광채를 조심스럽게 감추려는 눈, 매력적이고 듣기 좋은 허스키한 목소리를 지녔다. 그녀는 끊임없이 기침을 했으며, 손가락까지 병독이 번져서 손가락 끝에 고약을 붙이고 있었다.

마음이 착한 두 사람인데다 고문관의 간절한 부탁도 있어서 둘은 이 소녀에게 특히 정성을 다했다. 꽃을 보낸 것이 계기가 되어 그들은 '마을'의 작은 발코니로 불쌍한 카렌을 찾아갔고, 곧 세 사람은 스케이트 경기와 쌍썰매 경주를 구경하는 등 예외적인 계획을 가끔 꾸미곤 했다. 마침 이 고원에서는 겨울 스포츠가 한창인데다 체육 주간이라 갖가지 행사가 잇따라 열리고 있었다. 이때까지 사촌들은 이런 여흥과 구경거리에 대해 어떤 기회에 잠깐 엿본 일을 빼놓고는 관심도 없었다. 특히 요아힘은 이 위에서 하는 모든 놀이를 싫어했었다. 그는 여기에서 유쾌하고 즐거운 생활을 하기 위해 머물러 있는 게 아니고, 하루라도 빨리 병독을 몰아내어 평지에서 일을 하기 위해, 그것도 현재와 같은 요양 근무가 아니라—그 요양 근무도 요아힘은 한 번도 게을리하지 않았다—참된 의미의 근무에 종사하기 위해 여기에 머물러 있는 것이다. 게다가 환자들은 겨울 스포츠에 참여하는 것이 금지되어 있는데다가 그것을 멍하니 구경하는 것도 즐기지 않았다. 한스 카스토르프도 엄밀한 의미에서 자기를 이 위의 사람들 가운데 하나라고 생각했기 때문에, 이 고원을 운동장과 동일시하는 사람들의 스포츠에는 아무런 흥미도 가지지 않았다.

그러나 불쌍한 카르슈테트 소녀에 대한 동정심은 한스 카스토르프의 마음에 얼마쯤 변화를 가져왔고, 요아힘도 비기독교적인 인간으로 보이지 않으려면 그 일에 반대할 수가 없었다. 그리하여 두 사람은 환자를 '마을'의 보잘것없는 하숙집에서 데리고 나왔다. 강한 태양이 기분 좋게 비치는 추운 날씨에 앙글르테르 호텔 이름을 따서 붙인 영국 거리에는 썰매가 방울 소리를 울리며 달리고, 세계 여러 나라에서 모인 부유한 향락가들, 요양 호텔과 그 밖의 일류 호텔의 투숙자들은 멋지고 값비싼 천으로 만든 운동복을 입고 모자를 쓰지 않은 채 겨울 햇빛과 눈빛에 그을려 구릿빛이 된 얼굴로 걸어다녔다. 그들은 이 번화가의 훌륭한 상점 사이를 지나 요양 호텔에서 멀지 않은 골짜기 아래 스케이트장으로 내려갔다. 스케이트장 너머에는 정자 같은 목조 건물이 서 있고, 요양 호텔 소속의 악단이 그곳에서 연주하고 있었다. 사촌과 카렌은 그곳에 들어갔다. 그들은 스케이트장을 3면에서 둘러 싼 관객석에 앉아 있는 관중들 사이를 헤치고 빈 자리를 찾아냈다. 피겨 스케이트 선수들은 몸에 딱 붙는 검은 운동복 바지와 털로 가장자리를 두른 짧은 웃옷차림으로 춤추듯 미끄러지면서 원을 그리고 점프한 뒤 팽이처럼 몸을 돌리고 있었다. 프로그램 이외의 여흥으로, 전문 남녀 선수 한 조가 세계에서 아무도 할 수 없는 재주를 부려 보여 축하 나팔 연주와 관중의 박수를 받았다. 스피드 경기에서는 저마다 다른 나라의 대표자인 여섯 청년이 허리에 손을 얹고 몸을 구부린 채, 어떤 사람은 손수건을 입에 물고 사각형의 넓은 스케이트장을 여섯 바퀴 돌았다. 음악 소리에 섞여 가끔 종이 울렸고, 그럴 때면 관중들은 응원의 환성을 지르고 갈채를 보내느라 떠들썩했다.

세 사람의 환자—사촌들과 그 피보호자의 주위는 마치 인종 전시회 같았다. 스코틀랜드제 모자를 쓰고 흰 이를 드러낸 영국인들이 짙은 향수 냄새를 풍기는 부인들과 프랑스어로 대화하고 있었다. 그 부인들은 위에서 아래까지 화려한 털실로 짠 옷을 입었는데, 그 가운데 몇 사람은 바지를 입고 있었다. 머리가 작은 미국인들이 머리칼을 딱 붙여 빗고 마도로스 파이프를 입에 물었으며, 거친 털가죽을 표면에 댄 외투를 입었다. 수염을 기르고 말쑥하고 아주 부유해 보이는 러시아인, 말레이인의 피가 섞인 듯한 네덜란드인이 독일인가 스위스인의 관중 틈에 끼여 있었다. 프랑스어로 말하는 발칸이나 근동(近東)의 인종, 즉 한스 카스토르프에게는 마음에 끌리는 대상이었으나 요아힘에게는 절제가 없다는 이유로 관심 밖이 된, 이렇다고 규정할 수 없는 여러 인종이 곳곳에 흩어져 있었다.

아이들은 즐거운 표정으로 한쪽 발에는 스키를, 또 한쪽 발에는 스케이트를 신고 얼음 위를 미끄러져 달렸으며, 남자아이가 귀여운 여자아이를 썰매에 태워 밀어대는 익살스러운 경기를 하다가 스케이트장 위에 넘어지기도 했다. 아이들이 불을 켠 양초를 손에 쥐고 달리는 경기도 있었는데, 그것을 꺼지지 않게 들고 결승점에 먼저 들어오는 아이가 이기는 경기였다. 스케이트를 타면서 장애물을 뛰어넘는다든지, 나란히 있는 그릇에 숟가락으로 감자를 떠 넣는 어린아이들의 경기도 있었다. 경기가 절정에 오를 때마다 관중들은 환호성을 올렸다. 관중들은 어린아이들 중에서 가장 부잣집 아이, 유명한 사람의 아이, 귀여운 아이들을 다투어 가리켰는데, 그 가운데에는 네덜란드 백만장자의 딸, 프러시아 왕자의 아들, 세계적인 샴페인 회사와 같은 이름을 가진 12세 소년도 있었다. 불쌍한 카렌은 환성을 지르고는 곧 기침을 했다. 그녀는 아주 재미있어 하며 손가락 끝을 벌린 형태로 두 손을 모아 박수를 쳤다. 카렌은 진심으로 행복한 것 같았다.

사촌들은 카렌을 쌍썰매 경기에도 데리고 갔다. 거기는 베르크호프에서도 카렌 카르슈테트의 하숙집에서도 멀지 않았고, 샤츠알프에서 내려와 마을의 서쪽 비탈 부락에서 끝나는 코스였다. 거기에 심판소가 세워졌고, 각 썰매의 출발이 산꼭대기에서 전화로 알려져 왔다. 눈으로 얼어붙은 언덕 사이의, 금속처럼 번쩍이는 코스의 경사면을 흰 스웨터의 가슴에 각 나라의 국기를 인쇄한 장식띠를 두른 남녀의 썰매가 상당한 거리를 두고 한 대씩 미끄러져 내려왔다. 긴장된 선수들의 붉게 달아오른 얼굴에 눈이 내리는 게 보였다. 그들은 빠른 속력으로 내려오다가 모퉁이에 부딪혀 넘어지거나 눈 속에 곤두박질하기도 했으며, 관중들은 이 순간을 놓치지 않고 사진을 찍었다. 여기에서도 음악이 연주되었다. 관중들은 작은 의자에 앉기도 하고, 코스를 따라서 눈을 헤치고 만들어진 작은 길에 행렬을 짓기도 했다. 이 작은 길은 아래쪽에서 코스 위에 걸려 있는 나무다리로 통하고 있었다. 이 다리 위에도 구경꾼들이 모여서, 가끔 아래로 소리를 내면서 미끄러져 내려가는 쌍썰매를 구경하고 있었다. 위의 요양원에서 숨을 거둔 환자의 시체도 이 코스를 지나서, 소리를 내면서 나무다리를 통해 아래 골짜기로 내려가는 것이라 생각한 한스 카스토르프는 그것을 입 밖에 내어 말했다.

어느 날 오후 사촌들은 마을의 영화관에도 카렌 카르슈테트를 데리고 갔다. 그녀가 그런 것을 아주 좋아했기 때문이다. 세 사람은 맑고 시원한 공기에 익숙해졌기 때문에 영화관 안의 탁한 공기가 생리적으로 심한 반응을 일으켜 숨이 막히고 머리가 멍하니 안개가 낀 것처럼 되었다. 그 공기 속에서 세 사람의 어른어른하는 눈앞에 갖가지 생활이 세분되어 성급하고 바쁘게 팔딱팔딱 뛰고 멈추다가 곧 사라져 버리며, 가벼운 음악과 함께 스크린 위를 깜빡이며 지나갔다. 음악은 현재의 시간을 분할하면서 성급히 과거의 형상을 되살리고, 한정된 곡으로 장중함, 화려함, 열정, 야성, 정욕의 모든 느낌을 교묘히 소화하고 있었다. 세 사람이 본 것은 사랑과 암살의 숨막히는 이야기, 동양의 어떤 폭군의 궁정에서 전개되는 무성(無聲) 드라마였다. 호화로움과 나체, 지배욕과 광신적인 예속욕, 잔인함과 욕망과 무서운 정욕에 찬 작품이었다. 목을 자르는 망나니의 팔 근육을 크게 비추는 장면은 천천히 사실적으로 나타냈으나, 그 밖에는 모든 것이 서둘러 나타났다가 사라졌다. 요컨대 세계 모든 나라의 문명국에서 모여든 관객의 남모를 욕망을 이해하고 그것에 영합하게끔 만들어진 작품이었다. 만약 비평가 세템브리니 같으면, 이런 반인문적인 작품을 엄하게 거부하면서, 예의 알기 쉽고 고전적인 말을 사용하여 인간의 기술을 이런 인간 오욕의 관념을 뒷받침하기 위해 악용한 것을 세차게 비난했을 것이라고 한스 카스토르프는 생각했다. 그리고 그런 의미의 말을 사촌에게 속삭였다. 그러나 세 사람과 그다지 떨어져 있지 않은 자리에서 영화를 구경하던 슈퇴어 부인은 완전히 이 영화에 열중했는지, 그 교양이 없는 붉은 얼굴이 황홀하게 일그러져 있었다.

주위의 모든 사람들도 한결같이 황홀한 얼굴이었다. 그러나 계속 깜빡이던 화면에서 마지막 장면이 사라지고 장내에 전등불이 켜지면서 화면이 움직이던 스크린이 하얀 캔버스로 관객들 눈앞에 나타났을 때는 아무도 박수를 치지 않았다. 박수를 쳐서 그 수고를 위로하고 싶어도, 연기를 칭찬해서 앙코르를 하고 싶어도 그 상대가 보이지 않았기 때문이다. 이때까지 관객들 앞에서 연기를 하던 배우들은 벌써 흔적도 없이 사라지고 없었다. 관객들은 배우들의 연기가 남기고 간 그림자를 보았을 뿐, 배우들의 연기는 이 무수한 상과 스냅으로 분해되어 빠른 시간의 흐름에 맡겨진 것이다. 환영(幻影)이 지나간 뒤 관객의 침묵에는 어딘지 넋빠진 듯한 어두운 것이 있었다. 사람들은 아무 대상도 없는 전경을 멍하니 응시하고 눈을 비볐다. 그리고 허공을 쳐다보고 밝음을 겸연쩍게 여겨 다시 컴컴해지기를 기다렸다. 과거가 새로이 현재로 되살아나고, 음악으로 장식되어 다시금 등장하기를 기다린 것이다.

폭군은 자객의 단도에 찔려, 입을 벌리고 들리지 않는 신음을 흘리며 죽었다. 이어서 세계 각국의 뉴스가 상영되었다. 프랑스 공화국 대통령이 실크 모자를 쓰고 대훈장을 차고 사륜 마차의 좌석에서 환영사에 답하는 장면, 인도 왕의 결혼식에 참석한 인도 총독, 포츠담 병영에서의 독일 황태자가 비쳤다.

노이메클렌부르크 섬*[16]의 토인 부락의 생활과 풍습, 보르네오의 닭싸움, 콧구멍으로 피리를 부는 나체의 미개인, 야생 코끼리 사냥, 샴*[17]의 궁정 의식, 기생들이 나무로 된 격자 뒤에 앉아 있는 일본의 홍등가가 비쳤다. 털가죽 외투를 입은 사모예드인들이 아시아 북부의 황량한 설원(雪原)을 순록에게 썰매를 끌게 하고 달리는 장면, 러시아의 순례자들이 헤브론*[18]에서 기도드리는 장면, 페르시아의 죄인이 발바닥에 태형을 받는 장면도 비쳤다. 관객들은 이 모든 장면에 동석한 것처럼 화면을 들여다보고 있었다. 시공(時空)의 격차가 사라져 버리고 먼 과거의 사건에 음악이 반주되어서 급하고 분주하게 현재 눈앞의 사건으로 변했다. 모로코의 젊은 여성이 줄무늬 비단옷을 입고 목걸이, 팔찌, 반지로 단장하고, 풍만한 가슴을 절반이나 드러낸 채 갑자기 실물 크기로 가까이 왔다. 새하얀 이를 보이며 웃고, 손톱이 살보다도 더 희게 보이는 한쪽 손을 눈 위에 대고, 또 한쪽 손으로는 관객에게 오라고 손짓했다. 관객은 그 매혹적인 환영의 얼굴에 당황하여 바라보았다. 그 얼굴은 이쪽을 바라보는 것 같으면서도 사실은 보고 있지 않아서 이쪽의 눈길을 조금도 느끼지 않았으며, 웃으며 오라고 손짓하는 것도 현재의 관객에게가 아니고 과거 어느 곳의 사람들을 향한 것이었기 때문에 이에 대답하는 것은 아무 의미가 없는 것처럼 느껴졌다. 아까도 말했지만 이것이 관객의 즐거움 가운데에 어딘지 넋빠진 것 같은 기분을 섞이게 했다. 이윽고 환영은 사라지고 스크린에 흰빛이 퍼지더니 그 빛 속에 '끝'이라는 글자가 나타나 프로그램의 1회분이 끝

---

*16 비스마르크 군도에서 두 번째로 큰 섬. 1885년부터 1920년까지 독일의 식민지였다가 1921년부터 오스트리아의 신탁 통치령으로 됨. 섬 이름도 현재는 영국식으로 뉴아일랜드라고 함.

*17 옛 태국의 이름.

*18 예루살렘의 남방에 있는 곳으로 여기에 아브라함의 묘지가 있다.

났다. 관객들은 다른 관객들이 같은 프로그램이 되풀이되는 것을 보기 위해 영화관 안으로 들어오는 속을 뚫고 묵묵히 바깥으로 나갔다.

영화를 구경한 뒤 세 사람은 한패가 된 슈퇴어 부인에게 이끌려서, 그리고 불쌍한 카렌을 기쁘게 하기 위해—카렌은 너무나 기뻐 두 손을 꼭 잡고 있었다—요양 호텔의 카페로 들어갔다. 여기서도 음악이 연주되었다. 빨간 연미복 차림의 작은 악단이 연주하고 있었는데, 지휘하는 체코인이나 헝가리인 같은 제1바이올리니스트가 춤추고 있는 여러 남녀 사이에 서서 몸을 열광적으로 비틀며 바이올린을 켜고 있었다. 어느 테이블에서나 사교적인 분위기가 감돌았고 비싼 음료가 나왔다. 실내가 무덥고 먼지가 많았기 때문에 사촌들은 자기들과 피보호자를 위해 찬 오렌지에이드를 주문하고, 슈퇴어 부인은 달콤한 브랜디를 주문했다. 슈퇴어 부인의 말에 따르면, 이 카페 분위기는 이 시각에는 아직 절정에 도달해 있지 않다는 것이었다. 밤이 깊어짐에 따라 댄스는 더욱 활기를 띠고 여기저기 요양원의 수많은 환자, 이 요양 호텔에 투숙하는 환자들이 지금보다 더 많이 춤을 춘다고 했다. 이제까지만 해도 중환자 몇몇이 여기서 인생 예찬의 술잔을 기울이며 '마시자, 노래부르자' 하다가 마지막 객혈을 토하고 춤을 추면서 저 세상으로 퇴장해 갔다고 했다. 슈퇴어 부인이 이 '마시자, 노래부르자'에서 드러낸 무식함에는 정말 어이가 없었다. 처음의 '마시자(dulci)'라는 말을 음악가인 남편의 음악 용어인 이탈리아어를 사용해 '평온하게(dolce)'라고 바꾸고, 다음 말인 '노래부르자(jubilo)'를 '화재(Feuerjo)' 또는 '50년째(Jubeljahr)'라는 이상한 말로 바꾸었다. 이 라틴어가 나온 순간, 사촌들은 창피하여 두 사람 모두 동시에 컵의 빨대를 물어 버렸으나 슈퇴어 부인은 태연하게 있었다. 오히려 그녀는 가늘고 긴 이를 보기 흉하게 드러내고, 익살과 빈정거림으로 젊은 세 사람의 관계를 탐지해 내려고 무던히 애를 썼다. 불쌍한 카렌의 처지에서 본다면, 간단한 산책에도 이렇게 멋진 기사를 양쪽에 두고 그 사이에서 보호받는 것이 기분이 나쁘지는 않았다. 그러나 이와 반대로 사촌들의 처지에서 본다면, 이 문제는 결코 간단한 것이 아니었다. 슈퇴어 부인은 어리석고 무식하기는 했지만, 여자 특유의 직감으로 어느 정도 진상을 파악하고 있었다. 세 사람의 관계에서 사실은 한스 카스토르프가 기사이고 요아힘 침센은 단지 들러리라는 것, 그리고 한스 카스토르프는—그가 쇼샤 부인에 대해 갖고 있는 기분은 슈퇴어 부인도 알고 있었다—목표로 삼고 있는 부인에게 공공연히 가까이 할 수 없기 때문에 그것을 메우려고 불쌍한 카렌을 상대한다는 것을 꿰뚫어 보고, 슈퇴어 부인은 그것을 빈정대면서 싫은 소리를 했다. 정말 그녀다운 견해로서 윤리적인 깊이도 없고 매우 피상적이고 평범한 직감이었기 때문에, 한스 카스토르프는 그녀가 상스럽게 빈정댔을 때, 질려버린 멸시의 시선을 던졌을 뿐이었다. 물론 그의 자선 행위가 다 그랬듯이, 불쌍한 카렌을 상대하는 것은 하나의 보충이며 조금이라도 자기 본래의 희망에 도움이 될 만한 방편임에는 틀림없었다. 그러나 동시에 그것 자체에 목적도 있었다. 병의 소굴과 같은 말린크로트에게 죽을 떠서 먹였을 때, 페르게의 지옥과 같은 흉막진탕의 괴로움을 들어 주었을 때, 불쌍한 카렌이 기쁜 나머지 손가락에 고약을 붙인 손으로 손뼉치는 것을 보았을 때 한스 카스토르프가 느낀 만족감은 비록 그 원인이 복잡해서 순수한 것이 아니었다 할지라도, 그것은 동시에 그것 자체가 목적이기도 한 순수한 기쁨이기도 했다. 그 기쁨은 카스토르프가 '실험 채택'을 활용해 볼 가치가 있다고 생각한 어떤 교육 정신에서 비롯하는 것이었다. 물론 그 교육 정신은 교육자로서의 세템브리니가 대표하는 정신과는 정반대의 처지에 선 것이었지만 말이다.

한편 카렌이 하숙하는 집은 개울과 철로에서 멀지 않고 마을로 가는 길가에 있었기 때문에, 사촌들이 마음이 내킬 때면 아침 식사 뒤의 규정된 산책에 그녀를 데리고 가려고 들르기에 아주 편했다. 주요한 산책길로 나가기 위해 마을 쪽으로 걸어가자면 앞으로는 소(小) 시아호른 산이 보였고 훨씬 오른쪽에는 세 개의 뾰족한 산꼭대기가 보였다. 이것은 '푸른 탑'이라고 불렀는데, 지금은 이것도 눈에 덮여 눈부시게 햇빛을 받고 있었다. 그리고 오른쪽에는 도르프베르크의 둥근 봉우리가 보였고, 그 비탈의 4분의 1쯤의 높이에 묘지가 보였다. 이것은 마을 묘지인데, 돌담이 쳐 있고, 호수의 전망이 좋은 위치에 있어 그 때문에 산책의 목적지로 택해질 수 있는 장소였다. 사촌들을 포함한 세 사람도 어느 화창한 날 오전에 그곳으로 올라가 보았다. 한동안 좋은 날씨가 이어져, 바람도 없고 화창했으며 하늘은 푸르렀고 곳곳이 눈 때문에 하얗게 반짝이고 있었다. 사촌들은 한 사람은 적동색, 또 한 사람은 청동색의 얼굴을 하고 이 밝은 날씨에 외투는 짐스러울 것 같아 평상시 옷차림으로 떠났다. 침센 청년은 운동복에 고무 눈신발, 한스 카스토르프는 구두는 사촌과 같았지만 짧은 바지를 입을 만큼 건강하지는 못해서 긴 바지를 입고 있었다.

새해의 2월 초와 중순 사이였다. 그렇다. 한스 카스토르프가 이 위에 온 뒤로 해가 바뀌어 지금은 다음 해가 되어 있었다. 우주의 큰 시계의 긴 바늘이 한 단위 전진하고 있었다. 그렇다고 해서 가장 긴 바늘, 예컨대 1천 년 단위의 바늘이 아니라—지금 살아 있는 인간으로 그 바늘이 그 다음으로 나아가는 것을 경험하는 인간은 아마 없을 것이다—1백 년 단위의 바늘도 아니고 10년 단위의 바늘도 아니었다. 그러나 1년을 가리키는 바늘이 요즈음 한 단위만 전진하여—한스 카스토르프는 이 위에 1년 동안 있었던 것이 아니라, 반 년하고 조금 더 있었을 뿐이었지만—어떤 시계의 분초(分秒)가 5분마다 한 번 전진하는 것과 마찬가지로 다음으로 또 다시 나아가기까지 먼저 정지하고 있었다. 그러나 이 1년 단위의 바늘이 다음으로 전진하기까지는 1개월 단위의 바늘이 앞으로 10회 전진해야만 한다. 곧 한스 카스토르프가 이 위에 와서부터 전진한 회수보다 2,3회 더 많이 나아가야 한다. 한스 카스토르프는 2월은 계산에 넣지 않았다. 쓰기 시작한 돈은 써 버린 것이나 마찬가지인 것처럼, 시작이 된 달은 이미 지나간 것과 마찬가지였다.

　세 사람은 어느 날 도르프베르크의 묘지로 산책했다. 이야기를 자세히 하기 위해 이 산책에 대해서도 말해 두기로 하자. 이 산책의 제안자는 한스 카스토르프였다. 요아힘은 처음에는 불쌍한 카렌에게 묘지로의 산책은 망설였지만, 그녀에게 사실을 알리지 않으려고 한다든지, 비겁한 슈퇴어 부인처럼 죽음을 생각하게 하는 것을 눈에 접근시키지 않으려고 전전긍긍하는 것은 아무 의미가 없다는 것을 깨닫고 인정하기도 했다. 카렌 카르슈테트는 말기적 증상에 있는 환자의 자기 기만에 사로잡히지 않고 자기의 상태가 어떤 것이며 손가락 끝의 중독이 어떤 성질의 것인지 잘 알고 있었다. 또 냉담한 친척들이 그녀의 유해를 고향으로 보낼 사치를 허락해 줄 리도 없고, 숨을 거둔 뒤의 그녀는 마을의 묘지에서 검소한 안식처를 얻게 될 것이라는 것도 알고 있었다. 요컨대 이 산책의 목적지는 카렌에게는 다른 장소, 이를테면 쌍썰매의 출발이나 영화관보다는 윤리적으로 알맞은 장소라고 할 수 있었다. 그리고 묘지를 단지 전망이 아름다운 장소, 단순한 산책로라고 생각하지 않는다면, 거기에 잠들고 있는 사람들에게 한번 호의를 표시하는 것은 동료로서 마땅한 예의임에 틀림없었다.

　눈 속에 만들어진 길은 세 사람이 나란히 걸을 만큼 넓지 못해서, 한 사람씩 앞뒤로 서서 천천히 올라가야 했다. 비탈에 있는 별장의 마지막 별장, 가장 높은 위치에 있는 별장을 뒤로 하고, 또 그것을 아래에 두고 올라감에 따라 아침저녁으로 보아 왔던 경치가 겨울의 멋진 단장을 하고 예전과는 좀 다른 원근 관계로 보이기 시작했다. 시야는 동북쪽에 있는 골짜기의 입구를 향해 열리기 시작하고, 호수가 숲에 에워싸인 채 얼어붙은 원형 수면이 눈에 덮인 모습으로 보였다. 가장 먼 기슭 저편에는 겹겹으로 된 산의 경사면이 지면에서 서로 만난 듯이 보였고, 그 사면 뒤에는 여태까지 보지 못한 이어진 산봉우리가 눈에 덮여 푸른 하늘을 배경으로 키를 다투었다. 세 사람은 묘지 입구의 돌문 앞에서 눈 속에 서서 그 경치를 바라보고는, 문에 그냥 걸쳐놓았을 뿐인 쇠창살문을 열고 묘지 안으로 들어갔다.

묘지 안에도 좁은 길이 눈 한가운데에 만들어져 있었다. 돌이나 금속 십자가, 원형의 조각과 비문으로 장식된 작은 비석이 서 있는 정성들여 가지런하게 깔아 놓은 침소 사이, 철책을 두르고 눈을 담뿍 이고 있는 묘 사이에 이 좁은 길이 나 있었다. 하지만 사람의 모습은 보이지 않았고 목소리도 들리지 않았다. 이 장소의 한적하고 방해받지 않는 고요함은 여러 의미에서 깊은 신비를 느끼게 했다. 숲 속 어떤 곳에 돌로 만든 작은 천사, 어린아이의 조각상이 작은 머리에 눈 모자를 비스듬히 얹고 서서 손가락으로 입술을 막고 있었는데, 이것은 이 장소의 수호신이었을 것이다. 침묵의 수호신, 그것도 지껄임을 강하게 거부하는 침묵, 즉 영원한 침묵을 느끼게 하면서도 공허하고 단조롭게 느끼게 하지 않는 침묵의 수호신이었다. 두 청년은 모자를 쓰고 있었다면 그 모자를 벗어야 했을 것이다. 그러나 둘 모두 모자를 쓰고 있지 않았기 때문에, 경건한 태도로 몸무게를 발끝에 두고 오른쪽과 왼쪽에 가볍게 인사하는 걸음걸이로 카렌 카르슈테트를 앞세우고 일렬이 되어 따라갔다.

묘지는 모양이 불규칙하여 처음에는 남쪽으로 장방형으로 뻗어 있고, 다음에는 좌우 사방형으로 퍼져 있었다. 여러 번 확장할 필요성 때문에 옆에 있는 밭을 묘지로 만든 것을 알 수 있었다. 그러나 이제 묘지는 만원에 가까웠고 그것도 돌담에 싸인 장소뿐만 아니라 더 장소가 나쁜 깊숙한 곳도 그러했다. 그래서 어디 한구석에 한 사람의 안식처가 남아 있는지 찾아보는 일도 쉬운 일은 아닐 것 같았다. 세 사람의 방랑객은 비석 사이의 좁은 길과 통로를 한동안 경건하게 걸어다니다가 가끔 걸음을 멈추고 비석에 새겨진 이름·생년

월일·사망 날짜를 읽어 보기도 했다. 비석도 그렇고 십자가도 검소한 것으로 보아 그다지 비용이 든 것은 아니었다. 묘비명에는 세계 방방곡곡에서 모여든 저마다 다른 이름들이 있었다. 영국인 이름, 러시아인 이름, 막연한 슬라브인 이름, 독일인 이름, 포르투갈인 이름, 그 밖에 갖가지 이름들이 있었지만 매장된 날짜는 얼마 되지 않았고 향년은 주로 아주 짧아 탄생에서 사망까지의 햇수는 모두 20년 남짓 되었다. 거의 젊은 사람들만 이렇듯 세계 각지에서 이곳으로 몰려와서, 영원한 수평 생활에 들어가 이 침소에 누워 있는 것이다. 나이가 많은 사람은 거의 없었다.

혼잡을 이루는 묘의 안쪽 풀밭 중앙 가까이에는 비석에 조화로 된 화환을 걸고, 높이 만들어진 두 개의 묘 사이에는 사람의 키 정도 길이의 평평한 지면이 아직 아무에게도 점령되지 않은 채 남아 있었다. 세 손님은 무의식적으로 그 앞에 멈추어 섰다. 세 사람은 선 채로 양옆에 있는 조그만 비석의 햇수를 읽었다. 소녀는 두 청년보다 조금 앞에 서 있었고, 한스 카스토르프는 편안한 자세로 두 손을 앞으로 모으고 입을 벌린 채 졸린 눈을 하고 있었으며, 침센 청년은 똑바로 섰다기보다 오히려 몸을 뒤로 젖히고 부동 자세로 서 있었다. 두 청년은 똑같이 호기심에 끌려 카렌 카르슈테트의 얼굴 표정을 살짝 엿보았다. 그녀는 그것을 곧 알아차리고, 머리를 비스듬히 앞으로 내밀고 부끄러운 듯이 얌전하게 서서, 눈을 깜박거리면서 살짝 미소지었다.

발푸르기스(마녀)의 밤

앞으로 며칠만 있으면 한스 카스토르프가 이 위에 올라온 지도 7개월이 된다. 한스 카스토르프가 이곳에 왔을 때 이미 5개월을 여기서 지냈던 사촌인 요아힘은 12개월, 즉 만 1년을 이 위에 있은 것이 된다. 이것은, 소형이지만 견인력이 센 기관차에 태워져 여기에 온 뒤 지구가 1회 공전을 끝마치고 원위치로 돌아온 우주적인 의미이기도 했다. 마침 지금은 사육제가 시작되려는 시기였다. 그래서 사육제의 밤을 눈앞에 두고 한스 카스토르프는 베르크호프의 원주민들이 사육제를 어떻게 지내는지 이곳에 꼬박 1년 머무른 사촌에게 물었다.

"굉장합니다."

그날도 사촌들과 함께 아침 산책을 하던 세템브리니가 요아힘을 대신하여 대답했다.

"현란하고도 호화롭답니다! 빈의 프라터 유원지처럼 유쾌하답니다. 두고 보십시오, 엔지니어. 그때가 되면 우리도 곧 여럿이 추는 춤에 참가하는 멋쟁이가 됩니다."

이러면서 그는 독설을 퍼붓기 시작했는데, 팔과 머리와 어깨를 움직이면서 교묘한 몸짓을 했다.

"정신병원에서도 바보나 천치들을 위해 무도회를 가끔 개최한다지 않습니까? 어디서 읽은 일이 있는데, 여기라 해서 다를 것도 없지 않습니까? 상상이 되리라 믿지만, 프로그램에는 각양각색의 죽음의 무도회가 포함되어 있습니다. 그러나 유감스러운 것은, 작년에 여기서 축제 때 참가했던 사람들의 일부가—축제는 9시 반에 끝나지만 망자(亡者)들이 이 세상에 다시 돌아올 수 있는 것은 오전 12시부터 날이 밝아질 때까지이기 때문에—금년에는 참가하지 못한다는 점입니다. 축제가 9시 반이면 끝나 버리기 때문이지요."

"당신의 말씀은…… 아, 그렇군요. 이건 걸작인데요!"

한스 카스토르프는 웃으면서 말했다.

"농담도 잘 하시는군요. 9시 반에 끝난다고요? 자네는 무슨 뜻인지 알겠어?"

한스 카스토르프는 요아힘을 돌아보며 말했다.

"세템브리니 씨 이야기는, 너무 일찍 끝나 버려 작년에 참가했던 사람들의 '일부'가 참가하고 싶어도 시간을 맞출 수 없다는 뜻이야. 하하하, 기분이 으스스한데? '일부'란 요 1년 동안 '삶'에 영원히 작별을 고한 사람들을 말하는 거야. 내 농담을 알아 듣겠어?"

그는 다시 세템브리니에게 말했다.

"그러나 아무튼 기다려지는군요. 나는 여기서 축제가 돌아오는 것을 차례로 맞이하여, 세상에서 하는 대로 단락, 즉 매듭을 하나하나 확실하게 하여 단조로운 시간이 안 되도록 하는 것이 옳다고 생각합니다. 단조로운 시간이란 지루한 것일 테니까요. 우리는 크리스마스를 축하했고, 새해를 맞았으며, 이번에는 사육제가 다가오고 있습니다. 그리고 부활절 전의 일요일이 가까이 와—참, 여기에도 부활절에 먹는 둥근 빵이 있습니까?—성주간, 부활절, 그리고 6주일 뒤에는 오순절이 되고 그렇게 되면 1년 중에서 가장 낮이 긴 하지(夏至)가 됩니다. 그렇지요. 그러고는 가을이 가까이 옵니다……."

"그만하십시오. 그만, 그만!"

세템브리니는 얼굴을 위로 쳐들고는 손바닥으로 관자놀이를 누르며 소리쳤다.

"그만하십시오. 그렇게 고삐를 잡고 마구 달리면 내가 어떻게 따라갑니까?"

"용서하십시오. 나는 다른 뜻으로 말했는데요…… 그건 그렇고, 베렌스는 내 병독을 없애기 위해 결국 주사를 감행하려는 모양입니다. 나는 여전히 열이 37도 4부, 5부, 6부, 어떤 때에는 7부까지 오릅니다. 아무리 노력해도 내려가지 않습니다. 아무래도 나는 인생의 걱정거리 자식인가 봅니다. 물론 나는 장기 환자는 아닙니다. 라다만토스는 나에게 확실한 형기를 아직 선고하지 않고 있지만, 내가 이 위에서 이만큼 많이 시간을 투자했기 때문에 도중에 요양을 중단하는 것은 아무 의미가 없다고 말하고 있습니다. 하긴 그가 내 기한을 정해준다고 해서 그것이 무슨 소용이 있습니까? 별반 의미가 없으리라고 생각합니다. 그가 예를 들어 반 년이라고 선고했다 해도 그것은 최소한의 전망이지, 사실은 더 오래 있게 될 것을 각오해야만 합니다. 내 사촌의 경우도 그렇습니다. 이 사람은 이 달 초에 끝이 날—완쾌한다는 의미입니다—예정이었으나 요즈음은 완쾌하려면 앞으로 4개월은 더 걸린다고 말합니다. 4개월이 지나면 또 어떻게 될지 모르는 일입니다. 그때가 되면 하지입니다. 그리고 하지에서 다시 겨울을 맞게 됩니다. 그러나 지금은 우선 사육제를 맞습니다. 솔직히 말하면, 나는 여기서 달력에 있는 대로 축제를 차례로 충실하게 지키는 게 아주 좋은 일이라고 생각합니다. 슈퇴어 부인의 말로는, 수위실에서 장난감 나팔을 팔고 있다지요?"

사실 그랬다. 사육제인 화요일이 언제인가 생각할 틈도 없이 갑자기 찾아와, 이날 아침 일찍 첫 번째의 아침 식사 때부터 식당에서 장난감 악기의 갖가지 소리가 '삐삐, 뿌뿌' 울려왔다. 점심 식사 때에는 갠저, 라스무센, 클레펠트의 식탁에서 종이 테이프가 날아다니기 시작했고, 둥근 눈을 한 마루샤를 비롯한 몇 사람들이 현관 수위실에서 예의 절름발이 수위가 팔고 있는 종이 모자를 쓰고 있었다. 그리고 방에는 식당과 응접실에서 축제의 모임이 시작되었다. 마지막에 이르렀을 때—이 사육제의 모임이 한스 카스토르프의 행동 정신 덕택으로 마지막에 어떤 결과로 끝나게 되었는지 현재로서는 우리만이 알고 있다. 그러나 우리는 알고 있다는 것에 좋은 기분이 되어서 이때까지의 신중성을 잃지 않도록 모든 것을 믿을 수 있는 시간의 손에 맡기고, 너무 서두르지 말도록 하자. 한스 카스토르프 청년이 윤리적인 수치심에서 한동안 자제하던 것에 동감하기 때문에, 그 결말을 이야기하는 것을 될 수 있는 한 늦추고 싶은 심정이다.

오후에는 거의 모두가 사육제의 거리 광경을 구경하러 시내로 갔다. 피에로와 가장(假裝) 목검(木劍)을 딸랑거리면서 휘둘러대는 익살스런 광대들이 걷고 있었다. 방울을 울리면서 단장한 썰매에 탄 가장 행렬과도 마주쳤는데, 그들은 군중 사이를 지나가면서도 작은 석고 공을 서로 던졌다. 이렇게 해서 베르크호프의 주민들도 완전히 들뜬 기분이 되어서, 시내의 명랑한 기분을 저녁 식사 때에는 작은 그룹에서나마 유지하자고 하며, 일곱 개의 식탁에 둘러앉았다. 수위가 팔고 있는 종이 모자와 나팔이 날개돋친 듯 팔렸다. 먼저 파라반트 검사가 꽤 손이 간 가장 차림으로 나타났다. 그는 여자 옷을 입었는데, 주위의 떠드는 소리로 미루어 부름브란트 총영사 부인의 물건인 듯한 가발을 머리에 쓰고, 콧수염을 인두로 지져 비스듬히 아래로 드리우고는 중국인의 모습으로 나타났다. 경영자 측도 이에 지지 않았다. 일곱 식탁이 모두 종이 초롱으로 꾸며졌는데, 그 속에 촛불이 켜져 있어 채색된 달 같았다. 세템브리니는 식당으로 들어와 한스 카스토르프의 식탁 옆을 지나가면서 이 멋진 상태에 대해 시인의 말을 인용했다.

보십시오. 울긋불긋 불이 타고 있습니다.
유쾌한 무리들이 모여 있습니다.
괴테《파우스트》제1부 〈발푸르기스의 밤〉 장면

그는 냉정한 미소를 띠며 시를 읊고는 그의 식탁으로 가다가, 얇은 가죽 안에 향수가 채워져 있어서 부딪치면 안의 향수가 터지는 작은 공의 일제 사격을 받았다.

요컨대 축제 기분은 처음부터 아주 강렬했다. 웃음소리가 넘쳤고 샹들리에에서 드리워진 종이 테이프가 공기 움직임에 따라 펄렁거렸으며, 불고기 소스 속에는 작은 색종이가 떠 있었다. 이윽고 식당의 난쟁이 아가씨가 그날 밤의 첫 샴페인 병을 냉각기에 넣어 바삐 갖고 가는 것이 보였다. 모두 아인후프 변호사의 신호에 따라 샴페인에 부르군트산 포도주를 타서 마셨다. 식사가 거의 끝날 무렵에 천장의 불이 꺼지고 초롱불만이 오색의 희미한 불빛으로 식당을 이탈리아의 밤처럼 비쳤을 때 축제 기분은 절정에 이르렀다.

한스 카스토르프의 식탁에는 세템브리니가 한 장의 종이에 다음 시구를 연필로 써 보내와—그는 그 종이를 그와 아주 가까이에 앉은, 녹색 비단 종이로 된 기사모(騎士帽)를 쓰고 있던 마루샤에게 주었다—대갈채를 받았다.

그러나 잊지 마십시오. 오늘은 산 속이 미친 듯이 야단이오니.
만약 당신이 도깨비불에 길잡이를 시킨다면
당신의 인생은 위험합니다, 그것이 당신을 타락시킬 테니.
〈발푸르기스의 밤〉 시행 3868~3870

다시 병세가 나빠진 블루멘콜 박사가 그 특유의 표정으로—입 속으로 중얼거렸다는 표현이 맞겠지만—그 시구가 대체 어떤 시구냐고 물어보는 것 같았다. 한스 카스토르프는 그 시구에 답장을 써야겠다고 느껴서—물론 보잘것없는 답장이 될 것 같았지만—들뜬 마음으로 그 종이에 뭔가 시구를 쓰기로 했다. 그는 주머니에 손을 넣어 연필을 찾았지만 없어서 요아힘과 여교사에게 빌리려 했는데, 그들 또한 갖고 있지 않았다. 그는 벌겋게 충혈된 눈으로 도움을 청하려고 동쪽 식당의 왼쪽 구석으로 향했는데, 처음의 가벼운 착상이 심각한 현상으로 바뀌어 얼굴이 창백해지고, 처음의 목적은 완전히 잊어버리고 말았다.

그의 얼굴이 창백해진 이유는 다른 데에도 있었다. 저쪽 구석에 있는 쇼샤 부인이, 사육제를 위해 새 옷—한스 카스토르프로서는 처음 보는 옷—을 입고 있었던 것이다. 검다기보다는 오히려 새까맣고 때때로 밤색으로 빛나는 얇은 비단옷인데, 목둘레가 소녀의 옷처럼 작고 둥글게 되어 있었다. 앞쪽은 목과 쇄골이 보였으며, 목을 앞으로 좀 내민 탓에 조금 튀어나온 경추골이 목덜미의 흩어진 머리칼 아래로 보였다. 클라브디아의 팔이 어깨 있는 데까지 드러나 있는데 미끈하고 풍만하여 모든 점에서 차가운 느낌이 들었다. 그 팔은 검은 비단옷과 대조를 이루어 희게 돋보여서, 이를 본 한스 카스토르프가 눈을 감고 소리 없이 '아' 감탄할 만큼 마음을 움직이는 인상이었다. 그는 이런 재단의 옷을 본 일이 없었다. 이 옷보다 어깨와 목을 더 대담하게 드러낸 무도복을 본 일은 있으나, 그래도 그 노출은 정장으로서의 노출이라 예의에 그리 어긋나지 않았기에 이처럼 파격적인 느낌은 주지 않았다. 한스 카스토르프는 언젠가 얇은 망사 옷을 통해 그녀의 팔을 본 일이 있었는데, 그때는 그 팔의 유혹적인 매력, 그 얇은 망사의 그럴듯한 '변용'이 없었더라면 아마 그렇게 강하게 느껴지지는 않았으리라 생각했다. 그런데 이제 와서 생각하니 그것은 그릇된 판단이었고, 오해였다. 병균으로 침식된 유기체의 요염한 팔, 눈부실 정도로 풍만하게 드러난 팔은 언젠가의 변용보다도 훨씬 강렬한 매력을 갖고 있어서, 머리를 숙이고 나지막하게 "아!" 하는 탄성을 되풀이할 수밖에 없었다.

얼마 뒤에 또다시 종이 쪽지가 날아왔는데, 거기에는 다음과 같이 적혀 있었다.

> 뛰어난 분들입니다.
> 정말 훌륭한 신부들입니다.
> 그리고 총각들도
> 모두 유망한 젊은이들입니다.
>
> 〈발푸르기스의 밤〉 시행 4295~4298

"브라보, 브라보!" 모두가 이렇게 외쳤다. 그들의 식사는 어느새 사기 그릇에 담아 서비스되는 모카 커피와 리큐어로 옮겨졌다. 달콤한 술을 무엇보다 좋아하는 슈퇴어 부인 같은 사람은 리큐어를 마시고 있었다. 사람들은 뿔뿔이 흩어지고 오고가기 시작했으며, 식탁을 바꾸기도 했다. 일부 손님은 벌써 응접실로 갔고, 나머지 손님은 아직 식당에 남아서 샴페인을 탄 포도주를 줄곧 마시고 있었다. 세템브리니는 커피잔을 손에 들고 이쑤시개를 입에 물고, 한스 카스토르프와 여교사 사이에 있는 식탁 구석에 앉아 자리를 함께했다.

"하르츠산 그대로입니다."

세템브리니가 입을 열었다.

"쉬르케와 엘렌트 같은 〈발푸르기스의 밤〉의 무대입니다. 내가 말한 것이 지나친 과장이었습니까, 엔지니어? 큰 장터가 선 것이나 다름없습니다. 그러나 조금만 기다려 주십시오. 우리들 장난의 밑천은 아직 떨어진 게 아닙니다. 아직 최고조에 달하지 않았습니다. 끝났다니, 어림도 없습니다. 여러 방면으로부터의 정보에 따르면, 앞으로 굉장한 가장 무도회가 열린다는 것입니다. 크게 기대해도 좋을 것입니다. 인제 두고 보십시오."

그가 이렇게 말하는 중간에도 정말 새로운 가장 인물들이 나타났다. 희가극에 등장하는 배우처럼 태운 코르크 마개로 얼굴에 꺼멓게 콧수염을 그린 남장(男裝) 부인들, 이와 반대로 부인복을 입고 치마에 발이 걸려 비틀거리는 남자들이었다. 학생인 라스무센은 검은 구슬을 일면에 꿰맨 검은 부인복을 입고, 부스럼투성이인 어깨와 목을 드러낸 채 등을 향해 부채질을 하고 있었다. 그 다음에는 다리가 구부정한 거지가 목발에 몸을 의지하여 등장했다. 흰 속옷과 부인용 펠트 모자로 피에로 의상을 만들어 입고, 눈이 이상하게 보일 정도로 얼굴에 분을 바르고 입술 연지를 빨갛게 칠한 남성도 있었다. 이 사람은 바로 새끼손톱을 길게 기른 소년이었다. '이류 러시아인 자리'의 그리스인은 아름다운 다리에 엷은 자색 메리야스 바지를 입고, 짧은 외투에 종이로 된 목도리를 하고 속에 칼이 든 지팡이를 집고는 스페인의 대공이나 동화에 나오는 왕자 모습으로 조용히 나타났다. 이 모든 가장 도구는 식사가 끝난 뒤에 재빠르게 만들어진 것이었다. 슈퇴어 부인도 자리에 가만히 앉아 있을 수만은 없었다. 그녀는 자취를 감추었나 했더니 얼마 안 있어 치마를 들고 소매를 걷어올린 채 종이 모자의 리본을 턱 밑에 매고 물통과 빗자루를 쥔 청소부 모습으로 돌아왔다. 그녀는 젖은 대걸레를 식탁에 앉아 있는 사람들의 발 사이로 들이밀었다.

"바우보 할머니 혼자서 등장!"*¹⁹

세템브리니는 슈퇴어 부인을 보고 《파우스트》의 시구를 인용하여 말하고는, 다음 시구도 분명하게 '조형적으로' 덧붙였다. 슈퇴어 부인은 이 말을 듣고 세템브리니를 '이탈리아의 칠면조'라고 욕하고, 가장 무도회 때에만 자유로운 분위기에 따라 허용되는 관례대로 그를 '댁'이라고 부르며 '음탕한 언사'를 삼가달라고 요구했다. 사실 식사 때부터 모두 '댁'이니 '자네'니 하는 호칭을 썼다. 세템브리니가 그녀에게 응수하려고 했을 때, 현관 홀 쪽에서 요란한 웃음

*19 〈발푸르기스의 밤〉에 나오는 한 장면. 시행 3962~3963.

소리가 들려왔으므로 그는 입을 다물었다. 식당에 있는 사람들은 일제히 활기를 띠었다.

이제 막 가장을 끝낸 것 같은 기묘한 모습의 두 사람이 응접실 사람들에 둘러싸여 식당으로 들어왔다. 하나는 간호사 제복을 입었는데, 그 검은 옷에는 흰 끈이 목에서 다리까지 꿰어져 있었고, 짧은 선이 일정하게 좁은 간격으로 평행으로 나란히 있었는데, 군데군데에 더 긴 선이 또한 가로로 있었다. 아마 체온계의 도수를 표시한 것 같았다. 그녀는 퍼렇게 칠한 입술에 집게손가락을 대어 침묵을 표시하고, 오른손에는 체온표를 들었다. 다른 하나는 온몸을 푸르게 꾸몄는데, 입술, 눈썹 말고도 얼굴과 목의 모든 부분이 푸른색으로 칠해져 있고, 푸른 털모자를 비스듬히 눌러 썼다. 그는 푸른 리넨 천으로 만든 자루 같은 긴 옷을 입고 발목을 끈으로 매었는데, 배에 뭔가를 넣어서 불룩하게 하고 있었다. 이 두 사람은 일티스 부인과 알빈 씨였다. 두 사람 모두 목에 마분지를 걸었는데, 거기에는 저마다 '무한정', '푸른 하인리히'라고 적혀 있었다. 두 사람은 비틀비틀 걸으면서 식당을 돌아다녔다.

박수갈채가 일어나고 환호성이 소용돌이쳤다. 슈퇴어 부인은 빗자루를 옆구리에 끼고 두 손을 무릎에 얹고는, 청소부로 가장한 것을 핑계로 지나치게 교양 없이 웃었다. 세템브리니만은 냉정한 얼굴로 일대 성공을 거둔 두 사람의 가장에 잠깐 시선을 던지고는, 아름답게 치켜 오른 콧수염 밑의 입술을 굳게 다물었다.

이 '푸른'과 '무한정'의 뒤를 따라 응접실에서 식당으로 돌아온 사람들 가운데 클라브디아 쇼샤의 모습도 보였다. 그녀는, 부드러운 머리의 타마라와 움푹 팬 가슴을 야회복으로 감싼 불리긴인가 하는 신사와 함께 새옷 차림으로 한스 카스토르프의 식탁 옆을 지나갔다. 그녀와 동행한 두 사람은 아까의 가장행렬의 뒤를 따라 식당에서 나갔지만, 쇼샤 부인만은 갠저 청년과 클레펠트의 식탁에 가까이 와서는 두 손을 등 뒤로 돌리고 실눈을 뜬 채 웃고 떠들었다. 쇼샤 부인도 사육제 모자를 썼지만, 그것은 산 모자가 아니라 아이들에게 접어주는 흰 종이를 삼각형으로 접은 모자였다. 그러나 그것을 옆으로 쓰고 있는 모습은 뭐라 말할 수 없이 사랑스러웠다. 밤색으로 빛나는 검은 비단 드레스 아래로 발이 보였고, 치마는 테를 넣어 조금 불룩하게 만들어져 있었다. 팔에 대해서는 새삼 말할 필요가 없을 것이다. 어쨌든 어깨 있는 데까지 드러나 있었다.

"저 여자를 잘 보십시오."

세템브리니가 하는 말이 한스 카스토르프는 멀리서 아득하게 들려오는 듯했다. 한스 카스토르프는 쇼샤 부인이 다시 유리문을 통해 식당 밖으로 걸어나가는 것을 눈으로 좇고 있던 터였다.

"저 여자는 릴리트입니다."

"누구라고요?"

한스 카스토르프가 되물었다.

괴테의 《파우스트》에 나오는 대사와 우연히 일치했으므로, 문학가는 무척 기뻐하면서 대답했다.

"아담의 첫 번째 마누라 말입니다. 조심해야 합니다……."

두 사람의 식탁에는 블루멘콜 박사가 그들로부터 떨어진 자기 자리에 앉아 있을 뿐이었다. 식탁의 다른 사람들은 요아힘까지도 응접실로 옮겨간 상태였다.

한스 카스토르프가 말했다.

"오늘 당신은 시와 노래로 가득하군요. 그 릴리트라는 여자는 어떻습니까? 그렇다면 아담은 두 번 결혼했습니까? 전혀 몰랐는데요……."

"헤브라이 전설은 그렇게 전합니다. 릴리트는 밤의 요정이 되는데, 젊은 남성들에게는 특히 그 아름다운 머리칼 때문에 위험한 존재랍니다."

"그래요? 아름다운 머리칼을 가진 밤의 요정이라. 댁은 그런 것은 견딜 수 없다는 말이군요. 그래서 댁은, 전등불을 켜고 젊은 사람들을 제정신으로 돌아가게 한다는 말이군요."

한스 카스토르프는 꿈꾸듯 말했다. 사실 그는 칵테일을 꽤 많이 마셨다.

"엔지니어, 제발 댁이라는 말투는 그만두십시오."

세템브리니는 눈썹을 찡그리면서 명령하듯이 말했다.

"죄송하지만 교양 있는 유럽에서 일반적으로 쓰는 제3인칭 복수형의 호칭 '당신'을 사용해 주십시오. 지금 쓰는 '댁'이란 말은 당신에게는 조금도 어울리지 않습니다."

"그건 또 왜 그렇습니까? 오늘 밤은 사육제가 아닙니까? 오늘 밤은 누구에게든지 댁이라 불러도 상관없지 않습니까?"

"네, 그러나 그것은 음탕한 자극을 노리고 하는 것이지요. 마땅히 '당신'이라고 불러야 할 타인이 '댁'이라고 부르는 것은 저주할 만한 야만적 행위입니다. 사람의 원시 상태를 농락하는 아주 난잡한 유희입니다. 내가 그걸 싫어하는 까닭은 그것이 근본적으로는 문명과 진보한 인간성에 역행하기 때문입니다. 참으로 부끄럽기 짝이 없는 역행을 뜻하기 때문입니다. 나도 당신을 댁이라고 부르지 않았습니다. 잘못 생각하지 말아 주십시오. 나는 당신 나라 문학의 걸작에서 어떤 부분을 인용했을 뿐입니다. 다시 말해서 나는 시적(詩的)으로 말했을 뿐입니다."

"나도 마찬가지입니다. 나도 시적으로 말하는 겁니다. 이 순간이 그렇게 하는 데에 알맞은 순간처럼 느껴져서, 그래서 그렇게 말했던 것입니다. 내가 댁을 '댁'이라고 부르는 것이 자연스럽고 간단하다고 생각하는 줄 아십니까? 아니, 오히려 그 반대입니다. 그렇게 부르는 데는 하나의 극기가 필요합니다. 그렇게 부르는 데는 꽤 노력해야 합니다만, 나는 그 노력을 조금도 아끼지 않습니다. 정말 진심으로 기꺼이……."

"진심으로라고요?"

"그렇습니다. 정말 진심으로입니다. 우리는 이 위에서 꽤 오래 함께 지냈습니다. 댁도 계산해 보십시오. 7개월 동안입니다. 이 위에서의 우리의 시간 관념으로 본다면 그리 길지 않은 시간입니다만, 아래 평지의 관념으로 생각한다면 상당한 시간입니다. 우리는 운명에 의해 여기에 함께 불려와서 그 7개월을 함께 지냈고, 거의 날마다 얼굴을 맞대어 재미있는 이야기를 나누고, 내가 평지에 있었더라면 전혀 알 수 없었으리라고 생각되는 대상에 대해서 이야기를 나누었습니다. 그것이 나에게는 아주 중요하고 절실한 문제였기 때문에 나는 둘이서 토론할 때 늘 진지했던 것입니다. 토론을 했다기보다 오히려 댁이 인문주의자로서 여러 가지를 나에게 설명해 주었습니다. 나는 이때까지 경험이 적었기 때문에 제대로 말을 할 수가 없어서, 댁이 말하는 것을 언제나 듣고, 재미있다고 생각하면서 듣는 게 고작이었습니다. 댁 덕분으로 나는 여러 가지를 배웠고 이해도 할 수 있었습니다…… 카르두치에 대한 이야기는 이 중에서 가장 사소한 것이었습니다. 예컨대 공화제는 아름다운 문체와 어떤 관계에 있다든지, 시간은 인류의 진보에 어떻게 관계가 있는가 등, 이와는 반대로 시간이 없으면 인류의 진보도 있을 수 없으며, 세계는 물이 괸 물구멍이 아니면 썩은 늪 같을 것이라든가. 이런 것에 대해 댁이 없었더라면 내가 무엇을 알 수 있었겠습니까? 나는 댁을 '댁'으로만 부르고 이 밖에 달리 부를 수가 없습니다. 댁은 거기에 앉아 있고, 나는 댁을 다만 '댁'이라고만 부릅니다. 이것으로 충분합니다. 댁은 아무개라는 개인이 아니라 한 사람의 대표자입니다. 세템브리니 씨, 당신은 내게 이 위에서는 대표자입니다. 댁은 그런 사람입니다."

한스 카스토르프는 이렇게 말하고는 손바닥으로 테이블을 두드렸다.

"그래서 나는 댁에게 여기서 감사의 말씀을 드리고 싶습니다."

그는 계속 말하면서 샴페인에 부르군트산 포도주를 탄 술잔을 세템브리니의 커피잔과 건배하려고 들이밀었다.

"댁은 7개월 동안 나를 그렇게도 친절하게 돌보아 주었습니다. 이런저런 경험을 차례로 맞아야 했던 젊은 신입생을 위해 완전히 무료로, 어떤 때는 실화 형식으로, 어떤 때는 추상적인 형식으로 실험과 연습의 수고를 하여 교정적인 영향을 주려고 하신 데 대해 감사의 말씀을 드리고 싶습니다. 나는 노고에 대해, 그리고 그 밖의 모든 것에 감사의 말씀을 드립니다. 내가 나쁜 학생이며 댁이 말한 것처럼 '인생의 걱정거리 자식'이었다고 한다면, 그것을 사과드려야 할 순간이 왔다는 것을 확실히 느낍니다. 댁이 그렇게 말했을 때 나는 얼마나 감동했던지 지금도 그것을 생각할 때마다 감동하게 됩니다. 걱정거리 자식, 정말이지 나는 당신에게 걱정거리 자식이었다고 생각합니다. 그리고 댁을 처음 만난 날 이미 댁의 교육가적인 기질에 대해서도 말씀드렸습니다. 물론 인문주의와 교육의 관계 또한 댁에게서 배운 관계의 하나입니다만. 이 밖에도 시간이 지나면서 여러 가지 배운 것이 머리에 떠오르리라 믿습니다. 나를 너무 나쁘게 생각하지 말아 주십시오. 행복을 빕니다. 세템브리니 씨, 건강을 빕니다. 나는 인류의 고뇌를 없애려고 하는 댁의 문화적 정신을 위해 건배하겠습니다."

한스 카스토르프는 이렇게 말을 맺고 몸을 뒤로 젖히더니, 혼합주를 두세 모금 꿀꺽꿀꺽 마시고 자리에서 일어섰다.

"자, 그럼 다들 모인 곳으로 갑시다."

"아니 엔지니어, 내가 당신의 기분을 건드렸습니까? 마치 작별 인사처럼 들리는데……." 이탈리아인은 놀란 눈으로 이렇게 말하고 마찬가지로 자리에서 일어났다.

"아닙니다. 왜 작별이란 말입니까?"

한스 카스토르프는 말을 피하면서 상반신을 크게—호(弧)를 그리듯이 하며—흔들어 세템브리니에게서 몸을 돌렸다. 그러고는 두 사람을 맞이하러 온 여교사 엥겔하르트 양을 상대하기 시작했다. 여교사는, 고문관이 경영자측의 대접인 펀치술을 피아노실에서 직접 나누어 주고 있다고 알려주었다. 그러면서 한잔 마시고 싶으면 함께 가자고 말했으므로 그들은 모두 그곳으로 갔다.

정말 그 방에서는 흰 테이블보가 덮인 중앙의 원탁 앞에 베렌스 고문관이 서서 귀가 달린 컵을 내밀고 있는 손님들에게 둘러싸여, 양푼에서 김이 오르고 있는 음료를 국자로 뜨고 있었다. 그는 일 년 내내 쉴 수 없는 직업 때문에 오늘도 수술복을 입었지만, 그래도 사육제답게 복장을 좀 꾸며 빨간 터키 모자를 머리에 쓰고 검은 술을 귀 위에 드리우고 있었다. 이것만으로도 그에게는 충분한 복장이 되어, 그냥 있어도 이상한 고문관의 풍채는 이 두 가지 때문에 참으로 기묘하고 익살스러운 모습이 되었다. 희고 긴 수술복이 고문관의 키를 지나치게 커보이게 하여, 수그린 고개를 곧게 편다면 정말 거인처럼 보일 것 같았다. 그 위에 아주 독특한 눈과 코가 달린 조그만 머리가 얹혀 있었다. 납작한 사자코, 창백하게 상기된 얼굴, 엷은 금빛 눈썹 아래에 젖어 있는 푸른 눈, 활 모양으로 구부러진 입술 위에 콧수염이 한쪽만 추켜올라가 있었다. 우스꽝스러운 모자를 쓰고 있는 고문관의 얼굴이, 한스 카스토르프에게 오늘 밤만큼 이상하게 보인 적은 없었다. 고문관은 양푼에서 올라오는 김 때문에 얼굴을 돌리고, 국자로 호를 그리면서 사람들이 내민 컵 속에 설탕이 든 갈색 펀치술을 붓고 있었다. 그러는 동안에도 예의 명랑한 농담을 쉬지 않고 연발하여, 그 테이블 주위에서는 한 잔씩 파는 술을 둘러싸고 폭소가 터져 나왔다.

"염라대왕께서 행차하셨습니다."

세템브리니는 고문관을 가리키며 작은 목소리로 말했다.

크로코브스키 박사의 얼굴도 보였다. 몸이 작고 딱 벌어진 강건한 체구를 한 그는 검은 알파카의 겉옷을 입었는데, 소매에 팔을 끼지 않고 어깨에 걸쳤기 때문에 그것만으로도 가장복을 입은 것 같았다. 그는 이런 모습으로 컵을 든 손을 눈 높이까지 쳐들고, 가면을 쓴 한 무리의 사람들과 즐겁게 떠들고 있었다. 마침 음악이 시작되었다. 맥 같은 얼굴의 부인 환자가 만하임 출신 피아니스트의 반주로 헨델의 〈라르고〉를 바이올린으로 연주하고, 다음에는 그리그의 국민악파풍의 살롱 연주에 어울리는 소나타를 연주했다. 사람들이 환호하며 박수를 보냈다. 샴페인 병이 든 냉각기를 옆에 두고, 펼쳐진 두 대의 브리지대에서 카드를 하던 사람들까지—가장한 사람도 가장하지 않은 사람도 있었다—박수를 보내왔다. 모든 문은 열려 있었고 홀에도 사람들이 있었다. 펀치 양푼의 원탁 주위에서는 한 무리의 사람들이, 뭔가 실내 유희를 소개하는 고문관을 바라보고 있었다. 고문관은 눈을 감은 채 테이블 위에 몸을 구부려, 눈을 감고 있다는 것을 누구나 볼 수 있도록 얼굴을 들고 명함 뒤에 연필로 무슨 그림을 그렸다. 그의 손이 눈의 도움을 받지 않고 그린 그림은 돼지의 스케치—옆에서 본 돼지를 그린 것이었다. 좀 단순하고, 사실적이라기보다 오히려 관념적인 그림이었지만, 돼지의 그림임에는 틀림없고 더욱이 고문관은 그것을 이런 어려운 조건에서 그린 것이다. 실처럼 가느다란 눈도 코끝에 너무 가까이 가 있지만 거의 적당한 위치에 붙어 있었다. 머리에 달린 뾰족한 귀, 둥근 배에 달린 짧은 발도 마찬가지였다. 등의 선은 둥글게 그려졌고, 그 꼬리가 둥글고 짧게 꽁무니에 붙여져 있었다. 그림이 완성되자 모두 '와' 환성을 질렀다. 어떤 사람들은 선생과 겨루려는 야심에 이끌려 앞을 다투어 돼지를 그려보려고 했다. 그러나 눈을 뜨고도 돼지를 제대로 그릴 수 없는 사람들이, 눈을 감고 제대로 그릴 리가 없었다. 잇달아 실패작들만 나왔다. 눈은 머리 밖으로 튀어나왔고, 발은 뱃속으로 들어갔으며, 배는 선이 맞지 않았고, 꼬리는 몸통과 유기적인 연관을 조금도 가지지 않은 채 아무 데나 둥글게 붙었는데, 그것만으로도 독립된 무늬처럼 보였다. 구경하는 사람들은 배를 쥐고 웃어댔다. 그 테이블 주위에는 사람들이 모여들었고, 브리지대 사람들도 손에 카드를 부채 모양으로 쥔 채 무슨 일이 일어났느냐고 하는 얼굴을 하고 나타났다. 구경꾼들은 돼지를 그리고 있는 자가 눈을 끔벅이고 있는지 어떤지 눈꺼풀을 감시하고—사실 몇 사람은 몰래 실눈을 뜨고 그리기도 했다—본인 마음대로 실패작을 그리는 동안 억지로 웃음을 참다가, 그림을 그린 당사자가 눈을 뜨고 자기의 괴상한 작품을 보는 순간 '와' 웃음을 터뜨렸다. 누구나 '나 같으면……' 하는 자부심에 끌려 경기에 참가했다. 명함은 대형이었으나, 곧 앞뒤에 그림이 꽉 차고 실패작들로 겹쳐졌다. 고문관은 명함 지갑에서 명함을 또 한 장 서비스했다. 파라반트 검사가 그 명함 위에 깊이 생각해 단숨에 돼지 그림을 완성하려고 했지만 그 결과는 이때까지의 누구의 것보다도 형편 없었다. 돼지는커녕 이 세상의 어떤 것과도 닮지 않은 모습이었다. 환성, 폭소, 축사의 폭풍이 일어났다. 사람들은 식당에서 메뉴 카드까지 가져 왔다. 이번에는 몇몇 남녀가 동시에 그릴 수 있었다. 그리는 사람에게 저마다 감시인과 구경꾼이 붙고, 그 감시인과 구경꾼 모두 지금 쓰는 연필을 받아 그릴 수 있는 권리를 가지고 있었다. 연필은 세 자루밖에 없어 서로 연필을 빼앗았다. 세 자루다 손님들의 연필이었다. 고문관은 새로 소개한 유희가 인기를 모으는 것을 보고 조수와 함께 모습을 감추어 버렸다.

한스 카스토르프는 사람들 무리 속에 서서 한쪽 팔을 요아힘의 어깨에 걸쳐 손으로 턱을 받치고, 다른 손은 허리에 대고 사촌의 어깨 너머로 경기에 임하는 사람들을 관찰하고 있었다. 그도 떠들고 웃고 하다가, 자기도 그려보겠다고 생각하고 큰 소리로 신청하여 몽당연필을 받았다. 그런데 연필이 너무 짧아서 그리기가 힘들자 한스 카스토르프는 불평하면서 종이 위에 마구 그렸는데, 선이 종이 바깥까지 튀어나와 테이블보 위에까지 그려 버렸다.

"이건 연습입니다!"

한스 카스토르프는 사람들의 당연한 폭소에 대고 외쳤다.

"이런 연필로 어떻게 잘 그리겠어? 이런 연필은 버려야지."

그는 이렇게 말하고 죄 없는 연필을 펀치 양푼 속에 던져 버렸다.

"누구 제대로 된 연필을 가지고 있는 분 없습니까? 빌려 주실 분 없습니까?"

그는 왼쪽 팔을 테이블에 기대면서, 오른손을 높이 들어 흔들면서 양옆으로 외쳤다. 그러나 아무도 빌려 주는 사람이 없었다. 한스 카스토르프는 한 바퀴 돌아서서 큰 소리로 "연필은?" 외치면서 방 안쪽에 있는 클라브디아 쇼샤 곁으로 곧장 다가갔다. 그가 알고 있었던 바대로 클라브디아 쇼샤는 작은 살롱으로 들어가는 커튼에서 얼마 떨어지지 않은 곳에 서서, 펀치 양푼 테이블 주위에서 벌어지는 놀이를 미소지으면서 보고 있었다.

바로 그때 한스 카스토르프는, 뒤에서 유창한 이탈리아어로 부르는 소리를 들었다.

"여보시오, 엔지니어! 기다리시오! 왜 그런 걸 해요? 엔지니어, 이성을 갖고 행동하시오. 당신, 정신이 나갔소?"

그러나 한스 카스토르프는 뒤에서 들려오는 소리를 "연필은?" 하는 외침으로 지워 버렸다. 세템브리니는 팔을 머리 위로 뻗치고—이것은 이탈리아에서 흔히 볼 수 있는 몸짓으로, 그 의미는 말로 표현하기 어려우나 '아!' 하는 장탄식으로 끝나는 몸짓이었다—사육제의 모임에서 모습을 감추어 버렸다. 그러나 한스 카스토르프는, 옛날에 벽돌을 깐 교정에 섰던 때처럼, 튀어나온 광대뼈 위에 있는 청회색과 녹색이 섞인 눈, 안쪽으로 뜨는 사팔뜨기 눈을 바로 옆에서 바라보면서 이렇게 물었다.

"당신은 연필을 갖고 계시는지요?"

그의 얼굴은 죽은 사람처럼 창백했다. 언젠가 혼자서 행한 산책에서 피투성이가 되어 강연장으로 돌아왔을 때처럼 창백한 얼굴이었다. 얼굴에 있는 미세혈관이 작용해서 핏기를 잃어버린 피부가 차갑게 위축되고, 코는 뾰족해졌으며, 눈 밑의 피부는 죽은 사람처럼 납빛이 되었다. 게다가 심장은 교감 신경으로 맥박쳐서 호흡은 불규칙적으로 되었다. 또 몸의 피지선이 모낭(毛囊)과 함께 일어서서 청년은 계속 오한에 떨었다.

종이로 된 삼각 모자를 쓴 부인이 미소를 지으며 그를 머리에서 발끝까지 보았지만, 그 미소에는 그의 처참한 모습을 동정하는 기색도, 걱정하는 기색도 없었다. 대개 여자란 처참한 정열의 모습을 보아도 동정이나 걱정을 하지 않는 법이다. 여성은 정열에 익숙하지 않은 남성보다 그것에 훨씬 민감하기에, 남성이 그것 때문에 고민하는 것을 보면 냉소와 함께 얄미운 생각을 갖게 되는 것이다. 물론 남성의 처지에서는 그 일로 여성에게서 동정을 받는다든지 걱정을 듣는 것은 오히려 귀찮을지도 모른다.

"나 말이에요?"

팔을 드러낸 부인 환자가 물었다.

"아마 있을 거예요."

역시 그녀의 목소리와 미소에는 오랫동안 무언의 교제가 이어진 뒤 비로소 말을 걸어왔을 때 느끼는 흥분이 조금 나타나 있었다. 그 흥분은 그때까지의 무언의 교제까지 남김없이 은밀히 내포시키려는 교활한 흥분이었다.

"댁은 대단한 야심가이군요…… 댁은…… 매우…… 열심이에요."

그녀는 외국인처럼 입을 많이 벌려 r음과 e음을 이국적으로 발음하면서 놀렸다. 조금 흐리고 명쾌하면서도 허스키한 목소리는 '야심가'—ehrgeizig의 올바른 발음은 액센트가 제1음절에 있다—라는 말의 제2음절에 액센트를 두고 발음했기 때문에 완전히 외국어처럼 들렸다. 그러고는 가죽 핸드백을 뒤져서 안을 들여다보면서 찾더니, 처음에 끄집어낸 손수건 밑에서 은대가 달린 작은 연필을 끄집어냈다. 그것은 가늘고 망가지기 쉬워 실용적인 것이 아니라 장식품이었다. 옛날에 교정에서 히페로부터 빌린 연필이 더 실용적이고 튼튼했다.

"여기요!"

그녀는 프랑스어로 말하면서 연필 끝을 엄지손가락과 집게손가락으로 쥐고, 그것을 가볍게 달랑달랑 흔들면서 한스 카스토르프의 눈앞에 내밀었다.

그녀는 연필을 주는 것도 아니고 안 주는 것도 아닌 태도였고, 그도 그것을 받는 것도 아니고 안 받는 것도 아닌 어색한 자세로 손을 연필 높이까지 올려 손가락으로 잡으려 하면서도 잡지 않은 채, 납빛의 옴폭한 눈으로 연필과 클라브디아의 타타르인 같은 얼굴을 번갈아 보고 있었다. 그는 핏기 잃은 입술을 벌린 채 입술을 움직이지도 않고 말했다.

"역시 가지고 계셨군요."

그녀는 프랑스어로 말했다.

"조심하세요. 망가지기 쉬우니까요. 나사를 돌려서 심을 나오게 하는 거예요."

두 사람은 머리를 맞대듯 연필 위에 몸을 구부렸다. 그녀는 누구나 잘 알고 있는 연필의 구조를 설명했다. 나사를 돌리면 안에서 바늘처럼 가늘고 딱딱한, 그어질 것 같지도 않은 심이 나왔다.

두 사람은 그렇게 얼굴을 맞대듯이 몸을 굽히고 서 있었다. 한스 카스토르프는 연미복을 입고 빳빳한 칼라를 했기 때문에 거기에 턱을 괴고 있을 수 없었던 것이다.

"작지만 당신의 것이군요."

그는 클라브디아와 이마를 맞대고 연필에 시선을 떨구면서 입술을 놀리지 않고, 그러기에 입술음을 내지도 않고 말했다.

"아유, 댁은 농담도 잘하시는군요."

그녀는 잠깐 웃으며 얼굴을 들고는 연필을 주었다. (그의 머릿속에는 한 방울의 피도 남아 있는 것 같지 않았는데 어떻게 이런 농담을 할 수 있었는지 하느님만이 알 수 있는 일이었다.)

"그러면 어서 가서 그림을 그리세요. 잘 그려서 창피당하지 않도록."

그녀도 농담을 하며 그를 쫓아 보내다시피 했다.

"당신도 아직 그림을 안 그렸잖아요? 당신도 그림을 그려야 해요."

그는 '해'를 '하이'라고 이상하게 발음하고는, 그녀를 끌어당기듯이 한 걸음 뒤로 물러섰다.

"내가요?"

그녀는 놀란 듯이 말했지만, 그것은 그의 권유에 놀란 것만은 아닌 것 같았다. 그녀는 좀 당황한 듯 미소짓고 서 있었지만, 이윽고 그의 최면술적인 후퇴에 끌려들어 펀치 양푼이 있는 원탁 쪽으로 걸어갔다.

그러나 원탁 주위의 놀이는 지루해져서 거의 끝나가고 있음을 알게 되었다. 누군가가 아직 그림을 그리고는 있었지만 구경하는 사람은 하나도 없었다. 메뉴 카드는 어느 그림 할 것 없이 실패작으로 메워져 있었고, 모두 자기의 무능함을 확인한 뒤라 테이블 주위는 고요했다. 이제 다른 것이 사람들의 마음을 끌었기 때문이다. 의사들이 사라진 것이 확인되자 갑자기 춤을 추자는 제의로 떠들썩해졌다. 테이블이 한쪽 구석으로 치워졌으며 기록실과 피아노실 입구에서는 바깥에 망을 보는 사람이 정해지고, 만일 '늙은이'나 크로코브스키나 수간호사가 가까이 오면 신호를 하여 춤을 멈추기로 했다. 슬라브 청년이 호두나무로 된 작은 피아노 건반을 열정적으로 두드리기 시작했다. 그러자 몇 쌍이, 구경꾼들이 앉아 있는 의자와 소파에 둘러싸인 불완전한 원 속에서 춤을 추기 시작했다.

한스 카스토르프는 한쪽 구석으로 치워진 테이블에 작별 인사를 하듯 손을 흔들었다. 그러고는 작은 살롱에 남아 있는 의자와 오른쪽 커튼 옆, 사람들이 잘 보지 않는 한쪽 구석을 턱으로 가리켰다. 피아노 소리가 너무 크고 요란했기 때문에 그는 아무 말도 하지 않았다. 거친 비로드를 덮은 나무 의자—말하자면 개선 의자를 쇼샤 부인을 위해 끌어당겨서 조금 전에 턱으로 가리킨 장소에 그것을 놓았다. 그리고 자기는 팔걸이가 달린, 삑삑 소리가 나는 등의자를 골라서 그녀와 나란히 그녀 쪽으로 몸을 구부리고 앉았다. 두 팔을 팔걸이에 얹고, 그녀의 연필을 두 손으로 쥐고, 두 발을 의자 밑에 깊숙이 넣고 있었다. 클라브디아는 거친 비로드 의자의 등에 깊숙이 기대고는, 양 무릎을 높이 들고 두 다리를 모으고는 한쪽 발을 허공을 향해 흔들었다.

검은 비단 양말에 덮인 복숭아뼈가 검은 에나멜 구두 가장자리에서 엿보였다. 두 사람 앞에서는 다른 사람들이 춤추러 일어나거나, 춤을 추어 피로해진 사람들이 자리에 앉느라 주위는 혼잡을 이루고 있었다.

"새 옷이군요."

그녀를 바라볼 구실을 만들려고 한스 카스토르프는 이렇게 말했다.

그녀가 대답했다.

"새것이라고요? 댁은 내가 가지고 있는 옷을 잘 아시는군요."

"내 말이 맞지요?"

"그래요. 얼마 전에 새로 지은 거예요. 마을의 루카세크 양장점에서요. 루카세크는 이 위 부인들의 옷을 많이 만들고 있어요. 어때요? 잘 어울리나요?"

"아주 잘 어울리고 말고요."

한스 카스토르프는 이렇게 대답하고, 그녀의 모습을 바라보다가 눈을 내리깔았다. 그러고는 그녀에게 덧붙여 물었다.

"춤추지 않겠어요?"

"춤추고 싶으세요?"

그녀는 눈썹을 올려 미소지으면서 되물었다.

한스 카스토르프가 대답했다.

"당신이 춤을 추면 나도 추지요."

"댁은 보통내기가 아니군요."

그녀는 이렇게 말했지만, 그가 '무슨 소리요' 하는 식으로 크게 웃는 바람에 지나가는 말로 "댁의 사촌은 벌써 방으로 돌아갔어요" 덧붙였다.

"그래요, 그 사람은 내 사촌이지요. 나도 그가 물러간 것은 알고 있어요. 아마 누워 있겠지요."

그는 당연한 듯 말했다.

"댁의 사촌은 아주 거북스럽고, 성실하고 독일적인 청년이에요."

"거북스럽고 성실해요?"

한스 카스토르프는 상대의 말을 되풀이하여 물었다.

"나는 프랑스어는 할 줄 모르지만 알아듣기는 해요. 당신은 그를 옹졸하다고 하는군요. 당신은 우리 독일 사람들을 옹졸하다고 생각하고 있군요. 우리 독일 사람 모두를……."

"우리는 댁의 사촌을 이야기하고 있어요. 글쎄요, 당신들은 소시민적이에요.

자유보다도 질서를 사랑하지요. 이것은 전 유럽의 정평이에요."

"사랑한다……사랑한다……, 사랑한다는 건 무슨 말인가요? 이 말은 정의를 내릴 수 없는데요. 인간은 가지고 있지 않은 것을 사랑하지요. 그건 우리 나라 격언에도 있어요."

한스 카스토르프는 역설했다. 그는 계속해서 말했다.

"나는 얼마 전부터 자유에 대해 가끔 생각했지요. 그 말을 이따금 듣고 있기 때문에 그것에 대해 생각하게 되었지요. 자유에 대해 생각한 것을 당신에게 프랑스어로 말해 보지요. 유럽의 모든 사람들이 자유라고 부르는 것은 우리가 질서를 요구하는 마음에 비해 아주 옹졸하고 소시민적인 것이 아닐까, 이것이 결론입니다."

"정말 재미있군요. 그렇게 색다른 것을 댁은 사촌을 염두에 두고 하는 말이에요?"

"아니, 그 사람은 아주 선량한 인간으로 단순하고, 근심 걱정이 없는 성실한 인간이지요. 그는 소시민이 아니라 군인이지요."

"근심 걱정이 없다니요?"

그녀는 발음하기 어려운 듯이 반문했다.

"댁은 그 사촌이 아주 건강하여 근심 걱정이 전혀 없다고 말씀하시는 거예요? 그렇지만 그 사람은 정말 몸이 안 좋아요. 댁의 불쌍한 사촌 말이에요."

"누가 그렇게 말했습니까?"

"여기서는 서로의 비밀을 잘 알고 있어요."

"베렌스 고문관이 당신에게 그렇게 말했습니까?"

"글쎄요. 아마 그림을 보여 줄 때일 거예요."

"당신의 초상화를 그리면서 말입니까?"

"글쎄요. 그 그림, 잘 그려졌다고 생각하세요? 내 초상화 말이에요."

"그거야 아주 훌륭한 그림이지요. 베렌스는 당신의 피부를 그대로 재현했어요. 정말 충실하게요. 나도 초상화가였더라면 하는 생각이 들어요. 나도 베렌스처럼 당신의 피부를 연구할 수 있게요."

"부탁인데 독일어로 말씀해 보세요."

"아니, 나는 지금 독일어로 말하고 있습니다. 저런 연구는 하나의 예술적이고 의학적인 연구여서, 한 마디로 말해 인문주의적 연구라고 할 수 있지요……

어떠세요, 춤추지 않으렵니까?"

"싫어요. 너무 유치하군요. 의사의 눈을 속여 가면서 춤춘다는 건요. 베렌스가 모습을 나타내면 모두 놀라서 의자로 달려갈 걸요. 추태도 그런 추태가 어디 있어요?"

"당신은 그를 그렇게 존경하고 있습니까?"

"누구를요?"

그녀는 '누구를'이라는 의문사를 외국인답게 짧게 발음했다.

"베렌스 말입니다."

"베렌스, 베렌스 이야기는 그만해 두죠. 그리고 춤추기에는 너무 좁아요. 게다가 융단 위에서는…… 우리 가만히 구경만 하지요. 춤추는 것 말이에요."

"아, 그렇게 합시다."

그는 그녀의 말에 찬성하고, 창백한 얼굴과 할아버지와 똑같은 명상적인 눈길로 클라브디아의 곁에 앉아, 이 살롱과 저쪽 기록실에서 가장한 환자들이 춤추는 모습을 구경했다. '무한정'이 '푸른 하인리히'와 춤추고, 연미복에 흰 조끼를 입은 무도회의 사회자 차림을 한 잘로몬 부인은 셔츠의 가슴을 높이 부풀게 하고, 콧수염에 외알 안경을 끼고, 검정 남자용 바지 밑에 하이힐인 작은 에나멜 구두를 드러내고는 피에로—희게 칠한 얼굴에 입술을 빨갛게 하고, 토끼처럼 빨간 눈을 한—와 춤추고 있었다. 짧은 외투를 어깨에 걸친 그리스인은, 어깨와 목을 드러낸 검은 구슬이 번쩍이는 옷을 입은 라스무센을 껴안고, 엷은 자색 바지에 싸인 각선미 있는 다리를 흔들고 있었다. 일본 기모노 차림의 검사와 부름브란트 총영사 부인과 갠저 청년, 세 사람은 팔을 서로 껴안고 셋이서 춤추고 있었다. 슈퇴어 부인은 빗자루를 가슴에 껴안고 그 털을 사람의 머리칼인 양 쓰다듬으면서 혼자서 춤을 추었다.

"그렇게 하지요."

한스 카스토르프는 기계적으로 같은 말을 되풀이했다. 두 사람은 피아노소리가 울리는 가운데 낮은 목소리로 대화를 나누었다.

"우리는 여기 앉아서 꿈 속에서처럼 구경이나 합시다. 이렇게 둘이 앉아 있다니 꼭 꿈만 같습니다. 특별히 깊은 의미가 있는 꿈 말입니다. 이런 꿈을 꾸려면 아주 깊은 잠이 들어야 하니까요…… 사실대로 말하자면 이것은 아주 잘 알고 있는 꿈, 줄곧 보아온 꿈, 오랫동안 이어질 영원한 꿈입니다. 그렇고 말고요. 이렇게 당신 곁에 앉아 있는 것, 이것이야말로 영원한 꿈입니다."

"어머, 시인 같아요. 소시민이고 인문주의자이며 시인이군요. 그러니 더할 나위 없이 이상적인 독일 사람인 셈이에요. 그렇지요?"

그녀가 감탄하듯 말했다.

"우리가 과연 이상적이라는 말을 들을 수 있을까요? 어느 점으로 보나 말입니다. 아마 우리는 단지 인생의 걱정거리 자식일 뿐일 겁니다."

한스 카스토르프는 덤덤하게 대꾸했다.

"재미있는 말이군요. 그렇다면 묻겠는데요…… 이런 꿈이라면 좀더 빨리, 더 쉽게 꿀 수 있지 않을까요? 이 보잘것없는 여자에게 말을 걸려고 한 생각이 너무 늦으셨어요."

"말이 무슨 필요가 있을까요? 말하는 것이 무엇 때문에 필요하단 말입니까? 이야기하고, 토론하는 것, 그게 공화적인 것은 틀림없습니다. 그것은 나도 인정합니다. 그러나 그것이 역시 시적인 것이기도 한지 어떤지는 의심스럽습니다. 내 친구라고 할 수 있는 셈템브리니 씨는……"

"아까 댁에게 뭐라고 부른 사람 말이지요?"

"그렇습니다. 그는 확실히 웅변가임에 틀림없습니다. 게다가 아름다운 시구를 많이 인용합니다. 그러나 그렇다고 그를 시인이라고 부를 수 있겠습니까?"

"나는 그 신사와 아직 한 번도 말을 한 일이 없어서 정말 유감이에요."

"그렇겠군요."

"아니, 그렇겠다니요?"

"왜 그러십니까? 지금 말한 건 전혀 무의미한 말입니다. 당신도 아시겠지만, 나는 보통 때에는 프랑스어를 쓰지 않아요. 그러나 당신하고는 우리 나라 말보다도 프랑스어로 말하고 싶어요. 프랑스어로 말하면, 말하지 않고도 말하는 기분이 드니까요. 부담이 없다고나 할까, 아니면 꿈 속에서 말하는 것 같은 기분이라고나 할까, 이해하시겠습니까?"

"대강은요."

"그러면 됐습니다…… 말을 한다는 것은 가엾은 일입니다. 영원 속에서는 말 같은 건 필요치 않습니다. 영원 속에서는 돼지 새끼를 그릴 때처럼 하는 겁니다. 말하자면 머리를 뒤로 젖히고 눈을 감는 겁니다."

"아주 재미있는 표현이군요, 그 말은. 댁은 영원에 대해 밝으시군요. 사실이에요. 댁은 영원을 너무나 잘 알고 있어요. 댁은 정말 특이하고 사랑스러운 몽상가시군요. 그건 인정해야겠어요."

"그리고 내가 당신과 더 빨리 이야기를 나누었더라면, 나는 당신을 더 빨리 '당신'이라고 부르게 되었을 겁니다."

"아니, 댁은 이제부터 계속 나를 당신이라고 부를 작정이에요?"

"물론입니다. 나는 언제나 당신을 당신이라고 부르고 있었고, 이제부터도 영원히 그렇게 부를 겁니다."

"그건 좀 지나친데요. 어떻든 간에, 댁이 나를 '당신'이라고 부를 수 있는 것도 앞으로 얼마 안 남았어요. 나는 곧 여기를 떠나니까요."

이 말이 한스 카스토르프의 머리에 들어오기에는 한참 시간이 필요했다. 그는 꿈에서 깨어난 것처럼 주위를 공허한 눈으로 돌아보고 몸을 일으켰다. 한스 카스토르프가 프랑스어를 천천히 생각하면서 말했기 때문에 두 사람의 대화는 아주 느린 속도로 이루어졌다. 잠시 연주를 그쳤던 피아노가, 슬라브 청년과 교대한 만하임 사나이의 손에 의해 다시 울리기 시작했다. 엥겔하르트 양이 곁에 앉아서 악보를 넘겨주었다. 무도회는 김이 빠졌고, 요양객 대부분은 수평 상태에 들어간 것 같았다. 한스 카스토르프와 쇼샤 부인 앞에는 아무도 앉아 있지 않았고 독서실에서는 카드놀이가 진행되는 중이었다.

"어떻게 한다고요?"

한스 카스토르프가 멍한 얼굴로 물었다.

"떠나요."

그녀는 그가 깜짝 놀라는 것을 이상하다는 듯이 미소지으며 되풀이했다.

"무슨 말씀! 농담이시지요?"

"농담이 아니에요. 진담이에요. 나는 떠납니다."

"언제요?"

"내일, 점심 식사를 끝마치고요."

한스 카스토르프의 마음속에서 모든 것이 한순간에 무너지는 느낌이었다. 잠시 침묵하다가 그가 물었다.

"어디로?"

"아주 먼 곳에."

"다게스탄?"

"댁은 꽤 자세히 알고 계시는군요. 네, 그래요. 아마 잠시 동안……."

"그러면 당신은 병이 나았어요?"

"아니……, 아직 낫지 않았어요. 그렇지만 베렌스는 내가 여기에 더 있어도 얼마 동안은 그다지 효과가 없다는 거예요. 그래서 나도 결단을 내려 장소를 좀 바꿔 볼까 생각한 거지요."

"그러면 당신은 또 여기에 돌아오시겠군요."

"글쎄요, 그건 장담 못 하겠어요. 더구나 언제 돌아올지도요. 나라는 사람은 무엇보다도 자유를 사랑하고 있어요. 특히 머물 장소를 선택하는 자유 말이에요. 댁은 도저히 이해하지 못하실 거예요. 자유 없이는 참을 수 없는 기분이 어떤 건지 말이에요. 이것은 아마 민족적인 기질일 거예요."

"다게스탄에 있는 당신의 남편은 당신에게 그 자유를 허락해 줍니까?"

"내게 자유를 주는 것은 병이요. 여기에 있는 것도 이것으로 세 번째예요. 이번에는 여기에 1년 있었어요. 또 여기 돌아오게 될지 모르겠어요. 그렇지만 그때 당신은 이미 멀리 가버렸겠지요."

"당신은 그렇게 생각합니까, 클라브디아?"

"아니, 내 이름까지! 댁은 정말 사육제의 풍습에 충실하군요!"

"당신은 내 몸이 어느 정도 나쁜지 알고 있습니까?"

"알고 있어요. 모른다고도 할 수 있군요. 여기서 서로의 증세를 안다고 할 경우는 언제나 이런 식이니까요. 댁은 몸에 조금 침윤된 부분이 있고 열도 좀 있어요. 그렇지요?"

"점심 때가 지나면 37도 8부에서 9부까지 올라갑니다. 당신은 어떻습니까?"

"내 경우는 더 복잡해요…… 그리 단순하지 않아요."

"인문과학 중에서 의학 분과에는 림프선의 결핵성 전색(栓塞)이라고 부르는 현상이 있지요."

"어머, 나를 정탐했군요. 틀림없이 그래요."

"그래서 당신을…… 아니, 기다려요. 당신에게 들려 줄 게 있어요. 이번에는 독일어로 꼭 묻고 싶은 것이 있어요. 언젠가 내가 식당에서 진찰을 받으러 갔을 때 말인데요. 6개월 전에 말입니다…… 그때 당신은 나를 뒤돌아보셨습니다. 기억하십니까?"

"대단한 질문이군요! 6개월보다 더 전의 일인데요."

"그때 당신은 내가 어디로 가는지 알고 있었습니까?"

"알고 있었어요. 정말 우연한 일로 말이에요……."

"베렌스에게서 들은 겁니까?"

"또 베렌스군요."

"아, 그는 당신의 피부를 그렇게 정확하게 그려내고 있었지요…… 게다가 그는 볼이 상기된 독신 남성으로, 아주 독특한 커피 세트를 갖추고 있는 사람입니다. 그는 당신의 몸을 단지 의사로서뿐만 아니라 다른 인문적 분과의 지식인으로서도 알고 있음에 틀림없습니다."

"정말 댁은 꿈 속에서 말하고 있나봐요."

"글쎄요…… 당신이 떠난다는 경종 덕분에 내 꿈은 무참하게 깨졌습니다. 그러나 나에게 다시 한 번 꿈을 꾸게 해 주십시오. 7개월 동안 당신 곁에서 지낸 나……, 그리고 이제 겨우 당신과 서로 알게 된 순간에 당신은 떠난다고 하니."

"그러니 말씀드리지 않았어요. 우리는 좀더 일찍 말을 나누고 지낼 수 있었던 거예요."

"당신은 그것을 원했을까요?"

"내가요? 피해서도 안 돼요. 문제는 댁이에요. 댁이 문제예요. 댁은, 여기서 꿈 속에서 말을 주고받는 여자에게 접근할 용기가 없었지요? 그렇지 않으면 누군가가 댁에게 그것을 못하게 했던가요?"

"아까 말한 대로입니다. 나는 '당신'을 댁이라고 부르고 싶지 않았기 때문입니다."

"원, 세상에. 그러면 대답해 주세요. 그 웅변가 말이에요. 밤의 모임에서도 중간에 나가 버린 이탈리아인 말이에요. 그 사람은 아까 댁에게 무엇을 떠들어댔어요?"

"나는 정말 아무것도 듣지 못했습니다. 나는 당신의 모습을 눈앞에 보고 있으면, 그의 일은 거의 염두에 없습니다. 그리고 당신은 잊어버리셨습니까? 이 환경에서는 당신에게 그렇게 간단하게 접근할 수 있는 것이 아니라는 것 말입니다. 그리고 내게는 언제나 사촌이라는 혹이 달려 있습니다. 그는 여기서 즐겁게 지내려는 생각은 조금도 없어요. 그는 평지로 돌아가 군인이 되는 것 말고는 딴 생각은 없습니다."

"불쌍해요. 그 사람은 자기가 생각하는 것보다 훨씬 중병이에요. 게다가 댁의 이탈리아 친구도 중병이에요."

"그건 그 사람도 그렇게 말하더군요. 그러나 내 사촌은……, 그게 정말이라면 무서운 일입니다."

"평지에서 군인이 되면 아마 죽을 거예요."

"그가 죽어버린다고요? 죽음, 정말 무서운 말입니다. 그렇지 않습니까? 그런데 이상하군요. 나는 그전처럼 그 말에 깊은 인상을 받지 않아요. 무서운 일이라고 말했지만, 그건 이런 경우에 누구나 입 밖에 내는 아무 의미가 없는 말에 지나지 않아요. 죽음이란 나를 위협하지 않아요. 그 말을 들어도 나는 아무렇지도 않습니다. 나는 동정을 느끼지 않습니다. 착한 요아힘이 죽을지 모른다고 들어도, 요아힘이나 나에게도 연민의 정을 느끼지 못하고 있어요. 요아힘의 체질과 내 체질이 비슷하다고 합니다만, 요아힘의 상태가 사실이라 할지라도 나는 그다지 무섭지 않습니다. 그는 위독한 환자이고 나는 사랑에 괴로워하는 사나이, 좋습니다. 언젠가 당신은 뢴트겐 사진의 아틀리에에서 내 사촌에게 말을 건 일이 있지요, 대기실에서. 기억하고 계십니까?"

"어렴풋이 생각나요."

"그때 베렌스는 당신의 투시 사진을 찍었지요?"

"네, 그래요."

"아, 하느님! 지금 그것을 가지고 있습니까?"

"아니오, 내 방에 있어요."

"아, 방에 두셨군요. 내 것은 언제나 지갑에 넣어 가지고 다닌답니다. 보여 드릴까요?"

"고마워요. 그러나 나는 그다지 호기심이 강하지 않아요. 보나마나 아주 단순한 사진일 테지요."

"나는 당신의 외면적 초상은 이제 다 보았으니까, 당신의 방에 보관하고 있다는 내면 초상화를 보고 싶어요…… 그러면 다른 걸 물어볼까요? 마을에 투숙하고 있는 러시아의 신사가 당신을 가끔 찾아온다는데, 그는 어떤 사람이지요? 어떤 목적으로 오는 것이지요?"

"댁은 정말 정탐하는 데 선수시군요. 손들었어요. 좋아요, 대답하겠어요. 그분은 같은 병을 앓는 같은 나라 사람으로, 친구예요. 나와 그 사람은 다른 요양지에서부터 가까웠어요. 이삼 년 전의 일이지요. 우리 둘의 관계요? 글쎄요, 우리는 둘이서 차를 마시고 담배를 피우고, 철학을 논하고, 인간과 신, 인생과 도덕에 대해 이야기를 나누지요. 이것으로 내 보고는 끝났어요. 만족하셨어요?"

"도덕에 대해서도? 그렇다면 당신네들은 도덕에 대해 어떤 결론에 이르렀습니까?"

"도덕? 댁은 그런 것에도 흥미가 있어요? 글쎄요, 우리는 생각하는 거지요. 우리는 도덕을 덕 속에서, 즉 이성이나 질서나 미풍양속이나 성실 같은 것에서 찾을 게 아니라 오히려 그 반대의 것, 요컨대 죄 속에서 찾아야 할 것이라고요. 위험한 것 속에 몸을 던져서, 다시 말해 우리를 파멸시키는 것 속에 뛰어들어서 말이에요. 우리에게는 일신의 안전을 도모하기보다도 일신을 파멸하고 손상하기까지 하는 것이 훨씬 도덕적인 것이라고 생각되어요. 위대한 도덕가는 덕이 있는 사람이 아니라 악의와 악덕의 모험가로서, 비참한 것 앞에 기독교적 정신으로 무릎을 꿇는 것을 가르쳐 주는 위대한 죄인이었다고 말이에요. 이런 생각은 댁의 마음에는 들지 않겠지요, 그렇지요?"

그는 말하지 않았다. 여전히 처음의 자세로 의자에 앉아, 두 다리를 모아 삐걱대는 의자 밑에 깊숙이 들이밀고, 종이로 된 삼각 모자를 쓰고 눕듯이 앉아 있는 부인 쪽에 몸을 구부린 채 그녀의 연필을 손가락 사이에 쥐고, 한스 로렌츠 카스토르프에게서 물려받은 푸른 눈으로 사람들이 사라져 버린 방을 보고 있었다. 손님들은 어느새 흩어져 버렸다. 저쪽 구석의 피아노도 만하임에서 온 환자의 한쪽 손만으로 연주되고 있어, 낮고 띄엄띄엄 울릴 뿐이었고, 그 옆에는 여교사가 앉아서 무릎 위의 악보를 넘기고 있었다. 한스 카스토르프들의 대화가 중단되자, 피아니스트도 완전히 연주를 그만두고 건반에 가볍게 놓인 손을 무릎에 내려놓았다. 엥겔하르트 양은 악보를 계속 보고 있었다. 사육제의 모임에서 남은 네 사람의 그림자는 움직이지 않고 계속 앉아 있었다. 침묵은 몇 분간 이어졌다. 그 침묵의 중압에 눌려 피아노 앞에 있던 만하임인의 머리는 건반 위에, 엥겔하르트 양의 머리는 악보 위에 드리워졌다. 드디어 두 사람은 묵계가 이루어진 것처럼 동시에 조심스럽게 살짝 일어나, 아직 사람의 그림자가 있는 방구석을 돌아보지 않으려고 하면서 목을 움츠리고는 발끝으로 발소리를 죽이면서 걸어 기록실과 응접실을 지나서 모습을 감추었다.

쇼샤 부인이 말했다.

"모두 물러갔어요. 그 두 사람이 마지막 사람들이었어요. 늦었군요. 그렇죠? 이것으로 사육제는 끝났어요. 그 결과는 댁도 알고 계시는 대로예요."

그녀는 두 팔을 올려, 땋아서 화관처럼 감아올린 붉은 빛의 머리에서 삼각 모자를 벗어 버렸다.

그러나 한스 카스토르프는 눈을 감은 채 자세를 바꾸지 않고 머리를 흔들 며 대답했다.

"클라브디아, 결코 나는 당신을 '댁'이라고 부르지 않겠습니다. 생사를 걸고 라도 말입니다. 괜찮겠지요? 교양이 있는 인문적 문명의 유럽이 사람을 부르 는 데에 사용하는 '댁'이라는 형식은 나에게는 아주 소시민적이고 옹졸하게 느껴집니다. 도대체 무엇을 위한 형식이란 말인가? 형식 같은 건 속물 근성 그 자체요. 당신과 같은 나라의 신사가 도덕에 대해 내린 결론, 당신은 내가 그것에 정말로 놀랄 거라고 생각합니까? 당신은 나를 바보로 생각합니까? 말 해 줘요. 당신은 도대체 나를 어떤 사람으로 생각합니까?"

"그건 별로 어려운 문제는 아니지요. 댁은 점잖고 착한 도련님이에요. 좋은 가문의 자제로 예의가 바르고, 선생들에게 순종하는 학생이고, 얼마 안 있으 면 평지로 돌아가 오늘 밤 이렇게 꿈 속에서 이야기를 나눈 것은 깨끗이 잊어 버리겠지요. 그리고 조선소에서 성실한 작업을 하면서 댁의 나라를 위대하고 강하게 하는 데 도움을 줄 인물이에요. 이것이 댁의 내면 사진이에요. 도구 없 이 찍은 거지요. 있는 그대로 잘 찍혀 있다고 생각지 않으세요?"

"베렌스가 발견한 사항이 몇 가지 빠져 있어요."

"아, 의사는 무엇이든지 발견하지요. 그것이 직업이니까요……."

"당신은 세템브리니 씨 같은 말을 하는군요. 그러면 내 열은? 이것은 도대 체 어떤 열일까요?"

"안 돼요. 그런 열은 아무렇지도 않은 열, 곧 사라지는 열이에요."

"틀려요, 클라브디아. 당신이 하는 말이 사실이 아니라는 것은 당신도 잘 알 고 있을 겁니다. 당신은 확신이 없이 그것을 입 밖에 내고 있어요. 나는 알고 있어요. 내 몸의 열, 피로해 있는 심장의 고동, 수족의 오한, 이것은 우연한 것 이 아니라 바로……."

한스 카스토르프가 창백한 얼굴로 입술을 떨면서 그녀의 얼굴 쪽으로 깊숙이 기울어져갔다.

"이것은 바로 당신에 대한 나의 사랑입니다. 그렇지요. 내가 이 눈으로 당신을 본 순간 내 마음을 사로잡은 사랑, 아니 그보다도 내가 당신을 안 순간 마음에 살아난 사랑입니다. 그리고 나를 여기에 데리고 온 것도 분명히 그 사랑……"

"엉터리 같은 망상이에요!"

"아, 만일 사랑이 망상이 아니라면, 미친 금단의 열매가 아니라면, 악의 모험이 아니라면 사랑은 보잘것없는 것이겠지요. 진부하고 하찮은 것이며, 평지의 감상적인 한가한 노래에 알맞은 대상일 뿐이겠지요. 그러나 내가 당신을 당신이라고 알고, 당신에 대해 사랑을 다시 느낀 것은……, 그것은, 바로 그렇습니다. 나는 옛날부터 당신을 알고 있었어요. 당신을, 당신의 뭐라고 말할 수 없이 기울어진 눈을, 당신의 입술을, 당신이 말하는 목소리를 훨씬 이전부터 알고 있었어요. 예전에 내가 아직 학생이었을 때, 나는 당신에게서 연필을 빌려 쓴 일이 있었어요. 당신과 사회적인 의미에서도 서로 알기 위해서 말입니다. 왜냐하면 나는 이성을 잃을 정도로 당신을 사랑하고 있었기 때문입니다. 그리고 베렌스가 내 몸에서 발견한 흔적, 내가 이전에도 병을 앓았다는 것을 증명하는 흔적은, 이것은 의심할 여지 없이 거기에서 온 흔적입니다. 당신에 대한 나의 묵은 사랑이 남긴 흔적인 거예요……"

그의 이가 딱딱 소리를 내고 있었다. 그는 헛소리처럼 계속 떠들어대면서 삐걱대는 의자 밑에서 한쪽 발을 끌어 냈다. 이번에는 그 발을 앞으로 내밀고, 다른 발의 무릎을 마루에 붙여 그녀 앞에 무릎을 꿇고 머리를 수그리고 온몸을 떨었다.

"나는 당신을 사랑하고 있습니다. 나는 늘 당신을 사랑하고 있었습니다. 왜냐하면 당신은 나의 생명, 나의 '당신', 나의 꿈, 나의 운명, 나의 소망, 나의 영원한 동경이기 때문입니다……"

그가 더듬거리며, 그러나 똑똑한 발음으로 말했다.

"그만두세요, 그만두세요! 댁의 선생님이 그 모습을 보면……"

그러나 그는 융단 위에 얼굴을 묻고 심하게 머리를 흔들면서 말했다.

"나는 그런 것에는 신경 쓰지 않아요. 나는 카르두치도, 웅변을 잘하는 공화제도, 시간의 흐름 속에서 실현되는 인류의 진보도 모두 멸시합니다. 당신을 사랑하고 있기 때문에요."

그녀는 그의 뒤통수의 짧게 깎은 머리칼을 살짝 어루만지며 말했다.

"귀여운 소시민님. 조금 침윤된 얼굴이 있는 순수한 소시민님, 당신이 나를 그토록 사랑한다는 것이 정말이에요?"

그녀의 손이 닿아 한없이 기쁜 한스 카스토르프는 드디어 두 무릎을 꿇고, 그녀를 향해 눈을 감은 채 떨면서 말을 계속했다.

"아, 사랑이란…… 육체, 사랑, 죽음, 이 셋은 본디 하나입니다. 왜냐하면 육체는 병과 쾌락이며, 육체야말로 죽음을 초래하는 것이기 때문입니다. 그렇습니다. 사랑과 죽음, 이 둘은 모두 육체적인 것으로, 거기에 이 둘의 무서움과 위대한 마력이 있는 것입니다. 그러나 죽음은 한편으로는 의심스럽고 염치를 모르고, 얼굴을 붉게 만드는 것이며 동시에 아주 장중하고 존엄한 힘입니다. 돈을 벌고, 부화뇌동하며, 흥겨워 웃어대는 삶보다 훨씬 고귀한 것입니다. 시간에 대해 쓸데없는 말을 하는 웅변적인 진보보다 훨씬 존경할 만한 것입니다. 왜냐하면 죽음은 역사적인 것이며, 고귀하고 경건하며, 영원하고 신성한 것으로, 우리가 모자를 벗고 발끝으로 걷지 않으면 안 되는 것이기 때문입니다…… 마찬가지로 육체도, 그리고 육체에 대한 사랑도 음탕하고 경박하며, 스스로를 두려워하고 부끄러워하면서 그 표면을 붉게 물들이는 것이지만, 그러나 육체는 또한 위대하고 존경할 만한 것입니다. 그것은 유기체적 생명의 멋진 현상이고, 형태와 미의 신성한 기적입니다. 그리고 이에 대한 사랑, 즉 인체에 대한 사랑 또한 인문적인 관심이며, 세계의 모든 교육학보다도 교육적인 힘인 것이지요…… 아, 멋진 유기미(有機美)! 그림도구나 돌로 구성된 것이 아니라 살아 있는 부패성의 물질로 구성되어 있고, 생명과 부패의 열성(熱性), 비밀에 찬 유기미입니다. 인체라는 건축의 멋진 균형을 보시지요. 양 어깨와 허리, 가슴 좌우의 꽃과 같은 젖꼭지, 그리고 두 개씩 나란히 있는 늑골, 부드러운 복부의 중앙에 있는 배꼽, 다리 사이의 검은 보고(寶庫), 비단과 같은 피부 밑에서 견갑골이 움직이는 모양, 풍만한 두 궁둥이를 향해 등골이 내려가고 있는 모양, 맥관과 신경의 굵은 가지가 몸 기둥에서 겨드랑이를 통해 사지로 달리고 있는 모양, 그리고 두 팔의 구성이 두 다리의 구성에 대응하는 모양을 보시지요! 아, 팔꿈치와 무릎 관절 안쪽의 부드러운 살이 쿠션에 싸인 듯한 무수한 유기적 비밀! 인체의 이 감미로운 부분을 애무하는 것은 얼마나 멋진 '제전(祭典)'이겠어요? 죽어도 한이 없는 환희! 아, 정교한 관절 주머니가 지방을 분비하는 당신 무릎의 피부 냄새를 맡게 해 주십시오. 당신의 넓적다리 전면에서 율동하고, 훨씬 아래에서 두 개의 경골(脛骨) 동맥으로 갈라져 있는 대퇴부에 경건하게 입술을 닿게 해 주십시오. 당신의 털구멍의 발산물을 냄새맡고, 당신의 부드러운 털을 애무하게 해 주십시오. 물과 단백질로 이루어져서 묘혈에서 분해를 경험하는 운명을 가진 인간이여, 당신의 입술에 내 입술을 댄 채로 나를 영원히 잠자게 해 주십시오!"

그는 말을 마치고 나서도 눈을 감고 있었다. 그는 같은 자세를 흐트러뜨리지 않고 머리를 처들고, 은대의 연필을 쥐고 있는 손을 앞으로 내밀어 몸을 떨면서 두 무릎을 꿇고 있었다. 그녀가 말했다.

"당신은 정말 심각한 독일식 설득 방법을 알고 있는 멋쟁이군요."

이 말과 더불어 그녀는 그의 머리에 종이로 된 삼각 모자를 씌웠다.

"안녕히 계세요, 내 사육제의 왕자님. 오늘 밤 당신의 열의 곡선은 매우 올라갈 거예요. 예언하겠어요."

이렇게 말하고 그녀는 의자에서 일어나 융단 위를 미끄러지듯 걸어 입구까지 갔다. 그러고는 드러난 한쪽 팔을 들어 문의 손잡이를 대고, 몸의 절반을 이쪽으로 돌려 주저하다가 다시 어깨너머로 낮은 목소리로 속삭였다.

"잊지 말고 내 연필을 돌려주러 오세요."

그러고는 그녀는 나가 버렸다.

곽복록(郭福祿)

일본 조치(上智) 대학교 독문학과 수학. 서울대학교 독문학과 졸업. 미국 시카고 대학교 대학원 독문학과 졸업(석사). 독일 뷔르츠부르크 대학교 독문학과 졸업(독문학 박사). 서울대학교·서강대학교 독문학과 교수 역임. 한국독어독문학회 회장. 한국괴테학회 초대회장. 서강대학교 명예교수 역임. 지은책 《독일문학의 사상과 배경》 옮긴책 에커먼 《괴테와의 대화》 프리덴탈 《괴테 생애와 시대》 요한 볼프강 괴테 《파우스트》 《젊은 베르테르의 슬픔》 《빌헬름 마이스터의 수업시대·편력시대》 《친화력》 《헤르만과 도로테아》 《이탈리아 기행》 《시와 진실》 《괴테시집》 《괴테전집(12권)》 카를 힐티 《잠 못 이루는 밤을 위하여》 니체 《차라투스트라는 이렇게 말했다》 《비극의 탄생》 《즐거운 지식》 《권력에의 의지》 안데르센 《안데르센 동화전집》이 있다.

World Book 274
Thomas Mann
DER ZAUBERBERG
마의 산 I
토마스 만/곽복록 옮김
1판 1쇄 발행/1978. 12. 10
2판 1쇄 발행/2007. 8. 10
3판 1쇄 발행/2018. 2. 20
발행인 고정일
발행처 동서문화사
창업 1956. 12. 12. 등록 16-3799
서울 중구 다산로 12길 6(신당동 4층)
☎ 546-0331~6 Fax. 545-0331
www.dongsuhbook.com
잘못 만들어진 책은 바꾸어 드립니다.

*

ISBN 978-89-497-1661-9 04080
ISBN 978-89-497-0382-4 (세트)

월드북(세계문학/세계사상) 목록

분류	NO.	도서명	저자/역자	쪽수	가격
사상	월드북1	소크라테스의 변명/국가/향연	플라톤/왕학수 옮김	824	20,000
사상	월드북2	니코마코스윤리학/시학/정치학	아리스토텔레스/손명현 옮김	621	12,000
사상	월드북3	형이상학	아리스토텔레스/김천운 옮김	578	9,800
사상	월드북4	세네카 삶의 지혜를 위한 편지	세네카/김천운 옮김	624	18,000
사상	월드북5	고백록	아우구스티누스/김희보·강경애 옮김	566	14,800
사상	월드북6	솔로몬 탈무드	이희영	812	14,000
사상	월드북6-1 6-2	바빌론 탈무드/카발라 탈무드	〃	각810	각18,000
사상	월드북7	삼국사기	김부식/신호열 역해	914	15,000
사상	월드북8	삼국유사	일연/권상로 역해	528	9,800
사상	월드북10	인간불평등기원론/사회 계약론	루소/최석기 옮김	530	15,000
사상	월드북11	마키아벨리 로마사이야기	마키아벨리/고산 옮김	674	12,000
사상	월드북12	몽테뉴 수상록	몽테뉴/손우성 옮김	1,344	24,800
사상	월드북13	법의 정신	몽테스키외/하재홍 옮김	720	12,000
사상	월드북14	학문의 진보/베이컨 에세이	베이컨/이종구 옮김	574	9,800
사상	월드북16	팡세	파스칼/안응렬 옮김	546	14,000
사상	월드북17	반야심경/금강경/법화경/유마경	홍정식 역해	542	15,000
사상	월드북18	바보예찬/잠언과 성찰/인간성격론	에라스무스·라로슈푸코·라브뤼예르/정병희 옮김	520	9,800
사상	월드북19 20	에밀/참회록	루소/정병희 홍승오 옮김	740/718	각12,000
사상	월드북22	순수이성비판	칸트/정명오 옮김	770	25,000
사상	월드북23	로마제국쇠망사	에드워드 기번/강석승 옮김	544	15,000
사상	월드북25	헤로도토스 역사	헤로도토스/박현태 옮김	810	15,000
사상	월드북26	역사철학강의	헤겔/권기철 옮김	570	15,000
사상	월드북27-1	의지와 표상으로서의 세계	〃	564	9,800
사상	월드북28	괴테와의 대화	에커먼/곽복록 옮김	868	15,000
사상	월드북29	자성록/언행록/성학십도/논사단칠정서	이황/고산 역해	602	12,000
사상	월드북30	성학집요/격몽요결	이이/고산 역해	620	12,000
사상	월드북31	인생이란 무엇인가	똘스또이/채수동 옮김	1,164	16,000
사상	월드북32	자조론 인격론	사무엘 스마일즈/장만기 옮김	796	14,000
사상	월드북33	불안의 개념/죽음에 이르는 병	키에르케고르/강성위 옮김	546	15,000
사상	월드북34	잠 못 이루는 밤을 위하여/행복론	카를 힐티/곽복록 옮김	937	15,000
사상	월드북35	아미엘 일기	앙리 프레데릭 아미엘/이희영 옮김	1,042	15,000
사상	월드북36	나의 참회/인생의 길	똘스또이/김근식 고산 옮김	1,008	15,000
사상	월드북37	인간적인 너무나 인간적인	니체/강두식 옮김	1,072	19,800

사상	월드북38	차라투스트라는 이렇게 말했다	니체/곽복록 옮김	1,040	19,800
사상	월드북41	인생 연금술	제임스 알렌/박지은 옮김	824	18,000
사상	월드북42	유토피아/자유론/통치론	모어·밀·로크/김현욱 옮김	506	15,000
사상	월드북43	서양의 지혜/철학이란 무엇인가	러셀/정광섭 옮김	994	19,800
사상	월드북44	철학이야기	윌 듀런트/임헌영 옮김	528	15,000
사상	월드북45	소유냐 삶이냐/사랑한다는 것	프롬/고영복 이철범 옮김	644	12,000
사상	월드북47	행복론/인간론/말의 예지	알랭/방곤 옮김	528	9,800
사상	월드북48	인간의 역사	미하일 일린/동완 옮김	720	12,000
사상	월드북49	카네기 인생철학	D. 카네기/오정환 옮김	546	9,800
사상	월드북50	무사도	니토베 이나조·미야모토 무사시/추영현 옮김	528	9,800
문학	월드북52	그리스비극	아이스킬로스·소포클레스·에우리피데스/곽복록 조우현 옮김	688	18,000
문학	월드북55	이솝우화전집	이솝/고산 옮김	736	12,000
문학	월드북56	데카메론	보카치오/한형곤 옮김	832	19,800
문학	월드북57	돈끼호테	세르반테스/김현창 옮김	1,288	16,000
문학	월드북58	신곡	단테/허인 옮김	980	19,800
사상	월드북59	상대성이론/나의 인생관	아인슈타인/최규남 옮김	516	9,800
문학	월드북60	파우스트/젊은 베르테르의 슬픔	괴테/곽복록 옮김	900	14,000
문학	월드북61	그리스 로마 신화	토머스 불핀치/손명현 옮김	530	14,000
문학	월드북62	햄릿/오델로/리어왕/맥베드/로미오와 줄리엣	셰익스피어/신상웅 옮김	655	12,000
문학	월드북63	한여름밤의 꿈/베니스의 상인/말괄량이 길들이기	〃	655	12,000
문학	월드북66	죄와 벌	〃	654	9,800
사상	월드북67	대중의 반란/철학이란 무엇인가?	오르테가/김현창 옮김	508	9,800
사상	월드북68	동방견문록	마르코 폴로/채희순 옮김	478	9,800
문학	월드북69 70	전쟁과 평화ⅠⅡ	똘스또이/맹은빈 옮김	834/864	각15,000
사상	월드북71	철학학교/비극론/철학입문/위대한 철학자들	야스퍼스/전양범 옮김	592	9,800
사상	월드북72	리바이어던	홉스/최공웅 최진원 옮김	712	15,000
문학	월드북73	사람은 무엇으로 사는가	똘스또이/김근식 고산 옮김	544	9,800
사상	월드북74	웃음/창조적 진화/도덕과 종교의 두 원천	베르그송/이희영 옮김	760	12,000
문학	월드북76	모비딕	멜빌/이가형 옮김	744	18,000
사상	월드북77	갈리아전기/내전기	카이사르/박석일 옮김	520	9,800
사상	월드북78	에티카/정치론	스피노자/추영현 옮김	542	9,800
사상	월드북79	그리스철학자열전	라에르티오스/전양범 옮김	752	12,000
문학	월드북80	보바리 부인/여자의 일생/나나	플로베르·모파상·졸라/민희식 이춘복 김인환 옮김	1,154	16,000
사상	월드북81	프로테스탄티즘의 윤리와 자본주의 정신 /직업으로서의 학문/직업으로서의 정치	막스베버/김현욱 옮김	577	14,800

사상	월드북82	민주주의와 교육/철학의 개조	존 듀이/김성숙 이귀학 옮김	624	12,000
문학	월드북83	레 미제라블 I	빅토르 위고/송면 옮김	1,104	16,000
문학	월드북84	레 미제라블 II	〃	1,032	16,000
사상	월드북85	인간이란 무엇인가 오성/정념/도덕	데이비드 흄/김성숙 옮김	808	15,000
문학	월드북86	대지	펄벅/홍사중 옮김	1,051	15,000
사상	월드북87	종의 기원	다윈/송철용 옮김	664	18,800
사상	월드북88	존재와 무	사르트르/정소성 옮김	1,130	16,000
문학	월드북89	롤리타/위대한 개츠비	나보코프 피츠제럴드/박순녀 옮김	524	9,800
문학	월드북90	마지막 잎새/원유회	O. 헨리 맨스필드/오정환 옮김	572	9,800
문학	월드북91	아Q정전/아침 꽃을 저녁에 줍다	루쉰/이가원 옮김	538	9,800
사상	월드북92	논리철학논고/철학탐구/반철학적 단장	비트겐슈타인/김양순 옮김	730	12,000
문학	월드북93	마의 산	토마스 만/곽복록 옮김	940	15,000
문학	월드북94	채털리부인의 연인	D. H. 로렌스/유영 옮김	550	9,800
문학	월드북95	백년의 고독/호밀밭의 파수꾼	마르케스·샐린저/이가형 옮김	624	12,000
문학	월드북96 97	고요한 돈강 I II	숄로호프/맹은빈 옮김	916/1,056	각15,000
사상	월드북98	경제학·철학초고/자본론/공산당선언/철학의 빈곤	마르크스/김문운 옮김	768	18,000
사상	월드북99	간디자서전	간디/박석일 옮김	622	15,000
사상	월드북100	존재와 시간	하이데거/전양범 옮김	686	22,000
사상	월드북101	영웅숭배론/의상철학	토마스 칼라일/박지은 옮김	500	9,800
사상	월드북102	월든/침묵의 봄/센스 오브 원더	소로·카슨/오정환 옮김	681	12,000
문학	월드북103	성/심판/변신	카프카/김정진·박종서 옮김	624	12,000
사상	월드북104	전쟁론	클라우제비츠/허문순 옮김	992	19,800
문학	월드북105	폭풍의 언덕	E. 브론테/박순녀 옮김	550	9,800
문학	월드북106	제인 에어	C. 브론테/박순녀 옮김	646	12,000
문학	월드북107	악령	도스또옙스끼/채수동 옮김	869	15,000
문학	월드북108	제2의 성	시몬느 드 보부아르/이희영 옮김	1,072	24,800
문학	월드북109	처녀시절/여자 한창때	보부아르/이혜윤 옮김	1,055	16,000
문학	월드북110	백치	도스또옙스끼/채수동 옮김	788	18,000
사상	월드북111	프랑스혁명 성찰/독일 국민에게 고함	버크·피히테/박희철 옮김	586	15,000
문학	월드북112	적과 흑	스탕달/서정철 옮김	672	12,000
문학	월드북113	양철북	귄터 그라스/최은희 옮김	644	12,000
사상	월드북114	비극의 탄생/즐거운 지식	니체/곽복록 옮김	584	15,000
사상	월드북115	아우렐리우스 명상록/키케로 인생론	아우렐리우스·키케로/김성숙 옮김	543	9,800
사상	월드북116	선의 연구/퇴계 경철학	니시다 기타로·다카하시 스스무/최박광 옮김	644	12,000
사상	월드북117	제자백가	김영수 역해	604	12,000

문학	월드북118	1984년/동물농장/복수는 괴로워라	조지 오웰/박지은 옮김	436	9,800
문학	월드북119	티보네 사람들I	로제 마르탱 뒤 가르/민희식 옮김	928	16,000
문학	월드북120	티보네 사람들II	〃	1,152	18,000
문학	월드북121	안나까레니나	똘스또이/맹은빈 옮김	1,056	16,000
사상	월드북122	그리스도인의 자유/루터 생명의 말	마틴 루터/추인해 옮김	864	15,000
사상	월드북123	국화와 칼/사쿠라 마음	베네딕트·라프카디오 헌/추영현 옮김	410	9,800
문학	월드북124	예언자/눈물과 미소	칼릴 지브란/김유경 옮김	440	9,800
문학	월드북125	댈러웨이 부인/등대로	버지니아 울프/박지은 옮김	504	9,800
사상	월드북126	열하일기	박지원/고산 옮김	1,038	18,000
사상	월드북127	위인이란 무엇인가/자기신념의 철학	에머슨/정광섭 옮김	406	9,800
문학	월드북128	바람과 함께 사라지다I	미첼/장왕록 옮김	644	12,000
문학	월드북129	바람과 함께 사라지다II	〃	688	12,000
사상	월드북130	고독한 군중	데이비드 리스먼/류근일 옮김	422	9,800
문학	월드북131	파르마 수도원	스탕달/이혜윤 옮김	558	9,800
문학	월드북132	오만과 편견	제인 오스틴/김유경 옮김	422	9,800
문학	월드북133	아라비안나이트I	리처드 버턴/고산고정일	1,120	16,000
문학	월드북134	아라비안나이트II	〃	1,056	16,000
문학	월드북135	아라비안나이트III	〃	1,024	16,000
문학	월드북136	아라비안나이트IV	〃	1,112	16,000
문학	월드북137	아라비안나이트V	〃	1,024	16,000
문학	월드북138	데이비드 코퍼필드	찰스 디킨스/신상웅 옮김	1,120	16,000
문학	월드북139	음향과 분노/8월의 빛	윌리엄 포크너/오정환 옮김	816	15,000
문학	월드북140	잃어버린 시간을 찾아서I	마르셀 프루스트/민희식 옮김	1,048	18,000
문학	월드북141	잃어버린 시간을 찾아서II	〃	1,152	18,000
문학	월드북142	잃어버린 시간을 찾아서III	〃	1,168	18,000
사상	월드북143	법화경	홍정식 역해	728	14,000
사상	월드북144	중세의 가을	요한 하위징아/이희승맑시아 옮김	582	12,000
사상	월드북145 146	율리시스I II	제임스 조이스/김성숙 옮김	704/632	각12,000
문학	월드북147	데미안/지와 사랑/싯다르타	헤르만 헤세/송영택 옮김	546	12,000
문학	월드북148 149	장 크리스토프I II	로맹 롤랑/손석린 옮김	890/864	각15,000
문학	월드북150	인간의 굴레	서머싯 몸/조용만 옮김	822	15,000
사상	월드북151	그리스인 조르바	니코스 카잔차키스/박석일 옮김	425	9,800
사상	월드북152	여론/환상의 대중	월터 리프먼/오정환 옮김	408	9,800
문학	월드북153	허클베리 핀의 모험/인간이란 무엇인가	마크 트웨인/양병탁 조성출 옮김	704	12,000
문학	월드북154	이방인/페스트/시지프 신화	알베르 카뮈/이혜윤 옮김	522	12,000

문학	월드북155	좁은 문/전원교향악/지상의 양식	앙드레 지드/이휘영 이춘복 옮김	459	9,800
문학	월드북156 157	몬테크리스토 백작 I II	알렉상드르 뒤마/이희승맑시아 옮김	785/832	각16,000
문학	월드북158	죽음의 집의 기록/가난한 사람들/백야	도스토옙스키/채수동 옮김	602	12,000
문학	월드북159	북회귀선/남회귀선	헨리 밀러/오정환 옮김	690	12,000
사상	월드북160	인간지성론	존 로크/추영현 옮김	1,016	18,000
사상	월드북161	중력과 은총/철학강의/신을 기다리며	시몬 베유/이희영 옮김	666	18,000
사상	월드북162	정신현상학	G. W. F. 헤겔/김양순 옮김	572	15,000
사상	월드북163	인구론	맬서스/이서행 옮김	570	18,000
문학	월드북164	허영의 시장	W.M.새커리/최홍규 옮김	925	18,000
사상	월드북165	목민심서	정약용 지음/최박광 역해	986	18,000
문학	월드북166	분노의 포도/생쥐와 인간	스타인벡/노희엽 옮김	712	18,000
문학	월드북167	젊은 예술가의 초상/더블린 사람들	제임스 조이스/김성숙 옮김	656	18,000
문학	월드북168	테스	하디/박순녀 옮김	478	12,000
문학	월드북169	부활	톨스토이/이동현 옮김	562	14,000
문학	월드북170	악덕의 번영	마르키 드 사드/김문운 옮김	602	18,000
문학	월드북171	죽은 혼/외투/코/광인일기	고골/김학수 옮김	509	14,000
사상	월드북172	이탈리아 르네상스 이야기	부르크하르트/지봉도 옮김	565	18,000
문학	월드북173	노인과 바다/무기여 잘 있거라	헤밍웨이/양병탁 옮김	685	14,000
문학	월드북174	구토/말	사르트르/이희영 옮김	500	15,000
사상	월드북175	미학이란 무엇인가	하르트만/ 옮김	590	18,000
사상	월드북176	과학과 방법/생명이란 무엇인가?/사람몸의 지혜	푸앵카레·슈뢰딩거·캐넌/조진남 옮김	538	16,000
사상	월드북177	춘추전국열전	김영수 역해	592	18,000
문학	월드북178	톰 존스의 모험	헨리 필딩/최홍규 옮김	912	18,000
문학	월드북179	난중일기	이순신/고산고정일 역해	540	12,000
문학	월드북180	프랭클린 자서전	벤저민 프랭클린/주영일 옮김	502	12,000
문학	월드북181	즉흥시인	한스 크리스티안 안데르센/박지은 옮김	476	12,000
문학	월드북182	고리오 영감/절대의 탐구	발자크/조홍식 옮김	562	12,000
문학	월드북183	도리언 그레이 초상/살로메/즐거운 인생	오스카 와일드/한명남 옮김	466	12,000
문학	월드북184	달과 6펜스/과자와 맥주	서머싯 몸/이철범 옮김	450	12,000
문학	월드북185	마음은 외로운 사냥꾼/슬픈카페의 노래	카슨 맥컬러스/강혜숙 옮김	442	12,000
문학	월드북186	걸리버 여행기/통 이야기	조나단 스위프트/유영 옮김	492	12,000
사상	월드북187	조선상고사/한국통사	신채호/박은식/윤재영 역해	576	15,000
문학	월드북188	인간의 조건/왕의 길	앙드레 말로/윤옥일 옮김	494	12,000
사상	월드북189	예술의 역사	반 룬/이철범 옮김	674	18,000
문학	월드북190	퀴리부인	에브 퀴리/안응렬 옮김	442	12,000

문학	월드북191	귀여운 여인/약혼녀/골짜기	체호프/동완 옮김	450	12,000
문학	월드북192	갈매기/세 자매/바냐 아저씨/벚꽃 동산	체호프/동완 옮김	412	12,000
문학	월드북193	로빈슨 크루소	다니엘 디포/유영 옮김	600	15,000
문학	월드북194	위대한 유산	찰스 디킨스/한명남 옮김	560	15,000
사상	월드북195	우파니샤드	김세현 역해	570	15,000
사상	월드북196	천로역정/예수의 생애	버니언/르낭/강경애 옮김	560	14,000
문학	월드북197	악의 꽃/파리의 우울	보들레르/박철화 옮김	482	15,000
문학	월드북198	노트르담 드 파리	빅토르 위고/송면 옮김	614	15,000
문학	월드북199	위험한 관계	피에르 쇼데를로 드 라클로/윤옥일 옮김	428	12,000
문학	월드북200	주홍글자/큰바위 얼굴	N.호손/김병철 옮김	524	12,000
사상	월드북201	소돔의 120일	마르키 드 사드/김문운 옮김	426	16,000
문학	월드북202	사냥꾼의 수기/첫사랑/산문시	이반 투르게네프/김학수	590	15,000
문학	월드북203	인형의 집/유령/민중의 적/들오리	헨리크 입센/소두영 옮김	480	12,000
사상	월드북204	인간과 상징	카를 융 외/김양순 옮김	634	18,000
문학	월드북205	철가면	부아고베/김문운 옮김	755	18,000
문학	월드북206	실낙원	밀턴/이창배 옮김	648	19,800
문학	월드북207	데이지 밀러/나사의 회전	헨리 제임스/강서진 옮김	556	14,000
문학	월드북208	말테의 수기/두이노의 비가	릴케/백정승 옮김	480	14,000
문학	월드북209	캉디드/철학 콩트	볼테르/고원 옮김	470	12,000
문학	월드북211	카르멘/콜롱바	메리메/박철화 옮김	475	12,000
문학	월드북212	오네긴/대위의 딸/스페이드 여왕	알렉산드르 푸시킨/이동현 옮김	412	12,000
문학	월드북213	춘희/마농 레스코	뒤마 피스/아베 프레보/민희식 옮김	448	12,000
문학	월드북214	야성의 부르짖음/하얀 엄니	런던/박상은 옮김	434	12,000
문학	월드북215	지킬박사와 하이드/데이비드 모험	로버트 루이스 스티븐슨/강혜숙 옮김	526	14,000
문학	월드북216	홍당무/박물지/르나르 일기	쥘 르나르/이가림 윤옥일 옮김	432	12,000
문학	월드북217	멋진 신세계/연애대위법	올더스 헉슬리/이경직 옮김	560	14,000
문학	월드북218	인간의 대지/야간비행/어린왕자/남방우편기	생텍쥐페리/안응렬 옮김	448	12,000
문학	월드북219	학대받은 사람들	도스토옙스키/채수동 옮김	436	12,000
문학	월드북220	켄터베리 이야기	초서/김진만 옮김	640	18,000
문학	월드북221	육체의 악마/도루젤 백작 무도회/클레브 공작 부인	레몽 라디게/라파예트/윤옥일 옮김	402	12,000
문학	월드북222	고도를 기다리며/몰로이/첫사랑	사무엘 베게트/김문해 옮김	500	14,000
문학	월드북223	어린시절/세상속으로/나의 대학	막심 고리키/최홍근 옮김	800	18,000
문학	월드북224	어머니/밑바닥/첼가쉬	막심 고리키/최홍근 옮김	824	18,000
문학	월드북225	사랑의 요정/양치기 처녀/마의 늪	조르주 상드/김문해 옮김	602	15,000
문학	월드북226	친화력/헤르만과 도로테아	괴테/곽복록 옮김	433	14,000

문학	월드북227	황폐한 집	찰스 디킨스/정태륭 옮김	1,012	18,000
문학	월드북228	하워즈 엔드	에드워드 포스터/우진주 옮김	422	12,000
문학	월드북229	빌헬름 마이스터 수업시대/편력시대	괴테/곽복록 옮김	1,128	20,000
문학	월드북230	두 도시 이야기	찰스 디킨스/정태륭 옮김	444	14,000
문학	월드북231	서푼짜리 오페라/살아남은 자의 슬픔	베르톨트 브레히트/백정승 옮김	468	14,000
문학	월드북232	작은 아씨들	루이자 메이 올컷/우진주 옮김	1,140	20,000
문학	월드북233	오블로모프	곤차로프/노현우 옮김	754	18,000
문학	월드북234	거장과 마르가리타/개의 심장	미하일 불가코프/노현우 옮김	626	14,000
문학	월드북235	성 프란치스코	니코스 카잔차키스/박석일 옮김	476	12,000
사상	월드북236	나의 투쟁	아돌프 히틀러/황성모 옮김	1,152	20,000
문학	월드북237 238	겐지이야기ⅠⅡ	무라사키 시키부/유정 옮김	744/720	각18,000
문학	월드북239	플라테로와 나	후안 라몬 히메네스/김현창 옮김	402	12,000
문학	월드북240	마리 앙투아네트/모르는 여인의 편지	슈테판 츠바이크/양원석 옮김	540	14,000
사상	월드북241	성호사설	이익/고산고정일 옮김	1,070	20,000
사상	월드북242	오륜행실도	단원 김홍도 그림/고산고정일 옮김	568	18,000
문학	월드북243~245	플루타르코스 영웅전ⅠⅡⅢ	플루타르코스/박현태 옮김	각672	각15,000
문학	월드북246 247	안데르센동화전집ⅠⅡ	안데르센/곽복록 옮김	각800	각18,000
문학	월드북248 249	그림동화전집ⅠⅡ	그림형제/금은숲 옮김	각672	각16,000
사상	월드북250 251	신국론ⅠⅡ	아우구스티누스/추인해 추적현 옮김	688/736	각19,800
문학	월드북252	일리아스	호메로스/이상훈 옮김	560	14,800
문학	월드북253	오디세이아	호메로스/이상훈 옮김	506	14,800
사상	월드북254 255	역사의 연구ⅠⅡ	토인비/홍사중 옮김	650/520	각18,000
문학	월드북256	이탈리아 기행	요한 볼프강 폰 괴테/곽복록 옮김	794	19,800
문학	월드북257	닥터지바고	보리스 파스테르나크/이동현 옮김	680	18,000
사상	월드북258	세네카 인생철학이야기	세네카/김현창 옮김	576	18,000
사상	월드북259 260	국부론ⅠⅡ	애덤 스미스/유인호 옮김	568/584	각15,000
사상	월드북261	방법서설/성찰/철학의 원리/세계론/정념론	데카르트/소두영 옮김	784	20,000
사상	월드북262	시와 진실	괴테/최은희 옮김	860	20,000
사상	월드북263	즐거운 서양철학사	S.P. 렘프레히트/김문수 옮김	696	20,000
사상	월드북264 265	정신분석입문/꿈의 해석	프로이트/김양순 옮김	584/600	각15,000
사상	월드북266	군주론/전술론	마키아벨리/황문수 옮김	460	15,000
사상	월드북267 268	황금가지ⅠⅡ	제임스 조지 프레이저/신상웅 옮김	544/528	각15,000
사상	월드북269	실존주의란 무엇인가	사르트르/이희영 옮김	588	15,000
문학	월드북270 271	안나 까레니나ⅠⅡ	톨스또이/맹은빈 옮김	544/528	각15,000
문학	월드북272 273	카라마조프 형제들ⅠⅡ	도스토예프스키/채수동 옮김	504/688	각14,000
문학	월드북274 275	마의 산ⅠⅡ	토마스 만/곽복록 옮김	440/504	각14,000

월드북시리즈 목록은 계속 추가됩니다.